LA BELLE HÉLÈNE
DE CONSTANTINOPLE

TEXTES LITTÉRAIRES FRANÇAIS

JEHAN WAUQUELIN

LA BELLE HÉLÈNE
DE
CONSTANTINOPLE

Mise en prose d'une chanson de geste

Edition critique
par
MARIE-CLAUDE DE CRÉCY

LIBRAIRIE DROZ S.A.
11, rue Massot
GENÈVE
2002

Illustration de couverture:

Naissance des deux fils d'Hélène et d'Henri d'Angleterre,
les futurs saint Martin et saint Brice.
Ms. 9967, f° 47 v°
© Bibliothèque royale de Belgique.

ISBN: 2-600-00650-8
ISSN: 0257-4063

Au moment où va paraître cette édition, je tiens à remercier tous ceux qui, à des titres divers, m'ont apporté leur aide et leur soutien, et plus particulièrement Sylvie Guichard, Geneviève Hasenohr, Gabriella Parussa et Richard Trachsler pour leur relecture attentive, leurs conseils bienveillants et leurs heureuses suggestions. Je veux aussi exprimer ma reconnaissance à Madame Van den Bergen-Pantens, Monsieur Cockshaw et Monsieur Bousmanne qui ont facilité mes recherches à Bruxelles, Je ne veux pas non plus manquer de rappeler ma gratitude envers Jacques Monfrin, auprès de qui j'ai tant appris et dont la disparition brutale nous a tous privés d'un maître généreux et estimé.

LE MANUSCRIT

De la version de *La Belle Hélène de Constantinople* mise en prose par Jehan Wauquelin, on ne connaît qu'un manuscrit, qui se trouve à Bruxelles à la Bibliothèque Royale de Belgique (ms. 9967).

La reliure de peau de chamois pourpre au dos, restaurée en basane rouge, est décorée du chiffre couronné de Léopold Ier, de fleurons et de petits fers (soleils). Tranches dorées. Collé sur le verso du premier feuillet de garde, un petit morceau de parchemin, qui a dû se trouver sur la reliure dans des temps plus anciens, présente la mention suivante, sans doute de la même main que le texte du manuscrit: «C'est l'ystoire de .Se. Helaine, mere de .St. Martin de Tours».

Sur l'intérieur de la couverture, une inscription à l'encre, probablement de la même main que la foliotation à l'encre, indique 187 ff. et 26 figures. Sur le premier feuillet de la table des rubriques on trouve la mention «cote Sanderus 103», l'estampille rouge, les mots Bibliothèque Nationale et le faisceau républicain et, en bas, un cachet de la Bibliothèque de Bourgogne.

C'est un volume de 387 x 285 mm, en parchemin, en bon état; les quelques trous ou reprises opérées sur le parchemin ne gênent pas la lecture.

Deux feuillets de garde au début du volume et deux à la fin; 7 feuillets de table, le 7 v° étant vierge de texte mais comportant les mêmes marques réglure que les autres feuillets; et 181 feuillets de texte; au total 188 ff.; 23 cahiers de huit ff. chacun et un dernier de quatre ff. seulement (185-188); réclames placées verticalement (8v°, 16v°, 24v°, 32v°, 40v°, 48v°, 56v°, 64v°, 72v°, 80v°, 88v°, 96v°, 104v°, 112v°, 120v°, 128v°, 136v°, 144v°, 152v°, 160v°, 168v°, 176v°, 184v°); il y a deux foliotations, modernes, l'une à l'encre, commençant après les tables de 1 à 175 (cette foliotation présente plusieurs erreurs, les feuillets 1, 25, 61, 65, 82 étant notés deux fois, les feuillets entre 117 et 118, 132 et 133 étant oubliés), l'autre, au crayon, commence également après la table des rubriques mais court de 8 à 188[1]. On distingue parfois les signatures des cahiers, à l'encre: ff. 17r°, 137r°, 138r°, 139r°, 140r°, 153r°, 154r°, 155r°, 177r°, 178r°, 179r°, 180r°.

La réglure (368 x 165 mm; justification de 238 à 240 mm x 163 à 165 mm; unité de réglure 9 mm), qui comporte 29 lignes à l'encre mauve, reste visible et correspond à 28 longues lignes de texte, sauf aux ff. 12v° et 13v° qui comptent chacun 30 lignes de réglure pour 29 lignes de texte; quand la mise en page l'impose, il arrive que la dernière ligne ne soit pas écrite (le f. 69r° ne comporte que 27 lignes avant la rubrique du chapitre suivant qui commence au f. 69v°).

L'écriture est une bâtarde bourguignonne (5 mm); il se pourrait que la table des rubriques ne soit pas de la même main.

Comme cela a été montré pour d'autres manuscrits, il semble bien que la ponctuation corresponde à un système[2]. Des pieds-de-mouche signalent des ensembles

---

[1]   C'est cette foliotation qui sera utilisée pour donner les références.
[2]   Voir dans la bibliographie édition, orthographe, ponctuation.

de phrases formant parfois de gros blocs[3]. Des majuscules, précédées ou non d'un point, ouvrent des phrases constituant de plus petites unités; on trouve également des points suivis de minuscules et correspondant sans doute à une brève pause tout comme les barres obliques inclinées vers la droite, tracées très finement (virgules).

Il s'agit d'un manuscrit luxueux qui comporte une miniature de présentation et 25 miniatures que l'on attribue de façon à peu près assurée à Loyset Liédet[4]. Il n'y a pas de décoration marginale; chaque miniature est entourée de simples liserés noir et or, séparés par un léger blanc. Elles occupent de 12 à 18 lignes[5] et illustrent le texte de façon assez précise, qu'elles soient placées avant la rubrique ou entre la rubrique et le texte; on remarque cependant que celles des ff. 47v° et 171v° sont mal placées: la première se trouve devant le chapitre XXXV alors qu'elle illustre le chapitre XXXVI; on

---

[3] On remarque néanmoins une distribution irrégulière de ces crochets. Certains chapitres, malgré leur longueur, n'en comportent qu'un ou deux, parfois pas du tout; il semble pourtant que la place ait été réservée; de plus quelques-uns (14) ne semblent pas répondre à une fonction de ponctuation, puisqu'ils se trouvent soit en fin de chapitre, soit juste avant ou après la rubrique. Les citations latines en comportent au moins un (LXXXII, 29), quand elles n'en sont pas encadrées (LXV, 7-8); mais celle de LXXXVII, 86-88 est seulement encadrée de deux points.

[4] Voir le Catalogue de l'exposition *La miniature flamande. Le mécénat de Philippe le Bon*, (Bruxelles, Palais des Beaux-Arts, Amsterdam, 1940), rédigé par F. Lyna, p. 157, n° 151 (pl. 49): «le livre est typique de la production brugeoise: il est sans décoration marginale et illustré par Liédet... Les miniatures comptent parmi les plus belles œuvres de Liédet.» Ces miniatures, qui ne sont peut-être pas toutes de la même main, seront étudiées dans leur rapport avec le texte dans un article à part.

[5] Dans les comptes, on trouve le terme *points*.

remarquera que le seul bout de ligne inachevé du manuscrit se trouve au bas du folio précédent; la seconde se trouve avant le chapitre CXXXVIII alors qu'elle devrait précéder le chapitre CXXXIX; cette erreur accompagne une erreur de rubrique en CXXXIX[6] (f. 173r°). Différentes séquences se trouvent parfois représentées, sans rupture, à l'intérieur d'une même miniature.

1) f. 8r° (13 lignes): Hommage du manuscrit de Jean Wauquelin à Philippe le Bon.

2) f. 9r° (13 lignes) Siège de Rome par le païen Bruyant.

3) f. 18r° (14 lignes): Combat entre les troupes de Bruyant et celles de l'empereur Antoine.

4) f. 39r° (16 lignes): Le roi Henri d'Angleterre prend congé de sa femme Hélène; il la confie à sa mère et au duc de Clocestre[7].

5) f. 40r° (18 lignes): Au cours du combat que se livrent Bolus, roi de Boulogne, et Henri d'Angleterre, Bolus enlève Henri sur son cheval.

6) f. 47v° (16 lignes): Naissance des enfants d'Hélène. Cette miniature n'est pas à sa place puisqu'elle illustre le chapitre suivant XXXV.

7) f. 63v° (15 lignes): Combat entre les Sarrasins et les chrétiens; le roi Henri d'Angleterre s'empare de l'écu aux

---

[6] On remarquera en outre un ajout, le seul dans le manuscrit, au bas du f. 176v°; les erreurs matérielles sont presque toutes concentrées dans le même cahier (ailleurs ff. 78r°, 121v°).

[7] Cette miniature a été reproduite au burin par Ch. De Brou dans Marchal, *Catalogue des manuscrits de la Bibliothèque Royale*, t. I, en regard de la p. LXXXI, et ensuite dans l'article de F. Frocheur, p. 194; voir aussi C. Gaspar et F. Lyna, *Philippe le Bon et ses beaux livres*, Bruxelles, le Cercle du livre d'art, 1944, planche n° XXII.

léopards[8]. La représentation du pape en guerrier est une image forte et rare[9].

8) f. 71r° (14 lignes): Baptême de Grimbaut et de Clariande, sa fille.

9) f. 83r° (14 lignes): Comparution de la reine mère d'Angleterre par devant le conseil royal[10].

10) f. 86r° (13 lignes): Baptême d'Amaury, roi d'Écosse.

11) f. 107r° (16 lignes): Prise de Bordeaux par les chrétiens.

12) f. 130v° (15 lignes): Combat près de Jérusalem; au premier plan, on voit s'affronter Constancien et le Sarrasin Ardoubourg.

13) f. 132v° (14 lignes): Siège de Jérusalem.

14) f. 146r° (15 lignes): Combat naval entre les chrétiens et le roi de Palerme.

---

[8] L'importance de l'écu aux léopards est remarquable; ici, il se trouve au cœur de la miniature; la fréquence avec laquelle il est représenté n'est peut-être pas étrangère aux sentiments anglophiles qui furent un temps ceux de Philippe le Bon (ff. 107r°, 146r°, 166v°, 167v°, 169v°, 171v°).

[9] Je remercie Madame Ch. Bousquet, Maître de conférences d'Histoire à l'Université de Tours, qui m'a signalé le caractère exceptionnel de cette représentation du pape; voir aussi D. Collomp, «Le motif du pape combattant dans l'épopée», *Le clerc au moyen âge*, *Actes du 20ᵉ colloque du CUERMA,* Aix-en-Provence, *Senefiance,* 37 (1995), pp. 91-112; la prose anonyme justifie d'ailleurs l'attitude du pape par ces mots: «lequel vuida en armes contre eulx, che c'onques pape ne fist.» BnF, fr. 1489, f. 13r°.

[10] Voir Van den Gheyn, J., *L'Ystoire de Helayne. Reproduction des 26 miniatures du manuscrit 9967 de la Bibliothèque Royale de Belgique*, Bruxelles, Paris, Vromant, Fontemoing, 1913, p. 10, n. 1 «Marchal avait promis de placer une reproduction dans ce catalogue; en réalité, il s'est contenté de reproduire le n°4, tout en écrivant le n°9», et Marchal, *op. cit.*, t. I, p. LXXXIV.

15) f. 150r° (15 lignes): Défaite des Sarrasins devant Rome et distribution du trésor pontifical.

16) f. 155v° (14 lignes): Supplice d'Amaury qui est mis en croix et décollation de ses compagnons.

17) f. 157r° (12 lignes): Le corps d'Amaury est descendu de la croix.

18) f. 162r° (15 lignes): Capture d'Henri par Maradin, près de Bruges; il est visité dans sa prison par un ange.

19) f. 166v° (12 lignes): Pendaison de Malotru à Courtrai et soumission de Bernier.

20) f. 167v° (14 lignes) Prise de Bruges.

21) f. 169v° 13 lignes): Mutilation du messager chrétien dans la Tour du Géant; retour dans le camp chrétien de ce même messager.

22) f. 171v° (15 lignes): Assaut donné à la tour du Géant (qui est une véritable ville).

23) f. 174r° (14 lignes): Baptême de Maloré et des compagnons du géant.

24) f. 177v° (15 lignes): Mariage secret de Ludie avec Brice.

25) f. 180v° (13 lignes): L'hôtesse d'Hélène tue l'officier qui voulait conduire cette dernière au palais épiscopal de Tours; Hélène est amenée au palais.

La première majuscule, I(sidore), «vignettée», contient les armes de Philippe le Bon[11].

---

[11] La lettre initiale .I. est armoriée de Bourgogne-Limbourg et Bourgogne-Brabant en mi-partie, le lion de Flandre brochant sur le tout. Une explication très détaillée des armes de Bourgogne est donnée par P. Palliot *La vraye et parfaite science des armoiries ou l'indice armorial de feu maistre Louvan Geliot, advocat au parlement de Bourgongne, apprenant, et expliquant sommairement les mots et figures dont on se sert au blason des armoiries, et l'origine d'icelles* (pp. 40-41): «Philippe II dit le Bon, autheur de la Thoison d'Or y adjousta Brabant et Luxembourg, si bien qu'il portoit au premier et quatriesme quartier de Bourgongne moderne, au deux de l'ancienne, party de

La table des rubriques comporte 153 initiales de chapitres champies, la première étant d'un module légèrement supérieur (2 lignes[12]), la mesure des autres n'étant que d'une ligne. Les bouts de ligne sont également champis; celui du folio 47r° est inachevé et ne comporte que le point d'or. Parfois l'encre bleue d'un bout de ligne ou d'un pied-de-mouche a légèrement bavé sur le feuillet contigu (20 v°, 22, 80v°, 129v°). On compte ≈ 470 pieds-de-mouche, également champis. Les majuscules sont généralement soulignées par un rehaut de peinture jaune.

Le titre des chapitres[13] est rubriqué et les citations latines sont soulignées avec la même encre (ff. 83r°, 102v°, 109 v°, 134r°). Les indications de chapitres, en chiffres romains, à l'encre noire, sont parfois visibles dans les marges.

La seule marque de possession est l'initiale vignettée, aux armes de Philippe le Bon, qui ouvre le prologue, où commanditaire et auteur sont clairement nommés[14].

Le volume ne contient que la mise en prose de *La Belle Hélène de Constantinople*, faite par Jehan Wauquelin, précédé d'une table des chapitres commençant par: «Cy aprés s'ensuit l'ystoire de Helayne, mere de saint Martin de Tours. Laquelle traicte de ladicte

---

Brabant qui est de *sable au Lion d'or*: au trois aussi de Bourgongne ancienne, party de Luxembourg qui est *d'argent au Lion de gueules la queuë nouée et passée en sautoir, couronné, lampassé et armé d'or* et sur le tout de Flandres». Voir l'ensemble du prologue.

[12] Dans les comptes, on trouve le terme *points*.
[13] La concordance entre le texte de la table des rubriques et celui de la tête de chapitre n'est pas toujours parfaite. Ainsi, entre autres différences, on note que le nom de l'ermite apparaît cinq fois dans la table des rubriques dont quatre sous la forme erronée *Alexis* pour *Felix*; dans les rubriques placées en tête de chapitre, il n'y a que quatre occurrences, l'erreur commise étant la même.
[14] La devise de Philippe le Bon «aultre n'aray» n'apparaît pas.

Helayne, de son pere et de son mary avec pluseurs autres princes comme il apparra par les chappitres desquelz les rebriches s'ensuiguent. Et premierement Le prologue de l'acteur touchant la matere dudit livre… » et finissant par «Cy finissent les rebriches de ce p(rese)nt livre.»

Le texte commence par: «Isydorus le philozophe nous dit en ses *Auctoritez*…» et finit par «multiplicacion de tout honneur, accroissement de joye, paix et santé» suivi de *Amen* et *Explicit*.

La bibliographie étant abondante, on se permettra de renvoyer aux parties iconographie et codicologie dans la bibliographie générale.

Histoire

Ce manuscrit, aux armes de Philippe de Bourgogne, est bien connu, mais il reste, à son propos, de nombreuses incertitudes. En effet, si le prologue annonce que, en l'an 1448, Jehan Wauquelin, à la demande de son seigneur, Philippe de Bourgogne, a mis en prose un «petit livret rimé», on n'a que peu de traces de ce travail; pourtant on trouve maints renseignements concernant d'autres œuvres commandées par Philippe le Bon. Que s'est-il passé entre la date mentionnée pour l'élaboration de la mise en prose par Wauquelin (1448) et l'illustration de Liédet, autour de 1467? Le duc s'est-il davantage intéressé à des projets plus en rapport avec des soucis dynastiques et politiques[15]? En effet le rassemblement

---

[15] *Chroniques de Hainaut, Chronique des ducs de Brabant, Chronographia de Johannes de Beka (1455), Chronique de Hollande, de Zéelande et de Frise*… à quoi on peut ajouter un projet confié à Hugues de Tolins (1460) qui donnera sous le règne de Charles le Téméraire la *Chronique des rois, ducs, comtes et autres saintes personnes de la très noble maison de Bourgogne*, voir Dr. G. Small «Les *Chroniques de Hainaut* et les projets d'historiographie régionale en langue française à la cour de

rapide des territoires si divers qui constituent son duché nécessitait un effort de cohésion et de recherche d'identité commune autour d'un gouvernant incontesté, ce qu'il pouvait trouver dans des œuvres mieux adaptées, autour de la figure de Girart de Roussillon et d'Alexandre le Grand, ou dans les différentes Chroniques latines qui racontaient l'histoire du Hainaut ou du Brabant.

Plusieurs textes intitulés *La Belle Hélène de Constantinople* apparaissent dans l'inventaire de 1467-1469[16], fait par le garde des joyaux, Jacques de Brégilles (Archives départementales du Nord, B 3501, n°123.744, p. 37 et suivantes[17]).

Sous la rubrique «livres de gestes» f. 76v°:

- «ung livre en papier couvert de parchemin, intitulé au dehors: l'istoire de Helaine, mere de saint Martin, escripte à longue luigne; quemenchant le second feuillet

---

Bourgogne», *Les Chroniques de Hainaut ou les Ambitions d'un Prince Bourguignon*, sous la direction de P. Cockshaw, Turnhout, Brepols, 2000, p. 18: «On peut donc dire que dans la deuxième moitié du règne de Philippe le Bon, à la suite d'une longue période d'expansions territoriales, le duc obtint (ou s'efforça d'obtenir), dans une période relativement courte, une série de chroniques régionales qui relataient l'histoire parfois très ancienne, quoique souvent fantaisiste, des pays qui étaient entrés en sa possession par la diplomatie, par la force ou par voie de succession.»

[16] Pour la date de l'inventaire rédigé à Bruges après la mort de Philippe le Bon (15 juin 1467), voir Cl. Lemaire, «Remarques relatives aux inventaires de la Librairie de Bourgogne réalisés en 1467-1469, 1477, 1485, 1487 et aux manuscrits des duchesses», *Scriptorium*, 48 (1994), pp. 295-296.

[17] Nous donnerons en note le numéro attribué au manuscrit par Barrois dans la *Bibliothèque protypographique, ou librairies des fils du roi Jean, Charles V, Jean de Berri, Philippe de Bourgogne et les siens* (Paris, 1830, in 4°).

aprés la table *Aprés ce que Nostre Seigneur*, et le dernier, *ceulx qui l'ont oye*.»[18]

Ces deux membres de phrase se trouvent dans Bruxelles 9967 (le premier constitue les derniers mots du f. 2 du ms. 9967 et le second se trouve dans le bas du dernier feuillet). Il doit s'agir, comme le pense Doutrepont, de l'œuvre de Wauquelin, et peut-être même de la minute (en papier) du manuscrit de Bruxelles[19].

- «ung livre en parchemin couvert de cuir noir, escript a longue luigne, en rime, quemenchant *Seigneur plaise vous ascouter* et le dernier feuillet *aprez le mort*[20].»

Les deux seuls manuscrits sur parchemin connus à donner un texte en prose sont le texte de Wauquelin, dont le début ne correspond pas au début proposé, mais sur le dernier feuillet duquel on peut lire le segment «*Apres la mort desquelz…*», et la prose anonyme contenue dans le manuscrit BnF, n.a. fr. 20592: le début, en vers, qui ne correspond pas exactement *Segneurs faittes chi [paix], plaise vous d'escouter*, a pu faire croire à une version rimée[21]. L'identification de ce manuscrit reste incertaine[22].

- «Ung autre livre en parchemin couvert de cuir jaune, escript de longue luigne, escript au dehors: C'est le livre

---

18   Barrois, *op. cit.*, p. 187, n° 1271.

19   G. Doutrepont, *Les mises en prose des épopées et des romans chevaleresques du XIVe au XVIe siècles*, Genève, Slatkine Reprints, 1970, (Bruxelles, Mémoires de l'Académie Royale de Belgique, 1939), p. 244.

20   Barrois, *op. cit.*, p. 187, n° 1272.

21   «Mais chilx qui cy le mist ne le pot tout rimer / car poeu ot les croniques si l'en convint haster / pour ce, le mist em prose, si con porra trouver.»

22   Voir *La Belle Hélène de Constantinople, Chanson de geste du XIVe siècle*, éd. C. Roussel, Genève, Droz, 1995, p. 42.

de sainte Helaine[23], mère de saint Martin de Tours, historié de pluiseurs belles histoires; quemenchant ou second feuillet, aprez la table, *Au pourfit et salut de tous* et le dernier feuillet, *beaux filz qui tant estoient...* [24]» Cette dernière phrase concorde avec la première ligne du folio 175v° (voir aussi n° 1686 et 2310 de Barrois). A une réserve minime près (le manuscrit a *prouffit*), on peut penser qu'il s'agit du manuscrit de Bruxelles dont le deuxième folio s'ouvre sur les mêmes mots. La mention *escript au dehors* pourrait être le petit morceau de parchemin collé aujourd'hui à l'intérieur de la couverture.

Dans l'inventaire de 1487[25]:

XLv° «Item Ung autre volume couvert de cuir blancq[26], à deux cloans et cincq boutons de léton sur

---

23 Comme le souligne Frocheur, «*La Belle Hélène de Constantinople* ou examen et analyse d'une épopée romane du XIIᵉ siècle», *Messager des Sciences historiques*, impr. Léonard Hebbelynck, Gent, 1846, p. 171, il s'agit d'une sainte Hélène de fiction et non de sainte Hélène, mère de Constantin, qui découvrit la vraie croix du Christ.

24 Barrois, *op. cit.*, p. 187, n° 1273 de l'inventaire rédigé à Bruges, en l'année 1467. La date de cet inventaire a été revue plusieurs fois; on propose aujoud'hui 1469; David Aubert y a participé.

25 Barrois, *op. cit.*, p. 241: Bruxelles. «Inventoire fait par nous, Martin Sleenberch, doyen, et Charles Soillet, escolastre de l'église colégiale Sainte-Goudele de Brouxelles, secrétaires du Roy, nostre seigneur, à ce comis par l'ordonnance du Roy, nostre dit seigneur, et par le comandement de monseigneur l'abbé de Saint-Bertin, conseiller du Roy et chancelier du noble ordre de le Thoyson d'Or, des livres et volumes par nous trouvez en la Chambre de la Garde des Joyaulx, en l'hostel du Roy, en la ville de Brouxelles, comenchié par nous comis dessus nomez, en la dite Chambre, le 15ᵉ jour du mois de novembre, l'an 1487...»

26 Pour cette mention «cuir blanc», très fréquente dans l'inventaire de la bibliothèque de Charles le Téméraire, signifiant «dépourvu de couleur», voir A.-M. Legaré, «Loyset Liédet: un nouveau

chascun costé, historié et intitulé: *L'ystoire de sainte Elaine, mere de saint Martin de Tours*; comenchant ou second feuillet, *Au prouffit et salut de tous oyans* et finissant ou derrenier, *accroissement de joye, paix et sainté*[27].»

Ce manuscrit pourrait bien être le même que le précédent, qui aurait vu sa reliure modifiée en 1470; la graphie *prouffit* n'est guère significative; et le point de repère du dernier feuillet n'est pas le même: il indique les derniers mots du texte dernier feuillet et non les premiers, avec une légère modification graphique puisque *santé* se lit sans équivoque dans le manuscrit; la notice ne mentionne pas, comme cela apparaît la plupart du temps pour d'autres manuscrits, qu'après le texte, on lit encore les deux mots suivants *Amen* et *Explicit*... Ces réserves étant minimes, on peut penser qu'il s'agit du volume relié en cuir blanc mentionné dans les comptes à côté des deux premiers volumes du *Renaut de Montauban*[28].

«Ung autre grant volume couvert de cuir noir, à deux cloans et cincq boutons de léton sur chacun costé intitulé: histoire de Elaine; commenchant ou second feuillet, *Que l'on l'appelast Titus, et finissant ou derrenier, dictes tretous amen s'il vous vient à bon.*[29]»

manuscrit enluminé», *Revue de l'Art*, 126 (1999/4), pp. 36-49, en particulier p. 46 et notes 82-84; voir aussi A. De Schryver «Prix de l'enluminure et codicologie» dans *Miscellanea codicologica F. Masai dicata*, Gent, Éd. scientifiques, 1979, p. 479.

27 Barrois, *op. cit.*, p. 241, n°1686.
28 Voir les comptes renvoyant aux Archives générales du royaume, registre n° 1925, f. VᶜLXVIII r° reproduits par A. Pinchart «Miniaturistes, enlumineurs et calligraphes employés par Philippe le Bon et Charles le Téméraire et leurs œuvres», dans *Bulletin des Commissions royales d'Art et d'Archéologie*, 1865, pp. 481 et 491.
29 Barrois, *op. cit.*, p. 269, n° 1882.

Ce manuscrit ne correspond à aucun des manuscrits connus. Contrairement à ce que dit Roussel[30], il n'y a pas que dans les versions en vers que le pape demande à l'empereur d'appeler son fils Titus; c'est également la version de Wauquelin (IV, 11 *que son plaisir fust de lui mettre à nom Titus*), et s'il s'agit d'une version en vers, supposition peu claire de Doutrepont[31], mais envisagée, au prix de retouches minimes, comme possible par

---

[30] Roussel, *La Belle Hélène de Constantinople*, éd. cit., p. 41, avec renvoi à Doutrepont *Les mises en prose…*, p. 244.

[31] Doutrepont, *La littérature…*, p. 39, et n. 1: Après avoir envisagé que la copie de la *Belle Hélène*, reliée en cuir jaune, qui se trouve dans l'inventaire de Barrois sous le n° 1273 est la même que celle qui est reliée en cuir blanc qui apparaît dans l'inventaire suivant sous le numéro de Barrois 1686, Doutrepont dit:«A côté d'elle figure dans les collections bourguignonnes, le poème rimé, l'original du XIIIᵉ siècle. De ce même poème, un exemplaire s'est trouvé en possession d'une dame de la cour, exemplaire que détient actuellement la ville de Lyon. Cette dame est Loyse de La Tour, épouse de Jean V, seigneur de Créquy et de Canaples… » En note: «le ms. de Philippe le Bon est: Barrois, nᵒˢ 1271-1882, papier.», comme si ces deux numéros ne constituaient qu'un seul manuscrit; or il dit ailleurs les *Mises en prose…*, p. 244 que le n° 1271 de Barrois pourrait constituer la minute de Bruxelles 9967. Les choses pourraient s'éclaircir si effectivement il s'agissait d'une part du «livret rimé» (n°1882), de la minute en papier (n° 1271); le n° 1273 serait également le n° 1686, avec changement de reliure; quant au n° 1272, ms. en parchemin, dont Roussel note que l'identification est incertaine, son début est proche de celui de BnF, n.a. fr. 20592, mais son dernier feuillet s'ouvre sur des mots que l'on retrouve chez Wauquelin; rien ne permet de dire que seul le début était rimé comme dans la prose anonyme de BnF, n.a. fr. 20592; ne pourrait-on penser qu'il s'agissait de la version en vers, sur parchemin, correspondant à la version sur papier n° 1882, auquel manque justement le premier feuillet? Sachant que Wauquelin suit généralement d'assez près sa source, on aurait là une preuve supplémentaire de l'indépendance du manuscrit d'Arras.

Roussel, ce pourrait être le livret rimé qui servit de modèle à Wauquelin.

Dans l'appendice, sous le n°2310[32]: *Vie de sainte Hélène*, dédiée au duc de Bourgogne, en 1448 par Jehan Vauquelin.

Le copiste

Contrairement à ce qui s'est passé pour un certain nombre d'autres manuscrits, nous n'avons pas de renseignements sur le manuscrit de *La Belle Hélène de Constantinople*; si le prologue indique que Wauquelin entreprend cette mise en prose en 1448, il n'y a ni mention de copiste ni date d'achèvement de la copie; les fautes que l'on trouve dans le manuscrit ne permettent pas de penser que la copie puisse être attribuée au dérimeur lui-même comme le suggère Doutrepont[33].

D'après l'inventaire fait à la mort de Philippe le Bon, on croit pouvoir identifier le manuscrit comme étant celui auquel Barrois donne le n° 1273 (voir *supra*); un compte de 1470 nous apprend que Jacques de Brégilles, garde des joyaux de monseigneur, est remboursé en novembre 1470 de frais qu'il a engagés: «A Loyset Liédet... pour avoir fait couvrir de cuir blanc les deux premiers volumes de *Regnault de Montauban* et le *Livre de Helainne mere de saint Martin de Tours*, en tout XXVII s.»[34]; il s'agit peut-être du même manuscrit que le précédent, que l'on aurait pourvu d'une autre reliure, et

---

[32] Barrois, *op. cit.*, p. 324, «ouvrages qui, d'après les extraits d'Achille Godefroi et les Notices rédigées en 1748 et 1796 ensuite des deux réceptions à Paris, ou suivant leurs textes, faisoient partie des Librairies de Bourgogne, sans néanmoins se retrouver dans les Inventaires.» Selon Doutrepont, Barrois l'aurait mentionné par erreur *La littérature...*, p. 38.

[33] *La littérature...*, p. 38.

[34] A. De Schryver, art. cit., p. 479.

qui apparaît dans l'inventaire de 1487 (Barrois n°1686). Entre ces deux dates nous ne savons rien du manuscrit[35].

Gilissen, qui a étudié ce manuscrit, le rattache, selon les critères codicologiques dont il veut montrer le caractère non négligeable, à un groupe comportant deux autres manuscrits: BnF, fr. 9200-9201: *Le Songe du Viel pélerin*, copié à Bruxelles par Guiot d'Augerans en 1465 (colophon)[36]. Ces deux manuscrits offrent, de fait, de grandes ressemblances avec le manuscrit de la *Belle Hélène*; outre la réglure, le grand format, on peut y ajouter la présentation verticale des réclames, le type de décoration (fin de ligne, pieds-de-mouche, initiales décorées), ainsi que l'écriture qui est très proche[37]; il ne s'agit sans doute pas du même copiste, mais on peut penser que la copie est sortie du même atelier. La date proposée par les spécialistes pour la décoration de Liédet se situant aux alentours de 1467 (en tous cas avant 1469,

---

[35] A. De Schryver émet l'hypothèse que l'absence de comptes pourrait s'expliquer par le fait que les artistes au service du duc étant payés de façon régulière, il n'était pas besoin de mentionner leurs divers travaux dans les comptes, voir Cl. Lemaire, «Les pérégrinations des trois volumes des *Chroniques de Hainaut*», dans *Les Chroniques de Hainaut ou les Ambitions d'un Prince Bourguignon*, Turnhout, Brepols, 2000, p. 29.

[36] L. Gilissen, «Un élément codicologique trop peu exploité: la réglure», *Scriptorium*, 1969, pp. 150-162.
Guiot d'Augerans a également copié une *Histoire de Girard de Nevers et la belle Euryant son amie*, B.n.F. fr. 24378.

[37] Les lettres *b*, *h* et *l* présentent une hampe légèrement courbée sur le haut, terminée par une boucle, à la différence de l'écriture de David Aubert où ces mêmes lettres n'offrent qu'un simple trait vertical. Le copiste du *Songe* offre les deux variétés, mais les lettres avec boucles, qui n'apparaissent pas au début de la copie, se font beaucoup plus fréquentes vers le dernier tiers du manuscrit. On note aussi que les majuscules sont assez écrasées et dépassent peu le module des minuscules.

puisque l'ouvrage apparaît dans l'inventaire de 1469)[38], on peut se demander si l'ouvrage n'a pas attendu une vingtaine d'années la mise au propre de ce que Doutrepont pense pouvoir être la minute en papier (n° 1271 de Barrois), et l'on retrouverait là un atelier de copie bien connu[39].

Le manuscrit est enregistré dans l'inventaire dit de Viglius, rédigé en 1577-1579, sous le n°113[40].

En 1643, Sanderus, qui, dans sa *Bibliotheca Belgicæ manuscriptæ, pars secunda*, Lille, 1644, ne consacre que 5 ff. à la Bibliothèque de Bourgogne (mss. *codices*

---

[38] Le livre ne figure pas au nombre des «livres non parfais» de l'inventaire de 1469, comme semble le suggérer Doutrepont «C'est dans ces conditions que s'achèvent les manuscrits de Charles Martel, de *La Belle Hélène, de la Vengeance Nostre Seigneur, du Songe du Viel Pèlerin et des Annales de Hainaut.* », *La littérature...*, p. 495.
Pour l'illustration et la date voir A. M. Legaré, «Loyset Liédet: un nouveau manuscrit enluminé», art. cit., p. 41; la copie n'est cependant pas à attribuer à David Aubert comme le dit l'auteur.

[39] L.M.J. Delaissé, *Le siècle d'or de la miniature flamande: le mécénat de Philippe le Bon*, Bibliothèque royale de Bruxelles, 1959 (catalogue de l'exposition), p. 150: «Guyot Daugerans... doit avoir succédé à Aubert en qualité de copiste; on n'est pas encore parvenu à savoir s'il a joué le rôle d'éditeur de textes dans la capitale du Brabant au même titre que son prédécesseur...».

[40] Pour cette appellation erronée, voir Cl. Lemaire et M. Debae, «Esquisse d'une histoire de la Bibliothèque Royale», *Bibliothèque Royale, Mémorial 1559-1969*, Bruxelles, Bibliothèque Royale Albert Ier, 1969, p. 7; pour la correspondance entre les différents inventaires, voir J. Marchal, *Catalogue des manuscrits de la Bibliothèque Royale des ducs de Bourgogne*, Bruxelles-Leipzig, 1842, I, CCLIII: on y trouve le tableau synoptique des inventaires des années 1467, 1487, 1577 (Viglius), 1643 (Sanderus), 1731 (Franquen), 1797 (Gérard), 1839 (Marchal), p. XXVII).

ducum Burgundiæ in palatio bruxellensi), l'a aussi relevé
sous le n° 103.

Il ne semble pas, contrairement à ce que dit
Frocheur[41], que ce manuscrit ait été transporté deux fois
à Paris; en effet, après la capitulation de Bruxelles le 20
février 1746, un certain nombre de manuscrits
appartenant à la Bibliothèque royale de Bourgogne ont
été intégrés à la Bibliothèque Royale de Louis XV, en
1748; ils font l'objet d'une liste de restitution[42] et portent
les traces d'estampilles de l'Ancien Régime et une note
attestant cette restitution[43]; lors de la deuxième spoliation
ils sont mentionnés à part dans la liste de Poirier, ce qui

[41] Frocheur, *Bulletin de l'académie royale*, art. cit. pp. 273-274 et
Messager des Sciences historiques, art. cit., p. 170.

[42] Un exemplaire de la liste des manuscrits restitués à la Belgique en
exécution de la convention conclue entre la France et l'Autriche le
5 mars 1770, à la suite du traité d'Aix-la-Chapelle de 1769, due à
Pfeffel, est conservée aux Archives nationales, à Paris, *Burgundiæ
reliquiæ*, sous la cote F[17] 1261.

Pour l'histoire de la Bibliothèque de Bourgogne voir M. Debae et
Cl. Lemaire, «Esquisse d'une histoire de la Bibliothèque Royale»,
Bibliothèque Royale, Mémorial 1559-1969, Bruxelles,
Bibliothèque royale Albert Ier, 1969 pp. 31-32, et M. Debae, *La
Bibliothèque de Marguerite d'Autriche. Essai de reconstitution
d'après l'inventaire de 1523-1524,* Leuven, Éd. Peeters, 1995,
p. XXI, note 37. Ces ouvrages mentionnent les pièces qui
permettent de suivre les manuscrits. Voir aussi Cl. Lemaire «Les
pérégrinations des trois volumes des *Chroniques de Hainaut*»,
dans *Chroniques de Hainaut ou les Ambitions d'un Prince
bourguignon*, Bruxelles, KRB, 2000, pp. 31-32; on notera en
particulier la rectification apportée, note 28, à l'important article
de A.-M. Legaré sur le sujet.

[43] Voir Marchal, *op. cit.,* I, p. VII et p. CCLIII: le manuscrit n'est
pas signalé comme ayant subi la première spoliation; voir aussi
A.-M. Legaré «Les cent quatorze manuscrits de Bourgogne
choisis par le comte d'Argenson pour le roi Louis XV», *Bulletin
du bibliophile*, 1998, 2, pp. 241-329, en partic. pp. 256-257.

n'est pas le cas pour notre manuscrit. En revanche, on y trouve l'estampille rouge, les mots Bibliothèque Nationale et le faisceau républicain (ff. 1 et 188v°) qui sont la marque de la spoliation de 1794; lorsque les armées de la République française se furent emparées de la Belgique, la Convention nationale manda à Bruxelles des commissaires, avec injonction d'enlever les manuscrits de Bourgogne; le manuscrit de *La Belle Hélène* apparaît dans le catalogue des manuscrits français enlevés à la Belgique et déposés au Dépôt des Cordeliers que dressa le citoyen Poirier (BnF, n.a .fr. 5420, f. 44v°, dans la rubrique *Histoire* sous les numéros CCCIII et 277). Ainsi que bon nombre des manuscrits enlevés, il fut restitué à la Belgique en application de l'article XXXI du traité de Paris, 30 mai 1814, et il fut rapporté à Bruxelles en 1815.

Les autres manuscrits, contenant des versions différentes de *La Belle Hélène de Constantinople* ne seront mentionnés que pour mémoire, car ils ont déjà été étudiés de façon détaillée par Claude Roussel dans son édition[44]:

La version en vers se trouve dans trois manuscrits:

- Arras, Bibliothèque municipale: manuscrit n° 766 (anciennement 742).

- Lyon, Bibliothèque municipale: manuscrit n° 767 (anciennement 685), «lequel a esté orthographié par le commandement et requeste de ma tres noble et puissans Loyse, dame de Crequi, Canapples et de pluisseurs autres terres et seignouries. Alexandry. *Manu propria*»; cette mention est intéressante car elle conduit à la cour de

---

[44] Voir Paul Verhuyck «Les manuscrits du poème de *La Belle Hélène de Constantinople*», *Studi Francesi*, 47 (1972), pp. 314-324, et plus récemment C. Roussel, *La Belle Hélène de Constantinople*, éd. cit. pp. 29-43.

Philippe le Bon, dont le seigneur de Créqui était conseiller et chambellan, et permet de voir comment se sont développées les lettres et la vie culturelle dans l'entourage du duc de Bourgogne.

- Paris, BnF, fr. 12482; XVe, papier, 218 ff.

- Un court fragment se trouve également dans un manuscrit d'Oxford, Bibliothèque Bodléienne, Douce 381.

Il existe deux versions en prose; l'une, celle de Wauquelin, étudiée ci dessus; l'autre, appelée version anonyme, abrège nettement la version en vers; on la trouve dans les manuscrits suivants:

- Paris, BnF, fr. 1489: XVe, papier, 55 ff.; cette version commence par 21 vers, mais se poursuit ensuite en prose; on retrouve une série de 117 alexandrins, à la fin du f. 48 r°et au début du f. 50 r° (Gamanus, Ludiane et les prisonniers).

- Paris, BnF, fr. 19167: XVe, papier, 303 ff. Outre le *Roman de La belle Hélène* (acéphale), il contient *Le roman de Mélusine*, de Couldrette; *Le Roman de Pierre de Provence et la belle Maguelonne*, et une courte pièce en vers occupe le dernier feuillet.

- Paris, BnF, n.a. fr. 20592: XVe siècle, parchemin, 95 ff. C'est un manuscrit plus luxueux, comportant des initiales enluminées; sa reliure de veau granité est ancienne; il présente une lacune, et non un abrègement, correspondant aux ff. 42v°-51 du BnF, fr. 1489 (depuis la victoire de l'Écluse jusqu'au mariage de Brice); il a appartenu à Lord Hopetown.

C'est cette prose anonyme qui a servi de modèle aux versions imprimées[45]:

1) Le romant de la belle Helayne de Constantinoble mere de sainct Martin de Tours en Tourayne. Et de sainct Brice son frere, imprimé à Lyon par Olivier Arnoullet, 4 août 1428, [17089]. Un exemplaire se trouve à la Bibliothèque de l'Arsenal, Ars. 4° B 4345.

2) Dans un recueil, avec *Jehan de Paris* et *Pierre de Provence et la belle Maguelone, fille du roy de Naples, le romant de la belle Heleine de Constantinople*, laquelle fut mere de S. Martin de Tours en Touraine, & de sainct Brice son frere, Antoine Baudran, maistre imprimeur à Lyon, s.d., BnF, Rés. P- Y².-3048 (1).

3) La Bibliothèque royale de Copenhague possède un exemplaire imprimé par Benoist Rigaud en 1575.

4) Le rommant de la belle Helaine de Constantinople, mère de sainct Martin de Tours en Touraine et de sainct Brice son frère. A Paris, pour la vefve Jean Bonfons, libraire demourant en la rue nostre Dame a l'enseigne sainct Nicolas. Nouvellement imprimé a Paris pour la vefve Jean Bonfons libraire... goth.; l'exemplaire conservé à Paris, BnF, Rés. Y²760, n'est pas daté et présente le texte sur 2 colonnes.

5) La bibliothèque de l'Arsenal possède un exemplaire de l'édition de Nicolas Bonfons daté de 1586 (Arsenal 4° B 4346), présenté sur deux colonnes. Entre le texte du roman et la table des rubriques, on lit un avertissement de l'imprimeur aux lecteurs, évoquant ses hésitations à offrir une réimpression de ce texte qui est considéré à tort comme une vie de saint et les engageant à ne pas prendre pour vérité ce qui n'est que produit de

---

[45] Brunet, *Manuel du libraire et de l'amateur de livres*, Paris, Maisonneuve et Larose, 1966, (Firmin-Didot, 1809, suppl. 1870), pp. 85-86, suppl. p. 598.

l'imagination. Il se propose d'ailleurs d'imprimer la vie de la véritable sainte Hélène.

L'exemplaire de Tours 3577 n'a pas été retrouvé.

6) Le Rommant de la belle Helaine de Constantinople, mere de sainct Martin de Tours et de sainct Brice avec l'hystoire du roy Constant et de la royne Plaisance… imprime à Paris par Dauphine Lotrian veusve de feu Nicolas Chrestien (sans date). in-4. goth. sign. a-kiij; sur 2 colonnes; Paris, BnF, Rés. Y^2 730.

7) Le Rommant de la belle Helaine de Constantinople, mere de sainct Martin de Tours et de sainct Brice avec l'histoire du roy Constant et de la royne Plaisance femme du Roy d'Escalongne et fille du roy de Jerusalem XI— Nouvellement imprime à Paris par Dauphine Lotrian veusve de feu Nicolas Chrestien demeurant a la rue Neufve Nostre Dame, a l'enseigne de l'escu de France. Paris, s. d. in-4°. goth. 44 ff. sign. A-K; 2 colonnes.

Il s'agit d'un recueil où l'on trouve aussi *Pierre de Provence et la belle Maguelone, fille du roy de Naples* et *Olivier de Castille et Artus d'Algarbe* Paris, BnF, Rés. Y^2 708.

8) Le romant de la belle Hélène de Constantinople mere de S. Martin de Tours en Touraine & de S. Brice son frere. A Troyes, Nicolas Oudot, s. d.; BnF, Rés-Y^2-1461.

Brunet mentionne en outre deux éditions chez Simon Calvarin, à Paris.

1) Le Romant de la belle Helaine de Constantinople, mere de Sainct Martin de Tours en Touraine, et de Sainct Brice son frere. XI. Ca à Paris, chez Simon Calvarin, (s. d.); pet. in 4. goth. de 44 ff. à 2 col. non chiffrés; sign. A-J.

2) Le Romant de la belle Helaine de Constantinople… A Paris, chez Simon Calvarin, rue Sainct Jacques, à l'enseigne de la Rose Blanche couronnée. s.d. in 4. goth.

Il y a également un certain nombre d'éditions populaires, le plus souvent non datées, du XIXe siècle:
Avignon, Peyri, 1862.
Caen: P. Chalopin; A. Hardel (entre 1834 et 1865).
Charmes : B. Mongel
Douai: Deregnaucourt.
Epinal: Pellerin (seules les deux premières éditions ne sont pas datées; ensuite il y a eu plusieurs rééditions 1811, 1823, 1826, 1834, 1845, 1847).
Lille: Parvillez Rouselle.
Montbéliard: Deckherr; une édition non datée, l'autre de 1841.
Neufchâteau: Pétri, 1824.
Paris: Veuve Demoraine et Boucquin.
Rouen: Lecrène-Labbey.
Toulouse: Dieulafoy.
Toulouse: A. Navarre.
Troyes: J. Garnier; Baudot.

Ch. Nisard fait un résumé du roman et mentionne les éditions de Paris, d'Épinal (Pellerin) et de Charmes (Buffet)[46].
A. Morin mentionne quatre éditions chez Garnier, et une chez Baudot[47].
F. Frocheur mentionne également plusieurs traductions et éditions en langue étrangère, notamment danoise et suédoise[48].

---

[46] *Histoire des livres populaires ou de la littérature du colportage depuis le XVe siècle jusqu'à l'établissement de la Commission d'examen des livres du colportage*, 1854, 1864, 2e éd. II, pp. 415-423, rééd. 1968.
[47] A. Morin, *Catalogue descriptif de la Bibliothèque bleue de Troyes*, Genève, Droz, 1974, pp. 43-, 214-215 (n° 504-508).
[48] F. Frocheur, «*La Belle Hélène de Constantinople,* ou examen et analyse», art. cit., pp. 184-187.

G. Doutrepont mentionne les éditions relevées par Brunet: Arnoullet (1528), Calvarin, Bonfons (1586)[49].

Édition moderne de Wauquelin:
O. Brattö[50], a transcrit les chapitres CVII et CVIII.

---

[49] G. Doutrepont, *Les mises en prose…*, p. 245.
[50] *La Belle Hélène de Constantinople, conte d'aventures du XVe siècle,* thèse dactylographiée (1959); un exemplaire est déposé à l'I.R.H.T (n° 18425).

L'AUTEUR

Splendeurs de la cour de Bourgogne... titre évocateur, qui rappelle les fastes et les ambitions des quatre ducs. L'ambition politique y apparaît autant ou plus que le souci culturel, car la gloire du prince doit être manifestée avec éclat, et la littérature, comme les autres arts, reflète la vérité profonde de ce mécénat dont l'importance dans le panorama de la vie culturelle du XVe siècle n'est plus à démontrer[1]. Les ducs, et plus particulièrement Philippe le Bon, s'entourent d'écrivains qui travaillent «à l'exaltacion et accroissement de l'exellent honneur de [leur] tresredoubté seigneur et prince et à la multiplicacion de sa gloire» (prologue de *La Belle Hélène de Constantinople*), et l'on voit fleurir un grand nombre de somptueux ouvrages dont le texte comme la luxueuse illustration célèbrent la grandeur du prince. Certains d'entre eux sont des cadeaux offerts par des proches, d'autres sont des commandes du prince lui-même. Ainsi *La Belle Hélène de Constantinople,* de Jean Wauquelin,

---

[1] Voir les ouvrages de G. Doutrepont, *La littérature française à la cour des ducs de Bourgogne*, Paris, Champion, 1909 et *Les mises en prose des épopées et des romans chevaleresques du XIVe au XVIe siècles*, Bruxelles, Palais des Académies, 1939. Une série d'œuvres écrites dans cette mouvance ont été traduites (partiellement *La Belle Hélène de Constantinople*) et rassemblées dans *Splendeurs de la Cour de Bourgogne*, sous la direction de D. Régnier-Bohler, Paris, Laffont, 1995.

est une des nombreuses mises en prose commandées par Philippe le Bon dont le règne (1419-1467) est marqué par un accroissement sensible de la bibliothèque qu'il avait héritée de son père[2]; parallèlement à l'histoire et aux ouvrages à prétention historique qui, à leur manière, servaient les ambitions du prince, ce genre littéraire particulier, qui «dérimait» souvent d'anciennes chansons de geste en vers[3], connut alors une très grande faveur, qui n'était sans doute pas étrangère à l'impact politique que le souffle épique pouvait présenter dans les territoires bourguignons de ce Moyen Âge finissant.

Le récit de *La Belle Hélène de Constantinople* est précédé d'un prologue où, tout en rendant hommage à son commanditaire, Philippe le Bon, l'auteur se nomme clairement: «Je, Jehan Wauquelin»[4]. Certains éléments

---

[2]   Voir G. Doutrepont, *Inventaire de la «Librairie» de Philippe le Bon*, Bruxelles, Kiesseking & Co., 1906; les inventaires faits après la mort de Philippe le Hardi (1404) et celle de sa femme l'année suivante ne permettent pas de connaître avec précision le nombre de volumes qui constituaient leur bibliothèque, mais on peut penser qu'il y en avait une bonne centaine; l'inventaire de la bibliothèque de Jean sans Peur (1420) comptait 248 volumes alors que celle de Philippe le Bon atteindra près de 900 volumes, bibliothèque que Charles le Téméraire continuera d'augmenter, voir Doutrepont, *La littérature….*, pp. XLIV-XLVI.

[3]   Mais aussi des romans, notamment ce roman édifiant qu'est *La Manekine*.

[4]   Ce qu'il avait déjà fait pour sa traduction française du *Chronica nobilissimorum ducum Lothoringiæ et Brabantiæ ac regum Francorum*, d'Edmond De Dynter, vers 1447 et que l'on retrouvera dans *Le Gouvernement des princes*, traduit du latin vers 1450; il ne recourt pas ici, comme cela a été souvent répété à la suite de Suchier, à un de ces «engins», si courants au Moyen Âge, qu'il a utilisés ailleurs, tel l'acrostiche de dix-huit lettres que l'on trouve dans son *Histoire du bon roy Alixandre* mis en prose pour le comte d'Étampes (BnF, fr. 1419, f. 378v°) et qui donne Johannes Vvauquelin (voir aussi *Les Faicts et les conquestes*

de sa vie sont connus par les informations qu'il a lui-même données ici ou là: ainsi dans le prologue de l'*Histoire d'Alexandre*, mise en prose sur l'ordre de Jehan de Bourgogne, cousin germain du duc, Wauquelin annonce qu'il va «mectre par escript en langaige maternel» cette noble histoire; au début du second livre, après avoir rappelé qu'il doit raconter l'histoire «en nostre langage maternel» et évoqué le commanditaire, «gouverneur [...] du noble et boin païs de Picardie», l'auteur ajoute «et duquel païs de Picardie je sui natif»[5]; dans *La Belle Hélène de Constantinople*, on trouve une allusion au temps de la jeunesse et à l'école que fréquentait l'«acteur»: «Et dit nostre hystoire qu'il fut nommé Constancien et qu'il est saint et eslevé en fiertre en l'eglise de *Nostre Dame de Bretueil en Beauvoizis*, ung monastere de moynes de l'ordre saint Benoit. Et là le vont requerir pluseurs creatures demoniacles et hors du sens pour le salut et sancté de leurs corps. Et *je, qui suis l'acteur de ceste hystoire* du commandement de mondit tresredoubté seigneur, comme dit est, *au temps de ma jeunesse que je aloye à l'escole assés prés dudit monastere*, y vis venir pluseurs telz malades, entre lesquelz je y vis amener ung gentil homme de Normandie, piteusement et crueusement tormenté, qui

d'Alexandre le Grand, de Jehan Wauquelin (XVe siècle)*, édition critique par Sandrine Hériché, Genève, Droz, 2000, p. 573, ch. 281, 34-39), ou celui de quinze lettres de son *Istoire de monseigneur Gerard de Roussillon* (BnF, fr. 852, f. 199) composée en 1448 pour Philippe le Bon: «duquel [l'acteur] s'il vous plaist savoir le nom et le sournom vous prendrés les .XV. premieres lettres des .XV. premiers chappitres de cestui present volume qui vous enseigneront mises ensamble la parole preposee», soit Jehan Vvauquelin.

5   Voir *Les Faicts et les conquestes d'Alexandre le Grand, de Jehan Wauquelin (XVe siècle)*, Sandrine Hériché, éd. cit., p. 322, ch. 159, 15-16, 22.

par les merites du benoit saint Constancien s'en ala en son paÿs, sain et en bon point.» (LXXXV, 55-68, f. 107); il s'agit, semble-t-il, de Breteuil-sur-Noye, dans le diocèse de Beauvais[6]. Wauquelin dut naître en Picardie, sans doute au début du XVe siècle et y recevoir sa formation de clerc. A plusieurs reprises il évoque la langue qu'il utilise; de façon habituelle, il parle de *rouman*, de *françois*, de *langaige maternel*; dans la traduction de *Girart de Roussillon*, entreprise p o u r Philippe le Bon, il précise: «me suy determiné, ordonné et disposé de mettre, composer et ordonner par escript *en nostre langaige maternel* que nous disons *walecq ou françois*…», et à la fin de l'œuvre il rappelle qu'il utilise un «livret rimé *en rommant*»[7]. Comme le souligne A. Henry, il semble que pour Wauquelin *wallecq* soit un simple synonyme de *françois*, *françois* étant le terme le plus courant[8], ce que semble confirmer l'information personnelle livrée dans *La Belle Hélène* par l'«acteur», puisque Breteuil-en-Beauvaisis est nettement au sud du

---

[6] Chef-lieu de canton, arrondissement de Clermont-sur-Oise.

[7] BnF, fr. 852, anc. Colbert 1904, f. 9v° et f. 207r°.

[8] Pour ce terme qui désigne habituellement la langue d'oïl en Picardie septentrionale, en bordure du domaine germanique, voir A. Henry, *Esquisse d'une histoire des mots Wallon et Wallonie,* Bruxelles, La Renaissance du livre, 1972, pp. 27-34, et «Jean Wauquelin et l'histoire du mot WALLON», dans *Mélanges de linguistique française et de philologie et littérature médiévale offert à M. Paul Imbs*, Strasbourg, 1973, pp. 168-176. Les termes *rouman, franchoix, langaige maternel* se trouvent glosés l'un par l'autre, ou apparaissent comme variante d'un manuscrit à l'autre dans les œuvres suivantes: *Historia regum Britanniæ*, de Geoffroy de Monmouth, *l'Histoire du bon roy Alixandre*, les *Croniques des Belges* ou *de Bavo* (dans cette œuvre traduite pour Philippe le Bon, le prologue dit «*nostre commune langage maternel*»), *Girart de Roussillon*, la version française du *De regimine principum* de Gilles de Rome.

domaine picard; y aurait-il là une coquetterie d'auteur, une intention courtisane à l'égard de Philippe le Bon?

D'autres éléments sur la vie et l'œuvre de Wauquelin[9] sont donnés par l'examen de comptes, de registres et de différents documents.

Le nom de Wauquelin apparaît dans des comptes pour des travaux divers (restauration, reliure, écriture…), destinés à des établissements religieux du Hainaut[10]. D'après les notes prises par Gonzalez Descamps qui a exploré les archives de Mons (Hainaut) avant leur destruction en 1940, il s'installe à Mons avant 1428, date

---

[9] Essentiellement les Archives générales du royaume (Bruxelles); les Archives départementales du Nord (Lille); les Archives départementales de la Côte-d'Or (Dijon); outre les informations qu'ils nous donnent sur l'activité de Wauquelin, ces renseignements sont fort utiles également pour comprendre dans quelles conditions se confectionnaient les manuscrits de luxe au XVe siècle, tels ceux que l'on voit fleurir à la cour de Bourgogne, commandés par Philippe le Bon ou son entourage. Un certain nombre de ces documents sont évoqués ou communiqués avec leurs références par P. Cockshaw, «Jean Wauquelin- documents d'archives», *Les Chroniques de Hainaut*, Bruxelles, KBR, 2000, pp. 37-49.

[10] Voir P. Cockshaw, *Les Chroniques de Hainaut,* art. cit., p. 42; dans les *Titres et comptes de l'Hôpital de Saint-Nicolas à Mons, 1365-1459*: «A Jehan Wauquelin, liberier, pour avoir enluminés, reloyés et remis a point deux breviaires a l'usage de Saint Gertrud de Nivelles demourés audit ospital par le trespa messire Jaque Gherbet, priestre et lesquels sont a vendre…», d'après Anne van Buren (dissertation inédite); pour l'année 1439-1440, le curé de Nimy lui a acheté un livre contenant sept cahiers; il a été payé pour les cahiers, la couverture et les boulons; pour l'année 1440-1441, il restaure un livre pour les vêpres; il relie plusieurs livres: un psautier, une vie des Pères et un livre de saint Augustin; plus tard, 1450-1451, il est payé «pour avoir translatét en roumand la bulle que Bruyere rapporte de Rome et ossi le mandement de Monseigneur de Cambray.»

de la mort de sa première femme[11]. Il devient bourgeois de la ville[12] et achète une maison avant 1430. Il se remarie et épouse une montoise, Jeanne Au Paix, de qui il a un fils, encore mineur au moment de sa mort en 1452. Dès 1447, il est mentionné dans les comptes du Grand Bailliage de Hainaut comme recevant une pension annuelle de 50 écus d'or; la même année des lettres de retenue le mentionnent comme valet de chambre du duc[13].

«Maistre Jehan Wauquelin, clercq au comand de mon dit seigneur le duc», «(Maistre) Jehan Wauquelin, clercq[14] demourant a Mons», effectue des travaux de nature assez variée qui concernent tous la production du livre: comme le montrent les comptes, il se déplace lui-

---

[11] Madame Anne van Buren-Hagopian a pu consulter les notes que Gonzalez Descamps avait prises et qui sont restées manuscrites; elle en a communiqué un certain nombre dans un article concernant Jean Wauquelin «Jean Wauquelin de Mons et la production du livre aux Pays-Bas», *Publication du centre européen d'études burgondo-médianes*, Bâle, 1983, n° 23, pp. 53-74; d'après ces indications, l'installation à Mons, favorisé par un mécénat princier de tradition ancienne, serait beaucoup plus précoce qu'on ne l'a dit et antérieure au rattachement du Hainaut aux possessions de Philippe le Bon (1432).

[12] Désigné comme tel dans l'*explicit* de la traduction de Geoffroy de Monmouth (B.L. Lansdowne 214, f.193r°).

[13] Tous ces détails s'appuient sur les documents d'archives présentés dans l'article de P. Cockshaw, *Les Chroniques de Hainaut*, art. cit., pp. 37-49; dans le registre des décès de la paroisse Sainte-Waudru, son nom apparaît (7 septembre 1452), avec la mention «en son temps translateur et varlet de chambre de monseigneur le duc de Bourgogne».

[14] Terme utilisé dans les comptes, mais aussi par Wauquelin lui-même dans la traduction de la *Chronique de Brabant* d'Edmond De Dynter (VI, 60).

même ou utilise les services d'un «chevaucheur[15]» pour envoyer son travail au duc qui désire en prendre connaissance (*Chroniques, Girart*); il dispose lui-même de clercs et l'ambiguïté du terme «escrire» ne permet pas de savoir s'il copie lui-même le texte[16]; selon Madame van Buren, qui s'appuie sur la modestie des sommes reçues, ce devait être le cas au début de sa carrière; par la suite, il semble plutôt avoir déployé une activité de libraire[17], se chargeant, après la rédaction, de l'achat du

---

[15] Wauquelin s'est lui-même déplacé à plusieures reprises à Lille, Bruges; Josse Hannotiau, chevaucheur, est payé le 4 février 1447 pour avoir porté au duc «pluiseurs grans livres des *Cronicques de Haynnau*, lesquelx Jehan Wauquelin avoit translatez...», puis le 5 mai 1447 pour «pluiseurs quayers du livre de *Gerard de Roussillon*...», voir P. Cockshaw, art. cité, pp. 37, 44.

[16] Wauquelin reçoit, le 9 mars 1450, 30 écus d'or, pour prix des «paines, travaulx et services qu'il avoit fait et faisoit a mon dit seigneur continuellement en l'escripture et translacion qu'il faisoit de pluiseurs cronicques pour mon dit seigneur...»; des comptes mentionnent des sommes payées «a maistre Jehan Wauquelin et Jacquemin du Boix son clercq, demorans à Mons... pour avoir escript et coppijét en velin...», voir P. Cockshaw, *Les Chroniques de Hainaut*, art. cit., pp. 37, 42, 45; dans un autre compte le même Jacotin est désigné par le terme de «serviteur» (de Wauquelin), p. 48; on voit également dans les comptes, qui précisent le détail des fournitures et des tâches, que la copie était souvent confiée à ses clercs, Jaquemin (ou Jacotin) du Bois, ou Jacotin Pilavaine.

[17] Delaissé voit en Wauquelin le premier éditeur au sens moderne du terme; des maisons d'édition auraient rassemblé dans une même officine les différents corps de métier intervenant dans la fabrication du livre; voir «*Les Chroniques de Hainaut* et l'atelier de Jean Wauquelin à Mons, dans l'histoire de la miniature flamande», *Miscellanea Erwin Panofsky,* Musées Royaux des Beaux-Arts, Bruxelles, Bulletin IV, 1955, pp. 21-56. Cette thèse fut réfutée alors par A. De Schryver qui montra, manuscrits à l'appui, que certaines opérations étaient effectuées dans d'autres centres; elle a été nuancée par Madame van Buren, «Jean Wauquelin de Mons...», art. cit., pp. 57-58; voir aussi R.E.F.

support puis de l'achèvement complet du livre: «escripture, enluminure, relieure, doreure et armoieure», comme cela apparaît dans les comptes du duc qui mentionnent le remboursement des sommes payées aux hommes de métier par le garde-joyaux ou par des proches.

Il est également écrivain et sa production reflète les modes littéraires de l'époque: il «translate» (traduit) des ouvrages comme les *Chroniques de Hainaut, Girart de Roussillon*, compilant parfois plusieurs sources, et une reconnaissance officielle lui en est donnée avec le titre de valet de chambre; après sa mort un acte le mentionne comme «a son vivant translateur et escripvain de livres[18]»; traducteur, il est aussi remanieur, comme la plupart des écrivains de son époque, tels Jean Miélot ou David Aubert, les plus connus, et «met en prose» des œuvres en vers (*La Belle Hélène de Constantinople, La Manekine*[19]).

Prologues, parfois datés, indices codicologiques, illustration, comptes, permettent de penser que

---

Straub, *David Aubert, escripvain et clerc*, Amsterdam-Atlanta, Rodopi GA, 1995, pp. 308-312 et «L'activité littéraire de David Aubert», *Moyen français, Actes du VIIIe colloque international*, pp. 143-150, en part. p. 146.

[18] ADN 10417, 29v°-30 (vérifié personnellement aux Archives départementales du Nord). Contrairement à David Aubert, Jean Wauquelin n'est mentionné expressément comme *escripvain* du duc ni dans les prologues de ses œuvres ni dans les comptes; cette charge semble lui avoir été conférée abusivement d'après les comptes de 1453 qui ne disent rien d'autre que «a son vivant translateur et escripvain de livres»; le texte complet de ce compte est donné par P. Cockshaw, *Les Chroniques de Hainaut,* art. cit., pp. 38, 47.

[19] Le texte a été édité avec la version en vers par H. Suchier, *Œuvres poétiques de Philippe de Remi, sire de Beaumanoi*r, Paris, Firmin-Didot, 1884.

l'ensemble de sa production se situe entre 1440 et 1452, date de sa mort.

Les premiers travaux de Wauquelin sont exécutés pour des grands seigneurs de l'entourage de Philippe le Bon, dédicataires généralement désignés dans les prologues: Jean de Bourgogne, premier commanditaire de l'*Histoire d'Alexandre* (aux environs de 1440)[20]; vers 1444-1445, Antoine de Croÿ[21] lui commanda une traduction de l'*Historia regum Britanniæ* de Geoffroy de Monmouth, dans laquelle sont insérées les *Prophetiæ Merlini*; en 1445, «à la suggestion ou à la commande de Simon Nockart[22], clerc du Bailliage de Hainaut et conseiller ducal»[23], il entreprend la traduction des *Annales historiæ illustrium principum Hannoniæ* de Jacques de Guise, les *Chroniques de Hainaut*[24]; à une

---

[20] Cousin du duc, comte d'Etampes et seigneur de Dourdan, lieutenant et capitaine-général du duc en Picardie, voir *Les Faicts et conquestes d'Alexandre le Grand,* Sandrine Hériché, éd. cit., introd. pp. X, note 4, XLI; p. 1, prologue 15-16 et p. 322, chap. 159, 15-16.

[21] Premier chambellan du duc, désigné par ses titres «Conte de Porcien, seigneur de Renti et d'Arschot» dans le ms. Bruxelles KBR, 10415-10416, 10415, f. 1 (voir P. Cockshaw, *Les Chroniques de Hainaut,* art. cit., p. 38), et considéré par Wauquelin comme «mon trespicial amy et signeur...» ms. Landsdowne 214, f. 85r°, d'après I. Arnold, «Notice sur un manuscrit de la traduction des *Annales de Hainaut* de Jacques de Guise par Jean Wauquelin», *Romania,* 55 (1929), p. 383.

[22] Clerc du Bailliage de Hainaut et conseiller de Philippe le Bon.

[23] P. Cockshaw, art. cit., p. 40.

[24] Pour l'histoire compliquée de cette traduction, voir A. van Buren-Hagopian, art. cit., Il semble que cette traduction, qui est l'abrégé des trois premiers livres seulement, fut interrompue par la commande d'Antoine de Croÿ, voir à ce sujet I. Arnold, art. cit., pp. 382-400, et A. van Buren-Hagopian, «Jean Wauquelin de Mons», art. cit., p. 54.

date inconnue, il met en prose *La Manekine* de Philippe de Rémy pour Jean II de Croÿ[25], frère cadet d'Antoine.

Les comptes bourguignons de 1445 font état d'un voyage que Wauquelin effectua à Lille, chez le duc: «A Jehan Wauquelin, demourant à Mons en Haynnau, pour don a lui fait quant il est venu devers mon dit seigneur a Lille pour aucunes affaires touchans la translation de *pluseurs hystoires des païs de mon dit seigneur…*»; c'est à partir de cette date qu'apparaît l'activité littéraire de Wauquelin au service du duc; d'après les comptes et le prologue, le *Girart de Roussillon* est élaboré entre 1446-1448; à la même époque, Wauquelin reprend pour Philippe le Bon, intéressé par le projet de Simon Nockart, les *Chroniques de Hainaut*, traduction du texte latin de Jacques de Guise; ce travail se poursuit sur plusieurs années et le troisième volume est réglé à la veuve de Wauquelin un an après la mort de l'auteur. Wauquelin se dit également l'auteur de la traduction de la *Chronique des ducs de Brabant*, traduction de la *Chronica ducum Lotharingie et Brabantiæ* d'Edmond De Dynter, avec dédicace au duc (1445), offerte au duc de Bourgogne en 1447 par un secrétaire de la chancellerie de Brabant (Livre VI, chapitre 60)[26].

En 1448 il reprend pour Philippe le Bon le roman historique en prose commandé par Jean de Bourgogne, *Chroniques d'Alexandre*. C'est de la même année qu'est daté le prologue de *La Belle Hélène de Constantinople*. En 1450, il entreprend, comme il le dit dans le prologue,

---

[25] Conseiller et chambellan du duc et grand bailli de Hainaut de 1433 à 1457.

[26] Un mandement ducal du 4 septembre 1447 mentionne le don obtenu en retour, voir P. Cockshaw, *Les Chroniques de Hainaut*, art. cit., p. 39; éd. de M. de Ram, *Chronique des ducs de Brabant*, par E. De Dynter, Bruxelles, 1854-1860.

une traduction modernisée du *De regimine principum* de Gilles de Rome (copie de Pilavaine).

Il surveille aussi la transcription par Pilavaine d'autres textes: «les livres de Boèce de *Consolation*, d'*Etiques*, de *Mellibee et de Prudence* et les *Croniques de France abregees*[27]»; après la mort de Wauquelin, sa veuve reconnaît que son mari a été payé pour «deux volumes de livres… l'un d'iceulx volumes traitant le tierche partie des *cronicques de Bavo*… et l'aultre volume traitant la quarte partie des livres maistre Jehan Froissart[28]» dont la copie n'a pas été retrouvée.

L'examen de ces textes divers laisse transparaître des préoccupations différentes; la plupart ont un enjeu politique certain et s'inscrivent dans des perspectives fondatrices; le *Gilles de Rome* est un traité didactique de formation morale et politique.

La Manekine et *La Belle Hélène de Constantinople*, qui n'ont pas les mêmes dédicataires, traitent d'un sujet voisin, très différent des précédents, ce qui pourrait inciter à envisager des destinataires différents; si le premier est nettement romanesque, le second, beaucoup plus composite, comme sa source d'ailleurs, présente des traits épiques encore appréciés à la cour de Bourgogne; la coloration religieuse et l'évocation répétée de lutte contre les ennemis de la foi catholique sont sans doute à mettre en rapport avec la piété du duc et les préoccupations qu'il n'a cessé, tout au long de son règne, de réaffirmer; l'appel à la croisade, plus particulièrement à la suite du concile de Florence et de la réunification des Églises, l'a conduit à s'associer à plusieurs initiatives de lutte contre la menace que représentaient les Turcs pour Constantinople et pour l'Occident.

---

[27] P. Cockshaw, *Les Chroniques de Hainaut,* art. cit., pp. 37, 45, 46, 48.

[28] P. Cockshaw, *Les Chroniques de Hainaut,* art. cit., p. 47.

Les manuscrits offerts à Philippe le Bon tout comme le soin avec lequel le duc a suivi certaines de ses commandes révèlent autant un désir de prestige que le souci d'asseoir une autorité sur des textes considérés comme fondateurs[29]. Le grand nombre de productions touchant à l'histoire locale ou ayant trait à des héros auxquels le duc peut s'identifier, les deux étant parfois combinés (*Girart de Roussillon*) est d'ailleurs significatif.

L'importance de cette production en un temps assez réduit est considérable et suscite bien des questions autour de l'élaboration de ces œuvres; même s'il s'agit de réutiliser des textes existants, qu'il faut traduire ou mettre en prose puis retranscrire, on reste perplexe devant la somme de travail que cela représente. L'absence d'indication dans les comptes à propos d'une œuvre comme *La Belle Hélène de Constantinople*, la date tardive de l'illustration, le travail en cours par ailleurs, peuvent inviter, sinon à remettre en cause la date fournie par le prologue, qui pourrait être la date où Wauquelin accepte la commande, du moins le moment où il s'est effectivement attelé à la tâche[30], avant 1452, date de sa

---

[29] Il ne semble pas qu'il faille étendre à tous les travaux exécutés l'attention que Philippe le Bon porta aux *Chroniques de Hainaut* et au *Girart de Roussillon* et pour lesquels il regarda le premier état d'un certain nombre de cahiers avant d'en faire faire la copie sur parchemin: le 4 février 1447 après la traduction du latin au français: «Se avoit mandét mon dit seigneur que on lui portast. A esté payét audit Josse pour 10 jours qu'il mist oudit voyage, parmy 5 jours que mon dit seigneur le duc le fist targier audit Bruges, avant qu'il eüst viseté lesdis livres pour les faire grosser…»; le 5 mai 1447 «car il volloit veïr les dis quayers pour le langaige, avant qu'il fuissent en parcemin.» Citations extraites de l'article de P. Cockshaw, *Les Chroniques de Hainaut*, art. cit., p. 44.

[30] Contrairement à ce qui a parfois été proposé, le type de faute que l'on rencontre dans le manuscrit (notamment les erreurs dans les

mort, si c'est lui qui a mené à terme le travail; les
comptes semblent témoigner que Philippe le Bon s'est
davantage intéressé à d'autres textes, plus proches de ses
préoccupations politiques; à moins qu'il ne faille penser
que plusieurs chantiers étaient menés simultanément.

---

citations latines ou leur traduction) invite à ne pas voir dans ce
manuscrit un manuscrit autographe, voir G. Doutrepont, *La
littérature...*, p. 38.

ANALYSE

Le texte de Wauquelin est divisé en 153 chapitres, dont le contenu est précisé dans la rubrique placée au-dessus de chacun d'eux, ces rubriques étant elles-mêmes rassemblées dans une table qui précède le texte.

Sous le pontificat du pape Clément, deux ou trois cents ans après la prise de Jérusalem par Titus, Rome est assiégée par les troupes du roi sarrasin Bruyant. Appelé au secours, l'empereur Antoine de Constantinople délivre Rome et épouse la nièce du pape. Morte prématurément en couches, sa femme lui a donné une fille, Hélène. Inconsolable, l'empereur s'attache excessivement à l'enfant, qu'il fait coucher dans son lit et dont il fait peindre des portraits dans plusieurs pièces de son palais. Nourrissant des désirs incestueux pour la jeune fille qu'elle est devenue, il se met en tête de l'épouser. A la faveur d'une nouvelle attaque de Bruyant contre Rome, il n'accorde son soutien au pape que s'il obtient en échange la dispense nécessaire pour un tel mariage. Poussé par ses conseillers, le pape accepte; Antoine vient donc à son secours, mais ses pensées ont pour seul objet sa fille dont il fait représenter le portrait sur les piliers du palais papal. Après la victoire, le pape tente, en vain, de le dissuader. Muni de la dispense, Antoine regagne Constantinople. La jeune fille, qui ne peut faire renoncer son père à un tel projet, s'enfuit, grâce aux conseils de sa gouvernante et aux bons services d'un marin. Arrivée au pays de Vautembron (l'actuelle Flandre), elle se réfugie dans un couvent de religieuses, tandis que son père, après avoir fait brûler vive la gouvernante, quitte son empire pour partir à la recherche de sa fille — quête douloureuse qui ne durera pas moins de 34 ans (I-XVIII).

La renommée de la beauté d'Hélène parvient au roi païen dont dépend l'abbaye où la jeune fille a trouvé refuge; comme ce sera le cas à plusieurs reprises, cela suscite la convoitise du roi qui demande aux religieuses de la lui envoyer. Hélène utilise habilement ce qui est sa seule arme, la prière, et réussit à quitter le monastère en compagnie du marin qui l'avait sauvée à Constantinople. Ayant repris la mer, ils naviguent de conserve avec des marchands chrétiens jusqu'au moment où ils sont attaqués par des pirates; tous périssent sauf Hélène qui, à nouveau, suscite la concupiscence du chef. La prière la sauve et une tempête se déchaîne, qui fait périr tous les pirates; endurant courageusement les souffrances imposées par la mer hostile, agrippée à une planche, elle se laisse porter par les flots et arrive en Angleterre, à l'embouchure de la Tyne, près de Neufchastel (XIX-XXII).

Henri, le jeune roi d'Angleterre, qui chassait, trouve la malheureuse Hélène, la recueille et, ébloui par sa beauté et sa simplicité, lui demande de l'épouser. Hélène accepte et le mariage a lieu en dépit de l'opposition de la vieille reine d'Angleterre. Le bonheur des époux est de courte durée; en effet, Rome est de nouveau en butte aux menées des Sarrasins, conduits par le roi Butor, et le pape, n'ayant pu obtenir de renfort auprès de l'empereur de Constantinople parti à la recherche de sa fille, fait appel au roi d'Angleterre. Hélène est remplie d'inquiétude quand elle apprend du messager du pape que son père est à sa recherche. Henri d'Angleterre, répondant à la requête du pape, quitte son pays et confie Hélène, enceinte, au duc de Clocestre, non sans lui avoir laissé un sceau semblable au sien, grâce auquel ils pourront correspondre en toute sécurité. Henri prépare son expédition et fait peindre sur quatre de ses écus le portrait de sa femme. En route pour Rome, il attaque Bolus, qui tient Boulogne, et dont il redoute les menées contre l'Angleterre en son absence; il tue Bolus et s'empare de Boulogne qu'il convertit et où il fait élever une église dédiée à la Vierge, mais il ne peut conquérir l'ensemble de la Flandre. Il annonce à sa femme la prise de Boulogne (XX-XXX).

Pendant ce temps en Angleterre, la reine mère s'emploie à trouver le moyen de perdre sa belle-fille; au cours d'un orage dont la violence terrorise la jeune femme, elle gagne sa confiance, et, pendant qu'Hélène s'est assoupie, dérobe dans sa bourse le sceau donné par le roi; elle en fait faire une copie par un artisan qu'elle tue aussitôt pour cacher son forfait (XXXI-XXXII).

Arrivé à Rome, Henri découvre le portrait de sa femme reproduit sur les piliers de la grande salle du palais pontifical et apprend alors que sa femme est la fille de l'empereur de Constantinople; le pape, de son côté, voyant sur l'écu du roi le portrait d'Hélène, s'en étonne et comprend qu'Henri a épousé sa nièce. Tandis que le siège devant Rome dure, le duc de Clocestre envoie à Rome un message pour avertir le roi Henri qu'Hélène a donné le jour à deux fils, mais la reine mère intercepte ce message et, ayant abondamment abreuvé le messager, lui en substitue un autre qui annonce la naissance de deux monstres. Henri en est fort attristé, mais il envoie en réponse un message recommandant au duc de veiller sur Hélène et sur sa progéniture. La reine mère intercepte à nouveau le messager, et comme la première fois, change le message et le remplace par un autre qui ordonne de mettre à mort la reine et ses deux fils, et pour mieux convaincre, elle fait envoyer ainsi une douzaine de messages. Le duc de Clocestre, consterné, ne sait que faire et décide de sauver la reine et ses enfants; il fera brûler à sa place, avec deux poupées en forme d'enfants, une de ses nièces, toute dévouée à la reine, gardant pour preuve de son obéissance un des bras de la jeune fille; devant l'ensemble des barons, il coupe aussi un bras à Hélène; ce bras, enveloppé dans une étoffe précieuse, restera attaché sur le maillot d'un des enfants (XXXIII-XLV).

Le bateau dans lequel il place Hélène et ses enfants aborde dans une île déserte, appelée Constance («que maintenant on dit Escoce»?), où vit seulement un ermite. Hélène débarque, dépose ses enfants sur l'île et, accablée de fatigue, s'endort. Pendant son sommeil, un loup et un lion s'emparent des enfants; mais l'ermite les soustrait aux animaux et les fera nourrir par une biche, puis les élèvera jusqu'à leur seizième année, donnant à l'un le nom de Lion, en souvenir du lion qui avait enlevé l'enfant, et à l'autre Bras à cause du bras qu'il portait sur lui. Désespérée d'avoir perdu ses enfants, Hélène revient sur la rive et interpelle les marins d'un bateau qui passait là. Elle embarque et ils font voile jusqu'en Bretagne. De là, elle gagne Nantes à pied; elle y restera dix-sept ans (XLVI-XLIX).

Henri, impatient de retrouver Hélène et ses enfants, fait proposer à Butor un accord pour éviter la guerre. Celui-ci ayant refusé, le combat s'engage; Henri, victorieux, s'empare de l'écu armorié de léopards de son adversaire; ce seront désormais les armes de l'Angleterre. Après la mort du roi Butor, mortellement blessé par Henri, et la déconfiture des Sarrasins, Henri regagne l'Angleterre, en s'arrêtant à Boulogne (L-LIII).

La même année, l'empereur Antoine arrive en Bavière, pays gouverné par le païen Grimbaut, qui se fait adorer comme un dieu. Après avoir sauvé Clariande, fille de Grimbaut, des désirs incestueux de son père, il amène ce dernier à la foi chrétienne, puis reprend sa quête et arrive dans l'abbaye où Hélène avait trouvé refuge (LIV-LVII).

De Boulogne, Henri envoie un messager annoncer son retour en Angleterre et s'informer de l'état de santé de la reine et de ses enfants. Le quiproquo provoqué par l'échange des lettres se dissipe mais dans un climat de grande tristesse, et Henri entreprend de rechercher la vérité. Sur ces entrefaites arrive Antoine qui découvre que sa fille n'est autre que l'épouse présumée morte d'Henri. A son initiative, Henri convoque les différents messagers prétendument envoyés par le pape et retenus prisonniers par le duc de Clocestre. Le stratagème de la vieille reine est découvert et, convaincue de trahison, elle est condamnée au bûcher. Le duc de Clocestre dévoile alors que c'est sa nièce, et non Hélène, qu'il a fait mourir, et raconte comment, confiant dans la providence divine, il a mis Hélène et ses enfants dans un bateau qu'il a laissé partir vers la haute mer et qui est revenu vide de ses occupants et des vivres qu'il y avait déposés; Antoine et Henri veulent unir leurs efforts pour retrouver Hélène, ce qui ne se produira que 24 ans plus tard (Antoine étant déjà à sa recherche depuis 8 ans). Tandis qu'ils font leurs préparatifs, arrive d'Écosse Amaury, un roi que ses sujets ne veulent plus reconnaître car il souhaite devenir chrétien. Amaury s'associe à la quête d'Antoine et d'Henri (LVIII-LXVII).

Ayant appris que l'ermite Félix n'est pas leur père, les deux enfants décident de partir à la recherche de leurs parents. Des marchands qui passaient en bateau les prennent à leur bord. Peu après, ils gagnent le royaume de Bavière dont la reine est Clariande, fille de Grimbaut, qui les retient à son service. Cette situation ne dure pas, car, au cours d'une guerre opposant Clariande au duc de Clocestre qui, devenu veuf, veut l'épouser, Lion est accusé de vouloir trahir Clariande et de servir le duc de Clocestre. Il persuade son frère de quitter Clariande; ils se mettent alors au service du duc de Clocestre, qui, victorieux, épouse finalement Clariande; mais les deux jeunes gens ne peuvent rester longtemps à son service, car la jeune femme éprouve un amour coupable pour Lion. Ils prennent congé du comte et repartent à la recherche de leurs parents. Ils arrivent à Boulogne où ils participent à un combat contre les Sarrasins avant de quitter la ville et de gagner Amiens, où ils sont baptisés. Lion prend le nom de son parrain, l'évêque de Tours, Martin, et Bras celui de Brice (LXVIII-LXXIX).

Hélène, elle, quitte Nantes, ville païenne, pour Tours. Comme à Nantes, elle est pitoyablement hébergée par une femme qui l'oblige à faire la lessive et à aller demander l'aumône chez l'évêque. Martin distribue quotidiennement de généreuses aumônes aux pauvres; sa confiance dans la toute puissance divine qui le conduit à donner la nourriture destinée à l'évêque et à des hôtes de marque est récompensée par un miracle, et la table de l'évêque richement pourvue (LXXX-LXXXI).

Après douze ans de quête, Antoine, Henri et Amaury abordent dans l'île où vit l'ermite qui avait élevé les enfants; aux indications que leur donne Félix, ils déduisent que ces enfants sont ceux d'Henri et d'Hélène et reprennent leur quête. Ils arrivent à Bordeaux, ville païenne, gouverné par le roi Robastre qui, après avoir été vaincu, se convertit, est baptisé et prend le nom de Constancien; Constancien décide de partir avec eux à la recherche d'Hélène et des enfants. Tous se rendent à Tours; Hélène reconnaît son mari et son père; Henri, grâce au bras d'Hélène, comprend que Martin et Brice sont ses fils et il leur révèle la trahison dont leur mère a fait l'objet. Brice dénonce le rôle du duc de Clocestre, mais apaisé par les propos de son père, il va en Angleterre et se fait reconnaître comme héritier du royaume, avant de revenir à Tours en compagnie du duc de Clocestre qui raconte alors aux enfants ce qui est arrivé à leur mère (LXXXII-XCVI).

Pendant le même temps, Antoine et Henri et leurs amis quittent Tours pour Jérusalem. Là, Constancien est fait prisonnier par le roi Priant, gendre d'Ardoubourg, roi de Jérusalem. Plaisance, la femme de Priant, devient amoureuse de ce beau chrétien, et les amants, dénoncés au mari par un de ses proches, n'auront d'autre recours que de tuer Priant avant de s'enfuir. Plaisance, enceinte, gagne Rome où elle est baptisée. Elle est alors recueillie par la femme d'un sénateur, mais peu après qu'elle a accouché d'un fils, le sénateur, très amoureux d'elle et pensant ainsi arriver à ses fins, fait mourir sa femme et enlever l'enfant qui, au lieu d'être tué sera abandonné dans une forêt et recueilli par le roi Clovis. Plaisance s'enfuit à Castre, ville païenne gouvernée par Hurtaut, laissant le sénateur en proie à une maladie envoyée du ciel (XCVII-CV).

Les chrétiens s'emparent de Jérusalem et le roi se fait baptiser, prenant le nom d'Amaury (CVI-CVIII).

La rumeur courant que son père et son mari, morts à Jérusalem, doivent être enterrés à Rome, Hélène décide de se rendre dans cette ville; elle s'arrête à Castre où elle tombe malade. Soignée et guérie grâce à Plaisance, elle se confie à cette dernière, mais, remarquée par le roi de Castre et emmenée de force chez lui, elle s'enfuit de la ville et arrive à Rome où elle rencontre le pape qui lui accorde l'abri précaire qu'elle demande, sous les marches du palais (CIX- CXII).

Constancien, après avoir contribué à la prise de Jérusalem, quitte ses amis pour partir à la recherche de Plaisance. Il arrive à Rome et annonce la prise de Jérusalem au pape qui, ayant pris connaissance de son histoire, lui apprend ce qu'il sait de Plaisance. Le sénateur chez qui elle a habité quelque temps, convoqué par le pape, reconnaît avoir tué sa femme et fait voler l'enfant de Plaisance, pour contraindre la jeune femme à l'épouser; mais depuis il ignore tout ce qui a pu arriver à la mère et à l'enfant. Constancien repart donc à la recherche de Plaisance, mais il est attaqué par des brigands et jeté prisonnier dans une tour, où il apprend d'un autre captif que, malgré le sort que le sénateur avait réservé à son fils, celui-ci a été sauvé (CXIII-CXIV).

Le chapitre CXV raconte un miracle arrivé à Martin à Tours.

Rome est menacée par le roi de Castre et le pape lance un appel pressant d'aide à Antoine et à Henri. Ces derniers, après avoir pris Acre, décident de gagner Rome. Ils remportent un combat naval sur l'amiral de Palerme, frère d'Hurtaut, qui les avait attaqués et arrivent à Rome (CXVI-CXX).

Le pape, qui a appris de la femme manchote qu'il logeait sous les marches du palais qu'elle avait connu Hélène, tente de la faire parler davantage. Antoine et Henri continuent leur route vers Rome, la délivrent des Sarrasins et espèrent avoir enfin, comme cela leur a été annoncé par le messager du pape, des nouvelles de celle qu'ils cherchent depuis si longtemps. Mais Hélène, toujours terrifiée à l'idée que son père, désormais associé à son mari, la recherche, prend peur et s'enfuit à Castre. Elle laisse une lettre qui dit son incompréhension devant les événements cruels dont elle a été victime et croit qu'ils en sont la cause. Venus à la demande du pape pour ruiner la puissance du roi Hurtaut, Antoine et Henri mettent le siège devant Castre. A cette nouvelle, Hélène s'enfuit à nouveau et repart pour Tours. Lors du siège, Amaury d'Écosse est fait prisonnier et, refusant d'abjurer sa foi, il est crucifié. Les chrétiens se rendent maîtres de Castre où ils retrouvent Plaisance, qui leur donne des nouvelles d'Hélène. Ils confient à Plaisance la ville de

Castre, qui désormais s'appellera Plaisance, et se dirigent vers la Flandre (CXXI-CXXVIII).

Après avoir pris L'Écluse, ils mettent le siège devant Bruges. Henri est fait prisonnier mais, averti par un ange qu'il retrouvera Hélène, il garde confiance. Antoine, ne pouvant venir à bout de Bruges, appelle ses petits-fils en renfort. Ayant surmonté bien des difficultés, les chrétiens s'emparent de Courtrai puis de Bruges, dont le gouverneur, le comte Maradin, est baptisé, sous le nom de Meurant. Les païens, néanmoins, restent menaçants, notamment deux frères, le Géant et Maloré, qui vivent dans des tours fortifiées, anciennement construites par le roi Quentin; ils communiquent par un réseau de voies souterraines et continuent leurs menées contre les chrétiens, et ce n'est que grâce à un ancien homme de Maloré que les chrétiens peuvent déjouer par surprise les attaques dont ils sont victimes (CXXIX-CXXXIX).

Conduits par le vent en Écosse, ils entreprennent de convertir le royaume, qui fut autrefois celui d'Amaury. La résistance du roi Gamanus est redoutable: Antoine, l'archevêque de Tours et Brice sont faits prisonniers. Sur les conseils de Ludie, sœur de Gamanus, les prisonniers sont laissés en vie; cette jeune païenne, qui désire devenir chrétienne, s'éprend de Brice et fait bénir son union avec le jeune homme par l'archevêque dans sa chambre avant de s'enfuir avec les prisonniers et d'ouvrir les portes aux chrétiens. Ludie est ensuite baptisée et mariée solennellement à Brice (CXL-CXLV).

Après la conquête du royaume d'Écosse, tous reprennent le chemin de la France, débarquent en Bretagne et gagnent Tours. Apprenant cela, Hélène s'apprête à nouveau à s'enfuir, mais une proclamation de l'archevêque promettant récompense à celui qui conduirait au palais épiscopal une femme n'ayant qu'un bras, elle est conduite au palais. L'ermite Félix, envoyé à Tours par une apparition, certifie qu'il s'agit bien d'Hélène, la femme d'Henri et la mère des deux enfants qu'il a élevés. Après que tous se sont retrouvés, au cours de la messe, sur les indications de l'ermite, Martin réunit les deux parties du bras d'Hélène... Désireux de revoir le pape, qui est âgé, tous, excepté l'archevêque de Tours, prennent la direction de Rome; ils s'arrêtent à Plaisance; entre Plaisance et Rome, ils traversent une forêt où des marchands poursuivis par des brigands leur signalent une tour dans laquelle ils trouvent Constancien. Ils parviennent à Rome où Constancien épouse Plaisance. L'histoire se conclut: Plaisance, selon d'autres sources, retrouvera son fils; Antoine choisit la vie érémitique et laisse son empire à Brice; Henri et Hélène demeurent à Rome où il sont enterrés, tandis que le gouvernement de l'Angleterre reste entre les mains du duc de Clocestre; Martin, qui avait aussi choisi de vivre en ermite, est contraint d'y renoncer et de devenir archevêque de Tours (CXLVI-CLIII).

ÉTUDE LITTÉRAIRE

Dans son prologue Jean Wauquelin présente l'œuvre qu'il entreprend à la demande de Philippe, duc de Bourgogne. Selon ses propres termes, il met en prose une histoire connue, dont il esquisse rapidement le sujet, en indiquant sa source, «un livret rimé», chanson en vers anonyme[1], que lui a confié le duc et qu'il va alléger des longueurs que lui imposait la rime. Il exprime, en outre, le souhait plus ambitieux de réveiller la vertu dans le cœur des lecteurs et d'inciter ces derniers à trouver là des modèles qui leur permettront de trouver grâce aux yeux de Dieu au jour du Jugement, tout en participant de leur

---

[1] «Et pour ce que en nulle hystoire autentique je n'ay ceste presente hystoire que je entens à traictier trouvé, je n'en vueil mettre autre preuve que mondit livret rimé, duquel ne met point l'acteur son nom.» (II, 1-4).
Le texte de la chanson en vers a été édité par Claude Roussel, *La Belle Hélène de Constantinople, chanson de geste du XIVᵉ siècle*, Genève, Droz, 1995; les références à la chanson sont données à partir de cette édition.
Il faut ajouter à cette édition l'étude approfondie de la chanson et de ses rapports avec l'inspiration folklorique *Conter de geste au XIVᵉ siècle. Inspiration folklorique et écriture épique*, Genève, Droz, 1998; nous renverrons à cette étude minutieuse et riche pour nombre de détails.

vivant à la gloire de leur «tresredoubté seigneur et prince», Philippe de Bourgogne.

L'analyse montre la complexité d'une histoire dont les héros sont des rois, des reines, des enfants de rois, mais aussi des saints... Ils vivent d'innombrables aventures qui, en trente-quatre ans, leur font parcourir des espaces immenses, à la recherche les uns des autres, mais ils font aussi la guerre, en particulier contre les païens qu'ils réussissent le plus souvent à convertir. Quels sont les enjeux du texte?

La chanson en vers évoque des saints et des saintes, le droit et la justice, l'amour et la pitié, les trahisons imposées à la malheureuse Hélène, mère de Martin et de Brice, soit «sans faire long sermon»... l'histoire de «douze corps sains». Wauquelin, quant à lui, déclare qu'il va «mettre en prose une hystoire nommee l'ystoire de Helayne, mere de saint Martin, evesque de Tours, d'aucuns empereurs et roys, comme son pere, son mary et autres, avec la destruction et conversion de pluseurs payens et Sarrazins par iceulx conquis, convertis et reduis à la saincte foy crestienne», ce qui est résumé plus laconiquement dans la première rubrique: «Cy aprés s'ensuit l'ystoire de Helayne, mere de saint Martin de Tours, laquelle traicte de ladicte Helayne, de son pere et de son mary avec pluseurs autres princes»[2].

---

[2]   Cette présentation (à quoi il faut ajouter le titre que portait le manuscrit et qui se trouve collé sur le verso du premier feuillet «c'est l'ystoire de sainte Helaine, mere de saint Martin de Tours») rend difficile d'envisager, comme cela a été proposé parfois, qu'il s'agisse, comme dans les cycles consacrés à des héros, de retracer les enfances de saint Martin et de son frère Brice, père de saint Brice, qui ne sont ni l'un ni l'autre les héros principaux, même si Martin est l'agent du miracle qui rend à Hélène l'usage de son bras coupé; en outre, la conclusion de l'histoire évoque rapidement la vie de Martin jusqu'à sa mort: «Laquelle arceveschie il gouverna tant noblement que merveilles et en

La lecture de ce texte touffu laisse perplexe celui qui cherche à le classer dans un genre littéraire précis. Pour le «livret rimé» qu'utilise Wauquelin, placé dans l'inventaire de la librairie de Philippe le Bon sous la rubrique *Livres de gestes*, la critique moderne parle de chanson de geste tardive, en soulignant, avec beaucoup de nuances, son caractère hybride[3], qui la rapproche à la fois de la chanson de geste, de la vie de saint, du conte folklorique mais aussi du roman. L'utilisation de la prose, forme d'écriture empruntée à la rédaction des chroniques et qui tend à se répandre depuis le XIVe siècle dans des entreprises de dérimage, efface encore davantage la distinction entre ces anciens genres narratifs et cet aspect composite que l'on retrouve dans nombre de romans de l'époque, lui a valu d'être désigné comme un «roman de transition[4]».

La mise en prose d'œuvres en vers, plus anciennes, est courante au XVe siècle. Wauquelin lui-même en a produit plusieurs, dont une, *La Manekine*, traite d'une héroïne à la main coupée, que l'amour incestueux de son père rapproche d'Hélène. Un autre remaniement en prose de *La Belle Hélène de Constantinople*, anonyme, porte le même titre et, en l'abrégeant, raconte la même histoire[5]. Plus qu'au sujet lui-même, amplement traité par Claude Roussel dans son étude sur la combinaison de l'inspiration folklorique et de l'écriture épique, nous nous intéresserons au travail de l'«acteur» et aux

---

rendist bon compte à Dieu, car Il le coronna en Sa gloire avec les benois confesseurs.» (CLIII, 28-31).

[3]   Voir Roussel, *Conter...*, pp. 229-230, 425-427.

[4]   Titre donné au chapitre traitant des romans des XIVe-XVe siècles dans le *Précis de littérature française du Moyen Âge*, sous la direction de D. Poirion, Paris, PUF, 1983, p. 293; voir aussi M. Zink, le «Roman», dans *Grundriss...*, VIII, 1, pp. 197-218.

[5]   Ce remaniement est transmis par trois manuscrits inédits, Paris, BnF, fr. 1489, BnF, fr. 19167; BnF, n.a. fr. 20592.

infléchissements que Wauquelin a pu faire subir à sa source, en songeant toutefois au risque d'une comparaison avec le seul texte dont nous disposons aujourd'hui, la copie d'Arras, éditée par Claude Roussel; or nous savons que la date de la copie interdit d'y voir la source de Wauquelin. D'autres éléments invitent d'ailleurs à la prudence dans l'appréciation des écarts; l'étude de l'inventaire de 1467-1469, présenté par Barrois, révèle l'existence de manuscrits qui n'ont pu être identifiés; il est possible que, Philippe le Bon procédant de façon plus ou moins systématique à des mises en prose de textes en vers qu'il possédait[6], le n° 1882 soit ce livret rimé remis à Wauquelin par le duc; cette version rimée, plus ancienne que le manuscrit d'Arras, dont la copie a été exécutée en 1471[7], et peut-être même que son modèle, pourrait également être une version plus archaïque, ce qui expliquerait, par exemple, que le texte de Wauquelin (et celui de la prose anonyme), à la différence du texte en vers d'Arras, ne donne pas de nom à la belle-mère d'Hélène, la vieille reine d'Angleterre[8]; l'utilisation des sources de la vie de saint Martin invite aussi à se demander si l'auteur responsable de la version d'Arras n'a pas modifié son texte; en effet, Wauquelin est plus proche des données traditionnelles: dans l'épisode du manteau partagé, comme chez Sulpice Sévère, Martin entend une voix, que Wauquelin emprunte directement à

---

[6] Ce que laisse également entendre M. Zink, *Grundriss...*, art. cit., p. 217.

[7] Sur ce manuscrit «escript par Jennette Greberd... en 1471», qui date l'œuvre de 1407, voir Roussel, éd. cit., p. 30.

[8] Or dans la plupart des contes, la belle-mère n'a pas de nom... Cette remarque faite par Roussel prouverait un rajeunissement de la version d'Arras où la belle-mère porte le prénom de *Marguerite* (on notera que les manuscrits de Lyon et de Paris, proches du manuscrit d'Arras, à deux reprises, offrent une variante *la vielle*), voir Roussel, *Conter...*, p. 198.

la source latine, louant la générosité du jeune homme qui
pourtant n'est pas encore baptisé[9]; lorsqu'en butte aux
ruses du diable, il va dévaler l'escalier et se blesser,
Martin, loin de blasphémer, glorifie le Seigneur de lui
montrer sa faveur en le mettant l'épreuve; il soigne ses
blessures seul; dans le manuscrit d'Arras, Roussel montre
que c'est sans doute la rencontre de plusieurs sources qui
a produit l'intervention des saintes femmes apportant un
baume à Martin[10]. A des détails de moindre importance[11],

---

[9]   Cette différence permet de voir les questions que l'on peut
       légitimement se poser: Wauquelin a-t-il la version traditionnelle,
       connue de tous et due à Sulpice Sévère, l'introduit-il de son
       propre chef? ou est-ce le remanieur de la chanson en vers d'Arras
       qui a supprimé l'épisode?
[10] Roussel, *Conter...*, p. 250: l'épisode de *La Belle Hélène* paraît né
       du rapprochement de deux passages des *Dialogues* de Sulpice
       Sévère; celui de Wauquelin serait donc plus proche du *Ci nous
       dit*, et plutôt qu'un élagage dans les deux textes évoqués, il
       pourrait s'agir d'une amplification dans la version d'Arras qui
       justifie la présence à Tours de cette sainte relique qui continue de
       guérir les blessures inguérissables, qui serait la Sainte Ampoule
       de Marmoutier, si l'on en croit les *Mélanges tirés d'une grande
       bibliothèque*, XXXIX, 1783, p. 37.
[11] Le remariage du duc de Clocestre que Wauquelin met au compte
       de sa source (LXXII, 1-2); or on ne trouve rien de tel dans les
       manuscrits cités plus haut. La mention, qui n'appartient pas à la
       tradition, du meurtre de Richier par Flovent, fils de Clovis
       (v. 8783), n'apparaît pas chez Wauquelin, voir Roussel, *Conter...*,
       pp. 260-265.
       La chanson en vers que nous connaissons ne clôt pas
       parfaitement l'histoire puisque Plaisance et Constancien ne
       retrouvent pas leur fils, Joseran, ce qui avait pourtant été annoncé
       vv. 9467-9469, et vv. 12288-12291 par «une allusion...
       suspecte» qui pourrait laisser penser à un «possible remaniement
       du texte» (Roussel, *Conter...*, p. 260). Wauquelin évoquant
       rapidement ces retrouvailles, précise que sa source n'en «fait
       nulle mencion», mais que cela apparaît dans d'«autres hystoires».

il faut ajouter le problème posé par certains épisodes que l'on a parfois considérés comme interpolés, tel celui qui met en scène Clovis et le miracle des fleurs de lis[12] ou celui des cierges miraculeux[13]; néanmoins, la comparaison des deux versions montre que l'on peut généralement faire confiance aux interventions par lesquelles Wauquelin signale l'attitude qu'il observe en face de sa source[14]; on peut ainsi penser que si l'épisode n'apparaît pas dans cette version de *La Belle Hélène,* c'est que, selon ses propres déclarations, «l'acteur» a choisi de passer l'épisode sous silence: «comme dit nostre hystoire,

---

[12] On remarquera toutefois que les allusions à Clovis faites antérieurement dans la chanson n'apparaissent pas dans le texte de Wauquelin.

[13] Il s'agit de trois cierges, inextinguibles, apparus le jour de la naissance du Christ; deux se trouvent à La Mecque et le troisième, alors à Castre, doit être transporté par Antoine à Constantinople dans l'église Sainte-Sophie; cet épisode peut susciter les mêmes questions (vv. 9170-9181; 9836-9837; 11217-11219; 12674-12685); voir P. Verhuyck, «Les manuscrits du poème de *La Belle Hélène de Constantinople*», *Studi Francesi,* 42 (1972), p. 320, J. Koopmans, «Aspects de l'histoire artésienne *La Belle Hélène de Constantinople*», *Arras au Moyen Âge. Histoire et littérature,* textes réunis par J.-P. Martin et M.-M. Castellani, Arras, Artois Presses Université, 1994, pp. 125-136, en particulier, pp. 132-134 et Roussel, *Conter...,* pp. 290-306; dans de telles situations, on se demande à qui imputer la différence: ajout dans la chanson d'Arras ou suppression chez Wauquelin?

[14] Toute mention de l'«histoire» (source), n'est pas nécessairement une intervention de Wauquelin, puisque la chanson en vers donne à plusieurs reprises des informations de ce type, et parfois au même endroit que Wauquelin... en utilisant les termes *auctorité, istore, livre, escris, matiere, romant* 2382 (XXXV, 8); 2450 (XXXV, 17); 4252 (LIV, 15); 5682 (LXX, 3); 5842 (LXXII, 38); 6002 (LXXIII, 45); 6439 (LXXIX, 20); 7172, 7417 (LXXXV, 55); 8600 (XCV, 50); 11052, 11171-11176 (CXV, 55)...

laquelle fait ung long compte dudit roy Clovis, touchant la bataille qu'il eust au roy Hurtault de Castres et de la aparicion de son escu et de banniere et aussi de son baptizement. Desquelles choses nous nous passerons pour le present, car plus amplement et plus au long à la verité les hystoires de France en parlent et racomptent» (CIII, 46-48); en revanche, Wauquelin ne fait aucune mention des trois cierges miraculeux mais il ne donne aucune précision sur sa source[15].

La prudence n'exclut donc pas d'essayer de tirer parti de la comparaison avec le texte existant, souvent très proche de celui de Wauquelin — on retrouve un grand nombre de termes, d'expressions ou de fragments de vers identiques[16] —, pour réfléchir aux méthodes de travail du

---

[15] Certaines interventions miraculeuses n'apparaissent pas, mais l'absence de commentaire ne permet que des suppositions, voir *infra*.

[16] Certains indices d'un autre type confirment ces observations: le narrateur, précisant l'avenir des deux fils d'Henri et d'Hélène, donne le surnom de l'un, Bras, père de saint Brice, alors qu'avec un défaut de parallélisme, il donne immédiatement le nom de l'autre, saint Martin (vv. 1444-1448 = XXV, 105-106); la présentation des faits suggère en outre soit une petite lacune de la chanson, puisqu'il est directement *saint* (omission du même au même *Martin*) — ce qui n'est pas le cas chez Wauquelin— soit, si Wauquelin a le même texte, une rectification. Si nous en croyons Wauquelin, qui se réfère justement à sa source sur ce point, c'est la première hypothèse qui serait la bonne.
On se souviendra à ce propos des conclusions tirées par P. Meyer de sa comparaison méticuleuse de la version rimée et de la version en prose de Wauquelin, voir son édition, *Girart de Roussillon* (Paris, 1884), Genève, Slatkine reprints 1970, pp. CXLIII-CXLIV: «Wauquelin a indiqué assez exactement les sources auxquelles il a puisé, mais il s'est souvent exprimé de manière à nous induire en erreur sur l'importance relative des emprunts qu'il leur a faits»... p. CXLVI «Notre auteur aurait cru faire tort à son œuvre en avouant qu'il l'avait tirée d'un roman en

dérimeur, qui compilait peut-être, sans le dire, plusieurs sources[17].

Les dix-sept vers qui constituent le prologue de la chanson invitent l'auditeur à écouter une «glorïeuse canchon[18]», dont le sujet, édifiant, évoqué à traits emphatiques mais rapides, parle de justice, d'amour, et entend susciter la pitié devant les malheurs innombrables d'une héroïne victime de trahison[19]; Wauquelin ne retient

---

vers. Aussi n'hésite-t-il pas à invoquer la «chronique» alors qu'il ne fait que paraphraser en prose les vers du XIVe siècle...» p. CXLVII: «Cependant il ne serait pas exact de dire que Wauquelin a voulu dissimuler constamment les emprunts qu'il a faits au roman versifié. Il le cite parfois, nous faisant même savoir que cet ouvrage lui a été communiqué par Philippe le Bon ...»; p. CXLVIII «En réalité l'œuvre de Wauquelin est une paraphrase très prolixe du roman bourguignon», et aussi p. CXLIX: «Très souvent... on retrouve les expressions mêmes du poème, à ce point que les fautes de l'un des deux textes peuvent parfois être corrigées à l'aide de l'autre. J'ai comparé d'un bout à l'autre le roman en vers et la version en prose, et j'ai constaté qu'il eût été possible (et c'eût été pour le lecteur une grande commodité) de donner pour presque tous les chapitres une concordance exacte avec les vers du roman en vers.» Comme le suggère P. Meyer, nous avons parfois utilisé la version en vers pour corriger le texte de Wauquelin.

17 Ce que pourrait indiquer l'opposition entre l'histoire-source (*l'istoire, nostre histoire*) à laquelle se réfère constamment Wauquelin et *d'autre(s) histoire(s)* C, 49; CLII, 24; CLIII, 9... qui ne sont pas précisées, alors qu'il cite les *Hystoires de France* CIII, 9, 48; *l'Ystoire des Normans* LI, 102, des *hystoires* ou *croniques* concernant la ville de Douai CXXXV, 33; CXXXVIII, 67; ou invoque le témoignage d'*ystoires anciennes* X, 30.

18 Sur le sens à donner ici à l'adjectif («miraculeuse»), voir Roussel, *Conter...*, p. 232.

19 *La Belle Hélène...*, éd. Roussel, vv. 3-17
    «C'est de sains et de saintes, de droit et de raison,
    D'amours et de pité et de grans traïson
    Quë on fist a Elaine, de dame de renon,

que la ligne générale de ce propos; le sujet, dont sont effacés l'élément amoureux comme les malheurs survenus aux héros, est présenté très succinctement, mais il est habilement fondu dans un discours qui souligne le résultat d'une conduite qui a permis la conversion de nombreux païens à la foi chrétienne et dont Wauquelin entend montrer l'exemplarité.

Le prologue de Wauquelin offre une facture très traditionnelle: simplicité de l'expression[20], valeur exemplaire de l'entreprise, garantie par une autorité reconnue, relèvent d'attitudes fréquemment adoptées par les auteurs de mises en prose, et par Wauquelin lui-même; il est également très construit: l'autorité d'Isidore, comme celle du commanditaire, cité avec tous ses titres, contrebalancent l'humilité et la modestie apparentes de l'«acteur» qui, avant de définir le type de travail auquel il se livre, se nomme clairement au centre du prologue «Je, Jehan Wauquelin[21]». Ne peut-on penser que s'exprime là

Qui porta en ses flans Martin et Brisïon.
[…]
Oncques mais dame n'ot tant de destruicïon,
D'anoy ne de grevanche, de tribulatïon
Comme ot celle roïne…
[…]
Seigneurs, or entendés, pour Dieu et pour son nom,
De telz .XII. corps sains vous feray mentïon
Que par bien faire acquirent des chieux le mansïon.»

[20]   Voir le prologue de *La Manekine* «Et combien que ceste histoire ait esté aucunefois romanciiee par rime, neantmains pour l'embellissement d'icelle, affin que plus patentement elle fuist congnulte, et pour hoster la constrainte de la retoricque qui aucunefois y chiet, comme sevent ceulx qui de ce congnoissent, je l'ay composee par la maniere qui s'enssieult», éd. H. Suchier, I, pp. 267-268.

[21]   Pour cette «exhibition initiale de l'énonciateur», voir Ch. Marchello-Nizia, «L'homme en représentation» dans *Précis*

la claire conscience d'une esthétique et d'une fonction nouvelles, qui trouvent un écho chez l'auditeur, ou le lecteur, et dans laquelle la part de l'«acteur» n'est sans doute pas aussi modeste que celle qu'il affiche? Au-delà du *topos*, ne peut-on pas penser que Wauquelin, répondant aux vœux de son illustre commanditaire, propose une lecture nouvelle dont la finalité est annoncée dans le prologue et reprise dans le courant de l'histoire (CVIII, 9-24)?

Comment Wauquelin a-t-il exécuté la commande qui lui était faite? S'est-il contenté de «retrenchier et sincoper les prolongacions et motz inutiles qui souvent sont mis et boutez en telles rimes»? En quoi consiste l'exemplarité revendiquée? Quelle image ce travail donne-t-il de l'«acteur»?

Le dérimage

Le travail de dérimage opéré en 1448[22] par Wauquelin est assez facile à suivre, au moins dans ses grandes lignes. Des quelque 15500 vers de la chanson Wauquelin a fait 153 chapitres, le premier étant constitué du prologue, des rubriques résumant brièvement le contenu de chacun d'eux. Si la division en chapitres coïncide parfois, mais pas nécessairement, avec le découpage des laisses[23], on remarque néanmoins que Wauquelin

---

de littérature française du Moyen Âge, sous la direction de D. Poirion, Paris, PUF, 1983, p. 349.

22 Il s'agit de la date indiquée par Wauquelin dans le prologue; l'ignorance que l'on a de l'histoire du manuscrit, le travail effectué par Wauquelin à la même époque suscitent néanmoins des interrogations. (Voir les autres parties de l'introduction concernant l'auteur et le manuscrit).

23 Ceci n'est d'ailleurs pas très étonnant si l'on pense à l'organisation des laisses qui, dans la chanson, ne constituent plus une unité narrative, voir F. Suard, «L'épopée», dans *Grundriss...*, VIII, p. 167 et Roussel, *Conter...*, pp. 402-406.

souligne nettement les articulations d'un récit qu'il conduit avec une fermeté et un souci de rapidité qui ne sont pas exempts d'une certaine maladresse.

L'agencement des épisodes ne subit guère de modification. Wauquelin garde la trame donnée par cette curieuse errance des différents personnages que rien, sinon «la droite ordonnance de Dieu», ne prédispose à aller ici ou là et qui surviennent le plus souvent de façon inopinée. Le parcours d'Hélène, attestant la pureté de la jeune fille, est entièrement dans la main de Dieu, de Constantinople en Flandre, puis en Angleterre, où elle se marie et donne le jour à deux jumeaux; bannie et mutilée, elle ne désespère pas de la bonté divine et se confie à nouveau à Dieu dont la protection la mène, avec ses enfants qu'elle va y perdre, dans l'île de Constance (?), puis à Nantes; la détestation de l'incroyance la conduit à Tours; à partir de ce moment-là, son errance est une fuite devant ceux qu'elle craint, père et mari, qui, eux, ne cessent de parcourir le monde à sa recherche pour lui rendre sa dignité. Leur quête, également entre les mains de Dieu, les conduit dans l'île de Constance puis à Bordeaux; elle se double souvent d'une autre motivation comme le désir de soutenir la foi catholique là où elle est menacée (Rome, Jérusalem) ou de christianiser les pays proches encore païens (Boulogne, Bordeaux, Castre, villes de Flandre, Écosse) ou par l'envie de rencontrer de saints personnages (Tours).

La quête de l'héroïne, menée de plusieurs côtés (père-fille; mari-femme; enfants-mère) induit une narration dans laquelle les aventures variées des uns et des autres s'entrelacent; les héros se suivent, se rejoignent (père-mari, puis père-mari-enfants), se dissocient une nouvelle fois (enfants séparés du père), dans une durée qui ne semble pas avoir de prise sur les personnages et sur une étendue géographique très vaste; une autre quête secondaire[24], sorte de doublon (Plaisance-Constancien-Joscran), vient compliquer cette histoire mouvementée où la Providence divine, après avoir mis à l'épreuve la constance des héros, finit par régler au mieux le destin des familles dispersées. Pour la relation de ces quêtes enchevêtrées que mènent père, mari, enfants, Wauquelin emploie les formules qu'utilisent les romanciers depuis le XIIIe siècle dans les grands romans cycliques… *si vous lairons à parler de… et retournerons à, et compterons de*[25]… Le plus souvent très proche de sa source, Wauquelin conserve également la plupart des épisodes adventices.

La formulation traditionnelle du sujet dans la chanson «Or commenche canchon qui est de grant valour,/ De pité et de joie, et d'armes et d'amours» (vv. 1957/8) n'est pas reprise; mais on peut constater que «les armes» restent importantes dans le dérimage, même si la part des combats est réduite; Wauquelin invite les destinataires de l'histoire «à commencier à faire batailles contre leurs adversaires pour, en leur fin, acquerir glorieuses

---

[24]   On pourrait voir un autre doublon dans l'épisode Grimbaut-Clariande, mais la quête tourne court très vite avec l'arrivée d'Antoine, la confusion et la conversion de Grimbaut.

[25]   L'auteur de la chanson en vers, utilisant les procédés caractéristiques de la chanson de geste (rappel, annonce, interpellation de l'auditeur ou du lecteur…) a aussi régulièrement recours à des formules empruntées au genre romanesque: «Or vous laray de luy, tant que poins en sera,/ Et du roy d'Engleterre le mien corps vous dira,/ Qu'en la chité de Londres ses hommes assambla» (vv. 1693-1695); voir aussi vv. 2512 sq, 3502… Pour le gauchissement que la chanson fait subir à ces formules, voir Roussel, *Conter…*, p. 409, avec renvoi à une étude de Maria Luisa Donaire Fernandez «*Enfances Renier*: L'entrelacement, une technique du roman», dans *Essor et fortune de la chanson de geste dans l'Europe et l'Orient latin, Actes du IXe Congrès international de la Société Rencesvals*, Modène, Muchi, 1984.

couronnes de victoires» (prologue); en revanche l'amour
n'apparaît guère que comme le prétexte de la quête, sorte
de leitmotiv sans grande consistance; les sentiments sont
à peine suggérés: l'amour naissant d'Henri — «josne
damoisel», «ung des gentilz roys qui fust pour lors
vivant, et n'estoit point marié, pourquoy il en estoit plus
joyeulx et plus amoreux» — pour Hélène — «belle,
gente et gracieuse», au «… visaige, qui estoit si beau et si
plaisant que nul homme mortel ne se sceut saouler de la
regarder[26]» — est évoqué par quelques touches où l'on
voit le jeune homme regarder discrètement la jeune fille,
admirer ses bras et ses mains qui le tiennent serré tandis
qu'il l'emporte sur son cheval; l'amour qui l'a frappé de
son «dart» enflamme le jeune roi qui, désireux d'apporter
du réconfort à Hélène, fixe «par moult de fois ses yeux
ou regard de la pucelle» (XXIII, 47); avec la même
expression que dans *La Manekine*, la jeune fille n'est que
perfection: «se honneur et gracieuseté estoient en toutes
les femmes du monde perdues, on les retrouveroit en
elle» (XXIV, 55-57); «l'amoreuse estincelle» va toucher
également Plaisance et Constancien; c'est la jolie
païenne, chrétienne en son cœur, qui va faire des avances
au prisonnier chrétien, «ung des beaulx hommes du
monde, long et droit et tresbien formé de corps et avoit
une tresbelle maniere»; son amour est si fort «que
pluseurs fois elle en laissa le dormir pour penser à ce
noble crestien qui estoit de tant belle stature»; «par
couverture» elle arrive à ses fins et fait introduire chez
elle, de nuit, le prisonnier; aux manières de la jeune
femme qui lui parle en lui caressant la main, en le
regardant, en changeant de couleur, hésitante, ce dernier
s'aperçoit vite que la jeune femme est amoureuse et il
partage aussitôt son amour[27]. L'amour du mari pour sa

---

[26]   XXII, 35-37, 52-54, 77.
[27]   XCVIII, 13, 24-25.

femme est figuré, au sens propre du terme, sur les boucliers que fait peindre Henri (XXVIII, 30-32), mais Wauquelin, à la différence de la chanson (vv. 1745-1748), en efface la coloration courtoise[28]. Malgré l'évocation de la jeune fille, présentée comme on le voit souvent dans les romans: «la belle pucelle Ludie, qui estoit apoyee sur le cretel d'une haulte tour pour aviser les batailles qui se faisoient sur les champs» (CXLI, 24-25), le mariage de Brice et de Ludie, autre jeune païenne, chrétienne dans son cœur, aussi surprenant que rapide, n'est l'occasion d'aucune expression de l'amour. Ainsi, dans cet univers de cruauté, seules de rares touches rappellent le monde courtois et donnent l'image d'un bonheur possible.

Les monologues de la chanson qui traduisent l'effort d'analyse intérieure sont réduits à quelques réflexions: ainsi pour évoquer les sentiments mêlés d'Henri découvrant que sa femme est la fille de l'empereur de Constantinople (XXXIII, 51-56) ou ceux de l'empereur et du roi apprenant qu'Hélène n'est sans doute pas morte (LXVI, 37-40), ou encore la méfiance réciproque du chevalier Anthiames et du duc de Clocestre (LIX, 1-5), l'inquiétude d'Hélène qui ne comprend pas comment son père et son mari se trouvent ensemble (LXXXVII, 63-65).

Il ne semble pas qu'il faille chercher dans ces mises en prose la peinture d'une intériorité qui n'est pas recherchée comme telle par les auteurs; quel nom donner à ces romans d'action, peu attentifs aux sentiments, à la peinture psychologique et à l'analyse intérieure[29]? La

---

28 Le mot *courtois* n'apparaît jamais sous la plume de Wauquelin, alors qu'il se trouve dans la chanson en vers. Il en va de même dans le dérimage de *La Manekine*.

29 On a proposé «roman de geste» (P. Verhuyck, «Et le quart est à Arras. Le roman de *La Belle Hélène de Constantinople* et la

mise en scène de héros plus soucieux d'exploits,
notamment dans la lutte contre les Infidèles, que d'amour,
relève d'intentions autres, didactiques notamment,
clairement affichées. D'une façon générale, emportés
dans un mouvement dramatique géré plus ou moins
habilement par le narrateur, les personnages sont
envisagés dans leur composante morale plus que
psychologique; leur fonction est essentiellement
didactique et leurs innombrables aventures ne sont que
l'occasion d'illustrer leurs vertus, et surtout les vertus
chrétiennes, qui, par une grâce particulière, existent aussi,
à l'état latent, chez certains païens, futurs convertis[30]…

Wauquelin a conservé l'incohérence apparente du
cadre historique, où évoluent des personnages ayant vécu
à des époques différentes: l'histoire est censée se passer
deux ou trois cents ans après la prise de Jérusalem par
Titus — cadre bien approximatif mais que l'on peut faire
coïncider avec l'époque où vécut saint Martin; Clovis est
cité à plusieurs reprises, et même comme protagoniste
épisodique de l'histoire (et aussi de l'Histoire)[31] tandis

---

légende du Saint-Cierge d'Arras», *Arras au Moyen Âge…*,
p. 118), «chanson d'aventures» (W. Kibler, «La «chanson
d'aventures», *Essor et fortune de la chanson de geste dans
l'Europe et l'Orient latin, (Padoue-Venise, 29 août-4 septembre
1982)*, 2, 1984, Padoue-Venise, pp. 509-515).

30 On comprend ainsi pourquoi, chez Wauquelin, à la différence de
la chanson, ce n'est pas Maradin, le gouverneur païen de Bruges,
qui est responsable des mauvais traitements infligés à Henri dans
sa prison (CXXIX, 48-49).

31 Le rapprochement de saint Martin et de Clovis est sans doute à
lier à la dévotion bien connue du roi franc pour le saint
évangélisateur des Gaules; saint Constancien paraît être né sous
le règne de Clovis, voir Roussel, *Conter…*, p. 257; le Moyen Âge
opère fréquemment de tels rapprochements, l'importance des
figures et des lieux étant plus grande dans l'imaginaire collectif
que la cohérence historique ou géographique; c'est ainsi que, déjà

qu'interviennent ou sont évoqués des personnages qui appartiennent à une large période d'évangélisation, tel Meurant, père de saint Meurant (mort en 701)...; Wauquelin est tout aussi évasif pour la chronologie interne, il n'est pas possible de faire se recouper les indications chiffrées de durée; d'ailleurs Wauquelin remplace très souvent les indications temporelles de la chanson par des adverbes ou locutions adverbiales à valeur temporelle imprécise ne *demeura gaires, tout incontinent, aprés que;* cette indifférence aux données chiffrées se retrouve dans l'âge de vingt-cinq ans donné à Ardambourg, père de Plaisance: cette incohérence qui existe dans la chanson en vers n'est pas corrigée par Wauquelin (CVI, 51); de même, la confusion laissée par le nombre de lettres et de messagers envoyés par la mère du roi Henri subsiste[32].

La géographie romanesque, tout invraisemblable qu'elle est, est plus familière et agrémentée d'éléments historiques ou descriptifs ponctuels, dont beaucoup se trouvent dans la chanson, mais que Wauquelin a conservés, sans doute parce qu'ils parlent à l'imaginaire du duc et des lecteurs de la cour de Bourgogne: lieux illustres comme Rome ou Jérusalem, mais aussi Tours et surtout les villes de Flandre dont l'évocation ne peut que flatter Philippe le Bon en ces années où il souhaitait voir

---

la *Vie de saint Martin* de Péan Gatineau associait saint Meurant et saint Martin...

[32]   XLI, 19: 10 lettres auxquelles il faut ajouter celle qui vient d'être écrite (chanson 9 ou 10, v. 3085); d'où les 11 messagers et les 11 lettres reçues par le duc de Clocestre; chiffre régulièrement utilisé, sauf en LVIII, 52 «jusques au nombre de dix ou de douze»; la chanson précise que la vieille reine a fait écrire 8 lettres, et qu'après l'envoi du premier messager il en reste 7 (vv. 3206-3216), après quoi il n'est plus question que des 9 messagers (vv. 4736, 4754, 4877 — en toutes lettres—, vv. 4888,4916, 5069).

ses expansions territoriales accompagnées d'une couronne royale[33]; on peut s'interroger sur la place de l'Angleterre et de Bordeaux[34]; comme le cadre historique, ces lieux sont unifiés par une dimension commune: pays christianisés ou à christianiser.

L'écrasement historique, la dispersion géographique tout autant que l'accumulation des aventures et le mélange des genres relèvent d'une même esthétique de la surenchère et de l'exhaustivité, qui, combinée à la visée didactique utilitaire, reflètent bien les goûts de ce Moyen Âge finissant.

Le dérimeur, suivant des schémas connus depuis le XIIIᵉ siècle, conduit son récit avec fermeté et souligne nettement les articulations du récit, notamment le début de chapitre, relié à ce qui précède par une articulation temporelle: *ne demeura gaires, quant ce vinst, tantost que, incontinent que, entretant que...* ou par la reprise de ce qui clôturait le chapitre précédent, accompagnée de formules comme *ainsi que dit est, par la maniere que vous avez oÿ, ainsi doncques comme dit est...*; de nombreuses participiales, des participes apposés marquent les relations logiques; il utilise facilement le relatif de liaison ou le démonstratif, avec reprise d'éléments appartenant au chapitre précédent; après une digression il relance la phrase par un adverbe ou une proposition comparative *doncques, ainsi dont, comme dit*

---

[33] Yvon Lacaze «La Bourgogne de Philippe le Bon», *BEC*, 129 (1971), pp. 303-385.

[34] Par le traité d'Arras, 1435, Philippe le Bon s'est rapproché de la France; qu'en est-il de ses relations avec l'Angleterre? Pour la ville de Bordeaux et ses liens avec l'Angleterre, voir Roussel, éd. cit., p. 91.
    Tours, Bordeaux, l'Angleterre s'ajoutent au cadre géographique le plus courant dans les romans chevaleresques qui fleurissent dans le milieu bourguignon: Bourgogne du Nord et espace méditerranéen.

est; de même il rebondit d'une phrase à une autre par la reprise d'un même mot *decevoir, deceue* (XXXI, 23, 25). L'agencement d'aventures successives est rendu par une subordination essentiellement temporelle ou consécutive, tandis que les discours, les prières qui, exprimés directement, animent la chanson, sont extrêmement réduits et présentés comme des propos transposés. Cette gestion de la phrase, qui souligne les liens de causalité, procède parfois de la nécessité d'articuler le passage d'une laisse à une autre à l'intérieur d'un même chapitre, mais est le plus souvent la marque de la fonction didactique du projet.

La fermeté de Wauquelin se manifeste encore par le souci de recentrer l'action et d'en rappeler le fil directeur un peu plus régulièrement que dans la chanson. Il entraîne le lecteur dans la quête errante de ses personnages dont le principal objet est d'«oÿr nouvelles d'Helaine»[35]; mais la réduction à laquelle il soumet la chanson provoque parfois des associations incongrues: les enfants d'Hélène combattent avec le plus grand courage contre Anthénor, roi païen venu attaquer Boulogne. Le capitaine de la place souhaiterait les voir se mettre à son service; Lion le remercie et, sans la moindre préparation, lui demande s'il sait quelque chose de ses parents; sur une réponse négative, il décide de partir (LXXVII, 51-58); devant Bordeaux, Amaury, chargé de proposer à Robastre la conversion et l'alliance ou la guerre, ajoute, au milieu de l'alternative offerte «se vous savez quelconque nouvelle d'une dame estrange qui n'a

---

[35] *Oïr nouvelles de* ne se trouve pas seulement dans la bouche d'Antoine et d'Henri, pour évoquer la recherche d'Hélène, il se retrouve également dans la bouche des enfants cherchant leurs parents, de Plaisance à la recherche de Constancien; le nombre d'occurrences des termes *nouvelles, avoir de* et *querre* est très élevé; on trouve aussi *avironner, serchier le monde, tracier la terre.*

que ung bras et a en sa compaignie deux beaux enffans…» (LXXXIII, 62-64)…

Présence de l'«acteur»

Le dérimeur se désigne comme tel, un «je» qui se nomme et qui, se démarquant de sa source, intervient en son nom; la comparaison avec la chanson en vers permet de voir une présence omnisciente constante mais différente de celle qu'affiche le jongleur[36].

Fidèle aux intentions affichées, «retrenchier et sincoper les prolongacions et motz inutiles qui souvent sont mis et boutez en telles rimes», Wauquelin réduit considérablement les proportions d'une chanson très longue; il marque son intervention de formules qui soulignent son souci de brièveté, souvent en évoquant le lien avec «l'ystoire»[37]; il abrège un rappel d'événements antérieurs, une action un peu longuement développée dans la chanson en vers en concluant par «et finablement»; il évite les répétitions «comme dit est» «comme vous avez oÿ»… ou l'accumulation de détails «Si leur racompta tout au long…»[38] Il lui arrive de simplifier considérablement les données de sa source,

---

36 Voir Roussel, *Conter…*, p. 409 sq., avec renvoi à Doutrepont, *Les mises en prose des épopées et des romans chevaleresques du XIVᵉ au XV ᵉ siècle*, Bruxelles, 1939, p. 650.

37 Les formules où l'on trouve les termes *conclure, abregier, brief, longue chose à racompter, tenir longuement* sont très nombreuses; à titre d'exemple: «Et que briefment je conclue, nostre hystoire dit que» III, 22; «Et, qui vous vouldroit toutes les villanies racompter que l'ystoire met qui furent faictes à ce povre messaige, on vous tiendroit trop longuement», CXXXVI, 24-27; ce genre de formules existe aussi dans la chanson.

38 On remarquera, avec des verbes signifiant *raconter, dire*, nombre d'expressions comportant *tout*: *recorder + du tout; tout au long, tout son compte, tout le fait, du tout en tout, tout le sien, tout son affaire…*

comme pour la reconnaissance d'Hélène, à la fin du roman, ou peut-être même, ce qui est moins sûr comme nous l'avons vu, de supprimer certains épisodes[39].

Le souci de faire bref le conduit fréquemment à donner des informations très allusives «et fut depuis nommee Douay pour certainne cause d'aucun douaire» (CXXXVIII, 68); les motifs qui poussent Antoine à ne pas répondre à l'appel au secours du pape sont «certaines causes», tout comme ceux qui justifient la cruauté d'Henri dans les lettres, qui émanent en fait de sa mère, qu'il envoie au duc de Clocestre (XLI, 10) ou ceux du duc de Clocestre qui va mettre à mort sa nièce: «mais vous sçavez que de pieça vous avez deservie mort pour certaines causes, dont maintenant n'est besoing de ramentevoir…» (XLV, 13-15).

Comme c'est généralement le cas dans les mises en prose, ce sont les batailles qui subissent les réductions les plus importantes, même si l'on se bat beaucoup; les prières subissent un sort analogue; on ne prie pas moins, mais le détail de la prière, à quelques exceptions près, s'efface derrière le verbe à valeur performative; il en va de même pour de nombreux discours, et, comme on peut le penser, résumés et annonces, caractéristiques de la chanson de geste, vont en grande partie disparaître.

«Prolongacions et motz inutiles»?

Ce souci de rapidité, qui réduit ou supprime des dialogues ou des explications largement développées dans la chanson, rend sans doute le récit plus simple, mais ce n'est pas toujours au profit de la clarté; en effet, les allusions, trop rapides, sont souvent peu explicites et la cohérence du détail ou parfois même la cohérence générale en souffre: le jour du mariage, la belle-mère cherche à faire partir Hélène sur un bateau; le duc

---

[39]   Voir *supra*, pp. LIV-LV.

intervient; l'évocation est si rapide qu'on ne voit pas très bien ce qui la motive; dans la chanson les explications, un peu longues, permettent néanmoins de mieux comprendre l'agencement des faits: le roi, en la menaçant du bûcher, enjoint à sa mère, qui a déjà manifesté vivement son opposition au mariage, de ne causer nul tort à Hélène (vv. 1300-1317); la reine profite des joutes de la fête pour faire venir Hélène dans ses appartements, l'injurie et lui ordonne de partir (vv. 1325-1355); mais la nièce du comte prévient ce dernier (vv. 1366-1380) qui s'oppose aux projets de la reine mère (vv. 1381-1395) et confie la garde d'Hélène à sa nièce; le compte rendu du duc n'est pas très explicite: «car madame vostre mere a ainsi et ainsi fait» (XXV, 64).

Dans la chanson, l'auteur prend soin de préciser que la vieille reine a recours à des messagers étrangers pour faire parvenir les messages au comte de Clocestre; Wauquelin supprime ce détail nécessaire à la vraisemblance et au dénouement de l'épisode, et l'on se demande pourquoi le messager anglais est soudain distingué des autres (LXIV, 54-57); dans le réemploi de vieux schémas, la chanson a parfois conservé tels quels des traits archaïques ou folkloriques et l'absence de certains détails obscurcit leur compréhension: ceci est particulièrement remarquable à propos du couple antithétique que forment les deux enfants[40]; on comprend mal la honte que ressent Bras chez Clariande (LXX, 26[41]); il arrive à Wauquelin de conserver un trait pour l'oublier ensuite: au départ de Boulogne, Lion part à cheval et Bras à pied (LXXV, 54-57); mais lorsque les

---

[40] D. Régnier-Bohler, «Exil et retour: la nourriture des origines», *Médiévales*, 5 (1988), pp. 67-80.

[41] Alors que la chanson rappelle régulièrement les goûts opposés des enfants en matière de nourriture, qui correspondent à des comportements différents.

enfants quittent Clariande, Wauquelin renonce à ce détail, pourtant donné avec insistance dans la chanson, et les enfants traversent la Picardie à cheval (LXXVIII, 5[42]).

Les réductions opérées par Wauquelin retentissent aussi sur la cohérence générale et l'agencement des faits. Quand Henri arrive à Rome assiégée par les Romains, Wauquelin supprime la laisse qui rend compte de la situation de Rome et de la joie du pape, heureux d'être secouru, pour s'attarder longuement, mais d'une façon un peu incongrue, sur la découverte des portraits (XXXIII).

Comme dans la chanson, la reconnaissance des enfants par leur père se fait après la rencontre du roi et de l'empereur avec l'ermite Félix (XC titre; XCI, 28-31); mais, contrairement à la chanson, chez Wauquelin, l'ange qui vient visiter Henri dans sa prison à Bruges ne lui annonce pas que ce sont ses enfants qui le délivreront, alors qu'une fois sorti de prison, Henri voit dans sa délivrance la confirmation annoncée par l'ange que Brice et Martin sont ses enfants (CXXXV, 11-15), confirmation à nouveau donnée par l'ermite, chez Wauquelin seulement (CXLV, 41; CXLVI, 5).

Wauquelin fait disparaître l'annonce des événements qui surviendront avant la libération de Constancien, en particulier le miracle de Martin rattachant le bras d'Hélène à Tours; il n'a plus de motif pour évoquer la piété de Martin et le chapitre sur la tentation de Martin, qui n'est lié à rien, semble hors sujet (CXV; vv. 11042-11047).

A la fin de l'histoire, les héros, selon la chanson en vers, ont appris que l'Angleterre est bien gouvernée par le régent, et l'ordre de présentation des faits laisse penser que, rassurés, ils peuvent continuer leur navigation; de

---

[42] vv. 6332, 6336-6337. On remarque cependant que la chanson y renonce aussi plus tard, et que Brice va à cheval et se bat comme Martin.

façon très abrupte, il est vrai, ils se retrouvent devant la ville de Hantonne, capitale de l'Écosse, gouverné par le frère d'Amaury, qu'ils vont tenter de convertir. Chez Wauquelin, alors qu'ils voulaient aller à Bordeaux, un vent contraire pousse les héros vers Hantonne; là ils trouvent des gens pour leur parler de la situation en Angleterre (CXL). L'arrivée devant Hantonne n'étant guère préparée, on peut se demander si Wauquelin a modifié sa source, s'il en suit une autre, dans laquelle, tout naturellement, le passage vers l'Angleterre se ferait par Bordeaux[43]? Mais l'absence d'explication ne permet pas une bonne intégration de cette nouvelle expédition dans la cohérence générale.

Il est bien difficile de savoir s'il faut imputer la maladresse à la source, à Wauquelin ou au copiste: «car par sa vaillance les payens furent mis à desconfiture. Car quant les Sarrazins veirent leur seigneur mort»: (LXXVII, 32-33) il semble qu'il manque ici un membre de phrase, où serait mentionnée la mort d'Anthénor, tué de la propre main de Lion (voir LXXVI, 58 «tua de sa propre main Anthenor»). Est-ce la manière du dérimeur, qui, réduisant le plus souvent la part des batailles, estime avoir déjà dit que Lion avait tué le roi sarrasin; est-ce une faute du copiste? On voit ici un cas limite où la correction pourrait gommer une maladresse relevant de la technique littéraire utilisée.

La comparaison avec le texte en vers fait regretter l'animation que conférait à la chanson l'abondance des discours, des dialogues, des prières présentés en style direct, tout comme la disparition de détails pittoresques

---

43 Brice, partant de Tours pour l'Angleterre, embarque également à Bordeaux (information que ne donne pas la chanson en vers), où il est reçu comme l'héritier du pays; pour cet ajout (qui se réfère indirectement au vers 7400), qui n'est sans doute pas gratuit, voir Roussel, éd. cit., p. 91.

qui, conduisant à ne garder que l'essentiel, produit une
certaine sécheresse; on pourrait citer d'innombrables
exemples; le dialogue entre Henri et le peintre à qui il a
demandé de peindre le portrait de sa femme sur ses
boucliers (XXVIII, 30-32; laisses XL-XLI); le refus du
chapelain d'écrire les lettres mensongères demandées par
la reine est évoqué en quelques mots dont le plus
expressif est le banal «esbaÿs»; pour le convaincre «elle
lui promist tant d'avoir» qu'il s'exécute; la chanson
développe le refus, et la promesse de récompense pour
conclure «ly cuers ly enhardy, / Et couvoite l'avoir, que
petit ly valy» (XXXVII, 40-41; vv. 2681-2682). Chez
Wauquelin la description des préparatifs avant le combat
tourne court très vite: «Et finablement chascun estoit si
embesoingnié que à peinne sçavoit on auquel lez
entendre» (LI, 25-26); l'épisode de la chanson qui évoque
de façon très animée et colorée l'ardeur au combat
d'Ardambourg, maniant une faux qui coupe les jambes
des chevaux, disparaît, laissant pour tout souvenir les
«quatre piés» du cheval tranchés au moyen d'une épée
(CVI, 69); Hélène, fuyant les assiduités de Hurtaut, saute
par la fenêtre; grâce à la protection divine, «bien peu se
bleça»; plus évocatrice, la chanson précise qu'«elle s'en
fuÿ tout clochant du talon» (CXI, 50; v. 10572). Il n'y a
pas de description de fête ou de solennité religieuse:
l'événement est simplement mentionné par quelques mots
rapides accompagnés d'adjectifs ou d'adverbes banals au
superlatif *le plus [...] que on pouoit;* «que mieulx ne
plus riche on ne pouoit...» (XIV, 68), et les
comparaisons utilisées relèvent d'une grande banalité[44].

---

[44] *larmes plus clere que fontaine, gouttes de rosee sur fleurs...* XX,
16-18; *il lui sembloit que le cuer lui voulast en aer* XIII, 58;
comme un faucheur l'erbe en ung pré XXIX, 60; *comme feroient
aloes devant l'esprivier* XXIX, 63 (la comparaison avec l'épervier
est utilisée dans la chanson en vers à propos de Bolus s'emparant

«Retrenchier et de sincoper...»?

S'il est possible, à partir de la chanson dont nous disposons, de se faire une idée du travail de réduction opéré par Wauquelin comme par bien d'autres dérimeurs, il est plus difficile d'apprécier certains écarts et d'y voir nécessairement des modifications dues à Wauquelin. Certaines s'expliquent mal: dans la chanson que nous connaissons, le comte de Clocestre n'est pas marié; c'est à Marie, sa nièce, qu'il confie tout naturellement Hélène; on voit mal ce qui, dans la prose, motive l'apparition d'une duchesse de Clocestre chargée de veiller sur Hélène; cela complique inutilement l'intrigue, car, lorsque le duc doit épouser Clariande, il devient nécessaire de préciser que le duc était devenu veuf; il ne semble pas qu'il s'agisse d'une inadvertance puisque le fait avait été signalé par une anticipation du récit concernant Clariande[45] (LVI, 75); d'autre part, Wauquelin met au compte de sa source le désir de remariage du duc (LXXII, 1-3); on remarquera toutefois que, bien que la mort de la duchesse n'ait jamais été mentionnée, Henri, de retour de Rome, fait saluer seulement le duc et Marie, sa nièce (LVIII, 19). La substitution de ce personnage à Marie permet peut-être de supprimer une relation ambiguë entre l'oncle et la

---

d'Henri v. 1863); *comme se ce fust ung petit enffant* XXIX, 74; *comme une aigle ung poussin* XXX, 2-3; *et lui builloit le sanc tout du long du corps, comme feroit eaue sur le feu* LX, 33; *comme font enffans à la mamelle* CII, 57-58; CIII, 24, 29-30; *un chien à ung autre chien* CXXXI, 23; *droit fourdre* CXLI, 30; *comme fromaige* CXLI, 37.

45 Peut-être y a-t-il là une allusion au mariage, qui fit scandale parce que son premier mari vivait encore, de Jacqueline de Bavière et du duc Humphrey de Gloucester (1423), voir J. Koopmans, «Aspects de l'histoire artésienne dans *La Belle Hélène de Constantinople*», dans *Arras au Moyen Âge...*, art. cit., p. 135 et Roussel, éd. cit., note au v. 604, p. 782.

nièce, perceptible dans le fait que le comte «pour l'amour de se nieche le couçoit, ce dist on / par nuit dedens sen lit...» (vv. 5348-5356).

Parfois la différence entre les deux versions révèle une incohérence dans la prose: le pape vient de dire à Henri, qui ne paraît pas savoir lire[46], qu'ils rédigeront une lettre ensemble à l'intention du duc de Clocestre: «Adonques le roy (corr.) escrivist ses lectres par la maniere que le pape avoit dit» (XXXIX, 75-76); dans la chanson le pape fait faire une lettre qu'il lit au roi (vv. 3001-3004).

Inversement d'autres écarts vont de pair avec une plus grande vraisemblance: ainsi, dans la chanson, la mère du roi dérobe le sceau, confie Hélène à Marie et s'en va pour s'en faire faire un double; ce n'est qu'en revenant qu'elle éloigne Marie pour remettre le sceau en place tandis qu'Hélène dort encore (vv. 2029-2073). Le subterfuge de la reine mère est plus médité et plus vraisemblable dans la prose de Wauquelin (plus sordide aussi), puisque la belle-mère s'attire la confiance d'Hélène pendant l'orage et écarte tout témoin pour accomplir son forfait; ayant tout préparé à l'avance, elle peut prendre immédiatement l'empreinte du sceau qu'elle a trouvé dans la bourse d'Hélène endormie et le remettre en place aussitôt (XXXI, 62-64); les soupçons du pape, dirigés spontanément vers la mère du roi dans la chanson, sont justifiés chez Wauquelin par de précédentes conversations à propos du mariage d'Henri et d'Hélène (XXXIX, 59-60).

La progression se faisant souvent par association d'idées, il est difficile de savoir s'il faut imputer un changement à Wauquelin ou à la chanson que nous

---

[46] Il est difficile de savoir ce qu'il en est réellement: à deux reprises il fait lire les lettres (également CXXII, 4), mais en LXIII, 71, il affirme n'avoir ni dicté ni écrit les lettres dont il est question.

connaissons: un autre agencement de l'entrelacement dans la prose ménage une progression dramatique plus naturelle: le départ de Constancien se situe chez Wauquelin juste après la victoire de Jérusalem (CVIII, 52-59; vv. 10740...); la chanson consacre plusieurs laisses à Hélène et à Plaisance (vv. 10265-10738; CIX-CXII), et le narrateur opère un retour un peu artificiel à Henri à Jérusalem pour évoquer les adieux de Constancien et le conduire à Rome devant le pape. La progression de la chanson semble s'intéresser naturellement au sort d'Hélène à la suite d'une évocation d'Henri (vv. 10262-10264), et le retour à Constancien paraît plus artificiel; chez Wauquelin, c'est l'annonce à Rome de la victoire des chrétiens à Jérusalem qui ramène Constancien sur le devant de la scène.

Les chapitres CXXX et CXXXI sont intervertis par rapport à la chanson, ce qui permet de laisser, avec vraisemblance, Henri endormi, réconforté par la vision de l'ange, et de passer aux efforts déployés par Antoine pour le délivrer de sa prison, avant de revenir aux mauvais traitements infligés à Henri; la chanson évoque à la suite la vision de l'ange et les mauvais traitements et passe sans transition, dans la même laisse, à l'assaut de Bruges par Antoine et, évoquée par un plus-que-parfait, à la demande de secours (vv. 12970-12975); pour revenir à l'arrivée de l'archevêque à Bruges, Wauquelin utilise la ressource commode des fins de chapitre «Mais nous vous dirons de... ».

Dans la chanson l'arrivée d'Henri à Tours est interrompue par l'envoi d'un ange à Félix (vv. 14812-14836) puis reprise, ce que Wauquelin transforme en «le second jour aprés la venue des seigneur*s*» (CXLV, 45-46).

Souvent les différences sont minimes et semblent relever d'une technique éprouvée. Wauquelin devait connaître parfaitement le texte qu'il dérimait et il arrive

fréquemment que là où la chanson reprend des éléments
en y ajoutant des détails, le dérimeur, comme pour faire
illusion, utilise ces détails à la première mention qu'il fait
de ces éléments, qu'il ne reprend pas ensuite; ou il
inverse les données; c'est vrai pour des éléments courts,
souvent des chevilles, telle la relative désignant Lutèce
«que maintenant on dit France» (XXVIII, 7-8); ces lignes
reprennent le v. 1569; or, à l'endroit correspondant dans
son texte, il n'a pas donné cette mention; le v. 1679,
correspondant au passage de ce chapitre XXVIII, ne
comporte pas cette précision, mais c'est là que Wauquelin
choisit de la donner); mais cela se trouve aussi pour des
épisodes qui se répètent: Hélène est malmenée par les
«coquins» qui partagent l'hospitalité de la même
«truande»; le premier épisode de la prose a des détails
qui appartiennent au deuxième épisode de la chanson
(LXXX, 42-46; vv. 7497-7504)[47].

«Prolongacions»?

De légères inadvertances, une rectification maladroite
semblent parfois être l'indice d'un ajout qui a modifié
l'agencement des faits: Brice, en prenant congé du duc de
Clocestre, lui confie la garde du pays (XCVI, 4-6; cela
n'est pas dans la chanson) «et se mist au chemin pour
retourner en Tourainne...»; comme dans la chanson, le
duc cherche en vain à le convaincre de rester (ce que
Wauquelin place après le départ de Brice l. 11) puis il
part avec lui «Et de fait se mist au chemin avec Brisse
(XCVI, 15); et Brice part deux fois. «Si cheminerent...»
(XCVI, 16).

---

[47] Cette technique fait penser à l'attitude que Wauquelin adopte vis-
à-vis de ses sources pour sa compilation de *Girart de Roussillon*:
il dit avoir trouvé à tel endroit ce qu'en fait il a trouvé à tel autre
plus complètement.

Ailleurs une réelle contradiction dans deux lignes consécutives pourrait être le signe d'une contamination de deux sources: «Et en eurent de grosses paroles ensemble Lyon et le chevalier tant que peu s'en faillist qu'ilz ne se batissent l'un l'autre. Et dit l'ystoire que Lyon frappa le chevalier tant qu'il le bleça» (LXXII, 55-58; vv. 5896-5902); contradiction que l'on peut aussi observer dans le comportement de Constancien: l'ange qui vient de le sauver des païens lui enjoint d'aider Antoine et Henri à conquérir Jérusalem (ce qui n'est pas dans la chanson); au chapitre suivant, il dit qu'il ne participera pas à la conquête mais, sous la pression insistante d'Henri, il reste néanmoins jusqu'à la prise de Jérusalem (C, 28-29; CI, 19; vv. 9805-9807)[48].

Ce qui paraît un ajout produit alors le même effet que certaines suppressions; éloignant des segments dont la succession offre une cohérence, il casse le lien de cause à effet et la cause ne joue plus son rôle explicatif, ou le joue mal: interrogeant une manchote, le pape demande à la malheureuse des nouvelles d'Hélène; l'introduction de l'identité d'Hélène et de la trahison qui l'a chassée d'Angleterre avant la précision du bras coupé, rend la question sinon incongrue du moins très maladroite (CXII, 17-23).

---

[48] La comparaison avec la chanson présente, pour ce dernier passage, de réelles difficultés: la chanson entrelace les faits de façon assez complexe, avec des annonces et des rappels, depuis la fuite de Plaisance et l'intervention miraculeuse de saint Georges qui sauve Constancien des mains des Sarrasins de Priant jusqu'à l'arrivée de Constancien à Rome, après la prise de Jérusalem. On constate des différences importantes avec le texte de Wauquelin où l'agencement des faits semble plus naturel, malgré la légère incohérence mentionnée ci-dessus; l'évocation, assez surprenante, du cierge de Castre qu'Antoine doit transporter à Sainte-Sophie de Constantinople, n'apparaît pas.

Les «prolongacions» assurées sont celles que mentionne expressément Wauquelin: la chanson ne clôt pas complètement l'histoire, le fils de Plaisance et de Constancien n'étant pas retrouvé; Wauquelin le précise rapidement en signalant qu'il complète sa source d'après d'«autres hystoires» (CLIII, 6-9).

Peut-être parce qu'«en nulle hystoire autentique» il n'a trouvé l'histoire qu'il a entreprise de mettre en prose, on ne voit pas, clairement exprimé dans le prologue, le souci de vérité, si souvent manifesté par les auteurs qui utilisent la prose. Pourtant, il multiplie les références à la seule «preuve» que constitue le «livret rimé» et affirme régulièrement un souci d'exactitude et de vérité, signalant ainsi sa présence constante. Les références à «l'ystoire», c'est-à-dire à la source, se retrouvent à chaque instant, qui disent le respect d'un «acteur» fidèle, tout comme les renvois aux ouvrages historiques[49], qui disent la science et la rigueur du clerc disposant d'autres références, avec lesquelles il sait marquer sa distance, ou bien parce que, face à des sources discordantes, il ne prend pas lui-même parti et «s'en rapporte à la discrecion des lisans[50]...» (LI, 103), ou encore parce qu'elle ne concerne pas directement son propos, notamment pour tout ce qui concerne Clovis[51]. Il fait preuve du même souci pour certains détails, qu'il avoue son ignorance à propos du nom du pape Clément, «par son nom de baptesme ou papal, ne sçay lequel» (II, 17-18) ou de son frère Richier «car il estoit empereur ou au moings il gouvernoit l'empire des Rommains» (II, 20-21) ou qu'il propose

---

49 Le terme est alors plutôt employé au pluriel (7 occ. / 2 occ. au singulier); on rencontre une fois, à propos de la ville de Douai, le terme de *croniques* (CXXXVIII, 67).

50 Il évoque ici *l'ystoire des Normans*; on retrouve la même expression dans *Girart de Roussillon*, BnF, fr. 852, f. 92 v°.

51 C, 49; CIII, 48; CLII, 24; CLIII, 8-9, avec une référence aux *Hystoires de France* (*Grandes Chroniques de France*).

deux termes «aumachour ou admiral» (XII, 15); «signetz
ou seelz» (XXXII, 15), «escus ou targes» (XXXXIV, 5-
6) ou signifie clairement une équivalence «le teatre de la
ville qui vault austant à dire comme le marchié de la
ville» (CXXVIII, 7-8); qu'il apporte une précision[52]…
«comme fille de ma niepce» (XXXIII, 34-35) ou qu'il
préfère s'en tenir à une approximation, toute relative
d'ailleurs, «en celle propre nuyt ou au moings la nuyt
ensuivant le noble roy Henry engendra en elle deux
enffans masles» (XXV, 103); «comme on diroit au port
de l'Escluse» (LVII, 6-7) ou qu'il ancre son récit dans la
réalité «ainsi comme font de coustume les princes»
(XXII, 43-44); «pour veoir le roy, comme on fait encores
au jourd'uy quant grans seigneurs passent parmy une
ville» (CX, 48-50); ainsi, quand il s'agit pour la reine
mère de payer les services des chapelains qui ont écrit
pour elle les lettres mensongères, il remplace les *florins*
de la chanson par les *nobles*… ; le titre du duc de
Clocestre est actualisé (*comte* dans la chanson); à
l'occasion des préparatifs de la bataille qui doit opposer
Henri aux Sarrasins à Rome, il prend à témoin ceux qui
ont des compétences en ce domaine: «Et bien peuent
considerer ceulx qui scevent de telles besoingnes ce c'est
verité» (LI, 26-28). On le voit également refuser de
raconter quelque chose qui pourrait paraître
invraisemblable, et qu'il se contente de décrire
brièvement là où la chanson donne abondance de détails:
«… [Malotru] et fist tant vaillamment que ce sembleroit
fable de le racompter» (CXXXIII, 8-9).

La présence de l'auteur est particulièrement sensible
dans ses commentaires et ses explications; il n'est pas
impossible qu'il ait pu être gêné par l'invraisemblance de

---

52 Précision qui relève parfois d'un narrateur omniscient «comme
    son fils par adopcion» (III, 4), puisqu'Antoine ne le deviendra
    que par son mariage.

cette intrigue mouvementée où les personnages, à la recherche les uns des autres, se poursuivent, se manquent, s'évitent, ne se reconnaissent pas quand tout, pourtant, est favorable à une reconnaissance; cela l'a amené à marquer sa distance avec sa source et à se comporter en narrateur omniscient, comme on peut le voir par quelques exemples[53]: Hélène, demandant l'aumône à Tours, voit passer Henri et Antoine «Laquelle recougneust tresbien son mary et son pere, et aussi fist elle ses deux filz, *non pas qu'elle sceust que ce fussent ses filz,* mais pour les aumosnes que souvent lui donnoient» (LXXXIX, 26-30); ou encore quand Brice montre à Henri le bras qu'il garde sur lui dans un petit coffre: «et puis le bailla au roy Henri, son pere, *lequel il ne cougnoissoit*» (XC, 51); «Et dit nostre hystoire que Martin lui donnoit trés voulentiers et avoit tousjours regard à elle plus que es autres *pour ce qu'elle n'avoit que ung bras et aussi pour amour du bras que Brisse son frere portoit[54]*» (LXXXVII, 76-80); on remarquera à cet usage une tournure fréquemment utilisée par Wauquelin

---

[53] On peut s'étonner, en effet, qu'un indice aussi reconnaissable que le bras manquant d'Hélène n'ait pas incité à plus de perspicacité ceux qui sont à la recherche d'une «dame qui n'a qu'un bras» pas plus que ce que les uns ou les autres savent des uns ou des autres, les doutes et les questions que cela suscite, les étonnements que cela provoque (monologues intérieurs développés dans des complétives dépendant de verbes comme *se dire à soi même, penser, doubter, se merveiller, savoir…*).

On notera pourtant une remarque d'Antoine à propos des enfants partis à la recherche de leurs parents «ilz nous quierent par aventure et nous les querons» (LXXXII, 69-70), ou encore la question qu'Hélène se pose à elle-même en voyant ensemble son père et son mari (LXXXVII, 63-65); à la simple question de la chanson Wauquelin substitue une cohérence: «Venra dont chy mes peres et mes hons espousés?» (v. 7443).

[54] Ce passage n'apparaît pas dans le manuscrit d'Arras.

et aussi + verbe *estre* ou *avoir* ou *faire* vicaire: «Or leur doint Dieu grace que retrouver la puissent, *et aussi feront ilz*, mais ce ne sera point que .XXIIII. ans ne soient passez de ce jour, ainsi que vous orrez» (LXVI, 73-75); «comme se ce eussent esté les enffans du seigneur de la ville. Helas! *aussi estoient ilz,…*» (LXXVII, 69), ce commentaire reprenant ce qui avait déjà été dit sous une forme très proche de celle de la chanson «Par la maniere que vous avez oÿ estoient ces deux nobles enffans venuz en la cité et en la maison où ilz avoient esté nez et dont ilz estoient vrais heritiers, *maiz ilz n'en savoient riens*» (LXXIV, 1-4 = vv. 6053-6055).

Ce souci d'exactitude dans l'explication s'oppose curieusement au désir de brièveté relevé ailleurs: le légat du pape est venu en Angleterre demander au roi de se porter au secours de Rome contre les Sarrasins; son séjour à la cour est évoqué plusieurs fois, d'où la reprise temporelle *en ce temps durant*; cela permet de lui faire rencontrer Hélène, très étonnée que l'on fasse appel à Henri alors que l'empereur de Constantinople pourrait apporter cette aide; la manière détournée dont procède la jeune femme est longuement et lourdement justifiée par Wauquelin: elle parle d'Antoine à cause de sa réputation, rapportée par des pèlerins qui…; elle dit cela «par couverture pour savoir se…» Le légat, dont il est précisé qu'il ignore qui est son interlocuteur, donne une réponse circonstanciée à la question elle-même, reprise par «Pour laquelle cause le pape… Et par ce point…» Hélène apprend que son père la recherche (XXVII, 59-90). Cette accumulation de détails explicatifs peut paraître l'amorce d'un souci de vérité psychologique; en effet, cette lourdeur se retrouve davantage quand il s'agit de rendre compte de sentiments ou de pensées; c'est ainsi que sont évoqués les préparatifs de la trahison de la belle-mère d'Hélène (XXXI, 22, reprise 31-34; XXXV, 44-48).

Les interventions dont Wauquelin ponctue le texte ne présentent pas toutes le même caractère de nécessité et semblent parfois n'avoir d'autre rôle que de signaler sa présence, comme le faisait aussi l'auteur de la chanson; on rencontre ainsi une quinzaine d'occurrences de l'expression *(et) non sans cause*, ou un commentaire expliquant un *helas* et qui contredit le fait énoncé: «qui cuidoit... Helas! non estoit» (LIX, 66-67); une appréciation souvent accompagnée d'une référence à la vérité «comme vray estoit» (XXIII, 43-44); «et veritablement aussi estoit elle» (tuerie cruelle XXIX, 55)[55]. Il n'hésite pas à donner son sentiment personnel, plus ou moins banal: «et estoit une noble chose de les veoir» (LXXVII, 7); «O que je cuyde qu'elle getta maintes larmes doloreuses! et si ne cuyde point du contraire qu'elle n'eust maintes douleurs et peinnes en celle perilleuse mer» (XVIII, 10-13). Plus intéressante est l'indication qu'il donne sur sa jeunesse à propos de Notre-Dame-de-Breteuil en Beauvaisis, où est enterré saint Constancien: «Et dit nostre hystoire qu'il fut nommé Constancien et qu'il est saint et eslevé en fiertre en l'eglise de Nostre Dame de Bretueil en Beauvoizis, ung monastere de moynes de l'ordre saint Benoit. Et là le vont requerir pluseurs creatures demoniacles et hors du sens pour le salut et sancté de leurs corps. Et je, qui suis l'acteur de ceste hystoire du commandement de mondit tresredoubté seigneur, comme dit est, au temps de ma jeunesse que je aloye à l'escole assés prés dudit monastere, y vis venir pluseurs telz malades...» (LXXXV, 55-64). De quelle école a-t-il suivi les cours? Quelle était sa formation?

---

[55] Nous rencontrons aussi beaucoup d'exemples de la tournure évoquée plus haut *et aussi* + verbe *estre* ou *avoir* ou *faire* vicaire, éventuellement suivie de la mention *comme vous orrez cy aprés* ou d'une mention voisine.

Il utilise les formules traditionnelles «comme vous avez oÿ», «comme vous orrez cy aprés», porteuses de marques d'oralité — réelles ou fictives —, livrées par la chanson pour instaurer avec le lecteur une connivence qui l'engage dans une relation plus familière; le lecteur est interpellé: «Quant ces deux bons seigneurs eurent assez parlé ensemble de ceste matere, qui tous deux estoient bien esbaÿs, et tant qu'ilz ne savoient que dire ne comment croire l'un l'autre, car leurs pensees et ymaginacions estoient toutes contraires les unes es autres, et par plus de manieres que je ne vous pouroye ou savroye mettre, comme bien pouez considerer, *vous qui lisez ceste ystoire*, ilz commencerent à plorer tresfort en regraittant la bonne royne Helayne...» (LIX, 1-9), et il ne peut que s'associer à la pitié qu'on doit éprouver en de telles circonstances: «car vous devez savoir en vous mesmes quelle douleur se pouoit estre à une dame tant noble et de si haut lignaige comme elle estoit de laissier ainsi son empire et seigneurie et le lieu de sa nativité» (XVIII, 7-10); rempli de compassion le lecteur est fermement invité à réprouver le mal, et notamment la trahison: «... car je ne sçay comment le cuer ne lui rompoit en pieces ne comment elle pouoit tant durer. Mais, vous qui oyez ceste hystoire, vous devez dire que c'estoit sans raison qu'elle avoit une telle paour, car on ne la queroit fors que pour la remettre en son estat deu, et plus en estoient doulans son pere, son mary et ses enffans qu'elle n'estoit, parquoy vous devez veoir clerement quelle hydeur c'est de traÿson, par laquelle souffroit ceste miserable douleur, et non pas elle seulement, mais ces nobles empereur et roy et finablement tout leur peuple» (LXXXIX, 47-56).

«lectures de bons enseignemens decorees et vertueusement composees»

La complicité ainsi établie lui permet de livrer, au-delà de ses sentiments personnels, un commentaire moral. Les destinataires de cette histoire exemplaire, parmi lesquels s'inscrit Wauquelin lui-même, comme il le dit dans le prologue, sont tous ceux qui ont le souci de leur salut, «tant nobles comme non nobles […] car pour l'un et l'autre sexe, c'est à dire pour homme et pour femme, au gré de Jhesucrist, elle sera salvable et proffitable». Mais à travers les interpellations de Wauquelin à ses lecteurs — ou auditeurs — perce la considération pour les grands «car vous devez savoir en vous mesmes quelle douleur se pouoit estre à une dame tant noble et de si haut lignaige comme elle estoit de laissier ainsi son empire et seigneurie et le lieu de sa nativité» (XVIII, 7-10); cela se retrouve indirectement dans le récit où la faute est d'autant plus étonnante qu'il s'agit d'un personnage de haut rang: le châtiment donné à la mère du roi suscite étonnement et crainte «car ceste dame avoit tant esté honnoree que de la coronne du royaume elle avoit esté anoblie» tout comme celui du sénateur «car c'estoit ung des mieulx enlignaigié de la cité» (CXIV, 4). En effet, la haute position sociale implique un comportement exemplaire que Wauquelin rappelle à propos d'une tentation diabolique à laquelle, par sa patience et sa soumission à la volonté divine, saint Martin échappa: «Si est damaige et pitié que les princes n'y mettent remede affin que les autres y preissent exemple» (CXV, 62-63)[56].

---

[56]   Autres références: LXXXIX, 52-56: «parquoy vous devez veoir clerement quelle hydeur c'est de traÿson, par laquelle souffroit ceste miserable douleur, et non pas elle seulement, mais ces nobles empereur et roy et finablement tout leur peuple»; CIX, 23-26: «O! faulx traictres, que ne vous fent le cuer quant vous oyez

Public noble, composé d'hommes, capables d'apprécier les vertus chevaleresques et guerrières de héros en qui s'illustrait l'élan constamment insufflé par les aspirations du duc à la croisade. Même si Wauquelin a considérablement diminué la part guerrière, elle reste importante et peut flatter le duc dans son rôle de défenseur de la religion chrétienne et le soutenir dans ses projets de lutte contre les ennemis de la «foi catholique». Il est intéressant de voir comment Wauquelin utilise un fait connu par une autre chanson (*La Conquête de Jérusalem*) pour présenter un de ses héros comme un modèle historique dont l'exploit sera utilisé par un chevalier du temps de Godefroy de Bouillon[57]. Wauquelin, comme par un double jeu de miroir, peut donc proposer son héros comme modèle, puisqu'il a déjà fait ses preuves, en quelque sorte; et, rappelant aux «nobles hommes» destinataires de son prologue leur idéal, il les incite à faire des «lectures de bons enseignemens decorees et vertueusement composees» où ils trouveront de bons modèles, ce que suggérait moins explicitement sa source[58]. Il reprend ainsi son rôle d'«acteur» qu'il précise avec vigueur en dénonçant les bavardages inutiles et mensongers[59].

---

telles pitiés! Bien estes maudis de Dieu de ainsi traÿr par vostre faulce couvoitise les vaillans princes et princesses!»

[57] Amaury, au siège de Jérusalem, se fait hisser sur les remparts «à force de lances», voir note CVIII, 9; l'épisode se trouve également dans la chanson (vv. 9810-9821, exploit annoncé puis réalisé v.10003.

[58] Jérusalem a été conquise deux fois grâce à cet exploit; un noble chevalier, Thomas de Marle, accompagnant Godefroy de Bouillon pénètre de la même manière qu'Amaury «pour che quë .I. istoire avoit leüt piecha» (v. 9817).

[59] Comme c'est souvent le cas dans les mises en prose, il faut sans doute voir là, en rapprochant ce passage du prologue, un renchérissement de la condamnation de *la rime*, qui contient non

Wauquelin semble s'adresser aussi à un public de femmes: l'héroïne est une femme, plusieurs protagonistes sont des femmes, le prologue contient une adresse «à l'un et l'autre sexe»; on trouve quelques détails relatifs aux sentiments de la mère qui vient de donner le jour à des enfants[60] et aux habitudes des enfants en bas âge[61]; tous ces éléments invitent à penser qu'un public féminin pouvaient être touché par une histoire où les femmes n'ont pas un rôle négligeable: une sainte femme qui,

---

seulement «prolongacions et motz inutiles» (prologue, 36), mais qui est mensongère: «Et pour ce au propos que, comme je disoye au commencement de ceste hystoire, se doivent tous nobles hommes qui l'onneur de proesse et de bonne renommee vueillent acquerir et ensuir, quant ilz ont temps et lieu, eulx occuper en lectures de bons enseignemens decorees et vertueusement composees, car ilz y peuent aprendre et retenir et sur ce eulx adviser et endoctriner, en fuyant les baves et mensonges de pluseurs baveurs et jengleurs qui de nul bien ne servent, mais de faire perdre temps et bien d'onneur et de valeur, à ce propos dit le Psalmiste:«Vir lingosus non dirigetur in terra», c'est à dire que l'omme gengleur ne sera point amé en la terre. Pleust à Dieu que ainsi en usassent tous seigneurs!» (CVIII, 9-23).

[60]   «De laquelle portee elle fut moult joyeuse, comme sont toutes femmes, car la sainte Escripture dist que toute la douleur que les femmes ont à enfanter, quant le fruit de leur ventre est né et qu'elle perçoit qu'elle a porté homme au monde, elle oblie toute la douleur qu'elle a eu par avant, *et mesmement quant elle voit que Dieu n'a riens oblié à son enfant.*» (XXXVI, 5-1, la partie en italique étant un ajout de Wauquelin).

[61]   «Et passa ce jour mesmes par là, et tant que en passant, par le vouloir de Dieu, le roy Clovis oÿst l'enffant qui crioit à haulte voix, comme font petis enffans après la mamelle de leur mere. Lequel se approucha et trouva icellui enffant emprés ung buisson enveloppé d'un jazerain. Et dist l'ystoire que, incontinent que l'enffant vist venir ce roy et ses gens, il commença à rire, et non point de merveille, car il cuidoit que ce fust sa mere qui vinst à lui pour le faire teter.» (CIII, 21-30; CII, 57-58).

trahie, persécutée, en butte à la «concupiscence charnelle», garde en Dieu une confiance inébranlable…, mais aussi des héroïnes secondaires, qui prennent une part active à leur destinée[62]. La place occupée par Isabelle de Portugal à la cour de Bourgogne[63], son amour pour le seul fils qui lui est resté, le rôle qu'elle a joué auprès des enfants de son frère, la présence de nombreuses dames d'honneur autour d'elle, ses goûts littéraires, sa piété, les fondations hospitalières et les dons accordées aux hôpitaux, son intérêt pour la croisade[64] ne sont certes pas des preuves, mais peuvent être interprétés comme les signes d'un public féminin possible.

Le projet est clair et concerne tous ceux qui se préoccupent de leur salut, hommes ou femmes; les enseignements se dégagent très naturellement de la fiction, soit qu'elle ait valeur exemplaire et que la leçon s'impose, soit que le plus souvent, directement ou par l'intermédiaire d'un personnage, Wauquelin les rappelle, aidé en cela par une source dont la culture chrétienne fait une large place à la providence divine et à la propagation de la foi par la croisade. Sa formation de clerc lui fait ajouter plusieurs citations latines et des références bibliques ou des propos sentencieux[65] qui contribuent à

---

[62] Pour une image revalorisée de la femme dans la littérature, voir K. Vergnaud, *Les figures féminines dans la Mannekine et La Belle Hélène de Constantinople*, dactylographié, Bordeaux, 3, 1999, (direction D. Régnier-Bohler).

[63] L'influence d'Isabelle de Portugal, troisième femme de Philippe le Bon, a été considérable.

[64] Cl. Lemaire, «Remarques relatives aux inventaires de la Librairie de Bourgogne réalisés en 1467-1469, 1477, 1485 et 1487 et aux manuscrits des duchesses», *Scriptorium*, 48 (1994), pp. 294-298, en part. p. 297.

[65] Proverbes ou phrases d'allure sentencieuse sont généralement des interventions personnelles de Wauquelin, la chanson en vers

l'atmosphère édifiante du roman et qui peuvent être insérés dans des prières, appartenir au discours ou apparaître comme un commentaire personnel. Wauquelin, souligne volontiers le caractère didactique de son entreprise, établissant un rapport, qui n'est d'ailleurs pas toujours clair, entre le proverbe qu'il vient de citer et l'histoire qu'il raconte: «Ce puis je bien prouver par ceste dame» (CXXVIIII, 82), ou utilisant certains aspects du style, comme la thématisation et la topicalisation[66].

Le travail opéré par Wauquelin, ne laissant guère subsister d'éléments courtois, écrasant ou faisant disparaître les monologues qui traduisaient une tentative d'analyse intérieure, a accusé la coloration religieuse de son modèle. L'infléchissement moral est clairement affiché et, même si d'autres lectures sont possibles, il paraît clair que l'enseignement proposé relève d'une conception du monde morale et religieuse; l'inceste initial, déclencheur de l'action, semble se réduire à un motif qui n'exploite pas la dimension politique sous-jacente[67]; l'horreur qu'il suscite, violemment dénoncée à plusieurs reprises et imputée à l'influence du démon, l'inscrit dans un univers où s'opposent dans une lutte

---

ayant son propre domaine de références; à ce sujet voir Maria Colombo Timelli, «De l'*Erec* de Chrétien de Troyes à la prose du XVe siècle; le traitement des proverbes», *Le Moyen Français*, LII (1998), pp. 87-113. On remarque que parfois, comme souvent au Moyen Âge, la citation ou la référence est rattachée de façon bien approximative au contexte (C, 16-19; CXXVIII, 81-82).

[66] Voir en particulier B. Combettes qui montre comment ce procédé, qui se trouve peu dans les textes narratifs, relève du texte argumentatif ou explicatif «Ordre des mots, types de textes, diachronie: topicalisation de la subordonnée en moyen français», *Verbum*, XII/4 (1989), pp. 339-346; voir aussi introduction, étude de langue, syntaxe.

[67] L'inceste est à lier aux questions de lignage, aux enjeux matrimoniaux et à l'endogamie.

impitoyable les forces du bien et du mal, qui s'illustre également dans la lutte contre les ennemis de la foi. Le retour à l'harmonie initiale, détruite par cette faute, apparaît comme une reconstruction du monde dans une perspective chrétienne; dans un monde très manichéen que la Providence divine ordonne et protège en dépit des apparences, cela passe par la conversion individuelle, qui permet la conquête pour chacun et par chacun de sa place, et aussi par la conversion du monde païen, ce qui non seulement justifie mais encourage la croisade. On peut voir également, en creux dans l'enchaînement des souffrances injustement imposées à l'héroïne, une sorte de miroir du prince, la fonction du roi étant précisément de rétablir la justice et d'imposer un ordre qui respecte le droit des faibles[68].

La chanson en vers, dont nous avons déjà noté le caractère composite, superposait des motifs, hagiographiques, épiques et romanesques, tout en empruntant à des fonds plus archaïques des traits qui ne sont pas toujours bien amalgamés et qui sont même détournés de leur fonction première (la mutilation de l'héroïne en est un exemple frappant). Mais Wauquelin, plus encore, réinvestit ces motifs à des fins morales et religieuses, en supprimant parfois certains détails, ce qui, comme nous l'avons vu, peut gêner la compréhension; même s'il les note assez régulièrement, il semble être plus intéressé par la charité et les miracles de Martin que par les traits qui l'opposent à Brice; l'itinéraire parcouru par les enfants est comme l'écho d'une quête initiatique, dans laquelle l'élément religieux finit par être prépondérant: abandonnés sur une île déserte, les deux enfants «sauvages» sont recueillis par un ermite qu'ils vont quitter au bout de seize ans pour tenter de retrouver leur

---

[68] Sur le rôle de la femme persécutée, voir J. Foehr-Janssens, *La veuve en majesté*, Genève, Droz, 2000.

«generacion»; la traversée les prépare à leur entrée dans la société[69]; ils apprennent des marins l'usage des vêtements, et pour Lyon (Martin), le goût du vin; quelque temps après avoir vécu auprès de Clariande de Bavière, où Lyon est initié, malgré lui, à l'amour, ils vont prendre part à une expédition guerrière avant laquelle Lyon est adoubé chevalier; puis ils sont tous deux baptisés. Une fois ces rites accomplis, leur vie prend l'orientation religieuse du roman, l'individualité de chacun d'eux restant plus ou moins marquée par leur fonction, mais Martin est le seul à être désigné comme saint. La trace de certains détails que laissait encore apparaître la chanson[70] disparaît ainsi au profit d'une visée didactique devenue l'objet premier de l'entreprise de Wauquelin.

C'est peut-être dans cette perspective chrétienne qu'il faut comprendre la modification qui touche le personnage de Marie, qu'une faute ancienne condamne à mourir à la place d'Hélène, là où la chanson invoquait l'astrologie; approche plus orthodoxe, sinon plus satisfaisante, dont on trouve un écho dans les condamnations portées contre l'astrologie et les superstitions[71].

---

[69] Le couple antithétique formé par les enfants conserve dans la version en vers, et dans une moindre mesure, dans la version de Wauquelin, un certain nombre de traits archaïques, parfois un peu brouillés; pour les traits archaïques présentés par ces jumeaux, voir D. Régnier-Bohler, «Exil et retour: la nourriture des origines», *Médiévales*, 5 (1988), pp. 67-80.

[70] La chanson conserve davantage de détails archaïques, mais l'évolution du personnage de Brice semble bien montrer leur gratuité; elle maintient plus longtemps Brice à pied et non à cheval que Wauquelin, mais elle ne résout pas mieux le problème de son mariage.

[71] L'admiration de Chastellain pour la piété de Philippe le Bon, exempte de toute indulgence pour la science des astres, est une preuve un peu plus tardive du climat qui régnait alors autour de Philippe le Bon: «En toutes choses se monstra de léalle entière

La vérité revendiquée, c'est essentiellement l'accord de l'histoire et des personnages avec le dessein de Dieu, un Dieu tout puissant, qui «ordonne[72]» le monde selon sa «disposicion[73]», qui, capable de vengeance (CIV, 24; CXXVI, 9-11), récompense selon les œuvres (X, 32-33; CXV), couronne de gloire dans le saint paradis ceux qui se sont abandonnés à lui dans la plus totale confiance, parfois même jusqu'au martyre.

Le nombre important des protagonistes, les aventures nombreuses qu'ils sont amenés à vivre permettent à tous les âges de la vie de trouver dans ce récit exemplaire matière à méditation et modèle à imiter. L'accès à la sainteté emprunte des chemins divers, mais il est ouvert à tous. L'univers du roman restant très manichéen, l'endurcissement dans le péché et la méchanceté encourent la colère divine et le châtiment et sont autant de modèles à ne pas suivre.

Hélène, innocente, victime, garde une totale confiance en Dieu, malgré l'accumulation des malheurs qui s'abattent sur elle dès son plus jeune âge; tel Job, elle est le parangon de la patience et endure ses maux «pour l'amour de Dieu»; bonne fille, bonne épouse, bonne mère, miroir de patience et de piété, d'amour du prochain: non seulement elle ne désespère jamais de Dieu, mais elle prie inlassablement pour le salut du peuple chrétien comme pour celui de ceux qui ont causé ses malheurs[74]. C'est l'intimité avec Dieu, avec la Vierge

---

foy envers Dieu, sans enquérir riens des devins ou des signes, fust de mort ou de vie, comme qui à luy et en luy s'attendoit de tout son fait.» (Chastellain, *Chroniques,* III, 448).

[72] Le nombre de termes signifiant cette idée est élevé et reflète un discours de clerc: *disposition, ordonnance, volonté, plaisir* et verbes correspondants.

[73] 8 occ., qualifiée de *vraye, droite, bonne, debonnaire.*

[74] Pour une lecture novatrice de l'itinéraire de la femme persécutée, voir J. Foehr-Janssens; selon l'auteur, les grilles d'interprétation

dont elle sollicite fréquemment l'intercession[75], qui lui permet de surmonter les épreuves, et les interventions divines qui jalonnent la vie de l'héroïne, tout comme celle d'autres protagonistes, sont moins des signes miraculeux que les marques tangibles de la reconnaissance divine d'une soumission parfaite et d'une piété sans faille; Henri emprisonné à Bruges[76] ou Martin tenté par le diable[77] font preuve de la même obéissance à la volonté divine. Plus exceptionnelle et spectaculaire est la voie empruntée

---

de la mythographie moderne ouvrent de nouvelles perspectives et dévoilent un horizon inattendu, qui «inscrit la révolte dans la patience, la puissance dans la faiblesse et la vengeance dans l'obéissance», *op. cit,* p. 49.

[75] La piété mariale s'est largement répandue depuis le XIIIe siècle, et l'on comprend aisément qu'Hélène invoque la Vierge quand sa vertu est menacée.

[76] «Laquelle mesaise et povreté souffrist le roy trespaciemment en louant Dieu de sa misere et de ce qu'il Lui plaisoit envoyer ceste durté. Nostre Seigneur, veant sa bonne pacience, ne le volt point oblier, car Il lui envoya Son benoist angele pour le reconforter, comme dit nostre hystoire qui dit que, ainsi que cestui noble roy estoit une fois entre dorme et veille, aprés ce qu'il avoit fait à son Createur prieres et oroisons, ung angele se apparust devant lui et le reconforta en disant: «Mon chier amy, soies constant et ferme en soustenant les aversitez de ce monde, car ta tristesse et douleur sera tourné en joye salutaire, et si te dis que, ainçois que tu fines tes jours, tu raras ta femme, la bonne Helayne, laquelle a Dieu esleue comme Sienne et lui rendra merite de ses griesves douleurs.» (CXXIX, 52-67).

[77] «Et cestui exemple vous ay je cy mis comme le met nostre hystoire pour vous monstrer comment on doit avoir pascience en adversité et que pour aucune tribulacion ou mesaige de corps on ne se doit point deffier de la grace de Dieu ne le maugroier ou ses sains, comme font souventesfois aucuns mauvais paillars remplis de l'Ennemy d'enffer, qui pour une paille maugroient Dieu et Ses benois sains.» (CXV, 54-59).

par Amaury, récemment converti, dont le martyre illustre une forme extrême de l'amour de Dieu.

Si l'épreuve constitue ici une forme d'élection, pour d'autres elle est un chemin de rédemption, qui illustre la miséricorde divine puisque «Nostre Seigneur ne regarde point quelz nous avons esté en nostre commencement mais seulement quelz nous sommes en la fin de nostre vie» (Prologue 3-6). Ainsi, la longue errance d'Antoine à la recherche de sa fille apparaît très vite comme le désir de racheter sa conduite coupable; la première manifestation de son repentir est d'ailleurs le combat qu'il mène contre le désir incestueux d'un père pour sa fille, cet «enorme desir» réapparu en doublon chez le roi païen Grimbaut. L'itinéraire de pénitence qu'ils parcourent est désormais totalement au service de Dieu, l'un dans le renoncement immédiat au monde et la retraite d'un ermitage, l'autre dans l'épreuve de la croisade puis dans la retraite. Constancien, lui aussi, va devoir «purgier son pechié»[78] en une longue quête: il ne retrouvera Plaisance qu'après avoir été malmené par des brigands et retenu longtemps prisonnier dans une tour.

Certains sont inaccessibles au repentir, telle la belle-mère ou le sénateur[79], d'autres refusent la conversion… et leur condamnation n'est que le «loyer» de leur endurcissement dans le mal et le péché.

Ainsi, à travers ces héros et leurs aventures, on voit s'affronter, dans un univers de cruauté, les forces du bien

---

[78]   «Ainsi advint il au bon Constancien, car, pour son pechié purgier et laver, qu'il avoit commis avec Plaisance, sa dame par amours, en accomplissement de la char, volt Nostre Seigneur Jhesucrist permettre qu'il fust ainsi passioné.» (C, 20-24).

[79]   La chanson présente aussi, mais avec moins d'insistance, cette valeur exemplaire que souligne Wauquelin; ainsi elle évoque le miracle accompli par Dieu qui punit le sénateur d'avoir voulu violer Plaisance: «Et, pour donner example au peuple cha é la / D'esquiever le pequiet, miracle demoustra» (vv. 9750-9751).

et du mal. Wauquelin, s'exprimant à titre personnel, dénonce le responsable, l'«Ennemy d'enfer», qui provoque la perdition de l'âme; la mise en garde contre les séductions du «dyable» concerne essentiellement la convoitise[80], aux conséquences néfastes, comme la trahison, et surtout le péché de la chair, qu'il s'agisse de l'amour hors mariage ou de la pire de ses manifestations, le désir incestueux[81]; ainsi, Hélène ne cesse de fuir pour «garder son corps de blasme[82]» et «eschever pechié»…; Constancien, lui, va devoir, comme nous l'avons vu, «purgier son pechié». Les pirates, non chrétiens, en veulent régulièrement à la vertu d'Hélène, dont la prière provoque à chaque fois des miracles qui la font échapper à leur «concupiscence»; le discernement de Martin, qui pourtant ne connaît pas les choses de l'amour, lui permet de se soustraire au désir de Clariande et, là où la chanson se contente d'évoquer les faits, Wauquelin souligne l'aspect moral et l'intervention du démon (LXXIV, 18).

Pour dénoncer ce péché et évoquer ces tentations diaboliques, Wauquelin utilise des comparaisons et les termes banals mais évocateurs qui relèvent de l'imaginaire chrétien ou du sermon[83]; on ajoutera qu'il

---

[80] Les mots de la famille de *couvoitise, envie* peuvent désigner le désir charnel, mais aussi la cupidité (XXXVI, 56; CII, 44; CXLII, 35) ou la jalousie (XXXI, 32); l'enchaînement des maux qui les accompagnent est généralement souligné (IV, 38; VI, 32; CIX, 23-25).

[81] Motif fréquent à la fin du moyen âge, qui apparaît à trois reprises, chez Antoine, chez Grimbaut et chez Joseran, le sénateur romain (inceste spirituel, puisqu'il veut épouser sa commère, la mère de son filleul), voir Roussel, *Conter…*, pp. 142-187.

[82] Il est intéressant de voir que le *grief blasme* semble désigner l'adultère (CXI, 36).

[83] *incitation, atisement; atiser; esmouvoir; ne se pouoir saouler; s'eschauffer, alumer; desirer, couvoitier… ; estaindre les*

s'est éloigné de la chanson en vers à deux reprises: il
développe plus largement le miracle du crucifix, qui a
confondu, «comme paillart et villain qu'il estoit», un
jeune homme qui avait abusé d'une jeune fille (XCV, 74);
le mariage de Brice et de Ludie apparaît de façon assez
incongrue chez Wauquelin, mais on peut penser qu'eu
égard à l'état et à l'âge de l'archevêque, il a supprimé les
propositions de ce dernier à Ludie, tout comme ses
réflexions qui incitent Brice réticent[84] à prendre en
mariage une si séduisante jeune fille.

La version de Wauquelin comporte moins de miracles
et moins de saints que la chanson; l'intervention divine
reste permanente et se manifeste régulièrement pour
sauver du danger le héros, dont la foi en Dieu est
reconnue et s'exprime dans la prière; les miracles patents
sont ceux que la légende prête traditionnellement à la
charité de Martin, auquel il faut ajouter, dénouement
oblige, le recollement du bras d'Hélène[85]; la valeur
morale attachée au miracle du crucifix qui parle illustre
parfaitement les vues de Wauquelin sur le péché de la
chair et justifie peut-être un développement plus explicite
que dans la chanson. Les autres miracles racontés par la
chanson peuvent être des ajouts que la source dont

_____

chaleurs de la concupiscence charnelle; guerre avec le désir
(VIII, 44-48); fraing de ferme constance.

Le terme de concupiscence charnelle apparaît à 7 reprises; on
rencontre en outre delit charnel IX, 19; delicter IX, 26; desir de
la char CII, 9; compaignie charnelle XIV, 46; ardeur CIV, 57;
ardoit CIV, 76; pechié CIV, 62, CV, 2, 20, 26; XLVIII, 49;
XCVIII, 42; C, 21; CIV, 62; couvoitier XX, 14; druerie XCVIII,
42.

[84] Là encore les réticences de Brice sont à mettre au compte d'un
trait archaïque du personnage qui n'est plus compris, voir supra.

[85] Roussel cite plusieurs autres anecdotes à caractère miraculeux
dans lesquelles saint Martin rend l'usage de leur(s) main(s) à des
femmes manchotes, Conter..., pp. 244-245.

Wauquelin disposait ne comportait pas, à moins que Wauquelin ait délibérément choisi de ne retenir que ceux dont la valeur morale illustrait ses intentions[86].

De même le nombre de saints reconnus comme tels est inférieur chez Wauquelin[87]; si c'est le fait de Wauquelin, on peut penser qu'il a voulu éviter de disperser la sainteté sur un trop grand nombre de personnages; de plus cela lui permet de montrer, comme il l'annonçait dans le prologue, que le chemin de la sainteté est accessible à tous, y compris aux pécheurs, et que les vies proposées sont des exemples imitables pour être «couronné» dans le saint paradis. Cela permet aussi d'accorder une meilleure place à saint Martin, honoré à la cour de Bourgogne: après la mort de deux fils, Philippe le Bon et Isabelle de Portugal ont vu leurs vœux de descendance se réaliser avec la naissance de Charles, le 11 novembre, date où l'on célèbre saint Martin, et que Charles célèbrera régulièrement en offrant ce jour-là un repas «a pluseurs povres petis enffans[88]».

---

86   Henri et Antoine trouvent Félix en prières; mais il n'a pas été arraché aux crocs de leurs chiens par ses prières (vv. 6958-7003); le miracle de l'écu aux fleurs de lis (vv. 9529-9555); saint Martin n'est pas soigné par le baume que lui apportent sainte Agnès et deux autres saintes femmes (vv. 11122-1171); manque également l'édification miraculeuse d'une église à Plaisance (vv. 12729-12740, 14800); l'allusion aux cierges miraculeux n'apparaît jamais (vv. 9170-9195; 12674-12696); les flèches qui, à la prière de Martin, lors du siège de Bruges, se retournent contre ceux qui les ont envoyées (vv. 13425-13440); pour certains de ces miracles, voir *supra*.

87   Clément, Félix, Pierre sont de saints hommes mais ne sont plus désignés comme saints, pas plus que l'héroïne elle-même «sainte est en paradis», v. 839; peut-être faut-il songer au contraire à une inflation du nombre de saints (et de miracles) dans la chanson que nous connaissons.

88   Voir *Isabelle de Portugal, duchesse de Bourgogne, 1397-1471*, Catalogue de l'exposition 5 octobre-23 novembre 1991,

Cet univers ne laisse pas cependant d'être inquiétant; le peu d'épaisseur psychologique des personnages les livre, plus que dans la chanson où il leur arrive d'exprimer leurs doutes et leurs inquiétudes, à l'acceptation sans discussion de la toute puissance divine et limite par là leur autonomie[89].

A ces préoccupations religieuses et morales s'ajoute le souci d'«exaucier» la foi catholique, ces termes étant comme la bannière des champions de «Nostre Seigneur» qui vont, au fil de leurs pérégrinations christianiser les pays païens qu'ils traversent, défendre Rome et Jérusalem…, exhortant leurs dirigeants à se convertir ou à se battre et affrontant même le martyre. A Rome, le pape en personne prend part au combat[90], et vient en aide

Bruxelles, Bibliothèque royale, 1991, Cl. Lemaire, M. Henry, A. Rouzet (étude iconographique), p. 48, avec renvoi à A. de Lagrange, «Itinéraire d'Isabelle de Portugal, duchesse de Bourgogne et comtesse de Flandre», *Annales du Comité flamand de France*, Lille, 42 (1938), pp. 1-191, notamment p. 127: le 11 novembre 1448, Hesdin «… et ce jour Monseigneur le conte de Charollois donna a disner a pluseurs povres petis enffans, aux despens de Ma dicte dame [la duchesse], pour la solempnité du jour Saint Martin».

89 Une étude plus approfondie de certains personnages secondaires, notamment féminins, Clariande, Plaisance et Ludie, conduirait peut-être à nuancer ce propos; en effet, chacune d'entre elles semble faire preuve d'autonomie et de dynamisme personnel.

90 Le pape, avec la tiare de saint Pierre, est représenté en plein centre d'une miniature, prenant part au combat. Pour cette représentation, surprenante, du pape, voir D. Collomp, «Le motif du pape combattant dans l'épopée», *Le clerc au moyen âge*, *Actes du 20ᵉ colloque du CUERMA*, Aix-en-Provence, *Senefiance,* 37 (1995), pp. 91-112; la prose anonyme justifie d'ailleurs l'attitude du pape par ces mots: «lequel vuida en armes contre eulx, che c'onques pape ne fist» BnF, fr. 1489, f. 13; David Aubert, dans les *Croniques et conquestes de Charlemaine,* commente les pensées de ces clercs contraints de faire la guerre: «dont il y avoit

roi d'Angleterre qui «tresbon crestien estoit», qualité mentionnée dans le portrait qui en est fait lors de sa première apparition (XXII, 38). Le désir d'éviter la guerre apparaît régulièrement dans l'alternative proposée aux païens: la conversion et le baptême ou le combat et la mort; la victoire des défenseurs de la religion catholique est proclamée d'autant plus haut que les païens convertis reconnaissent l'impuissance de leurs dieux et détruisent leurs idoles; les vaincus meurent au milieu de manifestations infernales «Car l'ystoire dit que de son corps yssist une si terrible fumee que à peine pouoient les combatans veoir l'un l'autre, et qui plus est une si grant crierie de corbeaulx» (CXXXIX, 38-42), et les blasphémateurs, auteurs du martyre d'Amaury, périssent dans des tourments envoyés par un Dieu vengeur: «Mais, tantost qu'i eust ce dit, ung feu du ciel descendist soudainement sur le roy Hurtault, qui le mist en pouldre et en cendres. […] ainsi le paya Dieu de sa deserte. […] Du sang de ce benoit martir, qui coula au long de la lance, furent ataintes les mains de ce felon tirant Solimant, mais ce ne fut point à son salut, ains fut à son dampnement, car tout prestement il enraigea et aussi firent tous ceulx qui avoient mis la main au martirier Amaury, le benoit martir.» (CXXV, CXXVI, 1-6).

L'atmosphère religieuse et le climat de croisade qui règnent dans le roman s'accordent bien avec l'ambiance de la cour de Bourgogne. La défense de la chrétienté a constamment été au centre des préoccupations de Philippe le Bon, qui était hanté par le souvenir de Nicopolis (1396): ainsi à plusieurs reprises, il se fit

---

aucuns et la plus part qui eussent mieulx amé estre en leurs cloistres et en leurs monasteres que vestir haubers, chaindre espees, embracher escus, enfourmer heaulmes et combatre leurs ennemis», voir éd. R. Guiette, Bruxelles, Palais des Académies, 1940, pp. 319-321.

communiquer des renseignements sur les moyens d'entreprendre une croisade; il arma une flotte en 1438, mais la croisade se termina avec la défaite de Varna (1444)[91]; la création de l'ordre de la Toison d'or en 1431, qui s'appuyait sur une très haute idée du rôle de la chevalerie, répondait à cette aspiration puisqu'il était fondé en premier lieu pour défendre, garder et maintenir «la vray foy catholique, la foy de nostre mere, saincte Eglise[92]...». Le soutien indéfectible au pape, le rappel de son autorité (X, 10-14), éventuellement transférée à ses légats (VIII, 36-41), l'insistance sur l'expression *foy catholique*[93] (15 occ.), sur la place de Rome, «clef de

---

[91] Mission dont rendirent compte de grands voyageurs comme Guillebert de Lannoy, Bertrandon de La Broquière, Torzelo de Florence, Jean de Wavrin.

[92] Statuts de la Toison d'or. De 1453 à sa mort, Philippe le Bon a utilisé un signet «EE», dont la signification semble être «Eques Ecclesiæ», voir Cl. Lemaire, *Isabelle de Portugal, duchesse de Bourgogne*, pp. 107 et 126.

[93] L'expression apparaît dans les statuts de la Toison d'or (1431), ordre fondé «pour la très grande et parfaicte amour que nous avons au noble estat et ordre de chevalerie, dont, de très ardant et singulier affection, désirons l'onneur et accroissemens; par quoy la vray foy catholicque, la foy de nostre mère, saincte Église, et la transquilité et prospérité de la chose publique soient, comme pevrent (*sic*) estre, deffendues, gardées et maintenues», Jean Le Fèvre de Saint-Remy, *Chronique*, éd. Fr. Morand, Paris, Renouard, 1876-1881, t. 2, pp. 210-211, et J. Paviot, «L'ordre de la toison d'or et la croisade», *L'ordre de la Toison d'or de Philippe le Bon à Philippe le Beau 1430-1505, idéal ou reflet d'une société* (Exposition de la Bibliothèque royale de Belgique, 27 septembre 1996-14 décembre 1996), catalogue publié sous la direction de P. Cockshaw et Ch. Pantens, Turnhout, Brepols, 1996, p. 71.
Toutes ces remarques rappellent les positions d'un conseiller de Philippe le Bon, Jean Germain, docteur en théologie, puis chanoine et doyen de la Sainte Chapelle de Dijon, évêque de

toute la religion crestienne» (X, 15), l'indulgence
accordée à ceux qui prendront la croix contre les
envahisseurs de Rome (XXVII, 46-48), les textes de
prières du plus grand péril et le vocabulaire utilisé qui
rappellent des problèmes théologiques concernant la
Trinité et l'union des deux natures du Christ[94] sont peut-
être l'écho, par la plume de Wauquelin, de questions qui
ont vivement animé, à une époque récente, le concile de
Ferrare-Florence (1438-1439), dont la conclusion a été la
Bulle *Lætantur cæli* (6 juillet 1439) qui a chanté la
réunification des Églises avant le grand désastre de 1453.

Au service de Philippe le Bon, travaillant à
«l'exaltacion et accroissement de l'exellent honneur de
[son] dit tresredoubté seigneur et prince et à la
multiplicacion de sa gloire» (prologue), Wauquelin a
dessiné, dans une histoire cruelle, le portrait d'un bon

Nevers puis de Chalon-sur-Saône à partir de 1436. Il fut le
premier chancelier de l'ordre de la Toison d'or. Il défendit les
intérêts de la Bourgogne au concile de Bâle (1431-1439) et de
Ferrare-Florence (1438-1442) contre l'empereur. Il était un
défenseur résolu de la papauté, de l'orthodoxie catholique et de la
croisade contre les Turcs, comme en témoigne *Le débat du
chrétien contre le sarrasin* ou *Le Trésor des Simples* (1450), dont
le thème essentiel, la lutte contre l'Islam, sera évoqué à nouveau
dans le prologue du *Le Chemin de paradis*, œuvre plus connue
sous le titre *Les deux pans de la tapisserie chrétienne*, qu'il
rédigera en 1457 pour l'instruction des curés de campagne et de
leurs ouailles.

[94] Voir XXI, 1-3, 121-22: «Sire Dieu, Pere tout puissant, ung seul
Dieu regnant en trois personnes comme le Pere, le Filz et le Saint
Esperit... Ton glorieux Filz, seconde personne de la Trinité»;
LXXXIII, 57-61:«pour l'amour de Jhesucrist, qui fut filz de
vierge, vray Dieu eternel et consubstancial au Pere tout puissant
et au Saint Esperit, les trois regnans en une deité et un Dieu
parmanable» et CXI, 12 «ung Dieu en trois personnes» et 23, à
propos du Christ: «il est Ton pareil en deité selon la divinité,
maindre en humanité».

prince, capable de rétablir la justice et de faire respecter le droit des faibles; il s'est efforcé de contribuer à «esveiller les cuers endormis» en leur proposant des exemples à suivre. A-t-il comblé les attentes de son commanditaire? Le duc a-t-il apprécié cette mise en prose, qui ne mettait pas en scène un illustre personnage, comme Alexandre ou Girart de Roussillon, auquel il était susceptible de s'identifier? Contrairement à ce que l'on sait d'autres textes, aucune mention laissant entrevoir un intérêt particulier du duc pour sa commande n'apparaît dans les comptes, et l'illustration en est fort tardive. Le destinait-il à son entourage ou souhaitait-il plus simplement augmenter sa bibliothèque?

Comment comprendre que Wauquelin, invoquant les longs développements contenus dans «les *Hystoires de France*» choisisse de passer sous silence les allusions à Clovis et au miracle de l'écu aux fleurs de lis[95] dont on a souvent montré l'enjeu idéologique? La complaisance avec laquelle Wauquelin s'étend sur la conquête de la bannière aux léopards, qui apparaît encore avec insistance sur les miniatures, l'importance accordée à la ville de Bordeaux portent-elles les traces d'une anglophilie qui n'est plus d'actualité?

Cette mise en prose est bien l'œuvre d'un «acteur»; s'il suit de près le livret rimé que lui a donné Philippe le Bon, il lui a pourtant donné son empreinte personnelle, celle d'un «clerc[96]», rompu à ce genre de travail; même si

---

[95] Présenté dans la chanson comme une digression «Uns contes vous en ert assez brief racordés / Par quoy nostre romans en soit mieux averés», vv. 9482-9483; on ne peut penser qu'il s'agit d'un ajout imputable à un copiste, car l'épisode a été annoncé à deux reprises dans la chanson et Wauquelin précise bien les distances qu'il prend avec sa source.

[96] Souvent appelé *clerc*, *translateur*, payé pour avoir *translaté*, *escript* ou *copijét*, Wauquelin est aussi désigné comme *escripvain*

le seul outil de comparaison dont nous disposons oblige à observer une certaine distance, nous croyons pouvoir constater que les maladresses dues aux interventions diverses du dérimeur, qu'elles touchent des détails[97] ou même qu'elles affectent la vraisemblance dramatique, n'ont pas d'incidence sur le mouvement général. Souci de brièveté, souci de vérité, respect de la source, objectifs si fréquemment affichés conduisent souvent à des approximations qui cadrent mal avec nos habitudes de rigueur et de cohérence; le lecteur du Moyen Âge n'a pas les mêmes critères, et nous avons bien d'autres exemples où le plaisir naît de l'abondance des péripéties; Wauquelin a tout naturellement utilisé ce plaisir et l'a infléchi de manière à faire ressortir la valeur exemplaire de l'histoire; la visée didactique prépondérante n'empêche pas le goût de la péripétie, et cette alliance associée à l'utilisation de la prose empruntée au style de la chronique, contribue à façonner une nouvelle esthétique littéraire.

---

de livres dans un versement fait à sa veuve après sa mort, voir P. Cockshaw, «Jean Wauquelin — documents d'archives», dans *Les Chroniques de Hainaut ou Les Ambitions d'un prince bourguignon*, Bruxelles, KBR, 2000, pp. 38, 47; s'agit-il d'un travail de copiste comme c'est souvent le cas avec la mention *de livres*, de compilateur, de responsable de la copie? comme pour David Aubert, il est difficile de savoir ce que représente exactement le terme *escripvain*, voir introd. «l'auteur», note 16.

[97] Certaines existaient dans la chanson: le sénéchal, parti chercher Hélène dans ses appartements revient et rapporte à Antoine (XVI, 36-43) des propos échangés par la gouvernante et la jeune fille (XV, 16-21) et dont la gouvernante ne lui avait pas fait part (XVI, 39-41).

ÉTUDE LINGUISTIQUE

La langue de *La Belle Hélène de Constantinople*,
mise en prose par Wauquelin, présente les caractères
généraux de la *scripta* du moyen français commun,
auxquels se mêlent des traits plus particuliers qui
rattachent la copie aux domaines du Nord, sans que l'on
sache s'ils sont à imputer à Wauquelin ou au copiste[1].

En conséquence, à la bibliographie habituelle de la
partie linguistique on ajoutera: *Le poème moral*, éd.
A. Bayot, Bruxelles, Académie royale de langue et de
littérature française de Belgique, 1929; *Médicinaire
liégeois du XIIIᵉ siècle et médicinaire namurois du XVᵉ
siècle*, éd. J. Haust, Bruxelles, Académie royale de
langue et de littératures françaises de Belgique, 1941;
Nativités et moralités liégeoises du Moyen Âge, éd.
G. Cohen, Genève, Slatkine reprints, 1975, (Bruxelles,
Académie royale de Belgique, 1953); Jean des Preis dit
d'Outremeuse, *Ly Myreur des histors*, éd. A. Goosse,
Bruxelles, Palais des Académies, 1965; J. Chaurand,

---

[1]   Voir la partie description du manuscrit p. XIV. La nature d'un
      certain nombre de fautes ne semble permettre pas d'imputer la
      copie à Wauquelin lui-même, voir la partie auteur p. XXXVII,
      note 30. On ajoutera qu'il serait sans doute intéressant d'étudier les
      différentes copies des textes connus de Wauquelin pour tenter de
      déceler ce qui relève de la langue de l'auteur et de celle du copiste.

Introduction à la dialectologie française, Paris, Bordas, 1972; A. Dees, avec le concours de P. Th. van Reenen et J.A. de Vries, *Atlas des formes et des constructions des chartes françaises du 13ᵉ siècle*, Tübingen, 1980; L.-F. Flutre, *Le moyen picard d'après les textes littéraires du temps (1560-1660). Textes — Lexique — Grammaire*, Amiens, Musée de Picardie, 1970; Ch. Th. Gossen, *Grammaire de l'ancien picard*, Paris, Klincksieck, 1976 (réimpression de l'édition de 1970 avec quelques retouches et additions); G. Hasenohr, «Du bon usage de la galette des rois», *Romania*, 104 (1996), pp. 445-467; A. Henry, *Esquisse d'une histoire des mots Wallon et Wallonie,* Bruxelles, La Renaissance du livre, 1972; R. Mantou, *Actes originaux rédigés en français dans la partie flamingante du comté de Flandre (1250-1350)*, Liège, Imprimeries George Michiels, 1972; G. Merk, «Les assimilations progressives dans les groupes consonantiques nasale + dentale ou nasale + labiale en langue d'oïl», *Revue de linguistique romane*, 45 (1981), pp. 96-117; C. Régnier, «Quelques problèmes de l'ancien picard», *Romance Philology*, XIV / 3 (1961), pp. 255-272; L. Remacle, *Problèmes de l'ancien wallon*, Liège, Faculté de Philosophie et de Lettres, 1948; M. Wilmotte, *Études de philologie wallonne*, Paris, Droz, 1932.

PHONÉTIQUE ET GRAPHIE

Vocalisme

1) *oi, oy / ai, ay / e*
Quelle que soit l'origine des phonèmes, on constate des équivalences graphiques:

— Le suffixe des noms de peuples est toujours *-ois*: *Anglois* XXVII, 58; *Englois* XXVIII, 15 / à l'exception du singulier *anglec, englec* (4 occ.), voir aussi le singulier *frec(z)* (3 occ.); *marois* CXXIX, 20 / *marez* (2 occ.)[2]; *conroy* (4 occ.); *arroy, errois, erroy* (3 occ.); *arrois* XII, 26 (= *arrest*) / *conray* LII, 63; *pavais* CXXXIX, 19; *roidement, roydement* (4 occ.) / *raidement* CVII, 22; *raideur* (2 occ.).

alai(/y)t- (5 occ.) / *aletoit* XLVI, 40; *arraiteray* XXVII, 38 / *ar(r)est(-)* (23 occ.); *regraittant* LIX, 9 / *regret-* (8 occ. du verbe et 5 occ. de *regretz* subst.); on a encore la graphie ancienne (avec, en outre, un *-s-* non étymologique) pour *esles* LXXXVI, 17.

NB) la forme *feroy* CXXVIII, 22 est un futur II sans *-e* final, voir Bayot, *op. cit.*, introd. pp. LXXII et LXXVI; Chaurand, *op. cit.*, p. 123.

On trouve *ai* pour *ei* dans *naige* (toujours, 4 occ.).

— *ai- (e)* / *a*[3]-, concurremment aux formes en *e*, l'ancienne diphtongue *ai* apparaît sous la graphie *a*, ce qui est une caractéristique d'une aire picarde assez large, voir Régnier, art. cit., p. 260, Flutre *op. cit.*, § 6: *fais-* (122 occ.) / *fas-* (53 occ. + 1 leçon rejetée XXXII, 42; seulement impft. 1, 3, 6); *glaves* CXX, 7; *(de)laiss-* (112 occ.) / *lassee* XXXV, 42. Inversement *raissaillir* CXXVI, 52.

Devant *r*, il pourrait aussi s'agir d'un phénomène d'ouverture: *arain* LIV, 51, 69; *clerons* LXXVII, 20 /*clarons* XII, 24; LI, 54; *declairier* VIII, 38 *clarifier*

---

[2] Pour le suffixe et l'adjectif d'origine germanique, voir P. Fouché, *Phonétique historique du français*, I, *Introduction* (1973); II *Les voyelles* (2ᵉ éd., 1969); III, *Les consonnes* (1961), Paris, Klincksieck, pp. 54, 149, 197, 270, 274.

[3] Fait qui trouve des explications différentes selon les phonéticiens, voir Régnier, art. cit. p. 260.

XLVIII, 15, et le prénom *Clariande*; *plair-* (17 occ.) / *plaroit* XCIV, 20; *reparoit* XLVII, 48.

2) *-ue- / -eu-*
Le produit de l'ancienne diphtongue issue de *ó* ouvert libre est généralement noté *-eu-*, qui se confond avec le produit de ó fermé libre: *veulx, veult* (12 occ.); *esmeuve* (2 occ.); *euvre* (12 occ.); *treuve(nt)* (4 occ.), sauf pour *cuer(s)* (toujours) et pour *suer* CXLII, 13 / *seur* (12 occ.).
Dans le texte on ne trouve que la forme *josne* (10 occ.) alors que la table des rubriques et la rubrique correspondante donnent *jeusne* table des rubriques XCV; *jeune* XCV, rubrique; forme suffixée *jeunesse* (2 occ.).
Le produit de l'ancienne diphtongue issue de *ó* bref entravé par un *l* mouillé est *ue(i)l*, *Bretueil* LXXXV, 57; *ueil* (3 occ.); les formes *vueillent* (ind. pst.) CVIII, 12; CXXXV, 28 et *vueillant* XCV, 19 sont dues à une extension analogique du radical *vueil-*.

3) *-eu- / -ou- / -o-*
On ne rencontre que *seigneur*, mais la forme suffixée présente une alternance *seigneurie* (6 occ.) / *seignorie* (5 occ.).
espeuse (23 occ.) / *espouse* XX, 55.

4) *-oi- / -o-*
Le produit de l'ancienne diphtongue *oi*, quelle que soit son origine, a pu se monophtonguer en *o*; cette alternance se trouve particulièrement chez les auteurs du Nord et du Nord-Est, les formes en *o* se trouvant encore aujourd'hui dans le nord-est du domaine picard, voir Gossen *op. cit.,* § 16 et 27, et Mantou, *op. cit.*, pp. 123-124, 138-140: *cheor* LXXVII, 23 / *cheoir* (5 occ.); *cloes* CXXXVIII, 11, 55; *heriot* CXII, 41; *Butor* (12 occ.) / *Butoir* (3 occ.); *norcist* LXXXVIII, 24; *perroge* XVIII, 42; inversement *accroichiez* CXVII, 35.

Dans les verbes en *-oier*, *-oi-* s'est parfois réduit à *-i-*: *esbanioit* XXIX, 22; *guerioient* L, 9 / *guerroyer* (2 occ.); *hontier* XXI, 17; *nectia, netti-* (3 occ.) / *nectoyé, nettoyé* (3 occ.); *hontiasses* XXI, 17; *festier* (11 occ.).

On relève une graphie particulière *oye* (*oie*) pour *oi* dans *voyelle* XV, 37 (= *voi(l)le(s)* 14 occ.), attestée en wallon.

5) *-ou- / -o- / -u*

L'alternance *o / ou* se trouve quelle que soit l'origine du *o* (tonique libre ou entravé, initial atone); les occurrences relevées ne permettent pas de voir se dégager de justification pour le choix de l'une ou l'autre graphie: *acoul-* (2 occ.) / *acol-* (15 occ.); *courre* et ses composés *(en)cour-* (35 occ.) / *(en)cor-* (6 occ.); mais toujours *secour-* (41 occ.)...

On trouve aussi: *o / ou / u*: *boulir* LVIII, 44 / *boillant* CVI, 52 / *buill-* (2 occ.); *fournir* LI, 3 / *furny* LXVII, 32; *parfurnir* XXXI, 104; *sour-* (6 occ.) / *sur-* (15 occ.); *mourdr-* (3 occ.) / *mordr-* (7 occ.) / *murdr-* (9 occ.); *-romp-* partout sauf *corrumpue* XXII, 95 (peut-être lien avec l'étymologie et avec le dérivé *corrupcion*).

devant nasale: *anoncier* XXVII, 8; *(re)noncier* (11 occ.) / *nuncier* LVIII, 38 (graphie étymologisante?).

La fermeture du *o* prétonique (ou initial) sous l'influence de *y* est caractéristique de l'ensemble du domaine picard, voir Gossen § 27: *douiere* LXXVIII, 58, *douyere* LXXVIII, 54 / *duyere* (4 occ.); *pugnie* CXLVIII, 33 / *poignie* XXXVII, 45; *wiseuse* prologue 7.

6) *-ié / -i / -é*

— Pour les formes conjuguées, la répartition des graphies semble obéir à un système: d'une façon générale *-ie-* subsiste à l'infinitif et au participe masculin, alors que la personne 6 du passé simple présente toujours une forme réduite *-erent*; le participe passé féminin *(yod +*

-áta) présente également une forme réduite *-ee*: *aidier* (*aydier*) / *ayderent* LXXIII, 42; *baillee(s)* XLII, 9; LXII, 28; XCVIII, 69; CXIII, 8; *couchier, couchié / coucherent, (ac)couchee*; *cuidier* (*cuydier*), *cuidié / cuideren*t; *serchee* CLII, 26; *traictier* (*traittier*), *traictié* (*traittié*) / *traictee* CXXVII,108; *traveillee* CIX, 31… les deux seules formes en *-iee*[4] *regniee* LV, 50; *esveilliee* CIV, 1, ne peuvent être interprétées de façon sûre comme des formes non réduites, car il peut s'agir d'une indication de mouillure, voir *infra*.

Pour certaines formes de féminin, il y a pu avoir monophtongaison en *-i*; mais la question est difficile à résoudre étant donné les problèmes d'accord que l'on rencontre dans le texte[5]: *assigie* ou *assigié* sans accord XXVII, 40; LXXVI, 3; XCVI, 49; *baillie* ou *baillié* LXIII, 68; *baillies* ou *bailliés* LXIV, 15; *chargie* ou *chargié* XVI, 8; *lie* XCIII, 18 (adv. *liement*); *logie* ou *logié* CXLVI, 16; *serchies* ou *serchiés* LXXXII, 2… Cette réduction apparaît dans des substantifs sans lien avec des formes conjuguées: *lignie* CX, 3; *poignie* XXXVII, 45; c'est un phénomène largement répandu dans les *scriptae* du Nord.

— On relève également une forme unique *pité* XI, 53 / *pitié* (62 occ.).

Inversement *aquitié* CXXXV, 39.

— La forme *matere* (15 occ. + 1 occ. dans la table des rubriques) / *matiere* (14 occ.) pourrait être une forme où le *e* ouvert ne se serait pas diphtongué, voir Goosse, *op. cit.*, § 9, à moins qu'il ne s'agisse de l'influence savante de *materia*.

---

4   Gossen signale que cette graphie est très rare dans les chartes; il ne relève quelques exemples que dans celles du Beauvaisis, voir Gossen, *op. cit.*, § 8.

5   Ces confusions morphologiques ont été signalées par Chaurand, *op. cit.*, p. 84.

— La forme *Virge* XLVII, 28 / *vierge*(s) (25 occ.),
qui apparaît dans une adresse à la Vierge, pourrait être la
forme ancienne plutôt qu'une forme réduite, voir Fouché,
Phonétique historique du français, II, p. 348.

7) *-ui-* / *-u-*
cui(/y)senier (2 occ.) / *cusine* (3 occ.), cette réduction
est relevée comme un trait fréquent dans l'Est, le Nord-
Est et le Nord, voir Remacle, *Le problème de l'ancien
wallon*, § 27 et Mantou, *op. cit.*, p. 133.

8) *a + l +* consonne > *-au- /- a-*
chevachié XXXII, 48; LVII, 3 / *chevauch-* (25 occ.);
atant (= *autant*) LXVII, 6; *embamerent* CXVII, 52.
Cette réduction a pu s'étendre à *au* (enclise de *à* + *le*),
voir Hasenohr, art. cit., p 449: *jusques à lendemain* XII,
45; XIII, 30; XV, 10 / *au lendemain* (4 occ.); *à Dieu du
ciel* LVIII, 80; *à cheoir qu'il fist* LV, 70; *à entrer à la
porte* LXXVIII, 12; *à entrer en la cité* LXXXIX,
rubrique); *à entrer en icelle* CLI, 14 (/ *au entrer ens*
CXXIII, 41; *au cheoir qu'elle fist* LV, 70); il faut peut-
être ajouter à ces exemples *malvaise* CIV, 54; *malvaistié*
XXXVIII, 1 / *mauv-* (71 occ.); *loyalment* XXV, 45 /
loyaument XCIV, 9; *principalment* (2 occ.); *espicialment*
(4 occ.), dans lesquels le *l* pourrait être purement
graphique, voir *infra* les faits concernant *l*.
Ce fait se rencontre dans un certain nombre de
domaines, à l'est et à l'ouest, mais il est largement attesté
dans la scripta wallonne, voir Remacle, *op. cit.*, pp. 45-
46, Goosse, *op. cit.*, § 5, Flutre, *op. cit.*, § 6.

9) *-o- + -l- +* consonne > *-ou- / -oul- / -o-*
Dans la plupart des cas le *l* se vocalise, le plus
souvent avec maintien graphique du *l*, mais on a toujours
cop(s); *beaucob, beaucop*, ce qui peut être une simple

graphie ou correspondre au traitement wallon, voir Remacle, *op. cit.*, § 23.

10) *-e-* + *-l-* + consonne > *- eau(l)x*

Les pluriels en *-eau(l)x* ne sont jamais concurrencés par des pluriels en *-iaulx*.

A côté de la graphie constante *-(e)au(l)x*, on rencontre un ensemble de formes disparates pour le mot < *sigíllus*: *seelz* (5 occ.) /*seaulz* (XCII, rubrique; XCV, 17) / *seaulx* (9 occ., dont 2 dans la table des rubriques XCII; XCV) auxquelles correspondent les singuliers *seaul* (2 occ.) / *seel* 28 occ.), *seelle* (3 occ.), voir *infra*.

11) Pour *e* fermé + *l* mouillé devant *s,* la forme *consaulx* CXIX, 30, unique, ne permet aucune conclusion.

12) *-ar-* / *-er-*

Un *r* subséquent favorise l'ouverture de la voyelle en précession; phénomène courant, dont la répartition ne semble pas répondre à des impératifs précis: *armite, armitaige* (14 occ.) / *(h)ermite, (h)ermitaige* (49 occ.); *arroy* CXXXVII, 22; *desarroy* CXXXVII, 23 / *erroy* LVI, 56; LXXVII, 6; *arsoir* XVII, 9 / *hiersoir* XVI, 38; *m a r c y* XCVI, 23 / *(re)mercys,- merci(s), -merc-* (83 occ.); *Marados* (10 occ.) / *Merados* (2 occ.); *marchié* CXXVII, 8 (*march-* 51 occ.) / *merchié* CXLVI, 12; *Marcure* XVIII, 3.

La résolution des abréviations, fréquente avec les formes préfixées en *par-* / *per-* s'est faite en fonction du plus grand nombre d'occurrences non abrégées par familles de mots. La préposition *par* est écrite une fois en toutes lettres *per* XXXIII, 49, mais il y a peut-être eu assimilation de sonorité avec la voyelle du régime *per mer*.

13) Entre deux *r* un *e* peut disparaître: d*emeurra* = *demeurera* XXVIII, 42.

14) *-aige, -aiche / -age, -ache*
Il s'agit là d'un phénomène bien connu et largement répandu, qui a pour origine la fermeture de la voyelle en précession d'une consonne palatale mais dont on ne peut savoir s'il correspond à une différence de prononciation: *-aige* (211 occ.) / *-age* (157 occ.); *-aiche* (65 occ.) / *-ache* (19 occ.): l'alternance frappe la plupart des mots, mais on a toujours *mariage, ymage*.
Devant *n* mouillé intervocalique la seule graphie attestée est *-aign-*, où *-ign-* peut n'être qu'une graphie *(ac)compaign-* (104 occ.); *Alemaigne…*

15) *-eil- / ail-*
L'action fermante du *l* mouillé est parfois contrariée: *ap(p)arel-* (24 occ.) / *apparaillee* XLVII, 37; *bouteilles* LXXXI, 34 / *boutailliers* LXXIII, 47, mais toujours *traveil-* (8 occ.); fait fréquent au Nord et à l'Est, voir Fouché, *Phonétique, op. cit.* II, p. 347.

16) *á* + nasale et *é* + nasale
Devant nasale non palatale (ou palatalisée implosive), les résultats de *á* + nasale et *é* + nasale sont confondus en francien comme en picard, mais le picard généralise la graphie *-ai-*, voir Régnier, art. cit. p. 261: *plain-* (24 occ. / *pleins* XXVI, 73); *paindre, paintre…, fraing* IX, 19; *maindre* CXI, 29; quand une labiale précède on trouve aussi *-oi-*: *moindre* (3 occ.), et toujours *moings* (14 occ.), *foing* LXXXVII, 51; les graphies *e* et *ei,* sont beaucoup plus rares: avec labiale précédente *avene* LXXXVII, 51; *veines* CXXV, 54, et toujours *pein(n)e(s)*. La forme *fonteins* CXXXVIII, 62 est remarquable et a été relevée comme une graphie fréquente chez les copistes flamands, voir Mantou, *op. cit.*, p. 110.

Inversement on a une seule occurrence de *Constanciain* XCVII, 56 et *Constancien* partout ailleurs.

Dans quelques mots, *ain / an*: *jazerain* (3 occ.) / *jazeran(t)* (3 occ.); *Jos(/z)erain* (12 occ.) / *Jos(/z)eran(t)* (7 occ.).

17) *a* + nasale + consonne; *e* + nasale + consonne

Dans les cas de *a, e* + nasale suivie d'une consonne, la graphie est le plus souvent étymologique mais cela n'est pas systématique, et l'on trouve également des alternances *an / en*: *ansainte* IV, 8 / *ensain(c)te* (12 occ.); *Angl-* (49 occ.) / *Engl-* (103 occ.) (la répartition n'est pas équivalente: le nom du pays est plutôt *Engleterre*, et celui du peuple est *Angl-*); *anseignes* LI, 24 / *enseign-* (30 occ.); *commancement* XXI, 5 / *commenc-* (218 occ.); *com(m)end-* XXV, 91; LXXII, 47 / *command-* (106 occ.); *semblent* CXI, 16 / *semblant* ailleurs; *senglent* (= *sanglant*, pp. pst.) XC, 50.

Pour *mangier* le radical *maing-* (25 occ). / *mang-* (5 occ.); il pourrait s'agir d'une fermeture de *an* devant palatale; selon Gossen, cette prononciation n'est pas seulement picarde, voir Gossen, *op. cit.* p. 66, n. 22; en tous cas, cette graphie ne représente ni la prononciation française ni la prononciation wallonne, voir Goosse, *op. cit.*, § 8.

Comme dans d'autres textes, on trouve aussi l'alternance *singler* (8 occ.) / *sengle-* LVII, 73; CXLIV, 22 (variante graphique[6] *sangler* XXIX, 6).

18) Devant les nasales palatalisées intervocaliques on a *-aign-* ou *-eign-* correspondant à la voyelle étymologique *a* ou *e*: *compaign-*(114 occ.); *Bretaigne* (5 occ.)...; *anseigne-, enseign-* (31 occ.); *bienve(i)gna,*

---

[6] Godefroy donne un ex. de cette graphie utilisée dans la *Mélusine* de Jean d'Arras, éd. Brunet p. 18 (VII, 423b, *s. v. sigler*).

bienviegna (4 occ.); *preigne* LXIX, 19; *seigneur, seignorie…* toujours, mais *daignas* (4 occ.); *contraignoit* (2 occ.); *maingne* LVI, 18.

19) *a- /en-*

L'alternance *a- / en-* est un fait bien connu, qu'il s'agisse de prépositions ou de préfixes: *commença à lui mesmes à penser* VI, 48; CXXI, 42… *acouraigier* LI, 50 / *enco(u)rai-* (3 occ.); *affonder* (2 occ.) / *enfond-* (2 occ.); *af(f)ui-* (7 occ.) / *enf(f)u-* (5 occ.); *aviron-* (8 occ.) / *environ-* (6 occ.); *renvitailloient* LXVII, 41.

20) Formes pouvant attester une faible nasalisation

Il a déjà été remarqué que des formes comme *et* = *en* VI, 23; XIV, 38; XVIII, rubrique; XCIII, 5, et inversement *en* = *et* XXIII, 40; XXXVII, 48; CL, 4, pourraient attester une faible nasalisation, constatée pour les régions du Nord et de Wallonie, voir Wilmotte, *Études de philologie wallonne*, p. 155; Remacle, *op. cit.*, pp. 57, 69; Mantou, *op. cit.*, pp. 248-250 et Hasenohr, art. cit., p. 449.

Le phénomène est bien connu pour *effans* XXXV, 41; LXIX, 32; *effant* CI, 25 / *enf(f)a-* (215 occ.)..

On ajoutera les cas où la barre de nasalité manque: *recontre* CXXXVII, 30; *egendrerent* CXLIV, 9; à la finale *delivremet* CXXIX, 69; *avisa* = *avisant* LXXIV, 38 (corr.); *doulas* CXXIV, 33; à l'intérieur du mot *Constacien* C, 38. Si certains exemples peuvent s'expliquer par un oubli du copiste, l'insertion d'un *n* parasite constaté ailleurs plaiderait pour qu'on voie là l'indice d'une faible nasalisation: *encient* LVIII, 54 / *essient* (2 occ.); *aumonsn-* (11 occ.) / *aumosn-* (23 occ.), voir C. Balke, *Der anorganische Nasallaut im Französischen*, Halle, Niemeyer, 1912.

Concerant la forme *euvoye* CXVIII, 58 = *envoye,* Goosse a relevé de nombreuses formes non nasalisées dans *Ly Myreur des histors*, introd. § 59, c, et glossaire, *s.v. envoier*, p. 289; il faudrait supposer en outre une labialisation du *-e-* atone en précession d'une labiale, voir *infra*.

Les alternances graphiques *on / ou* sont également un fait bien connu et diversement expliqué; on rencontre ainsi pour le verbe *convenir*: *conv-* (31 occ.) / *couv-* (22 occ.), formes auxquelles on peut ajouter les 10 occ. de *couvoit-*; pour le verbe *connaître* et ses dérivés *-congn-* (36 occ.), *-cogn-* (3 occ.) / *-cougn-* (44 occ.); on relèvera ainsi *moi(n)gnon* (2 occ.) / *mougnon* XLIV, 58; *Boulo(i)ngne* (13 occ.); *Bouloigne* LIII, 64 / *Boulougne* XXVII, 2; *Boulongnois* LXXVII, 6 / *Boulougnois* XXIX, 34, 47 et une fois *Boulenois* LXXVII, 36: *habitants de Boulogne*; pour *-o(i)(n)gn-* il peut toutefois s'agir d'une graphie de *n* mouillé.

Constancien (94 occ., une fois avec barre de nasalité sur le *o*) / *cousta*: LXXXVII, 7: le jeu de mots sur *Constancien / cousta* ne peut se comprendre que si les syllabes initiales des deux mots se prononcent de la même façon; mais on a toujours *monstr-*.

Ces graphies ont été maintenues telles qu'elles se présentent dans le manuscrit, d'autant plus que le copiste distingue nettement *-n-* (ligature par le haut) et *-u-* (ligature par le bas[7]), mais nous avons corrigé des formes isolées comme *ou = on* CXXXIII, 18; CXXXVIII, 66, et *nou = non* CL, 46, qui pourraient n'être qu'une négligence du copiste plutôt qu'un trait de langue dont il ne semble pas y avoir d'attestation ni de preuve *a contrario* par une graphie inverse, alors que l'on a un certain nombre d'exemples de *on = ou*, voir Balke, *op. cit.*, pp. 39, 43, 44…: *nonrit = nourrit*…).

---

[7]   On ne note qu'un cas de confusion avéré *iucontinent* XXIX, 51; peut-être faut-il ajouter ce que nous croyons être *revider* et que nous lisons *remder = XCVII, 29.

21) Au contact d'une labiale subséquent, un -*e*- a pu se labialiser: *euvangile* LXXXII, 33; peut-être *euvoye* CXVIII, 58, voir *supra*.

22) En position initiale ou prétonique, on observe un certain nombre de transformations:

— échange entre *e* et *a* (trait caractéristique du wallon, et, en général, des dialectes orientaux, voir Wilmotte, *op. cit.*, p. 60, n° 22 et Mantou, *op. cit.*, p. 148): *assayer* LVIII, 89; *racouroit, racouroient* (2 occ.); *rapasser* (3 occ.) / *repasser* (2 occ.); *seroit* (= *saroit*): XII, 105, *Vaspasien* II, 15; inversement *perroge* XVIII, 42.

Pour *per- / par-* on peut aussi penser à l'ouverture de *e* devant *r*, voir *supra*: *pardurable* (3 occ.) / *perdurable-* (7 occ.); *parmanable* LXXXIII, 61.

devant nasale: *anemy, anemis* (7 occ.) / *ennemy, en(n)emi(s)* (58 occ.); *an(n)uy-* (17 occ.); *vil(l)anie(s)* (4 occ.) / *villener* LXXXVIII, 21.

— échange entre *e* et *i*: *Climent* (6 occ.) / *Clement* (9 occ.); *diffiance* CXIX, 11; *esprivier* XXIX, 63; *ligier* XCVII, 70; CXLII, 25; *assigier* (29 occ.); *assign-* XXXIV, 13; XCVIII, 89; *espicial-* (26 occ.); *dilayer* X, 46; *disire* XXXVIII, 15 / *desir-* (51 occ.); *discort* LI, 78; *medicina* (3 occ.).

Inversement, par dissimilation, on trouve *e* pour *i* à l'initiale atone *Phelippe* et en position de prétonique -*i*- > -*e*-: *deseroient* CXVI, 34.

— échange entre *e* et -*u*- devant labiale: *rebriches* (table des rubriques; inversement -*frum*- (21 occ.) / *frem-* (5 occ.), *ferm-* (toujours pour l'adj. et l'adv.; le verbe *affermer*); la forme *lupars* XXXV, 5, 6, que l'on trouve aussi dans la chanson en vers, se trouve fréquemment en wallon, voir Goosse, § 3; cette forme alterne avec des formes qui semblent labialisées *leupars* CXXXIX, 26 /

lieupars (uniquement dans la table des rubriques LI et la rubrique correspondante).

— passage à *-o-* devant nasale: *vilonnee* CXXI, 13; *maronnier* (26 occ.); mais il s'agit là de formes assez communes et largement répandues dans les scriptae du Nord.

— on trouve concurremment les formes *dama(i)ge* (8 occ.), dans lesquelles le passage *ã* initial à *õ* ne s'est pas fait (domaine picard, voir Gossen § 36), et *dom(m)aige* (12 occ.).

— l'évolution du suffixe *-atiónem* a pu se poursuivre jusqu'à la fermeture en *-i*; cette réduction est largement attestée, notamment dans les dialectes du Nord et de l'Est, voir Gossen § 33 et Mantou, pp. 161-162: *comparison* (2 occ.) / *comparaison* XLV, 66; *pamison* LX, 28 / *venoison* LXXXII, 7; et toujours *oroison(s)*.

23) Problème du *-e* final non accentué

Un cas très particulier se présente avec le *-e* final, et rappelle ce qui a été relevé par G. Hasenohr: «Le phénomène le plus constant et le plus déroutant, que le texte partage avec toute la scripta wallonne, est l'usage anarchique du *-e* final. Amuïe dans la prononciation, la désinence féminine est très irrégulièrement notée […] et ne sert souvent qu'à renforcer l'assise articulatoire des consonnes finales, indépendamment de tout souci étymologique […]. D'où une confusion perpétuelle entre finales masculines et finales féminines.» (art. cit., p. 448, et aussi Mantou, pp. 165-167). Cet *e* apparaît mais il ne semble pas, ou plus, destiné à soutenir l'articulation de consonnes finales (voir *infra* affaiblissement des consonnes finales, et la remarque de Wilmotte, p. 155).

On rencontre ainsi: *occir* (6 occ.) / *occire* (5 occ.). Souvent ce phénomène heurte nos habitudes d'accord: *tout = toute* XVIII, 2; XCVI, 32; *fait = faite* XXIV, 10; XCVII, 49; *delivrés = delivrees* XXXIX, 79; *mandé =*

mandee LI, 4; *par moy (= moye?) foy* CXLVI, 15*; en particulier pour les participes en *-iee(s) > ie(s)*, il est impossible de savoir si on a affaire à une réduction phonétique de l'ancienne diphtongue *-iee(s)* à *-ie(s)*, fréquente dans le domaine picard, ou s'il s'agit de ce phénomène, ce qui pose un problème de transcription: *marié (= marie* ou *mariee)* table des rubriques (CXLIV); *desployé* (fém.) LI, 58 (à moins que *y* n'indique qu'il faille lire *desployé); serchies* LXXXII, 2; *rengies* LXXXVIII, 15; *logie* CXLVI, 16… et on trouve inversement des masculins terminés par cet *-e* de féminin: *cardinale* XXVII, 1; *laissee* (CR masc.) V, 25; on relève une forme hypercorrecte de féminin: *traÿee* LXXII, 65.

fidel (toujours masculin) présente une forme avec *-e* et deux autres sans: *fideles* LXXXIII, 61 / *fidel* LXXXIII, 57 / *fidelz* CXV, 13; *seelle* LVIII, 91; LX, 91; LXII, 23 / *seel* (28 occ.), *seelz* (5 occ.).

Inversement il arrive que le *e* final non accentué disparaisse, ici devant voyelle: *forc' = force* LII, 2; *povr'* CXLV, 36 / *povre esgaree* (3 occ.).

24) Élision
En dehors du cas très particulier évoqué ci-dessus à propos du *e* final, on notera une pratique non constante de l'élision. Le simple pourcentage pourrait paraître élevé en faveur de l'élision ($\approx$ 88%), mais il faut tenir compte de pratiques orthographiques qui réduisent notablement cette proportion; en effet, un *h* initial supprime l'élision; on a ainsi *il le honnora* mais *l'onneur, d'onneur; que homme / l'omme…* L'élision entre la finale d'un monosyllabe et l'initiale vocalique suivante n'a rien de systématique: *que elle* (43 occ.); *que il(z)* (60 occ.); *ce eust, ce estoit…*

que ne semble s'élider que devant *e* et *i*, rarement devant *a-* (2 occ.), jamais devant *o-, u-*.

25) Hiatus

La chute de la prétonique en hiatus est un fait courant *armures* (4 occ.); *gaing* CXX, 41 et le verbe correspondant (11 occ.); *effré, effrez, effree*: (7 occ.); *envelopure* LXXVIII, 56; *peur* XXXI, 47; *vesture* (2 occ.); suffixe -*eur*..., mais à côté des graphies qui attestent la réduction, on voit de nombreuses graphies conservatrices: *desseure* XXII, 5; *envelopeure* XLVII, 54; *paour* (3 occ.), *espaonté* (3 occ.); *graover* XXXI, 79; *seur* et ses composés...

La réduction des hiatus a suscité des graphies inverses qui ont provoqué des confusions entre le passé simple de l'indicatif et le subjonctif imparfait; *meis*- (9 occ. toujours subj. impft.) / *missent* LI, 10; *misse* LVIII, 54...

Un *y* s'est parfois inséré entre deux voyelles en hiatus: *buyee* XXXI, 88 / *buer* (2 occ.); *tuyerie* XII, 81; fait relevé par Wilmotte pour le domaine wallon, *op. cit.*, p. 63, n° 29 et Mantou *op. cit.* p. 144.

26) Changement conditionné par une séquence vocalique suivante (dissimilation):

Dissimilation de *si* en *se*: devant *lui*: XLVIII, 33; LVIII, 18; LXXXIV, 4; CI, 32; CII, 42; CXII, 62; CXXV, 71; CXXXVI, 21; ou devant *y*: CXXXVIII, 23.

Mais *se* (= *si*) se trouve aussi indépendamment (fait du Nord et du Nord-Est): *et puis se leur* LXX, 24; *se verroit que* CXXV, 73; le *si* d'antériorité apparaît parfois sous la forme *se*: XL, 38; CXL, 71.

Consonantisme

1) Affaiblissement et amuïssement des consonnes implosives:

— -*l*-

Le *l* devant consonne se vocalise généralement; dans les formes à *l* vocalisé, on constate le plus souvent le maintien graphique du *l*: *ault-* mais les formes de *autr*e sont le plus souvent *autre* (sauf XLVII,5; LVI, 27); *auld-* sauf *assaudroient* CXIX 15; et les formes de *maudire* (7 occ.); *maugr-* (3 occ) / *malgr-* (11 occ.); *(e)aux* (27 occ.) / *(e)aulx* (112 occ.); pour les formes en *-eu(l)x*: *mieux* (19 occ.) / *mieulx* (63 occ.); *yeux* XXIII, 47 / *yeulx* (11 occ.); mais *crueulx* XCVII, 3 / *crueux* (4 occ.); inversement on observe parfois un *l* parasite: le plus souvent après *-u*: *deulx* XLVIII, 56 / *deux* partout ailleurs; *joyeulx* (23 occ.) / *joyeux* (35 occ.); *piteulx* CXI, 1 / *piteux* (8 occ.); *-ould-* (25 occ., dont 23 *vould*r-) / *-oud-* (2 occ.); *ou*lt- (*voult* 2 occ.) / *-olt vol*t (50 occ.).

Le *l* seul non vocalisé devant consonne étant rare (9 occ.), il est difficile de se prononcer sur sa valeur; Goosse y voit un *l* étymologique qui n'était sans doute pas articulé (*op. cit.*, § 5): *malvaise* CIV, 54; *malvaistié* XXXVIII, 1 / *mauv-* (71 occ.); *loyalment* XXV, 45 / *loyaument* XCIV, 9; *principalment* (2 occ.); *espicialment* (4 occ.); fait à rapprocher des formes *chevachié...* voir *supra* vocalisme 8.

La graphie plus particulière *-lz* invite à s'interroger sur la valeur du *l* et à se demander s'il est prononcé[8] ou s'il est purement graphique: on la trouve surtout pour les formes qui représentent une finale en *-ális* (on ne compte que 3 occ. de *lesquelx*; on rencontre une fois un sg. *auqué* CXII, rubrique, mais *auquel* dans la table des

---

[8] Voir N. Andrieux-Reix, «X, Y, Z et quelques autres. Étude de lettres dans le *Testament* de Villon», *Information grammaticale*, 57 (1993), pp. 11-15, en particulier p. 14 où l'auteur signale que dans ce texte de Villon: «... derrière *l* correspondant à une prononciation [l], c'est *z* qui apparaît le plus fréquemment, en alternance avec *s* jamais avec *x*».

rubriques), voir Gossen § 5, 2°; cela pourrait correspondre à la chute du *l*, fait que l'on rencontre sur une aire assez large, notamment en Flandre, en Hainaut, dans le Vermandois…; le cas de *-éllus* est illustré par une forme qui n'est pas constante: *chastelz* CXXXII, 4 / *chasteaulx* (5 occ.); à la forme *chastelz*, correspond un singulier régulier *chastel* (24 occ.), mais graphié une fois *chasté* (CXXXVIII, 64); *-élis: fidelz* CXV, 13 (sg. *fidel* LXXXIII, 57), mais on rencontre aussi *fideles* (LXXXIII, 61); pour le descendant de *caelos* on a une fois *cielz* CXI, 28 / *cieulx* (3 occ.).

L'ensemble de formes constitué par les descendants de < *sigíllos* est assez confus et difficile à interpréter: sg. *seel* (28 occ.) / *seelle* (3 occ.) / *seaul* (2 occ.); la forme la plus courante de pluriel est *seaulx* (9 occ.), concurrencée par *seelz* (5 occ.) et par *seaulz* (2 occ.) — unique cas de graphie d'un pluriel en *-aulz*.

Après *i*, on a exclusivement *-lz: ilz. filz*, et une forme *desconfilz* CXX, rubrique (mais *desconfis* dans la table des rubriques pour le chapitre correspondant et partout ailleurs, sauf *desconfy*, table des rubriques et rubrique XXXV).

— *-r-*

Occasionnellement, on constate la disparition ou l'assimilation d'un *-r-* implosif intérieur: *Hutault* CXXV, 72; *paler* XLIX, 66 / *parl-* ailleurs; d'où substitution de *sous-* à *sour* dans *souspris* de *sourprendre* (3 occ.); dans un syntagme constituant un tout: *leu tayon* CXXIII, 23 (corr.), voir Flutre, § 180 et Mantou, pp. 235-236; il y a peut-être un cas d'assimilation d'un *-r* final au *s-* initial du mot suivant dans *cas sans doute* CIV, 56 (corr.);

inversement insertion d'un *r* parasite *Ordre* XXIX, 9 (forme attestée à côté de *Odre*); *sorllers*[9] LXIX, 52.

La forme *ardonc* CVI, 76 (corr.) pourrait comporter un *r* parasite, mais on ne peut exclure une faute du copiste qui aurait commencé à reprendre le premier mot de la ligne précédente *Ardambourg*.

Les cas de rhotacisme touchent des mots courants: *darvez* LV, 82; *varlet* (5 occ.), voir Gossen § 50.

— -*s*-

La disparition d'un -*s*- implosif apparaît peu dans la graphie: *fit* (3 occ.) / *fist* (338 occ.); *voulsit* (2 occ.) / *vou(l)sist* (48 occ.)..., mais elle est attestée aussi par l'insertion de -*s*- parasite: *aist* (4 occ.) / *ait* (9 occ.); *austant* (12 occ.) / *autant* (2 occ.), *autel* (4 occ.); *bastel* (3 occ.) / *batel, bateau* (16 occ.); *baston, basture* (7 occ.) / *bature* CXXV, 43 et toujours *batre*; *costeaulx* CVI, 80; *costille* XCVIII, 63, 74 / *coutel, couteau*; *esles* LXXXVI, 17; *jeusne* table des rubriques XCV; *josne* (10 occ.); *vinst* (341 occ.) / *vint* (21 occ.); *vist* (80 occ.) / *vit* (2 occ.)...

Corrélativement à l'affaiblissement des consonnes implosives que l'on peut aussi constater dans *aministree* LXXVII, 67 / *administr-* (2 occ.) apparaissent des lettres parasites, étymologiques ou non: *concepvoir; escripv-* (34 occ.) / *escrire, escriv-* (4 occ.); *nepveu-* (14 occ.); *sol(l)empn-* (6 occ.); *soubz-* (18 occ.); on note aussi l'apparition d'un -*p*- non étymologique après la nasale labiale afin d'en conserver le caractère labial: *Coulompne* CXIII, 29 (/ *Coulogne* CXIII, 30); -*dampn*- (8 occ.); *solemp-* (2 occ.)...

---

9   Forme que l'on trouve dans le domaine picard, voir ALF carte n°1252.

2) Affaiblissement des consonnes finales

Un certain nombre de faits, comme les équivalences graphiques ou l'absence de consonnes finales, montre que les consonnes finales ne devaient plus être prononcées: Wilmotte, p. 155: «Les consonnes finales, isolées ou non, ont une tendance marquée à s'amuïr; c'est ce qu'attestent les nombreux CR pl. sans *-s*; les P2 sans *-s*; les infinitifs sans *-r*; les graphies inverses»; le *e* final cependant tendrait à prouver le contraire… voir aussi Straka, «Remarques sur le décès d'un mot: afr. et mfr. *moillier*», *Festschrift Kurt Baldinger zum 60. Geburtstag, 17 novembre 1979*, Tübingen, Max Niemeyer 1979, II, pp. 535-551, en particulier pp. 545-549.

— *-s, -z* et *-x*: (Wilmotte, pp. 64-65, n°s 34-35)
mesmes (70 occ.) / *mesme* (7 occ.), quelle que soit la forme adv. adj. masc. ou fém. sg. ou pl.) / *mesme*…; *tendres = tendre* LXXXIX, 11 (corr.); *avise = avises* CXXV, 48; *avoye = avoyes* CII, 69; *parte = partes* CXVIII, 60; *(h)uys, uis* (11 occ.) / *uy* XVI, 11); *tiers* (3 occ.) / *tier* (2 occ.); *tout = tous* LIX, 9 (*sur tout = tous*?); LXIX, 28; *tous = tout* CXLI, 33; *voy = voys* LVI, 45; *roy = roys* XCVII, 2; *roix* XII, 14.

Si l'on réserve le cas de *-lz* vu plus haut, qui semble particulier, on note que cet affaiblissement peut se traduire par des équivalences graphiques: *maiz* LXXIV, 4 / *mais* (413 occ.); *assez* (12 occ.) / *assés* (44 occ.); *sailliez = saillies* XXXV, 37.

dé = des XXIV, 32?; CII, 15?; LXXX, 49; LXXXIV, 30; *lé = les* CXXVI, 24; CXXIX, 48; XV, 40 (?), formes que nous avons choisi de transcrire avec un accent; *lequelz = lesquelz* CXL, 12.

Un *z* final après *-e-* pourrait avoir une fonction diacritique et signaler un *e* fermé: *gardez = gardé* CXIX, 20; *estez* (à moins qu'il ne s'agisse d'un accord du

participe passé du verbe *estre*) LI, 8; LXXI, 11;
LXXVIII, 50; LXXXI, 65; sens proche de *aler* CXXVII,
82; une exception: *sailliez* XXXV, 37 (/ *saillies*).

— *-t, -c, -f:* (Wilmotte, p. 64, n° 33)
Le maintien d'un *-t* est rare: *piet* LXXV, 55 / *pié* (13
occ., dont une quelques lignes au-dessus de *piet*, l. 48);
paroit XCVIII, 79; *jeut* pp. pa. CII, 1; *hardit* CVI, 6 /
hardy (5 occ.).

Inversement on trouve quelques cas d'effacement:
anuy (= *anuyt*, voir apparat) XVI, 37; *appartien* =
appartient LXXXV, 35; *fon* CVII, 5, 16 = *font*; *soy* =
soit XVII, 19; *flan* (3 occ.) / *flanc* XXX, 5; *flancs* XXI,
42; *plonc* LI, 77, ou d'adjonction: *anuyt* (= *anuy*)
(3 occ.).

Alternance *t / d*: *ac(c)ort* (5 occ.) / *ac(c)ord* (3 occ.);
respont LX, 52 / *respond* (3 occ.).

Conséquemment, un *-t* peut se substituer à une autre
consonne: *fault* CXXXVI, 23 = *faulx*; *dont* = *donc* XX,
41…; *fort* = *fors* XIV, 11; *tret* = *tref* LIII, 5; *fort* (= *fors*)
(3 occ.).

On rencontre également *-st* pour *-f*: *briest* = *brief*
CXVIII, 25.

A côté d'un *-c* on trouve la graphie étymologique:
sanc (6 occ.) / *sang* (25 occ.), ou l'insertion d'un *c* non
phonétique *regrecs* CXI, 1.

A côté de la forme francienne commune dans le texte
Bras, la table des rubriques offre une forme du Nord
Brach (5 occ.) / *Brac* (1 occ.).

— *-l*
Comme on le rencontre fréquemment ailleurs, *quil* est
utilisé pour *qui*: X, 26; XXII, 84; XXVI, 42; XXXIII, 17;
XXXIX, 5; XLIII, 18; XLIV, 60; XLVI, 27; XLVII, 49;
LX, 64; LXIII, 84; LXIV, 42; XCVI, 14; XCIX, 41;
CIV, 9. Cette forme *quil,* qui se rencontre souvent dans

des formules *il n'estoit homme (cuer d'homme...)*, pourrait parfois être comprise comme un *que* à valeur consécutive, suivi du pronom personnel. Certaines occurrences étant irréductibles à cette interprétation, c'est la graphie *quil* qui a été adoptée (voir par ex. XLIV, 60 et Ménard § 64, r 1 et Martin § 443).

On relèvera également: *sil = si* XCVI, 14; et inversement *y = il*: LIV, 79; *il = ilz*: XII, 45; LXXXV, 52; LXXXVII, 38; *qué = quel* CXLVIII, 4; *auqué = auquel* CXII, rubrique; *chasté* CXXXVIII, 64, voir Gossen §5, 2° / *chastel* (21 occ.); *filleu*: LXXXI, 56, 58; XCVI, 20.

CVIII, 30: *qu'id = qu'il demanda*, la substitution à *l-* du *-d* final devant une initiale *d-* montre que ni l'un ni l'autre ne devait être prononcé dans cette position.

— *-r*

La disparition du *r* final est bien connue pour des séries morphologiques.

Ce fait est fréquent pour les infinitifs, d'où des confusions graphiques entre infinitif et participe, notamment pour les verbes du premier groupe; les formes suivantes sont des infinitifs: *demouré* table des rubriques (LXXX, mais *demeurer* dans la rubrique correspondante); *troublé* XIV, 37; *considéré* XIV, 40; *alé* XVI, 26; *desarmé* XXXIX, 20; *consideré* XLVI, 12; *demeuré* LIII, 26; *mandé* LXII, 38; *parlé* LXIII, 39; LXVI, 36; *destourné* LXXV, 49; *demeuré* CXIII, 83; *logié* CXXIII, 33; *adommagié* CXXIV, 8; *parlé* CXL, 13; *porté* CXLIX, 17; inversement sont des participes: *excepter* XLIII, 48; *aporter* XLVII, 7; *garder* LXVI, 13; *ordonner* LXXXVII, 14; ailleurs qu'au premier groupe: *accomplir = accompli* LXVI, 18 (corr.); *r* non prononcé ou substitution d'un suffixe à un autre: *mordreux* (3 occ.) / *mo(u)rdreurs* (5 occ.); inversement *nepveur(s)* XII, 77;

CXXXI, 52 / *nepveu* (12 occ.), à moins qu'il s'agisse de l'adjonction d'un -*r* purement graphique.

Pour des mots isolés, il est difficile de savoir s'il s'agit d'un fait phonétique ou d'une inadvertance du copiste: *cas* CIV, 56 (= *car* devant *s*-; corr.; voir *supra* p. CXX); pour *Tous* LXXIX, 22 (= *Tours;* corr.), au contraire, la disparition du -*r*- supposerait une position implosive; les échanges graphiques auxquels peut conduire la non-prononciation des consonnes finales conduisent à écrire *peril* VIII, 49 (corr.) pour *perir,* infinitif.

3) Autres faits concernant:
— *l*
Un *l* a pu s'assimiler à un *r*: *fourdre, fourdroy-* (6 occ.).

L'inverse semble plus rare et n'est proposé que comme une hypothèse: *dirigetur* (= *diligetur*) CVIII, 20: rhotacisme ? dissimilation? voir Goosse, § 54, Mantou, p. 243 (fait évoqué avec une interrogation) et renvoi à R. Loriot, «L'alternance *r / l* en picard moderne», *dans les dialectes Belgo-romans*, VII, 1948, pp. 7-12.

A l'intérieur du mot, un groupe consonne + liquide a pu se réduire par disparition de la liquide: *humbe* prologue, 24.

Dans un groupe: *bl-, pl-* c'est la labiale qui a pu disparaître: *peule* LIV, 59; LXXIX, 41 / *peuple(s)* (38 occ.), voir Gossen, *op. cit.*, § 52 et Loriot, «Une loi des trois états; la stratification phonétique en gallo-roman: le traitement des groupes *p+ l, b + l* en picard... et ailleurs», *Atti VIIIe Congresso internazionale di Studi romanzi*, Firenze, Sansoni, 1956, II / 2, pp. 619-654, en particulier pp. 620, 630, 633.

— *r*
On rencontre quelques cas de métathèse: *abregeoit* CIX, 35; *Brenier* CXXXIII, 20 / *Bernier* (15 occ.);

fremer et ses composés (5 occ.) / *enfrum-* (8 occ.) / *fermer* (8 occ.); la forme *livroit* XCV, 92 (= *livreroit*) s'explique sans doute par la disparition du *e* après métathèse[10].

Un *-r-* peut s'affaiblir après occlusive (notamment dentale) ou fricative, voir Wilmotte, p. 67, n° 39; c'est un trait que l'on rencontre en wallon: *preste* CIX, 55 / *prestre(s)* (7 occ.); *traicte* (3 occ.); *trayteusement* LXXXV, 36; *traicteusement* XCIV, 50 / *trai(c)tre(s)* (7 occ.); il pourrait s'agir aussi d'un un simple phénomène de dissimilation. (Ch. Marchello-Nizia, *La langue française aux XIVᵉ et XVᵉ siècles*, Paris, Nathan, 1997, p. 106).

Une séquence *-rer-*, notamment dans les futurs des verbes du premier groupe, s'est parfois réduite à *-rr-*.

Une géminée *-rr-* a pu se simplifier: *piere* (2 occ.) / *pierre(s)* 17 occ.; *tere* XXXVII, 56 / *terre(s)* (117 occ.). Cette réduction est fréquente pour les futurs I et II, mais elle n'est pas systématique: *orr-* (41 occ.) / *or-* XXV, 113; XCII, 15; *po(u)rr-* (41 occ.) / *po(u)r-* (39 occ.); pour les futurs de verbes du premier groupe, la réduction donne parfois des formes identiques à celles de l'imparfait ou du passé simple: *demour-* pour *demourr-* XXXVII, 4; XL, 20; XCII, 24, 34; XCIV, 19; CXII, 71; CXXXII, 48; CXXXVIII, 30 (/ *demorroit* XCII, 11); *morr-* (11 occ.) / *moroye* XLIV, 29; *querr-* / *queroit* LXXIX, 60; *secourr-* / *secour-* VIII, 32; XCII, 37; dans un cas il est possible d'interpréter de l'une ou de l'autre façon *queroit* LXXIX, 60.

---

[10] *cf. Le Roman de Ponthus et Sidoine*, éd. M.-C. de Crécy, Genève, Droz, 1997: *delivront* XV, 62; *descouvroit* V, 84; *offray* IX, 338; la forme *ouvray* (= *ouveray* = *ouvreray*) est-elle vraiment inacceptable? *Renaut de Montauban*, éd. Ph. Verelst, Gand, Rijksuniversiteit te Gent, 1988, p. 949, note pour le v. 8058.

4) On relève quelques faits de voisement, trait des régions Nord, Nord-Est et Est: *garandirons* LV, 12; *gourdine* XCVIII, 79, 85; *perroge* XVIII, 42; *pesandeur* XLVII, 42; *saige* (= *saiche*) X, 26; ou de dévoisement: *baques* = *bagues* CXVI, 59; *chambes* = *jambes* CXIV, 15.

5) Palatalisation
— La chuintante sonore est graphiée *g / ge / j / gu*: *abregoit* CIX, 35; *assiga* II, 32 / *assigea* (3 occ.); *chargoient* CXVI, 37; *gayant* (27 occ.) / *jayant* CXI, 37; *gregoise* (2 occ.); *interroguer* (11 occ.); *prolonguier* X, 49; *songa* table des rubriques XXXI (/ *songea* XXXI, rubrique); *songay* XLVII, 33; *songoie* XXXI, 74.
La graphie *longhe* ne se rencontre que deux fois CXIV, 25; CXLVIII, 43; elle peut représenter une prononciation gutturale comme une prononciation chuintante, voir Goosse § 39; Gossen précise néanmoins que la valeur est plus souvent gutturale, voir § 42

— La chuintante sourde est graphiée *ch*. L'hésitation graphique entre *c* (*ç, s, ss*) et *ch* se rencontre peu: *arcevesqu-* (39 occ.); *arcevesquié* CLIII, 28 / *archepiscopal* LXXXI, 21; *commenche* II, 8 / *commancement, commenc-, commenç-* (216 occ.); *drechier* CVII, 28 / *drec-, dreç-* (5 occ.); *muchier* CVII, 49; *muça* XCVIII, 66; *mucié* XCIX, 63; *muciez* CXXXII, 5; *mussee* XLVII, 33; *Requier* LXXXVII, 26 / *Richie*r C, 47.
Pour noter le résultat de *k + a,* il n'y a que quelques occurrences de graphie *c* ou *qu*: *calenge* CVIII, 61; CXXIV, 28; *carpentiers* CXXXVIII, 60 (/ *charpentee* IV, 19); *cape* LXXIX, 28; *capitaine* (22 occ.); *bu(c)quier* XCVIII, 66, 72; *mesquine* CXXVIII, 80. Ce trait ne correspond pas à un traitement wallon, mais se trouve en picard (*c* toutefois peut n'être qu'une graphie, que

présentent fréquemment les chartes du XIIIe siècle, en Flandre, Hainaut, dans une partie de l'Artois et à Saint-Quentin, voir Gossen § 38).

— On relève deux exemples de la labiale conservée devant -*y*- (trait picard et wallon, voir Remacle, § 38 et Goosse, § 47, c): *navier* LXXXIII, 5; *pleuves* CIX, 48 (<*plóvias).

— *mesaige* CXV, 57 = *mesaise* (/ (*mesaise* 3 occ.): Remacle signale des formes comme *aiges* (= *aises*) dans des chartes des régions de Tournai et de Namur, voir Remacle *op. cit*, § 33; le passage de *z* à la chuintante est attesté, quand il est précédé d'un *y* ou d'un *i* d'où pouvait se dégager un *y*, dans le nord et le nord-est du domaine picard, voir Flutre, § 159 et Gossen § 47 (évolution partagée par l'ouest-wallon et le namurois).

— Pour les deux mots suivants, qui n'ont pas d'équivalent dans la chanson en vers, il pourrait s'agir de faits de graphie inverse: *desjussier* CLI, 34: *ss* doit être une graphie inverse pour *ch*: *desjuchier, desjoquier*; *boquel* = *boçuel* CXXXIII, 6 (/ *boussu* CXXXII, 58), il doit s'agir du même phénomène de graphie inverse que celui qui donne *mache, maque* pour *masse* <*mattea éd. Roussel (4 occ.) et *Jourdain de Blaye en alexandrins*, éd. T. Matsumura, Genève, Droz, 1999, p. XLVIII.

— *kw* > *g*: *s'ensuiguent*: table des rubriques; *suigant* LXXXVI, 3.

— Les graphies de *l* mouillé sont nombreuses, -*ill*- étant la plus courante. En cas de *l* simple, ou de *ll*, on ne peut savoir s'il s'agit d'une forme dépalatalisée ou non, mais on constate que ces graphies sont fréquentes dans les manuscrits copiés dans le Nord[11]:

-l-: à l'intérieur du mot: *boulir* LVIII, 44 peut être la forme non palatalisée étymologique (*/ boillant* CVI, 52 */ buill-* 2 occ.); *file* XI, 2 (*/ fille(s)* 162 occ.), voir Wilmotte, p. 178: «le dialecte wallon tend dans certains cas à simplifier *ll = l + y* ou *ll* latines. On dit, par exemple, *file* pour *fille* dans la prononciation liégeoise du français. Incertitude dans les textes»; *(h)abil-* (11 occ.) (*/ (h)abill-* 5 occ.) si l'on se réfère aux formes où l'on a encore *-ie-* provenant d'un effet de Bartsch; *feules* LXVIII, 15 */ fueilles* (2 occ.); *moulee* CXIII, 23; à la finale *gouvernal* LXIX, 8; *vuel* CVII, 76 */ vueil* (31 occ.).

-ll-: *vielle* (12 occ.).

-lli-: *moullier* XXXVI, 28.

-y-: *brayant* LV, 94.

On relève des formes avec extension analogique de *l* mouillé: *vaillurent* LXV, 75 (*/ valut* C, 8 subj. impft.) et *vueillant* XCV, 19; ind. pst. *vueillent* CVIII, 12; CXXXV, 28.

— Les graphies habituelles de *n* mouillé sont toutes utilisées; on relèvera seulement quelques faits particuliers:

-ng: *vien* CXIII, 10 */ vieng* CXXXVIII, 16.

-ing: *besoing* (25 occ.)...; *loings* (8 occ.)... inversement *loing* = *long* LII, 30.

ung (439 occ.) */ un* (151 occ.); *ungs* (17 occ.) */ uns* CVI, 31; *aucun(s)* toujours, sauf *aucum* (devant initiale vocalique) CXXIV, 80.

---

[11] Voir M. Plouzeau qui signale que le témoignage des parlers modernes montre que ces graphies transcrivent effectivement des formes non palatalisées, CR de *Ponthus et Sidoine*, éd. cit., *Revue des langues romanes*, 102 (1998), pp. 205-218.

Inversement *-ing, -ngn-* peut être une simple graphie et être l'équivalent d'un *n* non mouillé: *Coulongne* CXIII, 30; *maingnent* LVI, 18 (ind. pst.); *(im)pugn-* (6 occ.); *regnier (iee)* (2 occ.) / *renyer* CX, 66; à la finale *enjoing* (p. pa. 3 occ.); *foing* LXXXVII, 51; *fraing* IX, 19.

6) Nasale devant une autre consonne et nasale finale

La consonne nasale prend régulièrement les traits articulatoires de la consonne qui la suit; on ne note que quelques exceptions: *comquis* LIV, 11; *Grinbault* LVI, rubrique; *inmondances* XLIX, 23; en finale on relève exceptionnellement *aucum* CXXIV, 80; *nom* (= *non,* fin de phrase) CXLVI, 29.

7) Groupes consonantiques

tumer (< *tumbare) CXXXI, 25, voir Fouché, *Phonétique, op. cit.,* III, p. 800: cette forme est employée dans les domaines picard, wallon, champenois, lorrain et franc-comtois, anciens et modernes, où le groupe *m/b* s'est réduit à *m,* voir *FEW* (XVII, 384-6, *s.v. tumôn*) et G. Merk («Les assimilations progressives dans les groupes consonantiques nasale + dentale ou nasale + labiale en langue d'oïl», dans *Revue de linguistique romane*, 45 (1981), p. 107).

enflamb- (2 occ.) / *enflam(m)-* (3 occ.) Remacle «Remarques sur l'étymologie de fr. *flamber*» *Festschrift Kurt Baldinger zum 60 Geburstag 17 novembre 1979,* Tübingen, Max Niemeyer Verlag, II, pp. 535- 534.

8) Équivalences graphiques *s / ss / c*

Ces équivalences graphiques sont nombreuses: *bais-* (30 occ.) / *baiss-* (5 occ.); *dresoirs* LXXXI, 43; *frois-* (2 occ.) / *froiss-* LV, 69; *fusiez* XXII, 77 / *fusist* (3 occ.) / *fuss-* (51 occ.); *paisible-* (5 occ.) / *paissible* CXVIII, 61; *Brisse* (84 occ.) / *Brise* (4 occ.) / *Brice* (5 occ.); *paser* C, 5 / *pass-* (65 occ.); *repouser* XXIX, 37 / *pouss-* (3 occ.);

quise (2 occ.) / *quisse* LXVI, 76; *trous-* (2 occ.) / *trouss-* (2 occ.); *ysir* L, 38; *ysu* XXXVIII, 30 / *yss-* (44 occ.); après consonne *penssant* CXII, 28.

Escosse (4 occ.) *Escossois* LXVII, 28 / *E s c o c e* (26 occ.); *Escoçois* (3 occ.); *Gresse* XCI, 40 / *Grece* XVIII, 2; *enseveli-* (2 occ.) / *encevelir* (2 occ.); *ceust* = *sceust* CXX, 37 (corr.).

Elles peuvent prêter à confusion pour l'identification des formes:

ce = *se* conjonction hypothétique: XI, 64; XVIII, 16; XXV, 43; XXIX, 25; XLIII, 28; LI, 27; LVI, 21; LXXIII, 23; XCIV, 47; XCIX, 87; CIV, 58; CXX, 47; CXVIII, 35; *ce... non* L, 50; LXXXI, 29; LXXXV, 36; CXVIII, 63; CXXXV, 15; CXL, 69.

ce = *se* pr. pers.: LXXXVII, 53; XCVII, 33.

se = *ce* XVIII, 7; XXIV, 45; XXXII, 9; XLIV, 11; LXII, 2; LXVIII, 46; XCIV, 44; CV, 39; CXI, 75; CXXXIV, 47; CXXXVIII, 33; CXL, 33.

ses = *ces* IV, 22; V, 38; VII, 39; XI, 23; XXVIII, 52; XXIX, 42; XXX, 12; XXXIII, 25; XLIX, 63; LXIII, 91; LXXVI, 10; LXXXI, 26, 35, 50; XCII, 1; CII, 55; CX, 20; CXIII, 33; CXIX, 29; CXXIV, 25; CXXXIX, 23; CXLVIII, 55; CLIII, 1; (plusieurs occurrences peuvent être aussi interprétées par un possessif).

ces = *ses* XCII, 71.

c'estoit = *s'estoit* XVII, 27; XXII, 70; CXLIX, 67.

selle = *celle* XIX, 47.

9) équivalences *s / x*

tensoit CXLV, 8 / *tanxer* XCVIII, 72; *profex* CXVI, 50 / *confés* XXI, 60; CXIII, 32; *mistionnés* LVI, 38 / *mixtiones* CLII, 48?; *exploit-* partout.

-xc- / -x-: *excercite* prologue, 11; *excercees* CXXVIII, 59 / *exellent* prologue 51.

10) *h*

Bien que d'un usage relativement courant en moyen français pour marquer l'hiatus, *h* n'est utilisé que deux fois *mehue*: CIX, 43; *vouha* CXXXIX, 17.

On relève aussi deux occurrences de *longhe espace* CXIV, 25; CXLVIII, 43, voir *supra* palatalisation.

MORPHOLOGIE

Morphologie nominale

La flexion

Les marques de flexion du substantif et de l'adjectif sont irrégulières, parfois incohérentes, et ne répondent plus à un système morphologique flexionnel: CS sg. *estendus crucifiez* XXI, 27; X, 29…; *misericors* LXV, 77; *vaincus* CR sg. CXV, 22; CS pl. *les seigneur* CXXVIII, 59…, voir aussi syntaxe, accord.

Quelques substantifs présentent un genre variable: *fourdre, triumphe, vespres*.

Il reste quelques adjectifs épicènes *(des)plaisant* (5 occ.) / *plaisantes* CXII, 25 (attr.); *puissant* (LXXXIII, 12; CXL, 48); *royal* LVIII, 57; *subsequent* CIV, 20; toujours *vaillant* (22 occ.); *meilleur* XCVIII, 20; CXXIX, 10; voir aussi adjectifs indéfinis, *infra*.

cruel a deux féminins en *-e*: *cruelle* (3 occ.) et *crueuse(s)* (6 occ.), l'adverbe étant *crueusement* (2 occ.).

fort, (des)loyal prennent toujours un *-e* au féminin, mais les adverbes correspondants sont *forment* CXXIV,

1; *loyalment* XXV, 45, *loyaument* XCIV, 7; on a également *principalment* (prologue, XVIII, 24); *tressol(l)empnelment* XXV, 40; CXXVIII, 53; l'adverbe correspondant à *continuel* se présente les deux formes *continuelment* (3 occ.) / *continuel(l)ement* (2 occ.).

grant[12]: 152 occ. présentent la forme épicène, toujours antéposée; *grande(s)*: 22 occ. dont 12 en position d'attribut; sur les 10 qui sont antéposées 7 entrent dans une expression comprenant une préposition, et une est devant initiale vocalique; une comporte une reprise de l'adjectif en fonction d'attribut, et une seule est une épithète antéposée: «*Et fut faicte une tresgrande sollempnité et si grande que*»; l'adverbe est toujours *grandement* (47 occ.).

L'hiatus se maintient dans la plupart des adverbes correspondant à des adjectifs de la première classe, mais concurremment à *hardiement* (2 occ.) on trouve *hardiment* XLIX, 27; *hardyment* (3 occ.).

Les comparatifs synthétiques sont rares: *maindre* CXI, 29; *moindre* XX, 28 (2 occ.); XXIV, 69; *moings* (14 occ.); *pire* LXXXVII, 88; *pis* (5 occ.); *meilleur* (4 occ. dont 2 fém.); *mieu(l)x* (81 occ.).

Articles

On trouve quelques occurrences de l'indéfini pluriel *unes*: *fourches* CXXXIII, 26; *nopces* CXLIV, 7; *lectres* (6 occ.).

L'article défini *le* est féminin en VII, 12 (voir aussi pronoms personnels), trait commun au picard et au wallon, voir Chaurand, *op. cit.*, p. 103.

---

[12] G. Zink, «Le passage de «grant» à «grande» en français médiéval», dans *Lorraine vivante. Hommage à Jean Lanher,* Presses universitaires de Nancy, Nancy, 1993, pp. 471-477.

Les formes contractées (enclise) se maintiennent: *au* (*à + le*, 518 occ.); *ou* (= *en le*, 87 occ.); mais on note des cas d'alternance *au / ou*: *au monde* (6 occ.) / *ou monde* (8 occ.); *soy mettre au chemin* (22 occ.) / *ou chemin* CV, 34; *aler* (*venir au palaix* (9 occ.) / *ou palaix* (8 occ.); *au fons* CLI, 54 / *ou fon* CVII, 5, 16; *au temps* (3 occ.) / *ou temps* LXXII, 7; ces formes se retrouvent en composition *audit* (3 occ.), *auquel* (42 occ.), *oudit* (5 occ.), *ouquel* (19 occ.). Il faut aussi prendre en compte les cas où *au* > *a* (voir phonétique et syntaxe), fait que l'on trouve en Wallonie et occasionnellement en Hainaut et dans les Ardennes, mais qui ne se produit jamais pour le pluriel, d'autant moins que *aux* article défini pluriel ne se rencontre que 2 fois LXXIII, 7; CVIII, 38 / *es* (132 occ.); en composition on a toujours *es* (es*quel*-).

Possessifs

no possessif XCIV, 71, voir notes.
vous = vos, voz CXLII, 31 (leçon rejetée, voir notes).
leur = leurs LXX, 38 / *leurs* (111 occ.).
Pour les formes toniques, on ne rencontre que les formes modernes de possessifs, à l'exception de *moy* CXLVI, 15* qui pourrait être un possessif tonique féminin, voir "phonétique", *e* final.

Démonstratifs

cest (18 occ.) uniquement déterminant; *ceste* (252 occ.) uniquement déterminant; *cestui* (52 occ., dont 5 pr.); *cel(l)ui* (34 occ. dont 3 dét.); *ceulx* (72 occ.); *celle* (94 occ., dont 72 dét.); *celles* (5 occ., dont 1 déterminant XXXIII, 13).

icellui (34 occ. dont 4 pr.); *iceulx* (15 occ. dont 7 pr.); *icelle* (39 occ. dont 20 pr.) *icelles* (4 occ. dont 3 pr.).

Pronoms personnels

On rencontre quelques formes spécifiques: *le = la* VII, 10; XIV, 30; XXXIX, 6; XLII, 41; XCVII, 46; C, 36 (?, voir notes), formes que l'on trouve en picard et en wallon, comme pour l'article, voir Chaurand, *op. cit.*, p. 110 et *supra* déterminant, article défini.

i = il (38 occ.) pas nécessairement devant *l*; *y = il* LIV, 79; *id* CVIII, 30, voir phonétique.

il = ilz XII, 45; LXXXV, 52; LXXXVII, 38.

ly LXXI, 32: seule forme féminine de R2.

Le pronom adverbial a généralement la forme *y* (226 occ.) / *i* (5 occ.).

Pronoms et adjectifs indéfinis

Certains adjectifs indéfinis au féminin pluriel restent épicènes: *tel* (5 occ.) / *telle(s)* (70 occ.); *quel* (9 occ.) / *quelle(s)* (25 occ.).

On relève les formes de CR *autruy*: CII, 67; CXIII, 23; *nully*: toujours sujet: XXIII, 7; LXXIX, 60; CXXXIX, 15.

Pronoms et adjectifs relatifs

qui neutre = *ce qui* XII, 36; LXVI, 5; CXXVI, 54.

que = qui: table des rubriques XXXVI (rubrique *qui*); XVII, 51; XXXII, 45; LIV, 77; LVII, 50; LXI, 64; CII, 34; CVI, 16; CXIX, 48; CXLII, 34.

Il est parfois impossible de savoir s'il s'agit d'un *que* équivalent de *qui* ou d'un *que* conjonctif introduisant une consécutive (voir syntaxe) XVII, 51.

que: sujet neutre LXI, 64; CXXV, 40; *ce que = ce qui* LXXXV, 27.

cui: pour cui foy CI, 61; *cui qu'il soit lait ou bel* CX, 76.

Comme il arrive fréquemment en ancien et moyen français, *dont* est parfois difficile à distinguer de *donc* XX, 51, voir phonétique consonnes finales.

Grande fréquence du relatif *lequel,* comme adjectif ou comme pronom: *lequel* adj. (57 occ.), pr. (129 occ.); *laquelle* adj. (120 occ.); pr. (180 occ.); *auquel* adj. XVIII, 40; pr. (41 occ.); *auqué* CXII, rubrique; *duquel* adj. (7 occ.); pr. (21 occ.); *ouquel* adj. (11 occ.); pr. (8 occ.); *lesquelz* adj. (9 occ.); pr. (49 occ.); *lesquelx* pr. (3 occ.); *lequelz* pr. CXL, 12; *lesquelles* adj. (8 occ.); pr. (19 occ.); *ausquelz* pr. CXXX, 22; *desquelz* adj. LXXXIX, 23; pr. (9 occ.); *desquelles* adj. (4 occ.); pr. (3 occ.).

Morphologie verbale

Radical de la série du présent

Les alternances se maintiennent généralement: *esmouv- / esmeuv-; esprouv- / espreuve-; ovr- / euvre; (re)trouv- / (re)treuv-; quer- / quier-, queurt…*

Verbes en *-ndre*: pour les verbes du groupe *plangere*, on constate une généralisation du radical dentalisé de l'infinitif: *saindist* XCVIII, 62 / *contraindist* III, 24; *empaindit* XLVI, 16; *faindoit* LXV, 53; *faindant* XXVII, 2; CIV, 12; *joindoit* CXLIX, 45; *(en)joindist* (9 occ.);

plaindist (3 occ.); *plaindoit* CXXII, 43; ce trait est caractéristique du Nord-Est; on relève cependant quelques formes à *n* mouillé à l'intervocalique: *contraignoit* LXV, 4; LXXXVII, 74; *enjoingnons* XLI, 7; *plaignoit* CXIX, 46, ainsi que la forme courante d'un passé simple en -*s*: *enjoinst* LIV, 68, voir Fouché *Morphologie historique du français, le verbe*, Klincksieck, Paris, 2ᵉ éd. 1981, p. 132, § 65 a.

Désinences

Extension générale de -*e* à la P1 de l'indicatif présent des verbes du 1ᵉʳ groupe: *accorde* XX, 65; *prie* (82 occ.)…; fréquente de -*s* pour les autres groupes: *entens* II, 2; *crois* XLV, 55; CIV, 69 / *croy* (15 occ.); *dis* (8 occ.) / *dy* XII, 89; *dois* (4 occ.) / *doy* (4 occ.); *fais* (8 occ.) / *fay* (4 occ.); *(re)quiers* (6 occ.) / *requier* CXI, 32; *vois* LXVI, 27 / *voy* (8 occ.)… mais *voy* (= *vois* du verbe *aller*) LVI, 45; on note une forme *vien* CXIII, 10, voir *supra* phonétique.

Au passé simple, P1 a toujours un *s*: *oÿs* (3 occ.); *vis* (7 occ.)…

On relève plusieurs occurrences de la désinence -*iesmes,* caractéristique des dialectes du Nord, qui se rencontre jusqu'au milieu du XVIᵉ siècle: ind. impft. *aliesmes* XCII, 56; CLI, 19; *parliesmes* CIX, 36; *estiesmes* CLI, 19; fut. II. *orriesmes* LXXV, 15; *porriesmes* LXXVIII, 61; subj. impft. *entrisiesmes* LXXVI, 20; *fissiesmes* LXXVI, 21; *fesiciesmes* LXXVIII, 60, voir Fouché, *Morphologie, op. cit.,* pp. 242 et 344, note.

Du fait du sort des consonnes finales, certaines désinences n'apparaissent pas, -*s* en P1 *voy* (= *vois*) LVI,

45; en P2 *avise* CXXV, 48; *-t* en P3 *soy* XVII, 19…, voir *supra* phonétique.

On notera un subjonctif présent sans *-e*: *dy* (P3) XVI, 25; les désinences 4 et 5 se maintiennent sauf dans un cas qui présente la forme moderne *accordiés* CIV, 61.

A l'indicatif imparfait, la forme *heriot* CXII, 41, est le seul témoin verbal de la réduction de *oi* à *o,* voir phonétique et aussi Flutre *op. cit.*, § 226.

Futur

Pour les verbes du premier groupe, la disparition du *e* devant le *r* a donné des formes caractéristiques, courantes en langue d'oïl: *demeurer*: à deux exceptions près *demeurra* (fut.) XXVIII, 42 et *demouré* (pp. pa.) CXII, 37, on constate que le radical *demour(r)*- est réservé aux futurs I et II: *demorroit* (XCII, 11) / *demour-* (8 occ.).

donner: *donra* II, 5 / *donner-* (12 occ.).

livrer: *livroit* XCV, 92 / *livreroient* LXXXIII, 30, voir Goosse, § 112b.

mener: *menray* CXLVI, 29 /; *(em)meneray* CXLVI, 17, 36; *(em)meneroit* XCII, 10; CXL, 7.

Pour les autres groupes:

croire: généralisation du radical fort *croi(/y)r*- (4 occ.).

savoir: *seroit* XII, 105 / *savr-* (26 occ.), forme qui témoigne de l'affaiblissement du *a* initial atone, voir phonétique; trait que l'on trouve en wallon.

tenir: *tenroit* CXII, 71: seule forme du radical faible et sans épenthèse; ailleurs généralisation du radical fort avec épenthèse *tiendr-* (7 occ.).

venir: *verrez* (= *venrez*) CVII, 55 à l'absence d'épenthèse s'ajoute l'assimilation du *n* au *r*; ailleurs généralisation du radical fort avec épenthèse *viendr-* (21 occ.).

Avoir: les formes réduites ne se trouvent qu'avec la forme préfixée: *raroit* CXLII, 25; *raras* CXXIX, 65.

On note la réduction très fréquente de la géminée *-rr-*: *demourer: demour-* (8 occ.) / *demeurra* XXVIII, 42; *demorroit* XCII, 11; *morir: moroye* XLIV, 29 / *morr-* (11 occ.); *pouoir: por-* (2 occ.); *pour-* (39 occ.) / *porr-* (28 occ.); *pourr-* (11 occ.); *secouray* XCII, 37, voir *supra* phonétique); cela conduit parfois à une homographie avec l'imparfait ou le passé simple; dans un cas il est possible d'interpréter de l'une ou de l'autre façon *queroit*: LXXIX, 60.

Sur les 18 occurrences de *lair-*, *layr-*, servant de futur à *laissier*, 17 apparaissent dans des formules où le narrateur parle en son nom (*lairay à parler*), sauf une XLVII, 13 / *laisser-* (3 occ.).

Passé simple

Le verbe *avoir* ne se présente qu'une fois sous la forme ancienne *ot* CXII, 63; partout ailleurs on a le radical moderne: *eus* CXLVII, 42; *euz* LVI, 36; CXII, 36; eu(s)t, *eurent*; de même pour *savoir*: *sceuz* LXXXII, 68; CXII, 38...; le verbe *pooir* ne présente que les formes *peust*; *peurent* (8 occ.).

PS 6 le plus souvent sans épenthèse: *dirent* (14 occ.); *disrent* XL, 14; *firent* (75 occ.); *mirent* (33 occ.); *misrent* (22 occ.); *prirent* (7 occ.); *prinrent* (4 occ.); *tinrent* CL, 5; *vinrent* (11 occ.) mais *prindrent* (12 occ.); *tindrent* LX, 33; *(re)vindrent* (57 occ.).

A côté de la forme forte *list* XXXI, 18, on trouve une forme partiellement refaite sur le radical faible (avec maintien du vocalisme du radical fort) *lisist* XCIV, 61;

forme qui n'a pu se développer que dans le Nord et l'Est, où l's intervocalique s'était maintenu, voir Fouché *Morphologie, op. cit.,* pp. 294-296 / *leust* XXXVII, 16; XL, 30; XLII, 20, 38.

On relève quelques changements de conjugaison: *couvrerent* CII, 73 = *couvrirent*, qui correspond à une extension du type de la première conjugaison; CXXI, 67: *ouvrerent* = *ouvrirent*; *affuyerent* CIV, 79 / *affuyrent* CVII, 14.

Le verbe *cheoir* a plusieurs formes de PS: un passé en *-i-*: *cheïst* PS (9 occ.); un autre en *-u-*: *cheust* (4 occ.); *cheurent* (5 occ.), à quoi correspond un participe *cheu(z)* (5 occ.).

Outre le radical *pris-*, le verbe *prendre* (et ses composés) présente un radical à nasale: *pris- / prins-*, ce qui se retrouve au participe passé: *prist* XLIV, 47; *pristes* CXXVII, 105; *prirent* (7 occ.); *pris* pp. pa. (2 occ.), à quoi on peut ajouter *espris* (8 occ.), *souspris* (3 occ.) qui sont pour ainsi dire sortis de la conjugaison (mais *surprins* table des rubriques CXXXVII) / *prin-* ailleurs (229 occ.).

rescouyst XXV, 52: forme analogique accentuée sur la désinence.

Le verbe *vivre* a deux formes de passé simple différentes: *vescut* LI, 97 / *vesqui(s)t* (4 occ.).

Le verbe *vouloir* offre des formes variées: *volus* CXI, 24; *vo(u)lt* (52 occ.); *vost* (4 occ.); *vouldrent* LXXXIV, 36; *voulsirent* (2 occ.).

Le verbe *estre*: présente également quelques formes particulières: *fuis* (P1) CXXVII, 61 / *fus* (3 occ.); *fuist* LXXIII, 19 (avec le sens d'«aller», à moins qu'il ne s'agisse du verbe *fuir,* employé avec le sens de «s'en aller précipitamment»), voir aussi subj. impft.

Subjonctif imparfait

deslogessent CXIX, 64: au Nord, au Nord-Est et à l'Est, on trouve à l'imparfait du subjonctif des verbes de la classe I des terminaisons en *-aiss-* analogique de la première personne sing. parfait en *-ai*… Ces formes ont d'ailleurs pu pénétrer dans d'autres régions, voir Fouché, *Morphologie, op. cit.,* pp. 341-342. C'est le seul exemple à côté de la forme habituelle en *-assent*.

entrisiesmes LXXVI, 20: on remarque le vocalisme ancien de la voyelle prédésinentielle; mais il n'y a aucun autre exemple de verbe du premier groupe.

querissent: CXII, 24; *enquerist* XXVI, 3: formes que l'on trouve en face d'un passé simple *queri, requerirent,* voir Fouché, *Morphologie, op. cit.,* p. 298 et note 1. A propos de *enquerre*, Scheler, dans son Glossaire des *Chroniques* de Froissart, p. 165 note un *enquerri* (PS 3) qu'il qualifie de curieux.

On trouve un subj. impft. *valut* C, 8 en face d'un PS *vaillurent* LXV, 75.

La réduction des hiatus et les graphies inverses brouillent la distinction entre formes fortes et formes faibles, comme la répartition des P3 entre PS et l'imparfait du subjonctif:

deist, feist sont toujours des subjonctifs imparfaits sauf LX, 69 et *refeist* LXVI, 52; mais *fist* peut être également un subj. impft. *fist* (14 occ.) / PS (324 occ.)

virent (15 occ.) / *veirent* LXXVII, 33; *vi(s)t* (81 occ.) PS; *vist* subj. LXIII, 84; *vei-* subj. (7 occ.).

feust 2 occ. (subj.) / *fust* (105 occ.) / *fut* (567 occ.) *fuist* (8 occ.); *fusist* (3 occ.), voir aussi passé simple.

Extension des radicaux forts: *tinst* (2 occ.) / *tenis-* (5 occ.); *vinst* (9 occ.) / *venist* (3 occ.); *vins(s)ent* (4 occ.) / *venissent* (2 occ.); *mis-* (7 occ.) / *meis-* (8 occ.).

Au passé simple et au subjonctif imparfait on constate quelques cas de maintien de l's intervocalique pour les radicaux faibles: *desist* (4 occ.) / *deist* (6 occ.) / *dist* (subj. impft. LXXIX, 13…); *fesiciesmes* LXXVIII, 60 (/ *fissiesmes* LXXVI, 21) / *feis-* (26 occ.), *fusist* (3 occ.), mais jamais avec le verbe *mettre*; c'est un trait du Nord et de l'Est (voir *supra lisist*).

Formes nominales

On trouve un certain nombre d'infinitifs (participes) en *-oyer* mais aussi des formes correspondant à des infinitifs analogiques en *-ier*: *guerioient* L, 9 / *guerroyer* (2 occ.); *nectia* XLVII, 7; *netti-* XXI, 23; XCIX, 11 / *nectoyé* CXXXV, 6; *netto(i/y)é* XXXII, 29; XLIX, 23; *hontiasses* XXI, 17; *festier* (11 occ.), voir Fouché, *Morphologie, op. cit.*, p. 51.

L'ancienne forme *querre*, *conquerre*, *requerre* (6 occ.) est largement concurrencée par la nouvelle *querir* (48 occ.).

suyr CXXXVII, 45: infinitif qui se trouve aujourd'hui encore dans le Nord-Est, voir Fouché, *Phonétique, op. cit.,* II, pp. 332-333.

On ne note pas de faits saillants concernant la morphologie du participe passé: pour le verbe *prendre*, *prins,* voir passé simple; *queru* LXXXII, 29; participe passé analogique, sans doute de *feru*, Fouché, *Morphologie, op. cit.*, p. 372; *vo(u)lu* (6 occ.); *voulsu* (8 occ.).

SYNTAXE

Articles

Phonétique et morphologie ont précisé que l'article *au* (*à* + *le*) prend parfois une forme réduite: *à lendemain / au lendemain*; devant l'infinitif, cette forme pourrait aussi être comprise comme la préposition seule: *à entrer à la porte* LXXVIII, 9; LXXXIX, rubrique (manque dans la table des rubriques), voir *infra* infinitif.

On note l'absence d'article dans des expressions consacrées par l'usage: *dire (oÿr) messe*; *picquer (frapper) cheval (chevaulx) d'esperon* (8 occ.); *changier couleur* XC, 32; *muer couleur* XCVIII, 6 (*/ mua la couleur* CXXIV, 57); avec des termes désignant des parties du corps: *en geron*: XXXVII, 55, voir Goosse, *op. cit.*, § 73; pour l'expression *de deux yeulx* XXIV, 32 et CII, 5, faut-il lire *dé* ou voir une absence de déterminant?

L'indéfini pluriel se rencontre à plusieurs reprises avec *fourches* CXXXIII, 26; *nopces* CXLIV, 7; irrégulièrement avec *lectres* (6 occ. / *lectre* 28 occ.).

On remarque un emploi curieux de la préposition *de* sans déterminant *de beauté, bonté, valeur estoit en elle* II, 44-45.

Substantifs et adjectifs

— L'accord en cas semble ne répondre à aucun système et l'on peut se demander si, plutôt que des liens avec une flexion qui n'existe plus (aucun exemple d'article), il ne s'agit pas essentiellement de problèmes phonétiques, liés à la (non-) prononciation des consonnes finales: les exemples sont si nombreux qu'ils n'ont pas été corrigés; il n'en sera donné que quelques-uns: CS sg. *revestuz* CXLIX, 14 / *revestu* CXLIV 20; CR sg *et le [l'Ennemi] rendist tousjours confuz et vaincus* CXV, 22; *ensevelys* CXLIV, 27; CS pl. *ilz lui seroient parfait amy* CXL, 68...

— L'accord en nombre des substantifs et des adjectifs (participes) est également irrégulier, qu'il s'agisse de mots isolés: *les seigneur = seigneurs* CXXVIII, 59; *les larmes plus clere que fontaine* XX, 17; *grant merveilles* XXXIII, 13; XLIX 48; *petit ruisseletz* CXI, 9; *quelque nouvelles* CXXVI, 30; *ilz fussent tous prest* CXXXVII, 15; *tout les biens* LXIX, 28...; *voz serviteurs prest = prestz* XXXVI, 33; *tout nuz* CR sg. CXXV, 32; *grans temps* LXVIII, 4 = *grant temps* (7 occ.); toujours (*toute, nulle*) *riens* (11 occ.) / *nulle rien du monde* CLI, 12; *sur toute rien* CII, 27; CL, 23; ou qu'il s'agisse de groupes de mots: l'un des éléments du syntagme est marqué, les autres pouvant l'être ou, le plus souvent, ne pas l'être; chaque fois que c'est possible, c'est le déterminant qui porte la marque: *ces roy crestiens* CXVII, 2; au cours d'une énumération: *tous angeles et archangeles, cherubin, seraphin, trones, puissances et vertus...* XXI, 58; *car de haches d'armes, d'espee et de lances ilz les abatoient* CVI, 82; *tous ses lengaige et complaintes* XLIII, 20...

L'accord semble parfois tout à fait incohérent *et si avoit les cheveulx et la barbe si grande qu'ilz lui couvroient toutes les espaules et jusques à la courroye* CXLV, 50-51; CL, 23-24. Quand un adjectif porte sur un syntagme comportant des éléments coordonnés, il s'accorde généralement avec le plus proche *moulee et arousé* CXIII, 24 ou avec l'ensemble constituant une unité III, 25, 30, 32, 36; IV, 20, 27...

L'accord peut aussi se faire par syllepse: XXXIX, 7: *les lettres... laquelle*; LV, 37: *ung des plus asseuré homme du monde*.

— On relève encore quelques exemples de complément déterminatif du nom en construction directe: *l'ayde Nostre Seigneur Jhesu Crist* LII, 10; *pere saint Requier* LXXXVII, 26; *l'un des hommes d'armes son mary* XCIX, 23; *en la garde Dieu* XLVI, 17; CXI, 47; *au plaisir Dieu* CXXII, 44; *le benoist corps saint Amaury* CXXVIII, 52.

Avec le relatif antéposé: *pour cui foy* CI, 61.

— Le superlatif est construit à plusieurs reprises sans l'adverbe *plus*: *la chose improspere du monde* V, 11; *un des gentilz roys qui* XXII, 35; *ung des beaulx hommes du monde* XCVII, 38; CII, 4; CI, 6; CXL, 56.

L'expression du très haut degré peut être rendue par *sur tous les...*: *sur tous les payens du monde*: «plus que tous les païens du monde» CXIX, 45; CXLI, 28; CXLIII, 5.

Adjectifs et pronoms possessifs

Les adjectifs possessifs (toniques) sont employés en fonction d'attribut (sujet ou objet); seul *sien(ne)* se rencontre avec une certaine fréquence, accompagné d'un déterminant (toujours l'article indéfini, 21 occ. masc.; 3 occ. fém.); une fois, il y a en outre un adjectif: *ung sien certain amy* III, 5; on ajoutera *icelle vostre fille* XVI, 36.

Substantivé: *les siens* (4 occ.): «ses fidèles, ses hommes»; *les nostres*: «nos proches» VIII, 62; XVII, 16; en construction partitive *Et tant donna du sien* «de son bien» LXXVIII, 10.

Adjectifs et pronoms démonstratifs

L'expression *comme cil (celui, celle, ceulx) qui (que)*: est encore assez fréquente (27 occ.).

On ne rencontre qu'un seul emploi absolu CXX, 20.

Les formes longues sont nombreuses (92 occ.); 58 fonctionnent comme déterminants d'un substantif majoritairement sujet, antéposé (24 occ.) ou postposé au verbe (16 occ.); quand il s'agit d'un régime, ce dernier est toujours placé après le verbe.

On ne rencontre qu'un exemple où *iceulx*, pronom, est suivi d'un complément déterminatif CXXXII, 35; le pronom de forme longue est majoritairement utilisé dans des constructions prépositionnelles et une seule fois en fin de phrase XVIII, 58.

Pronoms personnels

— Il y a quelques exemples du pronom de majesté: VIII, 24-33, 62; LIV, 39-44; LX, 55, 58 (*nous,* associé à *nostre majesté royale, nostre magnificence*); LXI, 56-70.

— La fonction sujet

En emploi prédicatif, le pronom sujet sous sa forme ancienne est rare: on relève deux cas de pronom suivi de l'identification du personnage par lui-même, d'où une disjonction avec le verbe: *je Jehan Wauquelin* prologue 23; XXXVII, 22; antécédent d'un relatif: VIII, 35 / *moy* (11 occ.); *tu* LV, 59; à la P3 on ne rencontre que les formes de régime *lui*; *eulx* (6 occ..)

Le sujet peut être repris par un pronom personnel après un série de compléments, le plus souvent propositionnels[13]: XVIII, 53; LXXIII, 65; LXXX, 43; CXIX, 25; CXXVI, 21..., notamment après le relatif de «liaison» XXII, 14, ou le relatif simple, sans antécédent XXXIV, 50; XLVIII, 17; CXXII, 23; CXXXIV, 30, ou avec antécédent LII, 25.

À l'époque du texte, le sujet pronominal tend de plus en plus à être exprimé; on rencontre néanmoins un nombre relativement élevé de cas où le sujet manque; même si des expressions concurrentes rendaient la correction tentante, il nous a semblé préférable d'en laisser la trace: c'est le cas après un élément saturant la place de fondement: *par Sa debonnaire clemence vueille mon ame recevoir* XVII, 35 (/ sujet exprimé après le même complément en tête de proposition 7 occ.); *mais en ce disant se deffendoit* CIV, 73... après un adverbe: *se jamais ne devoye* LXVI, 62; *se jamais pouroit oÿr* CLI, 10; fréquemment après *et*[14]; en particulier *et cuide* (6 occ.); avec *car* un seul exemple *car disoit* XC, 16; avec *mais* mais la coordination est étroite; LIV, 61; LXVIII, 66 (après proposition temporelle incidente); LIV, 61; XCI, 34 (après proposition incidente); XCV, 90 (*convenoit* impersonnel); CXXX, 47.

Cette omission se constate notamment après un gérondif CIV, 73; après une hypothétique XCI, 34, mais surtout après une temporelle, à laquelle s'ajoute souvent un élément supplémentaire, apposition, relative... ce qui constitue un groupe lourd en début de phrase: XXVI, 35; XLII, 15; LX, 9; LXVIII, 66; LXXII, 21; LXXXIII, 45;

---

[13]　J. Härmä, «Les constructions disloquées en ancien français: problèmes de définition et de délimitation», *L'anaphore et ses domaines.* Études publiées par G. Kleiber et J.-E. Tyvaert, Metz, Université de Metz, Centre d'analyse syntaxique, 1990, pp. 159-182.

[14]　M. Lemieux, «*et* dans les constructions à sujet nul et sujet postposé en moyen français», *Travaux de linguistique*, 25 (1992), pp. 59-75.

XCV, 74; XCVI, 4 (*et* corr.); CVI, 31; CXII, 30; CXXIX, 32; CXXXI, 3... c'est pourquoi on peut s'interroger sur la légitimité d'une correction en CXLII, 14: le copiste ajoutant *lui dist* sur la dernière feuille d'un cahier, est-il nécessaire de donner un sujet à *lui dist* (corr.)?

Le sujet peut ne pas être exprimé après un subordonnant[15] (éventuellement suivi d'un pronom régime non prédicatif): subordonnant relatif: *entre lesquelles lui amonnesta* XI, 35; *auquel dist* XCIV, 44; CXVIII, 57; *dont avoient grant dueil* XCVI, 36; *parquoy ne la vouloit* XLIV, 9; *(par la) foy que dois (doy)* XVII, 18; XXIV, 62; CXXIV, 60 / expression du pronom sujet (5 occ.); autres subordonnants: *et que conclue* CXXXVIII, 36 / *et que en brief je conclue* XCVIII, 23; *ainsi que avons ja eu...* LXXV, 16; *ainsi qu'avez oÿ* LXXXI, 55; *se en savez plus avant que ne m'en avez dit...*

— La fonction régime

Dans les périphrases verbales, le pronom personnel, selon l'usage ancien, remonte le plus souvent, à la forme faible, devant la forme conjuguée, mais *Il voulsist le secourir* XCIX, 50; avec un impératif *faites me donc parler* LVIII, 58.

Dans un cas on peut se demander s'il n'y a pas remontée d'un seul des pronoms compléments *il l'estoit prest de leur monstrer* LXVI, 20.

Le représentant *eulx* est seul employé pour le réfléchi au pluriel.

---

[15]   P. Hirschbühler, «L'omission du sujet dans les subordonnées V1: *Les cent Nouvelles nouvelles* de Vigneulles et les *Cent Nouvelles nouvelles anonymes*», *Travaux de linguistique française*, 25 (1992), pp. 25-46.

La voix pronominale de sens moyen se rencontre surtout avec *partir*: *se partir* (57 occ.) / *partir* (16 occ., compte non tenu des emplois à l'infinitif); mais aussi avec quelques autres verbes: *s'acoucha* table des rubriques XXXVI (/ *accoucha* rubrique); *se pensa* LXI, 24; CXVII, 2; *se vivoit* XLIX, 19; CXVI, 71; *se commença* LXX, 34; *se gesoit* XCIX, 2; *se vesquist il* CV, 31...

Il est possible qu'on ait affaire à un pronom personnel régime en position proleptique avec *compter* et *recorder*: *Et le compta comment* XC, 14; *Et puis le recorda le roy comment* CXXVII, 81, voir la note à ces références; il s'agit sans doute également d'un emploi proleptique dans l'exemple suivant: *lequel les trouva que encores n'estoient ilz point tous sur terre* CXIX, 5.

L'ordre ancien des pronoms régime (R1 + R2) est constant, l'ordre *en y* est majoritaire (16 occ.) mais l'ordre moderne se rencontre également (5 occ.).

La "redondance" d'une préposition (ou relatif *dont*) et du pronom personnel *en, i* ou d'un R2 est assez fréquente: XI, 22; LXVI, 12; LXX, 43-44; XCVII, 71; *qu'il en enquiere de l'estat...* XXXIX, 71; *s'en donnoit merveilles de...* LXI, 7; XCVII, 70; *pour en faire à son plaisir de lui* CXXXIV, 49; *auquel... lui dist* CXVIII, 57;... *dont... en* VII, 6; XC, 22; XCVII, 21-22; CXXVI, 59; CXXXVII, 46; CXLII, 11... *y... sur* CXVIII, 72; également *en...* repris par une complétive: *et faisoit semblant qu'il en estoit bien corroucié qu'ilz ne l'avoient occis* LXXXV, 11; *là où* XXIII, 40; XXXI, 83; LXI, 27... (8 occ.); *où là* CXXXVII, 30.

On relève un assez grand nombre d'exemples de constructions disloquées[16]: *tout le pechié qui en descendra..., je le te perdonne* XIII, 53-55; *car, à tous*

---

[16] J. Härmä, art. cit.

les povres qui venoient à lui demander l'aumosne, il leur donnoit LXXIII, 14.

Verbe

— L'utilisation de l'auxiliaire ne correspond pas toujours à l'usage moderne: voir Goosse, § 119 et Moignet, *Grammaire de l'ancien français,* Paris, Klincksieck, 1976, p. 183.

aler: l'auxiliaire d'*aler* est *avoir* quand le sujet est *chose* ou *besoingne*, avec le sens de «se passer» LXVI, 35; LXXXV, 10; CXIX, 51; avec le sens de «marcher» XCVI, 47.

naistre: forme passive du verbe, ou *né* pris comme un adjectif: *avoient esté nez* LXXIV, 3.

(ra)passer: l'auxiliaire *estre* peut être employé avec un verbe transitif, notamment *passer* VII, 18; CIX, 6.

Quand deux verbes présentent une transitivité différente et sont coordonnées, l'auxiliaire peut n'apparaître qu'une fois, en facteur commun XXIX, 16: *il estoit entré... et pilié le païs.*

— Accord du verbe

Le verbe peut s'accorder avec l'élément le plus proche VIII, 7 (repris par *ilz* l. 8, *les* l. 9); LV, 43..., ou souvent avec l'ensemble conçu comme un tout: II, 25; LXV, 6; CVI, 65, 70; CXXIX, 63...

On rencontre des accords par syllepse *En laquelle cité on ne creoit point en ce temps en Jhesucrist, mais aouroient les ydoles* XLVIII, 51, notamment dans les locutions verbales *ce + estre (sembler)* + pseudo-sujet, l'accord se fait avec le pseudo-sujet: LIV, 34; LXXV, 38, 42; LXXVII, 68; LXXIX, 61; LXXX, 24; LXXXII, 60;

LXXXIX, 28; XCI, 28; CXI, 9 (*sembler*); CXVII, 27, 31; CXIX, 47, 53; CXXXI, 54; CXLIII, 33; un pronom sujet pluriel réfère à un singulier à valeur collective XXII, 25; passage du pluriel au singulier de valeur générale XXXVI, 7, 8 *les femmes... elle* (= la femme)...

— Infinitif

On rencontre un certain nombre d'infinitifs substantivés: *au traveillier* IV, 26; *le parler* XI, 56; XXIV, 3; *vostre plorer* XX, 25; *moindre boire ne mangier* XX, 28; *servir de maingier et de boire* XXIII, 41; *en ce mangier* XXIII, 46; *à vostre desirer* LV, 14; *se misrent au cheminer* LXX, 9; *au saillir de la porte* LXXVII, 8; *le dormir* XCVII, 72; *au entrer ens* CXXIII, 41; *relief du maingier* LXXXI, 16; *en ce penser* LXXXII, 5; CXXXIX, 37; *au bouter hors de son royaume* CXII, 22; *tous ceulx qui avoient mis la main au martirier Amaury* CXXVI, 6; *du recorder* CXXVI, 65; *au partir de la forteresse* CXXXVI, 34.

L'infinitif substantivé peut être associé à une relative contenant le verbe *faire* vicaire: *au partir qu'ilz firent* LI, 34; *au cheoir qu'elle (statue) fist* LV, 70; *à cheoir qu'il fist* LV, 7.

L'alternance *à / au* ne permet pas d'interpréter avec une parfaite sûreté certaines des occurrences: *se mist au norrir ses deux enffans* XLIX, 63; *à entrer à la porte* LXXVIII, 12; *à entrer en la cité* LXXXIX, rubrique; *à entrer en icelle* CLI, 145; la comparaison avec les autres infinitifs substantivés invite à voir dans *à* la forme réduite de l'enclise *au*, voir *supra* phonétique, mais il ne serait pas impossible de donner à la préposition seule une valeur temporelle. La tournure *au la relever* CXLVII, 22, avec un régime pronominal atone antéposé de façon inhabituelle, a été corrigée, mais il pourrait s'agir d'une graphie inverse.

On trouve un grand nombre d'infinitives calquées sur le latin: XXI, 30-31; XXV, 13; XXXIX, 6; LXXXIII, 49, 57; CX, 16; CXV, 47; CXVI, 53; CXIX, 66; CXXV, 6, 12, 21, 45; CXLIX, 48…

— Formes en *-ant*

La fréquence des formes en *-ant* (*-ans*), sans cohérence des marques d'accord, est relativement élevée.

On relève une forme à valeur passive: *(lettres) adreçans au duc* XLIII, 35; une forme substantivée: *en mon dormant* XXXI, 76.

On trouve de nombreuses périphrases verbales avec *estre*: *estoit desirant* V, 2; *tout le peuple estoit servant et creant* XVIII, 38; *elle fust consentant* XXV, 8; *qui est creant* XXVI, 48; XXIX, 10…

La construction du gérondif précédé de préposition et pourvu d'un c.o.d. est fréquente: *En laquelle triumphe et gloire faisant* III, 33; *En laquelle chose faisant* XIII, 15; *en ce disant* (9 occ.); une indication de temps + *durant* (8 occ.)…

On relève une construction curieuse, correspondant à une tournure habituellement à l'infinitif: *en disnant qu'ilz fasoient* LXX, 36.

— Participe

Pour les participes, on constate également les accords les plus irréguliers ou les graphies les plus singulières, quel que soit l'auxiliaire: *ilz n'avoient euz nouvelles* XXVI, 33; *eurent veuz ceste besoingne* XCI, 2; *dont elle avoit seellee les lectres* LXV, 67; *la lectre qu'il avoit*

envoyé LIX, 66; *quis* CXVII, 8; *desolee et destitué*
CXXI, 8; *ceste vaillant dame qu'ilz avoient trouvez*
CXXVIII, 32; *noncee* = *noncé* CXXXV, 14; *venuz*
(14 occ.) CS sg. LXXVIII, 35, 37; XCIV, 66; *venus*
toujours CS pl. (15 occ.) / *venu* (36 occ.) CS pl. LXXXI,
50.

Quand les verbes *aler* ou *venir*, employés à une forme
composée, sont suivis d'un infinitif complément, il
semble que le participe soit plus facilement invariable *je*
(fém.) le fusse alé dire XVI, 24; LXXXI, 50...

Les irrégularités d'accord créent parfois des
ambiguïtés; ainsi *gaigniez* LIII, 29: le référent du relatif
est-il *butin* ou à *Sarrazins*? XXVIII, 52: *oÿe* = *oÿ* ou
oÿes. Quand des participes féminins singuliers sont
coordonnés, c'est le premier des deux éléments
(éventuellement adjectif) qui porte la marque: *chargie et*
commandé XVI, 8-9 (à moins qu'il ne faille lire *chargié*,
voir *supra* phonétique); *preste et ordonné* XXV, 91;
mais parfois c'est le second: *avironné et assigee*
CXXXVII, 2.

On remarque l'utilisation fréquente de constructions
calquées sur le latin, qu'il s'agisse de participes apposés
au sujet, ou de constructions comportant une préposition
suivi d'un régime accompagné d'un participe: *après le*
cris fait XII, 5; *Aprés lequel (= service) fait* XIII, 48;
Aprés toutes ces choses ainsi faictes XIII, 59... *Aprés*
lesquelles armes accomplies et achevees CXVI, 30;
Aprés cestui miracle advenu CXLIX, 62 (17 occ.); ou
encore de propositions participiales: IV, 31-32; XXVII,
59; *incontinent ces presentes veues* XLI, 8... dans
l'exemple suivant l'accord pourrait signifier que le
participe ou le syntagme prépositionnel n'est pas encore
fixé *veue l'ordonnance du roy* LXI, 47 / la locution *veu*
que (2 occ.).

Faut-il voir un accord du participe passé du verbe
estre dans *estez* LI, 8; LXXI, 11; LXXVIII, 50; LXXXI,

65; sens proche de *aler* CXXVII, 82, ou une graphie de *e* fermé (il n'y a jamais d'accord au féminin), voir *supra* phonétique?

Relatifs et relatives

— On trouve plusieurs occurrences de relatif sans antécédent à valeur hypothétique, souvent avec l'expression *qui vous + dire, racompter*: XXXV, 12; LI, 14; CXLV, 46; mais ce n'est pas toujours le cas LXXIX, 64; CXXXI, 27.

— Parfois le *qui* sans antécédent est repris dans la proposition dont dépend la relative par un pronom *il* XXV, 28; CXXII, 22; CXLVII, 11 ou *on* XXIV, 3; CXXXVI, 24-26; CXLVI, 7.

— On rencontre quelques cas de relatives dans lesquelles le relatif est un complément d'objet en position proleptique qui sont suivies d'une interrogative indirecte également complément d'objet du même verbe: *qu'elle ne savoit qu'il estoit devenu* CV, 50 (relatif ou *car* ?); *elle a eu de vous deux tresbeaulx filz qu'elle ne scet où ilz sont* CXXVII, 106.

— Le relatif *lequel* (pronom ou adjectif) est très fréquemment employé; sans valeur subordonnante en tête de phrase, où il a une valeur proche de celle du démonstratif; il produit un effet de relance ou de rallonge[17]; on le rencontre accompagné d'un

---

[17] Rappel d'études précédemment faites, voir P. Kunstmann «Le relatif dit de "liaison"», *Philologie et linguistique. Approches du texte et du discours. Actes du VIIIe colloque international sur le Moyen Français,* (Nancy 5-6-7 septembre 1994), *publiés par Bernard Combettes et Simone Monsonégo*, 1997, Paris, Didier Érudition, 1997, III, p. 517.

prédéterminant: *toutes lesquelles manieres* CXV, 20; *toutes lesquelles choses* CXLIX, 20; ou d'un numéral: *lesquelz deux jours* XI, 32; *lesquelz trois roys* XII, 16; *desquelz deux enffans* LXXXIX, 23; ou plus curieusement d'un numéral, complété par un complément à valeur partitive *à l'un desquelz de mes filz* CXLVII, 47.

On le trouve également à l'intérieur d'une subordonnée: *vous savez bien que... et comment laquelle aliance* CIV, 48; cet emploi semble attester l'absence de valeur subordonnante de ce relatif, quasiment équivalent d'un démonstratif[18].

— Quelques autres emplois remarquables ont été relevés:

Et pour ce je vous prometz que je le porteray tant que je vivray et que j'avray trouvé ma mere qui me porta en ses flans, pour laquelle trouver, au plaisir de Dieu, je me vueil mettre en chemin LXVIII, 52: le relatif relance la phrase et joue plus le rôle d'un coordonnant que d'un subordonnant[19]: «et pour la trouver...»; avant une subordonnée il joue le rôle d'un coordonnant tout en assumant une fonction anaphorique *Romme, de laquelle se tu lui deffens l'entree, il te fera morir de male mort* CXVIII, 65 «et si tu lui en interdis l'entrée...».

Inversement c'est le rôle de subordonnant qui est plus particulier dans l'exemple suivant: on peut se demander si le relatif joue uniquement le rôle de démarcateur, ou si on a affaire à une construction disloquée avec reprise de l'antécédent dans la relative, à moins qu'il n'y ait simplement une faute du copiste: CXVIII, 57: *auquel*

---

[18] Pour les possibilités offertes par ce «marqueur de thématisation» et la remise en cause de la séparation traditionnelle, en catégories hétérogènes, des subordonnants et des coordonnants voir Ch. Marchello-Nizia, *La langue française aux XIVe et XVe siècles*, Paris, Nathan, 1997, pp. 208-209.

[19] G. Antoine *La coordination en français*, Paris, éd. d'Artrey, 1958, I, pp. 643-647.

[...] lui dist: peut-on ici, avec un relatif subordonnant repris par un anaphorique coréférentiel, parler d'une construction disloquée? Les deux éléments étant séparés par un complément incident, le rappel par le pronom anaphorique a pu être senti comme nécessaire; un autre exemple suscite une question analogue: *lequel leur dist qu'il les meneroit à la tour du Gayant par la bove dessoubz terre, en laquelle sans plus attendre ilz entrerent en la cave* CXL, 9* (corr.).

Des relatives non coordonnées peuvent se succéder en cascade, avec le même antécédent XXVI, 31…

Dans le cas suivant *Helaine… qui estoit ja sur ses jours et que nuyt et jour ne cessoit de prier*: a-t-on affaire à un *que* mis pour *qui* ou ne s'agit-il pas d'une sorte de décumul des fonctions, le *que* signalant seulement la subordination.

Autres subordonnants

— L'absence de subordonnant, après un complément incident, n'est pas extrêmement fréquente et pourrait n'être qu'un oubli: XXIV, 57, 62; XXVIII, 26; CXXIV, 65; CXXV, 44.

— L'expression *ne demeura gaires de temps* XCIV, 1-3, rencontrée à plusieurs reprises sans subordonnant, semble fonctionner souvent comme une locution adverbiale avec le sens de «peu après[20]»; de même

---

[20]   Voir *Le Roman de Ponthus et Sidoine*, éd. cit., X, 541 et note p. 348; l'expression est relevée dans le glossaire de l'édition des *Faicts d'Alexandre* de Wauquelin, éd. cit. p. 669, s.v. *demo(u)rer*, mais aucune des références ne permet d'appuyer cette interprétation.

advint est employé sans complétive CXXXVII, 12 avec le sens de «un jour».

— Inversement la reprise de *que* après une proposition incidente est assez fréquente, comme dans nombre d'œuvres en prose[21]: il s'agit le plus souvent d'un *que* introduisant une complétive IV, 14; XXV, 57; XXVI, 55, 66; XXVII, 89; XXX, 16; XL, 37; LIII, 49; LVI, 22; LVIII, 21; LXV, 45; LXXII, 48; LXXIII, 46; LXXVI, 34; CI, 26; CIV, 27; CV, 17; CVI, 51; CIX, 63; CXII, 55; CXVIII, 31; CXXII, 27, 37; CXXV, 68; CXXVIII, 36; CXXXII, 62; CXXXVII, 42; CXLVI, 8; CXLVII, 11, 37; CL, 14; une fois *que* reprend *à celle fin que* XI, 65 (final); une autre fois il introduit une consécutive LV, 37.

— *Que* est régulièrement employé en coordination comme reprise d'un premier subordonnant *Quant ce vinst au .III.e jour et que l'empereur Anthoine vist* XII, 1…

— *Car* est parfois utilisé pour *que* et peut introduire une consécutive ou une pseudo-consécutive (≈ et): II, 20, 24; III, 10; XXVI, 39; XLVI, 8; LVIII, 53; CLIII, 30…

— On relève une fréquence élevée du *si (se)* d'antériorité: XXVII, 38; XL, 38 (*se*); LVII, 59; LXVI, 63; LXXVII, 57; LXXXIII, 69; XCVI, 14; CX, 75; CXVII, 11; CXVIII, 85; CXXIV, 61; CXXX, 10; CXXXVI, 38; CXL, 71 (*se*); CXLI, 52; tour dont Ch. Marchello-Nizia dit «*Si* d'«antériorité», qui, depuis le XIIe siècle, se rencontrait de loin en loin dans les textes, est attesté pour la dernière fois, à ma connaissance, à la fin du XIVe siècle, dans les œuvres narratives. Ce tour se rencontre quelquefois dans *Bérinus*… Cette séquence est relativement fréquente chez Froissart… mais elle ne se trouve que dans les *Chroniques*, et spécialement dans les récits de combat: faut-il y voir une trace d'écriture

---

[21] A. Englebert, «Etude fonctionnelle d'un *QUE* dit "pléonastique"», *Information grammaticale*, n° 86 (2000), pp. 25-30.

épique?» (*Dire le vrai, op. cit.*, p. 203). On pourrait y ajouter l'interprétation de Goosse *op. cit.,* § 140 qui, signalant également que cette tournure se fait rare au XIVe, sauf chez des auteurs du Nord, y voit «un conservatisme des zones latérales». Wauquelin l'utilise aussi dans d'autres œuvres *Les Faicts et les conquestes d'Alexandre* ou *La Manekine.*

— La locution conjonctive *incontinent que* signalée par Ch. Marchello-Nizia comme courante à la fin du XVe est fréquente (42 occ. / adv. 69 occ.), voir *La langue française, op. cit.*, p. 371.

— On rencontre quelques cas de parataxe à valeur concessive: *et fusiez vous fille de roy* XXII, 77*; *et fussent ilz quatre foiz plus* LI, 41; *et deust il perdre* XCII, 19; *tant puissant fust il* CXXXII, 61.

Modes

— On trouve le subjonctif avec *combien que* (9 occ.; n'ont été prises en compte que les formes indubitables), mais aussi l'indicatif (13 occ.); avec *comme* et *comment* l'utilisation du subjonctif doit être due à une influence du latin CX, 40, 58, 68, voir Ménard § 156 a, r 1, et Martin § 88.

— On remarquera l'emploi de l'indicatif futur dans des propositions finales XXVIII, 44; ou du futur II dans des propositions où l'on a habituellement le subjonctif: dans une proposition complétive dépendant d'un verbe exprimant le doute XXIX, 27; dans une finale introduite par *affin que* LIII, 54; ou temporelle *jusques à ce que* fut. II LXI, 51; LXIV, 38; LXXI, 18[22].

---

[22] Voir aussi G. Hasenohr, «Un nouveau témoignage de la concurrence entre futur II et subjonctif imparfait en moyen

Mots invariables non subordonnants

par: la préposition *par* devant un infinitif a valeur causale LXXII, rubrique.

si: peut se trouver associé à *neantmoings* XLVI, 43; LXXXII, 59; CLI, 16; à *touteffois* C, 11; CV, 30, voir Christiane Marchello-Nizia, *Dire le vrai, op. cit.*, p. 209.

que associé à un adverbe peut ne pas avoir valeur subordonnante: *Si que* + impératif, ou *si que je vous prie que* + subj. ou imp. Dans tous les cas, le manuscrit présente une majuscule, et parfois un point devant la majuscule VIII, 60; X, 30; XLV, 27; LIV, 94; CIV, 53; *combien que* XXXV, 19; XLII, 21 = «pourtant»; *neantmoins que* = «néanmoins» LVIII, 46; *toutesfois que* = «toutefois»; il semble s'agir d'un *que* explétif, voir Goosse, *op. cit.*, § 141, avec renvoi à Tobler: *Mélanges de grammaire française*, trad. de la 2e éd. par M. Kuttner avec la collaboration de L. Sudre, Paris, Picard, 1905, p. 210 et à Brunot, *Histoire de la langue française des origines à 1900*, Paris, Armand Colin, 1967 (1904), I, p. 462.

— On remarque une importante fréquence du syntagme *que de* pour introduire le thème développant un substantif le plus souvent accompagné d'un adjectif exprimant d'une manière ou d'une autre l'intensité: *d'avoir ung si enorme desir que de couvoiter le delit de sa propre fille* IX, 4-5; XI, 39; *l'empereur avoit telle voulenté que de vouloir avoir sa fille à mariage* XIII, 42; *qui avoit esté si osé ne si hardi que de lui mal faire* LV, 80; *c'estoit la chose que plus ou monde il desiroit que de*

----

français», *"Ces mots qui sont nos mots"*. *Mélanges d'Histoire de la Langue française, de Dialectologie et d'Onomastique offerts au Professeur Jacques Chaurand*. Textes réunis par Michel Tamine, Charleville-Mézières, Association Institut Charles Bruneau, 1995, pp. 43-47.

veoir son gent et gracieux corps LVIII, 17; *Je ne cuide point que vous ayez esté si osé que de lui faire quelque mal* LVIII, 76; *puis que tu avoye une si mauvaise volenté que de murdrir un innocent* CII, 70; *qu'il lui plaise lui tant humilier sa digne et saincte personne que de venir jusques à cy* CV, 18; *en si grant povreté que de tous les jours demander et querir sa povre vie* CIX, 2-3; ainsi que de *ce + estre de*: *qu'il se voulsist desister de sa pensee, c'estoit de prendre sa fille à mariage,* XI, 36; XII, 19; XLIV, 54; XLVI, 12; LXXXIII, 22; LXXXIX, 53…

— On relève un certain nombre d'emplois particuliers de *de* à valeur partitive II, 24-25; LXXII, 40.

Au pluriel *ilz avoient de grans costeaulx et d'espieux* CVI, 80.

Négation

— *ne* = *ne ne* IX, 14; XV, 8; XCII, 60.

— On trouve un *ne* explétif après *tarder* LXI, 39; avec *deffendre* on note un emploi de négation explétive avec auxiliaire de négation: *qui deffendu lui avoit que point ne la racusast à nulle personne* CXII, 64-65; on peut rapprocher cet emploi d'une autre occurrence qui semble fautive mais qui, à la lumière de cet exemple, pourrait faire penser à une utilisation particulière de ce verbe: *vous me deffendistes à mon partement que je celasse vostre nom* XXXIV, 16*; tout se passe comme si *deffendre* était à peu près synonyme de *garder* «faire en sorte que», la défense elle-même étant présentée négativement ou de façon contraire à celle que l'on attend, ce qui revient au même, voir note.

On rencontre aussi une négation explétive avec *à peinnes que ne*...: CXXII, 5; CXXXI, 16, voir Tobler, *op. cit.*, pp. 74-75 et *FEW*, VIII, 52 a.

— La locution adverbiale *à pein(n)es* fonctionne à plusieurs reprises avec l'adverbe *ne* ou seule pour signifier la négation totale[23]: avec *ne* LI, 69; LVIII, 45; CXXV, 81; seul XXVI, 42; XXXIV, 23; LIX, 56; CXLIV, 31...

Ordre des mots

— Inversion du sujet

Avec *et* le sujet nominal est fréquemment postposé au verbe et le sujet pronominal omis: on ne donnera que quelques exemples tant ils sont nombreux: *Et fut la cité de Romme du tout despechee* III, 26-27; *Et dit nostre ystoire (l'istoire)*... (39 occ.)... ; ce fait se produit aussi bien à l'initiale de phrase que de proposition II, 25; X, 36 et cela met parfois un pronom régime atone en première position *et les fist faire l'empereur Anthoine* XXXIII, 29; y compris *en* et *y*: XXIX, 37; XXX, 31; XXXV, 15; XXXVII, 11, 42; XLIV, 25; non-expression du sujet *et disoit* XXXIII, 12; XXXVII, 56.

L'inversion se produit quelquefois après *mais* XXIX, 62; CV, 33; pour les cas de non-expression du pronom sujet, voir *supra* pronom personnel.

---

[23] Les exemples trouvés dans *La Belle Hélène* ne sont qu'un petit nombre parmi d'autres qui semblent attester un emploi qui mériterait une étude plus approfondie; voir aussi J. Picoche, *Le vocabulaire psychologique dans les Chroniques de Froissart: le plaisir et la douleur,* Amiens, Publications du Centre d'Études Picardes, 1984, p. 309.

Une subordonnée en précession, participiale ou autre, peut provoquer l'inversion du sujet XXI, 67; CVIII, 46; CXXII, 33…

Dans un certain nombre de subordonnées, on constate une inversion sporadique du sujet: comparatives introduites par *ainsi que, ainsi comme, comme* (n'ont pas été retenus les cas, nombreux, où le participe se trouve en tête, disjoint de l'auxiliaire): *ainsi que avons ja eu grant temps en voulenté* LXXV, 15; XCV, 55; *ainsi que vueillent dire aucunes hystoires* CXXXV, 28; *ainsi comme font... les princes* XXII, 43; *comme dit nostre hystoire* (23 occ.); parfois le sujet n'est pas exprimé: *ainsi qu'avez oÿ* LXXXI, 55; dans les relatives introduites par le relatif *lequel* non sujet, on remarque que, d'une façon générale, le sujet pronominal est antéposé au verbe; les syntagmes nominaux peuvent être postposés, mais ne le sont pas systématiquement; on relève quelques cas d'omission d'un pronom sujet, voir *supra* pronom sujet.

— Plusieurs subordonnées se présentent en position de topiques, toujours avec l'adjectif *vray* en construction impersonnelle avec *estre*[24]: *Et que vray soit que bien l'amast, il le monstra* XXVIII, 28; *Et que traicte je le puisse bien appeller il est vray* LXII, 61; *Et qu'il soit vray* XI, 42: formule figée sans développement par une complétive: «à preuve»; comme l'indique Combettes, ces propositions qui ne sont pas des constituants du syntagme verbal principal, apparaissent peu dans les textes narratifs; de fait elles se trouvent pour la plupart dans les interventions de l'auteur.

---

[24] B. Combettes, «Ordre des mots, types de textes, diachronie: topicalisation de la subordonnée en moyen français», *Verbum*, XII / 4 (1989), pp. 339-346.

Constructions asymétriques, anacoluthes

Les phrases sont souvent assez longues, et la construction s'en ressent, d'où de fréquentes anacoluthes, notamment dans ce qui n'est pas purement narratif: prières, réflexions de l'auteur.

Comme c'est fréquemment le cas en moyen français, les constructions asymétriques sont très nombreuses[25] et nous ne donnerons que quelques exemples:

— Une préposition est suivie d'un complément nominal puis d'une conjonctive: *Aprés toutes ces choses et que ce vinst aprés soupper et les bancquetz fais...* XXV, 88

— Un même verbe peut être construit directement puis avec une préposition LXXVII, 2; XCIII, 6-7; ou inversement LXXXVI, 14.

— Asymétrie dans l'utilisation de l'auxiliaire: CI, 36; un seul complément pour deux verbes de construction différente CXLIII, 11.

— Infinitif alternant avec un gérondif: *qui moult de biens et d'ayde lui avoit fait tant en elle paistre comme en elle reconfortant* XVIII, 33-34.

— Un même verbe développe plusieurs compléments de nature différente (complément nominal et complément propositionnel): *quant ce vinst au IIIe jour et que…* XII, 1; XVII, 8-10; XXV, 88; XCVII, 18; *elle prioit Dieu que... et aussi pour* XVIII, 25-27; *vous qui me promettez prendre à mariage et que je seray vostre espouse* XX, 53-54; LXXXVII, 42-43; ou inversement XCVI, 25-30; CX, 69-70.

— Un même verbe est construit avec une proposition infinitive puis un complément nominal LXX, 37; une

25   A. Lorian, «Quelques constructions asymétriques dans la prose du XVe siècle», *Actes du IVe colloque international sur le moyen français*, Amsterdam, Rodopi, 1985, pp. 177-200.

infinitive et une conjonctive LXXV, 36-37; une infinitive sur le modèle latin puis conjonctive introduite par *que ainsi que tout ce croy estre vray et que tout a esté fait* XXI, 30-31; LX, 44-45.

— Parfois la rupture s'opère entre deux propositions qui ne sont pas de même nature LVIII, 57.

X, 17: une proposition complétive dépendant de *veez* est suivie d'un syntagme fonctionnant comme un attribut de l'objet.

X, 49-51 le verbe *faire* est suivi d'un complément d'objet *ce* puis d'un infinitif précédé de *pour* à valeur finale; un second complément, dont on ne sait s'il est le pendant asymétrique de *ce* ou une construction un peu abrupte dans la mouvance de *pour* (= «pour le cas où») qui développe les intentions de la jeune fille.

A ce trait caractéristique, il faut ajouter des ruptures de construction (voir notes), souvent dues à des faits de focalisation, qui laissent parfois en suspens l'élément focalisé en tête de phrase CXXXVI, 12; assez souvent il y a un pronom de reprise, sujet ou autre: XXVII, 30; LX, 45; LXXXI, 23; LXXXIV, 3-4; CIII, 10-15; CXIX, 5; CXXV, 57; CXXXVII, 43…

On rencontre également des constructions en position détachée, difficilement analysables: XII, 32; CXXXVI, 41; CXXXVI, 12; *et elle avec eulx aussi à cheval* CXLIII, 29…

VOCABULAIRE

Le caractère régional de certains termes, que l'on retrouve parfois dans les patois modernes, a déjà été relevé[26]; certains termes étant communs à la chanson en vers et à la prose de Wauquelin, on peut penser qu'ils remontent à la source, qui de ce fait doit être localisée dans le nord du domaine picard qui touche le Hainaut et le domaine wallon.

apparant XXX, 27: substantif signalé par Goosse comme picard ou wallon, et confirmé par le wallon actuel, *op. cit.*, p. CCXXI; ce mot èst intéressant parce qu'il s'agit d'un commentaire de Wauquelin.

---

[26] T. Matsumura, «Les régionalismes dans *Jourdain de Blayes en alexandrins*», *Revue de linguistique romane* 62 (1988), pp. 129-166 et G. Roques, CR «*La Belle Hélène de Constantinople, chanson de geste du XIVe siècle*, éd. C. Roussel, Genève, Droz, 1995», *Revue de linguistique romane*, 60 (1996), pp. 293-298. Les remarques faites par Roussel à propos du vocabulaire concernent des termes qui n'apparaissent pas dans la prose de Wauquelin (*op. cit.*, pp. 84-86, 116-117); cependant nombre de termes sont identiques dans la chanson en vers et la prose; et, utilisant les compléments apportés par l'article de Matsumura et par le CR de G. Roques, nous avons constaté que généralement leur caractère régional n'a pas gêné Wauquelin; une attention particulière a été accordée aux écarts que la prose présente avec la chanson en vers (*bove, cretel, huvette*), aux doublets synonymiques ou aux explications apportées par l'auteur: *aumachour ou admiral* (XII, 15); *la difference des deux signetz ou seelz* (XXXII, 15); *le teatre de la ville, qui vault austant à dire comme le marchié de la ville* CXXVII, 7; dans certains cas des rapprochements ont pu être faits avec la mise en prose de *La Manekine* par Wauquelin, ce qui permet de remonter à Wauquelin lui-même. Une étude comparative systématique du vocabulaire de la chanson en vers d'une part, et de *La Manekine* et d'autres œuvres de Wauquelin d'autre part, serait très instructive mais elle ne peut trouver place ici et ne donne lieu qu'à des remarques ponctuelles (glossaire *decliner, sortir*).

bo(u)tequin[27]: XLVIII, 30; LXIX, 14: «petite nacelle» *FEW* 15, 1, 179b mfr. Hainaut, Flandre 15ᵉ.

Le terme *bove*[28] n'est utilisé qu'une fois alors qu'on le rencontre huit fois dans la chanson[29], voir note CXL, 9.

bu(c)quier XCVIII, 66, 72: le terme est utilisé au même endroit dans la chanson en vers; il se trouve aussi dans un passage que la prose ne reprend pas.

cretel: deux des trois occurrences de *cretel* se retrouvent dans la chanson (CVII, 31, 34; vv. 10040, 10046); la troisième (CXLI, 24) étant *mur* dans la chanson (v. 14339); le terme *creneaulx* apparaît deux fois (CVII, 24; CXXXIX, 27), là où la chanson a *crestiaulx* (vv. 10026, 14019, repris 14083); trois des autres occurrences de la chanson correspondent à *mur* ou à *murailles*; une dizaine d'occurrences n'ont pas de correspondant dans la prose.

croliere (CXXXVIII, 56; v. 13935); *croliz* (CXXXVII, 45; *crolierë* v. 13794).

---

27 Voir Matsumura, «Sur le vocabulaire d'Eustache Delafosse (1548), *Travaux de linguistique et de philologie* 32 (1994), pp. 123-129, en particulier p. 124.

28 «Puits d'extraction de la craie qui ont existé à Arras dès l'époque romaine», *Histoire d'Arras*, sous la direction de M. Rouche, p. 43, cité par J. Koopmans, «Aspects de l'histoire artésienne dans *La Belle Hélène de Constantinople*», *Arras au Moyen Âge. Histoire et littérature*, textes réunis par J.-P. Martin et M.-M. Castellani, Arras, Artois Presses Université, 1994, p. 130.

29 Le nombre des occurrences doit être pris en compte avec prudence dans la mesure où les phénomènes de reprises caractéristiques de la chanson de geste faussent les données chiffrées, mais ici on constate l'emploi systématique de synonymes.

gourdine[30] (XCVIII, 79, 85): forme de *courtine* utilisée dans les domaines linguistiques précisés plus haut (ahain. aflandr.).

Le terme *graver* «gratter ou égratigner avec les griffes (chat)», relevé comme picard, apparaît sous la forme *graover* (XXXI, 79; *graver* dans la chanson v. 2085), voir *DEAF* G 1439 (apik.); pour les attestations dans les dialectes modernes *FEW* XVI, 378b.

huvette XCIX, 79: la précision donnée à propos du comportement des Sarrasins contre lesquels se bat Constancien dans la chambre de Plaisance n'apparaît pas dans la chanson en vers; (wallon, flandre, picard).

loudier: CXXXI, 13, mot ancien; dans la chanson *carteriés*.

Le verbe *navier* (LXXXIII, 5) a pour correspondant *se mirent a naige* (v. 7071), et la chanson n'utilise que la forme commune *nagier*. Il s'agit d'un traitement phonétique particulier au wallon, et le *FEW* VII, 71b donne pour indication de localisation wallon, Hainaut, avec des attestations modernes.

pleuve (CIX, 48; 4 occ. dans la chanson) *FEW* IX, 105 apik.; *ALW* 3, not 54, carte 14; *Revue de linguistique romane* 61 (1997), p. 586; 60 (1996), p. 297.

racuser (CII, 65; = v. 10695 + 6 occ. dans la chanson) *FEW* XXIV, 93b (surtout wall. hain.).

taion (3 occ.; v. 8313) *FEW* XXV, 649a; appartient à la langue littéraire picarde.

tour(r)ier[31]: comme dans le manuscrit L de la chanson en vers, c'est le terme rare *tour(r)ier* (9occ.) qui

---

[30]   T. Matsumura, CR *Florent et Octavien*, éd. N. Laborderie, Genève, Slatkine, 1991, *Revue de linguistique romane*, 62 (1988), p. 641.

[31]   Voir T. Matsumura, «Sur le vocabulaire d'Eustache Delafosse (1548)», *Travaux de linguistique et de Philologie* 32 (1994), p. 128; CR. *Perceforest*. Troisième partie. Tome III, éd. G. Roussineau, Genève, Droz, 1993, M. Plouzeau, *Revue des*

est utilisé par Wauquelin et non le terme *carterier*, plus courant et sans coloration régionale, mais peut-être vieilli, de la version d'Arras.

tumer: le terme n'est pas employé dans les mêmes passages; chacun des textes a *cheoir* comme équivalent; (CXXXI, 25; v. 9953); la prose a également *tombees* (CXXXVII, 46).

redder[32] (LVIII, 54); le terme, picard, n'apparaît pas dans la chanson qui utilise le terme plus courant de *rasotis* (v. 4708).

Outre les mots de caractère régional, ont été relevés des termes qui deviennent rares à l'époque de notre texte[33]: *aumachour* (XII, 15) dont *admiral* semble être l'équivalent; pour les cinq autres occurrences de *a(d)miral*, il s'agit toujours de l'émir de Palerme, qui est à l'occasion le chef de la flotte; *delivrer de = accoucher de* (XXI, 43; CII, rubrique); le mot *dextre* est utilisé à deux reprises: une fois, antéposé, pour désigner le bras d'Hélène (CXXI, 13; sans équivalent dans la chanson où c'est Hélène, elle-même, qui écrit à son mari...; l'autre occurrence donne *bras droit* XLV, 62; *diestre* v. 3302); une autre fois dans une expression figée *à dextre et à senestre* (LXXXIX, 20; *d'encoste*, v. 7808; *delés* v. 7813); les expressions contenant le mot *foy*, par lesquelles on renforce une affirmation *foy que (je) dois* (8 occ.); *par ma foy* (60 occ.); *merir qqch. à qqn.* (CI, 70), mais le terme apparaît dans une tournure figée;

langues romanes, 100 (1996), p. 308; CR *La Belle Hélène de Constantinople,* éd. Roussel, G. Roques, *Revue de linguistique romane*, 60 (1996), p. 297.

32 R. Loriot, «Réderie, toponyme picard, et la famille étymologique de rêver», *Romania*, 69 (1946-1947), pp. 463-495.

33 Jean des Preis dit d'Outremeuse, *Ly myreur des histors. Fragment du second livre,* éd. A. Goosse, Académie royale de Belgique, Bruxelles, 1965, pp. CCXXIV-CCXL, § 144 archaïsmes, présentés avec prudence, compte tenu des textes dépouillés.

pouldre (2 occ.) pour évoquer l'état d'un corps qui a été brûlé et réduit en cendres; *estacque* (CIX, 16); *moullier* XXXVI, 28: *femme, épouse*: ce terme, qui a remplacé *oissour* au sens d'«épouse» devient d'un emploi rare au XVe siècle; s'il n'est utilisé qu'une fois dans la prose, en coordination avec *espeuse*, il est beaucoup plus fréquent dans la chanson en vers (12 occ.; notamment v. 2556 qui correspond à l'emploi de la prose)[34]. Les termes utilisés par la prose sont *espeuse*, seul (17 occ.; *espousee* 2 occ.) ou en coordination avec *dame* ou *femme* (7 occ.), *dame* (dont le sens est précisé par un terme coordonné) et surtout *femme*; *soy consirer* (VII, 4): *se tenir pour satisfait*; certains mots, relevés par Goosse comme rares dans l'état des dépouillements effectués, apparaissent avec une fréquence plus ou moins grande *entrer en son chemin* (CLII, 28 / *soy mettre en, au... chemin* 35 occ.); *mettre à fin* au sens de *vaincre* (4 occ.).

L'expression *lever une fille*; plutôt qu'une première attestation du sens moderne (*FEW* V, p. 249: Nfr. *séduire*), nous pensons qu'il s'agit d'un emploi métaphorique occasionnel; quant à l'expression juridique *congnoistre du cas*, elle ne semble pas avoir été relevée avant 1549 (voir *Dictionnaire historique de la langue française*, sous la direction d'A. Rey, Paris, Dictionnaires Le Robert, 1993, *s.v.* connaître).

Conclusion

Le texte est écrit en moyen français courant, mais on relève, irrégulièrement, un certain nombre de traits qui rattachent la copie aux domaines du Nord (picardismes

---

[34] Voir G. Straka, «Notes sur deux mots malsonnants», *Zeitschrift für romanische Philologie,* 101 (1979), pp. 407-409.

et wallonismes). Nous rappellerons en particulier les graphies *a* pour *ai* (trait qui se rencontre sur une aire plus large, voir Gossen § 6) et *a* pour *au* (et présence d'un *l* parasite à mettre en relation avec le sort incertain du *l* antéconsonantique, trait non partagé avec le picard); *o* pour *oi*; *oye* pour *oi*; les changements vocaliques à l'initiale atone ou à la prétonique; l'absence totale de forme en *-iau(l)x*, *-ieu(l)x;* l'insertion d'un *y* entre deux voyelles en hiatus; le problème du *-e* final; en dehors du traitement de *o* devant nasale que l'on retrouve en picard, la faiblesse de la nasalité[35]; un certain nombre d'occurrences où, à la différence du picard, la distinction *an / en* n'est pas faite; la graphie *fonteins*; la conservation de la labiale devant *y*: *navier*; le maintien du *t* final après voyelle tonique; la réduction des groupes posttoniques; les graphies avec *h* de *longhe*; la graphie *lz,* notamment dans la forme *seaulz*; la valeur de *e* devant *-l* et *-lz* restent à préciser[36]; le maintien du *s* dans *fesis-*…

L'aspect composite de certains traits relevés est à relier aux informations disparates dont nous disposons: l'auteur Wauquelin, né en Picardie, met en prose, en la suivant de près, une source qui appartient aux domaines du Nord; il vit à Mons où il exerce une activité liée à la production de livres; il pourrait avoir fait ses études dans le Beauvaisis; il est possible que la copie, qui ne peut lui être imputée, si l'on considère le type de fautes commises, ait été réalisée dans l'atelier de David Aubert à Bruxelles, par un copiste… originaire d'un pays limitrophe? Une fois de plus nous constatons la complexité de la transmission d'un texte, et le caractère unique, ou non systématique, de certains faits identifiés

---

[35] Compte non tenu de ce qui pourrait être une simple faute du copiste, par ex. l'équivalence *et = en*.

[36] Bayot a relevé la graphie *z* quand *l* disparaît devant *s*; il doit donc s'agir d'un *l* purement graphique.

invite à la prudence[37]: s'agit-il d'une faute caractérisée ou d'un fait de langue? dans une perspective plus générale, il peut être utile de les enregistrer si l'on sait qu'ils ont été remarqués dans d'autres textes appartenant à la même aire dialectale ou à une région voisine.

TOILETTE DU TEXTE

L'écriture du manuscrit est soignée. Le copiste distingue généralement - *u*- et -*n*-, -*c*- et -*t*-; on note les habituels doublets de formes en -*on*- / -*ou*-: *congnoistre / cougnoistre, convenir / couvenir,* mais cela ne ressortit pas à une confusion graphique; seules quelques formes ne relèvent pas de cette alternance courante et ont été corrigées: *ou* = *on* CXXXIII, 14; CXXXVIII, 51, et *nou* = *non* CL, 46; il doit y avoir une faute *iucontinent* = *incontinent* XXIX, 51; *revider* XCVII, 29, lecture incertaine, la ligature étant faite par le haut, comme un *m*; les 4 occ. *tinction* VII, 30; LV, 23; LVIII, 51; CXXVIII, 17 pour *tuition* montrent que le copiste devait ignorer le mot.

Les ligatures -*sf*- et -*ss*-, -*ct*- et -*cc*- sont peu claires.

Les abréviations, relativement nombreuses, sont les abréviations habituelles; elles sont résolues en conformité avec les formes complètes qui se rencontrent le plus fréquemment.

---

[37] Des formes comme *moy* = possessif tonique féminin (unique occurrence), *vous* = *vos, leur* = *leurs, il* = *ilz, é* = *et* sont-elles des fautes ou des formes que le copiste a laissé échapper, imputables à son modèle ou à lui-même?

On peut toutefois noter que le copiste abrège fréquemment en fin de ligne et que la résolution de l'abréviation est fonction du contexte.

La barre de nasalité est résolue par -*n*- devant dentale, par -*m*- devant labiale.

Le copiste exponctue rarement, même là où il a visiblement conscience d'avoir commis une erreur (arrêt au milieu d'un mot); s'il fait une mauvaise anticipation, il se rattrape par une coordination, parfois au prix d'une maladresse.

Ponctuation du manuscrit: le manuscrit comporte des pieds-de-mouche, signes de paragraphes; mais ils sont très nombreux et nous avons été amenée à limiter le nombre d'alinéas. Le seul signe de ponctuation du manuscrit est le point; il n'est pas nécessairement suivi d'une majuscule; inversement on trouve des majuscules qui scandent le texte sans suivre un point; ces deux marques semblent indiquer une pause légère, équivalente à une virgule, ou forte, équivalente à un point, selon les cas. On trouve aussi de très légers traits de plume obliques.

D'une manière générale, nous avons suivi pour la présentation du texte les règles habituelles d'édition. Nous nous en sommes écartée sur les points suivants:

— Les chiffres romains ont été conservés tels qu'ils apparaissaient dans le manuscrit.

— Les hiatus étant réduits à l'époque de notre texte, nous n'avons utilisé le tréma que pour les formes homographes.

— Nous avons utilisé l'accent aigu sur le *e* tonique des plurisyllabes à la finale absolue ou en syllabe finale devant *s*. Nous l'avons utilisé, en outre, pour des monosyllabes homographes afin de pouvoir traiter le texte par ordinateur. Ainsi *més < magis*, *dés* (adv.), *dé* (= *des*), *prés*, *à*, *là*, *où*.

— Nous avons suivi le manuscrit pour la transcription de *puis que* (toujours en deux mots quelle que soit la valeur).

— Pour le superlatif absolu[38] nous avons suivi l'usage du copiste et maintenu l'agglutination de l'intensif *trés* et de l'adjectif chaque fois que la forme présentait un *s* intérieur, mais nous avons séparé les deux éléments quand le copiste utilisait un *s* final (ce qui ne se produit pas exclusivement en fin de ligne).

Pour d'autres syntagmes nous avons respecté la graphie du manuscrit dans la mesure où elle était cohérente dans l'ensemble du manuscrit: *au jourduy, c'estassavoir, depar, -dit, pardela, pardevant, pardevers, doresenavant* (avec *-s-* intérieur et malgré le changement de ligne après *en*), *lendemain, de rechief,* mais toujours *par avant*.

Au contraire nous avons procédé à la déglutination des mots suivants qui portaient à confusion: *à ffin* CXL, 71; *autre ffois* LXIX, 13; *à ffaire* XV, 24 (la forme ici ne peut être que le verbe, conformément à la construction habituelle de *selon*: *selon* + CR ou *selon que*).

— La transcription du texte distingue *i / j; u / v*; dans une suite de jambages, le copiste indique par un léger accent le *i*.

— Pour *avoir* et *savoir* rien ne permettant de dire que l'on a affaire à un *-u-* nous avons traditionnellement transcrit par *-v-*[39]

— Pour *pouvoir*, nous avons adopté les conclusions de Jodogne[40] et transcrit *pouoir…*

---

[38] Voir R. Martin et M. Wilmet, *Syntaxe du moyen français*, Bordeaux, Sobodi, 1980, p. 139, n° 245, 4°.

[39] Malgré Baker, «Le futur des verbes "avoir" et "savoir"», *Romania*, LXIII (1937), pp. 1-30.

[40] O. Jodogne, «*Pouoir ou povoir* ? Le cas phonétique de l'ancien verbe "pouvoir"», *Travaux de linguistique et de littérature*, IV, 1, Strasbourg, 1966, pp. 257-266.

— La ponctuation est moderne mais s'efforce de mettre en valeur le mouvement de la phrase tout en facilitant la lecture pour des phrases souvent longues.

— L'astérisque renvoie aux notes.

ÉTABLISSEMENT DU TEXTE

Ayant affaire à un manuscrit unique, mais très soigné, les corrections, peu nombreuses, ont été faites d'après les rubriques, le sens, la syntaxe, ou en recourant à des emplois similaires dans le manuscrit; parfois nous avons eu recours à la chanson en vers.

Nous n'avons pas corrigé, malgré la gêne possible pour un lecteur moderne, un certain nombre de "fautes" qui correspondent visiblement à des habitudes linguistiques: la confusion des infinitifs et participes qui attestent la non-prononciation des consonnes finales, y compris le -*r*, qui a généralement un rôle démarcateur; ce fait bien connu mais souvent gommé est confirmé par des formes comme *quil, quilz, silz, nulz*; pour les mêmes raisons nous avons conservé *id demanda* (CVIII, 30); sauf cas de *lapsus calami*: *tendres tentes* (LXXXIX, 11), nous n'avons corrigé aucune faute d'accord, car il semble que cela réponde souvent à un système particulier (accord avec un ensemble, ou marquage d'un seul des éléments, à quoi s'ajoute le problème phonétique du -*e* final).

Quand *de* (ou *le*) est mis pour *des* nous avons graphié *dé* (*lé*)[41].

---

[41] La liste en a été donnée dans la partie phonétique de l'introduction grammaticale.

Nous avons maintenu les alternances *s* / *c* qui apparaissent non seulement pour la conjonction *se* et le démonstratif *ce,* ou encore le pronom personnel, mais également dans des mots comme *selle* (= *celle*)…

Les corrections sont données en bas de page et annoncées par un appel de note. Si la correction ne porte que sur un mot, seul le mot fautif est donné; s'il y a un risque de confusion l'initiale du mot suivant suivie d'un point a été donnée également.

Les principales abréviations utilisées sont les suivantes:

corr. d'ap.: corrigé d'après.

cs: contre-sens.

mq.: manque.

om.: omission.

aj.: ajouté.

suppr. supprimé.

occ.: occurrence.

Abréviations du copiste:

Abréviation par signes conventionnels

9: 9seil = conseil (14v°)

to⁹s = tous (47r°)

z = et

p = par / per: pmy = parmy (39r°); pte = perte (41v°); ptuis = pertuis (44v°).

p = pro: pmist = promist (22v°); pphetes = prophetes (29r°); ppre = propre (48r°).

p = pre: pmieres = premieres (55v°); pste = preste (101v°).

p = pri: pnse (24v°); pnst = prinst (50r°); per = prier (44v°); pvillege (37v°) = privillege.

q̃ = que (35r°); (la)q̃lle = (la)quelle (38r°); q̃lz = quelz (49r°); q̃lque = quelque (75r°).

ꝗ = qui.
° = uo: q°y = quoy (38r°).
ſ = ser: ſement = serement (103r°).
ᶻ = re: autᶻs = autres (25v°); arriᶻe = arriere (35v°);
Engletᶻre = Engleterre (37v°); meᶻ = mere (44v°); chieᶻ = chiere (51v°).

La barre de nasalité, résolue par n devant dentale, par m devant labiale, se trouve également pour -m- entre deux voyelles: cõe = come *passim*; dãe = dame (94r°); legitiement (15r°) = legitimement.

ᶻ = -ur: amoᶻ = amour (31v°); createᶻ = createur (33v°); meilleᶻ = meilleur (16r°).

Abréviations par contraction:
apliꞇe = apostolique (38r°).
auꞇté = auctorité (16r°).
cↄ = cetera (49r°, 50r°).
chūn = chascun (26r°).
(la)dꞇe = (la)dicte (25v°).
espãlment = especialment (49r°).
fꞇe = faicte (24v°).
Helay̅.ᵉ = Helayne (137v°).
Jhrlm̅ = Jhzlmz (5 r° table) = Jherusalem (38v°).
Jh̅u = Jhesu (36v°).
lr̅es = lettres (26v°).
m̅lt = moult (47r°).
nr̅es = nostres (26v°).
parmãble = parmanable (104v°).
p̃bre: prestre (53r°).
p̃nce = presence (24v°); p̃nta = presenta (23v°).
roy̅.ᵐᵉ = royaume (37v°).
roy̅.ᵉ = royne (46r°).
.s. = sainct (14v°).
seigñr = seigneur (31v°).
ſᶻ = seigneur (16r°).
xpienne = crestienne (16r°); xpiens = crestiens (16r°).

Liste des corrections

Le texte est bon et les corrections ne portent que sur les points de détail. Les erreurs ne sont que rarement signalées par des signes d'exponctuation (CXI, 57; CXLIV, 19); si le copiste, en fin de ligne, ne termine pas un mot et le reprend à la ligne suivante, rien ne signale le fait: *co com* XII, 45, f. 18v°; *par parfaitement* XXXIII, 18 (abréviation de *par* (*per*) est répétée); *sça sçavoit* XXXIII, 54; *He Helayne* XCVI, 44. Parfois un blanc laissé là où manque un mot laisse à penser qu'on a pu gratter le parchemin et que la correction n'a pas été reportée ensuite: le blanc que l'on constate après *crestienne* f. 16r° occupe une place qui pourrait correspondre à *est*, mais la phrase étant claire n'a pas été corrigée X, 16.

Corrections des rubriques faites à partir de la table des rubriques:

Omission de mots: *qui fut* IV; *la traÿson* XCI; *le roy* CVIII.

Erreur sur un ou plusieurs mots: *comment elle fut nommee Helayne* (reprise de la rubrique précédente dans la table) V; *elle* (pour *Helayne*) XLII; Comment le roy Grimbault fut baptisié LXI (erreur de rubrique, reprise de la rubrique du chapitre LVI, pour *Comment le roy fist prendre sa mere et le duc de Clocestre*); *Comment Constancien fut prins devant Jherusalem* XCVIII (reprise de la rubrique précédente XCVII, pour *Comment Constancien occist le roy Priant*); inversion des rubriques des chapitres CXXXIX et CXL.

Absence du signe d'abréviation: *empeur* LXIII, rubrique; LXVI, 6; CXXII, 10; *cathecumins* LXXVIII, 27.

Les changements de page sont souvent l'occasion d'une erreur d'inattention minime; on trouve notamment des mots répétés: *et* XXXVII, 54; CXXI, 38; *en ung* LXXXVI, 7; *qui* CVII, 48; *que* CXVII, 43.

Les changements de ligne donnent également lieu au même type d'erreur:

Omission d'un mot: *et* XXI, 33; *bras* XXIII, 13.

Reprise de la première syllabe *ardonc* CVI, 76* (ligne précédente *Ardambourg*).

Répétition d'un mot: *tant* XXVII, 91; *par* XLIV, 8; *parer* LI, 24; *nostre* LXXIX, 21; *faisoit* XCVII, 14; *se* (pr. pers.) CVII, 58; *lui* CXXV, 54.

querant XLVIII, 7 (*que/rant querant*); *avoit* LXXXII, 54 (*avoit a/voit*).

Le mot peut être répété à l'intérieur d'une même ligne: *quelle* (= *qu'elle*) XXIV, 77; *que* XLII, 8 *avoit* LXVI, 35; *ce disant* CIV, 73; *de la maniere* CXIII, 37; *sauver* CXXXIV, 40; *fait* CXXXV, 48.

L'erreur peut porter sur un nom propre; il s'agit sans doute d'un problème de source: *Alexis* pour *Felix*: 8 occ. LXVII, 48; LXVIII, rubrique, 2; LXXXI, 71; LXXXII, rubrique, 14; XCI, 21; CXLV, rubrique. En raison des incertitudes sur les noms propres, les autres n'ont pas été corrigés.

Omission d'une lettre: *quatore* VI, 25; *veant* pour *venant* CVII, 1; *e* pour *et* CXLI, 62; *a* pour *au* CXLVII, 22*.

L'erreur peut ne porter que sur une lettre, ce qui entraîne parfois une erreur de mot: *pouroit* pour *pouoit* X, 7; *ainst* pour *ainsi* XXIV, 82; *bapteste* pour *baptesme* LIV, 88; *lignaigne* XCIV, 4; *Marodos* pour *Marados* XCIX, 62; *trescurieusment* pour *tresfurieusement* CXXXIV, 16; *dire* pour *sire* CXXXIV, 55; *la* pour *le* XXXIII, 41; CXXXIII, 26; *sa* pour *la* XXXIII, 70; *feux* pour *jeux* XCV, 29; *le* pour *se* C, 30; CXXIX, 10; *la* pour *sa* CIV, 28; *des* pour *les* CXI, 14; *les* pour *des* CLIII, 2.

Répétition ou suppression d'une syllabe: *esperee* pour *espee* LV, 58; *faulcessement* pour *faulcement* XCV, 85; *tellemement* pour *tellement* XCVII, 70; *demeureurez* pour *demeurez* CXXXVIII, 53; *ensemsemble* pour *ensemble* CL, 21; *demeurent* pour *demeurerent* XIII, 60; LXXIX, 42; CXXVIII, 78; *couré* pour *couronne* XVII, 36 (?); *contenray* pour *contenteray* XXXVIII, 18; *portort* pour *portoit* LII, 41; *portorte* pour *porte* LXVIII, 47; *gracieuse* pour *gracieusement* LXXIX, 44 (fin de ligne); *diso* pour *disoit* XCII, 20; *communent* pour *communement* XCV, 55; *demande* pour *demanderay* CI, 29; *refort* pour *reconfort* CII, 26; *divité* pour *divinité* CXI, 28; *entrent* pour *entrerent* CXXVI, 50; *vous* pour *voz* CXLII, 31; *livrent* pour *livrerent* CLII, 4.

oyt pour *oyoit* XLV, 38, on peut se demander s'il y a vraiment une faute, voir *supra*, morphologie.

Erreur sur un mot: *parrains* pour *paiens* II, 29; *trois* pour *treze* VI, 2; *donna* pour *donneroit* XIII, 25; *veulx* pour *volus* XXI, 25; *pour* pour *plus* XXVI, 71; *roy* pour *pape* XXVII, 28; *fasoit* pour *feroit* XXXII, 42;*celasse* pour *decelasse* XXXIV, 16; *duc* pour *roy* XXXIX, 75; *roy* pour *duc* LXII, 4; *tresmauvais* pour *tresbon* LXIV, 20; *avisa* pour *avisant* LXXIV, 38; *prior* pour *peior* LXXXVII, 87; *premiere* pour *derreniere* LXXXVII, 87 (*cs* sur une citation latine); *ja* pour *qui* XCV, 20; *et* pour *il* XCVI, 4; *pere* pour *mary* CXXVII, 66; *et* pour *il* CXXVII, 78; *et* pour *à* CXXX, 17; *et* pour *les* CXXXIV, 21; *ne* pour *nous* CXXXV, 29; *en* pour *on* CXXXVI, 14*; *il* pour *et* CXLII, 35; *doit* pour *devoit* XCIV, 7*; *tinction* pour *tuicion* VII, 30*; LV, 23; LVIII, 51; CXXVIII, 17.

Mot inutile et erroné: *lui* II, 14; *que* XII, 35 {après *dit*); *le* XIII, 55 (même construction que le segment de phrase précédent); *la* XCV, 29; *et* LVII, 57; LX, 67; *qui*

LXXII, 32; *noz* LXXVI, 38; *que* LXXVIII, 23; *quant* XCI, 54; *que* CXIII, 65.

Omission d'un mot: *oÿ* XLIX, 25; *creatures* LIX, 53; *Helayne* LXI, 62; *trouverent* LXIX, 4; *refectionnee* CII, 4; *cité* CIII, 12; *aler* CXXXVI, 46; *prinse* CXLIV, 2.

estoit LXXIV, 38; CLIII, 7, *estoient* XCII, 5; *fut* CXLI, 21; *soit* LXVI, 65; *dist* LXVII, 14; CXXV, 76; *avoit* CXXIX, 22.

un LIX, 29; *le* (pr.) LV, 48; LXXIV, 36 (fin de page); *le* (art.) LIX, 18; *l'* (pr.) LXIX, 3; *ce* XXV, 80; *lui* XVI, 6; CXII, 56; *nous* II, 12; *on* CL, 8; *à* XCV, 77; *de* CXLIII, 53; *par* LVI, 64; *que* XXIV, 64; LXXVIII, 26; XCIX, 29; *qui* LXIX, 5; CXLII, 14* (?); *se* conj. LVI, 34; pr. XXII, 53; LXXX, 57; CXII, rubrique; CXXIX, 7; CXLV, 10; *si* CIV, 30; *ne* XXIII, 7; XXX, 19; LXIV, 57; CXXIX, 18; *et* XXI, 33 (fin de ligne); XXXII, 49; LXI, 25; XCV, 44; CXXII, 28; *or* XCVIII, 75; *ou* XVIII, 43*; *nous* LXXVI, 23; *sa* CIII, 45.

Mauvaise anticipation: *en escript et en son cuer* XI, 22*; *hommes gens d'armes* XI, 26; *par aventure par fortune* XXV, 24 (changement de ligne); *la vielle dame royne* XXXII, 16; *vostre bon estre bon estat* XXXVI, 38; *l'* LXII, 36; *en* (fin de ligne, suivi de à) LXXVII, 70; *de la de l'esposer* XCV, 103; *et faisoit et sembloit que* CIV, 13; *et si / et* CXXXI, 32 (changement de page); segment de phrase erroné (redondant) *en la cave* CXL, 9; erreur appelée par le vocalisme du mot suivant *par moy foy* pour *par ma foy* CXLVI, 15.

≈ bourdon: *et couraigeux* (*couraigeusement* ligne suivante) XXXV, 9; *ceste cité* non répété CXXVII, 32.

Un mot est parfois exprimé au début et repris à la fin de la proposition: *anuy* XVI, 37; *vinst* XLIII, 2; *tout* LV, 52; *ja* LV, 87; *j'ay* LXII, 20; *forment... fort* CXXIV, 2.

Omission d'un membre de phrase: *elle s'en est alee* XVII, 13; *et aussi* XXXIV, 63; *de souffrir* XXXIX, 33;

et peu s'en faillist LI, 86; *aussi fist* LXVII, 5; *Joserain qui fut pere saint* C, 47; *si que* CXVI, 45.

Erreur sur un segment de phrase: CXI, 29; *ne de ceulx de* pour *ne d'eulx ne de* CXLI, 4.

L'erreur peut n'être graphique; elle a été corrigée pour la commodité de la lecture: *peril* pour *perir* VIII, 49*, *Tous* pour *Tours* LXXIX, 22, *cas* pour *car* CIV, 56* ou parce qu'elle ne correspond pas au système du copiste; *tendres* pour *tendre* LXXXIX, 11*; *iucontinent* XXIX, 51; *ou* (= *on*) CXXXIII, 18*; CXXXVIII, 66; *nou* (= *non*) CL, 46*; *ceust* CXX, 37.

LA BELLE HÉLÈNE DE CONSTANTINOPLE

DE JEHAN WAUQUELIN

TABLE DES RUBRIQUES

C'est l'ystoire de sainte Helaine, mere de saint Martin de Tours. (collé au recto du premier feuillet de garde, un morceau de parchemin qui devait se trouver sur la reliure).
/1r° Cy aprés s'ensuit l'ystoire de Helayne, mere de saint Martin de Tours, laquelle traicte de ladicte Helayne, de son pere et de son mary avec pluseurs autres princes comme il apperra par les chappitres desquelz les rebriches s'ensuiguent.
Et premierement

---

[1] Alexis.

---

[2]   Alexis.

---

3   abréviation inhabituelle *Jhzlz*.

---

4   Alexis.
5   Alexis.

Cy finissent les rebriches de ce present livre.

PROLOGUE

Isydorus le philozophe nous dit en ses *Auctoritez**
que on doit tousjours enquerir la fin de l'omme et non
point le commencement, car Nostre Seigneur ne
regarde point quelz nous avons esté en nostre
commencement mais seulement quelz nous sommes
en la fin de nostre vie. Et pour ce, à celle fin que tous
cuers endormis par paresse ou wiseuse se puissent
esveillier à commencier à faire batailles contre leurs
adversaires pour en leur fin acquerir glorieuses
couronnes de victoires, comme ceulx qui seront
parcevans et sachans comment par excercite de bonne
labeur on vient à telle remuneracion et loyer à l'onneur
de Dieu, principalment et notamment au
commandement de trespuissant et tresredoubté prince,
mon tresredoubté seigneur, monseigneur Phelippe, par
la grace de Dieu, duc de Bourgoingne, de Lothier, de
Brabant /8v° et de Lembourg, conte de Flandres,
d'Artois, de Bourgoingne, palatin de Haynnault, de
Hollande, de Zeellande et de Namur, marquis du Saint
Empire, seigneur de Frise, de Salins et de Malines*,
mon tresbenigne seigneur principant et regnant en ce
present an, qui est l'an de l'Incarnacion Nostre
Seigneur mil CCCCXLVIII, je, Jehan Wauquelin, son
humbe et obeïssant serviteur, indigne, foible de sens et
de trespetite capacité, pour esmouvoir et inciter les
cuers des endormis à aucune bonne incitacion et

promouvement, me suis determiné de mettre en prose
une hystoire nommee l'ystoire de Helayne, mere de
saint Martin, evesque de Tours, d'aucuns empereurs et
30   roys, comme son pere, son mary et autres, avec la
destruction et conversion de pluseurs payens et
Sarrazins par iceulx conquis, convertis et reduis à la
saincte foy crestienne, selon le contenu d'un livret rimé
à moy delivré par le commandement de mondit
35   tresredoubté seigneur, et ce pour retrenchier et
sincoper les prolongacions et motz inutiles qui souvent
sont mis et boutez en telles rimes. Par laquelle
hystoire, au plaisir de Nostre Seigneur, se pouront ou
au moings devront esmouvoir tant nobles comme non
40   nobles en proesse et valeur de bonne renommee, car
pour l'un et l'autre sexe, c'est à dire pour homme et
pour femme, au gré de Jhesucrist, elle sera salvable et
proffitable. Et pour ce treshumblement, comme vray
suget et obeïssant de mondit tresredoubté seigneur, je
45   supplie à tous lisans et oyans ceste presente hystoire
que de leur debonnaire benignité leur plaise mon
ignorance en gré recevoir et icelle excuser et corriger
à la louenge du Pere createur et de toutes creatures, qui
Ses biens donne largement à Son plaisir, /9r° au
50   prouffit et salut de tous oyans et à l'exaltacion et
accroissement de l'exellent honneur de mondit
tresredoubté seigneur et prince et à la multiplicacion
de sa gloire.

De l'empereur Richier, du pape Clement, son frere, et d'un roy sarrazin qui vinst assigier la cité de Romme. Le IIe chappitre.

Et pour ce que en nulle hystoire autentique je n'ay ceste presente hystoire que je entens à traictier trouvé, je n'en vueil mettre autre preuve que mondit livret rimé, duquel ne met point l'acteur son nom. Touteffois si donra elle, au plaisir de Dieu comme dit est, inflammacion de bonne voulenté et desir es cuers endormis de conquerir victoire et triumphe en la gloire de paradis, qui est perdurable sans fin, et commenche en telle maniere.

Aprés ce que Nostre Seigneur /9v° Jhesucrist et nostre doulz Sauveur eust receu mort et passion en l'arbre de la croix pour nous[1] racheter et tirer hors des peinnes d'enfer, de laquelle mort et passion prindrent cruelle vengence sur les[2] felons et mauvais Juifz l'empereur Titus et Vaspasien*, son pere, environ de deux à trois cens ans, comme dit nostre hystoire, avoit ung pape en la cité de Romme, par son nom de baptesme ou papal, ne sçay lequel, nommé Clement. Lequel pape avoit ung frere tresvaillant, puissant et saige homme, nommé Richier, car* il estoit empereur ou au moings il gouvernoit l'empire des Rommains. Et n'avoit cestui empereur nul hoir masle se non une seule fille, laquelle estoit une tresplaisant damoiselle, saige et bien advisee en tous ses fais. Car de beauté, bonté, valeur* estoit en elle et en parloit on en pluseurs regions bien lointaines.

En ce temps advint que un roy sarrazin ou payen, nommé Bruyant, à tresgrant puissance de gens d'armes

---

[1] nous *mq., aj. d'ap. le sens.*
[2] s. lui l. (lui *est en dehors de la justification*).

paiens[3] et sarrazins vinst assigier la cité de Romme en
30   voulenté et entencion d'icelle destruire ou subjuguier,
et bien monstroit qu'il avoit une telle voulenté, car il la
assiga et environna trespuissamment, et y fist lever et
drecier pluseurs angins pour abatre et rompre les tours
et les portes et murailles, et y fist livrer pluseurs gros
35   assaulx où il ne proffita gaires, car les Rommains et le
bon empereur Richier, qui tresduis estoient de telles
besoingnes, les recueillirent tresvaillamment et
puissamment à la force de leurs armes. Souventesfois
les reboutoient et desconfirent, dont le roy Bruiant et
40   ses Sarrazins estoient moult doulans et courrouciez.

---

[3]   d'a. parrains e.

/10r° **Comment l'empereur de Constantinoble, nommé Anthoine, vinst combatre les Sarrazins devant Romme et comment il espousa la fille de l'empereur de Romme. Le III ᵉ chappitre**.

Le bon pape Clement, veant la calamité et misere où ses bonnes gens de Romme estoient, ayant en lui mesmes doubte que la deffaulte de vivres et de force ne leur advenist, envoya tout prestement ses messages à ung sien certain amy, comme son filz par adopcion, l'empereur de Constantinoble. Lequel entre les vaillans hommes pour lors regnans estoit le plus cremeu, le plus redoubté et le plus puissant, et avoit nom Anthoine, saige et prudent homme, comme il le monstra en la fin de ses jours, car, comme dist nostre hystoire, Nostre Seigneur le volt enrichir en la fin de ceste vie mortelle de la coronne de gloire, en lui priant trés affectueusement que par fraternelle dilection il le venist atout son pouoir secourir et aydier contre les enemis de Jhesucrist et de la saincte foy catholique, qui lui et son peuple romain avoient enclos en la cité de Romme par merveilleuse puissance. Lequel empereur Anthoine, oyant ces piteuses nouvelles, meu de pitié et compassion, assembla tout prestement ses gens d'armes en tresgrosse puissance et s'en vinst au plus tost qu'il peust combatre ce roy Bruyant et tous ses Sarrazins. Et que briefment je conclue, nostre hystoire dit que cestui empereur Anthoine fist tant par sa proesse que il constraindist /10v° ce roy sarrazin de repasser la mer, et à son tresgrant dommaige et perte de ses gens sarrazins s'en retourna en son païs. Et fut la cité de Romme du tout despechee et mise au delivre de ses enemis. Pourquoy icellui empereur Anthoine, qui pour lors estoit moult josne, fut en tresgrant honneur et triumphe du pape, de l'empereur Richier et

de tous les Rommains receu en la cité de Romme et
tresgrandement honnoré et festié. En laquelle triumphe
et gloire faisant furent faictes les nopces dudit
empereur Anthoine et de la fille de l'empereur Richier,
niepce du pape, par le consentement des parties de l'un
et de l'autre. Laquelle feste et sollempnité dura en la
cité de Romme ung mois de long. Laquelle chose,
ainsi que dit est, faicte et accomplie, et les nopces tant
grandement sollempnisees que plus ou mieulx on ne
pouoit, le bon empereur Anthoine prinst congié au
pape et à son beau pere, l'empereur Richier, et se
partist de Romme et fist tant par ses journees que atout
sa femme, que nouvellement avoit espousee comme
dit est, il retourna et revinst en la cité de
Constantinoble.

Comment la femme de l'empereur de Constantinoble accoucha d'une fille qui fut[1] nommee Helayne. IIIIᵉ Chappitre

Ne demeura gaires de temps aprés cestui retour que la bonne dame femme de l'empereur fut ensainte et tant que la pance commença fort à lever. De laquelle chose fut tresjoyeux son bon mary Anthoine, et de la grant joye qu'il eust, incontinent prinst ung messaige et l'envoya au bon pape Clement en soy recom/11rᵒmandant à lui et lui notifiant comment sa niepce estoit ansainte et en lui priant qu'il l'eust en ses oroisons pour recomandee. Duquel message le pape fut tresjoyeux et le fist festier et lui donna de grans dons. Par ce messaige mesmes envoya le pape audit empereur Anthoine ses lectres de recommandacion, esquelles estoit contenu que, se sa femme acouchoit d'un filz, que son plaisir fust de lui mettre à nom Titus* en l'onneur de cellui Titus qui venga à l'espee trenchant la mort de nostre doulz Sauveur Jhesucrist; et, se c'estoit une fille, que elle eust nom Elayne, en l'onneur de celle vaillant dame Elaine à laquelle s'apparust la benoite croix* qui fut faicte et charpentee pour nostre redempcion. À laquelle requeste et priere s'acorda bonnement et de bonne volenté le bon empereur Anthoine. Car aprés ses nouvelles ne demeura gaires que à jour competent et de Dieu determiné la bonne empereris, comme celle qui tout le cours de son terme avoit porté, accoucha d'une tresbelle fille; mais au traveillier la bonne empereis trespassa, dont ce fut grant damage et pitié pour le povre peuple auquel elle fasoit tant de biens que plus

---

[1]   qui fut *mq. ajouté d'après la table des rubriques; voir aussi erreur sur la rubrique suivante.*

on ne pouoit. Et dit nostre hystoire que sa mort fut
cellé à l'empereur son mary, qui tant l'amoit que plus
ne pouoit, par le terme de trois jours. Ceste fille nee et
venue sur terre, l'empereur son pere fut joyeux et en
accomplissant le contenu es lectres* du pape la fist
baptisier et nommer Helaine. Laquelle en son vivant
soufrist tant de maulx et de perversitez qu'il n'est
homme qui la moittié en sceust racompter, comme
vous orrez cy aprés, et tout par faulce et mauvaise
traÿson et aussi par desir de concupiscence charnelle.

/11v° Comment l'empereis trespassa à l'enfantement de sa fille Helayne et comment l'empereur la fist norrir [1]. Le Ve chappitre.

Quant ce vinst au bout de trois jours, l'empereur, qui tant estoit desirant de savoir et veoir comment sa femme se portoit, appella ung sien chevalier, auquel moult il se fioit, et lui commanda qu'il alast pardevers les dames qui sa femme gardoient en leur disant que la voulenté de l'empereur estoit de venir veoir comment sa femme se portoit. Quant le chevalier entendist l'empereur, il se getta à genoulx devant lui et lui dist: «Ha! tressouverain empereur, pour Dieu mercy! Saichiez que la grant amour et fidelité que j'ay à vous me constraint de vous dire comment la chose va. Je vous prie pour Dieu que monstrez vostre sens, proesse et valeur, et ne vous troublez pour la chose improspere du monde, qui tant est instable que il n'a en lui riens ferme ne seur. Je vous ay ce dit, tresredoubté seigneur, pour ce que ma tresredoubtee dame, vostre femme, est trespassee, et n'y a mais autre chose se non de prier Dieu pour elle.»

Desquelles nouvelles fut tellement attaint de douleur que le cuer lui faillist, et cheust à terre et demeura grant espace en ce point. Et, quant il fut revenu à lui, il commença tresfort à plorer et à crier à haulx cris en disant: «Ha! noble dame, mon doulx confort, mon solas, tout mon bien, tout mon espoir! Helas! pourquoy m'avez vous si tost laissee*? Ha! mort doloreuse, puis que tu m'as ostee ma seule joye, ne me laisse plus vivre, mais oste moy de ce siecle où tu seras à tousjours de moy faulce et traitre clamee quant /12r° ainsi tu m'as osté mon seul espoir. Helas!

---

[1]   c. elle fut nommee Helayne, *corr. d'ap. la table des rubriques.*

30 ma maistresse et ma dame, mon seul refuge et conseil!
    Et pourquoy m'avez ainsi laissié esgaré? O vray pere
    Jhesucrist, Ta benoite Passion lui ait esté garant contre
    la mort perdurable ! Je Te prie, mon Dieu, que en pitié
    Tu vueilles son ame glorifier en la compaignie de Tes
35 benois esleuz.» Et finablement il menoit un si tresgrant
    dueil et fasoit si piteux regretz que pluseurs chevaliers
    et escuiers qui s'estoient assemblez entour de lui
    ploroient à grosses larmes. Aprés ses piteux plours,
    gemissemens et regretz, le bon empereur fist encevelir
40 la bonne emperreis et fist faire l'obseque et service tant
    notablement que mieulx ne plus richement on ne
    pouoit faire. Et puis ordonna pluseurs dames et
    damoiselles pour la garde de sa fille Helayne avec une
    bonne norrice qui l'alayta et norrist par le terme de
45 deux ans et demy.

Comment l'empereur couchoit sa fille avec lui pour la grant amour qu'il avoit à elle. VIᵉ chappitre

Ceste noble damoiselle Helaine, venue à l'eage de treze¹* ans, commença fort former et embellir et tant que on disoit que de corps et de façon, de bouche et de nez et de tous autres membres, c'estoit la plus belle fille que on peust veoir ne regarder et, se elle estoit belle et gente de corps et de façon, encores estoit elle plus belle de meurs et de religion, car à toutes bonnes /12v° euvres elle entendoit, à tous bons exemples elle estudioit, parquoy elle estoit de Dieu tresamee. Et pour sa beauté, bonté et prudence, dont elle estoit grandement aornee, son pere l'ama tellement et non sans cause que à peinnes pouoit il estre sans elle jour ne nuyt, mais la faisoit couchier en son lit et l'acoloit par tresgrant affection et amour, comme cellui qui son pere estoit. Et de fait pour la tresgrant amour qu'il avoit à elle, il fist venir ung paintre en sa chambre, en laquelle il dormoit continuellement, et lui fist paindre la façon de sa fille, tant prenoit il plaisir en elle, et non point seulement en ung lieu mais en .IX. ou dix lieux. Laquelle chose parcevant, l'Anemy de toute creature, comme trés envieux, par son atisement commença à esmouvoir et atisier le cuer de ce bon empereur Anthoine et le fist decliner et* une mauvaise et perverse pensee telle que vous orrez. Car, la pucelle venue et parcreue en l'eage de quatorze² ans, tant bien paree, tant bien formee, de gracieux regart, de gracieux maintien, de paroles et de toutes autres nobles et belles vertuz, par lesquelles pluseurs nobles

---

¹   trois, *corr. d'ap. la cohérence, les occurrences suivantes et le texte en vers.*
²   quatore.

roys, ducz, contes et princes la requeroient avoir à
30   mariage, qui tous refusez estoient de l'empereur,
icellui empereur, attisié et incité de l'Ennemy d'enfer,
commença tresfort à couvoitier et desirer sa belle fille
Helaine par concupiscence charnelle, dont elle eust
pluseurs maulx à supporter*. De laquelle chose se
35   commença la fille aucunement apparcevoir et tant que
elle commença dire à son pere et par pluseurs fois qu'il
n'apartenoit plus qu'elle couchast avec lui, mais qu'elle
couchast seule. Laquelle chose ne vouloit nullement
/13r° souffrir l'empereur son pere, dont elle estoit
40   moult doulante et en fasoit souvent prieres à la
glorieuse Vierge Marie qu'il lui pleust muer le
couraige de son pere et qu'elle lui donnast tousjours
force et puissance de resister contre les temptacions de
l'Anemy d'enfer, du monde et de la char. Mais
45   l'Anemy d'enfer, qui du tout en tout avoit souspris par
concupiscence charnelle le cuer de son pere, ne cessoit
jour ne nuyt de le plus en plus atisier et alumer, et tant
qu'il commença à lui mesmes à penser que pour son
pechié et meschanté couvrir il la prendroit à mariage.

Comment le dyable seduist l'empereur pour amour de sa fille. Le VIIe chappitre.

Ainsi doncques, comme dit est, par la incitacion et atisement de l'Ennemy d'enfer estoit le bon roy Anthoine souspris de l'amour de sa belle fille Helayne et ne s'en savoit consirer ne saouler, mais de plus en plus s'en eschauffoit et alumoit et la couchoit tousjours avec lui, dont la damoiselle s'en anuysoit* tant que plus ne pouoit, et tant qu'elle pouoit mettoit peinne affin que son pere la laissast. Mais tout ce qu'elle y faisoit n'y valoit riens, ains plus venoit avant et plus le* appetoit et desiroit.

Advint en ce temps que le roy Bruyant, dont nous avons cy dessus parlé, pour le* grant honte, anuy et deshonneur qu'il avoit ja pieça receu devant la cité de Romme, comme vous avez oÿ, avoit rassemblé ung tresgrant host de gens d'armes et avoit juré ses dieux que /13v° il destruiroit la cité de Romme et le pape et les cardinaulx il feroit morir de crueuse mort. Pour laquelle cause il estoit ja rapassé la mer* atout .IIII^c. mil Turcs et Sarrazins et estoit venu devant la cité de Romme et l'avoit merveilleusement assaillie et envaÿe par assaulx, dont le pape et tous les Romains estoient en tresgrant doubte. Car en ce temps ilz n'avoient point d'empereur, ains estoit l'empereur Richier trespassé, parquoy ilz estoient plus foibles et moings unis comme ceulx qui estoient sans chief. Et pour ce le bon vaillant pape, veant ceste piteuse desolation apparant, un jour assembla tous les plus nobles de Romme pour avoir conseil comment ilz feroient. Si furent adoncques ordonnez capitainnes et gens discretz, esquelz le peuple obeÿroit, pour la tuicion[1] et garde de

---

[1]   tinction*.

la ville, et furent mis par disaines et cinquantaines pour mieux eulx ordonner à deffendre. Et puis fut ung cardinal nommé Florent constitué pour aler devers l'empereur Anthoine de Constantinoble en legacion pour lui prier et requerir depar Nostre Saint Pere le pape, depar les cardinaulx et depar tout le peuple rommain que, en l'onneur de la benoite Passion de Jhesucrist, il les voulsist venir secourir et aydier et eulx delivrer de ses faulx Turcs et Sarrazins qui de tout leur pouoir s'esforçoient de destruire crestienté. Lequel cardinal comme trés diligent fist tant par ses journees qu'il vinst en la cité de Constantinoble et se comparut en la presence dudit empereur Anthoine.

/14rᵒ **Comment l'empereur ne vouloit aler secourir nostre Saint Pere le pape. VIIIᵉ chappitre.**

L'empereur Anthoine, prestement qu'il sceust la venue du cardinal, lui vinst au devant et le festia et honnora tresgrandement, et aussi fist sa fille et les barons de la court. Quant le noble cardinal vist qu'il fut heure, il se tira devers l'empereur et lui remonstra la requeste que lui fasoit le pape de Romme, les nobles et tout le peuple des Rommains, et comment pour la tressainte amour de Dieu ilz requeròient que à ce tresgrant besoing, par sa debonnaireté, il lui pleust les secourir à l'encontre des anemis de la foy catholique, de laquelle nostre Saint Pere l'avoit fait et faisoit vray deffendeur et tuteur. Et c'estoit cellui qui avoit entencion de ouvrir les tresors de l'eglise et de l'en eslargir pour le salut et sauvement de son ame et de tous les siens. Ceste requeste faicte, l'empereur Anthoine, qui tousdiz estoit en sa perverse pensee de avoir sa fille à mariage, pensa que lors estoit heure et temps qu'il fist sa requeste au pape, car aussi avoit il entencion de y envoyer pour avoir dispensacion de sa voulenté accomplir. Si respondist et dist: «Reverend pere, nous avons tresbien oÿ et entendu la requeste que nostre Saint Pere le pape nous requiert, c'estassavoir d'ayde à l'encontre des ennemis de la foy dont il est fort opressé. À laquelle requeste nous respondons que pour le present, pour certaines causes dont nous sommes empeschié, nous n'avons point entencion de nous armer ne de assembler noz gens pour faire guerre hors /14vᵒde noz puissances, mais nous vous disons que, se nostre Saint Pere vouloit avec nous dispenser et nous faire une grace que nous lui requerons, tresvolentiers nous assemblerons noz gens d'armes et le secourons de toute nostre puissance, et autrement

sans celle grace à sa requeste ne declinerons. — Ha!
tresredoubté empereur, respond le cardinal, saichiés
35   que je, qui suis en la presence de vous, ay puissance et
auttorité avec l'office papal de faire et deffaire, de
loyer et desloyer*, parquoy plaise à vostre humble
Majesté moy declairier quelle dispensacion il vous
plaist avoir, et selon la possibilité de mon office je
40   vous en eslargiray à la louenge de Dieu le tout
puissant.»

     A ces motz respondist l'empereur et dist: «Par ma
foy, reverend pere, vous avez recordé que Nostre Saint
Pere le pape et tous les Rommains sont grandement
45   opressez. Saichiez de certain que encores le suis je
plus, car une guerre merveilleuse m'a ja pieça envaÿ et
assailly, laquelle peult et poura tresbien appaisier
nostre Saint Pere de sa grace. Et, s'il ne le fait, saichiez
que je suis determiné, se toute crestienté devoit perir[1],
50   si ne entreray je ja à Romme à main armee pour
combatre les Sarrazins. Et vecy ce que je requiers. Il
est vray, reverend pere, que j'ay une tresbelle fille, la
plus belle creature que je cuide que Nature formast
oncques, la plus saige et la mieux enseignee du
55   monde, de l'amour de laquelle je suis par ardant desir
tellement espris que nuyt ne jour ne puis durer, et
couvient que je l'aye à mariage et qu'elle soit ma dame
et mon espeuse affin que je puisse estaindre les
chaleurs de la concupiscence charnelle que j'ay en elle
60   desiré. Si que ayés sur ce fait avis et conseil /15r° ou
autrement vostre requeste papale ne s'accomplira point
depar nous ne les nostres.»

---

[1]   peril*.

Comment ung cardinal reconforta la fille de l'empereur. IXe chappitre.

Quant le cardinal oÿst ainsi parler l'empereur, il fut moult esbaÿ, dont ce ne fut mie merveilles, car il parceust evidemment que l'empereur estoit seduit et tempté de l'Ennemy, d'avoir ung si enorme desir que de couvoitier le delit de sa propre fille de son propre sang engendree. Si joindist les mains contre le ciel et leva les yeulx en hault puis dist: «O Vierge, royne coronnee, ta pitoyable grace nous vueille à ce besoing secourir! O tresdebonnaire empereur, noble et puissant seigneur, vueilliez vous aviser et laissiez ceste erreur, car c'est euvre de dyable contre Dieu et Sa saincte foy, et ne requerez ceste dispensacion, mais toute autre chose qui mieulx vous plaira demandez, car sans faulte je ne vous oseroye ne pouroye ceste chose accorder sans deliberacion de conseil legitimement assemblé par nostre mere saincte Eglise. Vous la tenez pour vostre propre fille, vous l'avez de vostre pur sanc engendree; et comment oserez vous à elle habiter par delit charnel? Pour Dieu, sire, mettez en vous le fraing de ferme constance et vueilliez combatre contre cest assault dyabolique qui vous atise et alume ceste dampnable inclinacion. — Certes, reverend pere, assés m'en pouriez dire et remonstrer, mais je vous dis une fois pour toutes que, se je n'ay le don et auctorité que je puisse gesir entre les /15v° bras de ma fille et à elle moy delicter, ja vostre requeste papale n'accompliray.» Et, incontinent qu'il eust ce dit, il entra en sa chambre et ne se vost oncques puis monstrer ne parler audit cardinal.

Quant icellui cardinal vist que autrement ne pouroit besoingnier, il fist tant qu'il parla à la fille de l'empereur pour sçavoir son intencion ne se elle

bailloit aucun consentement de voulenté à son pere
l'empereur. Mais il trouva qu'elle estoit bien doulante
35 du vouloir de son pere et n'en duroit nuyt ne jour. Et
de fait elle lui pria à joinctes mains et à genoulx et
plorant que il voulsist mettre remede et prier Dieu
pour le salut de son pere, que par Sa debonnaire
clemence Il le voulsist garder et elle eschever de ce
40 pechié. De laquelle douleur la reconforta le cardinal le
mieulx qu'il peust et puis s'en retourna à Romme et ne
cessa jusques il fut en la cité que les Sarrazins avoient
desja tresfort adommaigee et grevee.

Comment ledit cardinal aporta la dispensacion que l'empereur pouoit espouser sa fille Helayne. Le Xe chappitre.

Tantost que ce bon cardinal fut venu en la cité de Romme, il s'en ala devers le pape et le concille et leur compta tout le fait de sa legacion et la responce de l'empereur, dont ilz furent moult esbaÿs, car du pareil cas ilz n'avoient pieça oÿ parler, et commencerent merveilleusement à murmurer et à dire comment il se pouoit[1] faire que homme mortel avoit tel desir de couvoitier à soy delicter en sa fille engendree de son sang. Quant /16r° ilz eurent assés demenee ceste matiere, ung des cardinaulx se leva et dist: «O Pere Saint en terre et Dieu espicial souverain de ce monde, qui avez de l'auctorité de Dieu Nostre Seigneur Jhesucrist et de saint Piere et saint Pol* puissance de faire et de deffaire, vous sçavez et veez à l'ueil que nous sommes enclos ou geron de noz ennemis, et ceste cité, qui est la clef de toute la religion crestienne, en voye d'estre prinse et destruite* se briefment elle n'est secourue. Et touteffois vous savez qu'il n'est homme entre les crestiens qui tenser la puist ne qui en ait la puissance si aparant que l'empereur Anthoine. Et pour ce, tressaint Pere, consideré vostre autoricté et puissance, pour eschever plus grant inconvenient plaise vous dispenser avec lui qu'il puist prendre sa fille à mariage, car vous sçavez que de deux maux on doit le meilleur eslire*, et aussi les jugemens de Dieu sont perfons et grans, et n'est nul quil* saige* ce qu'Il a disposé en Sa puissance. Mieux vault sauver ung monde que ung seul homme. Ce ne sera point le premier qui avra eu delit à sa fille; assez en avons

---

[1]   s. pouroit f.

30   d'exemples es hystoires anciennes. Si que pour Dieu,
     souverain Pere, accomplissez lui sa requeste, pour
     l'amour de Dieu, Lequel donnera remuneracion es
     bons selon leurs merites et desertes.»
         Quant cestui cardinal eust finé sa raison, à laquelle
35   s'acorderent tous ceulx du conseil, le Saint Pere par
     deliberation bailla la dispensacion, et fut commis le
     premier cardinal de retourner en Constantinoble atout
     son pouoir. Lequel diligenta tellement que il revinst en
     Constantinoble et se comparut devant l'empereur,
40   auquel il remonstra la benignité et dispensacion de
     nostre Saint Pere le pape. Incontinent que l'empereur
     sceust ces /16v°nouvelles, il envoya querir sa fille et la
     fist venir devant lui et lui monstra sa dispensation,
     dont elle fut moult fort troublee, et se getta à genoulx
45   devant son pere et lui fist requeste que ceste besoingne
     il voulsist dilayer jusques à ce qu'il avroit accomply ce
     dont il estoit requis depar nostre Saint Pere le pape.
     Laquelle requeste lui accorda l'empereur son pere bien
     envis. Et elle fasoit ce pour tousjours prolonguier et se
50   aucunement la puissance divine mueroit autrement le
     couraige merveilleux de son pere*. Tout prestement et
     sans plus tarder l'empereur Anthoine assembla son
     host en grosse puissance et tant qu'il avoit bien en sa
     compaignie, comme tesmoingne nostre hystoire, C^M
55   combatans.

Comment l'empereur Anthoine vinst à Romme pour combatre les Sarrazins. Le XIe chappitre.

Quant l'empereur Anthoine fut prest, il s'en vinst à sa file et prinst congié d'elle et de toutes les dames et damoiselles de sa court en leur commandant tresexpressement qu'elles fussent prestes à toutes heures de servir et obeïr sa fille sur peinne de encorir son indignacion. Et par espicial à l'une nommee Beatrix la recommanda tresexpressement, car c'estoit celle en quy il avoit le plus de fiance, et non point sans cause, car elle l'avoit nourry toute sa jeunesse comme sa maistresse, mais de ceste garde prendre elle fist folie, comme vous orrez cy après. L'empereur doncques prest, comme dit est, fist mettre en point ses gens d'armes et commanda que chascun se meist en chemin. Et puis /17r° monta à cheval et se partist de Constantinoble en grant triumphe et en grant desir de combatre les Sarrazins affin que après ceste victoire il peust espouser sa belle fille Helaine, laquelle lui avoit tellement entammé le cuer que à nulle autre chose terrienne il ne pensoit, mais seulement avoit tousjours en son cuer[1] empraint la beauté, le doulx regard, le gracieux maintien de Helaine, parquoy il en estoit tant espris d'ardant desir que à peines savoit il en quel point il estoit. Et ainsi en ses doulx pensers chevaucha tant avec ses gens[2] d'armes que il arriva devant la cité de Romme. Incontinent que les Sarrazins le virent venir, ilz leverent leur siege et se misrent tous ensemble et fermerent leur host. Et par ce point l'empereur Anthoine atout ses gens entra franchement en la cité de Romme, en laquelle il fut receu

---

[1]   t. en escript et*.
[2]   s. hommes g. d'a. *supp. d'ap. les habitudes du texte.*

tresgrandement du pape et des Rommains, et là se
reposa deux jours pour refere ses gens et remettre à
point leurs chevaulx et harnas. Lesquelz deux jours
35   durant le pape le festia et donna banquetz deux ou
trois fois. Et devisa le pape à lui de moult de choses,
entre lesquelles lui amonnesta fort qu'il se voulsist
desister de sa pensee, c'estoit de prendre sa fille à
mariage, car il trouveroit assés d'autres nobles et belles
40   filles et dont il seroit plus honnoré et plus cremeu que
de sa fille. Et si estoit chose tresmal seant d'avoir une
si perverse et enorme volenté. Mais de tout ce oncques
l'empereur Anthoine n'en mua, mais plus lui en parloit
on et plus on l'atisoit et alumoit. Et qu'il soit vray il fist
45   paindre sa fille es pillers et parois du palais affin que
sa beaulté il peust plus remirer. Et, quant le pape vist
ce, il le blasma assés, mais l'empereur /17v° lui
respondist que plus il n'en parlast et que ce qui estoit
fait estoit fait et que par le plaisir qu'il prendroit en
50   remirant sa fille, c'estassavoir sa pourtraicture, son
hardement et sa force doubleroient, et de plus en plus
desireroit combatre pour amour d'elle les ennemis de
Dieu pour le los et pris d'elle acquerir et avoir. Le
pape, oyant ses paroles, commença à larmoyer de la
55   pité qu'il en avoit et à prier Dieu mercy, que par Sa
pitié Il voulsist cestui empereur garder de pechier et de
la faulce et mauvaise temptacion de l'Ennemy d'enfer.
Et atant de ceste matere il laissa le parler et lui
commença à parler de la bataille, comment son plaisir
60   estoit d'en ordonner et comment ne quel lieu les
Rommains tiendroient. L'empereur lui respondist que
ja les Rommains ne viendroient en bataille avec les
Grecs, car ilz estoient assés puissans pour combatre les
Sarrazins, ainçois vouloit que les Rommains
65   gardassent leur cité comme pour eulx et qu'ilz fussent
prestz en armes à celle fin que, ce ilz estoient ruez jus,
qu'ilz peussent eulx et leur cité aydier et desfendre.

Laquelle chose les Rommains firent et conclurent de tous poins la maniere de ordonner la bataille.

Comment l'empereur desconfist les Sarrazins devant Romme. XIIe chappitre. /18r°

Quant ce vinst au .IIIe jour et que l'empereur Anthoine vist que ses gens estoient rafrechis, il fist crier à son de trompe que ses gens d'armes fussent prestz et armez, car il vouloit combatre à ce matin ses
5   ennemis. Incontinent aprés le cris fait, les Grecz se commencerent à armer et mectre en point de tresgrant cuer et puis saillirent es champs, l'empereur devant comme chief et capitaine de tous, et fist mettre ses gens en bataille et puis ala tout au long d'icelle de renc
10   en renc, donnant couraige à ses gens d'armes, lesquelx, come il sembloit et bien le monstrerent, ne desiroient autre chose que d'assembler à leurs ennemis. D'autre part de la montaigne* estoit le roy Bruyant, qui avoit en sa compaignie deux roix, l'un nommé Hurtault, qui
15   estoit aumachour ou admiral, et l'autre estoit nommé Abel. Lesquelz trois roys ensemble, accompaigniez de .IIII^c. mil Sarrazins, avoient /18v° juré ensemble de destruire toute crestienté. Et pour ce, quant ilz virent les crestiens en ordonnance de bataille partir de la cité,
20   ilz se commencerent à arengier et mettre en bataille, et menoient si grant bruit d'une part et d'autre qu'i sembloit que la terre tramblast. Incontinent qu'ilz furent prestz d'un costé et d'autre, trompectes et clarons commencerent à sonner et gens d'armes à
25   aprouchier et picquerent chevaulx d'esperon et misrent les lances es arrois et commencerent à combatre et à pousser l'un l'autre par terre et à tuer merveilleusement et copper bras et jambes sans quelconque pitié ou misericorde. En ceste crueuse bataille estoit l'empereur
30   Anthoine, qui tousjours donnoit grant couraige à ses gens et leur promectoit de grans dons; lesquelz combatoient couraigeusement et vaillamment et aussi

l'empereur qui combatoit merveilleusement fort*,
parquoy les siens prenoient de plus en plus courage.
Et, comme dit nostre hystoire[1], du premier cop
l'empereur tua le roy Abel de sa propre main, qui fut
ung tresgrant esbaÿssement pour les Sarrazins. Et ainsi
se combatirent tout le jour que à peines sçavoit on à
qui donner la victoire non obstant que la perte des
Sarrazins estoit sans comparison plus grande que celle
des crestiens, et aussi les Sarrazins estoient quatre
contre ung. Et finablement ilz se combatirent tant et si
longuement que la nuyt les separa et les convinst
retraire chascun à sa chascune. Et demeurerent en ce
point jusques à* lendemain qu'il* commencerent[2]
arriere à combatre comme devant et combatirent
jusques au vespre que à peinne savoit on qui avoit la
victoire. Et y avoit tant de gens mors que les /19r°
monceaulx estoient si grans que c'estoit une droitte
pitié, et couroit le sang à grans ruisseaulx tant que en
pluseurs lieux les combatans estoient ou sang jusques
es genoulx. Quant l'empereur Anthoine vist le grant
effort de ses ennemis, il prinst couraige en soy et là
commença à combatre aussi vaillamment que nul
corps d'omme pouroit faire sans redoubter la mort et se
bouta si avant entre les ennemis qu'il ne pouoit avoir
nul secours des siens. Et en se combatant et tuant
Sarrazins sans nombre lui fut tué son cheval. Il se mist
à pié, l'espee ou poing, et se deffendoit
merveilleusement et tant que à peinne l'osoient ses
ennemis aprouchier, en criant son enseigne à haulte
voix. Et si fort cria que ung sien nepveu l'oÿst, qui
estoit vaillant chevalier, qui incontinent entendist que
son oncle avoit afaire. Si picqua cheval d'esperon et
ala à son oncle et par si grant force qu'il rompist la

---

[1] h. que d. *suppr.*
[2] co *fin de ligne.*

presse en abatant et tuant Sarrazins jusques là où estoit
sondit oncle l'empereur, lequel il trouva à pié en grant
dangier et le fist remonter à cheval maugré ses
ennemis. Quant l'empereur se vist à cheval par le
70   moyen de son nepveu, il fut moult joyeux et lui en
sceust grant gré et lui dist: «Ha! mon treschier nepveu,
puis que par vous suis remonté et que nous deux
sommes ensemble, je vous prie que au jourd'uy nous
deux faisons si vaillamment pour l'amour de la belle
75   Helaine, ma fille, qu'il en soit à tousjours mais
memoire.»
        Quant le noble prince, son nepveur, oÿst ces
paroles, il fut bien mal content, car il avoit noble
couraige en soy et vist que son oncle n'avoit point
80   encores delaissié sa fole erreur /19v° et concupiscence
charnelle, de quoy pluseurs fois l'avoit reprins et
blasmé par avant. Si lui respondist: «Ha! oncle plain
de l'Ennemy, je voy bien que encores estes vous en
vostre erreur; pour ce jamais plus ne vous vueil veoir
85   ne estre en vostre compaignie puis que pour celle folie
vous combatez qui est vostre perdicion. Car, quant à
moy, je ne vueil combatre à autre querelle que pour la
foy catholique et pour le salut de mon ame, et adieu
vous dy.» Et aprés ce mot le nepveu de l'empereur
90   picqua cheval d'esperon et se bouta si avant entre ses
ennemis que oncques puis ne fut veu de nul crestien,
mais fut occis, dont ce fut grant domaige.
Toutesvoyes, quant vint au derrain, par la grace et
misericorde de Dieu, l'empereur Anthoine tua de sa
95   propre main le roy Hurtault et si getta par terre le roy
Bruyant tellement que par les gens de l'empereur il fut
mis tout par pieces, dont ses gens furent bien esbaÿs et
tellement qu'ilz tournerent le doz et s'en fuyrent les
ungs au bois, les autres en hayes et buissons et les
100   autres contre la mer où leurs vaisseaulx estoient, et
s'en fuyoient sans attendre l'un l'autre, car les Grecz les

suivoient de si prés qu'ilz n'avoient loisir d'attendre l'un l'autre, et les tuoient sans en prendre pitié ne mercy. Là fut la tuyerie si grande que à peinnes le vous seroit* on recorder. En ceste bataille perdist l'empereur beaucob de ses gens ja soit qu'il gaigna la journee, et entre les autres perdist ung sien nepveu, dont il fut moult doulant, combien que par pluseurs fois icellui nepveu l'avoit blasmé de ce qu'il vouloit avoir sa fille en mariage, et en avoient eu pluseurs fois /20r° l'empereur et lui de grosses paroles ensemble, desquelles nous taisons pour le present.

XIIIᵉ chappitre. Comment le pape donna puissance à l'empereur de espouser sa fille Helayne.

Aprés ceste glorieuse victoire l'empereur Anthoine, tout remply de joye, atout ses gens d'armes en tresgrant triumphe retourna à Romme. Et tantost nostre Saint Pere le pape, accompaignié de ses
5   cardinaulx, en tresgrant reverance et honneur lui vinst au devant et le receust tresbenignement en lui monstrant une paternelle amour et le convoya jusques en son palaix où tout prestement le noble empereur se fist desarmer et revestir de riches abilemens et
10   commanda que partout ses gens fussent bien visitez et logiez et que les navrez fussent mis à point et consolez. Laquelle chose fist faire le pape tout prestement. Et ne demeura gaires que les tables furent mises, et soupperent ensemble le pape et l'empereur.
15   En laquelle chose faisant remercia le pape à l'empereur tresgrandement de son bon service et lui presenta à faire tel don que il lui plairoit demander. Mais l'empereur lui respondist qu'il ne vouloit autre chose se non ce qu'il lui avoit promis, c'estoit la dispensacion
20   qu'il lui avoit donné de pouoir avoir Helaine, sa fille, à mariage, dont le pape fut fort troublé combien qu'il n'en fist semblant, et lui pria que le demain voulsist aler oÿr messe à Saint Pierre, que lui mesmes vouloit celebrer. Aprés laquelle celebracion et consecracion
25   du corps de Jhesucrist il lui donneroit[1] pla /20v°niere absolucion de peine et de coulpe*; laquelle chose lui accorda l'empereur et en fut tresjoyeux. Et pour ce, tout prestement que ilz eurent prins leur refection, l'empereur, qui treslas estoit, se partist et s'en ala

---

[1]   l. donna p.

reposer jusques à* lendemain, et aussi fist le pape pareillement.

Quant vinst le demain au matin et que le pape et l'empereur furent levez, ilz vindrent à l'eglise de Saint Pierre. Et là se revestist incontinent le pape des armes de Nostre Seigneur et commença par grant devocion le saint service de Dieu et consacra le cors de Nostre Seigneur Jhesucrist et tant qu'il vinst en Son *memento** et commença tresdevotement à prier Dieu mercy pour l'empereur Anthoine en requerant que par Sa debonnaire clemence Il lui voulsist demonstrer par signe ou autrement que ce vouloit estre ce que l'empereur avoit telle voulenté que de vouloir avoir sa fille à mariage. Nostre Seigneur, qui oÿst sa priere, lui dist qu'il lui dispensast hardiement et Le laissast couvenir du remenant, «car saichiez», disoit Nostre Seigneur en vision au pape, «que ja n'avra habitacion charnelle à elle», dont le pape regracia et loua Nostre Seigneur, et puis parfist son service. Aprés lequel fait, l'empereur vinst devant l'autel et se mist à genoulx treshumblement et receust la benediction du pape, lequel lui dist: «Mon treschier filz, je te donne la grace de espouser ta fille se c'est la voulenté de Nostre Seigneur Jhesucrist. Et tout le pechié qui en descendra, de l'auctorité de Dieu, de saint Piere et de saint Pol, je le* te perdonne et te[2] remetz au jourd'uy ou saint estat d'innocence et de purté.» Et de ceste parole l'enclina l'empereur, qui si tresjoyeux estoit que à peinnes il lui sembloit que le cuer lui voulast en aer. Aprés toutes ces choses ainsi faictes, ilz s'en alerent disner /21r° et reprendre leur refection, et demeurerent[3] ce jour en tresgrant joye et jubilacion. Et fist crier l'empereur par toute la cité que tout homme de ses gens qui pouroit

---

[2]   e. le t.
[3]   demeurent.

chevauchier fust le demain prestz, car il se vouloit
partir pour retourner à Constantinoble.

Le XIIIIe chappitre. Comment Helaine remonstroit à son pere qu'il ne la pouoit avoir à femme.

Quant ce vinst le lendemain au matin, le noble empereur Anthoine vinst devers nostre Saint Pere le pape et prinst congié de lui, lequel lui donna tresvoulentiers et lui donna la benediction et le recommanda en la garde de Nostre Seigneur. Si se mist icellui empereur en chemin atout ce qu'il avoit de gens et fist tant par ses journees que il revinst et arriva en sa cité de Constantinoble. En laquelle sa belle fille Helaine lui vinst au devant et le festia et receust comme il appartenoit et comme celle qui à autre chose ne pensoit fort* que à tout honneur et à tout bien, ne jamais n'eust pensé que son pere l'empereur fust en celle erreur en laquelle il estoit quant il se partist, mais cuidoit que par le bon conseil du Saint Pere et des notables clercs romains son couraige lui fust changié. Et pour ce tout l'onneur et reverance qu'elle pouoit elle lui portoit et aussi ainsi que faire le devoit et tenue y estoit. Et de ce lui sçavoit l'empereur tresbon gré et cuidoit par le contraire que le cuer de sa fille fust mué et qu'elle fust contente de obeïr à lui et de faire sa voulenté, parquoy /21v° il se monstroit plus joyeux. Et pour ce tout prestement en envoya tous ses gens d'armes en les payant de leurs souldees bien largement, lesquelz s'en retournerent chascun en son estre.

Quant l'empereur fut quitte et delivré de ses gens d'armes, il appella sa fille Helaine et lui monstra la conclusion de son intencion et aussi la dispensacion papale, comment par l'auctorité de Nostre Saint Pere il le* pouoit prendre sans pechié en mariage. Et pourtant dist il: «Ma belle fille, vueilliez vous sur ce fait preparer et ordonner, car, au plaisir de Dieu, puis que

j'en ay la grace, je vous vueil demain sans plus
actendre esposer, et vous feray dame et compaigne
35 avec moy de tout mon empire.» Quant ceste noble
pucelle oÿst ainsi parler son pere, le sang lui
commença à movoir et troublé*. Si se getta à genoulx
devant l'empereur son pere et* plorant piteusement et
lui dist: «Ha! tresredoubté empereur et mon treschier
40 seigneur et pere, pour Dieu, vueilliez consideré* vostre
voulenté et vueilliez avoir pitié de moy qui suis vostre
fille, et vueilliez changier vostre couraige, car sans
nulle doubte, ja soit ce que accordé vous soit de nostre
Saint Pere, si devez vous savoir et croire que c'est
45 contre Dieu et contre raison que homme ait
compaignie charnelle à sa fille. Mon treschier pere,
quel delit prendrez vous en moy qui suis vostre fille?
Or puis je bien dire que, se vostre voulenté ne se mue,
je seray la plus maudite de toutes les autres femmes du
50 monde. Ha! mon treschier pere, que dira le peuple?
Que diront les anges de vous devant Dieu? Quel
rapport feront ilz de vostre contenance? Certes je sçay
que tout le merite du bien que vous feistes oncques en
combatant contre les ennemis de Jhesucrist se perdra
55 et anichillera par le moyen de vostre mauvais et
pervers corage. /22r° Helas! mon treschier pere, muez
vostre sentence, je vous en prie, en l'onneur de celle
glorieuse Vierge mere qui neuf mois le doulx Sauveur
Jhesucrist porta en ses precieux flans. — Par ma foy,
60 ma belle fille, respond l'empereur, vous perdez vostre
peine à vous ainsi desconforter, car sans nulle doubte
soyés toute certaine que, puis que j'en ay la grace et le
congié, je vueil que ainsi en soit fait. Si vous dis une
fois pour toutes que sur ce fait vous vous aprestez et
65 ordonnez.»

Et, tendis que ces choses se fasoient, s'aprestoit le
souppé que l'empereur avoit commandé à faire si
grandement que plus on ne pouoit. Quant le souppé fut

prest, l'empereur s'assist et fist seoir sa fille au plus
prés de lui. Les seigneurs et les dames s'assirent
chascun selon lui, et menoient et fasoient chascun
feste et joye; mais qui qui feist feste, la belle Helaine
ne veoit chose qui lui pleust, ains pensoit à son fait et
comment elle se pourroit delivrer de son pere, ainsi
qu'elle fist, comme vous orrez cy aprés.

XVᵉ chappitre. Comment Helayne s'en fuist par mer et laissa son pere.

Aprés ce noble soupper où pluseurs esbatemens furent fais, l'empereur appella la dame Beatrix et lui commanda qu'elle fist bonne garde de sa fille et que demain* tout fust prest et qu'elle l'apareillast en estat
5   royal au mieux et au plus richement qu'elle pouroit, car son entencion estoit que sans plus attendre il la vouloit espouser. Laquelle Beatrix lui dist: «Sire, j'en feray tout le mieux que je savray ne pouray.»

A ces /22vº motz, l'empereur donna congié à
10   chascun, et s'en alerent reposer jusques à* lendemain. Et l'empereur s'en ala couchier et reposer. Mais saichiez que sa belle fille Helaine, qui tel dueil demenoit qu'il sembloit que prestement deust finer sa vie et perdre sens et memoire, n'avoit talent de dormir
15   et, se n'eust esté sa maistresse Beatrix, l'ystoire dist que elle se fust occise; mais elle lui dist: «Ma treschiere dame, pour vostre salut, je ne sçay autre remede se non tant seulement que vous alez au rivage de la mer et faictes tant à ung maronnier qu'il vous
20   maine en aucune region jusques à ung certain temps pour veoir se le couraige de vostre pere se mueroit.»

Tantost que Helaine l'entendist, elle lui remercia tresgrandement. Et se vestist et para selon ce qu'elle avoit à ffaire, et prinst argent assez et tout coyement
25   partist de sa chambre et commanda à Dieu sa maistresse. Et se mist au chemin tant qu'elle vinst au rivaige où elle trouva ung maronnier, lequel incontinent la cougneust et sceust de certain que c'estoit la fille de l'empereur. Et lui demanda pourquoy
30   elle s'en aloit ainsi seule. Helaine lui dist la cause. Mais quant il l'eust entendue, il lui en prinst si grant pitié que il lui promist que jamais ne lui fauldroit et

que avec elle comme son loyal serviteur iroit à
l'aventure de Nostre Seigneur.

De ceste response fut la pucelle tresjoyeuse et en
rendist graces à Dieu et entra ou bateau et tantost le
bon maronnier leva son voyelle et desancra en soy
recommandant à Dieu et à Sa glorieuse mere. Si
s'esquippa en mer et tantost se leva ung vent et
incontinent le* eslongna du port /23r° tellement que,
ainçois qu'il fust jour, ilz estoient esloigniez de
Constantinoble plus de deux cens lieuves. Mais qui
vous vouldroit raconter les piteux regretz et
lamentacions que Helaine fasoit, on vous en pouroit
tenir assés longuement, car à peine vous pouroit on
dire les piteux regretz et motz qu'elle disoit et
comment elle se complaignoit, puis à Dieu, puis à
Fortune, puis à son pere, puis à son empire qu'elle
laissoit pour eschever pechié. Mais de tout ce nous ne
vous en recorderons autre chose pour ores, mais
retournerons à l'empereur Anthoine, comment il s'en
ordonna, car puis ceste heure il ne la vist que
.XXXIIII. ans ne fussent passez, comme dit nostre
hystoire.

Le XVIᵉ chappitre. Comment l'empereur Anthoine envoya querir sa fille pour esposer.

Quant ce vinst le demain au matin que l'empereur fut levé et paré, il s'en ala contre l'eglise, accompaignié de pluseurs nobles barons. Et, incontinent qu'il fut là venu, il appella son maistre seneschal et lui commanda
5   qu'il alast à l'ostel de sa fille et qu'il la feist venir et haster et la amenast à l'eglise avec lui[1] et en la compaignie de ses damoiselles, et que il fist despechier dame Beatrix, à laquelle il l'avoit chargie et commandé*. Lequel commandement fist le seneschal,
10   car tout prestement il s'en vinst en la chambre des dames et hurta à l'uy. Si vinst dame Beatrix qui ouvrist l'uis au seneschal, laquelle fasoit une tresmate chiere et ung trespiteux semblant. Adonc /23vᵒ le seneschal lui dist: «Dame, l'empereur vous mande par moy que vous
15   vous delivrez et faictes venir sa fille tost et appertement, car il est tout prest à l'eglise et aussi est le prestre revestu et prest qui les doit espouser.»
Quant dame Beatrix oÿst ces nouvelles, elle commença tresfort à sospirer et puis dist au seneschal:
20   «Par ma foy, sire, la chose ne va pas si bien que je voulsisse, car Helaine, laquelle je cuidoye trouver en son lit, s'en est alee quelque part que je n'en ay riens sceu. Et saichiez que, se je eusse osé, je le fusse pieça alé dire à l'empereur; mais pour la doubte et paour que
25   j'ay eu et ay encores qu'il ne dy* que par ma deffaulte elle s'en est alee, je n'y ay osé alé*. Pour Dieu, sire seneschal, aydiés moy à ce besoing à moy excuser pour la sainte amour de Dieu. — Par ma foy, dame, dist le seneschal, vous en viendrez avec moy et direz

---

[1]   lui *mq. ajouté d'ap. le sens.*

la chose à l'empereur comme elle va; et puis il en fera et ordonnera à sa bonne voulenté.»

A ce mot le seneschal prinst la dame par la main et la emmena avec lui devant l'empereur, auquel il la presenta et dist: «Tressouverain empereur, vecy la maistresse de ma dame Helaine, vostre bonne et belle fille, qui m'a dit que icelle vostre fille Helaine s'en est enfuye anuy[2], ne scet en quel lieu, et que par son ame elle n'a riens sceu, se non que hiersoir elle dist qu'elle se vouloit occire en sa chambre, mais elle la destourna, et bien entendist d'elle qu'elle vouldroit estre noyee ou finee, au plaisir de Dieu. Et puis oÿst qu'elle se souhayda en ung bateau sur la mer sans voille et sans aviron, et puis fist Dieu Son plaisir d'elle. Si ne scet, mon treschier sire, ceste dame, qui moult /24r° me semble troublee de son evanuyssement, quel chemin elle avra tenu; et pour ce veez la cy, comme celle qui tant est triste que plus ne peult, qui vous crie mercy en vous priant, mon tresredoubté seigneur, que vous ayez pitié d'elle et lui perdonnez son ignorante diligence.»

---

2 q. anuyt i. v. f. H. s'en e. e. a, *sans doute mauvaise anticipation, corr. d'ap. la version en vers qui donne* s'en est anuyt (anuit) fuïe v. 772, 787.

Le XVIIᵉ chappitre. Comment l'empereur fist ardoir la dame qui donna le conseil à sa fille Helayne de s'en fuyr.

L'empereur, oyant son seneschal ainsi parler, commença faire une tresmauvaise chiere et devinst tout pale et commença à estraindre les dens, et sembloit bien à sa contenance qu'il estoit
5   merveilleusement couroucié; et demeura grant piece sans parler. Quant il peust parler, il dist: «Ha! faulce et mauvaise telle que vous estes maistresse de ma fille! vous sçavez bien que je la vous avoye mise en garde et tresexpressement recommandee arsoir seulement sur
10   peine d'encorir mon indignacion et que vous la gardissiez si bien que vous la me rendissiez à ce matin en point, et vous n'en avez riens fait, ainçois par vostre deffaulte et negligence elle s'en est alee[1]. Et qui plus est je cuide mieux que autrement que ce a esté par
15   vostre conseil qu'elle s'est de moy et de mon empire absentee et s'en est fuye, pour quoy nous et les nostres sommes privez de sa grant amour et doulceur. Pourquoy je vous fais sçavoir que, foy que dois à mon Createur, se ainçois que le jour d'uy soy* passé et
20   expiré vous ne la me rendez, vous sçavrez que vault offenser l'imperiale majesté; car je vous feray ardoir en ung feu ne ja pour /24vº homme ne femme qui en parle n'en serez deportee. Si ayez sur ce brief aviz et conseil.»
25   Quant dame Beatrix entendist les motz de l'empereur, elle fut bien esbaÿe, car elle cogneust que elle mesme c'estoit deceue, et pour cuidier bien faire. Si respondist moult tendrement plorant: «O mon souverain seigneur, de moy, vostre povre et humble

---

[1]   elle s'en est alee *mq. ajouté d'a. le sens et XVI, 21.*

servante, pouez faire de tout à vostre plaisir. Vecy le povre corps qui est prest de recevoir et souffrir tel peine qu'il vous plaira. Louez soit mon Createur quant Il m'a amené à ce que je puisse mort recevoir pour bien faire, Auquel je prie que par Sa debonnaire clemence vueille mon ame recevoir et la doer de la couronne[2] de martire, aussi vrayement qu'il scet la chose comment elle va et que ce que j'ay fait, je l'ay fait en bonne foy et pour bien. Saichiez, mon tresredoubté seigneur, que de vostre fille ne vous savroye je rendre raison, mais je suis seure et certaine qu'elle s'en est alee par mer en estrange contree pour eschever pechié, car il lui sembloit que, par droitte raison, sans pechié vous ne vous pouyez à elle delicter. Si prie à Dieu de paradis que en tel lieu elle puist ariver que ce soit au salut de son ame.»

Tantost que l'empereur entendist ces paroles, il commanda que ceste dame Beatrix fut incontinent prinse et arse et mise en cendres. Laquelle chose fut faicte, et fut prinse par le prevost et livree au borreau, lequel la mena es champs et là fut arse et mise en cendres en presence de l'empereur que* oncques ne partist de la place jusques à ce qu'elle fut finee.

Et, tout incontinent ce fait, l'empereur fit serement que jamais ne cesseroit d'aler par mer et par terre tant qu'il l'avroit retrouvee et que d'elle il avroit nouvelles certaines./25r° Et pour ce serement accomplir, il fist incontinent trouser et baguer son avoir sur chariotz et muletz et prinst avec lui grosse compaignie de chevaliers sur le nombre de quatre mil. Et, aprés qu'il eust ordonné du gouvernement de sa terre et de son peuple, il se mist en chemin et entra en sa queste, en laquelle il demeura .XXXIII. ans* ainçois qu'il en eust nouvelles. Ouquel terme il eust pluseurs maulx à

---

2   coure.

souffrir que on en pouroit plorer larmes de sang,
65   duquel vous lairons à parler et vous compterons
comment Helaine fist et où elle ariva.

Le XVIIIᵉ chappitre. Comment Helayne arriva et* une eglise de nonnains en Flandres.

Nostre hystoire dit que la debonnaire Helaine, elle estant en la haulte mer de Grece, tout* seule excepté le maronnier, lequel pour l'amour de Dieu et d'elle s'estoit mis ou peril de mer avec elle, menoit ung dueil si tresgrant et si piteux que c'estoit une piteuse chose. Et de ce ne vous dois je point faire de compte, car vous devez savoir en vous mesmes quelle douleur se pouoit estre à une dame tant noble et de si haut lignaige comme elle estoit de laissier ainsi son empire et seigneurie et le lieu de sa nativité. O! que je cuyde qu'elle getta maintes larmes doloreuses! et si ne cuyde point du contraire qu'elle n'eust maintes douleurs et peinnes en celle perilleuse mer, et sans doubte aussi eust elle tant par les ondes de la mer, qui souvent lui fasoient verser et cliner son bateau, et souventesfois eust esté perie /25v° ce n'eust esté la vraye disposicion de Nostre Seigneur, qui tout avoit en Son vray jugement ordonné pour Sa glorieuse magnificence en la noble damoiselle magnifier et monstrer, comme Il fist. Car, aprés moult et pluseurs nobles enterines et cordiales prieres que ceste douloureuse et fortunee damoiselle Helainne eust rendues et faictes à Nostre Seigneur Jhesucrist, tant pour le salut de son ame principalment que pour le salut de son pere, pour lequel elle prioit Dieu continuelment que sa mauvaise intencion lui voulsist perdonner, et aussi pour le salut de tout le peuple crestien et pour tous les trespassés de ce siecle miserable, à grant douleur et tribulacion de corps, en grant traveil de ses membres doulz et tendres, si perdus et si amatis que plus elle n'en pouoit, à la loenge de Dieu le Createur et Pere tout puissant, en la compaignie de son maronnier, qui moult de biens

et d'ayde lui avoit fait tant en elle paistre comme en
elle reconfortant, elle ariva au bort de la mer en ung
35   païs nommé pour le temps Vautembron*; mais,
comme dist nostre hystoire, on le appelle maintenant
la marche de Flandres. Et y avoit au temps d'adonc
ung roy payen, et aussi tout le peuple estoit servant et
creant en ydoles comme en Jupiter, en Mars et en
40   Marcure et autres dieux et deesses dont nous nous
taisons. Auquel port ainsi ceste vaillant dame Helaine
venue et arrivee monta sur terre et parceust prés de là
une perroge ou¹ eglise*, en laquelle se adreça,
tousjours en la compaignie de son maronnier. Et dit
45   l'ystoire que en aprochant ladicte eglise, les cloches de
l'eglise commencerent à sonner à par elles*, dont les
dames du monastere furent moult esbaÿes. Et dist
nostre hystoire /26r° que ceste eglise estoit une eglise
de nonnains qui là vivoient soubz treü et comme en la
50   subjection du roy de la marche. Et pour ce ces bonnes
dames, qui là estoient servans à Nostre Seigneur
Jhesucrist en jeunes et en oroisons, quant elles oÿrent
leurs cloches sonner, elles yssirent hors de leur
monastere et vindrent veoir que c'estoit. Si trouverent
55   ceste desolee et tormentee dame Helaine, laquelle elles
receurent treshumblement et honnorablement, et
l'emmenerent en leur eglise et le maronnier aussi,
lequel firent retraire avec aucuns de l'eglise, facteurs et
gouverneurs* d'icelle.

---

¹   ou *manque.*

Le XIXᵉ chappitre. Comment Helayne s'en ala dudit monastere.

Ceste doloreuse et fortunee dame Helaine venue et arrivee en ce monastere, les dames lui commencerent à faire du bien et à la refocilier, et souventesfois lui demanderent qui elle estoit et dont elle estoit, car bien elle monstroit à son maintien qu'elle estoit d'aucun bon lieu yssue et venue, mais la certaineté de son estat oncques ne leur volt dire ne recognoistre, ains disoit qu'elle estoit fille de ce povre maronnier pour soy couvrir et aussi pour son honneur garder. Si ne fut point longuement la dame oudit monastere qu'elle revinst en sa tresbelle beauté et tant que chascun parloit de sa beauté. Et ala ceste besoingne tant de l'un à l'autre que on dist au roy du païs que en son royaume avoit une damoiselle tant belle qu'il n'estoit homme mortel qui saouler se peust de la regarder, et si ne sçavoit /26v° on qui elle estoit, car elle estoit d'estrange terre nouvellement arrivee par mer, en la compaignie d'un seul homme qu'elle tenoit à pere, ung trespovre maronnier, ou monastere de ces nonnains. Quant le roy entendist ces nouvelles, pour savoir que c'estoit, incontinent envoya querre ung messagier. Lequel il envoya pardevers les dames en leur mandant que la damoiselle qui depuis n'avoit guaires estoit venue par mer en leur monastere elles lui envoyassent sans point de faulte et sur peinne d'encourir son indignacion. Les dames, oyans le mandement du roy, s'en vinrent à la bonne damoiselle Helaine qui estoit en oroisons en l'oratoire du monastere, comme celle qui avoit voulenté de y faire sa perpetuelle residence, et lui monstrerent les lectres et mandement que le roy leur avoit mandé. Duquel mandement la vaillant damoiselle ne fut point trop joyeuse mais trés

desplaisant et doulante, car elle savoit bien que ce
n'estoit pour nul bien qu'il la mandoit, ains estoit pour
35 la beaulté d'elle, comme elle doubtoit. Et pour ce elle
se avisa et dist: «Mes chieres dames, loé soit Dieu! Je
suis preste et appareillee de faire vostre bon plaisir,
mais je vous prie qu'il vous plaise attendre jusques à
demain*, et nous toutes ensemble prierons Dieu que je
40 puisse tellement exploittier devers vostre roy que ce
soit au salut de son ame et des nostres.»

Laquelle requeste lui fut de toutes les dames
accordee et mesme du messagier, comme ceulx qui
cuidoient que ce qu'elle disoit fust à bonne entencion,
45 et aussi fasoit elle, mais ce n'estoit pas ainsi qu'ilz
pensoient. /27r° Car, tout prestement que la nuyt fut
venue, elle yssist tout doulcement de sa selle et s'en
vinst en la chambre de son maronnier, lequel elle
appella et lui dist que son entencion estoit qu'elle s'en
50 vouloit retourner par mer quelque part, car elle savoit
bien que ce roy payen estoit tirant et de mauvais
couraige plain. Et pour ce elle se amoit mieulx encores
à mettre ou peril de la mer que soy mettre ou dengier
de ce tirant. Lequel maronnier comme vaillant
55 preudomme tout incontinent mist à point son bateau et
la remonta deans icellui et leverent le voille; et se leva
ung vent et commencerent incontinent à eslongnier le
port et trouverent une flote de marchans crestiens qui
aloient d'une marche en l'autre pour faire leur
60 marchandise, avec lesquelz ilz s'accompaignerent.
Ainsi laissa la bonne dame Helaine son monastere
pour garder son corps de blasme.

Le XXᵉ chappitre. Comment ung payen volt efforcier Helayne sur mer.

Ne demeura gaires de temps que ces bons marchans, singlans par mer avec eulx la bonne Helayne, furent encontrez de larrons et escumeurs de mer, qui tout prestement les assaillirent et prindrent, et finablement les menerent tous à bort, ne oncques ung tout seul marchant ne mesme le bon preudomme maronnier de Helaine, pour priere ne requeste qu'ilz sceussent faire, n'en eschappa nulz que ces larrons ne gettassent en la mer excepté la belle Helaine, laquelle ilz /27v° misrent en leur galee et la presenterent au patron, qui estoit maistre d'eulx tous. Lequel tirant et mauvais larron, tantost qu'il la vist tant belle et tant gente, elle qui encores n'avoit que .XIIII. ans, la commença tresfort à couvoitier et la prinst par la main, qui tant estoit blanche et tendre. Laquelle plouroit si tresfort et se lamentoit si piteusement que à peines le vous pouroit on dire, car les larmes plus clere* que fontaine lui couroient au long du visage, et sembloit que ce fussent gouttes de rosee sur fleurs, ainsi que on voit souvent ou mois de may sur les fleurs coulorees. Et en ce la regardoit ce larron et y prenoit si grant plaisir que soudainement il se commença tellement à eschauffer par le delit de concupiscence charnelle qu'il lui dist: «Ma tresbelle damoiselle, laissiez vostre plorer et vous reconfortez avec moy, car, foy que je dois à mon dieu Jupiter, vous m'estes la tresbien venue et vueil faire de vous ma maistresse et ma dame par amours ne ja moindre lit ne moindre boire ne mangier vous n'avrez de moy, car je vous voy si belle et si gracieuse que bien vous appartient avoir du bien. Et si vueil bien que vous saichiez que, quant je seray retourné en mon païs, je vous esposeray, et vous fay

foy et serement selon nostre foy payenne de vous tenir
comme ma femme et mon espeuse. Et ne vous
35   troublez en riens, mais venez en ma chambre veoir
mon tresor et ma richesse, lesquelz vous avrez du tout
à vostre abandon.»

A ce mot, il se leva, et la tenoit par la main, et entra
en sa galee en sa chambre pour faire sa voulenté de la
40   bonne damoiselle Helaine et accomplir, /28r° et la
commença à acoler et à baisier et elle de tant plus fort
à plorer et ses mains à detordre et à tirer ses cheveux.
Quant le payen vist qu'elle se demenoit ainsi, il lui
dist: «Dame, vous vous demenez sans cause car, foy
45   que je doy à mon dieu Jovis, je vous tiendray convent
de tout ce que vous ay promis et vous prendray à
mariage incontinent que je seray en mon païs retourné,
mais sans nulle faulte il vous couvient à ma voulenté
obeïr et convient que prestement vous soyez mon
50   amoreuse, car plus ne pouroye attendre ne mon desir
autrement estaindre. — Ha! sire, dit Helaine, dont
faictes vous grandement à blasmer, vous qui me
promettez prendre à mariage et que je seray vostre
espouse, et maintenant vous me voulez violer et
55   deshonnorer. Certes ce n'est point fait d'un noble cuer
ne de gentil homme de honnir la couche où il veult
dormir. Au moings, treschier sire, puis que c'est vostre
plaisir que ainsi soit, je vous requiers, par l'amour que
vous m'avez, que vous me donnez tant d'espace que,
60   ainçois que je accomplise vostre voulenté, je die une
oroison à mon Sauveur Jhesucrist, qui est mon Dieu et
Redempteur, et aussi je suis tresfort lassee et me
reposeray ung petit en ce faisant, et vous ferez bien et
en serez plus loé. — Par ma foy, dame, dit le payen, je
65   le vous accorde, mais je vueil que vous en
despeschiez, car je vueil bien que vous saichiez que, se
on me devoit pendre, si avray je de vous mon plaisir
ains que je perde la veue de vous.» A ce mot

respondist Helaine: «Sire, grant mercis.» Si se tourna
d'un costé et se getta à ge/28v°noulx et commença son
oroison telle ou semblable qui s'ensuit.

L'oroison que Helayne fist à Dieu*. XXIe chappitre.

«Sire Dieu, Pere tout puissant, ung seul Dieu
regnant en trois personnes comme le Pere, le Filz et le
Saint Esperit, vray Dieu, benoit par tous les siecles
devant et aprés toutes choses, qui tousjours as esté et
5   seras sans fin et sans commancement, et qui de Ta
seule parole creas le firmament et tout ce qui en lui est
contenu, comme le soleil, la lune et les estoilles, la
terre, la mer, l'air, le feu, qui sont les quatre elemens
norrissans toutes creatures vivans dessoubz Ton
10   glorieux ciel! Vray Dieu qui en la derrision et
abaissement de l'orgueil de l'Ennemy d'enfer daignas
du limon de la terre former et creer creature à Ton
benoist semblant et lui daignas donner ame perdurable
et perpetuelle, en confondant l'orgueilleux Lucifer qui
15   avoit dit qu'il monteroit au plus hault de Ton ciel et se
feroit semblable à Toy, et, à celle fin que plus Tu le
confondisses et hontiasses, en anoblissant Ta creature
du lymon de la terre formee, daignas descendre en une
tressainte et glorieuse vierge devant le siecle
20   predestinee et là prendre char humaine et y former ung
corps mortel, ce fut le doulx Jhesucrist, Ton glorieux
Filz, seconde personne de la Trinité — Lequel, pour
nostre redempcion, en lavant et en nettiant la
transgression de Ton commandement fait à nostre
25   premier geniteur Adam, Tu volus[1] faire souffrir mort
et passion en la benoite croix, en laquelle Il fut
doloreusement estendus, crucifiez, et d'une lance le
cuer tout oultre percié*, par laquelle mort furent /29r°
toutes Tes creatures qui celle foy tiennent et croyent
30   sauvees et rachetees —, Vray Pere, ainsi que tout ce
croy estre vray et que tout a esté fait par le conseil de

---

[1]   veulx, *corr. d'ap. la seule autre occ. CXI, 19.*

Ta vraye sapience, vueilles moy, mon tresdoulx Pere, à ce besoing secourir et[2] garder mon ame et mon corps du peril et dangier ouquel il est pour le present.

O glorieuse royne, mere des angeles et de toute la court de paradis, Vierge Marie, ma treschiere dame, vous qui estes la droitte fontaine de pitié, de consolacion, de misericorde et de grace, le refuge de tous cuers desolez, ma treschiere dame, si vrayement comme je croy que en vous s'aombra le glorieux et precieux corps de Jhesucrist, nostre doulx Sauveur, que vous portastes neuf moys en voz precieux flancs, et puis sans peinne et sans douleur vous en delivrastes et de voz doulces mamelles l'alaitastes, comme humble et doulce roynne que vous estiés et estes, doulce dame, qui maintenant regnés, couronnee de couronne de gloire, oyez la povre pecheresse qui vous fait maintenant priere et requeste. Vueilliez vostre tresdoulx Filz prier et requerir pour moy, lasse, doulante, comme celle qui du tout a mis en vous son espoir et comme celle qui croit de certain que tout vostre bon plaisir est le plaisir de Nostre Seigneur et vostre desplaisir est le Sien. Et pour ce je croy fermement que tout ce que vous Lui requerez, sans nul contredit vous l'avez. Pourtant, mon vray refuge, ma tresglorieuse Mere, secourez moy, il est heure, il est besoing. Je vous prie mercy. Et vous aussi, tous angeles et archangeles, cherubin*, seraphin*, trones, puissances et vertus, patriarches, prophetes, apostres, martirs, confés et vierges /29v°, et tous sains et sainctes, qui devant la face de Nostre Seigneur estes assistans et presens, secourez moy tous à ce besoing et priez mon doulx Sauveur qu'Il aist pitié de mon corps et de mon ame, vous qui regnez pardurablement en la gloire de paradis. Amen.»

---

2   et *mq. (fin de ligne).*

Ainsi ou pareille fut l'oroison de la bonne Helaine. Laquelle oroison faicte et accomplie, descliqua ung si grant cop de tonnoire que tous ceulx qui estoient es vaisseaulx avec dame Helayne sans nulz excepter
70 cheurent, et rompist la voille et trebucha, et une terrible onde d'eaue esleva la nef et puis la fist ravaler en l'eaue si perfont qu'il n'y eust si hardy qui eust talent de rigoler. Et prestement ung vent terrible se esleva, qui fist hurter la nef contre une roche maugré
75 tous les galios si durement qu'elle voula en plus de mil pieces ne ung tout seul homme n'y eschappa qu'il ne fust noyé. Et en celle tempeste dame Helaine, qui tousjours prioit Dieu mercy, prinst une hais à deux bras sur laquelle Nostre Seigneur la volt garder et
80 sauver, mais saichiés que ce ne fut point sans grave dangier de sa personne.

Le XXIIᵉ chappitre Comment Helayne arriva en Angleterre et comment elle trouva le roy Henry d'Angleterre.

Ceste noble damoiselle Helaine, ainsi que dit est, toute seule sur une planche, laquelle elle tenoit embrassee le mieulx qu'elle pouoit, souffrist tant de maulx que merveilles, car souventesfois /30r° elle tournoit ce dessoubz desseure par les ondes de l'eaue, et touteffois quelque douleur qu'elle souffrist, si avoit elle tousjours son cuer à prier Dieu mercy ne à autre chose elle n'entendoit, car il lui sembloit d'eure en heure qu'elle deust afonder et noyer; mais tousjours la gardoit Nostre Seigneur, quelque peinne ou tribulation qu'Il lui envoyast. Lequel, par Sa tresdebonnaire pitié, le troiziesme jour aprés ceste piteuse desolacion, ouquel terme, ja soit ce qu'elle eust assés beu, si n'avoit elle maingié ung seul morcel, Il la fist arriver à port de salut par le cours d'une riviere en laquelle elle entra ou païs et royaume d'Angleterre. Et vinst si bien, par la disposicion de Dieu, que assés prés d'un tresfort chastel qui estoit au roy d'Angleterre, lequel chastel estoit nommé Neufchastel, elle arriva en une place assés prés d'un jardin ouquel avoit pluseurs rainseaulx d'arbres. Esquelz rainseaux et par lesquelz, par le vouloir de Dieu, elle monta sur terre et entra en ce jardin et là se assist en plorant trés tendrement et de cuer* piteusement, comme celle qui ne savoit en quel païs ne en quelle marche elle estoit ne se ilz estoient crestiens ou payens. Et estoit ce jardin fait à cause d'une fontaine qui là sourdoit, de laquelle la bonne et vaillant dame lava ses mains et son visage, qui moult soullié et tourmenté estoit, tant par les pleurs et gemissemens qu'elle avoit comme par la peine et

douleur de l'eaue de la mer qu'elle avoit souffert et
porté.

De cestui royaume d'Engleterre estoit roy ung
tresgentil et josne damoisel, nommé Henry. Et disoit

35   on alors que c'estoit ung des gentilz roys qui fust pour
lors vivant, et n'estoit point marié, pourquoy il en
/30v° estoit plus joyeulx et plus amoreux. Tresbon
crestien estoit et aussi estoit tout son peuple, dont il
faisoit mieux à prisier et à honnorer. Et si dist nostre

40   hystoire que, à celle heure que ceste damoiselle
Helaine arriva ou jardin devantdit, cestui roy Henry
estoit en son chastel nommé Neufchastel et estoit yssu
hors pour aler en gibier, ainsi comme font de
coustume les princes. Si avinst si bien, ainsi que

45   aventure l'apporta et aussi que c'estoit la droite
disposicion et ordonnance de Nostre Seigneur, ainsi le
couvient dire, que cestui noble et josne roy ala au lieu
où estoit ceste damoiselle Helayne plorant et
gemissant et menant ung dueil tresmerveilleux.

50   Laquelle, veant cestui josne damoisel qui entroit oudit
vergier, se leva en terdant les larmes qui lui couroient
au long du visaige, qui estoit si beau et si plaisant que
nul homme mortel ne se[1]* sceust saouler de la
regarder, et lui fist une reverence sans mot dire. Lors

55   le roy Henry, qui desja avoit getté l'ueil sur elle,
l'aprocha de prés et lui dist: «Damoiselle, je prie à
Nostre Seigneur Jhesucrist qu'Il vous doint bonne
aventure.» Et en ce disant il mist pié à terre et
descendist de son cheval. Et la damoiselle lui dist:

60   «Sire, Dieu vous vueille garder de mal et vous doint
bonne vie et longue et accomplissement de voz bons et
nobles desirs!»

A ce mot le roy bailla son cheval à ung sien
serviteur et s'en vinst vers la pucelle qui moult estoit

---

[1]   se *mq. corr. d'ap. VII, 4; XIX, 15; XXIV, 11; CXLIV, 31.*

esploree. Laquelle prestement se getta à genoulx; il la prinst par la main et lui dist qu'elle se levast. Laquelle se leva, puis le roy la fist asseoir sur l'erbe au plus prés de lui et lui demanda qui elle estoit, mais elle ne volt dire la verité, ains lui dist qu'elle estoit povre esgaree et fille d'un povre maronnier qui noyé c'estoit nouvelle/31r°ment en la mer, et lui compta comment elle estoit là arrivee et venue sur une planche, qui encores estoit en la riviere, que elle lui monstra, dont le roy fut moult esbaÿ, et lui dist: «Par ma foy, ma belle et gracieuse damoiselle, je ne sçay se vous me dictes verité, mais de quelque lieu que vous soyez yssue, si estes vous belle, gente et gracieuse, et fusiez vous fille de roy ou d'empereur*, vous me soyez la tresbien venue en mon royaume, et ce soit à la loenge de Nostre Seigneur, car je ne fis pieça si belle prinse comme j'ay fait au jourd'uy, quant j'ay trouvé et prins une si belle damoiselle que vous estes, si gente et si gracieuse. — Ha! sire, dist Helaine, il vous plaist à dire! Dieu y vueille perfaire ce quil* y fault et vous doint sens et puissance de tellement gouverner vostre royaume que ce soit à la loenge de Son glorieux nom et au salut de vostre ame! — Grant mercy, damoiselle, respondist le roy, et pour vostre belle et gracieuse parole, se c'est vostre plaisir, vous me trouverez vostre amy par amours, et vous promest, s'il vous plaist moy donner vostre amour, que jamais jour de ma vie ne vous fauldray. — Par ma foy, sire, dit Helayne, je vous prometz que je n'ay talent d'amer par amours et vous feriez ung petit exploit en moy, car je ne suis que une povre esgaree, toute corrumpue de froit et de famine et de tresgrant povreté, car je vous prometz par ma foy que vecy le .IIIᵉ. jour que en mon corps n'entra ung seul lopin de pain ne d'autre viande.»

Le XXIIIᵉ chappitre. Comment le roy Henry receust Helayne et comment il la requist d'estre sa femme. /31v°

Tantost que ce noble roy Henry oÿst la damoiselle qui se complaignoit de non avoir maingié ne beu de trois jours, il se leva et la prinst par la main et la fist lever et lui dist: «Par ma foy, pucelle, vous avrez
5 prestement à maingier de telle viande qu'il vous plaira.» Si monta le roy à cheval et puis fist monter Helayne derriere lui ne il ne[1] volt souffrir que nully la ; it ja frappé d'un dart au cuer, qui le commençoit tresfort à esmouvoir et esprendre de l'amour de la
10 pucelle Helayne, et disoit en son cuer que c'estoit la plus belle pucelle que oncques en sa vie il eust veue ne regardee; et en chevauchant il regardoit ses belles mains et ses beaux bras[2] dont elle le tenoit embrassié par le mylieu du corps et les ravisoit, dont il estoit de
15 plus en plus enflambé de l'amour d'elle, et disoit en son cuer: «Je ne croy point que sans nule doubte que* ceste fille ne soit fille d'un grant prince ou d'aucun grant seigneur, car jamais si gracieuse pucelle ne si gente ne seroit yssue de bas lieu.»
20 Et puis souvent lui disoit: «Par ma foy, pucelle, je cuide que vous soyés d'autre lieu yssue que vous ne me dictes, car vostre gracieux maintien le me fait dire et aussi le monstre. Je vous prie que dire m'en vueilliez la verité, car, par ma foy, quelle que vous soyés, je
25 cougnois tant de bien et d'onneur en vous que j'ay en voulenté que vous soyez ma femme et mon espeuse, et vous feray dame et roynne de ce royaume d'Engleterre, s'i vous plaist. — Ha! sire, respondist Helayne, vous

---

1 ne *mq.*
2 bras *mq. (fin de ligne).*

avrez, se Dieu plaist, bon conseil, duquel vous userez;
si en serez loé et prisié et en accroistrez vostre renom
et honneur.» De laquelle responce le roy /32r° fut
moult esbaÿ, car elle respondoit tousjours en toutes
choses si saigement que merveilles et sans escondire
au roy sa peticion*, laquelle chose lui faisoit plus
couvoitier et amer la pucelle.

Et tant chevaucha le roy atout sa proye, de laquelle
il estoit tresjoyeux, qu'il vinst en son chastel. Et là fist
descendre la damoiselle et puis descendist et la prinst
par la main en* l'emmena en sa sale, là où il la fist
tresbien servir de maingier et de boire et se assist
emprés elle pour lui tenir compaignie et pour la
reconforter et consoler, car bien lui sembloit, comme
vray estoit, qu'elle avoit bien besoing de confort et
consolacion. Mais vous devez sçavoir que en ce
maingier le roy getta et infixa par moult de fois ses
yeux ou regard de la pucelle, qui tant estoit belle que
Nature n'y avoit riens oblié. Pourquoy de plus en plus
il s'enflamboit de l'amour d'elle et la servoit et lui
disoit: «Par ma foy, pucelle, bien devez estre mienne,
et me semble que je vous ay conquestee quant je vous
ay trouvee en ma terre et seigneurie sans gouverneur.
Et pour ce, ma tresbelle damoiselle, se vous n'avez une
seule roye de terre, si vous appartient bien estre une
grant dame et tenir ung royaume ou empire. Pour
laquelle cause je vous prometz, se c'est vostre plaisir,
que je vous feray royne d'Engleterre, car il me semble
que moy et tous ceulx de mon royaume nous devrons
tenir pour bien eureux qui serons en l'amour et en la
grace d'une tant belle damoiselle. — Ha! sire, pour
Dieu mercy, dist la belle Helayne. Vous savez bien
que je n'ay riens! Helas! Et que diroient voz barons et
voz princes se vous mettiez si bas comme à moy, qui
suis une /32v° povre fille esgaree, qui treshumblement
vous requiert vostre grace et prie que vostre plaisir soit

65   de moy garder mon honneur. Touteffois, sire, la bonne
voulenté de Nostre Seigneur Jhesucrist soit faicte et
tout ce qui Lui plaira de moy ordonner soit fait. Je ne
vueil refuser ne contredire à vostre bon plaisir en nulle
maniere quelconque, ains vous requiers et prie que
70   vous conseilliez à voz nobles princes et barons et
faictes selon leur bon conseil. — Damoiselle, dit le
roy, vous dictes bien, et pour vostre saige et gracieuse
responce j'ay voulenté d'en faire tellement que Dieu et
vous m'en savrez gré.»

Le XXIVᵉ chappitre. Comment le roy Henry mist Helayne en la garde de la dame de Clocestre.

Assés et longuement se deviserent le roy Henry et la bonne pucelle Helayne de ceste matere ainçois qu'ilz voulsissent laissier le parler. Et qui toutes leurs devises vous vouldroit compter et dire, on vous pourroit tenir trop longuement; si nous en tairons atant et vous dirons ainsi que nostre hystoire dist et procede. Laquelle dist que aprés pluseurs devises le roy la fist tresbien vestir et parer de riches habilemens; mais quant elle fut paree et abilee ce sembloit une ymage fait* pour regarder, tant estoit belle et gente et gracieuse, ne à peinnes* de son regard se pouoit on saouler. Adonc le roy Henry sans plus tarder fist la damoiselle monter sur ung riche palefroy, et puis monta et ses chevaliers ensemble et se partist de Neufchastel, qui situé estoit sur la riviere de Tine. Si commença à che/33r°vauchier tant qu'il vinst en sa cité de Londres.

Cestui noble roy avoit une mere, qui ja estoit trés ancienne et estoit de tresmalle nature, car à nul bienfait à peinne* pouoit elle entendre. Laquelle mere, à l'eure que son filz venoit en sa cité de Londres, estoit yssue sur les champs et s'esbanioit avec aucunes de ses dames selon ung bocquet pour son plaisir prendre. Si lui fut dit que le roy son filz revenoit et qu'il avoit trouvé la plus belle pucelle estrange que on pouoit veoir ne regarder, et la amenoit avec lui. Pour laquelle cause la mere du roy, oyant ces nouvelles, s'en vinst à l'encontre de son filz. Lequel, incontinent qu'il vist sa mere, comme bon filz vinst à l'encontre d'elle et la salua en soy humiliant tresgrandement. Et puis lui dist: «Ha! ma treschiere mere, j'ay trouvé la plus belle pucelle que on puist de* deux yeulx regarder. Je vous

prie, ma treschiere mere, qu'il la vous plaise festier et
recevoir, car je cuide selon mon essient qu'elle soit de
35   haulte extraction, car elle le monstre bien à son
semblant.»
    A ces motz la mere* commença à soubzrire et vinst
vers la pucelle et lui demanda de son estre. Laquelle
treshumblement et tout à trait lui dist tout en telle
40   maniere qu'elle avoit dit au roy. Et, quant la mere*
l'eust assés interroguee, elle s'en vinst vers son filz et
le commença à appeller par paroles assés rigoreuses et
le blasmer pourquoy ill avoit ainsi levee et prinse ceste
fille*, et si ne sçavoit qui elle estoit, et par aventure se
45   pouoit bien estre la servante d'aucun meschant homme
ou par aventure une garcette qui avoit son pere et sa
mere laissiez pour soy bouter en putterie ou
meschanté; parquoy à lui qui estoit roy mal
appartenoit de faire tel feste à une si /33v° povre garce
50   et qu'il seroit grandement blasmé s'il la louoit tant au
commencement qu'il lui couvenist blasmer en la fin.
«Ha! ma treschiere mere, pour Dieu, avisez que vous
dictes. Certes, ce ne se peult faire que une telle et si
saige creature, si gente et si gracieuse comme elle est,
55   fuist telle. Car je cuide selon mon entencion, se
honneur et gracieuseté estoient en toutes les femmes
du monde perdues, on les retrouveroit en elle. Et pour
ce je vueil bien que vous saichiez que je suis en ce
determiné que je en feray mon espeuse et ma femme.
60   — Ha! treschier filz, respondist la mere*, pour Dieu,
regardez que vous dictes. Je vous prometz, par la foy
que dois à Dieu mon Createur, se vous le faictes,
jamais à moy n'avrez paix ne elle aussi, et si vous
courrouceray du corps tous deux. — Que[1] dictes vous,
65   dame, respondist le roy? Et je vous prometz, par la foy
et serement de mon corps, se vous en faictes autrement

---

[1]   que, *mq. rétabli d'après le sens.*

que à point, je vous courrouceray moy mesmes;
combien que vous soyés ma mere, si ne vous en
deporteray je non plus que la moindre de mon
royaume.»

Et en ce disant ilz entrerent en la cité et vindrent
jusques au palaix où ilz descendirent tous ensemble. Et
tout prestement le roy commanda au duc de Clocestre
qu'il lui fist venir la duchesse sa femme. Laquelle
chose le duc fist. Quant la duchesse fut venue, le roy
lui bailla la belle et bonne Helaine en garde et lui
commanda qu'elle[2] en fist bonne garde et qu'elle en
feist au surplus comme de sa propre seur et qu'elle
advisast bien ses manieres et ses condicions et au
surplus qu'elle gardast bien que sa mere, la royne, ne
lui fist aucun desplaisir sur peinne d'encourir son
indignacion. Laquelle dame le fist ainsi[3] que le roy lui
avoit commandé. /34r°.Si demeura Helaine par aucuns
jours avec la duchesse où elle se entretinst si
gracieusement et si doulcement que nul n'y sceust que
reprendre.

---

2   quelle *répété*.
3   ainst.

Le XXVe chappitre Comment le roy Henry d'Engleterre espousa Helayne.

　　A celle espace de temps que ceste pucelle Helaine demeura en la garde de la duchesse de Clocestre, laquelle en fist bonne garde comme lui avoit commandé expressement le roy, icellui roy par
5　pluseurs fois la visita et consola. Car il n'estoit point ung seul jour qu'il ne la vousist veoir, tousjours attendant qu'il peust aucunement tourner le couraige de sa mere à ce qu'elle fust consentant qu'il la prinst en mariage; mais il n'en sceust oncques tant parler à sa
10　mere que nullement elle se voulsist consentir, mais plus lui en parloit le roy et plus s'en troubloit et tourmentoit. Et de fait par pluseurs princes icelle royne faisoit remonstrer à son filz la besoingne estre tresmal seant à ung roy si renommé, si noble et si honnoré de
15　prendre une telle femme de bas lieu yssue et de laquelle on n'avoit nulle cougnoissance. Lequel roy plus on lui en parloit et plus s'en enflammoit, et disoit : «Sans nulle doubte, je ne sçay dont elle est yssue, mais se elle estoit fille du plus povre villain du monde, si
20　vault elle bien, par son gracieux maintien, par son sens, qu'elle soit haultement logee. Car, combien que nous ne saichons point au vray qui elle est, si vous respons je que mon cuer me dist qu'elle est fille de roy ou d'empereur, laquelle par fortune[1] a fait veu ou
25　serement de celer son extraction et le /34v° lieu dont elle est yssue. Trop bien dit elle qu'elle est gregoise et de la cité de Constantinoble, et qu'elle est venue povre fille esgaree et de tous biens terriens desnuee; mais qui veult considerer son gracieux estat, je cuide qu'il ne

---

[1]　l. par aventure p. f. *redondant (changement de ligne); suppr. d'ap. le sens.*

dira point du contraire que je ne die verité. Et pour ce je vueil bien que chascun le saiche, soit ma dame ma mere, soient tous les princes de ma terre, que je la voy de si gracieux affaire, tant belle, tant saige et tant doulce que jamais autre femme que elle n'avray à mariage; ne me chault se elle n'a point d'argent, j'en ay, Dieu graces, assés pour nous deux. Et me semble que j'avray assés mais que je l'aye; et pour ce nul jamais ne m'en parle au contraire, car ainsi sera fait.»

Et que en brief je vous die, l'ystoire dit qu'il l'espousa tressollempnelment en la cité de Londres et furent fais pluseurs nobles esbatemens tant joustes comme tournois. De laquelle chose la mere du roy fut moult doulante, comme dist nostre hystoire, que ce n'eust esté le duc de Clocestre, qui tousjours servoit le roy loyalment, elle eust destruite ceste noble dame Helaine. Et de fait vinst, quant les esbatemens se fasoient sur les champs au dehors de Londres, es chambres de Helaine pour la faire desvestir et la mettre en ung bateau sur mer pour la faire mener hors du païs et des marches d'Angleterre. Dont le duc de Clocestre la blasma et reprinst grandement et rescouyst la bonne Helaine et la bailla arriere en la garde de la duchesse sa femme. Et bouta hors des chambres icellui duc la mere du roy, laquelle s'en partist tout prestement en menaçant tresfort le duc de Clocestre en disant que, se elle vivoit longuement, qu'elle feroit tant qu'elle s'en repentiroit et lui aussi et tous /35r° ceulx qui s'en estoient meslez et l'avoient gardee de faire sa volenté. Mais le duc n'en fist gaires de compte, ains refruma l'uys aprés elle en commandant à la duchesse que doresenavant en fist bonne garde et qu'elle en rendist bon compte au roy et à lui, et que pour homme ne pour femme elle ne l'esloignast, se le roy ou lui n'y venoient en personne. Et ainsi le fist elle. Car, quant les festes furent passees

et que le vespre fut venu, nul ne venoit en la chambre
de l'esposee qui peust par nulle voye ou maniere entrer
ens jusques à ce que le roy y envoya mesmes le duc de
Clocestre, qui tout prestement y ala et amena la belle
Helayne au roy, et lui dist: «Mon tressouverain
seigneur, vecy vostre espeuse. Sachiés, se ne feust la
bonne diligence de ma femme et le avancement de
mon fait, vous ne la sceussiez maintenant où trouver,
car ma dame vostre mere a ainsi et ainsi fait.» Et lui
compta tout ainsi comme la chose avoit esté.

Et aussi il parceust assés clerement que la belle
Helayne avoit eu à souffrir et qu'elle avoit ploré. Et
pour ce tout prestement il manda sa mere qu'elle vinst
parler à lui, mais ce fut pour riens, car oncques n'y volt
venir. Quant le roy vist ce[2], il lui manda par son
certain message qu'elle s'avisast bien de ce jour en
avant qu'elle ne fust telle ne si osee de mal faire ne
pourchassier à son espeuse Helaine. Car, foy qu'il
devoit à Dieu et à la couronne d'Engleterre, se elle lui
faisoit ou pourchassoit autre chose que bien, il ne la
deporteroit non plus que la plus petite femme de son
royaume.

Aprés toutes ces choses et que ce vinst aprés
soupper et les bancquetz fais, le roy donna à chascun
congié, car il lui tardoit que la nuyt vinst. /35v° Et
commenda que l'esposee fust preste et ordonné*, car il
se vouloit aler couchier. Laquelle chose fut faicte, et se
retraist chascun tant que le roy vinst en sa chambre où
son espeuse estoit. Laquelle incontinent vinst devant
lui et se getta à genoulx en lui priant que de sa grace il
lui pleust, avant qu'ilz couchassent ensemble, qu'ilz
rendissent graces et louenges à Nostre Seigneur et Lui
priassent mercy de leurs pechiés et que par Sa
debonnaire clemence Il leur donnast grace de faire

---

[2]   ce *mq. restitué d'ap.* XI, *45;* LXXII, *19;* LXXXVIII, *23.*

chose qui fuist à Son plaisir. Et ainsi le firent. Quant
ilz eurent ce fait, comme deux vrais amoreux ilz se
coucherent ensemble. Et dit nostre hystoire sur ce pas
que en celle propre nuyt ou au moings la nuyt
ensuivant le noble roy Henry engendra en elle deux
enffans masles, desquelz l'un fut nommé Bras et fut
pere saint Brise, et l'autre fut nommé Martin. Et dit
nostre hystoire que ce fut saint Martin, evesque de
Tours, qui coppa son mantel pour le donner à ung
povre qui demandoit l'aumosne à la porte de la cité
d'Amiens. Ainsi dont, comme dit est, le bon roy Henry
d'Engleterre espousa ceste noble dame Helayne, avec
laquelle il vesquit paisiblement tant peu de temps qu'il
fut avec elle. Car, comme vous orez assés tost, il la
perdist par le moyen et faulceté de sa propre mere, la
vielle royne d'Engleterre, dont elle eust trescruelle
deserte, car elle en fut arse et brulee en ung feu par le
commandement du roy son filz.

Mais nous nous tairons atant d'eulx et parlerons du
roy Anthoine, son pere, empereur de Constantinoble,
et comment ceste noble royne fut arriere separee de
son mary, le roy Henry d'Engleterre.

/36r° Le XXVIᵉ chappitre. Comment le pape envoya querir secours au roy Henry d'Engleterre.

Nostre hystoire dit que l'empereur Anthoine en ce temps queroit partout sa fille Helayne ne il ne venoit en nul port de mer qu'il ne enquerist d'elle, mais par nulle maniere il n'en savoit trouver nouvelles, dont il
5   estoit bien doulant. En ce temps et non point long temps aprés son departement de Constantinoble, il avinst que ung roy, nommé le roy Butoir, roy de Cecile, de Puille et de Calabre, atout plus de .IIIᶜ. mil Sarrazins et payens vinst assigier la cité de Romme.
10 Car en ce temps, comme dit nostre hystoire, tous les paÿs de Cecile, de Calabre et de Puille, de Tosquane et pluseurs autres paÿs voisins estoient payens et sarrazins et tenoient encores la adoracion des dieux; pourquoy souvent la cité de Romme et le païs
15 rommain avoit à souffrir. Cestui roy Butor doncques venu et arrivé devant la cité de Romme, il la fist envaÿr et assaillir pour la subjuguier et mettre à son obeÿssance s'il eust peu. Quant le pape et les Rommains parceurent ceste ordonnance, ilz se misrent
20 en deffence et garderent tresvaillamment leur cité. Et, à celle fin qu'ilz ne fussent vaincus ou que vivres ne leur faillissent ou qu'ilz n'eussent faulte de gens d'armes, le bon pape, qui estoit nommé Clement, envoya tout prestement son message, comme
25 autreffois il avoit fait, en la cité de Constantinoble devers l'empereur Anthoine pour avoir son ayde. Lequel message exploita tellement qu'il vinst en la cité. Mais, quant il /36v° fut venu, on lui dist qu'il avoit plus d'un an que l'empereur Anthoine s'en estoit
30 alé, et ne sçavoit on où, pour querir Helaine sa fille, qu'il avoit perdue, laquelle il vouloit avoir à mariage, mais onques puis de l'empereur ne de la fille ilz

n'avoient euz* nouvelles. Quant le message oÿst ces
nouvelles, comme esbaÿ, veant qu'il avoit perdue sa
peinne, se mist* tout prestement au chemin pour
retourner. Et fist tant par ses journees qu'il revinst en
la cité de Romme, et dist et racompta à Nostre Saint
Pere le pape tout ce qu'il avoit trouvé, dont le pape fut
moult esbaÿ et qui plus est moult doulant, car, par la
douleur qu'il en eust, il commença à plorer et à
regreter le bon empereur Anthoine si piteusement qu'il
n'estoit homme quil* n'en eust pitié, et à peinnes l'en
savoit on reconforter. Toutesvoyes au derrain il se
reconforta à Nostre Seigneur et fist prieres à Dieu pour
lui et pour sa fille. Et aussi ung de ses cardinaulx le
reconforta grandement, car il lui dist: «Pere saint, dist
il, mettez paix en vostre cuer, car encores cougnois je
ung tresnoble prince qui est creant en Nostre Seigneur
Jhesucrist, et cuide que en ce monde n'a plus vaillant
homme que lui ne qui plus de lui face à doubter. Car
de batailles il scet tous les tours et est treshardy, josne
et entreprenant. Et saichiez, Pere saint, que c'est
Henry, roy d'Engleterre. Et si ne fais nulle doubte que,
se vous l'envoyez requerir d'ayde en l'onneur de la
saincte foy de Jhesucrist, qu'il vous doye refuser, car il
est ung tresloyal crestien. Et, à celle fin qu'il se vueille
plus voulentiers esmouvoir et mettre sur les champs
atout son ost, vous lui manderez que, s'il vous veult
aydier à guerroyer et combatre les enne/37r°mis de
Jhesucrist, vous lui quitterez entierement tout le treü et
servaige que son royaume doit à la cité de Romme*.»

   Quant nostre Saint Pere entendist ceste raison, il en
fut moult joyeux et incontinent commença à demander
qui pouroit faire le message. Ledit cardinal respondit
que, se il plaisoit au Saint Pere, qu'il estoit prest et
appareillié de faire la legacion, dont le pape le
remercia grandement, et eust la charge de faire ce
message, et tant qu'il se partist de Romme le plus

secretement qu'il peust et passa tout oultre l'ost des
payens sans ce que riens en sceussent. Tantost qu'il fut
oultre, pour cheminer plus[1] seurement parmy les
royaumes de Gaule, lesquelz estoient encores
adoncques tous pleins de payens — car à ce temps la
cité de Paris estoit nommé Lutesse et n'estoit point de
si grant renommee comme elle est maintenant —, ledit
cardinal se mist en guise d'un payen marchant et
chemina tant qu'il vinst en une des citez de Gaule,
nommee Boulongne sur la mer, de laquelle cité estoit
roy et seigneur ung grant payen, nommé Bolus, qui
ladicte cité avoit fait fonder et de son nom nommer
Boulongne*.

---

[1]   c. pour s.

Le XXVIIe chappitre. Comment le roy Henry accorda à ung cardinal de aler secourir la cité de Romme et comment Helayne sceust que son pere, l'empereur Anthoine, la queroit par toutes marches et contrees.

Cestui noble cardinale* doncques estant en la cité de Boulougne, faindant qu'il fust marchant sarrazin, fut tant en ladicte cité /37v° qu'il eust trouvé navire pour passer oultre. Quant il eust trouvé, au plus tost qu'il peust il passa oultre par mer et arriva en Engleterre. Quant il fut arrivé, il prinst ses habis et se abila en cardinal et envoya ses messagiers devers le roy d'Engleterre pour lui anoncier le jour de sa venue, ainsi que à telz seigneurs bien appartient. Et puis se mist en chemin et fist tant que ce jour mesmes qu'il avoit mandé au bon roy Henry il entra en la cité de Londres. À laquelle entree le roy lui vinst au devant, accompaignié de grans seigneurs et barons, et le receust treshaultement comme cellui qui se tenoit vray filz de saincte Eglise et obeïssant à nostre saincte foy catholique. Et mena icellui roy le cardinal tout droit en son palaix, car il ne volt point souffrir qu'il eust autre hostel que le sien, dont le bon cardinal le remercia humblement. Ne demeura gaires que icellui cardinal, aprés ce qu'il fut ung petit reposé, s'en vinst devers le roy Henry et lui notifia la cause de sa venue et pourquoy nostre Saint Pere l'avoit envoyé pardevers lui en lui remonstrant que, se ainsi estoit que de sa grace il voulsist secourir la cité de Romme, il lui donnoit planiere absolucion de toutes exactions et tribus esquelz son royaume d'Engleterre estoit obligiez envers les Rommains. Le roy d'Engleterre, oyant ceste

requeste et le privillege que le pape[1] lui donnoit, fut
tresjoyeux. Et lors par deliberacion de son conseil fist
30   responce au cardinal que, à la requeste de nostre Saint
Pere le pape, il le tenoit bien pour commandement* et
estoit prest d'obeïr et se vouloit du tout emploier pour
la crestienté, et mesmement puis que ainsi estoit que
/38r° tout son païs et royaume seroit franc et quitte de
35   tout servage. «Et pour ce, reverend pere, dist le roy,
vous vous en retournerez pardevers nostre Saint Pere
le pape en moy recommandant à ses sainctes prieres.
Et lui direz depar moy que jamais je n'arraiteray, si
avray je les payens combatu atout ma puissance, qui
40   ont assigié la cité de Romme.»

Quant le noble cardinal eust oÿ la responce, il fut
moult joyeux et non sans cause, dont il remercia au
roy et à tous ses barons. Et, de l'auctorité de saint
Pierre et de saint Pol et par la puissance apostolique
45   dont il avoit la commission en ceste partie, il donna au
roy et à ses barons et à tous ceulx qui avec eulx
vouldroient aler en ceste armee planiere remission et
absolucion de tous leurs pechiés. Pour laquelle cause
tout prestement pluseurs du consentement du roy
50   prindrent la croisee pour aler avec lui. Et fist
incontinent icellui roy escripre lectres à tous les nobles
et autres de son royaume que chascun fut prest en
armes pour passer la mer avec lui et aler guerroyer les
ennemis de la foy de Jhesucrist et les siens. Lesquelz
55   subgetz comme obeïssans se misrent incontinent en
armes et bien en point et en grant puissance. Et dit
nostre histoire qu'ilz estoient bien en nombre .Cᵐ.
Anglois.

En ce temps durant, ce noble cardinal estant en
60   l'ostel du roy, la royne Helayne parla à lui par pluseurs
foys et lui demanda tout l'estat du pape, et pourquoy il

----

[1]   q. l roy l.

avoit mandé gens à secours de si lointaines marches
comme en Engleterre, veu et consideré que l'empereur
de Constantinoble à cause de sa femme lui appartenoit
de lignage et si estoit son plus prouchain voisin et ung
tresbon crestien, comme /38v° lui avoient par pluseurs
fois dit pelerins qui d'usaige aloient au saint pelerinage
de Jherusalem. Et ce disoit elle par couverture pour
savoir se elle pourroit oÿr nouvelles de son pere.
Lequel cardinal, comme cellui qui jamais ne pensast
que ce fust la fille de l'empereur Anthoine, lui
racompta comment nostre Saint Pere le pape avoit
envoyé devers l'empereur pour ceste cause, mais on ne
l'avoit point trouvé. Et ne savoit on où il estoit, car il
avoit ja passé plus d'un an qu'il estoit entré en une
queste, c'estassavoir d'une sienne fille, nommee
Helayne, laquelle s'en estoit enfuye hors de son empire
comme vaillant et plainne de toutes bonnes meurs,
pour ce que son pere l'empereur la vouloit prendre à
mariage, et en avoit tant fait que le pape l'en avoit
dispensé. Et pour ce fait l'empereur Anthoine n'estoit
point en son paÿs, mais estoit en ladicte queste atout
plus de quatre mil chevaliers. Pour laquelle cause
icellui Saint Pere, veant qu'il avoit failly, avoit envoyé
icellui cardinal pardevers le roy Henry d'Engleterre,
son filz de sainte Eglise. Et par ce point sceust la
roynne Helaine que son pere la queroit, dont elle fut
moult doulante, car il lui sembloit que, s'il la trouvoit,
qu'i la feroit, por la rage dont il estoit enflamé, ardoir
et destruire. Mais une autre douleur lui creust encores
plus grande et dont elle eust tant[2] de mal à souffrir que
ce fut une droitte pitié de l'oÿr racompter, ainsi que cy
apprés pourrez oÿr.

---

2   tant. *répété, fin de ligne.*

Le XXVIIIᵉ chappitre Comment le roy Henry se partist d'Engleterre et laissa sa femme en la garde du duc de Clocestre./39r°

Quant ce bon cardinal eust fait sa legacion et qu'il eust prins le serement du roy de accomplir ce que promis lui avoit, il se partist du païs d'Engleterre et s'en revinst par mer et se remist en guise de marchant
5 et revinst par Boulongne, en laquelle il ne demeura gaires, mais s'en partist au plus tost qu'il peust et passa parmy le royaume de Gaule, que maintenant on dist France, et tant chemina qu'il vinst en Lombardie, puis par Rommanie et puis en la cité de Romme. Et arriva
10 ung soir et puis vinst devant nostre Saint Pere, auquel il compta et dist la responce qu'il avoit eu du roy Henry d'Engleterre, dont le pape et les Rommains eurent grant joye.
    Or laissons à parler d'eulx et parlons du /39v° bon
15 roy Henry d'Engleterre qui fist son amas d'Englois à grant puissance et tant qu'il en assembla bien .Cᵐ. tant à pié comme à cheval, tous bien armez et abiliez pour combatre. Et, quant il eust tout apresté et qu'il fut prest pour partir, il appella sa mere, la vielle royne
20 d'Engleterre, et le duc de Clocestre espicialment, auquel il recommanda et bailla la charge de son royaume, en lui commandant que, sur peinne d'encorir son indignacion, il fist bonne justice et sur tout gardast tresbien sa femme Helaine et son royaume. Et à sa
25 mere enjoindist, sur toute l'amour qu'elle avoit à lui, qui estoit son filz, elle tenist* bonne amour et feaulté à Helaine sa femme, laquelle il amoit sur toutes les choses du monde. Et que vray soit que bien l'amast, il le monstra evidemment par pluseurs manieres, et
30 premiers qu'il avoit fait la façon d'elle paindre par ung ouvrier paintre sur quatre de ses escus qu'il portoit

communement en bataille et aussi par pluseurs autres
manieres, comme vous verrez ou procés de la matere,
au plaisir de Dieu.

Quant doncques cestui noble roy Henry eust du
tout ordonné de son royaume et de la garde de sa
femme, qui bien ençainte estoit, il vinst à elle, tenant
deux seelz en sa main d'or gravez et emprains tous
deux ainsi l'un comme l'autre, et en bailla l'un à sa
femme en la baisant et acoulant et en lui disant: «Ma
treschiere dame et espeuse, je vous laisse cestui seel
pareil de cestui qui me demeurra, à celle fin que, quant
vous et moy vouldrons aucune chose mander l'un à
l'autre, par ce seel nous nous recougnoistrons, et tout
ce qui par ce signe sera fait et signé entre vous et moy
se /40r° accomplira. Je me recommande à vous et vous
prie que vous ne m'obliez pas, car, au plaisir de Dieu,
au plus tost que je pourray je retourneray.»

Et de rechief la prinst par la main et la baissa et
puis se partist d'elle de telle heure que oncques depuis
ne la vist que trente ans ne fussent passez, car la mere
du roy, qui avoit oÿe* ses paroles du seel, commença à
ymaginer la mauvaise euvre qu'elle fist et mist à fin,
parquoy aussi selon le merite de sa deserte elle fina ses
jours miserablement.

Le XXIXᵉ chappitre. Comment le roy Henry assigea la cité de Bouloingne./40v°

　　Ainsi doncques, comme dit est, se partist le bon roy
de sa femme, qui faisoit ung merveilleux dueil, car son
cuer lui disoit qu'elle avroit encores à souffrir. Et fist
tant le roy qu'il se mist en mer atout sa puissance tant
5　d'ommes d'armes comme d'archiers; et incontinent
leverent leurs voilles et commencerent à sangler par
celle mer tant que en brief ilz virent la ville de
Boulongne et mesmes une tour, nommee la tour
d'Ordre, qui ja estoit trés hault eslevee*. En laquelle
10　ville estoit demeurant ung roy payen, nommé Bolus,
comme nous avons ja dit, auquel estoit subget tout le
paÿs d'environ jusques en la cité d'Amiens, jusques en
Flandres et jusques à Tournay, et estoit fort cremeu et
redoubté de tous ses voisins. Et mesmement par
15　pluseurs fois il estoit entré ou royaume d'Engleterre à
grosse puissance de payens et pilié* le paÿs; parquoy
le roy d'Engleterre lui vouloit mal, comme bien le
monstra. Car, tout prestement qu'il parceust les portes
et les tours de Boulongne, il commanda que ses
20　navires tirassent celle part, car, ainçois qu'il partist du
paÿs ne qu'il alast plus avant, son entencion estoit de
soy vengier des injures que ce tirant Bolus lui avoit
faictes par pluseurs fois en son royaume d'Engleterre.
Laquelle vengence il prinst par le conseil de ses barons
25　qui estoient avec lui, pour ce qu'ilz doubtoient que, ce
cestui roy sçavoit que telle puissance fust hors
d'Engleterre, il pourroit mettre sus sa puissance et yroit
entrer ou royaume d'Engleterre et icellui gaster et
destruire. Et pour ce amoient ilz mieulx à destruire
30　premierement ce payen que aler plus avant. Si s'en
vindrent au /41r° port et monterent sur terre et

trouserent leurs engins et s'en vindrent assaillir laditte
ville de Bouloingne à tresgrant force et puissance.

Quant les Boulougnois parceurent cest appareil, ilz
furent tantost es deffences et commencerent
trespuissamment leur ville à deffendre et à rebouter et
repouser les Anglois de tresgrant force, et y furent
faictes de belles escarmuches, car, se les Anglois
s'efforçoient de vouloir mettre leurs ennemis au
dessoubz, aussi faisoient les Boulenois, eulx qui en
riens ne les amoient, parquoy l'assault en estoit plus
terrible. Ne demeura gaires que le roy Bolus, veant ses
Anglois qui sa cité vouloient gaignier, fist sonner à
son de trompe que chascun se mist en armes le mieulx
qu'il pouroit, car il vouloit combatre les Anglois es
champs main à main. Quant chascun fust prest, il fist
ouvrir la porte. Et commencerent les Boulougnois à
marchier en la compaignie de Bolus, leur roy, que il
sembloit qu'ilz fussent tous hors du sens, et vindrent
jusques à une place que on dit le "Pont de Briques*" et
tout incontinent[1] frapperent sur les Anglois, qui les
receurent vaillamment et commencerent à combatre et
à frapper sans espargnier ne prendre homme à rançon.
Pourquoy d'une part et d'autre la tuerie en estoit plus
mortelle, et veritablement aussi estoit elle, car il y en
eust tant de mors que c'estoit sans nombre. Entre ces
combatans estoit ce crueux roy Bolus, qui merveilleux
estoit, grant et gros, car il avoit .X. piés de long, lequel
tenoit une ache d'armes en ses mains, de laquelle il
abatoit Anglois comme feroit ung faucheur l'erbe en
ung pré, ne il n'estoit homme qui contre /41v° lui peust
durer, mais le fuyoient les Anglois comme feroient
aloes devant l'esprivier. Le bon roy Henry, veant ce
grant deable faire de ses gens ung tel esparpeil et
occision, fut moult doulant et dist en lui mesmes qu'il

---

[1]   iucontinent.

amoit mieulx à morir que à veoir plus ainsi la
desolacion et perte de ses gens. Si prinst ung espieu*
moult fort et s'en vinst contre ce dyable Bolus frapper
d'estoc et de taille. Et, ainsi qu'il cuida attaindre Bolus,
70　icellui Bolus getta sa hache au devant et frappa sur
l'espieu* du roy ung si grant cop qu'il la fist vouler en
pieces, et se joindist au roy et le prinst par les bras et
le tira jus de son cheval et le getta sur son col comme
se ce fust ung petit enffant et s'en ala atout envers la
75　cité.

XXXᵉ chappitre Comment la ville de Boulongne fut prinse et comment l'eglise de Nostre Dame fut estoree*.

Quant ce bon roy Henry vist qu'il estoit ainsi pris et que ce dyable l'emportoit comme une aigle feroit ung poussin, il se commença rendre à Dieu et Le reclamer tresdevotement et Lui pria qu'Il le voulsist secourir et aydier. Et incontinent il getta la main à ung coutel qu'il avoit à son costé et le bouta ou flanc de Bolus et tellement lui bouta ou corps par tel façon qu'il l'attaindist au cuer et tant que Bolus cheïst à terre, et fut le roy delivré de luy et commença à crier son cris et tellement que ses gens, qui l'oÿrent, lui vindrent à secours à la porte de la ville et se bouterent deans la porte et commencerent à combatre et à frapper sur ses /42r° Sarrazins tant qu'ilz gaignerent la porte maugré tous, dont le roy fut moult joyeux, et commanda que toutes les creatures qui ne vouldroient croire en Jhesucrist que tous fussent mis à mort. Laquelle chose fut faicte, car tout prestement ilz commencerent à detrenchier hommes, femmes et petis enfans sans quelconque pitié de ce faire ne ne[1] cesserent jusques totalement ilz furent maistres de la ville. Ne demeura gaires que le bon roy Henry, veant qu'il avoit conquise ceste cité, ordonna tout prestement à la garde d'icelle et commanda que une belle eglise en l'onneur de la glorieuse Vierge Marie fut faicte et fondee. Si furent incontinent ouvriers et maistres à ce ordonnez, qui l'euvre firent et perfirent telement que encores au jourd'uy en voit on l'apparant, car nostre hystoire dist que c'est la propre eglise qui encores y est au jourd'uy, où maintes vaillans pelerins vont en tresgrant devocion

---

[1] ne *mq. aj. d'ap. le sens et la syntaxe.*

30 ne oncques depuis ceste cité de Bouloingne ne fust
    payenne, mais tousjours depuis crestienne. Et y laissa
    le roy à son departement tant de gens d'armes que,
    ainçois long terme aprés passé, tout le royaume de
    Bouloingne fut tout conquis, mais le paÿs que
35 maintenant on appelle Flandres ne peurent ilz
    conquerre pour ung tirant payen qui la deffendoit
    contre eulx, combien que depuis par la puissance du
    bon roy Henry et de l'empereur Anthoine le paÿs de
    Flandres fut conquis et converty à la foy de Jhesucrist,
40 ainsi que cy aprés porrez oïr au plaisir de Dieu.

/ 42v° **Le XXXIᵉ chappitre. Comment la mere du roy Henry embla à la royne Helayne son seel et d'un songe qu'elle songea.**

Ainsi que dit est, se mettoit ce noble roy Henry et mist de toute sa puissance à exaucier la sainte foy catholique. Le roy, incontinent qu'il eust ceste cité conquise, prinst ung message et fist escripre ses lectres, esquelles estoit contenu toute la maniere de la conqueste qu'il avoit fait de ceste ville de Bouloingne, et atout ses lectres envoya son messagier à la royne d'Engleterre, sa femme, en soy recommandant chierement à elle, à sa mere et au duc de Clocestre; et puis atout ses gens d'armes se mist en chemin pour aler contre Romme.

Mais nous vous layrons ung petit à parler de lui et parlerons du messagier comment il vinst en Engleterre et presenta ses lectres à la royne Helayne en la saluant depar le roy son mary, dont elle fut tresjoyeuse. Et les receust tresjoyeusement et les bailla incontinent au duc de Clocestre, qui chief et gouverneur estoit du royaume et d'elle, qui les ouvrist et les list, dont tous les presens estoient moult joyeulx, car ilz cremoient ce roy Bolus tant que merveilles. Et là estoit la mere du roy qui par faulx semblant honnoroit et festioit la bonne royne Helayne, tousjours pensant comment elle pourroit decevoir Helayne, laquelle n'y pensoit en quelque maniere du monde se non en tout bien. Et pour ce en fut elle deceue par une male aventure qui fut telle. Vous avez bien oÿ dessus comment le bon roy Henry à son departement avoit laissié à la royne Helayne sa femme le contrepareil de son seel, par lequel ilz devoient mander /43r° l'un à l'autre ce dont ilz avoient besoing et voulenté que l'un sceust de l'autre. Mais la vielle royne, qui tant estoit remplie

d'envye et de mauvais couraige, ne faisoit jour et nuyt
que penser comment elle pouroit avoir ce seel pour le
faire contrefaire, pour ce qu'il lui sembloit que par ce
35   point elle pouroit parvenir à son intencion. Et tant fut à
l'entour de Helayne icelle royne qu'elle lui embla son
seel une nuyt de l'Ascencion Nostre Seigneur
Jhesucrist, eulx estans ou palais de Londres. Avec
laquelle royne Helayne estoit la niepce du duc de
40   Clocestre, à laquelle icellui duc avoit recommandee la
royne Helayne, pour ce que tousjours il doubtoit la
mere du roy, et non pas sans cause.

Advinst que ung grant oraige se esleva et tonna
tellement que de la grant tempeste qu'il fist pluseurs
45   tours et maisons et arbres cheurent et furent tous
fourdroyez et rompus. Parquoy la royne Helayne, qui
fort ensainte estoit, de la peur qu'elle eust s'en fuyst en
une cave et sa belle mere avec elle, toute effree et
esbaÿe que à peines se sçavoit elle contenir ne
50   soustenir. Et là commença elle à prier Dieu mercy, car
il sembloit parfaictement que le monde deust prendre
fin. Et, pour ce que elle estoit si desconfortee, la vielle
royne la prinst et l'embrasa et la fist couchier en son
geron, sur lequel elle s'endormist. Incontinent qu'elle
55   fust endormie, la vielle*, qui tousjours pensoit à sa
mauvaise entencion, dist tout bas à la niepce du duc de
Clocestre qu'elle montast amont et alast sur la sale
pour savoir comment le temps se portoit et que les
gens fasoient. Laquelle niepce y ala et, incontinent que
60   elle fut en hault, la faulce et mauvaise vielle mist la
main à la bourse de la /43v° royne Helayne et trouva le
seel qu'elle portoit tousjours sur elle. Lequel elle prinst
et incontinent l'empraindist sur ung peu de cire qu'elle
avoit appareillee de pieça et puis le remist en la bource
65   de Helayne qui dormoit, comme dit est, et qui entree
estoit en ung songe merveilleux, ainsi qu'elle recorda
quant elle fut esveillee. Ne demeura gaires que la

niepce du duc revinst en la cave et dist à la dame que l'oraige se commençoit fort à apaisier. Et dormoit encores la royne Helayne, laquelle fut espaontee de son songe si fort qu'elle cria: «Dieu, ayde!». Et la vielle lui demanda: «Ma belle fille, qu'avez vous? — Ha! ma treschiere mere, dist Helayne, par ma foy, je songoie maintenant ung songe dont je suis si à mal aise que je ne sçay que j'en face. Car il me sembloit maintenant en mon dormant que je me veoye en grant torment qui estoit tel: il me sembloit que j'estoye accouchee de deux orribles serpens, lesquelz, tantost aprés me venoient graover le visaige et me fasoient tant de peine qu'il me sembloit que le cuer me deust fendre et partir, et de fait, come il me sembloit, ilz me emporterent sur une haulte montaigne toute avironnee de mer, là où l'un de ces deux serpens me arracha ung bras hors de mon corps, et me sembloit que je n'avoye que une main, et s'en ala atout mon bras; et puis me sembloit que je estoye arriere en ung tresmauvais lieu arrivee et que je queroye mon pain pour Dieu et fasoye une buyee que je lavoye à une main; et aprés il me sembla que ce serpent qui m'avoit emporté mon bras me apportoit à maingier et me norrissoit tresgrandement et en la fin il me rendist mon bras et le me ressouda. Si en /44r° ay eu tel hyde que je ne sçay que penser que ce veult estre. — Ha! ma belle fille, disoit la faulce vielle, ne vous chaille de vous troubler pour songe, car ce n'est que vanité et mensonge; ce a esté par aventure par ce temps qui a esté si merveilleux. Alons nous en lassus en la sale. Si vous en yrez jouer et desduire avec les damoiselles. Si passerez plus ayse vostre ymaginacion.»

A laquelle parole elle remonta les degrez et s'en vinst ou palais, ainsi que sa belle mere lui avoit conseillié. Mais la mere* ne demeura gaires avec elle, ains se partist et s'en vinst en sa chambre pour parfurnir ce qu'elle avoit emprins.

Le XXXIIᵉ chappitre. Comment la mere du roy fist par ung ouvrier contrefaire le seel de la royne et comment elle tua l'ouvrier.

Tantost que ceste malheureuse vielle, plaine de l'Anemy d'enfer, fut venue en sa chambre, elle manda sans plus arrester ung ouvrier pour graver et contrefaire le seel au plus justement aprés l'emprainte qu'elle avoit emblé à Helayne. Si vinst l'ouvrier au mandement de la dame, auquel elle monstra l'emprainte du seel qu'elle vouloit avoir fait. Lequel ouvrier, par le moyen de la promesse qu'elle lui fist, se mist tresdiligemment en peinne de contrefaire se seel de la royne que icelle vielle vouloit avoir, dont il fut doloreusement payé. Car l'ystoire dit que, quant ce bon preudomme eust contrefait ce seel au mieux qu'il peust, et si bien qu'il n'estoit homme qui eust /44v° sceu cougnoistre la difference des deux signetz ou seelz, tant estoit proprement fait, il le presenta à la vielle¹ royne plainne du deable. Elle, comme pour pis faire et affin que sa mauvaise et perverse decepcion fust ou peust estre celee, avoit fait vuidier toutes les dames et damoiselles qui la servoient et ne demeura que l'ouvrier, et elle comme dyablesse lui donna à boire en disant: «Tenez, mon ami, buvez, et puis je vous paieray.»

Et, ainsi que cestui ouvrier buvoit et tenoit la tasse à sa bouche, elle lui bouta ung coutel bien trenchant parmy la gorge, tant qu'il cheust à terre tout mort à ses piés. Et elle tout prestement le prinst par les piés et le trayna en ung retrait qui estoit au plus prés de sa chambre et puis se ala couchier sur son lit aprés ce qu'elle eust tresbien mis à point et nettoié et osté le

---

¹ 1. dame v. *suppr.*

30   sang de sa chambre affin que nul ne s'en apparceust, et
puis fist tresfort la malade. Si vindrent ses damoiselles
devers elle, esquelles elle commanda qu'elles
gettassent de la terre en la chambre coye, car la
puanteur qui en yssoit lui faisoit douleur au cuer. Si le
35   firent ainsi les dames, qui de son malisse riens ne
savoient. Et encores pour mieulx estre celee fist elle
venir maçons et fist murer le pertuis dudit retrait affin
que jamais personne n'y alast. Et telle fut la sepulture
du bon preudomme ouvrier, auquel Dieu face mercy !
40   Ainsi, par la grande haynne que ceste vielle mere du
roy avoit à la belle Helayne fasoit elle ce mal, et
encores feroit² elle pis et tant que aussi elle en fut
payee doloreusement.

Or vous layrons nous à parler ung peu d'elle et de la
45   bonne royne Helayne, qui estoit ja sur ses jours et que*
nuyt et jour ne cessoit de prier /45r° pour le roy son
mary. Si vous dirons du bon roy qui de Boulongne
s'estoit party et avoit tant exploittié et chevachié
parmy le royaume de Gaule et³ de Lombardie, qu'il
50   estoit entré en la cité de Romme, où il fut receu du
pape et des Rommains en tresgrant honneur et
reverance.

---

² e. fasoit e. p.
³ et *mq.*

Le XXXIIIᵉ chappitre. Comment le roy Henry vinst à Romme où il sceust que sa femme estoit fille de l'empereur de Constantinoble.

Le bon roy Henry venu en la cité de Romme, nostre Saint Pere le pape lui vinst à l'encontre et le honnora tresgrandement et puis le mena en son palais pour le mieulx festier en lui priant qu'il lui pleust prendre en gré son logis. Et, ainsi que ce bon roy Henry estoit en la sale, il getta sa veue contre aucuns pilliers estans en icelle et perceust les ymages que autrefois l'empereur Anthoine y avoit fait faire, se arresta et prinst icelles tresgrandement à regarder, car en les regardant il lui sembloit perfaictement qu'elles estoient faictes à la semblance de sa femme Helayne, et aussi estoient elles. Et disoit en lui mesmes: «Je me donne bien grant merveilles dont ce vient que celles ymages sont cy faictes ne à quelle instance, car vrayement il n'est homme mortel, s'il ne cougnoissoit le regard et la contenance de ma femme et il voulsist ces ymages ycy regarder, quil* ne la prinst à cougnoistre, et jugeroit parfaictement[1], quant il verroit ma femme, que ces ymages avroient esté faictes à son semblant».

Ainsi disoit le roy à /45v° luy mesmes. Et, entretant que ainsi il avisoit ces ymages, le pape Clement se aproucha de lui et lui demanda de son estat et s'il estoit point marié. «Par ma foy, Pere saint, si suis et ay une tresbelle femme que j'ayme austant comme moy, mais, Pere saint, je voy cy merveilles, car je regarde ses ymages qui sont contre ses pilliers et suis moult esbaÿ. Pourquoy elles y furent faictes, je savroie voulentiers la cause. — En verité, mon filz, dist le pape, saichiez qu'il n'a point long temps qu'elles y furent faictes. Et

---

[1]   *l'abréviation de* par (per) *est répétée (fin puis début de ligne).*

30   les fist faire l'empereur de Constantinoble, nommé
     Anthoine, en l'onneur d'une sienne fille qu'il avoit,
     nommee Helayne. Laquelle cestui empereur amoit tant
     parfaictement que sans elle veoir il ne duroit ne jour
     ne nuyt. Et estoit ceste fille ma niepce, comme fille de
35   ma niepce. Avinst une fois que cestui empereur
     Anthoine me vinst aydier contre mes ennemis et lui
     estant en cestui palaix, comme cellui qui
     tresardamment estoit espris de l'amour de sa fille et qui
     durer sans elle ne pouoit, par ung sien paintre fist ycy
40   faire ses ymages. Et couvinst par droitte ordonnance
     de Dieu que je le² dispensasse de elle avoir à mariage,
     car autrement ne me fust il point venu aydier. Si advint
     qu'il retourna en sa cité et fut devers sa fille, à laquelle
     il monstra le pouoir qu'il avoit de nous pour la esposer;
45   pourquoy la fille, comme celle qui cure n'avoit de la
     compaignie de son pere, s'en fuist de nuyt per* mer en
     ung batel, à telle heure que oncques puis on n'en oÿst
     nouvelles, et vela la cause pourquoy ces ymages sont
     ycy faictes.»

50   Quant ce bon roy Henry oÿst ces nouvelles, il fut
     bien esbaÿ et bien joyeux, et non sans cause. Esbaÿ
     /46r° pour l'aventure de sa femme et de ce que son
     pere la vouloit avoir en mariage, et joyeux de ce que
     maintenant il sçavoit³ quelle estoit sa femme, car il
55   veoit et cougnoissoit clerement qu'elle estoit fille
     d'empereur, et ce pouoit il plainnement jugier par les
     ymages, que mesmes aucuns de ses chevaliers lui
     disoient: «Sire, sans faulte ce nous semble proprement
     la contenance et façon de la royne, vostre chiere
60   espeuse», et aussi pour ce que le Saint Pere disoit
     qu'elle avoit non Helayne. Et encores qui plus est
     Helayne, la bonne royne, à son departement lui avoit

---

²   j. la d.
³   i. sça s. *fin de ligne.*

prié qu'il ne desist riens au pape de son nom. Pourquoy
il se affermoit plus parfaictement en son cuer que
c'estoit celle dont le pape lui parloit, et que pour la
crainte de son pere elle vouloit que son nom fust celé
au pape. Mais pour ceste fois ilz en laisserent le parler.
Et demanda le roy Henry congié à nostre Saint Pere de
soy aler reposer. Lequel lui accorda voulentiers et le
fist mener par ses serviteurs en la[4] propre chambre où
autrefois l'empereur Anthoine avoit esté logié. En
laquelle chambre avoit fait pareillement ledit empereur
Anthoine paindre en deux ou en trois lieux la belle
Helayne, sa fille.

---

4   sa.

Le XXXIVᵉ chappitre. Comment le pape sceust que la femme du roy Henry d'Angleterre estoit sa niepce.

Tantost que ce bon roy Henry fut entré en sa chambre, il avisa de rechief ces ymages qui à la semblance de sa femme estoient faictes, dont il fut encores plus esbaÿs. Et appella ung sien escuier et lui
5   /46v° commanda qu'il lui aportast l'un de ses escus ou targes où il avoit aussi fait paindre la semblance de sa femme Helayne. Lequel escuier prestement lui aporta et les mist le roy l'un emprés l'autre, et adonc vist il clerement que c'estoit tout ung et aussi par le jugement
10 de tous ceulx qui estoient presens, ne il n'y avoit quelque difference du monde. Si dist: «Vous veez bien, mes seigneurs, que sans faulte c'est ma femme. Louez en soit Dieu quant Il m'a assigné à telle dame, fille d'empereur, car elle est fille de l'empereur de
15 Constantinoble. O ma treschiere amie, vous me deffendistes à mon partement que je decelasse[1] vostre nom. Je sçay certainement que vous l'avez fait à cautelle et pour la doubte de vostre pere, mais, par ma foy, c'est sans raison que vous en avez doubte, car puis
20 que je sçay qui vous estes, je vous garderay, au plaisir de Dieu, contre tous hommes.»
Ainsi se devisoit le roy, qui moult estoit joyeux de ce qu'il savoit qui estoit sa femme ne à peines s'en pouoit il apaisier d'y penser ou d'en parler.
25 Neantmoings il se coucha et dormist jusques au lendemain au matin qu'il se leva et fist crier à son de trompe que toutes ses gens d'armes fussent prestz et abilliez, car il vouloit à ce matin yssir sur les ennemis de Jhesucrist pour les combatre comme champion de

---

[1]   celasse*

Nostre Seigneur. Incontinent chascun se commença à
mettre en point et lui mesmes se arma et habilla et
prinst sa targe, en laquelle estoit painte la belle
Helaine, sa femme. Et puis fist sonner ses trompettes
que tout homme montast à cheval et se meist es
champs. Et lors, tout ainsi armé qu'il estoit, il vinst au
pape lui requerir sa benediction. Quant le pape le vist,
il commença à regarder son escu et vist l'ymage /47r°
de Helayne, laquelle il recougneust par les ymages des
pilliers du palaix. Si aproucha le roy Henry comme
tous esbaÿ et lui demanda en ceste maniere: «O mon
treschier filz, je vous prie, en l'onneur de Jhesucrist,
que vous me dictes pour quelle raison vous avez fait
paindre sur vostre escu la semblance de ma belle
niepce Helayne?»

Tantost que le roy entendist ainsi parler le pape, il
sceust que sa femme estoit fille de l'empereur
Anthoine et niepce du pape. Si lui respondist: «Par ma
foy, Pere saint, saichiez que l'ymage de mon blason fut
fait* à la semblance de la femme que j'ay esposee, et
creez en verité que, qui voit ceste ymage, il voit la
vraye representacion d'elle. Et si vous dis en oultre que
je ne sçay qui elle est ne qui fut son pere, mais de tant
vous say je bien à dire qu'elle a nom Helayne, comme
elle m'a dit; mais, sire, saichiez que je lui ay ma foy
mentie, car, à mon departement, elle me pria que sur
toute riens je vous celasse son non. Si vous en requiers
perdon et mercy, et aussi fais je à elle, non obstant
qu'elle me soit pour le present absenté, car je vous
jure, par la foy et serement de mon corps, que c'est ce
que j'ayme au monde le mieulx.»

Le pape, oyant ses paroles, cougneust clerement
que c'estoit sa niepce, dont il fut moult joyeux et
commença à plorer de la joye qu'il avoit et aussi[2] pour

---

[2] et aussi *mq., aj. d'ap. le sens.*

la desolacion que la bonne Helayne avoit souffert pour
son honneur garder. Ce fait, ilz ne parlerent plus de
celle matiere, et lui perdonna le Saint Pere ce qu'il
avoit menty à sa femme de celer son nom, et puis lui
donna la benediction, et atout ses combatans partist
hors de Romme en grant triumphe et en grant bruit sur
les Sarrazins.

/47v° Le XXXVᵉ chappitre. Comment le roy Henry combatist les Sarrazins et comment il fut desconfy.

Le roy Butor et ses capitaines, veans comment les crestiens yssoient de la cité de Romme en belle ordonnance, ordonna tout prestement ses eschielles et batailles. Et portoit ce roy Butor ung escu à trois lupars. Lequel escu conquesta le bon roy Henry ainçois qu'il retournast en Angleterre, lesquelz lupars* il a tousjours depuis porté en ses armes, comme le tesmoingne nostre hystoire. Ces bons crestiens ainsi dehors de Romme se misrent en belle ordonnance[1] pour combatre leurs ennemis et commencerent à aprouchier si couraigeusement /48r° que pluseurs en furent renversez et ruez par terre. Et qui vouldroit racompter tout le fait de la bataille, la chose seroit trop longue; mais je vous dis en conclusion qu'il y en eust de mors et d'occis sans nombre et y fut getté par terre le roy Henry et mis en tresgrant dangier et, se n'eust esté la propre personne du pape, l'ystoire dit qu'il eust esté en grant aventure d'y demeurer, mais Nostre Seigneur ne le volt point souffrir. Combien que ceste premiere journee les crestiens furent reboutez par les Sarrazins en la cité de Romme et furent en tresgrant dengier et esbaÿssement, car ung roy sarrazin, nommé Garcion, sourvinst en la bataille, par lequel les Sarrazins furent secouruz, et convinst que les crestiens perdissent la bataille et veritablement, se n'eust esté cestui roy, les Sarrazins estoient desconfis, car le roy Henry les avoit comme tous desbaratez. En ceste rescousse fut grande l'occision et y morut assez de gens d'un costé et d'autre, et fut la ville grandement amoindrie et fort assaillie, combien que par la

---

[1] o. et couraigeux p.

diligence et bonne garde des Anglois et la proesse de
leur bon roy Henry elle fut tresbien gardee et
deffendue. Et y demeura icellui roy Henry bonne piece
ainçois que Nostre Seigneur lui voulsist donner
35 victoire contre ses ennemis, et n'estoit jour, tant qu'il
demeura en la cité de Romme, qu'il ne feist sur eulx
sailliez et batailles et tant qu'il les eust ainsi tous
desconfis, comme vous orrez cy aprés.

Mais nous vous layrons à parler ung petit de lui et
40 reviendrons au gouvernement de la bonne Helayne, sa
femme, laquelle estoit à Londres ensainte d'effent,
comme dit est, où la mere du roy l'avoit lassee* pour
ce qu'elle ne vouloit estre à son enfantement, affin
/48v° qu'elle peust mieulx venir au dessus de sa
45 mauvaise entencion. Pour laquelle chose perfaire elle
s'en estoit alee en ung sien chastel, nommé Douvre,
pardevant lequel chastel estoit le droit chemin et
passage de France et d'Engleterre.

Le XXXVIᵉ chappitre. Comment Helayne accoucha de deux enffans et d'unes lectres qui furent envoyees au roy Henry son mary.

Nostre hystoire dit que, quant la belle et bonne Helayne eust porté son terme, ung peu aprés ce que sa belle mere tresmauvaise fut partie d'elle, elle acoucha, la Dieu grace, de deux tresbeaulx filz. De laquelle portee elle fut moult joyeuse, comme sont toutes femmes, car la sainte Escripture* dist que toute la douleur que les femmes ont à enfanter, quant le fruit de leur ventre est né et qu'elle parçoit qu'elle a porté homme au monde, elle oblie toute la douleur qu'elle a eu par avant, et mesmement quant elle voit que Dieu n'a riens oblié à son enfant. Et ainsi estoit il de ceste dame, car oncques plus belles creatures Nature ne forma que furent ses deux filz qu'elle porta, parquoy je puis dire qu'elle estoit joyeuse. Tantost que ces deux beaulx filz furent nez, on le dist au duc de Clocestre, gouverneur du royaume, dont tresjoyeulx en fut. Et pour ceste cause il assembla tous les plus grans barons du païs pour adviser entre eulx quelz noms on leur donneroit à fons de baptesme. Quant ilz furent assemblez, il fut advisé entre eulx que on attendroit jusques à ce que on avroit envoyé devers le roy pour savoir sa voulenté /49r° et comment il lui en plairoit à ordonner. Si firent tout prestement faire unes lectres depar le duc de Clocestre contenant ce qui s'ensuit: «Roy trespuissant, aprés toutes recommandacions, mon tresredoubté seigneur, plaise vous sçavoir que, au plaisir et honneur de Nostre Seigneur Jhesucrist, ma dame la royne, vostre moullier et espeuse, est pour le present tresmalade, comme celle qui nouvellement est acouchee de deux tresbeaulx filz et dont tout vostre royaume est tresjoyeux, parquoy nous esperons bien

brief la santé de madicte dame la royne. Et, à celle fin
que nous qui sommes voz serviteurs tousjours prest*
d'obeïr à vostre bon plaisir puissons faire chose qui
35   vous soit agreable, vous prions et requerons
tresaffectueuesement que vostre bon plaisir soit de
nous premierement mander la disposicion de vostre
bon estat[1] et santé, que nous desirons sur toute riens,
avec ce qu'il vous plaira que soit fait du baptisement
40   de voz deux beaulx filz et quelz noms en vostre bonne
discrecion en sera ordonné. Treschier seigneur, nous
nous recommandons à vous et aussi fait ma dame la
royne, vostre treschiere espeuse. Nostre Seigneur soit
garde de vous». Escript *et cetera*.
45   Et, quant ces lectres furent escriptes, la bonne
royne les seela de son seel que le roy lui avoit laissié,
comme dessus est dit. Et fut tout prestement prins ung
message auquel fut chargié qu'il se mist en chemin
sans arrester ne çà ne là, et par espicial lui fut enjoing
50   qu'il ne se arrestast en nulle maniere à Douvres ne qu'il
en parlast à personne et espicialment à la mere du roy,
car tous les seigneurs d'Engleterre estoient mal contens
d'elle pour ce qu'elle n'avoit point voulsu estre à
l'enfantement de la royne ne ne /49v° l'a voulsu et ne
55   veult venir veoir. Mais le message comme mal advisé
et couvoiteux, cuidant avoir de la mere* ung grant don,
ala à Douvres atout sa lectre et lui demanda se elle
vouloit riens mander à son filz, le roy d'Engleterre.

---

[1]   d. vostre bon estre b. e.

Comment le mere du roy changa les lectres et comment elle occist le chappellain qui les contrefist. XXXVIIᵉ chappitre.

Quant ceste male mere entendist ce messaigier, elle fut moult joyeuse et lui demanda s'il portoit lectres et il lui dist que oÿ. Adonc la dame, pensant à sa mauvaistié, lui dist que il demouroit huymais en son hostel et entretant elle penseroit quel chose elle escriproit à son filz. Si fist incontinent mettre à point le soupper et fist boire et maingier ce messagier, et lui fasoit tresbonne chiere et le fasoit souvent boire du plus fort vin qu'elle peust trouver. Et tant but ce maleureux messaige qu'il fut yvre et ne sçavoit s'il estoit ou non, et le fist la dame porter couchier atout sa boiste où ses lectres estoient en sa chambre sur une couche. Quant ce fut fait, chascun vuida la chambre affin de le laissier dormir, excepté la dame qui demeura seule. Laquelle prinst sa boiste et trouva la lectre qu'elle ouvrist et la leust; le contenu de laquelle lui despleust grandement, et s'en ala en une autre chambre et envoya querir son chappellain. Quant il fut venu, elle lui bailla ancre et papier et lui dist qu'il escrivist une lectre telle qu'elle lui nommeroit. Lequel chappellain s'asist et commença à escrire en la maniere qui s'ensuit: «Noble /50rᵒ et souverain roy, je, vostre obeïssant serviteur, duc de Clocestre, depar ma dame la royne, vostre espeuse, et depar tous les barons d'Engleterre, escrips presentement pardevers vous en nous premierement recommandant à vous. Et vous faisons savoir que ne savons par quelle desmerite vostre espeuse Helaine s'est nouvellement accouchee de deux monstres tant ydeux que à peinnes est il homme qui les ose regarder, et gettent cris et sons crueux comme bestes sauvaiges enragees à maniere de

lyons affamez. Pourquoy, tresredoubté seigneur, tous
les nobles d'Engleterre comme tous esbaÿs vous prient
treshumblement qu'il vous plaise leur mander vostre
35   estat et qu'il vous plaira à faire de ceste orreur, car ilz
sont tous en voulenté de getter en ung feu la mere et la
portee. Nostre Seigneur soit garde de vous!». Escript
et cetera.

Quant le chappellain oÿst ses paroles, saichiés qu'il
40   fut moult esbaÿ et ne vouloit nullement escripre. Mais
la dame lui promist à donner tant d'avoir qu'il parfist la
lectre. Et la seela la faulce desloyale* du seel qu'elle
avoit fait contrefaire, comme vous avez oÿ dessus.
Quant elle eust ce fait, elle vinst à ung coffre et prinst
45   une poignie de nobles* et s'en vinst à son chappellain
et lui dist: «Sire, tenez, vecy vostre payement.»

Le chappellain fut bien joyeux et prinst les nobles
en remerciant la dame en* cuidoit aler. Mais la
desloyale, comme pour le plus honnorer, le prinst par
50   la main en le festiant et getta sur son col l'autre bras
pour le acoler. Laquelle chose le prestre souffroit, car
il lui sembloit que c'estoit ung droit signe d'amours.
Et, ainsi qu'il regardoit la dame, qui estoit encores
assés belle dame[1], /50v° et pensoit aucunement à elle,
55   elle prinst ung couteau qu'elle portoit en geron* et lui
coppa la gorge, et cheïst incontinent à tere tout mort et
ainsi fut il payé de ses gaiges. Adont la faulce femme
le prinst par les piés et le trayna à une fenestre et puis
le getta en la mer qui batoit es murs de la forteresse.

---

[1]   d. et e., *répété, changement de page.*

Comment le messagier s'en ala atout les lectres. Le XXXVIIIᵉ chappitre.

Quant ceste maudite femme eust toute sa malvaistié accomplie, elle s'en vinst atout sa lectre et la mist en la boitte du messagier qui dormoit, parquoy il ne se apparceust de rien, et ainsi le laissa la dame dormir jusques au lendemain. Quant il fut jour, il s'esveilla et saillist sus comme tout effré, car il estoit ja tart. Il se abilla et se mist à point et puis s'en vinst en la sale prendre congié à la mere du roy, qui ja estoit levee, en lui demandant quel chose il lui plaisoit mander à son filz. Mais la faulce desloyale* lui dist: «Mon amy, vous irez faire vostre message, ainsi qu'il vous est chargié, mais gardez vous sur toute riens que ung seul mot vous ne lui parlez de moy ne de mon fait. Et, quant vous retournerez pardeça, venez moy veoir et ne le laissiez pour riens, car je disire moult oÿr nouvelles de lui et qu'il ne saiche point que j'en demande. Et je vous contenteray¹ si bien que vous serez de moy content, et, affin que vous faittes bien la besoingne, vela vingt nobles que je vous donne de commencement.»

A ce mot, en remerciant /51vº la dame, se getta à genoulx et lui dist que, ainçois que jamais il rentrast en la cité de Londres, il reviendroit par là. Et atant il se partist et s'en vinst au rivage et monta sur mer, laquelle il passa au plus tost qu'il peust et ne cessa jusques il vinst en la cité de Romme, où le roy Henry se tenoit pour la garde et deffence d'icelle à l'encontre des Sarrazins, ainsi que vous avez oÿ. Et, à celle propre heure que le message entra en la cité, estoit le roy Henry ysu sur les Sarrazins et se combatoit à force et à

_____
¹ contenray.

puissance, parquoy il convinst que le messagier attendist jusques à ce que le roy fut revenu.

Le XXXIXᵉ chappitre. Comment le roy Henry receust les lectres, dont il fut moult desconforté.

Tantost que la nuyt fut venue, les batailles se commencerent à retraire et s'en retourna le roy Henry en son hostel, c'estassavoir en l'ostel du pape où le messagier d'Engleterre l'attendoit. Lequel, tout prestement qu'il vist le roy quil* mettoit pié à terre, vinst à lui et se getta à genoulx en lui baisant le* jambe et puis baisa les lectres et les lui bailla, laquelle* il entendoit estre telle que le duc de Clocestre lui avoit baillee, et lui dist: «Treschier sire, monseigneur le duc de Clocestre se recommande treshumblement à vostre bonne grace en ces enseignes.» Le roy prinst la lectre en sa main, laquelle il avoit grant fain de lire. Et en montant le pappe lui vint au devant pour le recevoir et festier. Le roy lui monstra la lectre et lui dist: «Pere saint, vecy nouvelles qui me viennent de mon païs. Je vous prie et requiers que vous et moy regardons quelles elles sont.»

A ce /51vº mot, le pape prinst la lectre et entrerent ensemble tous deux en une chambre. Si se commença le roy à desarmé*. Et en soy desarmant il dist au pape: «Pere saint, dictes moy que c'est que ma femme nous a envoyé de bon.» Adont le pape prinst la lectre et la desferma et regarda le contenu d'icelle ainçois qu'il desist mot, car par aventure pour les seigneurs et serviteurs qui là estoient presens il laissa à dire le contenu d'icelles au roy. Si lui dist le pape: «Par ma foy, beau filz, nous les lirons à part, car seulement à vous et à moy appartient.»

Si ne demeura gaires qu'ilz se retrayrent eulx deux seulement. Et, lors qu'ilz furent retrais, le pape se prinst à plorer trés piteusement et commença à dire au roy: «Ha! mon beau filz, je te prie, pour l'amour de

Dieu, que tu ayes pacience de souffrir[1] ce qu'il plaist à
Nostre Seigneur ordonner de toy. Saiches, treschier
35   filz, que vecy unes piteuses lectres.» Adonc il lui
commença à lire toute au long. Quant le bon roy les
eust oÿes, il commença à joindre les mains contre le
ciel et en plorant commença à dire: «O vray Pere
Jhesucrist, que Te ai ge meffait? Mon vray Dieu, mon
40   vray Sauveur, Pere perdurable! Helas! Sire, or scés Tu
que je suis venu et yssu de ma terre pour Ta saincte
loy accroistre et exaucier, et il a pleu à Ta divine
puissance moy envoyer une telle ydeur et orreur. O ma
treschiere espeuse, que je cuide que vous estes
45   anuyeuse et doulante! Helas! Helas! vous n'y avez
coulpe, c'est la mienne seule, car vous ne pouez autre
chose aporter fors ce que je vous ay chargié. Certes
vous n'avez riens meffait et est sans raison que on
vous en demande riens.»
50   Et, ainsi qu'il se lamentoit, le pape le reconfortoit
tousjours. Et tant /52r° qu'il lui demanda: «Or me
dictes, mon chier filz, se ma belle niepce, vostre
espeuse, a eu en vostre royaume d'Engleterre ne n'a
encore aucune envye de personne à cause de vostre
55   mariage. — Par ma foy, Pere saint, non, se non tant
seulement ma mere, laquelle je sçay de certain n'ama
oncques jour ma femme, car je l'esposay contre sa
volenté, comme je vous ay autrefois dit.»
        Et de ceste matere avoient ilz pluseurs foys parlé
60   ensemble. Tantost que le Saint Pere l'entendist, il mist
suspection es lectres et lui dist: «Par ma foy, mon
chier filz, je fay doubte que en ceste besoingne n'aist
aucune infidelité ou mauvaistié. Et pour ce je vueil
que nous escripvons lectres incontinent au duc de
65   Clocestre, vostre regent, en lui mandant que, si chier
qu'il ayme vostre païs et vostre plaisir, il vous face

---

[1]   de souffrir *mq.*

bonne garde de vostre femme Helaine, ma niepce, et la serve et obeÿsse comme il feroit se vous estiés present. Et je avray ung rommain messagier, auquel je les bailleray en lui commandant qu'il les porte au duc et en ce faisant qu'il en enquiere de l'estat de vostre femme, ma niepce. Et par ainsi nous savrons de vray comment la chose va. — Par ma foy, Pere saint, vous avez tresbien dit, et ainsi le feray.»

Adonques le roy[2] escrivist ses lectres* par la maniere que le pape avoit dit et puis le pape les delivra à ung Rommain en lui commandant que jamais n'arrestast tant qu'il seroit en la ville de Londres et qu'il les avroit delivrés* au duc de Clocestre, et si enquist de l'estat de la royne et qu'il en sceust bien à parler quant il retourneroit. Le message rommain se partist atout ses lectres. Et deans quatre jours ou cinq jours aprés le roy delivra unes lectres à /52v° son messagier d'Engleterre, esquelles estoit contenu entierement ainsi que es premieres, et ainsi s'en aloit l'un devant l'autre sans ce qu'ilz en sceussent riens l'un de l'autre. Mais il nous fault parler du message rommain.

---

2   l. duc e.

Le XLᵉ chappitre. Comment le messagier rommain fut prins par les gens de la mere du roy Henry, auquel elle changea ses lectres par traÿson.

L'ystoire dit que le messaigier rommain chemina tant qu'il vinst en Angleterre et qu'il arriva au rivage de Douvres. Et, tout prestement qu'il fut à terre, il fut prins par les officiers et sergens de la royne, la mere
5   du roy. Laquelle avoit mis gens à tous les passages pour garder que nul ne passast qu'elle ne le sceust. Pourquoy ce message rommain, ignorant la faulceté de celle desloyale*, fut mené devant elle non pas comme maugré lui mais par doulces paroles, et le
10   interroguerent ceulx qui gardoient le port dont il venoit. Il leur dit comme cellui qui nul mal ne pensoit son messaige, comment il venoit depar nostre Saint Pere et depar le roy Henry d'Engleterre. Quant ilz sceurent le cas, ilz le festierent et lui disrent qu'il se
15   gardast bien de passer oultre sans parler à madame la mere du roy, qui pour son message lui donneroit aucun don. Adonc il ala avec eulx devers la dame, laquelle lui fist grant chiere en lui demandant des nouvelles de son filz le roy et en le blandissant lui dist qu'il
20   demouroit huymais et soupperoit avec elle pour amour des bonnes nouvelles /53r° qu'il lui avoit aportees. Et finablement elle fist tant qu'elle sceust qu'il portoit lectres au duc de Clocestre, dont elle fut moult joyeuse, et ymagina incontinent qu'elle trouveroit
25   maniere de les avoir; ce qu'elle fist. Car elle le fist soupper avec elle et lui donna tant à boire qu'il perdist sens et entendement et tant qu'il s'endormist à table. Si le fist la dame pourter couchier sur une couche en sa chambre et incontinent ala aprés et lui osta ses lectres
30   et les leust. Et puis manda ung sien chappellain auquel elle en fist escripre unes autres à sa devise. Quant le

chappellain entendist le lengaige, il ne les vouloit
point escripre, et dist à la dame que ce seroit trop mal
fait de faire telle besoingne, car la royne Helayne
n'avoit point ce desservy. Pourquoy la mere* comme
toute courousee lui dist que, s'il ne les escripsoit,
qu'elle le courouseroit tellement qu'il s'en repentiroit,
car jamais elle ne cesseroit, se* l'avroit elle fait morir
de male mort. Quant le prestre entendist ces motz, il
commença à escripre les lectres, lesquelles elle dicta
en ceste maniere.

**Le XLIᵉ chappitre. Comment la mere du roy Henry
tua le chappellain qui avoit escriptes les lectres.**

«Henry, roy d'Engleterre, à nostre tresamé et feal
cousin, Girart, duc de Clocestre, salut! Comme ainsi
soit* que nous ayons veu voz lectres, esquelles estoit
contenu l'acouchement et enfantement de nostre
5   espeuse Helayne, et par voz messaiges nous mandez
son estat et son fait, nous vous mandons par ces
presentes et expressement /53v° enjoingnons que,
incontinent ces presentes veues, vous mettez à mort et
exil par feu ladicte Helayne, nostre espeuse, et ses
10   deux filz avec elle, pour certaines causes à nous dictes
depuis nostre departement. Treschier et amé cousin,
faictes que en ce n'aist faulte, si chier que vous amez
nostre païs et nostre amour. Nostre Seigneur soit garde
de vous! Escript *et cetera*.»
15   Quant ses lectres furent escriptes, elle les fist clorre
et puis les seela de son seel contrefait, comme dit est
dessus. Et, quant elle eust ce fait, elle commanda à son
chappellain qu'i en fist encores jusques au nombre de
dix, car elle pensa tout prestement encores une
20   surhabondance de mauvaistié qui fut telle, et les
envoya toutes l'une aprés l'autre et divers messages,
ainsi que vous orrez cy aprés.
Or furent ces lectres ainsi escriptes. Quant ce fut
fait, la faulce dame, qui tousjours estoit perceverant en
25   sa mauvaistié, murdrist mauvaisement le povre
chappellain pour sa mauvaistié couvrir, car l'ystoire dit
que, ainsi qu'il seelloit la derreniere lectre, elle lui
coppa la gorge d'un coutel, et cheust incontinent à ses
piés, et puis le getta en la mer comme l'autre. Quant ce
30   fut fait, elle s'en vinst au Rommain et lui mist ces
lectres en sa boiste, et ne s'en apparceust en riens, et le
laissa ainsi jusques le lendemain.

Le XLIIᵉ chappitre. Comme ces faulces lectres furent presentees au duc de Clocestre et du dueil que Helayne[1] en fist.

Quant ce vinst le lendemain que le messagier rommain fut levé et appointié, il s'en vinst à la dame et prinst congié à elle. Laquelle lui /54rᵒ donna .XV. nobles, dont il fut moult joyeux. Si se partist prestement et se mist en chemin et fist tant qu'il vinst à Londres, où estoit et se tenoit le duc de Clocestre, auquel il presenta les lectres devant dictes, cuidant de verité que fussent celles que[2] le roy Henry lui avoit baillees. Lequel duc les receust et les baisa en honnorant son seigneur le roy et puis demanda au message de l'estat du roy et du pape. Aprés il s'en vint devers la bonne royne Helayne et lui monstra les lectres du roy seellees comme se le roy les eust seellees. Tantost que la dame les tinst, comme celle qui tresjoyeuse estoit, les baisa par cinq fois ensemble le seaul, et lui sembloit bien que le roy les avoit seellees. Et, quant elle les eust assez remirees et avisees, elle les rendit au duc et lui dist qu'il les fist lire, car elle desiroit fort de savoir qu'elles contenoient. Le duc fist appeller ung secretaire, lequel les leust par commandement de la royne. Combien que, ainçois qu'il les leust hault, il les regarda tout au long et commença fort à pallir et à plorer. Le duc, ce veant, le regarda et fut bien esbaÿ et encores plus dame Helayne, pensans qu'il fust survenu aucune male aventure au roy ou qu'il fust en aucun dengier. La roynne dist au secretaire: «Ha! mon amy, pour Dieu, que attendez vous? que ne lisez vous tout hault ce que

---

[1]   q. elle e. f. *corrigé d'après la table des rubriques.*
[2]   c. q. que, *répété.*

monseigneur le roy nous rescript? — Ha! ma
tresredoubtee dame, pour Dieu mercy, je vouldroye
que oncques la lectre n'eust esté faicte ne devisee, car
veritablement cellui qui la devisa ne vous amoit gaires.
Je vous prie, pour Dieu, perdonnez moy et vueilliez
par autre faire lire la lectre, /54v° car sans faulte ce
poise moy que ainsi est. — Certes, mon amy, dit la
royne, nous ne voulons que autre que vous les* lise, et
pour ce nous vous commandons que les lisez.»
    Adonc le secretaire tout en plorant les leust, mais,
ainçois qu'il eust eschevé, la bonne roynne cheÿst
pasmee, et non sans cause. Le duc, ce veant, la releva
en plorant merveilleusement fort et le* commença à
reconforter au mieulx qu'il peust. Quant elle fut
revenue à elle, elle commença à crier et à dire à haulte
voix: «Ha! glorieux Pere Jhesucrist, quel chose puis je
avoir meffait à monseigneur le roy mon mary? Helas!
que a il trouvé en moy ne de moy oÿ dire? Vray Dieu,
qui sçavez les cuers des creatures, Vous savez que
pour pechié fuir je laissay ma terre et mon paÿs, et
maintenant c'est Vostre bon plaisir que je soye mise à
telle execussion et exil de mort. O mon Pere createur,
je Te rens graces et mercys des biens que Tu m'as
donné et que ainsi Te plaist que je les laisse. Mais,
mon treschier Pere, qui es refuge des desolez, que ont
deservy mes deux enffans, qui tous innocens sont,
pour maintenant et si tost aprés leur nativité laissier
leur terre et leur honneur et finer par mort doloreuse?
Helas! mon bon Dieu, or me print monseigneur le roy,
mon chier mary, par si grant amour que tout maugré sa
mere et tous ses barons il me volt avoir, et maintenant
il me veult destruire.»
    Et, se je vouloye escripre toutes ses lamentacions,
je vous tiendroye trop longuement, et pour ce je m'en
passeray en brief. Neantmoings là estoit ce bon duc de
Clocestre, qui tousjours la reconfortoit et lui disoit :

«Ma chiere dame, ne vous descon/55r°fortez point.
J'ay espoir en Dieu que nous avrons autres nouvelles
bien bonnes.»

Comment la mere du roy vinst par faulceté reconforter Helayne, et des .XI. lectres qu'elle envoya pour la faire destruire. Le XLIIIe chappitre

Entretant que ceste vaillant dame estoit en ceste desolacion, la¹ faulce et mauvaise vielle, la mere du roy, pour couvrir sa grant faulceté, le .IIIe. ou .IIIIe. jour aprés ces piteuses nouvelles, desquelles elle estoit
5   cause, vinst en la cité de Londres et s'en ala ou palaix où estoit celle noble dame Helayne, tant desolee que plus ne pouoit, que le duc de Clocestre gardoit. Lequel avoit mandé tous les barons du païs pour avoir avis sur les lectres du roy. Laquelle vielle venue, le duc vinst à
10   elle et lui fist la reverance comme à elle appartenoit. Et puis lui recorda comment le roy lui avoit escript et mandé qu'il fist morir Helayne et ses deux filz, dont la faulce* fist semblant qu'elle en estoit mal contente et bien dolante. Si se partist du duc et s'en vinst à Helaine
15   qu'elle trouva moult desolee, et faisoit semblant qu'elle n'en savoit riens. Si se commença la bonne Helayne tresfort à complaindre en plorant si tresfort qu'il n'estoit cuer d'omme ne de femme qui la veist quil* se peust tenir de plorer. Et, quant la vielle eust oÿ tous
20   ses lengaige* et complaintes, elle la commença à reconforter et à lui dire qu'elle ne se esbaÿst de riens, car elle ne morroit point, et elle mesmes y mettroit telle diligence qu'elle s'en parcevroit. Si l'en mercia bien chierement /55v° la bonne Helayne. Aprés ce la
25   faulce vielle ala au duc de Clocestre et lui commanda que du mandement du roy son filz il ne fist riens jusques à ce qu'il eust autres nouvelles. Si lui promist le duc que aussi ne feroit il, par condicion que, ce pour ce cas il encheoit en aucune malivolence du roy, elle le

---

¹   d. vinst l., *suppr. exprimé plus bas.*

en ayderoit à getter de tout son pouoir. Quant ceste
vielle eust fait ceste faincte et traÿson, elle s'en
retourna en son chastel de Douvres, ouquel elle ne fut
point longuement qu'elle ne envoyast unes autres
lectres par ung message estrange, plus crueuses que les
autres, adreçans au duc. Et finablement toutes l'une
aprés l'autre les envoya toutes dix, et si estoient les
derrenieres plus crueuses que les premieres. Et sans le
premier messaige d'Engleterre, qui estoit ja retourné,
auquel elle changea ses lectres en la maniere qu'elle
avoit fait les autres, ainsi receust le duc de Clocestre
.XI. lectres depar le roy*, qui riens n'en sçavoit, pour
executer la povre royne et ses deux filz. Mais si bien
en fist le bon duc de Clocestre qu'il mist tous ses
messages en prison, et mesmes le messagier rommain
qui les premieres lectres avoit apportees, ne pour
homme ne femme ne les volt mettre hors de prison
jusques au retour du roy d'Engleterre, auquel il les
delivra tous et qui les fist executer, excepter* deux
comme vous orrez cy aprés.

Comment le duc de Clocestre trencha le bras de Helayne en presence de barons du paÿs. Le XLIVe chappitre.

Le noble duc de Clocestre, veant comme son roy de plus en plus lui mandoit expressement, et sur peril /56r° de perdre sa vie et sa terre, qu'il meist à mort et à execucion ceste vaillant dame Helayne, se conseilla es
5   barons d'Engleterre et leur monstra les lectres que le roy lui avoit envoyees pour par leur conseil user. Lesquelz tous à une voix dirent qu'il feist et accomplist le contenu des lectres du roy, car par[1] aventure le roy avoit aucune chose sceu de sa femme, parquoy ne la
10   vouloit plus veoir* ne ses enffans aussi.
Adonc se vaillant duc comme tout desconforté fist venir la dame Helayne et lui monstra en la presence des barons les lectres du roy, seellees de son seaul, et comment il lui mandoit sur peine de mort qu'il
15   executast la royne Helayne, sa femme, et ses deux filz. «Pourquoy, ma treschiere dame, dist le duc, pensez à vostre ame et prenez la mort en gré, affin que Nostre Seigneur ait pitié de vous, et me vueilliez perdonner, car, par la foy que je doys à Dieu et à monseigneur le
20   roy, je ne le puis amender. — Ha! mon treschier amy, dist Helayne, loué soit Dieu, mon Createur. Je Lui prie mercy et Lui prie qu'Il ait pitié de mon ame, aussi vrayement que oncques vers monseigneur le roy ne vers autre ne meffis. Mais, mon treschier amy, je me
25   donne une trop grant merveille et en est mon cuer par trop empeschié pourquoy il fait morir ses deux filz innocens de tous pechiés. Au moings que ma mort le peust satisfaire et j'en moroye plus voulentiers! — Certes, ma treschiere dame, ce ne se peult faire, car il

---

[1]   par *répété, fin de ligne.*

nous fault accomplir le commandement de monseigneur le roy.»

A ces motz la royne cheïst pasmee, et la releverent pluseurs qui là estoient presens en la reconfortant au mieux qu'ilz peurent. Et là estoit la niepce du duc de Clocestre, nommee Marie, qui /56v° tant dolante estoit qu'elle eust bien voulsu morir pour sa dame, si fermement et si de bon cuer* l'amoit elle. Et aussi fist elle, comme vous orrez cy aprés.

Si les menerent les princes en leurs chambres, mais incontinent qu'elles y furent, le bon duc de Clocestre en presence de tous lui dist: «Madame, saichiez en verité qu'il vous convient morir, dont il me poise. Et pour le commencement de vostre martire premierement et affin que, quant monseigneur le roy retournera, nous lui monstrons aucune chose de vostre noble corps, je vous trencheray ung bras devant et en presence de tous ceulx qui cy sont.» Adonc il prist le droit bras de la royne et lui trencha d'une espee bien trenchant en presence de tous. En la main duquel bras estoit en ung doit l'anel duquel le roy son mary l'avoit esposee, dont tous les presens furent bien esbaÿs, car la noble dame ploroit et menoit tel dueil que c'estoit une grant pitié, et non sans cause. Mais sur toute la douleur qu'elle avoit c'estoit de ses deux enffans*, et le plus piteusement que on porroit pria au duc que, ainçois qu'il les feist morir, il lui pleust les faire baptisier. Le duc, qui tant doulant estoit que plus ne pouoit, lui fist loyer le mougnon de son bras affin qu'elle ne desesperast. En la compaignie n'avoit personne qui ne menast grant dueil et quil* ne plorast si piteusement qu'il sembloit qu'ilz eussent enterrez leurs peres et leurs meres ou qu'ilz deussent prestement recevoir la mort. Aprés ce fait, le duc fist crier parmy la ville que, qui vouloit le demain au point du jour venir à la justice, faire le pouoit à une isle qui estoit prés de Londres, en laquelle devoit estre executee par feu Helayne /57r°, femme du roy nostre seigneur ensemble ses deux filz. Quant le peuple oÿst ce criz, chascun fut bien esbaÿ et commença fort à murmurer et esbaÿr pour quel cause on faisoit morir ceste dame, laquelle le roy avoit prinse et faicte sa dame par grant amour et qui plus est il en avoit eu deux beaux enfans masles, qui estoient si beaux filz que merveilles, parquoy ilz se donnoient merveilles.

Comment le duc determina de faire ardoir sa niepce pour sauver la vie de la royne Helayne. XLVᵉ chappitre.

Or vint la nuyt que chascun se retrayst en son domicille. Le bon duc s'en vinst en la chambre de la povre dame qui menoit le plus merveilleux dueil qu'il n'est pas à dire, comme celle qui la mort attendoit. Lequel duc salua icelle royne et lui dist: «Ma treschiere dame, je sçay bien que en nulle maniere vous n'avez meffait au roy, et pour ce je fais conscience de vous faire morir, mais ayme mieulx à vous sauver la vie en la maniere que vous diray.»

Adonc cellui duc appella sa niepce et lui dist en presence de la royne: «Ma chiere niepce, sachiez que je vous ayme bien et comme ma parente, mais vous sçavez que de pieça vous avez deservie mort pour certaines causes, dont maintenant n'est besoing de ramentevoir, et fais conscience de vous laissier morir impugnie., parquoy j'ay conclu et deliberé de vous faire morir. Et, affin que pardon puissiez acquerir à vostre ame tant pour amour de Dieu que pour amour de vostre /57v° bonne maistresse, vous recevrez la mort en gré et je vous trencheray premierement ung bras comme j'ay fait à elle. Lequel bras je garderay ou nom du bras de vostre maistresse pour le monstrer au roy. Et je mettray ma dame la royne en ung batel sur mer encores anuyt avec ses deux enffans, laquelle s'en ira à la garde Dieu où elle porra mieulx. Et je feray deux enffans de cire que je enveloperay de drappeaulx, que je feray ardoir avec vous. Si que, ma treschiere niepce, prenez la mort en gré et vostre ame en vauldra mieulx envers Nostre Seigneur Jhesucrist.» Quant ceste pucelle entendist son oncle ainsi parler, vous pouez penser qu'elle fut moult esbaÿe, et non sans

cause, car elle cougneust que morir la couvenoit. Si
joindist les mains vers le ciel et se getta à genoulx et
dist: «O vray Dieu Pere perdurable, je Te regracie de
35   tout mon cuer quant il a pleu à Ta debonnaire
disposicion que ma tresamee dame sera par ma mort
respitee et avra la vie sauve.»

La bonne royne, qui tout ce veoit et oyoit[1], ploroit
et tordoit ses mains, puis baisoit ses enffans, puis
40   regretoit son mary et à peinnes entendoit elle à chose
que le duc deist. Et ceste vaillant Marie vinst à sa
dame et la commença à acoler et baisier et à dire: «Ha!
ma treschiere dame, priés pour moy, car pour vous je
recevray mort, au plaisir de Dieu. — Non ferez, dist la
45   royne, mais moy, à qui mort est destinee.» Le duc lui
disoit en plourant: «Dame, reconfortez vous, car vecy
ma niepce qui morra pour vous et en lieu de vous.»

Ces deux dames, Helayne et Marie, la niepce du
duc, et le duc mesmes menoient le plus grant dueil et
50   le plus piteux que c'estoit piteable chose de les /58r°
veoir. Car ce bon duc baisoit sa niepce et lui disoit: «O
ma treschiere fille, je te prie que tu me perdonnes ta
mort.   — Certes, mon treschier oncle, je le vous
perdonne de bon cuer et Dieu le vous tourne à merite
55   et à salut, aussi vrayement que je crois fermement qu'Il
fut mis à mort pour le salut de l'umain lignaige. Or
faictes, mon oncle, je vous en prie, et que ma
treschiere dame soit preste et que je la voye partir et
entrer ou batel, car j'en morray plus liement. — Et je le
60   feray, dit le duc, mais je vous trencheray
premierement le bras.» Adonc le duc prinst une espee
et lui trencha le bras droit et lui lya le moingnon, mais
à peines en fist elle oncques semblant, ains estoit si
reconfortee qu'il sembloit qu'elle y prinst plaisir,

---

[1]   e. oyt* p.

comme estoit. Mais la bonne royne en faisoit plus
grant dueil sans comparaison que la niepce du duc.

Comment le duc mist Helayne et ses deux enffans en ung batel sur mer. XLVIe chappitre.

Quant ce bon duc eust coppé le bras à sa niepce, il
le mist et enfrema en ung escrin, et puis prinst la royne
et ses deux enffans et les mena au rivage de la mer et
fist par maniere qu'ilz furent eulx trois seulement en
5   ung batel, et à l'un des enffans il attaicha le bras de sa
mere. Et, quant ce vinst à prendre congié de la royne,
elle, le duc et sa niepce menoient le plus grant
desconfort que c'estoit une pitié, car je cuide qu'il n'est
personne qui dire le vous sceust. Et pour ce nous nous
10   en passerons atant, car nous savons bien que /58v°
vous qui oyez ceste hystoire, vous sçavez bien
consideré* la piteuse douleur que ce pouoit estre de ce
partement. Avec la royne et ses deux enffans le duc
mist du pain et du vin et du fromaige assés pour vivre
15   quatre ou cinq jours, comme dist nostre hystoire, et
puis les empaindit en la mer et les laissa aler en la
garde Dieu et puis s'en revinst vers sa niepce, laquelle
mesmes lui ayda à faire les deux enfans de cire. Et fist
tant le duc que, ainçois que le jour fust gaires radiant
20   ne cler, sa niepce et les deux enfans de cire furent
gettez en ung feu qui estoit alumé en l'isle qu'il avoit
par avant devisé et fait crier, comme dit est. Mais,
affin que ceste chose fut celee, le bon duc avoit fait
faire commandement sur peinne d'amende que nul
25   n'entrast en l'isle, mais que chascun demeurast dehors
affin que la justice ne fust empeschee. Et pour ce il n'y
eust homme ne femme quil* ne cuidast de certain que
ce fust la royne et ses deux enffans. De ceste justice
fut moult joyeuse la faulce et desloyale vielle, la mere
30   du roy, et en louoit Dieu, mais elle gaires ne demeura
que elle en eust son payement, comme vous pourrez
oÿr cy aprés.

Ainsi donc, comme dit est, fut ceste vaillant dame Helayne, royne d'Angleterre, sauvee et mise ou batel avec ses deux petis enffans, comme dit est. Ouquel batel elle fut en grant anuyt et douleur en regretant son pere et son mary, en baisant et acoulant souvent ses deux petis enffans qui plouroient et crioient souvent; laquelle les appaisoit le mieulx qu'elle pouoit et les aletoit de ses mamelles, qui estoient belles et blanches. Mais le bras qui estoit attaichié à l'un de ses enffans l'empeschoit fort /59r° et lui estoit une grant peine. Neantmoings si ne le vouloit elle point oster, mais le laissoit tousjours à l'enfant, et pour celle cause il eust à nom Bras. Finablement tant ala ce batel puis çà puis là qu'il arriva en une isle, nommee l'isle de Constance, en laquelle ne habitoit homme ne femme, mais bestes sauvages et silvestres. Et là y avoit une roche haulte et eslevee, toute avironnee d'eaue et de bois et de buissons, et estoit ung lieu tresdivers. En icelle isle entra icelle royne Helayne et y porta ses deux enffans l'un aprés l'autre, au mieulx qu'elle peust, son pain, son vin et son fromaige que le duc lui avoit donné, et puis laissa aler son batel à la garde Dieu; mais l'istoire dit que le batel retourna dont il estoit party premierement. Et le retrouva le duc, dont il fut moult joyeux, car il lui sembloit que Helayne et ses enffans estoient quelque part arrivez à sauveté pour ce qu'il ne trouva riens oudit batel.

Comment ung leu et ung lyon osterent à Helayne ses deux enfans et d'un hermite qui les trouva. XLVIIe chappitre.

Ceste noble royne d'Angleterre, venue et arrivee en l'isle devantdicte, c'estassavoir l'isle de Constance, que maintenant on dit Escoce, sur la roche devant dicte estant atout ses deux petis enffans, esquelz elle
5 donnoit de fois à aultre la mamelle à teter pour les norir, et de son pain, vin et fromaige qu'elle avoit aporter* se refectionoit. Et puis nectia ses deux enfans des immondances de nature et pour les /59v° tenir plus nectement elle dessira sa chemise où elle les
10 enveloppa et recoucha, et à cellui qui portoit le bras remist elle le bras et le drap, ainsi que le duc les avoit mis. Et là en plorant piteusement disoit: «Ha! mon treschier enfant, certes je te lairay mon bras tant que tu le pouras porter et qu'il plaira à Dieu ne ja tant que je
15 vive par moy ne te sera osté.»
Et puis disoit à elle mesmes: «O mere de Jhesucrist, royne du ciel et de la terre, or suis je la plus povre royne et la plus desolee creature qui soit en ce monde. Vierge Marie, tu scez que je suis fille
20 d'empereur et comment pour fuir et eviter pechié j'ay laissié ma seignorie et ma terre. O Vierge, or avoit il pleu à ton chier Filz, mon vray Dieu et mon Redempteur, de moy pourveoir d'un tant noble home comme est le roy d'Angleterre, duquel j'ay conceu
25 deux beaux enffans masles, lesquelz vecy presens. Helas! Vierge, ilz sont filz de roy! Helas! peu vault la fortune improspere de ce monde, et que fol est qui trop s'i fie! Helas! doulce Virge, mon vray refuge, je te supplie que me vueilles secourir et aydier en mes
30 ameres angoisses et tribulacions, qui me ont de toutes pars avironnee, et ne me vueilles oblier. Certes

maintenant apparçoy je une partie du songe que je songay quant j'estoye en la cave où je m'estoye mussee pour la tempeste. Mais, Vierge, j'ay espoir en ta benoiste grace et que par ton moyen j'avray encores secours com longuement que je attende. Me vecy, ma chiere dame, preste et apparaillee à recevoir la mort se vostre chier Filz la m'a ordonnee. Sa voulenté soit du tout en tout accomplie en moy!»

Et de fois à autre baisoit ses deux petis enffans. Et tant se lamenta et complaindist /60r° que par force de traveil et de pesandeur* elle s'endormist auprés de ses enffans. Et, incontinent qu'elle fut endormie, ainsi qu'il pleust à Dieu, ung leu sauvaige saillist hors du bois et monta sur la roche où Helayne et ses deux enffans dormoient et prinst l'enffant qui portoit son bras et l'emporta en sa gueule. Et, ainsi que ce leu emportoit l'enffant, ung saint preudomme, qui reparoit en ce bois, nommé Felix, l'encontra quil* emportoit cest enffant. Si le rescria et courust au devant et fist tant que le leu laissa l'enffant et s'en ala arriere du saint preudomme. Adonc ce preudomme vint à l'enfant et le prinst et l'emporta en son hermitage. Lequel fut moult esmerveillié du bras qui estoit attaichié à l'envelopeure de l'enffant et ne savoit que penser que ce vouloit estre. Ne demeura gaires que, aprés que ce leu eust emporté cest enfant, ung lyon revinst sur la dame, qui encores dormoit, et prinst l'autre enffant sans ce que la dame en sceust riens et emporta l'enffant si doulcement que oncques mot ne dit et s'en ala atout en sa tayniere. Et dist l'ystoire que le lyon faisoit sucier sa langue à l'enffant jusques à ce qu'il eust pourveu à la sustencion d'icellui enffant, comme vous orrez cy aprés.

Comment Helayne se remist sur mer et comment elle arriva à Nantes en Bretaigne. XLVIIIe chappitre.

Ne demeura gaires, aprés ce que ces deux bestes sauvaiges eurent ainsi pris les deux enffans de la bonne royne, elle dormant comme vous avez oÿ, elle se esveilla comme toute esgaree et effree quant /60v°
5   elle ne trouva point ses deux enffans. Et lors comme toute forcenee commença à courir puis çà puis là, querant[1] ses enfans en criant et plorant tant piteusement que plus on ne pouoit, et non sans cause. Car sans faulte je me donne merveilles comment son
10   povre cuer pouoit soustenir ceste desolacion que prestement n'estoit estaint et noyé de pleurs et trespercié de cruelle douleur. Mais Nostre Seigneur Jhesucrist la soustenoit, qui estoit avec elle et qui tout ce lui faisoit souffrir par Sa debonnaire ordonnance
15   pour plus Sa bonne fille clarifier et avoir plus clere couronne en Son paradis, ainsi que on peult dire et jugier. Car l'Escripture dit que, qui avra pacience, il possessera son ame*, c'estassavoir il avra loyer et gloire. Et ainsi fut il de ceste bonne royne Helayne qui
20   tant de mal eust à souffrir que on en pouroit plorer larmes de sang. Quant ceste doloreuse dame eust assés quis puis çà puis là ses petis enffans et qu'elle vist que elle ne les trouveroit point, en grant douleur et desplaisir elle avala au pié de la roche et vinst sur la
25   rive de la mer et parceust une nave en la mer, qui estoit de marchans qui aloient pour leurs marchandises de ville à autre. Tantost qu'elle les vist, elle commença à crier aprés eulx tant hault qu'elle peust et tant que les marchans l'oÿrent. Si avalerent leur voille et ancrerent,

---

[1]   q. querant s. *répété.*

et puis l'un des marchans entra en ung botequin et vint vers elle et lui demanda qui elle estoit. Laquelle lui respondist qu'elle estoit fille d'un povre maronnier que larons escumeurs de mer avoient getté en la mer, et se lui avoient trenchié /61r° ung bras pour ce qu'elle ne vouloit faire leur voulenté. Adonc le marchant, qui eust pitié d'elle ja soit ce qu'il ne fust point crestien, lui getta une planche et la fist enter en son botequin et puis l'emmena à ses compaignons, lesquelz en furent moult esbaÿs et eurent pitié d'elle et lui donnerent à boire et à maingier et la reconforterent au mieux qu'ilz peurent. Et fut avec eulx l'espace de .XV. jours que oncques nul mauvais semblant ne lui monstrerent et aussi elle se sçavoit bien couvrir et celer d'eulx.

Quant ce vint au bout de quinze jours, ilz arriverent en Armorique, que maintenant on appelle Bretaigne, et monterent sur terre et la bonne royne aussi, qui leur remercia grandement du plaisir que fait lui avoient. Laquelle se mist au chemin et tant chemina qu'elle arriva en une cité que maintenant on appelle Nantes. En laquelle cité on ne creoit point en ce temps en Jhesucrist, mais aouroient* les ydoles et symulacres. Neantmoings ceste vaillant dame se arresta en icelle cité et fist tant qu'elle se logea en la maison d'une povre femme payenne, avec laquelle elle demeura environ .XVII. ans sans en partir. Et vous layrons à parler d'elle et parlerons de ses deulx enffans, et premierement de cellui que le lyon emporta.

Comment ung hermite, nommé Felix, gouverna les deux enffans par l'ayde d'une biche et des norritures qu'il leur donna. Le XLIXᵉ chappitre.

Vous avez nagaires oÿ comment cestui lyon qui emporta l'enfant en sa tayniere le gouvernoit de sa salive et liqueur de sa langue. /61v° Mais ce ne fut point plus hault d'un jour ou environ, car ce lyon
5   assembla comme par droicte ordonnance de Dieu toutes les bestes de la forest en sa presence, entre lesquelles il prinst une biche, laquelle avoit nouvellement faonné, et l'emmena en sa tayniere et lui fist alaittier l'enffant. Mais par la divine disposicion de
10   Dieu la biche demeura emprés l'enffant et lui pourveoit le lyon de sa pasture, dont ceste biche enamora tellement cest enffant que oncques ne le volt laissier jusques à ce qu'il fut tout grant, et aussi fist elle son frere que l'armite avoit rescoux au leu, et vous
15   diray comment.
Ung jour, ainsi que ce saint preudomme Felix s'en aloit parmy le bois de lieu en autre pour querir la substantacion comme pommes et poires, noisettes et autres choses dont il se vivoit, il advinst, comme à
20   Dieu pleust, qu'il se arresta devant la duyere du lyon où cest enffant estoit, qui d'aventure ploroit pour ce que ja pouoit avoir quatre ou cinq jours qu'il n'avoit point esté nettoyé des inmondances dont nature est coustumierement passionnee en tel eage. Si regarda en
25   la duyere, car bien lui sembloit avoir oÿ[1] voix humaine de petit enffant, et vist l'enffant enveloppé en sa faissette. Si entra hardiment dedens, car le lyon n'y estoit point, et n'y avoit que la biche qui alaitoit l'enffant. Et prinst l'enffant et fut moult esbaÿ dont ces

---

[1]   oÿ *mq.*

enffans pouoient venir qu'il avoit trouvé en ce bois.
Lequel il emporta en son hermitaige, et la biche aprés
et entra en l'armitaige tout doulcement et s'en vinst
tout droit à l'autre enffant au bras et lui mist ung de ses
tetins en la bouche. Lequel enffant le commença à
succier et à tirer, /62r° car il estoit tresfort affamé, et
non sans cause, car le saint preudomme ne lui avoit
autre chose donné que du jus de pommes cuictes et
ung peu de pain machié, que l'enffant avoit sucié et
prins à grant peine. Et, quant ceste biche eust tresbien
alaitié cest enffant, elle vinst à l'autre, que le
preudomme avoit ja lavé et nettoyé et renveloppé, et le
alaitta aussi tresbien tant que iceulx deux enffans se
endormirent et reposerent, et se coucha la biche
emprés eulx. Quant ce saint preudomme vist ceste
maniere de faire, il joindist ses mains vers le ciel en
louant et regraciant Dieu comme cellui qui veoit
plainement que c'estoit grace et mistere de Dieu. Mais
sur toute riens il se donnoit grant merveilles dont
pouoient venir ces deux enffans qu'il avoit ainsi
trouvez. Et, affin qu'il cougneust l'un de l'autre, il
appella l'un Bras, c'estassavoir cellui qui portoit le
bras, car oncques il ne volt separer le bras de l'enffant,
mais tousjours quant il le renvelopoit il lui rendoit son
bras, et la cause estoit pour ce que ce saint preudomme
veoit que ce bras estoit tousjours frecz et aussi vif que
s'il eust esté attaichié au corps aussi bien qu'il fut
oncques, et à l'autre enffant il lui mist nom Lyon, pour
ce qu'il l'avoit trouvé en la duyere des lyons. Ainsi
doncques, comme dit est, ce saint preudomme à l'ayde
de la biche norrist ces deux enffans. Et, quant ilz
sceurent aler et parler, la biche les laissa au
preudomme et s'en retourna dont elle estoit venue, et
le saint preudome se mist au norrir ses deux enffans et
les endoctrina et esleva jusques qu'ilz eurent seze ans
sans eulx partir /62v° de lui.

Icy vous lairay à paler d'eulx pour le present et vous parleray de leur bon pere, le roy Henry d'Engleterre, qui de toute leur povreté riens ne sçavoit ne de la povreté de leur mere, la royne sa femme.

Comment le roy Henry se determina de combatre les Sarrazins. L^e chappitre.

Le roy Henry d'Engleterre estant en la cité de Romme, laquelle avoient enclose et environnee les Sarrazins et y livroient nuyt et jour merveilleux assaulx, parquoy souvent yssoit icellui roy et les combatoit et esquarremuchoit, dont il perdoit souvent des chevaliers et aussi faisoit il des Sarrazins, combien que nullement ne vouloient deslogier, mais plus en tuoyent les crestiens et plus en y venoit et de tant plus guerioient la cité. Et dit nostre hystoire qu'ilz gardoient si fort les chemins et les passages qu'il n'estoit homme qui y peust passer, aler ne venir. Pour laquelle cause le roy Henry disoit que pour ce ne oioit il nulles nouvelles de son messagier rommain qu'il avoit envoyé en Angleterre, comme vous avez cy dessus oÿ. Lequel messagier n'avoit garde de revenir, car le bon duc de Clocestre le tenoit prisonnier pour la cause dessus dicte.

Advint que ung jour de la bonne sepmaine, par le mercredy, le roy Henry estoit en la cité de Romme, pensant à sa femme et à ses enffans, que moult desiroit à veoir pour sçavoir que c'estoit, se on lui en avoit la verité escript, pensant aussi comment /63r° ces Sarrazins le tenoient ainsi enclos longuement, dont il estoit moult desplaisant. Si s'en vinst devers nostre Saint Pere le pape, auquel il se reconseilla et confessa, et lui dit que sa voulenté estoit telle que, au plaisir de Nostre Seigneur Jhesucrist, il vouloit le vendredy prouchain, qui estoit le jour que les faulx Juifz mirent à mort en l'arbre de la croix Nostre doulz Sauveur Jhesucrist, combatre les Sarrazins et ennemis de la saincte foy catholique. Et pour ce disoit il: «Pere saint, je sçay que j'ay grant foison perdu de mes gens par les

batailles diurnelles et escarmurches que nous avons ja
eu contre eulx. Je vous prie, en l'onneur de la saincte
35   Passion et souffrance de nostre doulx Sauveur, que
faictes faire commandement par toute vostre cité que
tout homme puissant de porter baston et armes soit ce
jour prest et en point pour ysir es champs et combatre
noz adversaires, car ainsi le vueil je faire. Et j'ay
40   espoir, au plaisir de Dieu, pour Lequel nous
combatrons, que nous avrons victoire, car pour Sa
saincte foy exaucier nous mettrons noz corps en
aventure et peril de mort. Et, à celle fin que ceste
chose soit mieulx conduite et par bonne disposicion
45   ordonnee et que Dieu ait pitié et mercy de nous, nous
envoyerons au roy Butor, qui est le chief de tout le
peuple sarrazin, noz heraulx et lui manderons que, s'il
veult croire en Nostre Seigneur Jhesucrist et faire
croire tout son peuple et baptisier, nous lui rendrons
50   ceste cité et le ferons empereur des Rommains, ce non
il nous laisse paisible et s'en retourne en son paÿs atout
son peuple ou autrement il se tiengne pour asseuré
que, au plaisir de nostre Sauveur Jhesucrist, s'il ne se
veult con/63v°descendre à nostre humilité, nous lui
55   monstrerons vendredy prouchain nostre humanité.»

Quant nostre Saint Pere entendist ce vaillant
preudomme parler si franchement, il joindist les mains
vers le ciel en louant Nostre Seigneur, et en plorant
dist au bon roy Henry que, puis que son bon plaisir
60   estoit tel, il en seroit ainsi fait et que lui mesmes lui
tiendroit compaignie, l'espee ou poing, pour deffendre
le nom de Jhesucrist*.

Le LIᵉ chappitre. Comment le roy Henry conquesta les lieupars.

Aprés ce conseil du pape et du bon roy Henry, ne demeura gaires que les messaiges furent ordonnez pour fournir la besoingne, ainsi que devisé l'avoient, et fut mandé es Sarrazins la chose comme elle avoit esté entreprinse du pape et du roy Henry. /64r°. Lesquelz Sarrazins en firent bien peu de compte, car il leur sembloit que, se tous les crestiens de crestienté eussent estez* assemblez, si estoient ilz assez pour eulx combatre. Pourquoy tout prestement le ban fut fait en la cité le mercredi que chascun s'apprestast, ainsi que vous avez oÿ que le pape et le roy l'avoyent entrepris. Et si fut commandé es femmes de la ville qu'elles se missent en oroisons et aussi qu'elles gardassent la cité. Mais qui vous diroit la douleur et comment tous ceulx et celles de la cité en estoient en grant affliction, vous en avriez pitié, car ilz ne sçavoient que leur en adviendroit, parquoy ilz estoient en la plus grant affliction que on pourroit estre et prioient nuyt et jour Nostre Seigneur qu'Il les voulsist secourir et aydier à ce grant besoing. Et en ce point furent ilz tout le mercredy et le jeudy ne on ne veoit que gens confesser et prier Dieu. D'autre part on veoit armures porter et raporter lances et espees aguisier, chevaulx seller et ferrer et couvertures d'anseignes parer¹ et appointier. Et finablement chascun estoit si embesoingnié que à peine sçavoit on auquel lez entendre. Et bien peuent considerer ceulx qui scevent de telles besoingnes ce c'est verité. Quant ce vinst le vendredy au matin, le roy Henry, et tous ses Anglois, armez et habiliez atout leurs croix rouges, volt* yssir premiers et avoir la

---

¹   parer, *répété, début de ligne.*

premiere bataille affin qu'ilz peussent mieulx
encouraigier les Rommains quant ilz verroient
combatre leurs ennemis pour eulx mesmes et pour leur
cité. Et, au partir qu'ilz firent, le pape leur donna sa
benediction et en eulx absolvant leur donna plain
perdon de peinne et de coulpe. Et touteffois dit nostre
hystoire que le roy /64v° Henry à son departement
estoit si reconforté qu'il dist au pape qu'il n'estoit ja
besoing qu'il se mist sur les champs, car il veoit ses
gens de si bon couraige qu'il lui sembloit qu'il estoit
assés fort pour combatre tous les Sarrazins, et fussent
ilz quatre fois plus. Et le pape lui respondist que pleust
à Dieu que ainsi en peust il advenir, mais, au plaisir de
Dieu, incontinent que le roy Henry seroit dehors et ses
batailles seroient sur les ennemis, il partiroit hors, car
il ne vouloit point que sans lui une telle besoingne se
feist ne que les Sarrazins morussent sans lui et qu'il ne
aydast à les tuer.

Or yssirent les batailles des Anglois et leur roy tout
devant, qui tresbien les savoit acouraigier, arengier et
ordonner, si bien qu'il n'est homme qui les veist qui n'y
prinst plaisir et hardement pour ce qu'il y aloit si
liement et si vaillamment. Et avoient leurs trompettes
et clarons qui faisoient merveilles et resveilloient ces
gens d'armes. Quant ces faulx Sarrazins virent noz
bons crestiens ainsi venir sur eulx, ilz se mirent
prestement en belle ordonnance de bataille. Et fut leur
banniere desployé*, en laquelle estoient paints trois
lupars, et mesmes le roy, nommé Butor, avoit toutes
ses cottes d'armes paintes de lupars et estoit, comme
dit nostre hystoire, ung grant homme fort et puissant,
qui avoit bien dix piés de hault ou plus, bien estoffé de
tous membres, et portoit communement une hache si
pesant que deux autres hommes en eussent esté bien
chargiés. Prestement qu'ilz furent les ungs devant les
autres, les archiers anglois commencerent à tirer sur

les Sarrazins de toute leur puissance et tiroient si
roidement et si druz que les Sarrazins ne pouoient à
peinnes* /65r° percevoir leurs ennemis et s'en venoient
couvers de leurs targes à tresgrant dengier, car les
aucuns estoient ja navrez de flesches les ungs par les
jambes, les autres par le corps, et de telz en y avoit qui
cheoient mors, parquoy les autres en estoient
empeschiez. Et finablement ilz firent tant qu'ilz
aborderent les ungs es autres et se commencerent à
combatre et à detrenchier sans aucune mercy. Et
frappoient ces Anglois de mailletz de plonc et
abatoient Sarrazins austant qu'ilz vouloient. Là crioient
les cris de leurs enseignes et se tuoient à merveilles,
car ilz contendoient tant qu'ilz pouoient à tuer l'un
l'autre. Et, ainsi qu'ilz estoient en cest apareil, le bon et
vaillant pape, tout armé et bien en point, de tresgrant
voulenté, atout ses Rommains yssist de la cité et s'en
vinst de grant raideur frapper sur ses ennemis et se
bouta si avant entre eulx que ce fut cent contre ung, et
peu s'en faillist[2] qu'il n'y demeura, car son cheval lui
fut tué desoubz et fut rué par terre. Et, se n'eust esté le
roy Henry mesmes, le pape y fusist demeuré, mais
icellui roy se approuva si vaillamment et si
puissamment qu'il conquesta, à la rescousse du pape,
sur le roy Butoir sa targe painte de lupars, et si le
navra tresfort. Et dit nostre hystoire que le roy Henry
osta son escu et le donna à ung sien chevalier et mist
devant lui l'escu es luppars qu'il avoit conquesté sur le
roy Butor en vouant à Dieu que jamais ne porteroit
autres armes tant qu'il porroit. Et les porta tant qu'il
vescut, et de là vient ce que les roys d'Angleterre, à
cause de la bonne fame et renommee de ce noble roy
Henry, ont tousjours porté les armes des luppars,
comme le dit nostre hystoire, combien que j'aye /65v°

---

2   et peu s'en faillist *mq. corr. d'ap. le sens.*

veu en autre hystoire le contraire, et par espicial en l'*Ystoire des Normans**. Et pour ce du discort des hystoires je m'en rapporte à la discrecion des lizans et vueil revenir à nostre matiere.

Comment le roy Butor fut occis du roy Henry. LIIe chappitre.

Ainsi doncques, comme dit est, se combatoient à forc'* et à puissance les Rommains et les Anglois ensemble contre les Sarrazins, en laquelle bataille estoit la tuerie si grande que c'estoit une grant pitié, car ilz cheoient l'un sur l'autre. Et furent ce jour par maintes fois le pape et le roy Henry en grant dangier, car les Sarrazins estoient bien quatre contre ung. Pourquoy noz bons crestiens en avoient plus à porter et à souffrir, et souvent en eulx combatant requeroient l'ayde Nostre Seigneur Jhesucrist, que par Sa debonnaire pitié Il leur voulsist aydier et eulx donner victoire pour exaucier Son glorieux nom. Nostre Seigneur Jhesucrist, qui oÿst leur priere, les regarda des cieulx et eust pitié d'eulx, comme bien besoing en avoient, car ilz estoient tresfort pressez des Sarrazins. Et mesmes le roy, ouquel estoit toute la confidence des crestiens, estoit ja tresfort foulé et affoibly par l'effusion du sanc qu'il avoit perdu, combien qu'il se combatoit tousjours couraigeusement comme enflamé contre ses ennemis. Et de fait il rompist en ses poings une hache d'armes à force de frapper et maillier sur ces Sarrazins et n'avoit mais que son espee, de laquelle il se combatoit. Laquelle il rompist en combatant à force et à puissance, et vist le roy Butoir assés prés de lui, qui, de /66r° une grosse et pesant hache qu'il tenoit, il* abatoit et poussoit toutes ses gens devant lui. Le roy Henry, veant ce grant dyable, frappa cheval d'esperon, tenant son espee devant luy, et s'en vinst à l'encontre du roy Butor en reclamant Dieu en ayde et frappa sur luy tellement qu'il lui bouta son espee en loing* de part en part et tellement que, pour la raideur du cheval qui passa tout oultre, l'espee rompist par le mylieu et

demeura la moittié ou corps du roy Butor. Et ainsi le
roy perdist son espee et getta l'autre moittié au loings
35   et puis vinst à ung Sarrazin, auquel il osta une mace de
fer qui avoit pluseurs picquotz de fer ou d'acier,
duquel baston fut le roy Henry moult joyeulx, car
depuis il tua et asomma pluseurs Sarrazins. Et de ce
cop d'espee que le roy Henry donna au roy Butor fut
40   prés mort icellui Butor ung peu aprés. Si le prirent ses
hommes et le porterent à leur estandart, où on portoit[1]
les autres seigneurs navrez quant on pouoit.

Tantost qu'il vinst là, il parla et demanda ses
sirurgiens, esquelz il dist qu'ilz advisassent s'il avoit
45   point de remede en lui, car il se sentoit fort blecié.
Quant ilz eurent advisé comment il estoit navré, ilz lui
dirent qu'il n'estoit point en leur puissance de y mettre
remede se les dieux n'y mettoient leur puissance et
vertu. Quant ce roy Butor entendist ces paroles, il fut
50   bien esbaÿs, et non sans cause, car, avec ce que la
mort le pressoit, lui certiffioient ces mires qu'il n'en
eschapperoit point. Adonc il fist apporter ses dieux
devant lui et leur pria tresdevotement qu'ilz eussent
pitié de lui. Quant il eust faicte /66v° son oroison et
55   ordonné de sa besoingne, il fist tirer le fer de l'espee
hors de son corps et, tout prestement qu'il fut tiré, il
rendist l'esperit à tous les dyables d'enfer qu'il avoit
toute sa vie servy comme ses fais le tesmoingnent.
Mais, entretant que les Sarrazins entendoient à leur roy
60   et à plorer et lamenter et qu'ilz detordoient leurs poins
et arrachoient leurs cheveulx, le roy Henry vinst saillir
sur eulx et par force d'armes leur abatist leur estandart
par maniere que onques puis ne sceurent tenir conray,
mais s'en couroient l'un çà l'autre là en gettant leurs
65   armures par terre en retenant seulement leurs chevaulx
pour eulx en fuir.

_____

[1]   o. portort l.

Comment le roy Henry desconfist les Sarrazins et comment il se partist de Romme. LIIIᵉ chappitre.

Par ceste maniere furent les Sarrazins desconfis et tant en y eust de mors que de .IIIIᶜ. mil qu'ilz estoient au commencement de la bataille il n'en demeura point .Xᵐ. que tous ne fussent tuez et occis parmy les champs, et une seule tente ne tret* ne leur demeura que les crestiens ne gaignassent tout et partirent tous les joyaux et richesses des Sarrazins par equales parties. Et de tout le butin le roy Henry ne volt avoir vaillant ung seul denier, mais volt que les preudommes qui avoient aventuré leurs vies pour acroistre son honneur eussent tout le proufit. Aprés ceste desconfiture de Sarrazins le roy à grant tryumphe, en la compaignie de nostre Saint Pere le pape, rentra en la /67r° cité de Romme, mais on ne vous savroit recorder la feste et la gloire que les dames et femmes rommaines lui fasoient. Et de fait y en avoit de telles qui baisoient la terre sur laquelle son cheval passoit et crioient à haulte voix : «Bien viengne nostre roy, nostre deffendeur et nostre empereur!», et sans doubte, s'il eust voulsu recevoir le triumphe de l'empire, les Rommains lui eussent prestement donné et fait, ainsi qu'ilz avoient en ce temps usaige. Mais le roy Henry le refusa, car il n'avoit autre voulenté que de retourner en son royaume pour veoir sa bonne et belle espeuse, la royne Helayne, qu'il desiroit plus à visiter que nul honneur du monde, mais touteffois le convinst il demeuré* en la cité l'espace de huit jours aprés la bataille, tant pour le repos d'aucuns navrez comme pour faire le partaige du butin des Sarrazins qu'ilz avoient gaigniez.

Et en ces huit jours durant furent faictes les aliances des Rommains et des Anglois et certaines amistiés de aydier les ungs es autres. Et, quant ces

choses furent tresbien ordonnees et mises en termes, le
bon roy Henry fist ordonner et mettre à point toutes
35   ses besoingnes pour soy partir et commanda à tous ses
capitaines que chascun fust prest pour partir et
retourner en Angleterre qu'il desiroit moult à reveoir.
Si le firent ainsi ses capitaines qu'i l'avoit commandé.
Quant tout fut prest, il s'en vinst à nostre Saint Pere le
40   pape et prinst congié et le pape lui donna plainne
absolucion de toutes choses, tant des tribus deuz es
Rommains comme d'autres choses, et lui donna ung
anel d'or qu'il avoit en son doit, où il avoit une moult
noble et precieuse /67v° pierre en nom d'amour et de
45   paix. Et puis lui dist le pape: «Mon treschier filz, je
vous prie, comme l'omme que j'ayme le mieulx ou
monde, que vous me saluez ma niepce, vostre femme,
car je croy fermement que, es enseignes que vous
m'avez dictes, qu'elle soit ma niepce et qu'elle soit la
50   fille du bon empereur Anthoine, roy de
Constantinoble. Et, quant vous savrez la verité, je vous
prie, mon treschier filz, que le me faictes sçavoir affin
que, se ainsi estoit et je pouoye oÿr nouvelles de son
bon pere qui la quiert par tous paÿs, je lui manderoye
55   affin que sa peinne et douleur en fust alegee. — Par
ma foy, Pere Saint, dit le roy Henry, je vous promest
que, se je puis retourner au paÿs, je vous en escripray
la verité.»
    A ce mot, en acolant et baisant l'un l'autre le roy
60   Henry, plain de larmes et de pleurs, et le pape
pareillement se partirent l'un de l'autre. Et se mist le
bon roy Henry au retour atout ce qu'il avoit de
remenant d'Anglois et passa parmy Lombardie et
France, tant qu'il revinst à Bouloigne sur la mer.
65   Mais je vous layray à parler de lui, car nostre
matere requiert que nous vous parlons de l'empereur
Anthoine qui aloit querant sa fille Helayne par tous
royaumes et paÿs, comme dit est.

Comment l'empereur Anthoine trouva la fille du roy de Baviere cuidant que ce fust sa fille. Le LIVe chappitre.

Nostre hystoire dit que, en celle propre annee que le bon roy Henry se partist de Romme, l'empereur Anthoine avoit passé parmy Lombardie à une /68r° tresgrant puissance de gens d'armes, car il avoit renforcié son host de gens et tant qu'il avoit bien .XX^m. combatans bien en point. Et de là il estoit venu par mer et par terre tant qu'il estoit entré en Alemaigne et ou païs de Baviere. Lequel païs tenoit ung roy payen moult felon et crueux, nommé Grimbault, lequel fut eureux de la venue de l'empereur, car par force d'armes il fut comquis et baptisié, et fut tresbon crestien et tellement que en la fin de ses jours Nostre Seigneur Jhesucrist le coronna de coronne de gloire en paradis. Mais je vous diray comment le bon empereur Anthoine le conquist et la maniere. L'ystoire dit que, ainsi que l'empereur chevauchoit en approchant la cité — que son entencion estoit d'icelle assaillir pour ce que on lui avoit dit que ce roy payen estoit tresmauvais —, il trouva la fille de ce roy Grimbault qui s'en fuyoit hors de la cité pour eschever la malivolence de son pere. Et, quant il la vist, il cuida soudainement que ce fust sa fille Helayne. Si corust tantost vers elle en lui escriant qu'elle se arrestast, car elle lui avoit fait assés peine, et courust tant aprés elle qu'il la prinst par le bras et la commença à aviser et cougneust que ce n'estoit point sa fille et fut comme tout honteux et lui dist: «Ha! ma tresbelle damoiselle, je vous prie, pour la saincte amour de Jhesucrist, que vous me pardonnez, car, par ma foy, je cuydoye avoir trouvé une autre damoiselle que j'ay ja longuement quise par pluseurs païs.»

Quant ceste damoiselle, qui nommee estoit
Clariande, oÿst parler de Jhesucrist, elle pensa bien
que c'estoient crestiens et se asseura ung petit, car,
35   combien que son pere fust payen, /68v° si estoit elle
crestienne. Et dist à l'empereur: «Sire, je vous supplie
treshumblement que vous me laissiez aler, car je suis
la plus doulante fille qui soit en ce monde vivant. —
Par ma foy, respondist l'empereur, nous voulons,
40   ainçois que vous partez de nous, sçavoir la cause de
vostre douleur, car, se nous pouons, au plaisir de Dieu,
nous la vous alegerons. Et pour ce nous vous prions
que vostre plaisir soit de la nous exprimer, car nous le
desirons fort. — Ou nom de Dieu, sire, dit la
45   damoiselle, puis que c'est vostre plaisir, je le vous
diray. Saichiez, sire, que je suis fille du roy de ceste
cité que vous veez presentement. Lequel roy est
nommé Grimbault et est ung trescruel homme et de
mauvaise foy, combien qu'il soit mon pere. Car, par
50   son mauvais art et par l'Anemy qui le tient en ses las, il
a fait faire ung homme de cuivre ou d'arain en maniere
d'une ydole, qui rent responces es gens à la voulenté
dudit roy mon pere, et non autrement. Pour laquelle
cause il se fait aourer ainsi comme s'il fust souverain
55   dieu, et encores il fait obeïr à lui les vens et les
oraiges, car aucuneffois il fait par son art eslever
oraiges et vens orribles et fait les arbres rompre et
desraciner et les maisons cheoir. Pour laquelle cause le
peule le tient en si grant cremeur qu'il obeïst à lui
60   comme s'il fust dieu tout puissant. Mais pour toutes
ses erreurs ne l'ay je point laissié, mais l'ay laissié pour
ce que, par sa mauvaise et inique voulenté, il me
vouloit violer et espouser, moy qui suis sa fille et de
son propre corps engendree ou ventre de ma mere, que
5   Dieu absoille! Et, affin que je me consentisse à sa
voulenté /69r° accomplir, il avoit devant hier fait
assembler tous les barons de son royaume, duquel je

suis heritiere, et leur enjoinst en la presence de son
ydole d'arain que sa voulenté estoit de soy remarier,
parquoy il vouloit faire selon que ceste mauditte ydole
lui enseigneroit. Si commanda que tous se meissent à
genoulx pour prier ladicte ydole qu'elle voulsist sur ce
donner responce. Laquelle respondist prestement et
dist oyans tous que raison donnoit et que les dieux
infernaulx avoient ordonné qu'il se mariast et qu'il
prinst Clariande, sa fille, en mariage, de laquelle il
avroit une generacion que* aprés son trespas
gouverneroit son royaume trespuissamment. Et, quant
y* oÿst ceste sentence, il me fist commandement que
sur ce me deliberasse, car puis que les dieux l'avoient
ordonné, il me prendroit à mariage et me espouseroit
veans tous ses barons. Et, quant je entendis ceste
detestable sentence, je me pensay que c'estoit euvre de
l'Ennemy et la sentence du dyable, et pour aler au
contraire je m'en fuyroie si loings que jamais mon pere
ne orroit nouvelles de moy et que m'en yroie en aucun
lieu où je seroye baptisee et regeneree es sains fons de
baptesme[1], car je croy fermement que Cellui que la
glorieuse Vierge Marie porta en ses flans sans
corrupcion d'omme est vray Dieu et vray homme,
regnant en la gloire perdurable comme vray filz de
Dieu le Pere, qui le monde a creé et formé et qui le
deffera quant il Lui plaira. Et vecy la cause, sire,
pourquoy j'ay laissié mon pere et ma terre. Si que je
vous prie que ayez pitié de moy et m'en laissiez aler
ailleurs querir mon salut.»

/69v° **Comment l'empereur Anthoine convertist le roy de Baviere Grimbault LVᵉ chappitre.**

L'empereur Anthoine, oyant ces nouvelles que la gracieuse Clariande lui disoit, commença tresfort à plorer et en lui mesmes à dire: «Ha! ma treschiere fille Helayne, vecy vostre compaigne. Pleust à Dieu que
5   vous fussiez en ceste place et je me deusse ordonner de faire du tout à vostre bon plaisir.» Et puis dist à la pucelle: «Ha! ma treschiere amye, je vous prie, pour amour de Jhesucrist, nostre doulx Sauveur, qu'il vous plaise demeurer avec moy et je vous prometz que de
10   moy et des miens vous serez tresbien gardee ne ja vilanie ne vous sera faicte, mais du tout à nostre pouoir vous deffendrons et garandirons* et ferons tant que vous serez en brief baptisee es sains fons de baptesme du tout à vostre desirer. — Par ma foy, dist
15   la damoiselle, je me submetz du tout à vostre obeïssance, car je voy en vous tant de bien que je ne vous oseroye refuser vostre requeste. Et pour ce je vueil faire ce qu'il vous semblera bon, par la maniere et condicion que vous le me promettez.»
20   Ainsi demeura ceste pucelle en l'ost de l'empereur de Constantinoble qui la retinst et honnora de toute sa puissance. Tantost que l'empereur Anthoine eust receu ceste pucelle en sa tuicion¹ et garde, il s'en vinst devant la cité de Baviere et laissa son host arriere la
25   cité et leur commanda que de là ne se meussent jusques à ce qu'il retourneroit vers eulx. Et, quant il eust ce fait, il vinst à la pucelle Clariande et lui dist que /70r° son plaisir estoit d'aler veoir le paradis* de son pere et qu'il vouloit qu'elle l'y menast comment
30   qu'il fut. Si lui accorda la pucelle, mais, affin qu'elle

---

¹   tinction*.

ne fust de personne recougneue, elle se mist en habit
d'omme et s'en ala, par le gré et accort de tous les
seigneurs et barons de l'ost de l'empereur Anthoine, en
la cité de Baviere et l'empereur avec elle. En laquelle
ilz entrerent sans contredit ou empeschement et le
mena tellement icelle pucelle que, lui qui estoit ung
des plus asseuré homme* du monde, qu'il entra par une
poterne ou palais du roy Grimbault, qui encores ne
sçavoit riens de sa fille. Mais on lui dit à celle propre
heure que l'empereur Anthoine estoit entré en la
maison du roy. Pourquoy le roy Grimbault s'en estoit
enfuy vers son ydole et lui demandoit de sa fille. Et là
estoit present l'empereur Anthoine et sa fille,
desguisee et incougneue, emprés lui, qui oÿrent les
motz du roy Grimbault et la responce de l'ydole.
Laquelle dist au roy Grimbault pluseurs choses, entre
lesquelles elle lui dist qu'il se gardast bien de croire en
Jhesucrist, car, s'i le[2] fasoit, il morroit de male mort, et
puis lui dist que sa fille estoit faulse et mauvaise et
qu'elle avoit sa loy regniee et se vouloit faire baptisier.
Et encores lui dist ceste faulse ydole qu'elle ne lui
pouoit dire[3] tout ce qu'elle lui diroit voulentiers, car
prés de lui avoit ung serviteur de Jhesucrist, pour
lequel elle ne pouoit riens dire. Quant l'empereur
Anthoine oÿst ces paroles, il perceust clerement que
maintenant estoit il heure qu'il aventurast sa vie pour
l'exaucement de la saincte foy catholique. Si tira son
espee[4] et entra ou paradis de Grimbault en disant /70v°
à haulte voix: «O tu, povre pecheur et dampné
pardurablement! comment es tu si sot et si enraigié de
toy faire aourer comme dieu ne croire ceste faulce
dyablerie? Tu vois clerement que Jhesucrist, qui

---

[2]   s'il f., *corr. d'ap. l'usage.*
[3]   p. tout d., *suppr. (exprimé ap. le verbe).*
[4]   s. esperee et e.

receust mort et passion en l'arbre de la croix pour le
salut d'umaine creature, est vray Dieu tout puissant,
65 quant tu en as le tesmoingnaige de ton ydole.»

Et, tout prestement qu'il eust ce dit, il frappa de son
espee sur l'ydole, qui avoit bien quinze piés de hault,
laquelle estoit doree toute de fin or, en disant: «Dieu
ayde!», que il la getta par terre et la froissa en plus de
70 .XX. pieces. Et, au cheoir qu'elle fist, le dyable
d'enffer qui estoit dedens s'en fuist à la voix du nom de
Jhesucrist en menant si merveilleux bruit que tous
ceulx qui là estoient presens en furent si espaventez
qu'ilz cheurent tous à terre*. Et mesmes le roy
75 Grimbault, à* cheoir qu'il fist, se bleça si
merveilleusement qu'il eust les bras et les costez
froisiez et devinst tout hors du sens. Si saillirent tous
ses gens à lui et le prindrent comme tous esbaÿs et lui
commencerent à demander, comme s'il fust dieu, qui
80 estoit cellui dieu qui avoit esté si osé ne si hardi que de
lui mal faire. Mais il leur respondist comme tout effré,
et leur disoit: «Taisez vous, gens darvez, il n'est point
d'autre dieu que Jhesucrist, filz de la Vierge Marie.
L'Ennemy m'a seduit. Si suis dampné pardurablement
85 s'Il n'a mercy de moy.»

Ainsi qu'il disoit ces paroles, vinst l'empereur
Anthoine, qui à⁵ l'ayde de la Vierge pucelle Marie
avoit desja abatu le paradis du roy Grimbault. Et le
prinst par la main en commandant au deable depar
90 Jhesucrist qu'il laissast ce roy en paix et qu'il se partist
de lui et que /71r° jamais n'y rentrast, et aussi qu'il
peust recougnoistre son bon Dieu, duquel et par lequel
il estoit formé. Tout prestement le dyable en urlant et
brayant horriblement yssist hors du corps du roy
95 Grimbault en soy demenant si hydeusement que tous
ceulx qui estoient à l'entour furent tous espaontez.

---

5   q. ja à l'a.

Le LVIᵉ chappitre. Comment le roy Grinbault fut baptisié.

Tout prestement que ces Sarrazins oÿrent ces hydeux et orribles cris et urlemens du dyable, ilz se getterent à genoulx devant l'empereur Anthoine, cuidans que ce fust dieu qui fut entre eulx descendus, et mesme le roy Grimbault, en lui priant mercy qu'il eust pitié d'eulx. Adonc l'empereur Anthoine, qui son espee tenoit en sa main toute nue, leur dist: «Mes bons amis et vous, noble roy de ceste seignorie, je vous prie que /71v° vous laissiez vostre erreur et vueilliez croire au Filz de la Vierge Marie, qui est vray Dieu tout puissant. Car vous avez veu tout maintenant comme l'Ennemy vous avoit seduit et longuement tenu en ses las. Or maintenant, au plaisir de Dieu, vous en estes desliés. Et, affin que en moy vous ne mettez aucune doubte de sçavoir qui je suis, saichiez que je suis nommé Anthoine, empereur de Constantinoble, accompaignié de grant nombre de gens d'armes, que je maingne avec moy parmy le monde en querant une pucelle qui est ma fille. Si suis cy venu au commandement de Jhesucrist, nostre doulx Sauveur, pour vostre sauvement. Pourquoy je vous prie que, ce riens en savez, que le me dictes et je vous en savray tresbon gré. — Par ma foy, respondist le roy Grimbault, je n'en sçay nulles nouvelles ne aussi ne font nulz de mes gens. Car, se aucune chose de nouvel estoit advenue en mon royaume de Baviere, je le savroye devant nul aultre, car à ce faire est tout mon peuple obligié et sur peinne d'amende. Pourquoy, noble empereur, puis que vous estes cy envoyé depar Nostre Seigneur Jhesucrist, je me rens à vous et submetz tout mon royaume d'en faire à vostre bon plaisir. Mais saichiez que j'ay une fille, laquelle s'en

est enfuye et ne sçay quelle part elle est alee. Si vous
prie que, se[1] d'elle sçavez aucunes nouvelles, vous le
35 me vueilliez dire, car de son departement je suis
tresdoulant, et me poise que oncques je euz la voulenté
telle que j'ay eu envers elle; Dieu le me vueille
perdonner et lui doint grace qu'elle puist faire euvre à
Dieu plaisant et agreable, car je vous prometz que de
40 ce jour en avant je seray /72r° bon crestien.»

Quant l'empereur Anthoine entendist le roy
Grimbault ainsi parler, il vinst à lui et l'embrassa et
acola et lui dist: «Mon amy, saiche que ta fille n'est
point perdue, car par elle je vins ycy pour ton salut. Or
45 te vueilles appareillier, car je m'en voy* querre ta fille
et mon peuple ensemble, où il y a pluseurs evesques
qui toy et ton peuple baptiseront et qui te aprendront
par bonne doctrine tout le contenu de la saincte foy
catholique.»

50 Et que je ne vous face plus long compte,
l'empereur, tousjours en la compaignie de la pucelle,
revinst en son ostz et le fist venir devant la cité et là
logier en tentes, car tous n'eussent peu logier en la cité.
Et n'y entra tant seulement que l'empereur Anthoine,
55 qui tenoit la fille du roy Grimbault emprés lui en bel
erroy et estat de fille de roy, aucuns de ses barons et
pluseurs evesques et clercs pour le peuple baptisier et
endoctriner. Et, tout prestement qu'ilz furent en la cité,
les fons furent fais et benis, et furent baptisiés le roy et
60 sa fille et tout le peuple de la cité. Mais l'ystoire dit
que, à l'eure que Grimbault se baptiza, lui qui estoit
tout froisié et derompu de l'ydole, comme dit est
dessus, fut soubdainement gary et en bon point et aussi
sain qu'il avoit oncques esté en jour de sa vie. Et par[2]
65 le grant miracle que Nostre Seigneur lui monstra, lui

---

[1]   se *mq.*
[2]   par *mq.*

qui fut nommé à son baptesme Loÿs, ung peu aprés
son baptizement se partist de nuyt de sa cité et entra en
ung bois où il fut hermite tout le remenant de sa vie, et
laissa ainsi sa terre et son royaume pour amour de
Nostre Seigneur Jhesucrist. Lequel en la fin de sa vie
lui rendist bon louyer, car Il le coronna en Son saint
paradis. /72v° Et sa fille Clariande, à laquelle ne fut
point le nom mué, demeura en la terre et fut dame et
royne du païs, et eust depuis espousé le bon duc de
Clocestre, qui vesvé estoit, ainsi que vous orrez cy
aprés au plaisir de Dieu.

Le LVIIe chappitre. Comment l'empereur Anthoine vinst en Flandres, en l'abbaÿe de nonnains où sa fille avoit esté.

Aprés ce que ce bon empereur Anthoine eust conquis et reduit à nostre sainte loy crestienne le paÿs de Baviere, il chevacha tant atout ses gens qu'il vinst sur la riviere du Rin où sa nave estoit. Si se remist en
5   mer par ladicte riviere et tant ala par ladicte mer qu'il arriva en la mer de Flandres, comme on diroit au port de l'Escluse. Incontinent qu'il fut arrivé et monté sur terre, il enquist de la creance du paÿs. Si sceust que tout le paÿs estoit payen et n'y avoit que ung tout seul
10 lieu où on creust en Jhesucrist, qui estoit en une abbaÿe de nonnains, qui estoit assés prés du port, de laquelle nous vous avons ja par cy devant parlé. Et estoit celle abbaÿe soubz le treü du roy qui le paÿs de Flandres tenoit en seigneurie et gouvernement. Quant
15 l'empereur sceust ce monastere, il se mist au chemin atout son host et le fist logier tout à l'entour du monastere et puis entra dedens l'abbaÿe. Si lui vinst l'abbesse au devant en tresgrant cremeur, car elle ne sçavoit quelz gens c'estoient ne se ilz venoient /73r°
20 pour bien ou pour mal. Mais, incontinent que l'empereur vist l'abbesse, il descendist de son cheval et s'en vinst vers elle et la salua en disant: «Dame, Dieu vous multiplie voz biens et vous Sa grace puissiez avoir et toute vostre belle compaignie! — Sire,
25 respondist l'abesse, et Il vous doint joye et honneur et à toute vostre belle compaignie et si soyez le bien venu en nostre povre domicille! Pour Dieu, sire, dictes nous se vous estes crestien ou non, car il me semble que vous le soyez. — Par ma foy, dame, je suis
30 crestien, au plaisir de nostre doulx Sauveur Jhesucrist. Et suis icy venu atout grant nombre de mes chevaliers,

comme le plus doulant roy qui soit, comme je croy, entre tous les crestiens vivans. Et tout ce me vient par une pucelle qui est ma fille, se elle est vivant. Laquelle pour eschever pechié s'est absentee de ma terre et s'en est fuye ne sçay quel part en religion ou ailleurs. Et pour ce, ma treschiere dame, je vous prie, se vous en savez nouvelles, que vous le me faictes sçavoir.»

Quant l'abbesse entendist ces paroles, il lui souvinst prestement de celle qui n'avoit gaires avoit esté en son monastere avec le maronnier, comme nous avons cy devant leu. Et lui respondist: «Par mon serement, sire, selon ce que je cuide, par les enseignes de la pucelle que vous nous dictes, je croy fermement qu'elle a cy esté. Car point longuement n'a que une tresbelle pucelle vinst icy en la compaignie d'un seul maronnier. Et à sa venue les cloches de nostre eglise sonnerent à par elles, dont nous fusmes bien esbaÿes. Mais, sire, ceste pucelle n'eust gaires demeuré en nostre compaignie, que* sur toute riens lui plaisoit bien, que le roy de ce paÿs la nous volt /73v° oster. Pourquoy la pucelle s'en rala tout ainsi qu'elle estoit venue et depuis ne oÿsmes nouvelle d'elle.» Quant l'empereur oÿst ces nouvelles, il commença tresfort à larmoyer et à dire: «O ma treschiere fille, or voy je bien qu'il ne plaist point à Dieu que je vous retreuve encores. Louee en soit Sa tresdebonnaire benignité quant[1] il Lui a pleu que j'ay trouvé nouvelles de vous! Et pourtant je lui voe et prometz que jamais ne cesseray, si en avray encores autres nouvelles qui mieulx me plairont, se je devoye tout le monde avironner.»

Adonc il prinst congié à l'abesse et es dames et leur dist que elles ne doubtassent en riens, car ja homme de sa compaignie ne leur feroit damaige ne desplaisir, mais au plus brief qu'il porroit il retourneroit en la

---

[1]   b. et q. , *suppr. d'ap. le sens.*

marche et les affranchiroit du treü qu'elles payoient es Sarrazins. De laquelle parole le remercia treshumblement la dame en disant: «Sire, je prie à Jhesucrist que par Sa debonnaire grace Il vous doint faire euvre qui soit à Son bon plaisir.» Et atant ilz se departirent l'un de l'autre. Et s'en revinst l'empereur et ses gens en leurs naves, puis fist lever les voilles et commencerent à sengler par mer tant qu'ilz arriverent en l'isle d'Angleterre et fist tant qu'il vinst devant Londres.

Or vous lairay à parler de lui, car la matiere requiert que nous parlons du bon roy Henry qui de Romme estoit party pour soy en retourner en son païs et royaume d'Engleterre.

Le LVIIIᵉ chappitre. Comment le roy Henry vinst à Boulongne, et du duc de Clocestre qu'il envoya querir. /74r°

Nostre hystoire dit que ce bon roy Henry chevaucha tant par ses journees qu'il vinst et arriva en la cité de Boulongne, que ja par avant il avoit conquise, comme vous avez oÿ. Mais premierement et avant toute euvre, il s'en vinst à l'eglise de Nostre Dame et là fist son oroison tresdevotement, selon ce que son cuer lui apportoit, et puis s'en vinst en son hostel, où il fut receu à tresgrant joye et honneur, ainsi que bien à lui appartenoit de puissance et de valeur. Quant il fut ung peu reposé et remis sus, il appella ung sien chevalier nommé Anthiammes, auquel il commanda que sans targier il passast la mer et s'en alast en la cité de Londres dire à la royne sa femme qu'il estoit retourné à Boulongne, en la saluant depar lui, et que en brief, au plaisir de Dieu, il rapasseroit la mer, car c'estoit la chose que plus ou monde il desiroit que de veoir son gent et gracieux corps et de la reconforter de tout son pouoir. Et se lui commanda encores qu'il lui saluast le duc de Clocestre et Marie, sa niepce, et qu'il dist au duc que, si chier qu'il amoit le roy, qu'il ne laissast point qu'il ne vinst devers lui en la cité de Boulongne.

Lequel chevalier tout prestement, pour obeïr au commandement du roy, s'en vinst au port et entra en une nef et fist tant qu'il passa la mer et arriva en Engleterre, et monta sur terre et chevaucha tant qu'il vinst à Londres où il trouva ou palaix le duc de Clocestre, lequel il salua depar le roy et tous ceulx qui en sa compaignie estoient. Tantost que le duc oÿst ces paroles que le chevalier lui dist, lequel il cougnoissoit bien, il se leva et vinst contre lui et le bienviegna /74v°

et le festia de toute sa puissance en lui demandant de
l'estat du roy, son souverain seigneur, et aussi de tous
les barons de l'ost. Lequel chevalier nommé
35   Anthiammes, aprés ce qu'il eust respondu à la
demande du duc, lui demanda que fasoit la royne et
comment elle se portoit, car il vouloit aussi parler à
elle depar le roy et lui dire et nuncier sa venue.
Pourquoy disoit il: «Monseigneur, faictes que je parle
40   à elle, car je cuide, se elle desire fort à veoir le roy,
encores le desire plus le roy mil foys.»

Quant le duc entendist ces motz, il fut moult esbaÿ,
et non sans cause et sans doubte, car tout le sanc lui
commença à mouvoir et boulir et le visaige lui devinst
45   vermeil comme feu si que à peinnes* il ne sçavoit que
dire ne que penser. Neantmoings qu'il* respondist au
chevalier et lui dist: «Sire chevalier, que est ce que
vous voulez dire ne de quelle royne me dictes vous?
— Je vous dis, fait le chevalier, de ma dame la royne,
50   sa femme, qu'il laissa à son departement en vostre
garde et tuicion[1] avec son royaume. — Et comment,
dit le duc, monseigneur le roy vous a il chargié ce
messaige à faire que vous dictes? Je cuide à mon
encient que vous ou monseigneur le roy reddez. — Et
55   pourquoy, dit le chevalier, monseigneur, dictes vous
ce que vous dictes? Ne sçavez vous point de quel
serement je suis au roy et que le roy me cougnoist bien
et aussi faictes vous. Faictes me doncques parler à la
royne, la femme du roy, affin que je face mon
60   message, qui m'est chargié depar le roy.»

Le duc respondit: «Et comment, chevalier, a ja le
roy oblié comme, par ses lectres seellees de son propre
seel jusques au nombre de dix ou de douze, lesquelles
j'ay encores et les messaiges en ma garde, il m'a fait
65   exprés commandement /75r° sur peine de ma vie que

---

[1]   tinction*.

je misse à mort la royne sa femme avec ses deux
enffans. Laquelle chose, comme son subget et
obeïssant serviteur et qui ne vueil contre sa royal
magesté riens presumer, j'ay accomply et fait presens
tous les barons de son royaume. — Comment,
monseigneur le duc, avez eu aucunes lectres de
monseigneur le roy touchant la mort et destruction de
la royne et de ses enffans, qui estoit la chose au monde
que monseigneur le roy amoit mieulx et que plus il
desiroit à veoir? Je ne cuide point que vous ayez esté
si osé que de lui faire quelque mal. — Par ma foy, dist
le duc, il est ainsi que je vous dis, que j'ay fait ardoir et
exillier la royne et ses deux enffans par le
commandement de monseigneur le roy, comme je
monstreray au plaisir de Dieu. — Foy que je dois à
Dieu du ciel, dist le chevalier, se ainsi est, je ne sçay
comment vous eschapperez la mort, si non que vous
en fuyez si loings que le roy ne vous saiche où trouver,
car je cuide tant savoir de lui que la royne estoit tout
son desir ne il ne amoit ou monde riens tant. Et pour
ce, se ainsi est que vous dictes, je vous conseille que
point ne l'attendez, car nulle riens ne vous sauveroit
contre lui. Mais je cuide bien que vous me gabez et
que vous m'avez ce dit pour moy assayer. — Par ma
foy, dit le duc, non ay, car il est verité. Mais je cuide
que monseigneur le roy ne yra point contre son seelle*,
et je lui pense tant monstrer qu'il sera content de moy,
car, ce que j'ay fait, je l'ay fait par son commandement
exprés. Pourquoy j'ay espoir en Dieu que ja il ne m'en
blasmera ne aussi mal ne m'en fera.»

Le LIXe chappitre. Comment le duc de Clocestre vinst devers le roy. /75v°

Quant ces deux bons seigneurs eurent assez parlé
ensemble de ceste matere, qui tous deux estoient bien
esbaÿs, et tant qu'ilz ne savoient que dire ne comment
croire l'un l'autre, car leurs pensees et ymaginacions
5 estoient toutes contraires les unes es autres, et par plus
de manieres que je ne vous pouroye ou savroye mettre,
comme bien pouez considerer, vous qui lisez ceste
ystoire, ilz commencerent à plorer tresfort en
regraittant la bonne royne Helayne, mais sur tout* le
10 duc menoit grant dueil, car il veoit comment, pour
bien faire et obeïr au commandement du roy, pour
sauver la royne il avoit mis à mort cruelle sa propre
niepce et coppé ung bras à la royne, dont il menoit tel
dueil qu'il n'estoit homme qui le sceust rapaisier, et
15 cuide qu'il fust mort d'anuy se n'eust esté le confort
qu'il avoit des lectres du roy et des messaiges qu'il
gardoit. En ses gemissemens faisant, en la presence
des barons qui là estoient, commanda Anthiammes le
chevalier¹ au duc de Clocestre depar le roy qu'i se mist
20 en chemin et feist tant qu'il fust en la ville de
Boulongne sur la mer où le roy estoit, qui le mandoit
pour estre en sa compaignie à ung jour nommé.

Incontinent que ce commandement fut fait, le bon
duc ordonna ses besoingnes et s'en vint au port et
25 monta sur mer et le chevalier avec lui. Quant ilz furent
montez sur mer et que le voille fut levé et qu'ilz
commencerent à singler tresfort, ainçois qu'ilz fussent
venuz au port ne arrivez, le bon duc leur enjoindist à
tous que nul ne fust si hardy de parler au roy un² seul

---

¹   le *mq. aj. d'ap. l'usage.*
²   un *mq.*

mot de la royne ne de ses enffans, car il en pouroit
prendre tel anuy qu'il se poroit desesperer, pourquoy
c'estoit le meilleur que ceste /76r° doloreuse mort lui
fust celee. Si lui accorderent que ainsi le feroient. Et
atant ilz vindrent au port et finablement firent tant
qu'ilz vindrent devant le roy qui s'appareilloit et fasoit
son ordonnance pour repasser la mer et s'en aler en son
païs d'Engleterre pour veoir sa femme que tant il
desiroit qu'il n'en duroit ne nuyt ne jour. Et,
incontinent qu'il vist le roy, il se getta à genoulx
devant luy en le saluant comme son seigneur
droicturier. Tout prestement que le roy le vist, il lui
tendist la main en lui rendant son salut et en lui
demandant que fasoit sa femme la royne et les autres
dames du royaume. Quant le duc oÿst ceste demande,
à peinnes sceust il parler. Neantmoings en reprenant
cuer d'omme dist au roy: «Par ma foy, sire, au plaisir
de Dieu, ma dame la royne et ses deux beaux filz le
font bien. — Comment, dist le roy, sire de Clocestre,
que dictes vous? A ma femme deux beaux filz
maintenant? Et vous m'avez mandé et escript par voz
lectres seellees du seel de ma femme qu'elle estoit
acouchee de deux monstres, les plus laydes et orribles
creatures[3] que homme peust veoir, et maintenant vous
me dictes qu'elle a deux beaux filz? Dont vient ce?»
    Quant le duc l'entendist, il fut merveilleusement
esbaÿ, car à peine savoit il que le roy vouloit dire. Lui
estant en ce esbaÿssement, lui vinst en advis qu'il y
avoit aucune traÿson d'un costé ou d'autre, mais il ne
sçavoit duquel. Si dist au roy: «Sire, nous parlerons de
ceste matiere plus avant en vostre païs d'Engleterre,
car en verité je ne vous manday oncques autre chose
se non que ma dame la royne estoit accouchee de deux
beaux filz. Et sur ce m'avez rescript vostre bon plaisir,

---

[3]   creatures *mq.*

lequel /76v° j'ay à mon leal pouoir accompli. — C'est
bien dit, dit le roy, qui cuidoit que la lectre qu'il avoit
envoyé par le pape fut venue jusques au duc.» Helas!
mais non estoit, car sa faulce et desloyale mere l'avoit
changee, comme vous avez oÿ, dont elle avra brief son
payement et sa deserte.

Le LXᵉ chappitre. Comment le roy Henry sceust la douleur de sa femme.

A ces paroles vinst le roy en la nef et toute son armee es autres. Si furent les voilles levez et commencerent à singler par mer tant qu'ilz furent tantost en Angleterre, au port de Douvres, où sa mere, la faulce et mauvaise, demeuroit. Incontinent qu'il fut à terre, comme cellui qui bien savoit que on doit honnorer pere et mere, ainsi que Dieu le nous commande en la saincte loy, ainçois qu'il alast plus avant, ala veoir sa mere en signe d'obeïssance. Laquelle, pour honneur et pour ce que elle sçavoit bien qu'il estoit roy, s'en vinst à l'encontre de lui pour le recevoir et festier, et ainsi ilz s'en vindrent l'un contre l'autre. Et, quant il fut prés, il s'enclina contre elle et la salua et elle vinst à lui, les bras estendus, et l'accola et baisa. Et en ce faisant le roy lui demanda: «Ma chiere mere, comme* vous est? — Par ma foy, respondist la dame, mon treschier filz, il m'est assés bien, la Dieu mercy, se ne fust le grant annuy et tourment que j'ay eu au cuer et que nullement je ne puis oblier à cause de la mort de ma belle fille Helayne, vostre femme /77r° et de voz deux filz, que ainsi piteusement et doloreusement a fait finer par mort doloreuse vostre regent, le duc de Clocestre, ne sçay à quelle cause ne pourquoy. Mais, mon treschier filz, saichiez que c'est la chose du monde dont je suis la plus dolante.»

Quant le roy Henry entendist sa mere ainsi parler, il fut si esbaÿ que, tout ainsi que se on lui eust frappé d'un maillet sur la teste, il se laissa cheoir en pamison contre sa mere si que à peinne lui et sa mere cheurent à terre, et sans doubte le roy fut cheu se on ne l'eust tenu. Et dit l'ystoire qu'il fut si esperdu qu'il sembloit hors du sens et lui builloit le sanc tout du long du

corps comme feroit eaue sur le feu, et fut une grande
espace qu'il ne dist oncques mot. Et finablement, quant
35   il fut revenu à lui, comme tout effré, en esraillant les
yeulx, il regarda environ lui et tira une dague qu'il
avoit à sa saincture et en criant «ahors! ahors!», il s'en
vinst au duc de Clocestre pour le cuydier tuer, mais le
duc, comme Dieu le vouloit, se tira d'un costé,
40   parquoy le roy, qui tout estourdy estoit, faillist, et
aussi les barons qui estoient à l'entour de lui le tindrent
et le commencerent à rapaisier et à remonstrer. «Sire,
pour Dieu, regardez à raison, et pour l'onneur de vostre
grant magnificence, mettez moderacion en vostre yre
45   et que vous souffrez*, car monseigneur le duc de
Clocestre est homme de grant sens et entendement ne
jamais n'avroit fait chose qui fut à vostre deshonneur,
et aussi, se autrement en estoit, il ne seroit point venu
ainsi pardevers vous, car il scet bien qu'il n'est point
50   homme pour soustenir et porter vostre malivolence, ne
il ne vous peult eschapper. — Vous dictes bien,
respont le roy. Or le me prenez /77v° prestement et le
mettez en si seur lieu que vous m'en saichiez rendre
compte, car je prometz à Dieu qu'il savra bien nommer
55   son perrain ainçois qu'il nous eschappe et qu'il lui
couviendra bien monstrer pourquoy il a ainsi blecié
nostre majesté royale ne osé ce faire contre nostre
magnificence sans le nous faire sçavoir.» Et, quant il
eust ce dit, il commença tresfort à plorer et à regreter
60   sa femme et à dire: «Ha! ma treschiere amye, or estiés
vous fille de roy et d'empereur! Ha! que maudicte soit
l'eure que oncques je vous laissay!» Et veritablement il
faisoit de si piteux regrez qu'il n'estoit si dur cuer à le
veoir quil* ne plorast, tant se lamentoit il piteusement
65   et doloreusement.

Et là estoit la faulce mere qui tout ce avoit brassé, qui en plorant fainctement le[1] reconfortoit et en le reconfortant lui enhortoit que sans plus attendre il meist à mort le duc de Clocestre. Si le feist amener le roy devant lui et lui demanda comment il avoit esté si osé de faire ainsi morir sa femme et ses deux enffans. Et ne pouoit on tenir le roy qu'il ne voulsist tuer le duc de Clocestre, et le incitoit tresfort sa mere à ce faire et le faisoit affin que sa mauvaistié fust celee. Mais les barons qui estoient à l'entour aloient au devant et disoient: «Sire, sire, attendez, attendez. Mal seroit seant à ung roy de souiller sa main pour ung sien subget. Escoutez le premierement en ses raisons et aprés selon la bonne ordonnance de vostre discret conseil vous en ordonnerez.»

Adonc le duc de Clocestre, qui estoit à genoulx devant le roy, lui dist: «Ha! mon tresredoubté seigneur, il me semble que, se je vous monstre bonne raison pourquoy j'ay mis à mort vostre femme et ses deux /78r° enffans, se ainsi est que je l'aye fait, vous me devrez tenir pour excusé, car, par mon serement, sire, vous savez bien que ce n'ay je point fait mais vous mesmes seulement, car ce qui en est fait n'a esté que de vostre exprés commandement, comme, au plaisir de Dieu, je vous monstreray par vostre propre seelle* en onze lectres qui par vous me ont esté envoyees, et prouveray je par voz propres seaulx; ce scevent tous les barons d'Angleterre, ma dame vostre mere et pluseurs autres. Et, affin que je soye mieux creu, je vous monstreray icelles lectres ensemble des onze messages par lesquelz les m'avez envoyees.»

---

[1]   f. et l.

Le LXI ᵉ chappitre. Comment le roy fist prendre sa mere et le duc de Clocestre[1].

Quant le roy entendist le duc ainsi parler, il fut moult esbaÿ, car il savoit bien que de tout ce que le duc lui disoit il ne lui en avoit riens mandé, et pensa ung petit et regarda sa mere qui fasoit une maniere de
5 plourer assés fainctement et dist que ces lectres ne messaiges il n'avoit point envoyé et qu'il n'en sçavoit riens, et qu'il s'en* donnoit merveilles de ces .XI. lectres, car il savoit de vray qu'il ne lui en avoit envoyé que deux, l'une par ung message anglec et
10 l'autre par ung message rommain, lesquelles contenoient que le duc gardast bien la royne jusques à sa venue. Adonc le duc respondist et lui dist: «Tresredoubté seigneur, saichiez que ces deux lectres n'ay je point veu. Mais j'ay en ma garde le messagier
15 rommain et le messaigier anglec, lesquelz je vous bailleray, qui vous en diront la /78v° verité, et pareillement ferez vous des autres.»
  Et, en ce qu'ilz disoient ces paroles, la mere du roy s'approucha du roy et lui dist: «Ha! mon beau filz, que
20 attendez vous que prestement vous ne faictes morir ce faulx duc qui ainsi sans vostre sceu a mis à mort ma fille, vostre femme.» Et ce disoit elle en detordant ses poins et en plorant qu'il sembloit qu'elle fust hors du sens. Et lors le roy, qui pensoit à ce fait, se pensa qu'il
25 y avoit aucune traÿson et[2] dist: «Madame, vous en viendrez avec nous jusques en nostre palaix de Londres, là où nous conclurons par l'ordonnance de nostre conseil ce qui sera de raison.»

---

[1] Comment le roy Grimbault fut baptisié, *corrigé d'après la table des rubriques.*
[2] et *mq.*

Mais saichiez que, quant la dame oÿst ainsi le roy
parler, elle fut toute esbaÿe et eust mieulx amé qu'il
eust ordonné autre chose, car il la fist prendre et mener
treshonnorablement avec lui et ne cessa jusques il fut à
Londres, où il fut receu à tresgrant joye et à tresgrant
honneur du peuple, mais nulle joye ne plaisir ne lui
venoit au cuer quant il lui souvenoit de la doloreuse
mort de la royne sa femme, et plus lui presentoit on
d'onneur et de joye et plus se lamentoit et plouroit.
Tantost qu'il fut descendu, il ne tarda point qu'il ne
payast ses hommes d'armes et archiers en remerciant
leur service, et puis les envoya chascun en sa maison.
Quant il eust tout fait, il manda tous ses conseilliers et
tous les barons de son royaume avec les evesques et
saiges clercs pour ordonner de ceste besoingne et
enquerir et savoir pourquoy ne à quelle cause le duc
avoit fait morir la royne et ses enffans. Or estoit le duc
en prison, qui nule chose ne vouloit dire à la verité de
la royne, car il pensoit bien en son cuer que, veue
l'ordonnance du roy, il y avoit aucune traÿson
couverte, mais /79r° il ne l'osoit imposer sur la mere
du roy pour l'onneur du roy singulierement, et pour ce
se taisoit il du fait jusques à ce que le conseil seroit
assemblé. Pareillement aussi estoit la mere du roy
comme prisonniere en sa chambre, laquelle tousjours
enhortoit le roy de faire morir le duc sans aucun
jugement. Mais le roy lui disoit: «Ma chiere mere,
nous le ferons à nostre honneur et par le conseil et
ordonnance des nobles de nostre païs, car nous
sommes informé qu'il a eu pluseurs messages depar
nous, dont nous ne sçavons riens. Pourquoy est
expedient de purgier ceste traÿson et de sçavoir dont
elle vient ne de quy, car nous sçavons bien que la belle
et bonne Helayne[3], que Dieu absoille, qui estoit fille

_____

[3]   Helayne *mq.*

de l'empereur Anthoine de Constantinoble, n'avoit
nulle suspicion de faulceté envers nous, et que* plus
est elle avoit de nous deux beaux enfans de nostre
propre corps en elle engendrez qui sans desserte,
innocens de tous pechiés, ont souffert crueuse mort,
qui est chose pitoyable et qui bien requiert pugnicion
et vengence, laquelle, se nous ne la prenions, Nostre
Seigneur la prendroit sur nous mesmes.»

Le LXIIe chappitre. Comment les trois estas*
d'Engleterre furent assemblez pour ordonner du
fait de Helayne qui avoit esté traÿe.

Quant la mere* entendist le roy ainsi parler, se elle
fut esbaÿe et simple se ne fut pas merveilles, car adonc
elle se commença tresfort à doubter et esbaïr quant elle
oÿst parler des messages que le duc[1] avoit prisonniers.
/79v° Et quant es lectres elle s'en fust bien excusee,
mais des messaiges elle n'y sceust trouver nul moyen,
et demeura en ce point, combien que elle amast mieulx
autrement, car je cuide qu'elle eust bien voulsu estre
ailleurs hors du royaume ou que son filz eust esté mort
par aucune maniere, ne lui eust chalu comment. Or
furent venuz et assemblez tous les conseilliers du roy
et mis chascun par ordonnance, ainsi qu'il appartenoit.
Aprés ce fait, le roy envoya querir le duc de Clocestre,
lequel fut amené devant le roy et le conseil. Lequel fut
interrogué sur le cas pour lequel ilz estoient
assemblez. Si respondist en ceste maniere:
«Monseigneur le roy, et vous tous mes seigneurs et
amis du noble royaume d'Engleterre, en repliquant la
parole que j'ay autreffois dicte à monseigneur le roy,
vray est que[2] par le commandement exprés de
monseigneur le roy j'ay fait morir la royne et ses deux
enffans, comme je le vueil monstrer par son propre
seelle*. Et pour ce je requiers que je puisse aler
jusques à mon hostel pour aler querir les lectres et
seellez que mondit seigneur le roy m'a envoyez pour
iceulx monstrer devant tous ensemble des messages
qui les ont aportees, pour sçavoir par eulx qui les

---

[1]   q. l. roy a. p.
[2]   q. j'ay p. *supprimé, repris plus loin.*

lectres leur a baillees. Car sans doubte ilz me
certiffioient que le roy leur avoit baillees.»

30   Quant ceulx du conseil entendirent ces paroles, ilz
dirent au roy: «Sire, il semble que ceste demande est
raisonnable. Et pour ce vous envoyerez le duc bien
accompaignié de voz gens en son hostel pour faire ce
qu'il a dit.» Laquelle chose le roy accorda. Mais la

35   mere*, qui là estoit presente, eust bien /80r° voulsu que
le roy eust³ fait morir incontinent le duc et disoit que,
quoy que le roy lui eust mandé, se devoit il
premierement avoir fait sçavoir et mandé* au roy la
cause pourquoy et l'intencion du roy. Et le duc

40   respondoit et disoit que les lectres contenoient tant en
elles que, au plaisir de Dieu, il monstreroit qu'il n'avoit
cause de ce faire.

Et atant fut le duc envoyé en son hostel,
accompaignié de pluseurs nobles, pour amener les

45   messagiers et apporter les onze lectres. Lesquelz
messagiers furent tous onze avec les lectres amenez
devant le roy et le conseil. Et là furent leurs lectres
leues et advisees, dont le roy fut moult esbaÿ et le
conseil encores plus, et ne sçavoient que penser, car il

50   leur sembloit proprement qu'elles fussent seellees du
seel du roy. Et, ainsi que le roy les advisoit, il lui vinst
en advis que ce pouroit avoir fait le pape par aucune
mauvaise fraude, et dist tout hault que le pape l'avoit
mauvaisement deceu et qu'il n'en sçavroit à qui

55   demander si non au pape mesmes et que ou despit de
lui il feroit ardoir son messagier. Et puis dist: «Et je
prometz à Dieu que je rassembleray mes gens d'armes
et lui feray guerre mortelle et jamais jour de sa vie à
moy paix n'avra, ains ne cesseray que je lui avray

60   trenchié la teste comme faulx et traicte qu'il est. Et que
traicte je le puisse bien appeller il est vray, car j'ay mis

---

³   l. r. l'e. f.

mon corps et mes hommes en peril de mort pour son
honneur et dignité garder et il m'a ainsi trahy.» Mais
saichiez, quant sa mere oÿst ceste raison, elle fut moult
joyeuse, car elle cuidoit bien par ce point estre sauvee
et delivree.

/80v° Le LXIIIᵉ chappitre. Comment l'empereur[1] Anthoine arriva en Angleterre où il fut receu du roy Henry.

Entretant que ces conseilliers estoient ou palais du
roy, vindrent et entrerent deux nobles hommes,
anciens chevaliers, qui portoient chascun ung rain
d'olivier en leur main en signe de paix, à la court du
5   roy et monterent les degrez du palaix et vindrent
devant le roy et lui firent la reverance treshumblement
en disant: «Noble roy, Nostre Seigneur Jhesucrist vous
vueille croistre vostre honneur et vostre bonté et vous
doint joye et bonne vie et longue! Sire, plaise vous
10   savoir que nostre sire, l'empereur de Constantinoble, le
plus doulant et fortuné qui soit en ce monde vivant,
nous envoye pardevers vostre tresnoble majesté vous
prier et requerir que, de vostre bonne grace, vostre
plaisir soit qu'il vous puist venir veoir en vostre hostel
15   pour passer ung peu le temps, seulement à vostre bon
plaisir, et ne vous vueille point desplaire s'il est entré
en vostre terre, car c'est pour le bien et honneur de la
noble magnificence qu'il a oÿ de vostre noble personne
recorder. Pourquoy, chier sire, vous supplions
20   treshumblement depar lui qu'il vous plaise nous en
faire response.»
Le roy, qui bien les avoit entendus, leur respondist
et leur dist: «Par ma foy, messeigneurs, se vostre
seigneur, l'empereur de Constantinoble, est plus
25   doulant que moy, i l'est trop. Neantmoings vous lui
direz depar nous qu'il nous soit le tresbien venu, car
j'avoye grant desir de veoir sa tresnoble personne pour
le grant bien que je en ay oÿ dire. /81r° Et pour ce vous
retournerez pardevers lui et lui direz que nous yrons à

---

1   empeur, (*le signe d'abréviation manque*).

l'encontre de lui pour le recevoir de nostre pouoir. —
Treschier   sire,   nous   vous   remercions
treshumblement.»

Et ainsi se partirent du roy et se misrent au chemin
et s'en retournerent à l'empereur et lui dirent la bonne
et humble responce que le roy Henry d'Engleterre leur
avoit faicte, dont l'empereur fut moult joyeux.
Incontinent que ces messaiges furent partis de la court
du roy, icellui commanda que ces onze messaigiers
fussent gardez seurement et pareillement le duc. Et si
commanda à sa mere qu'elle se tinst en sa chambre et
aprés commanda à aucuns de ses barons qu'i la
gardassent. Et puis monta à cheval, accompaignié des
plus nobles barons de sa court, et ala à l'encontre de
l'empereur Anthoyne, lequel il receust le plus
honnorablement qu'il peust et le mena en son palaix,
où il le festia de toute sa puissance. Ne demeura gaires
que l'empereur et le roy se misrent ensemble à deviser
pour sçavoir et enquerir de l'estat l'un de l'autre, et tant
que l'empereur lui dist la cause pourquoy il s'estoit
party de son empire. Quant le roy Henry l'eust oÿ
parlé* de Helayne, il commença tresfort à plorer et à
larmoyer. Et combien que l'empereur eust grant
douleur, si l'avoit encores le roy plus grant, car il veoit
clerement que sa femme, que on avoit fait morir
honteusement, estoit celle dont l'empereur parloit. Et
pour ce, quant l'empereur eust mis fin à son compte, le
roy lui commença à dire le sien, comment il avoit
trouvé la pucelle et comment il l'avoit esposee et
comment il en avoit eu deux beaux enffans masles et
finablement comment, lui estant en la cité de Romme,
où il /81v° avoit veu sa pourtraicture que l'empereur
avoit fait paindre contre les pillers du palais et en sa
chambre aussi, on l'avoit fait morir avec ses deux
beaulx filz honteusement et doloreusement en son
royaume d'Engleterre ne il n'en sçavoit à qui demander

se non au pape mesmes, qui les messaiges avoit
envoyez. «Car, disoit le roy, le duc de Clocestre,
auquel je l'avoye baillie en garde avec tout le
gouvernement de mon royaume, a receu onze lectres
70   seellees de mon propre seel, et si sçay de vray que
oncques par moy elles ne furent dictees ne escriptes,
parquoy il couvient qu'il y ait aucune traÿson.»

Quant l'empereur Anthoine entendist les paroles du
roy, il joindist ses mains vers le ciel en disant: «O vray
75   Dieu, Pere tout puissant, je cougnois que ce a esté Ton
plaisir que jamais je ne veysse ma fille, mais
touteffois, mon vray Dieu, je Te loe quant il Te a ainsi
pleu qu'elle ait esté mariee à ung si noble roy.
Combien, vray Dieu, que contre Tes secrez jugemens,
80   je ne vueille en nulle maniere arbitrer, si me donné je
merveille pourquoy Tu as souffert ceste doloreuse
traÿson à faire se non que ce soit pour gloriffier Ton
glorieux nom.» Et en ce disant il ploroit si piteusement
qu'il n'estoit homme qui le vist quil* ne plorast avec
85   lui. Et puis dist au roy: «Ha! sire, et où sont ces
messagiers qui ont apportees ses lectres? Où est aussi
le duc qui les a receues? — Certes, dist le roy, je les
feray incontinent venir devant vous.»

Le LXIVᵉ chappitre. Comment on sceust par ung messaigier la traÿson de la mere du roy Henry d'Engleterre. /82r°

Sans plus faire d'arrest le duc de Clocestre fut amené devant l'empereur, devant le roy et devant pluseurs autres nobles barons qui pour ce cas estoient assemblez, et fut de nouvel interrogué. Lequel se excusa pareillement qu'il avoit fait par avant par les lectres du roy et par les messaiges qu'il avoit delivrez au roy. Pourquoy tout prestement par l'advis de tous il fut mis au delivre, dont la mere du roy, qui là estoit presente, fut moult doulante, car elle eust bien voulsu qu'il eust esté executé affin que jamais on n'en eust plus avant enquis. Aprés ceste delivrance du duc furent les messaiges amenez. Et fut premierement interrogué le messaige rommain, lequel jura par son serement qu'il avoit apporté les propres lectres que le pape lui avoit baillies ne autres ne cuidoit avoir apportees, dont le roy fut moult esbaÿ et dist qu'il couvenoit doncques que le pape l'eust trahy, car oncques telles lectres n'avoient esté faictes de son sceu. Et, quant l'empereur l'entendist, il dist qu'il n'en savoit que penser, car le pape estoit ung tresbon[1] preudomme, comme il tenoit en son cuer. Consequemment fut demandé à l'autre aprés, qui dist pareillement que le pape lui avoit baillié celles qu'il avoit aportees et pareillement les autres respondirent que tout venoit du pape. Et à ce dire les avoit conseillié la mere du roy, excepté ung tout seul, veant que on les jugeoit à mort tous, qui se mist à genoulx devant le roy et dist: «Sire, puis que morir me couvient, je vueil deschargier ma conscience et vous

---

[1] u. tresmauvais p.

30　vueil dire verité. Saichiez, treschier sire, que les lectres
que je apportay à monseigneur le duc de Clocestre, ma
dame vostre /82v° mere les me bailla ne oncques à
Romme mon corps n'entra.»

Tantost que la mere* entendist cestui parler, elle
35　vist clerement que sa faulceté estoit congneue. Si se
voult partir de la place pour soy en raler en son paÿs.
Mais le roy la fist entrer en sa chambre et là tenir
jusques à ce que le conseil seroit departy. Si refust
ledit messaige interrogué, lequel cougneust comment
40　la mere* lui avoit enjoing qu'i desist qu'elles venoient
du pape. Et puis fut le rommain messagier interrogué,
quil* estoit si esbaÿ qu'il ne sçavoit quel saint
reclamer. Si lui fut demandé s'il avoit point esté veoir
la mere du roy ainçois qu'il fut venu devers le duc.
45　Lequel respondist que si, tout maulgré lui, car, quant il
vinst au port de Douvres, il fut prins et mené devant la
mere du roy, qui grant honneur lui fist pour les bonnes
nouvelles qu'il apportoit du roy, et dormist leans ne
autre chose il n'en scet, mais il cuide avoir donné au
50　duc les propres lectres que le pape lui bailla, car, se
autre chose il eust pensé que bien, il ne les eust point
donnees. A ce mot tous ces messaigiers dirent qu'ilz
diroient verité et que on eust pitié d'eulx. Si dirent
tous, excepté l'Englec dont nous avons par avant parlé,
55　que la mere du roy leur avoit baillié et non autre. Mais
le messagier anglec maintinst tousjours que le pape lui
avoit baillié la lectre qu'il bailla au duc. Et que je ne[2]
vous tenisse ung long compte de ceste matiere, tous
ces messages excepté deux, cellui qui tout accusa et le
60　Rommain, furent tous ars en ung feu par le jugement
de tous les barons du royaume.

2　ne *mq., rétabli d'ap. le sens.*

/83r° Le LXVᵉ chappitre. Comment la mere du roy fut arse en sendres.

Le roy, veant que toute ceste faulceté venoit par sa mere, fut moult troublé en cuer et en conscience ne il ne sçavoit que penser. Car premierement amour naturelle le contraignoit et avironnoit le cuer de pitié et de douleur, et d'autre part justice et equité l'admonnestoit, car il ouyoit la saincte Escripture qui lui crioit à haulte voix pour la vengence du sang de ses enffans innocens disant: «Vindica, Domine, sanguinem nostrum, qui effusus est*», et puis lui revenoit au devant le dit du poete disant: «Nec matrem offendas dum vis bonus esse parenti*». Pour lesquelles raisons il estoit tout troublé en cuer et ne sçavoit qu'il peust faire ne quel conseil croire. /83v° Et, pour ce qu'il estoit ainsi en ses pensees divisé, il mist la besoingne en l'arbitraige de son conseil. Mais nullement ne volt il souffrir que sa mere fust par force constrainte. Pourquoy le conseil advisa, parce que l'empereur mesmes le mist avant, que ledit empereur faindroit qu'il la prendroit à mariage et si parleroit à elle de ceste besoingne et feroit tant, s'il pouoit, qu'il lui feroit confesser aucune chose de son meffait. Laquelle chose fist l'empereur, car il s'en vinst en la chambre de la dame et lui parla de soy marier avec elle en lui mettant pluseurs choses au devant. Mais, quant la dame l'oÿst ainsi parler, elle cuidoit qu'il lui dist à bonne foy, pourquoy elle lui congneust toute la verité du fait et comment elle avoit faulcement deceu la royne et que encores avoit elle entencion de faire pis. Car, se ainsi estoit que lui empereur l'eust esposee, elle feroit en brief terme morir son filz, comment qu'il en alast. Quant l'empereur entendist ceste desloyale femme, les cheveulx lui drecerent en la teste de hideur

et de douleur qu'il eust de oÿr ainsi parler ceste
femme. Si dist en lui mesmes: «Par ma foy, dame, ja
35   emprés mes costés ne coucherez, car vous estes toute
remplye du dyable ne emprés vous ne me oseroye
asseurer.»

Adonc en prenant congié à elle il se partist d'elle et
s'en vinst devers le roy et son conseil auquel il dist tout
40   ce qu'il avoit trouvé en la mere du roy. De laquelle
matiere ilz parlerent en pluseurs manieres, assavoir
comment on en ordonneroit. Finablement il fut
ordonné que, pour ce que le duc de Clocestre n'avoit
encores point esté desmis de sa commission de la
45   gouvernance du royaume, que il en feroit justice et que
à lui en appartenoit la congnoissance. /84r° Et pour ce
il lui fut commandé qu'i fust prest de gens de justice
pour prendre la dame qui tantost viendroit au conseil
et comme regent et gouverneur du royaume
50   d'Engleterre il la executast selon la sentence. Lequel
duc, obeïssant au commandement du conseil, prinst la
dame en plain conseil où on l'avoit fait venir pour
sçavoir à elle sa voulenté et la faindoit* l'empereur
qu'il la vouloit avoir à mariage. Le duc, qui la tenoit
55   prisonniere devant tous, dist comme chief de justice:
«Mon tresredoubté et souverain seigneur, monseigneur
le roy, et vous tous messeigneurs les nobles, vous
savez que la commission du gouvernement du
royaume ne m'est point encores rappellee. Et pour ce
60   comme souverain justicier je metz la main à ceste
dame pour telle qu'elle est et la prens pour executer
selon qu'elle a deservi.»

Et, tout prestement qu'il eust ce dit, ses officiers la
prindrent par les bras et l'emmenerent maugré elle.
65   Mais en alant elle crioit aprés le roy que c'estoit grant
pitié. Et adonc fut trouvé le seel contrefait dont elle
avoit seellee* les lectres, lequel fut porté au roy, dont
il fut moult esbaÿ. Et que je vous face de long compte

brief sermon, la dame fut tellement examinee qu'elle
congneust toute sa faulceté. Mais en congnoissant son
cas, elle prioit tousjours que on ne la fist point morir et
que on lui laissast user le remenant de sa povre vie en
aucun lieu povrement, au moings pour l'onneur du roy
son filz et de noblesse. Mais toutes ses prieres ne lui
vaillurent riens, car l'empereur fist tant qu'elle fut arse
en pouldre sans nul respit. Ainsi fut elle payee de son
salaire. Dieu lui /84v° soit misericors à l'ame! Et pleust
à Dieu que tous ceulx qui se meslent de telz ars et de
telles faulcetez fussent en ce point, car par telles gens
viennent tant de maulx au monde que c'est une grant
pitié, et Dieu y vueille pourveoir!

Le LXVIe chappitre. Comment le duc de Clocestre congneust que la royne Helayne n'estoit point morte et qu'il l'avoit mise sur mer.

Aprés ceste justice faicte et accomplie, qui fut grant admiration au peuple, et non sans cause, car ceste dame avoit tant esté honnoree que de la coronne du royaume elle avoit esté anoblie, et qui plus est elle
5   estoit mere du roy, qui leur donnoit plus grant admiration et cremeur que nulle riens, l'empereur[1] et le roy se misrent ensemble pour eulx encores deviser de leurs doloreuses fortunes. Et, ainsi qu'ilz estoient ensemble, le bon empereur, comme encores en doubte
10   de sçavoir se ce avoit esté sa fille ou non, manda le bon duc de Clocestre. Quant il fut venu, il lui demanda s'il avoit ars la royne si au net qu'il n'en eust riens garder* de son corps. Le duc lui respondist que vrayement, quant il eust oÿ les mandemens du roy si
15   crueux comme ilz estoient par lectres qui faulcement lui avoient esté envoyees, veant tout le peuple il trencha ung bras à la royne en entencion de le monstrer au roy pour approbacion d'avoir accomplir* son commandement, lequel bras il avoit gardé et
20   gardoit encores. Et pour ce, s'il leur plaisoit à veoir, ill estoit prest de leur monstrer*. Si lui fut /85r° commandé depar le roy que incontinent et sans arrest il leur fut apporté. Laquelle chose fut faicte. Mais, quant l'empereur vist ce bras et qu'il l'eust bien ravisé,
25   il dist au roy: «Par ma foy, roy d'Engleterre, je suis deceu, car j'ay cuidié depuis que je vous ay oÿ parler de vostre femme que ce fut ma fille, mais je vois clerement que non, car je vous prometz que ce bras ne fut oncques le bras de ma fille.» Pareillement le roy

---

[1]   l'empeur, *le signe d'abréviation manque.*

demanda au duc où estoit l'anel de sa femme qu'il lui avoit laissié quant il l'esposa.

Quant le duc les oÿst ainsi parler, il se mist à genoulx devant eulx et leur pria mercy et puis leur dist toute la verité de la besoingne ainsi ne plus ne moings qu'elle avoit[2] alé et comme vous avez oÿ cy devant. Quant l'empereur et le roy eurent oÿ parlé* le duc, ilz furent tresjoyeulx et tresdoulans et furent tous mistionnés de joye et de douleur; de joye, quant ilz oÿrent dire que Helayne n'estoit point morte, et doulans pour deux raisons: pour le bras qui trenchié lui estoit et qu'ilz ne savoient où ilz la trouveroient, et pour la mort de la niepce au duc qui ainsi s'estoit habandonnee à morir pour l'amour de sa maistresse la royne. Encores eurent ilz une autre lyesse de ce que le duc disoit que la nef en laquelle il avoit mis Helayne et ses deux enffans estoit retourné au port, parquoy il supposoit de certain que elle estoit arrivee en aucun lieu, car de tout ce qu'il avoit mis en la nef riens n'en estoit retourné. Pour laquelle cause, ce noble roy Henry, oyant la bonté de ce duc, lui donna en la presence de l'empereur la duchié de Lencastre* avec autres franchises sur son royaume et le refeist /85v° arriere regent de tout son royaume et franc comme le roy.

Le bon empereur Anthoine, qui present estoit à toutes ses choses faire, estoit tant joyeux que plus ne pouoit selon sa douleur qui tousjours demeuroit en son cuer de la perte de sa fille. Si dist au roy: «Sire roy, je vous remercie de l'onneur que vous m'avez porté et fait. Dieu me laisse tant vivre que je le puisse deservir! Je me vueil partir de vostre royaume et entrer en ma queste. Car je promez à Dieu, se jamais ne devoye cesser d'aler, si ne arresteray je point, si avray trouvé

---

2   avoit (*répété*).

ma chiere fille ou morte ou vive. — Ha! sire, dist le
roy, je vous prie que vostre bon plaisir soit[3] que je
puisse aler avec vous, car sans faulte je vueil avoir part
à la peinne et vueil estre vostre compaignon. Si vous
prie, pour Dieu, que ne me refusez point vostre
compaignie. — Par ma foy, respondist l'empereur, et
je vous en prie aussi.» Atant se alierent ensemble et
firent serement de jamais laissier l'un l'autre tant qu'ilz
avroient retrouvee Helayne et ses deux enffans.

Or leur doint Dieu grace que retrouver la puissent,
et aussi feront ilz, mais ce ne sera point que .XXIIII.
ans ne soient passez de ce jour, ainsi que vous orrez,
combien que l'empereur Anthoine l'avoit ja quisse le
terme de .VIII. ans, et si n'en estoit point encores las.

---

[3]   soit *mq.*

Le LXVIIe chappitre. Comment Amaury, le roy d'Escoce, se baptiza. /86r°

Quant ces deux bons roys se furent l'un l'autre accompaigniez et promis aler l'un avec l'autre, de querir et serchier la bonne Helayne, le roy Henry fist son appareil et assembla bien en sa compaignie .XX^m. combatans et aussi fist[1] l'empereur, qui en avoit bien atant* ou plus. Et, quant ilz furent assemblez, ilz furent bien plus de .XL^m. Et puis ordonna de ses besoingnes et de son royaume et fist chargier ses navires de vivres et de biens, tant or que argent et arnois et artillerie de guerre, si largement que bien devoit soffire. Et estoient les Grecz tous esbaÿs du grant appareil qu'il faisoit. Et, entretant que on fasoit ce grant appareil, le roy d'Escosse à bien petite compaignie entra ou palais du roy Henry. Lequel se presenta à son obeïssance et dist[2] qu'il vouloit estre crestien, car il estoit payen, comme il disoit. Mais, par la grace du Saint Esperit, la saincte foy de Jhesucrist lui avoit esté revelee et enseignee par certains miracles que /86v° il recorda en la presence de l'empereur et du roy. Pourquoy icellui roy, tant joyeux de icelle belle aventure, loua Dieu tresgrandement et aussi fist l'empereur et tous les barons. Et là fut tout prestement ce noble roy d'Escosse baptisié et eust à nom Amaury. Lequel entra en la compaignie de l'empereur et du roy pour querir Helayne. Et depuis fist moult de belles besoingnes sur les payens et Sarrazins. Et finablement il fut par martire coronné de la coronne de gloire, comme vous orrez cy aprés. Et pour le baptisement de cestui roy les Escossois firent

---

[1]   aussi fist *mq.*
[2]   dist *mq.*

ung autre roy sur eulx, car ilz ne vouloient point adonc
croire en la loy de Jhesucrist.

Quant toutes ses choses furent faictes et que le roy
Henry eust apresté et furny ses navires, ilz monterent
tous sur mer en prenant congié des dames et des
damoiselles et des seigneurs, où il eust maintes larmes
gettees d'une partie et d'autre. Et lors furent toutes les
voiles levees et commencerent à singler par mer à
force de vent qui tantost les fist esloingnier le port.
Mais en quel lieu ilz arriverent premierement, l'ystoire
ne le mest point, mais dit qu'ilz entrerent en terre de
payens et conquirent villes, chasteaulx et forteresses et
toutes manieres de peuples, dont ilz renvitailloient
leurs gens, et en faisant ses conquestes, ilz
environnerent à peine toutes les isles de mer* en
demandant partout aprés Helayne, mais nulles
nouvelles n'en oyoient. Et tant qu'ilz furent en ce point
l'espace de .XII. ans ainçois que nul confort de leur
queste ilz eussent. Mais environ ce terme, ilz
s'esbatirent ou bois où le bon hermite Felix[3] demeuroit
encores, qui les deux enffans avoit norris, qui de lui
s'estoient partis, ainsi que vous orrez au plaisir de
Nostre Seigneur, /87r° qui les conforta, car il leur dist
comment il avoit trouvé deux enffans et les enseignes
du bras, parquoy ilz eurent nouvel confort.

Mais nous vous layrons ung peu à parler d'eux et
vous compterons des deux enffans, car la matiere bien
le requiert.

---

[3]   Alexis.

Le LXVIIIᵉ chappitre. Comment l'ermite Felix[1] dist es enffans comment il les avoit trouvés.

Vous avez oÿ cy dessus comment le bon hermite Felix[2] avoit trouvé ces deux enffans et comment à l'ayde d'une biche, par le bon vouloir de Nostre Seigneur Jhesucrist, il les norrist grans temps, si long temps, comme dit nostre hystoire, que, ainçois qu'ilz se partissent de lui, ilz avoient environ .XVI. ans. Et avoit le saint preudomme mis à nom à cellui qui portoit le bras de sa mere Bras. Et l'autre, pour ce qu'il l'avoit trouvé en la duyere du lyon, il lui mist à nom Lyon. Advinst ung jour, aprés ce que le bon saint hermite les eust tresbien enseigniez en l'amour de Jhesucrist et en la saincte loy, combien qu'il ne les avoit point encores baptisiez, car il n'avoit point ce qui lui fasoit besoing pour ce faire, eulx qui n'estoient vestus que de feules d'arbres ou de peaux de bestes que Lyon prenoit, qui mangeoit voulentiers char, et Bras ne maingeoit que fruit et racines et jeunoit souvent par l'enseignement du saint hermite, icellui Bras commença à penser en lui mesmes pourquoy il lui convenoit tousjours pourter ce bras et son frere ne le portoit point. Si s'en vinst à l'ermite qu'ilz cuidoient tous deux estre leur pere. /87v° Et lors, en la presence de son frere, lui demanda de quoy ce bras qu'il portoit tousjours avec lui lui servoit ne dont il venoit. Quant le saint hermite l'entendist, il commença à larmoyer, car il parceust bien que par ce point il les perdroit. Si leur racompta tout au long comment il les avoit trouvez et comment il les avoit norris. Et, quant ilz entendirent ce saint homme parler, qu'ilz tenoient à pere, ilz furent

---

[1] Alexis.
[2] Alexis.

30   moult esbaÿs et lui demanderent: «Ha! sire, pour Dieu
mercy, vous ne savez point doncques se nous sommes
freres? — Par ma foy, dist il, non. Mais, puis que je
vous ay norris comme freres, soyez tousjours comme
freres, car nous sommes tous filz d'un Pere, c'est de
35   Dieu qui nous a creez et formez à Sa benoite
semblance*. — Helas! sire, dist Lyon, et qui sommes
nous ne de quel terre ne qui fut nostre mere, car, par
ma foy, je me tiens estre frere de Bras et croy
fermement que une seule mere nous a portez. — En
40   bonne foy, dit le saint preudomme, qui vous estes ne
de quel terre ne de quel lignaige, je ne le sçay. Dieu
doint par Sa grace qu'Il le vous doint sçavoir, car c'est
Cellui qui tout scet et qui tout voit. Sans Son sceu
riens ne se fait*. Tenez vous tousjours Ses deux filz et
45   ainsi vous vous porrez par droicte raison nommer
freres. — En bonne foy, sire, se dist Bras, ce bras que
je porte³ tousjours avec moy, à l'enseignement que
vous me dictes, par l'anel qui est en l'un des dois dudit
bras, est le bras de nostre mere, comme je le pense et
50   croy. Et pour ce je vous prometz que je le porteray tant
que je vivray et que j'avray trouvé ma mere qui me
porta en ses flans, pour laquelle trouver, au plaisir de
Dieu, je me /88r° vueil mettre en chemin. Et, s'il plaist
à mon frere venir avec moy, je l'en prie de bon cuer.
55   — Par ma foy, respondist Lyon, mon treschier frere,
sans moy ne yrez vous point.»
Et lors prindrent conclusion d'aler entre eulx deux
querir leur mere et enveloperent le bras de leur mere
en ung cuir de serf et puis le saindist Bras à l'entour de
60   lui au mieulx qu'il peust ne sceust. Adonc le saint
preudomme en plorant les prinst par les mains et les
mena hors du bois tant qu'ilz vindrent sur la rive de la
mer et là se assirent tant que Nostre Seigneur leur

---

³   j. portorte t.

envoya marchans qui passoient par mer, qui les misrent oultre mer. Mais, ainçois qu'ilz se departissent, promirent au saint hermite que, s'ilz pouoient jamais trouver pere ne mere, ilz le reviendroient veoir, se ilz pouoient par nulle maniere quelconque au plaisir de Dieu.

Le LXIXe chappitre. Comment l'armite mist les .II. enffans avec les maronniers.

Ne demeura gaires aprés que les propres marchans
qui long temps par avant avoient trouvé Helayne, en la
mesme place où ilz l'¹avoient monté sur mer,
trouverent² les deux freres Lyon et Bras. Iceulx
5   marchans, qui³ s'estoient nouvellement crestiennez et
baptisiez, passoient sur ce propre lieu. Si dist l'un des
marchans qu'il vouloit aler veoir le desert où il trouva
la dame au bras trenchié. Si fist tourner le gouvernal
de la nef pour aler celle part et, ainsi qu'il commença à
10   aprouchier, le saint hermite les parceust et commença
à les appeler /88v° à haulte voix et tant que ces
marchans vindrent, et par espicial l'un d'eulx, cellui
mesmes qui l'autre ffois avoit trouvee leur mere, entra
en ung petit boutequin et vinst vers l'armite et les
15   enffans. Si leur demanda qui ilz estoient et qu'ilz
vouloient. Le saint hermite respondist: «Mon amy, dit
il, vecy ces deux enffans, qui pour l'amour de Dieu
seroient voulentiers oultre mer en quelque lieu pour
estre baptisiez. Si vous prie qu'il vous en preigne pitié
20   et que avec vous les vueilliez mener, et vous ferez bien
et aumonsne. — Par ma foy, dist le maronnier, je le
feray tresvoulentiers en l'onneur de Cellui que vous
me requerez. Faictes les entrer en ma nef et je les
conduiray au plaisir de Dieu en lieu où ilz seront à
25   sauveté.»
Aprés ce qu'il eust ce dit, Lyon, qui ung tresgrant
desir avoit, prinst congié du bon hermite et lui
remercia tout* les biens qu'il lui avoit fait et entra le

---

¹   l' *mq. aj. d'ap. le sens.*
²   trouverent *mq. aj. d'ap. le sens.*
³   qui *mq. aj. d'ap. le sens.*

premier en la nef. Bras prinst pareillement congié de
l'ermite, lui remerciant tous ses biens. Mais
veritablement c'estoit une grant pitié de veoir l'armite
et les deux effans prendre congié l'un à l'autre* et
comment ilz ploroient piteusement, et mesmes les
maronniers ne s'en pouoient tenir. Ne demeura gaires
qu'ilz furent si esloingniez que l'armite ne les peust
plus veoir. Si s'en ala en son hermitaige et les enffans
avec les maronniers qui s'en aloient singlant par mer à
force de vent.

Et cy dist nostre hystoire que adoncques commença
Lyon à boire du vin des marchans, qui lui sembla si
bon que oncques puis ne se volt tenir de boire vin.
Mais Bras n'en volt oncques boire, mais ne buvoit que
eaue et vin aigre ensemble et si jeunoit /89r° deux ou
trois jours la sepmaine, parquoy il estoit tresfoible et
tresamatis. Et touteffois tousjours portoit il son bras
avec lui. Si pouez savoir et croire que pluseurs devises
furent entre les enffans et les maronniers, dont ilz
furent souvent et les ungs et les autres bien esbaÿs, et
furent sur mer ensemble bien cinq sepmaines ainçois
qu'ilz venissent à port. Ouquel temps les maronniers
les revestirent de bons habis et leur aprindrent à porter
chemises et robes et chausses et sorllers.

Le LXXᵉ chappitre. Comment la dame de Baviere, nommee Clariande, receust ces deux beaux enffans, Bras et Lyon, en son hostel.

Finablement, tant alerent ces bons maronniers qu'ilz arriverent es marches d'Alemaigne, mais à quel port l'ystoire ne le mest point. Et là misrent les maronniers ces deux enffans à terre et leur donnerent
5 or et argent pour eulx gouverner et vivre tant que Nostre Seigneur les avroit pourveuz de Sa grace. Et ainsi se departirent ces deux enffans de ces maronniers en eulx remerciant leurs bienfais. Et se misrent au cheminer eulx deux tant seulement, et tant
10 cheminerent qu'ilz vindrent en la cité de Baviere, de laquelle estoit dame une noble dame, nommee Clariande, comme dit est dessus. En laquelle cité ilz se logerent le mieulx qu'ilz peurent. Et commencerent tantost à suir les eglises où ilz se trouvoient
15 voulentiers pour le saint service de Dieu. En laquelle chose /89v° faisant elle qui estoit en l'eglise les regarda, et lui pleust tresbien leur maniere et contenance, car ilz sembloient trés devotz et bons orateurs. Et tant que finablement aprés la messe la
20 dame appella ung sien escuier et lui commanda qu'il sceust qui estoient ces deux enffans et qu'il les feist venir parler à elle en son palais. Lequel escuier au commandement de sa dame vinst à ses deux enffans et leur demanda de leur estre et puis se* leur commanda
25 depar la dame qu'ilz vinssent parler à elle en son hostel. Duquel commandement fut Bras tout honteux, mais Lyon lui incita tant qu'ilz firent le commandement de l'escuier et s'en alerent ou palais, là où la dame avoit ja fait mettre les tables. Quant ilz
30 vindrent devant elle, ilz la saluerent bien humblement, et les vist tresvolentiers et leur fist tresbonne chiere et

commanda es maistres d'ostelz qu'ilz fussent bien
servis et bien pensez, car elle le vouloit ainsi. Aprés ce
fait, la dame se assist et se commença à disner et aprés
on les fist asseoir avec les huissiers d'armes et furent
tresbien servis. Et, en disnant qu'ilz fasoient*, la dame
tousjours les regardoit maingier et aussi leur
manieres*, lesquelles tresbien lui plaisoient à veoir, et
veoit que l'un maingeoit et buvoit tresbien et l'autre
estoit tressobre, lequel estoit Bras et lui veoit souvent
tirer de sa manche aucunes herbelettes et pommes qu'il
maingeoit, dont elle se donnoit merveilles qu'il laissoit
la bonne viande pour maingier si povre pasture. Et s'en
devisoit la dame en elle mesmes de la contenance et
maniere de ces deux enffans, disant qu'ilz estoient
yssus de bon hostel et qu'il convenoit selon leur
jugement* qu'ilz fussent enffans d'aucun vaillant /90r°
preudomme, car ilz estoient tant beaux et tant gracieux
que nullement elle ne se pouoit tenir de les regarder.

Le LXXIᵉ chappitre. Comment les deux enffans furent retenuz en l'ostel de la dame.

Quant les tables furent levees et la dame fut levee, elle appella ces deux enffans et adreça sa parole premierement à Bras et lui dist: «Mon filz, dont estes vous ne de quel paÿs? Car il me semble à vostre
5   maniere que vous n'estes point de ce paÿs, et me dictes comment vous avez nom. — Par ma foy, respondist Bras, ma tresredoubtee dame, je suis nommé Bras et mon frere est nommé Lyon. Mais dont nous sommes ne de quel marche nous n'en sçavons riens et ne
10   sçavons qui furent noz pere ne mere. Car nous avons estez* norris grant temps avec ung hermite en ung bois, qui nous a enseigniez. Dieu par Sa grace lui vueille remunerer!»
Et lors lui compta tout ce que l'armite leur avoit
15   autreffois compté, la maniere comment il les avoit trouvez et comment il les avoit laissié aler et les avoit conduitz jusques au rivage de la mer jusques à ce qu'il passeroit aucun marchant pour les passer oultre, et aussi la cause pourquoy ilz se partirent de l'armite,
20   dont la dame fut fort esbaÿe, car de telle aventure n'avoit elle oncques oÿ parler. Puis aprés leur demanda s'ilz avoient oÿ nulles nouvelles d'un hermite de grant corsaige, nommé Loÿs, et c'estoit /90v° son pere, lequel pour le salut de son ame s'en estoit alé quelque
25   part, mais elle ne savoit en quel lieu, dont elle estoit moult desplaisant. Si lui respondirent les enffans que non. Aprés ce que la dame les eust interrogué de pluseurs choses, elle leur demanda s'ilz vouloient servir et elle les contenteroit tresbien et les mettroit à
30   honneur, mais qu'ilz servissent bien. Iceulx enffans lui respondirent tresgracieusement qu'ilz estoient prestz et appareilliez à ly* faire plaisir et service de tout leur

pouoir. Adonc sans plus dire, Bras fut retenu comme varlet de chambre pour aler avec la dame à l'eglise et lui aidier à dire ses heures, car expert estoit à ce. Et Lyon fut mis en l'office d'eschançon, et ainsi ilz furent retenuz tous deux en la court de la dame et tant y demeurerent et se gouvernerent si bien que en la fin Lyon fut maistre d'ostel et gouverneur de l'ostel et si que nul de l'ostel ne lui osoit riens refuser. Mais cest honneur ne leur dura pas long temps, ains le pardirent par le moyen d'aucuns envieux, ainsi que cy aprés vous orrez.

Le LXXIIᵉ chappitre. Comment Lyon fut accusé à la dame de Baviere, sa maistresse, par trop avoir fait d'aumonsnes.

En ce temps, comme dit nostre hystoire, estoit le duc de Clocestre vesvé et queroit en pluseurs païs femme pour soy remarier, et tant qu'il oÿst parler de ceste noble et vaillant dame Clariande, /91rº dame de
5   Baviere, à laquelle il envoya ses certains messaiges pour traictier son mariage. Et vindrent les messaigiers ou temps que ces deux enffans demeuroient avec la dame. Pour laquelle chose icelle dame assembla tous les barons de sa terre pour respondre es messaiges et
10   ambasseurs du duc. Si fut la responce telle qu'elle remanda au duc qu'elle n'avoit point encores voulenté de soy marier, au moings à lui, pourquoy il se pourveist autre part, car à elle avoit il failly. Quant le duc entendist ses responces, qui ne lui furent point
15   bien aggreables, il lui remanda par ses messaiges qu'elle se advisast si bien que bon lui fut, car son entencion estoit telle que par force ou par amours elle seroit sa femme et son espeuse. Duquel mandement fist bien peu de compte la dame. Quant le duc vist ce,
20   qui avoit tous les Anglois à sa voulenté et qui leur regent estoit, mist* tout prestement sus une grosse armee et monta sur mer et fist tant qu'il vinst devant la cité de Baviere et assigea et avironna Clariande, qui moult peu le prisa, car elle estoit bien pourveue
25   d'Alemans qui gardoient la ville. Et sailloient souvent sur les Anglois et moult de beaulx fais d'armes y fasoient. Et pareillement les Anglois, qui l'onneur de leur regent vouloient garder et accroistre, souvent se aventuroient et donnoient de durs et merveilleux
30   assaulx à ceulx de la ville, combien que tresvaillamment se deffendoient les Alemans, et tant

que les plus grans barons de Baviere[1], pour appaisier
ceste guerre, qui estoit mauvaise, eussent bien voulsu
qu'elle se feust accordee et qu'elle eust prins le duc à
mariage. Mais la dame nullement ne le vouloit faire,
parquoy il /91v° convinst le povre peuple souffrir
moult de durtez ainçois que la chose se feist.

    Mais nostre hystoire dit que le siege des Anglois
fut tant devant la cité que les vivres commencerent
tresfort à dyminuer et eust le menu peuple de grant
souffrette de pain et tant que les menues gens
commencerent venir à la court demander l'aumonsne,
car ilz moroient de fain. Quant le bon Lyon vist ce
povre peuple qui avoit telle destresse, il prinst aucuns
de ses coadjuteurs et fist aporter pluseurs corbeilles de
pain et de char et pluseurs grans potz de vin et
departist tout au peuple en eulx comendant que, toutes
les fois qu'ilz avroient fain, qu'ilz vinssent à la court et
il leur donneroit à maingier et à boire tant que les
biens de sa dame dureroient. Et finablement tant en
donna que ung chevalier de la court en commença à
murmurer et en blasma Lyon et lui dist pourquoy il
donnoit ainsi les biens de sa dame et qu'il pouroit bien
tant faire que la dame et tous les serviteurs en
pouroient avoir deffaulte. Et en eurent de grosses
paroles ensemble Lyon et le chevalier tant que peu s'en
faillist qu'ilz ne se batissent l'un l'autre. Et dit l'ystoire
que Lyon frappa le chevalier tant qu'il le bleça, car il
sembloit à Lyon qu'il avoit bon droit de donner es
povres à boire et à maingier des biens de sa dame,
consideré qu'ilz souffroient la povreté et misere à
cause d'elle. Mais cestui chevalier, qui tresenvieux
estoit sur Lyon de l'onneur que on lui portoit en l'ostel
de la dame, ne l'entendoit point ainsi. Et pour ce il s'en
vinst à la dame et lui dist qu'elle estoit traÿee*, car

---

[1]   B. qui p. , *suppr. d'ap. le sens.*

Lyon, son maistre d'ostel, avoit aprinse une coustume qu'il donnoit tout pour Dieu es povres gens /92r° de la ville, dont il avoit ja si largement donné que à peinnes avoit elle pain ne vin ne char ne autres vivres pour

70   vivre quinze jours, parquoy il la conviendroit rendre au duc de Clocestre, son ennemy, «car selon que je puis cougnoistre, ma treschiere dame, disoit il, vous estes vendue par vostre maistre d'ostel. Car, quant je l'ay blasmé, il m'a respondu que pour moy il n'en feroit

75   riens et que, tant qu'il y avra à maingier et à boire en vostre hostel, il ne souffrera point que vostre peuple ait dengier pour vous.»

Le LXXIIIe chappitre. Comment les deux freres vindrent en l'ost du duc de Clocestre qui les retinst de son hostel.

Quant dame Clariande eust oÿ ainsi parler ce chevalier, elle en fut toute esbaÿe et pensa en elle mesmes comme* Lyon osoit ce faire. Lequel elle avoit mis à honneur et à l'office, lui qui n'estoit que ung povre mendiant. Si appella Bras, le frere de Lyon, et lui dist qu'il deist à son frere qu'il se deportast de ainsi donner aux povres les biens de l'ostel, car c'estoit mieulx raison que ces maleureuses gens eussent dangier que les nobles et gens d'estat et de guerre qui aydoient à garder la cité. Si lui dist Bras qu'il le feroit tresvoulentiers. Et de fait Bras le blasma pluseurs fois, mais Lyon ne s'en vost oncques pour ce deporter, car, à tous les povres qui venoient à lui demander l'aumosne, il leur* donnoit. Advinst ung jour que Lyon vinst en la cusine et prinst la propre viande dont on devoit servir la dame /92v° au disner et la porta es povres qui estoient à la porte, plorans de fain. Et, quant le maistre cuysenier vist que Lyon fasoit ce, il s'en fuist en la sale et le dist à la dame. Laquelle oyant ce, comme troublee pour ce qu'elle lui avoit deffendu, jura que jamais ne la serviroit, car elle se doubtoit qu'il n'y eust aucune mauvaistié entre le duc et lui. Et cuide que, ce n'eust esté l'amour que elle avoit à Bras, elle lui eust fait monstrer son ire. Mais pour amour de Bras elle le fist bannir hors de la cité. A ces paroles vinst le chevalier qui par avant avoit eu paroles à Lyon et aussi avoit esté blecié. Si requist à la dame qu'elle fut contente qu'il les peust mener en l'ost du duc et, s'il pouoit, il savroit pourquoy Lyon fasoit ce oultre sa deffence. Laquelle chose la dame lui accorda, dont il fut moult joyeulx, car il lui sembloit que par ce point il

se vengeroit. Et tout prestement il prinst quatre fors
compaignons avec lui, bien armez, et puis prinst ces
deux enffans qui menoient grant dueil, combien qu'ilz
35 n'estoient pas trop esbaÿs, car ilz avoient fiance en
Nostre Seigneur Jhesucrist. Et les mena icellui
chevalier hors de la cité pour iceulx cuidier occir.
Mais, quant ilz parceurent ceste desloyaulté, ilz se
misrent tellement à deffence qu'ilz desconfirent le
40 chevalier et ses quatre compaignons, avec ce aussi que
par cas d'aventure et par le vouloir de Dieu passoient
assés prés d'eux des gens du duc qui leur ayderent et
tant qu'ilz furent delivrés de leurs ennemis, et les
menerent au duc de Clocestre et lui en firent present.
45 Et dit nostre hystoire que, incontinent que les enfans
furent hors de la cité, que les cuiseniers et les
boutailliers trouverent, par la grace de Dieu, leurs
lieux si plains de /93r° vivres qu'il ne sembloit pas que
on en eust riens osté. Laquelle chose fut raportee et
50 dicte à la dame, de quoy elle fut bien dolante et
commença à regreter les enffans et à dire en elle
mesmes qu'elle avoit esté faulcement deceue de croire
ceulx qui mal lui en avoient dit, car tant qu'elle les eust
eu emprés elle, elle n'eust point eu de dangier. Depuis
55 les povres revindrent à la court, mais ilz pardirent leur
peinne, car leur bon aumonsnier n'y estoit plus, et
commencerent à avoir tel fain qu'il convinst que la
dame s'accordast au duc et qu'elle se rendist à lui. Le
bon duc prinst la dame et l'emmena en Angleterre, et
60 en furent faictes les nopces à Londres trés
sompttueusement. Et cy dit nostre hystoire que ce bon
duc de Clocestre, auquel avoient esté presentez ces
deux enffans, aprés ce qu'il les eust interroguez quelz
ilz estoient et pourquoy on les avoit bouté de hors de
65 la cité, il* les prinst tellement en sa grace qu'il les
retinst de son hostel et les honnora tresgrandement et
par espicial pour amour des deux enffans de la belle

Helayne, lesquelz il avoit mis ou bastel comme dit est dessus, dont il n'en enduroit à eulx dire sa pensee. Et dit encores nostre hystoire que souvent pensoit se ce seroient jamais ceulx qu'il mist ou bastel et en estoit en une tresgrant abusion, combien qu'il ne leur en monstra aucun semblant. Mais le temps aproche qu'ilz orront nouvelles de leur pere et de leur mere au plaisir de Nostre Seigneur.

Le LXXIVᵉ chappitre. Comment Clariande volt amer par amours Lyon. /93v°

Par la maniere que vous avez oÿ estoient ces deux
nobles enffans venuz en la cité et en la maison où ilz
avoient esté nez et dont ilz estoient vrais heritiers,
mais ilz n'en savoient riens. Si se misrent au service du
5 duc si grandement qu'ilz furent tresbien en sa grace, et
les amoit sur toute riens. Et aussi madame Clariande,
qui long temps les avoit gouvernez, en disoit du bien
beaucop et monstroit signe qu'elle estoit tresjoyeuse
qu'elle les ravoit en sa compaignie, et sans doubte
10 aussi estoit elle, car ilz estoient si beaulx enffans que
on n'y savoit que dire, et sembloit parfaitement qu'ilz
creussent en beauté et, s'ilz estoient beaulx de corps,
encores plus estoient ilz plus netz de toutes pensees,
tresdevotz, bien amans Nostre Seigneur, combien que
15 encores n'estoient ilz point baptisiez, et donnoient
largement pour Dieu. Pourquoy Nostre Seigneur les
amoit comme à son service ordonnez et esleuz. Mais
l'Ennemy de toute creature, qui souvent est doulant de
la vertu des bons cuers devotz, se commença à
20 troubler contre la bonne grace des enffans et entra ou
corps de la dame Clariande par une perverse maniere,
car il lui fist apeter et desirer la compaignie charnelle
du bon enffant Lyon, qui estoit le plus large
aumonsnier et le plus charitable es povres qui fust
25 vivant, tellement que ung jour la dame le fist venir en
sa chambre et se commença à deviser à lui et en
devisant lui parla en maintes manieres de l'estat
d'amours. Mais Lyon, qui de tel mestier ne savoit
riens, ne lui respondist point à sa voulenté. Quant la
30 dame vist qu'il n'entendoit point à sa voulenté, elle lui
dist que, s'il vouloit estre son /94r° amy par amours,
elle le feroit riche homme ou cas qu'il voulsist estre

secret et lui presenta ung anel d'or en lui disant: «Mon
amy, je vous presente et donne cestui anel avec mon
cuer et mon corps pour en faire vostre plaisir.»

Et en faisant ceste maniere elle le[1] cuida atrapper et
lui getta ung riset. Mais Lyon, qui estoit preudomme,
avisant[2] comment ceste dame estoit[3] emprinse de
concupiscence d'amours charnelle, lui respondist que
pour Dieu elle ostast son cuer de telles et enormes
pensees et pensast de soy garder de pechié, veu qu'elle
avoit ung si souffisant mary. «Helas! madame, disoit
il, considerez que je ne suis que son povre serviteur et
comment il est mon loyal seigneur, consequamment le
serement et feaulté que vous avez à lui de garder son
honneur, et la honte en laquelle vous encherriez se
vostre requeste estoit accomplie. Sans nulle doubte, se
vous m'en parlez jamais, vous vous en repentirez.» Et
en ce disant il getta à la dame son anel qu'elle lui avoit
donné et partist hors de la chambre, mais la dame le
tira par la robe pour le cuidier prendre*. Lequel s'en
ala devers son frere. Adonc la dame, veant ses
manieres, lui dist qu'elle lui pourchasseroit et à son
frere aussi telle chose qu'ilz seroient tous deux
doulans.

---

[1]   elle le *mq.* *(changement de ligne).*
[2]   p. avisa* c.
[3]   estoit *mq.*

Le LXXVe chappitre. Comment les deux enffans se partirent de la court du duc pour aler querir leur pere et leur mere.

Incontinent que Lyon fut party hors de la chambre, il trouva en la sale son frere Bras, /94v° auquel il recorda toutes les paroles qui avoient esté dittes entre la dame et lui, et comment elle l'avoit requis d'amours
5 et comment pour celle cause il l'avoit laissee et aussi comment elle l'avoit menacié. Lequel, oyant son frere ainsi parler, fut moult esbaÿ et ne savoit que penser. Finablement, aprés ce qu'il eust son frere entendu, il lui dist qu'il les couvenoit partir de la terre, car, s'ilz y
10 demeuroient plus longuement, veu qu'elle estoit entree en ceste erreur, elle leur pourchasseroit aucun damaige. «Et sans faulte, disoit Bras, aussi, mon frere, il est temps que nous alons en estranges regions sçavoir et querir se par aucune aventure nous
15 orriesmes jamais nouvelles de noz pere et mere, ainsi que avons ja eu grant temps en voulenté. — Par ma foy, mon chier frere, dist Lyon, vous dictes voir. Or en alons tout droit au duc et prenons congié de lui, car sans son congié ne seroit pas honneur à nous de nous
20 partir de sa court, au moings devant ce que nous l'ayons remercié du bien et de l'onneur qu'il nous a fait. — Vous dictes bien, mon frere, dist Bras.»
Et atant ilz s'en vindrent au duc, lequel ilz trouverent en la sale et se misrent devant lui à genoulx
25 et commença Lyon à parler et à dire en telle maniere: «Mon tresredoubté seigneur, je prie à Dieu qu'Il vous doint joye et santé. Monseigneur, mon frere et moy vous prions et requerons treshumblement que vostre bon plaisir soit de nous donner congié, car nostre
30 entencion est de nous partir de vostre court par vostre gré et tant aler, au plaisir de Dieu, que aucunes bonnes

nouvelles puissons avoir de noz pere et mere. Et pour
ce, mon tresredoubté seigneur, en vous merciant
treshumble/95r°ment tous les biens que vous nous
avez fais, nous vous requerons congié.»

Quant le duc entendist cest enfant ainsi parler et
qu'ilz demandoient tous deux congié, il pensa
longuement, ymaginant se par aventure ce pourroient
estre les enffans de Helayne, et mesmement pour le
bras que Bras portoit avec lui. Mais, pour ce qu'ilz n'en
sçavoient riens à dire, ce le destournoit à croire que ce
fussent ilz, car il lui sembloit que jamais la dame ne
les eust laissiez sans leur dire aucunes nouvelles de
leur pere ou aucune enseigne. Et en ce pensant il
ploroit et ne disoit mot, mais regardoit d'une
tresdebonnaire voulenté les deux enffans. Et, quant il
eust assés pensé, il leur dist: «Par ma foy, mes enffans,
de faire vostre prouffit ne vous vouldroye je point
destourné*. Et suis tresbien content de vous et me loue
de vostre bon service. Je prie à Dieu qu'l vous vueille
conduire et garder.»

Et, quant il eust ce dit, il appella ung sien serviteur
et leur fist donner or et argent et deux bons chevaulx.
Mais Bras n'en vouloit point avoir, ains dist qu'il amoit
mieulx aler à piet* que à cheval. Touteffois Lyon
prinst le sien et se habila en habit d'escuier trés
gentement et honnestement. En ceste maniere se
partirent de la court du duc et alerent tant ensemble
l'un à pié, l'autre à cheval qu'ilz vindrent jusques à la
mer et passerent oultre et arriverent au port de
Bouloingne sur la mer.

Le LXXVIᵉ chappitre. Comment Bras et Lyon vindrent à Boulongne sur la mer. /95v°

Quant ces deux enffans arriverent à Boulongne, ilz trouverent que ung payen, qui se disoit pour lors roy de la marche, avoit assigié icelle ville de Bouloingne. Lequel royaume de la marche est maintenant nommé
5   Flandres, comme dit nostre histoire. Laquelle cité de Bouloingne gardoit et deffendoit vaillamment ung tresnoble capitaine, qui là estoit commis depar le roy Henry d'Engleterre. Lequel capitaine avoit assemblé tous ses amis et ses hommes d'armes en icelle ville, car
10   ilz avoient prins journee pour combatre contre les Sarrazins puissance contre puissance. Quant ses deux nobles enffans, qui ja pouoient avoir environ .XX. ans, furent arrivez au port, ilz demanderent de l'estat du païs et sceurent comment les besoingnes se portoient.
15   Quant ilz eurent oÿ les nouvelles, ilz commencerent à penser en eulx mesmes quel chemin ilz tiendroient ou se ilz s'en yroient en autre region ou se ilz entreroient en la cité pour aydier es crestiens. Et tant que Lyon dist à son frere en telle maniere: «Par ma foy, mon
20   chier frere, je conseilleroye que nous entrisiesmes en la cité et que nous nous fissiesmes vaillans en ceste journee contre ses ennemis de la foy. Car il y a pluseurs nobles hommes à qui nous nous[1] pourrons faire cougnoistre, car on dit communement «qui ne
25   s'aventure, il n'a ne cheval ne mule», si que pourtant, mon chier frere, je vous prie que nous nous alons aventurer avec noz freres crestiens, et j'ay espoir que nous trouverons aucun vaillant homme qui nous armera et ordonnera. — En bonne foy, respond Bras,
30   beau frere, j'en suis d'acort.»

---

[1]   nous *mq. ajouté d'après l'usage.*

Et atant se misrent au chemin /96r° et firent tant
que à ung soir ilz vindrent à la porte, laquelle leur fut
ouverte et entrerent en la ville, car ilz requeroient que,
en l'onneur de Dieu, que on les laissast entrer ens. Si
vindrent avant les gardes qui les prindrent et les
menerent devant le capitaine, lequel tout prestement
leur demanda de leur estre et qu'ilz queroient. Lyon lui
respondit en disant: «Sire, par ma foy, nous sommes[2]
deux freres, qui cy sommes venuz, serviteurs de
Jhesucrist, pour vous servir en la bataille que vous
devez avoir contre le roy Anthenor et ses gens. S'il
vous plaist nous armer et monter, nous vous servirons
voulentiers, car nous ne desirons autre chose que
aventurer noz corps pour l'amour de Jhesucrist, nostre
Createur, que nous servons.»

Quant le capitaine entendist ceste raison, il en fut
tresjoyeux. Et combien qu'ilz fussent encores jeusnes,
si avoient ilz chiere d'estre vaillans hommes. Et leur
respondist qu'ilz fussent les tresbien venus. Et puis les
mena en son hostel et les festia tresbien. Quant il les
eust tresbien festiez, il leur fist aporter du harnois pour
eulx habilier et armer et pour eux induire à porter
armes. Car on veoit bien à leur maniere qu'ilz ne les
avoient point accoustumees. Neantmoings il sembloit
à leurs manieres qu'ilz seroient vaillans hommes et
aussi furent ilz, car ilz le monstrerent bien en la
bataille. Car Lyon, comme vous orrez cy aprés, par sa
vaillance tua de sa propre main Anthenor sans les
autres desconfitures qu'il fist en la presse.

---

[2]   s. noz d. , *suppr. d'ap. le sens.*

/96v° **Le LXXVIIᵉ chappitre. Comment Lyon fut fait chevalier et comment il desconfist les Sarrazins, et comment il se partist de Boulongne.**

Ne demeura gaires de temps que la journee de bataille prinse par les parties fut venue. Laquelle estoit ordonnee à combatre par ung vendredy de puissance contre puissance en plain champ. Icelle journee venue,
5   chascun fut prest d'un costé et d'autre, et yssirent les Boulongnois dehors en tresbel erroy et bien armez de toutes armures, et estoit une noble chose de les veoir. Car, au saillir de la porte, le vaillant capitaine qui fasoit les nouveaux chevaliers estoit là atendant ceulx
10   qui le vouldroient estre. Si vinst Lyon vers lui et lui requist la colee de chevalerie, qui donnee lui fut en faisant le serement à ce accoustumé. Lequel, tout prestement qu'il fut chevalier, picqua cheval d'esperon et s'en vinst sur les rencs d'une tant grande voulenté
15   qu'il sembloit que tout tremblast devant, et son frere Bras le suivoit aussi trés asprement comme cellui qui tresgrant desir avoit de combatre ses ennemis. Or furent hommes d'armes arrengiés et mis en bataille d'un costé et d'autre. Puis commencerent à sonner
20   trompettes et clerons pour entrer en bataille. Adonc chascun picqua cheval d'esperon et commencerent à frapper les ungs sur les autres et à rompre lances par lesquelles il couvinst maintes hommes cheor par terre. Et tellement combatirent qu'il en y eust maintes mors
25   /97r° d'un costé et d'autre, et sembloit parfaictement qu'ilz se deussent tuer comme ilz faisoient. Et, que je vous conclue en brief ceste bataille, l'ystoire dit que le bon chevalier Lyon fist si vaillamment ce jour et aussi fist Bras son frere qu'ilz estoient de tous louez et
30   prisiez, et sur tous les mieulx faisans Lyon eust l'onneur, et bien le devoit avoir, car par sa vaillance les

payens furent mis à desconfiture*. Car, quant les
Sarrazins veirent leur seigneur mort, ilz le leverent à
grant peinne et s'en fuirent atout. En laquelle fuitte
faisant, en y eust de mors sans nombre. Quant ceste
desconfiture fut faicte, les Boulenois rentrerent en leur
ville moult joyeulx et si joyeulx que, de perte qu'ilz
eussent fais, ilz n'en tenoient compte. Si rentrerent les
deux freres en la cité avec eulx. Lesquelz furent receuz
en tresgrant honneur, car le capitaine et tout le peuple
les honnoroient de toute leur puissance. Si furent
menez en grant honneur en l'ostel du capitaine où ilz
receurent pluseurs beaulx dons qui leur furent
presentez depar la ville.

Aprés le noble capitaine leur presenta l'ostel en leur
priant qu'i leur pleust demeurer avec eulx et il les
contenteroit et payeroit si bien qu'ilz seroient contens,
car ilz doubtoient grandement les Flamencs, qui
estoient leurs voisins et leurs grans ennemis. Lyon, le
bon chevalier, et son frere lui mercierent humblement.
Et lui demanda Lyon se il lui savroit riens à dire de
son pere et de sa mere, mais il ne lui en sceust riens à
dire. «Monseigneur le capitaine, dist Lyon, puis que
vous ne nous savez riens à dire de ce que nous
querons, nous ne pouons demeurer avec vous. Car
nous avons voué, mon frere et moy, de non jamais
cesser, si avrons nous nouvelles de nostre pere et de
nostre mere. Et pour ce demain, /97v° au plaisir de
Dieu, nous nous partirons de ceste ville et prendrons
congié à vous, en vous remerciant de vostre bonne
chiere et de tous voz biens.»

Quant le capitaine vist que nullement ne pouroit
finer d'eulx, il les fist tresbien logier et commanda
qu'ilz fussent tresbien pensez et que on leur baillast
tout ce qui leur fauldroit sans riens espargnier.
Laquelle chose fut ainsi faicte, car, de tout ce que les
enfans avoient besoing, il leur estoit aministré, comme

se ce eussent esté les enffans du seigneur de la ville.
Helas! aussi estoient ilz, car leur pere l'avoit par avant
conquise et convertie à[1] la saincte foy catholique de
Nostre Seigneur Jhesucrist, mais eulx ne ceulx de la
cité n'en savoient riens.

70

---

[1]   c. en à l.

Le LXXVIIIᵉ chappitre. Comment Bras et Lyon vindrent à Amiens où Lyon donna la moittié de son mantel pour Dieu.

Quant ce vinst au matin que les deux freres furent levez et habiliez, ilz s'en vindrent au capitainne et prindrent congié. Et mesmes Lyon le remercia tous les honneurs qu'i leur avoit fait, et puis yssirent de la ville et commencerent tresfort à chevauchier par le paÿs de Picardie. Et dist l'ystoire que en chevauchant Lyon n'encontroit povre à qui il ne donnast l'aumonsne; car il estoit si plain de charité que jamais, pour tant qu'il eust riens que donner, povre ne s'en alast de lui escondit. Et tant donna du sien que, quant il vinst à la porte d'Amiens, il n'avoit ung seul denier. Si avinst que, à entrer* à la porte, ung povre vinst contre lui et lui demanda /98r° l'aumonsne. Et estoit ce povre homme comme tout nuz, et semble à nostre hystoire que c'estoit proprement Nostre Seigneur Jhesucrist qui se aparust à lui en ceste semblance. Le bon chevalier Lyon, qui encores n'estoit point baptisié, veant celle povre creature qui n'avoit de quoy couvrir sa char, tira son espee qui lui pendoit au costé et prinst le pan de son mantel qu'il avoit sur ses espaules et le trencha par my et puis le donna à ce povre. Lequel povre lui remercia et puis s'en ala et ne fut oncques puis veu, dont il avinst que la nuyt suivant[1] Lyon, qui depuis fut nommé Martin, oÿst une voix angelique disant: «Martinus adhuc cathecuminus, hac me veste contexit*», c'est à dire «Martin qui n'est encores que[2] cathecuminus[3]», c'est à dire non baptisié «m'a couvert

---

[1]   s. que L., *suppr. d'ap. le sens.*
[2]   que *mq.*
[3]   cathecumins, *le signe d'abréviation manque.*

de ceste vesture». Aprés ce que Lyon eust ainsi
trenchié son mantel, lui et son frere s'en vindrent en
30   ung hostel en la ville où ilz se logerent, et là par
aucuns jours demeurerent pour tousjours aprendre et
demander de ce qu'ilz queroient, mais nulles nouvelles
n'en sceurent.

Or dit l'ystoire que en ceste propre saison estoit
35   venuz en la cité d'Amiens ung notable prelat, qui estoit
nommé Martin, lequel estoit evesque de Tours, et
estoit là venuz pour amour de l'evesque d'Amiens,
nommé Thierry, et menoit gens avec lui de pluseurs
estranges nations. Quant ces deux bons enffans
40   sceurent que ces sains evesques estoient en la cité, il
leur sembla que maintenant estoit il temps qu'ilz
fussent baptisiez de la main de ce saint evesque
Martin. Et pour ceste cause s'en vindrent ung matin
pardevers ce bon evesque Martin et lui requirent /98v°
45   baptesme. Quant ce saint preudomme entendist ces
deux enfans parler, il les bienveigna et salua et puis
leur demanda dont ilz estoient ne de quelle nation.
«Par ma foy, reverend pere, respondist Lyon, nous ne
savons qui nous sommes ne qui furent noz pere et
50   mere. Mais je vous fais savoir que nous avons estez*
longuement norris par ung saint preudomme hermite
qui nous trouva d'aventure en ung desert. Et mon frere
que vecy trouva il, que ung leu emportoit, et il me
trouva en une douyere de lyon. Et, pour ce que mon
55   frere avoit ung bras d'une femme attaichié à son
envelopure, que il a porté et porte encores jusques à
cy, il lui mist à nom Bras, et, pour ce qu'il me trouva
en la douiere du lyon, il me mist à nom Lyon. Et ainsi
avons nous tousjours l'un l'autre appellé jusques à cy.
60   Or nous enjoindist il que nous nous fesiciesmes
baptisier comme freres quant nous porriesmes trouver
aucun saint preudomme qui fuist digne de nous donner
le saint sacrement de baptesme. Pourquoy nous vous

requerons en l'onneur de Jhesucrist que vous le nous
vueilliez donner et administrer. — Certainement, mes
enfans, respondist l'evesque. Vous ne requerez que
raison, et pour ce, au plaisir de Dieu, nous vous
baptizerons.»

Le LXXIXᵉ chappitre. Comment Bras et Lyon furent baptisiez et furent nommez l'un Brisse et l'autre Martin.

Ne demeura gaires aprés que le saint evesque prinst les deux enffans par les mains et les /99r° mena à l'eglise où les fons estoient tous appareilliez pour eulx baptisier, car l'evesque les avoit fait aprester.
5   Incontinent qu'ilz furent à l'eglise, l'evesque les fist desvestir tous nus. Et premierement volt baptisier Bras comme il fist. Mais, quant Bras fut desvestu, il prinst son coffin où le bras de sa mere estoit enfrumé. Si lui demanda l'evesque que c'estoit et il lui respondist que
10   c'estoit le bras duquel son frere lui avoit parlé et l'evesque le volt veoir. Mais, quant il le vist, il fut tout esbaÿ, car il sembloit qu'il fust tout nouvel trenchié. Si le conjura l'evesque qu'il lui en dist la verité si avant qu'il en savoit. Et Bras lui respondist que il n'en savoit
15   autre chose que ce que son frere Lyon lui en avoit dit. Et, quant le saint evesque entendist ce, il le fist renfrumer et remettre, et puis baptisa l'enfant et lui mist à nom Brice à cause de ce bras. Mais, affin que nulle erreur ne esmeuve les cuers des oyans par ceste
20   hystoire, ce ne fut point saint Brice, ainçois, comme dit nostre[1] hystoire, fut le pere de saint Brice, qui fut aprés le benoist saint Martin evesque de Tours[2]. Quant Brice fut baptizié, Lyon le fut aprés, lequel eust à nom Martin aprés le nom dudit evesque Martin qui son
25   perrain volt estre. Et si dit nostre hystoire que, aprés ces baptizemans fais de ces deux nobles enffans, l'evesque detinst les deux enfans de sa maison et leur donna office, et portoit Brice la cape de l'evesque

---

[1]   nostre *répété en début de ligne*.
[2]   Tous.

partout à l'eglise et ailleurs, et Martin fut mis à
l'eschançonnerie et si departoit souvent les aumonsnes
et le relief de l'evesque donnoit tous les jours es
povres.

Quant ce vinst environ ung mois aprés, l'evesque se
/99v° partist de la cité d'Amiens. Car l'evesque
d'Amiens, qui ja longuement avoit tenu ce saint
evesque, estoit comme reshaitié d'une grande maladie
qu'il avoit eu. Et fist tant icellui evesque de Tours qu'i
retourna à Tours, ses deux filleux avec lui, Brisse et
Martin, où il fut receu à grant joye de ses citoyens, car
il estoit de bonne et saincte vie et gouvernoit bien son
peule et l'enseignoit tousjours à la voye de paradis.
Ainsi demeurerent³ ces deux enffans Brisse et Martin
en la court de l'evesque, faisans leurs offices tant
gracieusement⁴ qu'ilz estoient fort amez de l'evesque et
du peuple treshonnorez. Si demeurerent si longuement
en la court de l'evesque que leur pere en la fin les y
trouva, ainsi comme vous orrez cy aprés.

Mais je vous lairay à parler d'eux et de leurs fais et
vous parleray de la royne Helayne, leur mere, qui,
comme vous avez oÿ dessus, estoit en la ville de
Nantes en Bretaigne en la maison d'une povre
payenne, car adonc n'avoit encores oudit païs nulz
crestiens. Laquelle payenne ne vivoit que des
aumonsnes qu'elle truandoit et pourchassoit en
l'onneur de leur dieu, et aussi vivoit de buer et laver
draps par les hostelz de Nantes, à laquelle euvre faire
lui aydoit ainsi qu'elle pouoit à une main la bonne
royne Helayne. Laquelle y demeura si longuement
qu'il lui sembloit que jamais ne seroit nouvelle d'elle et
que nully ne la queroit* plus. Si lui vinst en voulenté
de soy partir de ladicte ville pour ce que c'estoient tous

---

³   demeurent.
⁴   gracieuse.

payens et soy en aler en quelque ville crestienne. Et dit
l'ystoire que, quelque povre qu'elle fut, elle ne se fust
point partie de la ville qui y eust creu en Jhesucrist.

/100r° Le LXXXᵉ chappitre. Comment la royne Helayne s'en ala demeurer à Tours.

Ainsi donc, comme dit nostre hystoire, vinst à la povre royne Helayne voulenté de soy partir de la ville de Nantes, à cause de la creance. Et pour ceste cause ung soir elle dist à son hostesse son intencion. Quant son hostesse entendist qu'elle se vouloit partir d'elle pour la creance, elle se courouça à elle et lui dist, puis qu'elle estoit crestienne, qu'elle n'estoit digne que de estre arse en ung feu, et cuide à mon essient, s'il ne fuist si tart, que la faulce truande s'en fust alee au prevost de la ville le noncier comment elle avoit une crestienne en son hostel. Quant Helayne vist qu'elle se courroussoit si fort, elle la commença à rapaisier au plus bel qu'elle peust et fist semblant qu'elle lui avoit ce dit pour la tempter, et en ce point s'en alerent dormir. Mais la bonne Helayne, qui avoit grant voulenté de soy hoster de la compaignie de ces incredules, environ la mynuyt se leva tout doulcement en soy recommandant en la garde de Nostre Seigneur Jhesucrist, se mist en ung chemin qu'elle suyvist tant que la nuyt dura et tant fist que, ainçois qu'il fusist jour, elle avoit esloingnié la ville de Nante plus de quatre lieuves. Finablement elle ala tant par mons et par vaulx qu'elle trouva gens qui lui dirent qu'elle s'en alast à Tours en Touraine et que c'estoient crestiens et que là seroit elle hors de la main des payens. Pourquoy la bonne Helayne, qui tousjours avoit fiance /100v° en Dieu, chemina tellement à la conduitte de Nostre Seigneur Jhesucrist que elle ariva en la cité de Tours où ses deux filz estoient demeurans avec l'arcevesque d'icelle cité, comme avez nagaires oÿ, et vinst pour logier en la maison d'une povre femme qui avoit quinze litz pour logier povres. Laquelle moult envis

receust la bonne Helayne pour ce qu'elle n'avoit que
une main et couvinst qu'elle couchast sur ung peu
35   d'estrain par pluseurs fois. Et encores fut ce par une
couvenance qu'elle fist à l'ostesse qu'elle avroit la
moittié de tout ce qu'elle porroit gaignier à demander
pour Dieu et à quelque autre chose que ce fust comme
de buer et laver draps. Et ne demeura gaires que
40   l'ostesse l'envoya au palaix pour querir son soupper,
«car, disoit elle à Helayne, l'aumosnier de
monseigneur l'arcevesque, tout prestement qu'il verra
que vous n'avrez* que une main, il vous donnera
largement.»
45   Helayne se mist au chemin et y ala. Laquelle y eust
ung peu de relief, car pour celle fois son filz Martin
n'y regarda point. Si s'en revinst la bonne royne
Helayne en son hostel, où elle trouva des coquins et
dé* coquines, qui moult de peinne lui firent et lui
50   dirent, neantmoings que pour l'amour de Dieu elle
souffroit tout paciemment toutes les injures que on lui
faisoit. Et y demeura longue espace de temps qu'elle
eust moult à souffrir de ces coquins qui revenoient le
soir, qui la harioient et moquoyent. Entre lesquelz
55   parle nostre hystoire d'un qui lui fist tant de peine qu'il
convinst qu'elle se plaindist à justice et par espicial
elle se[1] plaindist à Martin, qui estoit son filz, mais n'en
savoit riens. Lequel /101r° Martin, qui estoit maistre
d'ostel de l'arcevesque, fist bannir ce quoquin hors de
60   la cité.

---

[1]   se *mq. ajouté d'ap. occ. précédente + XCV, 66.*

Le LXXXIe chappitre. D'ung miracle que Martin fist.

De cestui Martin nous met nostre hystoire en ce pas ung miracle que Nostre Seigneur Jhesucrist volt pour son amour demonstrer, qui fut tel. Il avint ung jour que pluseurs nobles barons du païs de Touraine estoient retournez du saint voyage d'outremer, c'estassavoir de la saincte cité de Jherusalem. Lesquelz l'arcevesque de Tours pria une foys au disner pour les festier et aussi pour oÿr des nouvelles et des nobles fais du païs de pardela. Laquelle chose il desiroit sur toute riens sçavoir. Et pour ce faire ledit arcevesque fist preparer ung tresgrant disner et à grant habondance viandes. Or vous savez que, quant povres gens et par espicial ceulx qui de coustume sont mendians, scevent assemblees de seigneurs en quelque lieu, ilz y fuyent pour ce qu'ilz scevent bien que les larges donnees se y font du relief du maingier et aussi les gras morceaulx et autres biens. Pour laquelle cause pluseurs mendians, saichans ceste assemblee en ladicte ville de Tours, estoient affuys et en y avoit tant que sans nombre, et s'estoient tous venuz asseoir et arengier à la porte de l'ostel archepiscopal, actendans l'aumosnse. Entre lesquelz estoit la mere du bon Martin, ainsi que ja accoustumé l'avoit. Martin*, qui ces povres gens avisoit et regardoit, une tresgrant pitié lui en prinst et pour la misere de ce povre peuple pensoit /101v° au grant apareil que on fasoit pour les seigneurs, et ses povres gens moroient de fain. Et, quant il eust assés pensé, il s'en vinst en la cusine où il trouva la viande toute preste et que on n'attendoit ce non que les seigneurs fussent revenus de l'eglise pour eulx asseoir à table. Mais ce bon Martin, qui estoit maistre d'ostel, fist mettre toute celle viande en corbeilles et la fist toute

porter aprés lui, avec autres corbeilles plaines de pain
et pluseurs bouteilles de vin, et tout donna et distribua
35   à ses povres pour l'amour de Dieu et tant que riens n'y
demeura. Et, quant il eust ce fait, tous ses povres s'en
alerent disner chascun où bon lui sembla, prians Dieu
que à cent doubles Il lui voulsist rendre. Et Nostre
Seigneur, qui leurs prieres oÿst, incontinent que les
40   seigneurs furent revenuz et l'arcevesque eust lavé,
pour la viande qui avoit esté donnee, si grant
habondance revinst de viandes soubdainement en la
cusine et sur les dresoirs qu'il y en avoit quatre fois
plus que par avant et estoit tout plain de pain, de vin et
45   de viandes. Mais, ainçois que Nostre Seigneur
monstrast ce miracle, Martin avoit esté mandé devant
son perrain, lequel le blasmoit tresfort pour ce qu'il
avoit ainsi donné leurs biens et qu'il lui avoit fait ung
grant deshonneur, car il ne savoit que donner à
50   maingier à ses seigneurs qui l'estoient venu veoir. Et
Martin, qui estoit à genoux devant son perrain, disoit:
«Monseigneur, ne vous deffiez point de Dieu, car Il
nous pourverra à Son bon plaisir.» Tantost qu'il eust ce
dit, tous biens apparurent par la grace de Dieu, ainsi
55   qu'avez oÿ. Et, incontinent que l'arcevesque /102r° vist
cestui miracle, il s'en vinst à son filleu et lui getta les
bras au col et le baisa et lui pria mercy en disant:
«Mon chier filleu, Nostre Seigneur Jhesucrist est avec
toy. Je Lui prie de bon cuer que tousjours Il te doint Sa
60   grace.» Si disnerent en grant lyesse et parloient
tousjours de cestui miracle. Quant ilz eurent disné, ilz
rendirent graces à Nostre Seigneur Jhesucrist de tous
Ses biens en Lui priant que par Sa grace Il voulsist
tousjours garder de mal le bon Martin, par le moyen
65   duquel ilz avoient estez* si largement servis.

Or est maintenant temps que je me taise ung petit à
parler des enfans et de leur mere et parleray comment
le bon empereur Anthoine et le bon roy Henry, leur

ɔ

pere, qui par maintes terres et regions sercherent le
monde pour trouver la bonne royne Helayne et ses
deux filz, arriverent au lieu où le saint hermite Felix[1]
demeuroit, qui grant temps avoit norris et eslevez les
deux enfans.

---

[1]   Alexis.

Le LXXXIIᵉ chappitre. Comment l'empereur et le roy Henry trouverent l'ermite Felix¹ qui avoit norry les deux enffans Brisse et Martin.

Nostre hystoire dit que ces deux vaillans princes, qui maintes terres et regions avoient serchies, une fois estoient sur la mer en pensant quelle part ilz tourneroient leur voille. Et, ainsi qu'ilz estoient en ce
5   penser, ilz perceurent une roche environnee de bois. Si leur vinst en voulenté d'aler celle part seulement pour veoir s'ilz pouroient trouver quelque venoison pour eulx ung peu rasfreschir et aussi reposer leurs hommes. /102v° Si firent incontinent tourner leur
10   voille celle part et firent tant qu'ilz entrerent en l'isle et tout prestement se mirent à chassier sers et biches, dont il y avoit assés, et tant alerent par le bois chassant qu'ilz encontrerent l'ermitaige du bon preudomme Felix², qui d'autre chose n'estoit vestu que de fueilles
15   et d'escorces de bois, dont ilz furent moult esbaÿs, car il leur sembloit que ce fut ung droit fantomme. Et à celle heure il estoit en oroisons. Neantmoings le bon roy Henry se approucha de lui et parceust, comme il lui sembla, que c'estoit une personne raisonnable. Si
20   lui dist: «Preudon, Dieu vous gart et Sa vierge mere Marie!»
Tantost que ce saint preudomme entendist ces motz, il se leva et lui dist: «Sire, Dieu vous doint joye et bien soyez vous venus! Il a ja long temps passé que
25   je ne oÿs parler de Jhesucrist. Louez en soit Il et vous vueille donner Sa grace! — Grant mercy, respondist le roy Henry. Pleust à Sa divine essence qu'Il m'eust donné tant de grace que je peusse trouver ce que j'ay ja

---

¹   Alexis.
²   p. Alexis q.

long temps queru en maintes regions, car sans faulte je
l'ay ja desiré et desire tresfort. — Ha! mon amy, dist le
saint preudomme, sans faulte, se vostre requeste est
raisonnable, Dieu ne vous fauldra point, car il est
escript en la sainte Euvangille « Qui querit invenit et
pulsanti aperietur* », c'est à dire «qui quiert il treuve, et
si euvre Nostre Seigneur la porte à cellui qui sonne».
Et pour ce, mon treschier amy, ayés en Dieu bonne
esperance, car sans doubte comme je vous ay dit, se
vostre requeste est fondee en droicte raison, Nostre
Seigneur la vous accomplira. — Ha! sire, par ma foy,
respondist le roy, il me semble que ma requeste est
raisonnable. Et, pour ce que vous me semblez /103r°
bon homme et de bon conseil, s'il vous plaist, je la
vous diray. — En bonne foy, dist le preudomme, il me
plaist tresbien.»

Adonc le roy lui commença à dire tout au long son
aventure, et de l'empereur Anthoine, qui là estoit
present, et finablement de sa femme et de ses deux
enffans, et comment le duc de Clocestre avoit trenchié
le bras de sa femme et le avoit attaichié à l'un de ses
enffans. Quant il eust tout son compte finé, l'armite,
qui tresbien l'avoit entendu, en plorant le reconforta au
mieulx qu'il peust et puis lui compta des deux enffans,
comment il les avoit trouvez et comment il les avoit
norris et comment l'un avoit[3] loyé à sa faissette ung
bras et du tout en tout comme dit est dessus, et
comment ilz s'estoient partis. Et, quant ces deux bons
roys entendirent ce saint preudomme parler, ilz ne
sceurent que penser, car il ne leur disoit riens de la
mere, dont ilz estoient moult esbaÿs. Neantmoings si
affermoient ilz en leur couraige que c'estoient les deux
filz de Elayne. Et demanderent au saint preudomme
s'il savoit point en quelle region ilz estoient tournez.

---

3   avoit, *répété.*

«Par ma foy, dit le saint preudomme, je ne say, car je
les delivray, pour ce que ce fut leur plaisir de moy
65   laissier pour aler querir leur pere et leur mere à
l'aventure, à des maronniers qui me promirent par leur
serement qu'ilz les mettroient à sauveté. Mais je ne
sceuz oncques en quel lieu ne depuis je n'en oÿs
nouvelles. — Helas! dit l'empereur Anthoine, ilz nous
70   quierent par aventure et nous les querons. Je prie à
Dieu qu'Il nous vueille mener en lieu où nous les
puissons trouver.» Et puis ilz demanderent à l'armite
se il /103v° lui plaisoit chose que faire puissent. Il leur
respondist qu'il n'avoit que faire se non de la grace de
75   Dieu. «Pourquoy, disoit il, mes amis, je vous prie que
vous priés pour moy et je prieray pour vous que Dieu
par Sa grace vous vueille adrecier et conforter au salut
de voz ames.»

Le LXXXIIIe chappitre. Comment l'empereur Anthoine et le roy Henry vindrent devant la cité de Bordeaulx*.

Quant ces deux bons roys eurent assés parlé à ce bon saint preudomme, ilz prindrent congié de lui et le commanderent à Dieu et retournerent à leurs vaisseaulx, ainsi comme à moitié reconfortez. Si leverent les voilles et commencerent à navier à l'aventure en priant Dieu qu'I les voulsist mener à aucun bon port où ilz peussent oÿr nouvelles de la bonne Helayne, que tant ilz desiroient à trouver et à veoir avec ses enfans. Si alerent tant par la bonne disposicion de Nostre Seigneur qu'ilz entrerent en la riviere de Geronde*. Sur laquelle riviere ilz perceurent une grosse et puissant cité, bien muree et torree et fortes portes*, et bien sembloit estre preste à deffence.

Incontinent qu'ilz furent arrivez, ilz envoyerent leurs coureurs pour savoir du nom et de l'estat de la cité. Si trouverent qu'elle estoit nommee Bordeaulx et que le roy ou gouverneur d'icelle estoit nommé Robastre, ung tresfelon* payen, et tout son peuple pareillement. Mais trop bien oÿrent dire que plus franc payen n'avoit en toute la marche de Gaule ne qui mieux gardast loyaulté et justice. Si en /104r° fasoit à prisier. Et pour ce, quant ilz eurent recordé l'estat de ce roy payen, ilz se conseillerent entre eulx comment ilz en ordonneroient. Si furent d'acort ensemble qu'il seroit bon qu'ilz assaillissent la cité et meissent peinne de faire convertir ce payen à la saincte foy. Mais premierement ilz y envoyeroient leurs messages en lui signifiant et priant qu'il voulsit croire en la saincte foy catholique et ilz lui seroient parfais amis, et se non ilz estoient ceulx qui lui livreroient si dure guerre qu'ilz lui abatroient ses villes et chasteaulx ne ja contre eulx

n'avroit garant. A ce messaige faire ala le bon Amaury,
roy d'Escoce.

35   Entretant qu'il faisoit son messaige, firent ces deux
bons roys tendre leurs tentes et pavillons et tous leurs
engins aprester et ordonner pour assaillir la ville
tantost que le messaige seroit retourné, se besoing
estoit. Lequel messaige fit et exploita tant qu'il vinst
en la cité, et, pour ce qu'il portoit ung rainsel en sa
40   main, il fut mené tout droit au palaix du roy Robastre,
qui le receust treshonnorablement, car il lui sembla
que c'estoit ung homme de grant façon. Et tout
prestement que le roy Amaury fut devant lui sans lui
faire quelque reverence, mais estant tout droit devant
45   lui, dist* en telle maniere: «Jhesus, le filz de la Vierge,
vueille tous ceulx garder qui Sa saincte loy tiennent en
ferme creance et vueille enluminer par le moyen du
Saint Esperit tous incredules à Son bon plaisir. Vous,
noble homme, qui vous dictes estre roy de ceste cité et
50   region, à vostre magnificence m'a envoyé
premierement le noble empereur de Constantinoble et
secondement le roy Henry d'Engleterre. Lesquelz par
moy vous prient tresaffectueusement que vostre plaisir
/104v° soit de laissier l'erreur que vous maintenez des
55   dieux que vous aorez, qui sont fais d'or, d'argent et
d'autres materes par les mains des hommes, et vous
recougnoissez estre fidel crestien pour l'amour de
Jhesucrist, qui fut filz de vierge, vray Dieu eternel et
consubstancial au Pere tout puissant et au Saint
60   Esperit, les trois regnans en une deité et un Dieu
parmanable, et ilz vous seront amis et fideles à
tousjours, et, se vous savez quelconque nouvelle d'une
dame estrange qui n'a que ung bras et a en sa
compaignie deux beaux enffans, qu'ilz ont ja quis
65   l'espace de .XXIIII. ans, que vous leur en vueilliez
certifier, et vous leur ferez ung grant plaisir; se non et
vous ne vueilliez croire en Jhesucrist, ilz vous deffient

et par moy vous font savoir que jamais ne se partiront
de devant vostre cité, si l'avront ilz conquestee et vous
et vostre peuple destruis, se ainsi est qu'i vueille
demeurer en son erreur paganique.»

Le LXXXIVe chappitre. Comment le roy de Bordeaulx* fist honneur es crestiens.

    Quant le roy Robastre entendist le roy d'Escosse, qui en sa presence estoit comme messaigier, qui parloit en ceste maniere, il fut tout esbaÿ et la cause pour ce qu'il parloit si aviseement et si hardiement*. Se
5 lui demanda premierement dont il estoit et aprés quelle puissance de combatans ces deux roys pouoient avoir. Le roy Amaury lui respondist comment il estoit serviteur d'iceulx roys, mais il estoit chevalier et de sa terre dechassié, en laquelle terre il devoit estre par
10 droit d'eritaige clamé roy. /105r° Enaprés il lui recorda la puissance d'iceulx et comment ilz avoient en leur compaignie quarante mil combatans. Adonc le roy Robastre lui demanda quant ilz lui vouloient livrer bataille. Il lui respondist qu'ilz estoient tous prestz.
15 Robastre lui dist que il les vouloit combatre deans quatre jours prouchains et que sur ce ilz s'avisassent et que autrement il ne les vouloit combatre que homme contre homme et autant pour austant, et que s'ilz estoient quarante mil il en avroit austant; s'ilz estoient
20 plus plus et moings moings, ne autrement ne les vouloit il combatre. De laquelle responce le roy Amaury fut moult esmerveillié et le prisa grandement en son coraige. Et disoit en lui mesmes que il estoit tresvaillant homme et de bonne foy en sa loy.
25 Adonc le roy Robastre appella ung de ses serviteurs chevalier et lui commanda que, bien estoffé de cent chevaliers, il reconduisist cestui messaigier jusques à ses maistres et en leur ost. Et si commanda au roy Amaury qu'il desist à ses maistres tout ce qu'il lui avoit
30 oÿ dire. Ne demeura gaires que en la conduitte dé* cent chevaliers, Amaury, roy d'Escoce, yssist de la cité pour retourner faire son messaige et dire à ses maistres

ce qu'il avoit trouvé au roy Robastre. Mais ces faulx
Sarrazins, qui le bon Amaury abusoient, tantost qu'ilz
furent hors de la porte, eulx qui bien savoient qu'il
estoit roy d'Escoce, le vouldrent mettre à mort, cuidans
par ce point faire ung tresgrant plaisir au roy Robastre,
leur seigneur. Mais le bon roy Amaury, qui estoit
homme bien asseuré et ung des mieulx advisé que on
sceust gaires trouver, s'en parceust incontinent. Si tira
son espee et picqua cheval d'esperon pour /105v° eulx
esloingnier, mais ilz coururent aprés lui et lui occirent
.III. ou quatre de ses serviteurs. Neantmoings fist tant
le bon Amauri qu'il aprocha si prés de l'ost de ses
maistres qu'ilz oÿrent son cris. Si affuirent celle part.
Mais il estoit ja trés fort navré et, s'ilz ne fussent si tost
venus, il estoit mort. Si corurent noz crestiens sur ces
payens tellement qu'ilz en occirent plus de .XX.
ainçois qu'ilz se peussent retraire en la ville, et y eust
une si tresdure bescousse que ceulx de la ville furent
tous esmeuz. Et de fait s'en fuirent aucuns payens
devers le roy et lui dirent que les crestiens estoient à la
porte, qui ja assailloient sa cité. Si fist tantost crier
alarme, mais, devant qu'ilz fussent armez, les crestiens
estoient desja retraiz pour oÿr le raport du roy
d'Escoce. Lequel racompta son messaige à l'empereur
et au roy Henry en la maniere que le roy Robastre lui
avoit dit, et leur disoit comment il estoit ung
tresvaillant homme en sa loy. Et le roy Henry disoit
qu'il ne se pouoit faire, puis qu'il avoit ja souffert à
faire celle traÿson que* ses gens l'avoient voulu occire
faulcement. Mais le roy d'Escoce le excusoit et disoit
que sans faulte il n'en savoit riens, comme bien le
monstra evidemment, comme vous orrez cy aprés.

Le LXXXVᵉ chappitre. Comment Robert* fist pendre les payens qui avoient voulu occire le roy d'Escoce.

L'ystoire dit que le roy Robastre, qui s'estoit armé et venu à la porte pour secourir ses gens, demanda dont ce venoit. Si y eust d'aventure /106r° ung payen qui lui dist la cause du debat et pourquoy les crestiens
5   estoient là venus. Incontinent que ce roy Robastre entendist ceste besoingne, il se retrayst en son palaix et fist tout prestement venir tous ceulx qui avoient esté en la conduitte du messaige des deux roys. Et, quant ilz furent venus devant lui, il leur demanda comment
10   ce crestien leur estoit eschappé, et faisoit semblant qu'il en* estoit bien corroucié qu'ilz ne l'avoient occis. Lesquelz, cuidans qu'i deist verité, lui racompterent tout ainsi comme la chose avoit alé. Quant il sceust ce qu'il vouloit savoir, il les fist tous retraire et puis les
15   envoya requerre tous l'un aprés l'autre et les fist, à mesure qu'ilz venoient, tous mettre à bons fers et bien loyez. Et, quant il eust ce fait, il leur remonstra comment ilz lui avoient fait grant deshonneur. Et pourtant c'estoit raison que par eulx son honneur fut
20   recouvré. Et puis fist appeller ung sien nepveu, nommé Abel, et lui commanda qu'il les menast tout droit es crestiens pour en faire telle justice qu'il leur en plairoit faire, et qu'il leur deist que, ce qu'ilz avoient fait, ce n'estoit pas de son consentement. Si le fist ainsi
25   ledit Abel et mena les payens en l'ost des crestiens et leur presenta depar le roy Robastre, son oncle, en disant ce que* chargié lui avoit esté. Mais, quant le roy Henry d'Engleterre vist la maniere et l'ordonnance de ce roy payen, il fut esmerveillié. Et adonc sceust il que
30   le roy Amaury lui avoit dit verité de la preudommie du roy Robastre. Si respondist le roy d'Engleterre au

nepveu de Robastre qu'ilz estoient tresbien contens de lui et qu'il s'en retournast et remenast ses prisonniers, car ilz /106v° ne les vouloient en riens justicier. «A lui appartien et non à nous, disoit le roy, car ilz ne nous ont riens forfait ce non que trayteusement ilz ont assailly nostre messagier et si ont occis ses serviteurs. Nous ne voulons nulz de voz gens occire se non ceulx que nous occirons en bataille, et à la force de nos braz et de noz espees.»

Si s'en revinst à son oncle ledit Abel et ramena ses payens loyez et enferrez, ainsi qu'i les avoit menez, et lui dist ce qu'il avoit trouvé es crestiens. Incontinent et sans arrest le roy Robastre dist que, puis qu'ilz n'en avoient voulu faire justice, il l'en feroit lui mesmes. Si les fist tout prestement mener sur les murs de la cité en lieu où on les pouoit tresbien veoir de l'ost et là leur fist à tous vouler les testes es fossez veant les crestiens. Pour laquelle justice fut moult prisié icellui roy Robastre de tous les crestiens, et disoient entre eulx que c'estoit dommaige qu'il ne creoit en Jhesucrist, combien que depuis il* l'ennorterent tellement de Sa saincte loy et grace qu'Il le tinst vaissel de election, et fut converty à la foy de Jhesucrist. Et dit nostre hystoire qu'il fut nommé Constancien et qu'il est saint et eslevé en fiertre en l'eglise de Nostre Dame de Bretueil en Beauvoizis*, ung monastere de moynes de l'ordre saint Benoit. Et là le vont requerir pluseurs creatures demoniacles et hors du sens pour le salut et sancté de leurs corps. Et je, qui suis l'acteur de ceste hystoire du commandement de mondit tresredoubté seigneur, comme dit est, au temps de ma jeunesse que je aloye à l'escole assés prés dudit monastere, y vis venir pluseurs telz malades, entre lesquelz je y vis amener ung gentil homme de Normandie, piteu/107r°sement et crueusement tormenté, qui par les merites du benoit saint Constancien s'en ala en son paÿs, sain et en bon point.

Or laissons ces propos et revenons à nostre matere.

Le LXXXVIᵉ chappitre. Comment la cité de Bordeaux fut prinse et comment le roy Robastre se rendist.

Aprés ceste justice ainsi faicte de ces traitres, comme vous avez oÿ, ne demeura gaires que en la nuyt suigant, le roy Amaury d'Escoce, veant que les batailles se ordonnoient en la cité et que les citoyens se appareilloient, comme on oyoit le bruit qu'ilz menoient, se partist de l'ost des crestiens atout .X. mil combatans et se vinst embuchier en ung[1] /107v° lieu d'arbroyes* et de hayes, assés prés de la cité, à celle fin que, quant les Sarrazins seroient es champs, ilz se puissent bouter en la ville. Quant le matin fut venu, le roy Robastre fist sonner ses trompettes par la ville en signe que chascun se meist es champs pour combatre les crestiens. Si commencerent à yssir de la ville en tresbelle ordonnance et prendre place. Et les crestiens pareillement se misrent en belle ordonnance, qui avoient tresbien composee leur bataille et avoient mis leurs archiers sur les esles, qui commencerent à tirer sur les Sarrazins à force et à puissance tousjours en aprochant, et commencerent à tuer Sarrazins sans nombre. Quant le roy Robastre vist ceste ordonnance, il ordonna deux mil hommes d'armes bien en point et leur fist rompre la bataille des archiers, car ilz ne savoient comment eulx aprouchier. Aprés ce fait, les hommes d'armes commencerent à combatre merveilleusement fort et vaillamment et tant qu'il y eust tresmortelle bataille et crueuse occision, en laquelle fut prins par force d'armes Abel, nepveu de Robastre. Lequel pour sauver sa vie dist qu'i croiroit en Jhesucrist. Si fut receu en sauve garde et mené es

---

[1]   en ung, *répété, changement de page.*

30 tentes prisonnier. Entretant qu'ilz se combatoient et
que les batailles estoient eschauffees tant que plus ne
pouoient et ne entendoient se non à tuer l'un l'autre, le
bon roy Amaury, lequel, comme vous avez oÿ, estoit
en embuche, saillist tout prestement et vinst à la porte
35 si asprement que, pour deffence que ceulx de la ville
sceussent faire, il entra dedens franchement. Et,
incontinent qu'i fut dedens, il mist hors la baniere du
roy Henry tellement /108r° que les combatans d'un
costé et d'autre la pouoient tresbien veoir et tant que
40 les crestiens la virent premiers que les Sarrazins,
parquoy ilz en furent si joyeulx qu'ilz commencerent à
reprendre couraige et frappoient sur ces Sarrazins si
tresfort qu'ilz les faisoient reculer jusques au plus prés
des portes, et en y eust pluseurs qui cuiderent rentrer
45 dedens, mais l'entree leur fut deffendue par le roy
Amaury et par ses gens. Et ainsi furent enclos les
Sarrazins de toutes pars. Quant le roy Robastre
parceust cest appareil, il cougneust que ses dieux
n'avoient point de puissance. Si renonça à eulx et à
50 leur ayde et s'en vinst devers le roy Henry d'Engleterre
et se rendist à lui sauve son corps en lui promettant
qu'il se baptizeroit et en lui priant qu'il feist la bataille
cesser tant que on savroit lesquelz vouldroient estre
crestiens et lesquelz non. Si le fist ainsi le roy Henry,
55 car tout prestement il fist sonner retraitte et fist crier
que tous les payens qui vouldroient venir à mercy
qu'ilz seroient receuz.

Le LXXXVIIᵉ chappitre. Comment Robastre fut baptisié et fut nommé Constancien.

Ne demeura gaires que tous ces Sarrazins se rendirent et mirent en la mercy du roy Henry d'Engleterre qui receust la ville comme sienne et conquise par lui. Lequel entra ens et là furent baptisiez premierement Robastre, qui fut nommé Constancien, comme dit nostre hystoire. Et la cause pourquoy il fut nommé Constancien fut pour ce qu'il cousta* tant à conquerir. /108v° Aussi furent baptisiez son nepveu et tous ses barons, mais ceulx qui ne voulsirent croire en Dieu furent mis à mort sans nul respit. Et lors fist le roy d'Engleterre constituer et ordonner eglises et monasteres, evesque et prestres pour le peuple enseignier et preschier la loy de Dieu. Quant il eust tresbien ordonner* de ces choses et par son conseil, il appella le roy Constancien et lui remonstra comment l'empereur et lui se vouloient partir pour faire leur queste et lui demanda s'il vouloit aler avec eulx ou demeurer en la ville de Bordeaux. Le roy Constancien lui dist qu'il vouloit aler avec eulx et jamais il ne cesseroit de combatre contre les Sarrazins et payens qui creoient en loy dyabolique. Adonc ilz le receurent avec eulx, et leur fist serement de leur faire bonne et loyale compaignie. Laquelle chose il fist. Si dist nostre hystoire que cestui Constancien eust depuis ung filz qu'il engendra en une dame payenne, nommé Joserain, lequel Joserain fut pere saint Requier de Ponthieu.

Après toutes ces choses ainsi faictes, l'empereur, le roy Henry et le roy Constancien et toutes leurs gens, qui pouoient bien estre en nombre cinquante mil, se mirent sur les champs et commencerent à chevauchier en conquerant païs, villes et chasteaulx et multipliant et renforçant leur ost et leurs gens et en convertissant

le peuple de tout leur pouoir. Et tant chevaucherent
qu'ilz vindrent à Poittiers. Laquelle ville leur fut
35 rendue et delivree, et là se reposerent longue espace de
temps en eulx refocillant et remettant à point leurs
harnois et charroy, desquelz ilz avoient grant foison.
Et tousjours, quelque part qu'ilz vinsent, il* faisoient
enquerir par leurs /109r° gens de la belle Helayne et de
40 ses deux enffans.

Entretant que ses seigneurs sejournoient en ce bon
paÿs de Poitou, le bon roy Henry oÿst parler de la ville
de Tours et que il y avoit ung tresvaillant evesque,
nommé Martin, qui tresbien endoctrinoit le peuple à la
45 foy de Jhesucrist, et tant qu'il avoit convertie toute la
cité et tout le peuple d'environ. Dont il fut moult
joyeulx quant il oÿst ces nouvelles et lui vinst tresgrant
voulenté de le aler veoir. Et de fait lui envoya ses
messaiges sollempnez en soy recommandant à lui et
50 en lui mandant que, au plaisir de Dieu, il le yroit veoir
et qu'il feist faire pourveance de foing et d'avene et de
tous autres vivres, lesquelz il feroit si bien payer qu'il
souffiroit. Si ce partirent ces messaiges par le
commandement du roy, lesquelz firent tant qu'ilz
55 vindrent en la cité de Tours devers le bon evesque,
auquel ilz dirent leur messaige, ainsi que chargié leur
avoit esté. Duquel le bon evesque fut tresjoyeux et le
fist partout publier, affin que les hostellains feissent
leurs provisions et pareillement tous autres. Et tant fut
60 publiee ceste venue que la bonne Helayne, qui estoit
logee en la maison d'une povre femme, comme dessus
est dit, en oÿst parler, dont elle fut moult esbaÿe. Et
commença à penser en elle mesme dont ce venoit que
son pere et son mary estoient ensemble et pourquoy ilz
65 venoient en ceste cité, et tant qu'elle entra en pensee
qu'elle disoit à elle mesmes: «Saincte Marie, mere de
Dieu, se ces deux cy me treuvent, il n'y avra nul respit
en ma vie, car je sçay bien que je suis la chose ou

monde que plus ilz haÿssent.» Si commença /109v° à
plorer en pensant qu'elle s'en iroit hors de la cité tant
que ilz seroient passez, ou au moings qu'elle ne yroit
plus à l'aumosne, affin qu'elle ne fust pas cougneue et
par espicial au palaix de l'evesque, combien que son
hostesse la contraignoit fort d'y aler pour ce que on lui
donnoit tousjours plus largement que es autres pour ce
qu'elle n'avoit que ung bras. Et dit nostre hystoire que
Martin lui donnoit trés voulentiers et avoit tousjours
regard à elle plus que es autres pour ce qu'elle n'avoit
que ung bras et aussi pour amour du bras que Brisse
son frere portoit. Finablement, son hostesse lui fist tant
de peine avec aucuns coquins qui estoient en l'ostel où
elle estoit qu'il la convinst vuidier et querir ung autre
hostel, comme elle fist, car elle se ala logier au dehors
de la ville en la maison d'une autre povre truande
qu'elle trouva encores plus mauvaise que la premiere,
et ainsi pouoit elle bien dire: «Est novissimus error
peior[1] priore», c'est à dire que l'erreur derreniere[2] est
pire que la premiere*.

---

[1] e. prior pr.
[2] e. premiere e. , *corr. d'ap. le sens et la citation de l'évangile.*

Le LXXXVIIIᵉ chappitre. Comment l'empereur Anthoine et le roy Henry se esmeurent pour venir à Tours en Tourainne.

Quant le bon roy Henry et les autres nobles hommes se furent reposez en la ville de Poitiers et ou païs d'environ et qu'il leur sembla bon, ilz se remirent sur les champs et commencerent à chevauchier par
5 belle ordonnance, en payant leurs despens partout où ilz passoient, tant qu'ilz vindrent à Tours ou assez prés. Ilz envoyerent leurs fourriers et maistres d'ostelz /110r° pour prendre et retenir les logis et faire les pourveances. Et si manderent à l'evesque Martin leur
10 venue. Lequel leur ala au devant atout belle compaignie et leur fist tresgrant honneur. En laquelle estoient Brise et Martin tresbien en point et comme les mieulx amez et les plus espiciaulx serviteurs qu'il eust en son hostel. Quant ces povres gens virent ce grant
15 appareil, ilz se mirent es portes de la ville par rengies pour demander l'aumosne es princes.

Quant l'ostesse de Helayne vist que les povres y aloient, elle vinst à Helaine et lui dist: «Alez à l'encontre des seigneurs pour demander l'aumosne
20 pour Dieu.» Mais, quant elle vist que Helayne lui refusoit, elle la commença tellement à villener que c'estoit une droicte hideur des villanies qu'elle lui disoit. Quant Helayne vist ce, pour complaire à son hostesse, elle s'en vinst à la cheminee et norcist son
25 visaige. Adonc son hostesse lui dist que maintenant veoit elle bien qu'elle estoit mauvaise et qu'elle avoit fait aucun mauvais fait, dont elle se doubtoit qu'elle ne fust cougneue. «Car, disoit elle, s'il ne fust ainsi, besoing ne vous fust de vous machurer, et touteffois
30 les seigneurs donnent plus voulentiers es belles creatures povres qu'ilz ne font es laydes. Mais, disoit

elle, faulce mauvaise que vous estes, vous doubtés que, en ceste grande compaignie et assemblee qui se fera en ceste cité, aucuns de vostre païs n'y soit qui vous recougnoisse pour voz desmerites.» Mais la bonne povre royne la rapaisoit au mieulx qu'elle pouoit. Touteffois entre elles deux s'en vindrent jusques au chemin par où ces /110v° seigneurs devoient passer et se mirent en renc avec les autres povres.

Le LXXXIXe chappitre. Comment Helayne vist son mary et ses deux filz, que point elle ne recongneust, à entrer en la cité.

Ne demeura point longuement que le bon evesque
vinst à l'encontre de ces nobles roys environ une lieuve
loings de sa cité. Lesquelz il receust tresbenignement
en leur donnant sa benediction. Quant il eust ce fait, il
5 leur requist que leur plaisir fut de faire logier ces gens
d'armes sur les champs en tentes, car, se ilz amenoient
tout leur peuple en la cité, ilz pouroient bien
esmouvoir aucunes discencions et debatz, car là où est
multitude est souvent confusion. A ceste requeste se
10 accorderent les roys tresvolentiers, car elle estoit
raisonnable. Si firent arrester leur ost et tendre¹ tentes
et pavillons. Et fut commandé que chascun se logeast
et que, de ce que on avroit afaire, fussent vivres ou
autres choses, on les alast querir en la cité parmy, les
15 payant paisiblement, car telle estoit l'ordonnance des
roys. Quant ce fut fait, iceulx roys, avec pluseurs de
leurs barons de l'ost, se mirent au chemin et l'evesque
tout devant, et s'en vindrent à Tours. Mais nostre
hystoire dit que en venant le roy Henry et l'empereur
20 Anthoine avoient acosté* l'evesque, l'un à dextre et
l'autre à senestre, et venoient devisant, et droit devant
l'evesque chevauchoient comme escuiers Martin et
Brisse, freres. L'estat desquelz deux enffans demandoit
le roy Henry à l'evesque et en parloient ensemble. Et
25 en parlant /111r° ilz passerent devant ces povres gens
entre lesquelz estoit la povre Helayne. Laquelle
recongneust tresbien son mary et son pere, et aussi fist
elle ses deux filz, non pas qu'elle sceust que ce fussent
ses filz, mais pour les aumosnes que souvent lui

---

¹   tendres.

donnoient. Pareillement vist elle son bon pere, son mary et ses deux filz ce jour mesmes. Mais, quant elle les vist ensemble, elle fut si tourmentee en son couraige que elle cheïst entre les povres comme toute pasmee, et tellement que les pluseurs la tenoient pour morte. Et la convint reporter en son logis à force de gens, car nullement elle ne savoit revenir à elle pour la grant destresse que son povre cuer souffroit, car elle ramentevoit en sa pensee le lieu dont elle estoit yssue, la grandeur de son sanc et de son extraction, et puis comment elle avoit esté si noblement recouvree à ce roy d'Engleterre et finablement toutes ses prosperitez tournees en telle povreté et misere. Et touteffois par droit d'eritage elle devoit estre empereis de Constantinoble, parquoy nul ne doit avoir merveilles se elle estoit en grant douleur de cuer, car je ne sçay comment le cuer ne lui rompoit en pieces ne comment elle pouoit tant durer. Mais, vous qui oyez ceste hystoire, vous devez dire que c'estoit sans raison qu'elle avoit une telle paour, car on ne la queroit fors que pour la remettre en son estat deu, et plus en estoient doulans son pere, son mary et ses enffans qu'elle n'estoit, parquoy vous devez veoir clerement quelle hydeur c'est de traÿson, par laquelle souffroit ceste miserable douleur, et non pas elle seulement, mais ces nobles empereur et roy et finablement tout leur peuple.

/111v° **Le XC^e chappitre. Comment le roy Henry
congneust ses deux filz Brisse et Martin par le bras
de sa femme Helayne.**

Or furent ces nobles princes venuz en la cité où ilz
furent treshonnorablement receuz tant de l'evesque
comme des bourgeois de la ville, et se logerent l'un çà
l'autre là. Et l'empereur et le roy Henry se logerent
5   leurs corps seulement en l'ostel de l'evesque, lequel les
festia au mieulx qu'il peust selon sa puissance. Et tant
et si longuement qu'ilz furent logiez en son hostel, ilz
beurent et maingerent ensemble, et les servoient Brisse
et Martin, sur lesquelz avoit tousjours le roy Henry
10   son regard, et sembloit que Nature lui enseignast à ce
faire, et tant que le roy Henry demanda à l'evesque qui
estoient ces deux escuiers. L'evesque lui respondist
qu'il ne sçavoit, car ilz lui estoient venus d'aventure. Et
le* compta comment il les avoit tous deux baptisiez en
15   la cité d'Amiens, et comment ilz l'avoient desja servy
long temps et qu'ilz estoient tresbonnes creatures, car
disoit: «par espicial l'un qui a prins mon nom, qui est
nommé Martin, est, comme je croy, tresamé de
Jhesucrist.» Et lui racompta le miracle que Dieu avoit
20   fait pour lui ja par pluseurs fois, en ce que souvent il
donnoit toute sa viande es povres, mais tousjours lui
estoit elle rendue au double, dont le roy en fut moult
esmerveillié et l'en prisa tresgrandement.
Avint ung jour que ces roys et l'evesque seoient à
25   table et que ces deux enffans, qui estoient ja deux
tresbeaulx hommes, /112r° les servoient, et là estoit
Brisse devant la table, son coffin à sa sainture où le
bras de sa mere estoit enveloppé. Lequel avoit ja par
pluseurs fois regardé le roy Henry et tant que le bon
30   roy l'appella et lui demanda que c'estoit qu'il portoit à
sa sainture. Brisse lui respondist: «Sire, il me semble

que vous n'avez que faire de savoir que c'est. Si vous
prie que vous en deportez et me perdonnez.»
L'evesque, qui estoit emprés le roy, qui oÿst les
paroles, lui dist: «Sire roy, saichiés que c'est ung bras
trenchié d'une femme, comme il m'a semblé autrefois.
Lequel bras je ne vis onques que cest enfant ne portast
tousjours avec lui, comme vous veés.»

Tantost que le roy oÿst dire que c'estoit ung bras, il
changea couleur tout à cop et dist en lui mesmes:
«Dieu ayde!». Et puis se tourna vers l'enfant en lui
priant qu'il lui voulsist monstrer, et il lui donneroit tout
ce qu'il vouldroit. «Par ma foy, sire, respondist Brisse,
je n'en vueil riens, mais me plaist tresbien que vous le
veez, par condicion que, quant vous l'avrez veu et
avisé, vous le me rendrez. — En bonne foy, dit le roy,
je le vous prometz.» Adonc Brisse deslia son coffin de
sa sainture et puis le ouvrist et le desveloppa. Lequel
estoit aussi frec que le premier jour qu'il fut trenchié et
encore tout senglent, et puis le bailla au roy Henry,
son pere, lequel il ne cougnoissoit, et encores y estoit
l'anel duquel le roy l'avoit autreffois esposee, lequel il
recougneust. Quant le roy le vist, il le regarda et avisa
et tout prestement le recougneust pour l'amour de
l'anel. Si le frappa au cuer une si grant joye meslee de
douleur que a peu qu'il ne pasma et baisa la main et
dist: «Ha! Helayne, /112v° ma tresdoulce amye, vecy
vostre main, où que vostre corps soit.»

L'empereur, qui là estoit au plus prés et qui
escoutoit les motz, sans plus actendre se leva et vint
devant la table et prinst la main et la regarda et
tresbien recongneust que c'estoit le bras de sa fille
Helayne. Si commença si tresfort à fondre en larmes
que c'estoit une piteuse chose de le veoir et, s'il menoit
ung grant dueil, encores le menoit plus grant le roy
Henry et ne savoit on auquel entendre.

Le XCI^e chappitre. Comment le roy Henry compta à ses enffans la traÿson[1] pour laquelle ilz avoient esté chassiez hors de son royaume.

    Quant ilz eurent assés ravisé celle main et les ungs et les autres, et Martin et Brise eurent veuz ceste besoingne, de laquelle ilz estoient moult esbaÿs pour ce que le roy Henry disoit que c'estoit le bras de sa
5 femme Helayne, que il queroit et avoit quis en mains paÿs, et d'elle avoit ja grandement demandé à l'evesque, et pareillement l'empereur, qui aussi affermoit que c'estoit la main de sa fille, ilz commencerent à penser en eulx mesmes se ce roy
10 estoit leur pere et l'empereur leur tayon. Et, ainsi qu'ilz estoient en ceste pensee et qu'ilz se devisoient ensemble, le bon roy Henry appella Brisse et lui pria tresaffectueusement qu'il lui voulsist dire dont ce bras atout la main lui venoit, car il savoit de vray, où que i
15 l'eust prins, que c'estoit le bras de son espeuse. Si lui respondist Brisse en plorant tendrement que point il ne savoit dont le bras lui venoit, mais pourquoy il le portoit avec lui, /113r° c'estoit pour ce que atout le bras il avoit esté trouvé. Et lors lui commença à
20 compter toute sa vie et comment le saint hermite Felix[2] les avoit tous deux trouvez en ung bois, ainsi que vous avez oÿ parcidevant, et le tout lui racompta ainsi qu'il le savoit et que le saint hermite lui avoit dit. Et, pour ce qu'il avoit ainsi esté trouvé atout le bras,
25 l'avoit il tousjours gardé en espoir que par ces enseignes il retrouveroit, quant Dieu plairoit, sa generacion. Quant le roy Henry l'entendist, il cougneust pour vray que c'estoient ses enffans. Adonc

---

[1]   la traÿson *mq. ajouté d'après la table des rubriques.*
[2]   Alexis.

il les accola et baisa en disant: «Ha! mes beaux
enffans, que tant ay je eu de douleur au cuer pour
vous! Helas! savez vous nouvelles de vostre mere? —
En bonne foy, nostre treschier pere, non, car oncques
n'en osasmes parler à personne. Mais, se vous en
sçavez riens, vous supplions humblement que le nous
dictes. — En bonne foy, mes chiers enffans, je ne sçay
où elle est. Mais bien vous savray je à dire la cause
pourquoy elle est ainsi perdue.»

Adonc il leur commença à racompter premierement
comment elle estoit fille de l'empereur de
Constantinoble, comment elle s'en fuist de Gresse et la
cause, comment elle ariva en Angleterre, comment il
l'esposa, comment il la laissa ensainte et comment
oncques depuis ne la vist. Et finablement leur recorda
du tout comment elle avoit esté traÿe ainsi et par la
maniere que dit est dessus, et de son bras trenchié et
aussi du duc de Clocestre toute l'ystoire. Quant les
deux freres entendirent tout le compte, comme dit est,
ilz furent moult esbaÿs, et puis compterent à leur pere
comment ilz avoient autreffois servy ce duc de
Clocestre, auquel ilz sa/113v°voient tresmauvais gré
que ainsi il avoit traictié leur mere, et que encores leur
en souviendroit, et mesmement Brisse en estoit
tresmal content. Et de fait il dist qu'il lui feroit une
bonne fois comparer. Et son pere[3], qui tant avoit de
joye d'avoir trouvé ses deux enffans que plus ne
pouoit, lui dist que riens ne lui en devoit demander par
raison et que mesmes pour leur mere sauver il avoit
fait ardoir sa niepce, car s'il n'eust bien amé le salut de
leur mere, jamais il ne l'eust fait ainsi. Mais Brisse
disoit tousjours que il deust avoir autrement fait, car il
devoit ainçois passer la mer et estre venu à Romme
pour savoir la voulenté de son seigneur, veu que la

---

[3] E. quant s. p. , *suppr. d'ap. la syntaxe.*

chose estoit de grant pois. Toutefois le roy fist tant à grant peine que ses deux filz perdonnerent au duc, combien que Brisse le fist bien envis, car il en estoit trop plus doulant que Martin, son frere, comme il monstroit par semblant.

65

Le XCII[e] chappitre. Comment le roy Henry donna à Brisse les trois seaulz pour estre recongneu en Angleterre du duc de Clocestre.

Aprés toutes ses manieres et devises, recongnoissances et festiemens fais les ungs es autres, l'empereur Anthoine, veant ses deux beaux filz, dont il estoit tant joyeux que plus ne pouoit, et non point sans cause, car ilz estoient[1] tant plains d'onneur et de gentillesse que faire se pouoit, appella le roy Henry, son beau filz, et lui dist qu'il avoit entencion, ou cas que ce seroit son bon plaisir, de prendre Brisse avec lui et le mener en sa cité /114r° de Constantinoble, et le feroit empereur aprés son decés, et Martin lui demorroit pour estre roy d'Engleterre. Mais le roy Henry lui respondist que, puis que Nostre Seigneur lui avoit fait ceste grace de les avoir retrouvez, nul autre que lui ne les avroit encores pour le present jusques à ce qu'il oroit autres nouvelles de leur mere. A ces paroles estoit present le bon evesque Martin, lequel d'un couraige tout esmeu comme en ire, respondist qu'ilz ne se debatissent point de ceste chose, car ja nul d'eulx n'en emmeneroit pié, et deust il perdre tout l'onneur dont il estoit possessant, «car, disoit[2] il, ilz m'ont longuement servy, parquoy je les dois amer. Et, pour ce que je ne les ay point honnoré ainsi que à eulx appartenoit et selon leur tresnoble extraction et lignie, ilz demouront avec moy et les garderay et maintiendray en honneur de toute ma puissance comme filz de roy. Et affin, mon tresredoubté seigneur, que vous ne soyez point de moy en nulle maniere mal content, vous m'avez dit que vostre

---

[1]   estoient *mq.*
[2]   diso

entencion est de encores querir leur mere et de aler es
30   marches de Jherusalem pour icelle cité conquerre et y
faire croire la loy de Nostre Seigneur Jhesucrist,
pourquoy, treschier sire, voz deux filz, qui sont
encores moult josnes, entretant que vous ferez ce
noble et saint voyage, demouront avec moy et les
35   garderay au mieulx que je pouray, par condicion que,
se de riens avez affaire soit pour vivres ou pour gens
d'armes, je vous secouray de tout mon pouoir. Et,
quant il plaira à Nostre Seigneur Jhesucrist que vous
serez retourné en vostre royaume d'Engleterre, je les
40   vous renvoyeray et rendray et feray tant que vous
serez bien content de moy.» Quant le roy entendist le
bon evesque ainsi parler, il considera en lui /114v°
mesmes qu'il disoit bien et fut content. Mais
l'empereur n'en estoit point bien content, car il eust
45   voulentiers eu Brisse pour le emmener avec lui en
Constantinoble. Et de fait dist à Brisse qu'il s'en venist
avec lui, mais Brisse lui respondist que, pour Dieu, ne
lui voulsist desplaire, car il ne laisseroit point son frere
Martin en nulle maniere.

50   Ne demeura gaires que Brisse s'en vint à son pere
et lui dist: «Pere, vous savez bien comment vous avez
voué de aler en Jherusalem et, pour ce que on ne scet
comment Dieu ordonnera vostre disposicion, je vous
prie, mon treschier pere, que vous me donnez quelque
55   enseigne par quoy, tendis que vous serez pardela, mon
frere ou moy aliesmes en Angleterre que nous y
soyons recongneus. — En bonne foy, respondist le
roy, mon treschier filz, je le feray tresvolentiers, par
telle condicion que, en quelque maniere que ce soit,
60   vous ne mefferez au duc de Clocestre ne ferez
meffaire à cause de vostre mere. — En bonne foy,
mon treschier pere, raison m'enseigne que, puis que
vous l'amez, c'est raison que je l'ayme et qu'il n'aist de
moy ne à ma cause aucun desplaisir. Pourquoy je vous

prometz que ja par moy ne à ma cause il n'avra aucun
desplaisir à cause de ma mere, se ce non qu'il me
vueille empeschier le royaume et la terre d'Engleterre.
— C'est bien dit, dit le roy. Or tenez, mon treschier
filz, vecy trois seaulx, le mien, cellui de vostre mere et
cellui qui fut contrefait de vostre taye, ma mere, qui
par ces desmerites à cause de ce seel fut arse
miserablement, comme je vous ay dit. Par lesquelz
trois seelz je ne fais nulle doubte que vous ne doiez
estre cougneuz et aussi receu en la terre comme vray
hoir du duc et de tous /115r° les barons. Et pour ce,
mon treschier filz, quant vous avrez fait par ces trois
seelz vostre cougnoissance et que vous serez receu ou
païs pour hoir, je vous prie que des trois seelz vous
faictes faire ung crucifis en l'onneur de Nostre
Seigneur Jhesucrist et le donnez en l'eglise saint Pol de
Londres en priant Dieu que par Sa grace Il nous
vueille vostre mere ramener et enseignier.» Laquelle
chose lui promist de faire au plaisir de Dieu.

Le XCIII^e chappitre. Comment l'empereur et le roy Henry partirent de Tours pour aler en Jherusalem.

Quant ce bon roy Henry eust assez festié et conjoÿ ses deux enffans et l'empereur de Constantinoble pareillement les eust assez festié et dit pluseurs beaulx enseignemens pour le gouvernement de leur estat, ilz
5   prindrent congié à l'evesque Martin et* lui remerciant tous ses biens et la bonne chiere qu'il leur avoit faicte et aussi des biens qu'il avoit fait es enffans. Et baisserent l'un l'autre et aussi firent les enffans, qui ung tresgrant dueil menoient et aussi fasoient tous
10   ceulx qui les veoient, et se mirent au chemin pour revenir en leur ost. Si firent incontinent tout trousser et chargier sur leurs chariotz, et puis se partirent de Touraine pour eulx en aler contre Jherusalem, comme ilz firent.
15   Or vous lairay ung peu à parler des deux roys et de leur fait, et vous vueil parler des deux enffans et de leur mere, la bonne royne Helayne, qui moult fut en son cuer lie et joyeuse quant /115v° elle sceust que son pere et son mary s'en estoient alez, car, tout le temps
20   qu'ilz furent logiez ou palaix, la dame n'y vost onques aler ne mettre le pié pour avoir l'aumosne, mais, tout prestement qu'ilz s'en furent ralez, elle revinst au palaix comme devant. Si trouva la chose bien changee, car l'estat des ses .II. filz estoit bien changié depuis
25   qu'elle n'y avoit esté. Toutefois en tout ce terme avoit le bon Martin regardé aprés elle et estoit trés courroucié qu'il ne la veoit plus et ja en avoit parlé à son frere. Mais tantost qu'i la vist, il lui demanda que c'estoit à dire qu'elle ne venoit plus à l'aumosne. Elle
30   se excusa en disant qu'elle avoit esté tresmalade, parquoy elle n'y avoit peu venir. Si lui donna l'aumosne le bon Martin en lui commandant qu'elle ne

se laissast avoir nul dengier et, affin qu'i lui feist plus
de bien, il lui demanda où estoit son hostel. Mais elle
lui dist qu'elle lui enseigneroit une autre fois pour ce
qu'il estoit loings de la ville. Et se teust atant le bon
Martin.

Et dit nostre hystoire que depuis le partement de
ces deux roys fut ladicte Helayne en la cité de Tours,
tous les jours demandant l'aumosne ou palaix et
ailleurs, l'espace de dix ans, et puis s'en partist, comme
vous orrez cy aprés.

Le XCIVe chappitre. Comment Brisse s'en ala en Engleterre où il fut receu hoir de la terre.

Ne demeura gaires de temps*, aprés ce que ces roys furent partis et mis au chemin pour aler en Jherusalem, Brisse, qui estoit ja tout esmeu à cause de son lignaige[1] qu'il avoit ja retrouvé, s'en /116r° vinst à
5 l'arcevesque et lui requist qu'il lui donnast congié pour aler ou royaume d'Engleterre, duquel par droit d'eritaige il devoit[2] estre roy. Mais onques le bon arcevesque ne lui volt donner jusques à ce qu'il lui eust promis premierement de bien et loyaument tenir le
10 serement qu'il avoit fait à son pere à son departement pour le fait du duc de Clocestre, secondement qu'il lui eust promis de revenir au plus tost qu'il porroit bonnement et, pour mieulx ces convens entretenir, l'arcevesque en prinst en gaige le bras de sa mere, car
15 il savoit bien que c'estoit la chose ou monde que Brisse amoit le mieulx. Et, quant il eust congié, il s'en vinst à son frere Martin, lui priant qu'il voulsist venir avec lui, mais oncques tant prier ne l'en sceust qu'il y voulsist aler, ains dist qu'il demouroit en la cité de
20 Tours tant qu'il plaroit à Dieu. Quant Brisse vist qu'il n'en pouroit finer, il se partist de Tours à bien petite compaignie et fist tant qu'il vinst à Bourdeaux sur Geronde, que son pere avoit conquestee, comme vous avez parcidevant oÿ, où il fut receu comme hoir du roy
25 et de la terre, et de là il monta sur mer et passa oultre et fist tant qu'il vinst par la riviere de Tamise en la cité de Londres. Si ne demeura gaires qu'il s'en vinst au palaix veoir l'estat du duc et de la duchesse. Et, incontinent que la duchesse le vist, elle le cougneust et

---

[1] lignaigne
[2] doit*.

lui demanda comment il lui estoit et comment Lyon, son frere, se portoit. Si lui commença Brise à recorder tout son estat et comment lui et son frere estoient baptisiez, et avoit nom son frere Martin et lui avoit nom Brisse, «et sçavons bien maintenant, dit il, qui nous sommes, car nous sommes freres germains /116v° et avons trouvé nostre pere et nostre mere non, lequel m'a chargié de presenter ces lectres au duc, vostre mary, depar lui, avec encores autres enseignes qu'il nous a donné, que j'ay aportees avec moy et que je monstreray au duc affin que nulle difficulté il ne mette en nostre fait.»

Entretant que Brisse parloit à la duchesse, d'aventure le duc survint, qui congneust Brisse qui parloit à sa femme, auquel dist: «Dieu gard se Bras.» Brisse se tourna devers lui sans soy incliner ne faire ainsi que nulle reverence, mais lui dist: «Sire duc de Clocestre, saichiez, ce ne fust pour l'onneur de mon pere, à quy je l'ay promis, incontinent je vous monstrasse que vous estes mon ennemy, car faulcement et traicteusement vous avez traÿe nostre mere, selon mon advis et l'advis aussi de mon frere Martin, qui estoit nommé Lyon du temps que nous estions en vostre court serviteurs. Mais, pour le grant bien qu'il nous a dit de vous, nous vous perdonnons tous maulx talens.» Quant le duc entendist ainsi parler Brisse, il lui demanda qui il estoit qui ainsi parloit au regent et prince d'Engleterre. Brisse lui dist: «Sire duc, regardez ceste lectre et vous le savrez.»

Adonc le duc prinst la lectre et regarda le seel et vist clerement que c'estoit le seel du roy Henry. Si le baisa et puis cassa la fremeure de la lectre et la lisist tout au long. Quant il l'eust leue et bien regardee, il leva la teste et regarda Brisse et tout prestement se getta à genoulx et lui pria mercy en disant: «Mon seigneur et mon maistre, vous soyez en vostre maison

le tresbien venuz. Je vous prie mercy; ayés pitié de
moy, car je suis vostre obeïssant serviteur, prest de
faire tout ce qu'i vous plaira moy /117r° commander.»

70   La dame, qui là estoit presente, comme toute
esbaÿe demanda à son mary que c'estoit. Le duc lui
dist: «Ha! dame, vecy no* seigneur et l'oir
d'Engleterre. Faictes lui tout l'onneur que vous pourez,
car c'est nostre seigneur naturel.» Incontinent la dame
se getta à genoulx et lui fist la reverance et le
75   bienveigna et lui pria mercy de l'offence que si tart lui
faisoit reverance. Brisse en plorant les prinst par les
mains et les leva et baisa et acola en eulx perdonnant
tout son mal talent.

Le XCVᵉ chappitre. Comment le crucefix fut fait des seaulx et comment il parla pour une jeune fille.

Ces nouvelles furent incontinent sceues par la ville et finablement par tout le païs. Si commencerent toutes manieres de gens à venir vers le palaix, tant nobles comme non nobles, et entre les autres y vindrent pluseurs grans barons qui le festierent et honnorerent tresgrandement, car le duc leur monstra les lectres du roy Henry, que Brisse avoit apportees. Quant Brisse vist que pluseurs barons furent venuz et qu'ilz eurent veu les lectres du roy, il en appella pluseurs devant lui et leur dist: «Messeigneurs, affin que nulle variation ne vous mette ou esmeuve en trouble à cause de moy et de mon fait, monseigneur mon pere, le roy d'Engleterre, me recorda que ma mere fut nommé Helayne, laquelle Dieu nous vueille ramener. Laquelle, comme vous savez, a esté piteusement et par faulce et mauvaise traÿson degettee de sa seignorie et par la impression des seaulz d'Engleterre. Pourquoy mon /117v° treschier pere, vueillant hoster de voz cuers toute scrupule ou suspection à moy et à mon frere Martin, qui jadis[1] fut nommé Lyon, donna ces trois seaulx; l'un fut sien, l'autre à nostre mere et l'autre à nostre taye, mere de nostre pere, par lequel tiers seel fut nostre mere faulcement traÿe et deboutee de ce royaume.»

Et lors tira les trois seaulx et les monstra au duc, qui les recougneust incontinent et puis es seigneurs qui en furent tresjoyeulx, et aussi fut tout le peuple. Et dit nostre hystoire que les gens de la ville et du païs

---

[1] M. ja j. f., *corr. d'ap. le sens.*

furent si remplis de joye qu'ilz en firent jeuz[2] et feste[3]
30   trois jours durant, et receurent Brisse pour leur
seigneur et lui firent plaine obeïssance. Ne demeura
gaires que Brisse fist venir ung orfevre, et là en la
presence des barons lui bailla les trois seaulx et lui
commanda qu'il les fondist et qu'il en feist ung crucifis
35   en l'onneur de Jhesucrist, car il le vouloit donner en
l'eglise saint Pol de Londres. L'orfevre prinst les trois
seaulx et les ala incontinent fondre. Mais nostre
hystoire dit que oncques l'orfevre ne sceust trouver
maniere de joindre le seel de la mere du roy Henry
40   avec les deux autres* et le convinst laissier, dont
Brisse et les seigneurs furent moult esbaÿs.
Neantmoings l'orfevre commença à faire son ouvraige.
Mais en ouvrant, nostre histoire dit que en martelant
et[4] composant l'ouvraige, l'argent creust et multiplia
45   tellement par la divine puissance de Nostre Seigneur
Jhesucrist que il y eust d'argent plus quarante fois que
on ne lui en avoit baillié, et en fist ung tresgrant
crucifis, lequel fut mis par l'ordonnance de Brisse en
ladicte eglise saint Pol de Londres. Et de cestui
50   crucifis racompte nostre hystoire ung miracle qui fut
tel. /118r°
        Grant temps aprés advinst en la cité de Londres que
ung josne compaignon et une josne fille se trouverent
devant ce crucifix, lesquelx estoient tresamoreux l'un
55   de l'autre, ainsi que sont communement[5] josnes gens,
et n'avoit avec eulx quelconque personne ne environ
eulx qui oŷr les peust en nulle maniere. Pourquoy le
jovencel, veant que nul ne l'empeschoit, requist la
pucelle de son amour en lui promettant par sa foy et

---

2   f. feuz e.
3   e. la f., *supprimé d'ap. l'usage.*
4   et *mq.*
5   communent.

par son serement qu'i l'espouseroit et prendroit en
mariage et que jamais autre femme qu'elle n'avroit. Et
ce requeroit il pour ce qu'il ne pouoit finer d'elle à ses
amis*. La josne fille, qui l'amoit de bon cuer, lui dist:
«Ha! dist elle, se je vous accordoie ce que vous me
requerez, qui en seroit tesmoing se vous vouliez aler
au contraire de ce que vous me promettez? — Par ma
foy, respondist il, je ne sçay, se non ce crucifix qui la
pend. — Et voulez vous, dit elle, qu'il en soit
tesmoing? — Sans faulte, oÿ, dit il — Et aussi suis je,
dit elle.»

Aprés ces promesses ne demeura gaires que la fille
se habandonna au compaignon, tellement qu'il en fist
du tout son plaisir, mais, quant il en eust fait son
plaisir, comme paillart et villain qu'il estoit,
commença* à penser que autant en feroit elle à ung
autre. Si la laissa et s'en vinst à une autre pucelle,
laquelle, par le moyen de ses amis, il prinst à[6] mariage,
et furent fianciés l'un l'autre et puis les bans fais en
l'eglise. La fille, qui de tresbonne voulenté avoit son
amour donnee au compaignon, oyant ces nouvelles,
veant qu'elle estoit ou blasme de lui, s'en vinst à la
justice de l'eglise qui du cas avoit à congnoistre et se
plaindist du compaignon. Lequel fut incontinent
mandé et se excusa et dist que jamais riens ne lui avoit
promis. La fille, veant qu'il mentoit faulcement[7], dist
que /118v° elle le prouveroit tresbien, comme celle qui
en Dieu avoit ferme foy et creance. Adonc le juge lui
dist qu'elle feist couvenir ses tesmoings pour sa cause
deliberer et elle respondist au juge qu'elle ne porroit
faire convenir ses tesmoings, mais convenoit que on
alast vers eulx. Et pria au juge qu'il lui pleust aler avec
elle jusques à l'eglise et là lui livroit* elle ses

---

6 à *mq.*
7 faulcessement.

tesmoings. Le juge, accompaignié de pluseurs gens de
bien pour veoir la fin que la fille feroit, s'en ala avec
95   elle à l'eglise. Quant ilz furent à l'eglise, elle se mist à
genoulx devant le crucifix et fist son oroison à Dieu, et
puis dist: «Monseigneur le juge, vecy mon tesmoing,
auquel je prie que, aussi vrayement que je croy en
Cellui en reverence duquel il fut fait par les mains des
100 hommes, se ainsi est que je l'ay proposé, Il le vous
vueille manifester, et se autrement est aussi.» Tantost
que la fille eust ce dit, une voix vinst du crucifis qui
dist: «Le jouvencel a promis de l'esposer[8]». Et à celle
heure le crucifix tourna sa teste d'autre part.
105   Or maintenant retournerons à nostre propos.

---

[8]   de la d. l'e.

Le XCVI^e chappitre. Comment le duc de Clocestre ramena Brisse à Tours et comment il racompta es enffans de l'estat de leur mere.

Quant Brisse eust esté par toutes les citez d'Engleterre, où il fut receu comme vray hoir et heritier du païs, en laquelle chose faisant lui furent fais pluseurs presens, il[1] prinst congié es seigneurs et au duc en lui commandant qu'il fist tousjours bonne diligence de la garde du païs et se mist au chemin pour retourner en Tourainne en la cité de Tours où il avoit laissié son frere Martin /119r° qu'il desiroit moult à reveoir, car il l'amoit merveilleusement. Mais, quant le bon duc vist qu'il se vouloit partir comment qu'il fust aprés ce qu'il l'eust prié de demeurer avec eulx ou royaume, il dist que ja ne s'en iroit sans lui, car il yroit avec lui et passeroit la mer et jamais ne retourneroit sil* avroit veu Martin, son frere, car il le desiroit moult à veoir. Et de fait se mist au chemin avec Brisse, son seigneur. Si cheminerent tant qu'ilz vindrent à la mer et monterent sur leurs vaisseaulx et passerent oultre et vindrent à Bordeaux où ilz furent receuz et festiez treshaultement, et de là vindrent à Tours où l'evesque Martin et son filleu les receurent moult honnorablement et festierent grandement. Et lors fut pluseurs fois baisié Martin du duc de Clocestre en lui priant marcy et aussi fut le bras de la bonne Helayne et laquelle chose faisant plora maintes larmes et aussi firent les deux freres Brisse et Martin, car le duc leur recorda tout au long comment leur bonne mere avoit esté traÿe et comment à elle et à eulx il avoit sauvee la vie et fait morir sa niepce ou lieu de leur mere et comment il les mist sur la mer avec leur mere et du

---

[1]   pre. et p.

30   bastel qui s'en revinst seul, parquoy il esperoit le salut
      d'eulx et de leur mere. Et finablement leur recorda
      tout* l'ystoire. Ouquel record faisant furent maintes
      larmes espandues, car ilz pensoient bien que leur mere
      estoit encores en quelque lieu en grant povreté, dont
35   avoient* grant dueil au cuer. Et, quant ce bon duc de
      Clocestre eust assez esté emprés eulx et qu'il les eust
      grandement festiez et conjoÿs, il prinst congié d'eulx et
      s'en revinst en Angleterre pour gouverner le païs depar
      /119v° le roy Henry, ainsi que chargié lui estoit. Et les
40   enfans se tenoient en la ville de Tours en Tourainne
      emprés leur perrain l'arcevesque, qui grandement les
      honnoroit et gouvernoit comme les enfans d'un roy.
          Or vous lairay ung petit à parler de la matiere
      d'eulx et de leur mere, la bonne Helayne[2], et vous
45   compteray du bon roy Henry, de l'empereur Anthoine,
      du roy Amaury d'Escoce et du vaillant Constancien,
      lesquelz à toute leur puissance avoient tant alé qu'ilz
      estoient venus devant Jherusalem, laquelle cité avoient
      assigie et environnee trespuissamment.

---

[2]   b. He (*fin de ligne*) H.

Le XCVIIᵉ chappitre. Comment Constancien fut prins devant Jherusalem.

Devant la saincte cité de Jherusalem estoient doncques ces roy crestiens en tresgrant appareil d'armes et y faisoient pluseurs durs et crueulx assaulx, esquelz assaulx avoit pluseurs beaulx fais d'armes et pluseurs hardies entreprinses, combien que les Sarrazins se deffendoient merveilleusement. Et dist l'istoire que en la cité avoit ung tresfelon roy payen, nommé Ardoubourg, tresvaillant homme de son corps, bien duit en armes et en batailles et assaulx. Parquoy y furent noz bons crestiens bien longuement ainçois que ilz eussent conquise la cité. Icellui roy Ardambourg* avoit ung gendre, nommé Priant, lequel estoit roy d'Escalongne et sa femme, fille du roy Ardambourg, estoit nommee Plaisance. Lequel Priant faisoit[1] tresgrant ayde à son beau pere Ardambourg, car il tenoit les champs et estoit tous les jours entour les crestiens /120r° en faisant courses et embusches et prendre* ceulx qui se partoient de l'ost. Et de fait y prinst pluseurs vaillans homes en alant en fouraige. Entre lesquelz fut prins le roy Constancien ung jour en alant esbatre hors de l'ost, dont le roy Henry et tous les seigneurs en furent moult dolans et courouciez, car il leur sembloit que jamais ne le reverroient, mais si firent comme vous orrez cy aprés. Ainsi doncques fut prins le roy Constancien et emmené par le roy Priant en sa cité d'Escalongne. Tantost qu'il fut là venu, sa femme, nommee Plaisance, lui vinst au devant et le honnora et festia tresgrandement. Et adonc il lui dist qu'il venoit de revider l'ost des crestiens, où il avoit prins ung crestien qui lui sembloit bien estre ung grant

---

[1]   faisoit *répété en début de ligne.*

seigneur. «Mais, disoit il, ma belle amye, pleust à
nostre dieu Jupiter que monseigneur vostre pere le
tinst ! — Par ma foy, respondist la dame, ce ne ce
peult faire, car il est trop fort enfrumé par ces
35   crestiens, dont je suis moult doulante.»
     A ces motz fut Constancien amené devant le roy et
la royne pour savoir comment il en vouldroit ordonner,
et si dit l'ystoire que cestui Constancien estoit ung des
beaulx hommes du monde, long et droit et tresbien
40   formé de corps et avoit une tresbelle maniere. Quant la
royne Plaisance le parceust, elle le commença tresfort
à regarder et remirer sa beaulté et à penser en elle
mesmes qu'il estoit de grant affaire, car il estoit
merveilleusement gracieux. Et de fait nostre hystoire
45   dit qu'elle se souhaida avec lui en terre de crestiens et
il le* voulsist avoir à femme, car elle estoit en cuer et
en pensee tresbonne /120v° crestienne, non baptisee, et
creoit fermement l'Incarnacion de Nostre Seigneur
Jhesucrist en la Vierge avoir esté fait* par l'euvre du
50   Saint Esperit ne nulle doubte ne mettoit que la loy des
crestiens ne fut salvable pour humaine creature, mais
souvent disoit que la loy des payens estoit plaine
d'eresie et tresmauvaise. Ainsi se devisoit à celle fois
la dame. Laquelle, par la disposicion de Nostre
55   Seigneur Jhesucrist, eust depuis à son plaisir esposé ce
bon roy Constanciain, ainsi que vous orrez. Le roy
Priant donc ayant en sa prison le bon roy Constancien,
aprés ce qu'il l'eust interrogué de pluseurs choses et
que Constancien lui eust respondu à sa maniere, le
60   roy* commanda qu'il fust mis en une tour et qu'il fust
tresbien gardé et aussi que on pensast tresbien de lui,
car il ne le vouloit point tenir comme meschant. Et
veritablement il le honnora tresgrandement selon son
usaige et lui donnoit on deux fois le jour tresbien à
65   boire et à maingier de telle viande que le roy avoit à sa
table, tant qu'il lui devoit par raison souffire et moult

souvent le fasoit venir maingier avec lui et l'asseoit à
sa table devant sa femme Plaisance, dont il fist
tresgrant folie, car le couraige de sa femme, qui estoit
ung peu ligier devant la main, en fut tellement[2] espris
de l'amoreuse estincelle que pluseurs fois elle en laissa
le dormir pour penser à ce noble crestien qui estoit de
tant belle stature. Et finablement elle fut si passionee
de l'amour du bon Constancien que ung jour elle fist
venir devers elle le tourier qui l'avoit en sa garde et fist
tant par ses couvertes paroles que le tourier lui amena
une nuyt en sa chambre, car elle lui donna à entendre
que elle le con/121r°vertiroit à laissier sa loy
crestienne et qu'il deviendroit payen. Et sur ceste
couverture et maniere de parler le amena le tourier à la
dame, laquelle incontinent renvoya le tourier et lui dist
qu'elle le renvoieroit querir quant il seroit heure.

---

2   tellemement.

Le XCVIIIᵉ chappitre. Comment Constancien occist le roy Priant[1].

Quant la dame eust le roy Constancien en sa chambre, elle le assist emprés elle sur une couche et commença à deviser de pluseurs choses. Premierement lui demanda dont il estoit et qui il estoit. Et en ce
5   demandant la dame le tenoit par la main, en lui aplaniant et regardant de fois à autre et muant couleur, et sembloit qu'elle variast en ses paroles. Et Constancien, qui estoit homme de tresgrant façon, se commença à parcevoir que la dame varioit en ses
10 paroles, et d'autre part il sentoit sa main tant* doulce et la veoit tant blanche; avec ce il regardoit son visaige tant beau et tant bien assouvy que plus on ne pouoit. Si se commença en lui Nature tresfort à esmouvoir et à eschauffer; et aussi la dame lui avoit demandé s'il
15 estoit point marié et il lui avoit dit que non, et aussi n'estoit il. Et tant que la dame en la fin lui dist qu'elle vouldroit bien qu'elle fust en terre crestienne en quelque lieu à aucun prince mariee et elle deust estre bonne crestienne, car elle tenoit la foy des crestiens
20 estre meilleur que la payenne. Et finablement lui dist que elle creoit en Jhesucrist, le filz de la Vierge Marie, et qu'elle vouldroit bien estre baptisee. Et que en brief je conclue la matere, l'ystoire dist que la dame /121v° et Constancien furent tellement d'acort ensemble qu'ilz
25 jurerent à tenir foy et loyaulté l'un l'autre et qu'elle mettroit diligence qu'il seroit hors de prison et elle avec lui; neantmoings eurent ilz telle compaignie ensemble que, ainçois qu'il partist d'elle, il coucha avec elle et en fist son plaisir tellement qu'elle fut

---

[1] Comment Constancien fut prins devant Jherusalem, *corrigé d'après la table des rubriques.*

ençainte d'un beau filz, lequel fut nommé Jozerain,
ainsi que vous orrez cy aprés.

Constancien estoit doncques, ainsi que vous oyez,
es prisons du roy Priant d'Escalongne avec Plaisance,
s'amie, où il avoit son desduit et son plaisir habondant
que à peinnes lui souvenoit il de ses compaignons, le
roy Henry et l'empereur Anthoine, qui estoient devant
la saincte cité de Jherusalem en grant affliction de cuer
et en grant douleur pour lui, car ilz ne sçavoient s'il
estoit mort ou vif. Mais, pour ce que Constancien les
avoit ainsi obliez, Nostre Seigneur ne volt plus souffrir
qu'il feist ainsi sa druerie et son delit avec la dame, car
c'est Cellui qui het pechié; et pour ce Il lui envoya une
griesve tribulacion, par laquelle il eschappa de prison
en ceste maniere. On dit communement que «tant va le
pot à l'eaue qu'il brise», et ainsi advinst il de
Constancien, car il fut acusé à Priant qu'il tenoit sa
femme. Et dit nostre hystoire que ung payen, nommé
Merados, le sceust, ne sçay par quelle maniere, mais
touteffois il les espia tant que il les vist ensemble ung
jour que le roy Priant estoit yssu hors de la cité pour
aler sur l'ost des crestiens, ainsi qu'il avoit d'usaige. Si
corust ce Marados et le fist retourner, car il lui dist ce
qu'il avoit veu de sa femme et du prisonnier, et, se il y
vouloit aler par voye secrete, il les trouveroit ensemble
en sa chambre. /122r°

Quant Priant sceust ceste nouvelle, il fist arrester
ses gens d'armes et leur dist qu'ilz attendissent tant que
il reviendroit à eulx, car il avoit affaire en sa ville, et
laissa Merados avec eulx pour eulx entretenir. Et lors
s'en retourna Priant tout seul et s'en revinst en la cité
en la maison d'un sien amy où il fist prestement rere sa
barbe et se vestit en habit de femme et saindist
dessoubz sa robe une costille et puis s'en vinst en son
palaix droit à la chambre de la dame, avec laquelle
estoit Constancien, son amy, et commença tresfort à

buquier à l'uys. La dame, qui incontinent l'oÿst, muça derriere une courtine Constancien, son amy, lequel tenoit une bonne espee en sa main, que la dame lui avoit baillee pour tous perilz, et puis s'en vinst à l'uis
70   et l'ouvrist. Tantost que l'uys fut ouvert, la dame, qui cuidoit de son mary à voir une femme le commença à tanxer et lui dire comment elle osoit ainsi bucquier à son huys. En ce disant le roy refruma l'uys tresrudement et lors en tirant sa costille dist: «Pute,
75   vous y morrez et vostre ribault aussi; or[2] tost monstrez moy où il est.» Et puis la frappa du pommel ou visaige tant qu'i la fist chanceller bien arriere de lui. Et puis commença à regarder puis çà puis là, et tira une gourdine* arriere de la paroit et puis vinst à une autre,
80   et estoit comme tout enraigié. Constancien, qui le regardoit, que ja il avoit abatu la royne, et qui bien entendoit que c'estoit son mary et aussi il oyoit la dame qui crioit «ayde», comme tout esmeu de mal talent, en soy mettant à l'aventure, saillist de derriere la
85   gourdine, l'espee nue ou poing, et s'en vinst contre le roy Priant, lequel il frappa ung tel cop qu'il /122v° le fist trebuchier à ses piés. Et, ainsi que Priant se cuidoit relever pour soy vengier de sa honte, tantost recouvra ung autre cop et tellement l'assigna qu'il lui fendist la
90   teste jusques es dens, et espendist la cervelle du roy Priant parmy la chambre, et demeura tout mort par les mains de Constancien.

---

2   or *mq.*

Le XCIXᵉ chappitre. Comment Constancien se combatist es payens en la chambre de sa dame par amours, nommee Plaisance.

Tantost que le roy Priant fut mort, Constancien vinst à sa dame par amours, qui se gesoit contre terre, et la print par les bras et la releva en lui demandant: «Dame, comment vous est? — Certes, dist elle, mon treschier amy, tresmal, car je suis toute fourdroyee et rompue de cops, et si ne sçay que nous ferons. Je vous prie que nous mettons le corps de mon mary en une fosse qui est icy derriere ma chambre, et nous delivrons, car je me doubte grandement des payens.» Si prinrent le corps et le getterent en la fosse et puis nettierent tresbien la place. Et, quant ilz eurent ce fait, ilz commencerent à deviser comment ilz porroient eschapper. Mais c'estoit fort à faire, car Marados estoit sur les champs, qui attendoit tousjours nouvelles de son seigneur, le roy Priant. Lequel retourna en la cité quant il vist qu'il ne retournoit point et qu'il vist qu'il n'en oyoit nulles nouvelles. Et la dame ne sçavoit qui la pouoit avoir accusee et disoit qu'ilz attendissent jusques au soir d'eulx partir et elle savroit, se elle pouoit, dont ce venoit. Et pour ce yssist hors de sa chambre /123r° et vinst en la sale du palaix sans faire quelque semblant. Si trouva d'aventure l'un des hommes d'armes son mary*, auquel elle demanda où estoit le roy. Lequel lui respondist qu'il ne sçavoit: «Monseigneur Marados lui vinst orains au devant sur les champs dire aucunes nouvelles, par lesquelles il retourna en la cité tout seul et nous commanda que nous le attendissions. Si l'avons longuement actendu et

pour ce que[1] la nuyt vient, nous sommes retournez et
ne savons où il est.»
    Tantost que la dame oÿst ces nouvelles, elle sceust
que Marados l'avoit accusee. Et puis s'en retourna en
sa chambre où elle trouva Constancien qui estoit en
grant esmay et lui dist par qui elle avoit esté accusee à
son mary. «Et sçay qu'il fait tresfort garder la cité. Et
pour ce je vous prie que vous soyez tresbien armé et je
manderay ce Marados en ma chambre tout seul. Si
l'occirez et par ainsi nous porrons yssir seurement, car
nul ne contredira à nous ne à nostre fait. — En bonne
foy, madame, dist Constancien, je le vueil bien.
Faictes tout ce que avez à faire et quil* vous semblera
bon pour nostre salut. Et, quant à moy je feray le
mieux que je porray et me emploieray de toute ma
puissance. Et j'ay fiance en Dieu qu'Il nous aydera.»
Adonc la dame lui bailla de tresbonnes armures et
mesmes les siennes, atout lesquelles il avoit esté prins
par le roy Priant. Et se arma tresbien de toutes pieces
et puis prinst une bonne espee en sa main, et puis se
mist à genoulx en priant Dieu mercy et en Lui priant
que, par Sa debonnaire pitié, Il voulsist le secourir
aussi vrayement qu'il se rendoit Son vray champion et
qu'il avoit fiance en Sa debonnaire volenté.
    Aprés ce fait, ne tar/123v°da gaires qu'elle envoya
pardevers Marados en lui mandant qu'il vinst parler à
elle. Lequel Marados y vinst, mais il fist armer à
couvert quinze Sarrazins, lesquelz il mena avec lui en
la chambre de la dame, dont la dame fut moult esbaÿe
comme celle qui cougneust qu'il s'estoit doubté. Et à
celle heure estoit ja tart, car l'ystoire dit qu'il estoit
prés de mynuit. Neantmoings la dame leur ouvrist la
porte de sa chambre. Si entrerent tous dedens et

---

[1]   que *mq.*

touteffois Marados[2] ne sçavoit riens de la mort du roy,
son maistre, mais cuidoit qu'il fust en aucun lieu mucié
pour espier la dame ou par aventure que la dame se
fust excusee, et ne savoit que penser. Pourquoy il
estoit venu ainsi accompaignié. Quant ilz furent ens, la
dame les bienvegna et leur dist qu'il estoit ja tart,
pourquoy, de la besoingne pour laquelle elle les avoit
mandé, elle n'en vouloit riens besoingnier jusques à
demain qu'il reviendroit. Si estoit le payen devant elle
à genoulx et le chief descouvert, qui lui respondoit et
disoit: «Madame, à vostre plaisir.» Et, ainsi qu'il se
cuidoit lever, Constancien, armé tout blanc, vinst sur
lui en escriant: «A la mort! à la mort! ilz sont nostres!»
et frappa Marados sur la teste si grant cop qu'il le
fendist jusques es espaules. Lequel cheïst tout mort
contre la dame. Et puis commença frapper sur les
autres qui estoient tous nue teste tellement que, ainçois
qu'ilz eussent remis leurs huvettes, qui estoient en
leurs chappeaulx qu'ilz tenoient en leurs mains pour la
reverance de la dame, il en tua trois. Si furent les
autres si surprins que à peines se savoient ilz contenir.
Touteffois ilz commencerent à eulx deffendre et à
frapper sur Constancien de grosses haches d'armes
qu'ilz /124r° avoient, tellement qu'ilz fasoient cop à
cop reculer Constancien. Et y fut le debat si grant que,
ce Dieu n'eust gardé Constancien, il y fust demeuré.

---

2   Marodos.

Le C^e chappitre. Comment Plaisance s'enfuist par mer et comment l'angele secourust le bon Constancien et le delivra des Sarrazins.

Quant Plaisance, la dame, vist ce debat si grant, elle saillist hors de sa chambre en soy recommandant en la garde de Nostre Seigneur et fist tant qu'elle vinst au port où elle trouva marchans esquelz elle marchanda
5 de paser la mer avec eulx et s'en ala à Romme où elle se tinst longuement, ainsi que vous orrez cy aprés. Or disons de Constancien qui se combatoit es payens en la chambre de la dame, laquelle lui valut moult peu, se Nostre Seigneur Jhesucrist n'eust eu pitié de lui, car
10 l'ystoire dit que, ja soit ce qu'il en eust occis six ou sept, touteffois si* avoit il esté getté trois ou quatre fois par terre et si estoit si fort navré que le sanc lui sailloit par tous les membres. Car Nostre Seigneur Jhesucrist lui envoya ung ange tenant une espee, qui
15 d'un seul cop occist tout le remenant des payens, à la maniere de David* qui vist l'angele sur le temple tenant l'espee toute nue pour occir son peuple quant il pria mercy à Dieu en disant: «Sire, ce ay je fait, qui ay fait le pechié et non point le peuple.»
20 Ainsi advint il au bon Constancien, car, pour son pechié purgier et laver, qu'il avoit commis avec Plaisance, sa dame par amours, en accomplissement de la char, volt Nostre Seigneur Jhesucrist permettre qu'il fust ainsi passioné. Neantmoings /124v° Nostre
25 Seigneur, meu de pitié et de misericorde, le reconforta, car Il lui envoya son angele. Lequel le prinst par la main et le mist hors de la cité en lui commandant qu'i s'en alast au roy Henry et à l'empereur pour leur aydier à conquerir la saincte cité de Jherusalem. Et en ce

propre mouvement se[1] trouva le bon Constancien es champs si estourdy que à grant peinne savoit il qu'il fasoit et demanda à l'engele où estoit alee Plaisance, s'amye. L'angele lui dist qu'elle estoit alee toute ençainte entre les crestiens et que Nostre Seigneur avoit ordonné qu'elle avroit ung filz tresdevot et vaillant homme et que encores le* reverroit il, mais ce ne seroit pas si tost. Quant l'angele s'en fut alé et evanuy, Constacien*, qui se trouva es champs, à la maniere de saint Pierre*, dist: «Maintenant say je bien que Nostre Seigneur m'a envoyé son ange et m'a tiré hors de la main de mes ennemis qui occir me vouloient.» Si se mist au chemin au plus tost qu'il peust, en soy recommandant à la saincte garde de Dieu, qui tousjours garde ceulx qui en Lui ont fiance. Et la bonne royne Plaisance s'en aloit avec les marchans. Laquelle estoit ensainte d'un filz qui fut nommé Joserain, qui fut pere saint Richier[2], lequel fut compaignon de Flerens* qui fut filz de Cleonos*, comme on le treuve en autre hystoire; mais nous tairons de ceste matiere, car elle touche peu à nostre propos.

---

[1]   le.
[2]   f. n. R., *corr. d'ap. LXXXVII, 20 et version en vers, v. 9142.*

Le CI^e chappitre. Comment Plaisance vinst à Romme où elle fut baptisee.

Tant chemina le bon et vaillant Constancien qu'il vinst en l'ost des crestiens et que il fut /125r° en la tente du roy Henry, qui tresgrant joye eust de son retour et aussi eurent tous les barons de l'ost, car ilz
5   estoient tant dolans que plus ne pouoient de la perte qu'ilz avoient faicte en lui, pour ce que c'estoit ung des vaillans corps d'omme qui fust en la compaignie. Et là recorda le bon Constancien comment il avoit esté prins et comment il avoit trouvé bonne compaignie et bonne
10   amour en la royne Plaisance et puis comment il avoit occis le roy Priant d'Escalongne et Marados, ung sien parent, par lesquelz l'ost des crestiens estoit souvent moult grevé. Et puis leur racompta comment Nostre Seigneur l'avoit visité par son angele, lequel lui avoit
15   dit que Plaisance s'en estoit alee ensainte comme povre esgaree pour soy faire crestienne, mais point ne lui avoit dit où elle aloit. Et si leur dist aussi qu'ilz conquerroient la cité de Jherusalem en brief terme, mais à ce faire il ne leur ayderoit point, car sa volenté
20   estoit de partir le matin et tant aler à l'aventure par le monde qu'il trouveroit Plaisance s'amye, ou il morroit en chemin, car il sçavoit bien qu'elle estoit ensaincte de lui. Et pour ce disoit il: «Vous, monseigneur le roy d'Engleterre, je vous supplie humblement que, se
25   jamais cestui effant vient, dont la dame est ensainte maintenant, en vostre court, que vous le retenez et lui faictes du bien pour l'amour de Dieu, car je vous donne et laisse entierement toute ma terre ne jamais en mon vivant je n'y demanderay[1] aucune chose.»

---

[1]   demande.

Quant le bon roy Henry oÿst ainsi parler Constancien, il en fut moult dolant, car il amoit sa compaignie sur toute riens. Se lui pria et fist prier par tous les barons de l'ost qu'il voulsist demeurer avec eulx et tant firent tous que finablement /125v° tresenvis il demeura avec eulx tant et si longuement que la saincte cité fut prinse et rendue par eulx*, ainsi que vous orrez cy aprés au plaisir de Dieu. Car, quant elle fut prinse, il s'en vinst es seigneurs et leur remonstra de rechief sa volenté. Si se partist d'eulx et de leur ost atout trente compaignons seulement, ainsi que vous orrez cy aprés.

Mais nous vous lairons ung peu à parler de lui et parlerons de la bonne royne Plaisance, laquelle, comme dit est, s'en ala tant avec les bons marchans qu'elle arriva en la cité de Palerne, en laquelle elle demeura le terme de quinze jours, et puis se remist sur mer avec autres marchans qui la amenerent à Romme. Incontinent qu'elle fut là, elle s'en vinst pardevers le Saint Pere pape Climent, qui pour lors vivoit, et lui requist baptesme. Si la baptisa le Saint Pere, mais son nom ne lui volt point muer.

En la cité de Romme avoit ung trespuissant homme, qui estoit senateur* de ladicte cité. Lequel avoit une tresvaillant femme, et estoit icellui senateur nommé Joserain. Sadicte femme, veant ceste nouvelle crestienne en la cité, la fist appeller en son hostel et lui demanda dont et qui elle estoit. Si lui respondist la dame qu'elle estoit de terre sarrazine et estoit venue en la cité pour recevoir le saint baptesme. «Et saichiez, dist elle, que je fus jadis fille de roy et femme de roy. Mais je vous prie, pour l'onneur de Jhesucrist, pour cui foy* je ay layssié ma terre et mon royaume, que vous n'en dictes à personne riens du monde. — Par ma foy, dit la femme au senateur, aussi ne feray je, ains vous prie que vous demeurez en mon hostel avec moy et je

vous feray tout le mieux que je porray, car il /126r° me
semble que vous en avez tresgrant besoing à cause de
ce, comme il me semble, que vous estes bien
ensaincte. — Par ma foy, dame, dist Plaisance, Dieu le
70   vous puist merir, vous dictes tresbien. Je me submetz à
vous faire service de ma petite puissance.»

Ainsi demeura Plaisance en la maison du senateur
et y fut tresgrandement honnoree et servie de la dame
de l'ostel. Car, quant il pleust à Nostre Seigneur que la
75   belle Plaisance eust porté son terme, elle s'accoucha
d'un beau filz que son hoste leva sur fons, et eust à
nom Joserain ainsi que lui mesmes avoit nom.

Le CII^e chappitre. Comment Plaisance, qui estoit ensainte de Constancien, accoucha et comment elle delivra d'ung filz, nommé Joseran et comment le senateur la vouloit avoir à mariage.

Quant la dame Plaisance eust jeut son terme et qu'elle fut reposee en sa gesine, elle commença tresfort revenir en sa beaulté, car elle fut tresbien pensee et de tresbons vivres refectionnee[1], et aussi c'estoit une des belles dames que on sceust regarder de* deux yeulx, et tant que Joserain, son hoste, commença tresfort estre amoreux d'elle et tellement qu'il eust le cuer et la pensee si espris qu'il ne duroit ne nuyt ne jour. Si le atisa tellement le desir de la char qu'il proposa de faire morir sa femme, comme il fist, affin qu'il peust avoir Plaisance à mariage, et touteffois c'estoit sa commere, mais il lui sembla que le pape l'en dispenseroit.

Advinst ung soir qu'il fist boire à sa femme une poison dont elle morust soubdainement, dont il fut /126v° moult joyeulx, combien qu'il feist signe qu'il en estoit trés courroucié, et puis la fist encevelir et porter en terre au plus tost qu'il peust. Quant ce vint le tier jour aprés, Plaisance se volt partir de l'ostel et s'en vinst à son compere et lui remercia tous ses biens, «car, disoit elle, sire, puis que vostre femme est trespassee, il n'appartient point que je demeure en vostre hostel seule. — Ha! ma treschiere amye, dist le senateur, je vous prie mercy. En verité, se vous en alez de mon hostel, je suis ung homme perdu, car, puis que j'ay perdu ma bonne et belle femme où estoit tout mon reconfort[2], laquelle, comme je le sçay de vray, vous amoit sur toute rien, je ne vivray ung seul jour aprés

---

[1] refectionnee *mq. ajouté d'ap. les autres emplois dans le texte.*
[2] refort.

vostre departement. Je vous prie pour Dieu que vous
me tenez compaignie pour amour d'elle, car en verité
30   aprés elle vous estes celle au monde que j'ayme le
mieulx et en qui j'ay le plus d'espoir et qui plus me
peult reconforter, et sans doubte, se vous me layssiez
ainsi, vous serez cause de mon definement.»
    La dame, que* n'y pensoit se bien non, en eust si
35   grant pitié qu'elle demeura et ne se partist point pour
celle fois, dont le senateur fut tresjoyeulx, car il lui
sembloit qu'il en viendroit bien à chief. Et, à celle fin
qu'il peust mieulx tourner la dame à son amour, il se
avisa qu'il lui ambleroit son enfant Jozerain, dont il
40   estoit perrain, comme il fist. Et le bailla à ung sien
cosin qu'il le portast hors de la cité et qu'i le mist à
mort et se lui en raportast le cuer, et lui en donneroit
cent livres de rente tous les jours de sa vie. Lequel,
remply de mauvaise couvoitise, prinst l'enfant et
45   l'emporta hors de Romme et tira du lez de Castres, qui
maintenant est nommé Plaisance*, et entra en une
grande forest, en laquelle il avoit entencion /127r° de
mettre l'enffant à mort. Mais il ne fut point bien loings
alé en la forest qu'il encontra quinze ou seze mordreux
50   qui vindrent sur lui en lui escriant «à la mort!».
Tantost qu'il les vist, il getta l'enfant de la hauteur de
lui à terre et mist la main à l'espee pour soy cuydier
deffendre s'il eust peu, mais il fut si enclos que tantost
il n'eust ne force ne vertu, car il fut abatu incontinent
55   par ses brigans et finablement occis, et puis le
desvestirent tout nuz et le laisserent là. Et là estoit le
povre enffant Jozerain, qui ploroit et crioit comme font
enffans à la mamelle. Si vinst l'un de ces brigans à
l'omme qui encores n'estoit point mort et lui demanda
60   dont cestui enffant venoit. Lequel respondist qu'il
l'avoit aporté pour murdrir, «car, dist il, ainsi le
m'avoit chargié ung senateur de Romme, et en devoye
avoir cent livres de rente par an toute ma vie durant,

mais il me semble que je n'en avray que faire, car vous
m'avez mis à mort. Si puis bien dire que je suis cheu
en la fosse que je avoye moy mesmes fossee pour faire
autruy trebuchier. — Par ma foy, respondist le brigant,
dont est ce à bon droit que tu es ainsi cheu et si n'est
point dommaige de ta mort puis que tu avoye* une si
mauvaise volenté que de murdrir un innocent, et pour
ce nous ne lui ferons ja mal.» A ce mot morut l'omme,
et puis prirent l'enfant et le coucherent à l'ombre d'un
buisson et le couvrerent d'un jazerain et là le
laisserent.

Le CIII^e chappitre Comment Jozeran, l'enffant, fut trouvé du roy Clovis. /127v°

En ce temps, comme dit nostre hystoire, estoit
devant la cité de Castres à grant puissance de gens
d'armes le roy de France, nommé Clovis, qui pour lors
n'estoit encores crestien et estoit nouveau marié à une
5   tresvaillant dame, nommee Chrohault, laquelle estoit
crestienne. Si prioit souvent le roy Clovis qu'il
voulsist laissier la loy payenne et estre crestien, mais
il n'en voloit riens faire. Touteffois, comme on list es
Hystoires de France*, il fut tresbon crestien et fut
10 baptisié à Rains par le saint evesque Remy. Cestui
noble roy des François, qui moult accrust la puissance
des François, donc estant devant ceste cité[1] de
Castres, qui depuis fut nommee Plaisance, à grant
puissance de gens d'armes, en volenté d'icelle
15 subjuguier, comme il fist, ung jour estant en son host,
lui* prinst volenté d'aler veoir la cité de Romme de
laquelle il n'estoit trop loings pour aviser s'il la porroit
subjuguier. Si se mist au chemin atout une grosse
compaignie de chevaliers et s'en vinst passer par la
20 forest où les murdriers avoient tué l'omme qui avoit
aporté l'enfant pour occir. Et passa ce jour mesmes par
là, et tant que en passant, par le vouloir de Dieu, le roy
Clovis oÿst l'enffant qui crioit à haulte voix, comme
font petis enffans aprés la mamelle de leur mere.
25 Lequel se approucha et trouva icellui enffant emprés
ung buisson enveloppé d'un jazerain. Et dist l'ystoire
que, incontinent que l'enffant vist venir ce roy et ses
gens, il commença à rire, et non point de merveille,
car il cuidoit que ce fust sa mere qui vinst à lui pour le
30 faire teter. Le roy mist pié à terre et prinst cest enffant

---

[1]   cité *mq.*

et le bailla en gar/128r°de à ung de ses serviteurs en lui commandant qu'il le gardast jusques à ce qu'il avroit trouvee une norrice pour le norrir. Laquelle chose le serviteur fist. Et dist l'ystoire que, aprés ce que le roy eut veu la cité de Romme et fait une course et que il eust mise la cité de Castres à son obeÿssance, il s'en retourna en France et fist emporter l'enffant avec lui et le fist nommer Jazeran pour ce qu'i l'avoit trouvé envelopé d'un jazerant, et ainsi ne lui muerent ilz point son nom que d'une lectre seule, ce fut ung "a" pour ung "o". Ainsi fut Jozeran logié en l'ostel du roy Clovis, comme dit nostre hystoire, laquelle fait ung long compte dudit roy Clovis, touchant la bataille qu'il eust au roy Hurtault de Castres et de la aparicion de son escu et de sa[2] banniere et aussi de son baptizement. Desquelles choses nous nous passerons pour le present, car plus amplement et plus au long à la verité les *Hystoires de France** en parlent et racomptent.

Si retournerons à nostre matiere, c'estassavoir la mere de Jozerant, laquelle estoit en l'ostel du senateur à Romme.

---

2   sa *mq.*

Le CIVᵉ chappitre Comment le senateur volt efforcier Plaisance.

Quant la vaillant dame Plaisance fut esveilliee au matin, elle regarda entour elle. Si ne vist point son enffant. Si se leva tost et s'en vinst à sa norrice et lui demanda où son enffant estoit. La norrice lui
5 respondist qu'elle ne savoit. Lors elle le commença à querir puis çà puis là. Quant elle vist que elle ne le trouvoit point, elle commença à crier et à plorer /128v° en reclamant la benoite Vierge Marie et en menant ung tel dueil qu'il n'estoit homme qui la veist quil* n'en
10 eust pitié. Le faulx senateur, qui estoit en sa chambre, oyant celle crierie, entendist tantost que c'estoit. Si s'en vinst vers elle, faindant qu'il n'en savoit riens et sembloit¹ que il fust tout esbaÿ. Et commença à reconforter la dame et à dire et à maintenir qu'il
15 couvenoit que la norrice en sceust aucune chose. La norrice, qui ploroit et qui tant esbaÿe estoit que plus ne pouoit, se excusoit tresfort. Mais, quelque excusacion qu'elle en feist, le senateur la fist prendre et mettre en prison, en laquelle pour son faulx malice couvrir la fist
20 tellement gehenner que elle morust miserablement, car cestui senateur estoit tellement cremeu en la cité que tout ce qu'il commandoit estoit fait. Ainsi fut la povre norrice perdue par la faulce crudelité du mauvais senateur. Mais Nostre Seigneur la venga bien, comme
25 vous orrez.
Il advinst que, en la nuyt subsequent que la norice fut morte, que cestui mauvais homme, remply de l'Ennemy d'enfer, estoit en sa² chambre où il ne

---

¹ r. et faisoit e. s. (*sans doute mauvaise anticipation* faisoit semblant).
² e. la c.

dormoit point, et estoit tout desvestu excepté sa chemise. Si³ s'en vinst soubdainement en la chambre de sa commere qui dormoit et fist tant qu'il entra dedens et puis refruma l'uys, et, en le refrumant, la dame qui commençoit à soy endormir tressaillist et dist: «Qui est ce là? — Ha dame, dist le senateur, ce suis je. Je vous prie pour Dieu que vous ne faictes point de noise, car veritablement je suis si espris de vostre amour que je ne dure ne nuyt ne jour que tousjours vostre gracieuseté ne me soit au devant. Je vous prie pour Dieu que ayez pitié de moy, et je vous /129r° prometz, par la foy et serement de mon corps, que je cuide tant bien faire au pape qu'il me dispensera de vous avoir en mariage.»

Et en ce disant il leva la couverture et se volt couchier avec elle. Quant la dame perceut son malice et qu'elle le oÿst parler en celle maniere, elle saillist hors du lit à l'autre costé et lui dist: «Ha! sire compere, pour Dieu mercy! à quoy pensez vous? Ja savez bien que nous sommes comperes et comment laquelle* aliance nous devons plus seurement garder sans pollucion que nulz freres ne seurs. Et de dire que je vous eusse à mariage sans faulte, mon chier compere, vous savez bien qu'il ne se peult faire, car je suis ja aconvenancee à ung autre. Si que, je vous prie, ostez de vostre cuer ceste malvaise erreur. — Ha! dame, dit le senateur, je vous prie pour Dieu, abaissiez vostre parler, car⁴ sans faulte je suis pour vostre amour entré en telle ardeur que je n'en dure ne nuyt ne jour, ne je ne fais nulle doubte que, ce vous ne me faictes ce plaisir que vostre amour me soit donnee, je suis tout certain que je en recevray la mort, ne autre remede je n'y sçay trouver. Et, affin que vous me accordiés ce

---

3   Si *mq., voir L, 13-18.*
4   cas*.

sans plus de paroles, je en prens le pechié sur moy.»
Et, tantost qu'il eust ce dit, il saillist à l'autre lez du lit
et prinst la royne à bras et la getta sur le lit en disant:
65   «Dame, soit ou sens ou folie, vostre amour me
couvient avoir ou la chose ira encores pis.» Adonc la
dame en criant dist: «Ha! glorieuse Vierge Marie,
mere de Dieu, pour l'onneur de laquelle j'ay laissié la
loy payenne, si vrayement que je crois que tu donne
70   secours es desolez, je te prie que tu me vueilles
secourir à ce besoing et monstrer ta vertu et puissance
/129v° infinie à cest homme ainsi plain de l'Ennemy
d'enfer.» Mais en ce disant⁵ se deffendoit* de toute sa
force. La doulce Vierge, qui oÿst sa priere, tantost la
75   secourust, car tout prestement une telle douleur le
prinst par le desoubz que il ardoit comme une boise
qui seroit en ung feu, et commença à chanceller et de
fait à trebuchier et à crier si hydeusement que toutes
les gens de sa maison se esveillerent et affuyerent en
80   la chambre de la dame voir que c'estoit. Si trouverent
leur maistre, dont ilz furent moult esbaÿs.

---

⁵   e. c. d. ce disant s. de., *répété.*

Le C et V^e chappitre. Comment le senateur fut attaint de griesve maladie et comment Plaisance s'en vinst de Romme à Castres.

Quant ce maleureux senateur se vist ainsi espris et alumé, il commença à recongnoistre son pechié et sa mauvaise et perverse voulenté. Si se getta à genoulx devant la royne, sa commere, en lui priant mercy et en disant: «Ha! ma treschiere commere, je vous prie que vous priez pour moy, car je me voy en peril de mort.» Et lors il envoya querir ung autre senateur qui estoit bien son amy. Lequel prestement vinst devers lui. Quant il fut en la chambre, il fut bien esbaÿ de veoir son compaignon en telle douleur et lui demanda dont ce lui venoit. Si lui respondist que c'estoit le plaisir de Dieu et qu'i L'avoit grandement offensé. «Et pour ce, mon treschier amy, je vous prie que vous en alez devers nostre Saint Pere le pape et lui notifiez le grant dangier où je suis, en lui suppliant depar moy treshumblement /130r° que, ja soit ce que point n'en soye digne, qu'il lui plaise lui tant humilier sa digne et saincte personne que de venir jusques à cy, affin que à lui me puisse confesser, car sans nulle doubte j'ay fait ung pechié dont nul ne me peult absoudre se non lui, duquel je suis en cuer tresrepentant.» Lequel senateur, requis comme dist est, s'en ala devers nostre Saint Pere et fist tant qu'il l'amena en la maison du senateur qu'il trouva en ce dengier. Si le beneist et conforta le mieux qu'il peust. Et se confessa le senateur publiquement de son pechié en plorant tresamerement et en grant repentance. Si lui donna le pape l'absolucion. Et dit l'istoire que par les prieres de la bonne dame le feu se commença à estaindre petit à petit, mais touteffois si* ne fut il point si bien gary qu'il peust aler sur ses piés, mais se vesquist il encores

longuement depuis*. Mais ceste vaillant dame
Plaisance ne se osa oncques puis fier en lui et se partist
de son hostel comme une povre femme et se mist ou
35   chemin de Castres du costé de Lombardie tant
doulante que plus ne pouoit pour la perte de son filz
Jozerain, que le faulx et mauvais senateur lui avoit
emblé, comme vous avez oÿ. Si se exploita tellement
ceste dame par son chemin que elle vinst en la cité de
40   Castres, qui se mesme an avoit esté submise par le roy
des François, comme avez oÿ nagaires. Et là se arresta
ceste doloreuse dame Plaisance et se logea et puis
commença à demander pour Dieu et à vivre des
aumosnes des bonnes gens, et tous les jours ploroit
45   pour amour du bon Constancien qu'elle avoit laissié en
Escalongne en sa chambre tout /130v° seul combatant
contre douze payens. Si cuidoit qu'il fut mort, et pour
ce prioit elle Dieu, et la Vierge Marie, souvent pour lui
que Il eust pitié de son ame, et puis reploroit pour son
50   enffant qu'elle ne savoit qu'il estoit devenu ne se il
estoit mort ou vif. Et ainsi lui croissoient de jour en
jour ses douleurs quant toutes ses choses lui
revenoient au devant.

　　Or vous lairay ung petit à parler d'elle et si vous
55   racompteray du bon roy Henry et du bon empereur de
Constantinoble et des autres nobles hommes qui
estoient au siege devant Jherusalem, laquelle ilz
prirent par la vaillance du bon roy Amaury d'Escoce,
ainsi que vous orrez cy aprés.

Le CVIᵉ chappitre De la grant bataille qui fut devant Jherusalem. /131r°

Dedens ceste cité de Jherusalem, devant laquelle estoient noz vaillans crestiens en grant apareil d'armes tant dolans que plus ne pouoient de ce qu'elle leur duroit si longuement, car il estoit ja le .Xᵉ. moys, avoit un roy payen, nommé Ardoubourg, comme nous avons dit par avant. Lequel roy, comme le plus hardit homme de sarrezenesme, estoit aussi si* desplaisant de ce que les crestiens estoient si longuement devant la cité et qu'ilz ne fasoient nul semblant d'eulx en aler, et aussi ne fasoient ilz, car le roy Henry d'Engleterre et l'empereur de Constantinoble avoient juré que jamais ne s'en partiroient jusques à ce qu'elle fust prinse et mise en leur obeÿssance, et d'icelle chassiez et deboutez tous les Sarrazins. Pourquoy ce roy Ardoubourg, veant la constance et ferme couraige des crestiens que* de jour en jour lui faisoient moult d'assaulx, ung jour fist tous ses hommes d'armes armer et jura ses dieux qu'il viendroit planter sa banniere ou mylieu des crestiens et que il les deslogeroit ou qu'il y morroit en la peine, car il amoit mieulx à morir à une fois que à veoir ainsi son peuple finer comme il fasoit de jour en jour. Et, quant ilz furent prestz, il fist ouvrir la porte et mist bonne garde sur les murs et puis fist sonner ses trompettes. Et commencerent Sarazins et payens à yssir hors de Jherusalem. Laquelle chose les crestiens apparceurent incontinent, qui prestement comme gens bien asseurez se mirent en belle bataille contre eulx.

Tantost que le roy Amaury vist ces batailles ainsi apparoir, du gré du roy Henry et des autres nobles, atout quatre mil brigandiniers, se partist* /131v° de l'ost et s'en vinst par derriere le mont d'Olivet et fist

tant qu'il vinst devant la cité que ceulx de la cité n'en
apparceurent riens jusques à ce qu'ilz furent sur les
35 fossez. Quant il fut là, il fist tant qu'il monta amont
iceulx fossez et de ses gens avec lui, et puis se fist
monter à force de lances sur les murs de la cité. Mais
nous vous parlerons de la bataille ung peu ainçois que
nous procedons plus avant. Laquelle commença ainsi
40 que à dix heures du matin et dura jusques à basses
vespres tousdis en combatant les uns contre les autres,
ouquel terme furent fais pluseurs nobles et hardis fais
d'armes, car les ungs et les autres s'i emploioient de
toute leur force et fasoient tant d'armes que longue
45 chose seroit à racompter les fais des hommes d'une
partie et d'autre. Touteffois pour vous en dire partie et
des plus nobles, l'ystoire dit que ce roy Ardoubourg
couroit de bataille en autre comme fourdre, et sembloit
que riens il ne doubtast sa vie, mais abatoit de noz
50 crestiens à merveilles, et dist que, à une empainte qu'il
fist, qu'il en abatist dix, et si n'avoit d'eage que .XXV.
ans*, parquoy il en estoit plus chault et plus boillant et
en estoit plus vaillant et tant qu'il faisoit reculer et
faire place partout où il se trouvoit, dont les vaillans
55 seigneurs comme l'empereur Anthoine et le roy Henry
et Constancien de Bordeaulx estoient moult doulans.
Touteffois fasoient ilz si vaillamment qu'il estoit
possible, car souvent se mettoient en aventure de mort
contre les payens, lesquelx ilz abatoient par
60 monceaulx, laquelle chose seroit longue à racompter
des vaillances qu'ilz faisoient. Et dit l'ystoire /132r°
que en ceste bataille le roy Constancien rencontra le
roy Ardoubourg et lui donna ung si grant horion de
son espee que le cop cheïst sur le col du cheval si
65 durement qu'il le trencha tout oultre, et trebucha* le
cheval et le maistre en ung mont. Mais en cheant il se
tinst si bien qu'il demeura sur ses deux piés, tenant
l'espee ou poing, de laquelle il frappa tellement le

cheval de Constancien qu'il lui trencha les quatre piés,
et cheust* aussi le maistre et le cheval. Et ainsi furent
tous deux à pié et se combatirent grant piece l'un
contre l'autre et se donnerent maintes horions, mais ilz
furent secourus par leurs hommes et separez et
remonstez sur nouveaulx chevaulx, ne oncques puis
Ardambourg ne se osa bouter si avant en la presse. Car
adonc[1] il parceust bien que es crestiens n'avoit nul
remede de son deport*. Mais tousjours les tenoit il en
tresbel conroy et les encoraigeoit de combatre à
puissance et sans faulte. Aussi fasoient ilz, car ilz
avoient de grans costeaulx et d'espieux, desquelz ilz
fasoient grant dommaige sur noz gens, et pareillement
noz gens à eulx, car de haches d'armes, d'espee* et de
lances ilz les abatoient et perçoient de part en part. Et,
pour vous dire toute la maniere et la chose comment
il* aloit, il seroit trop long à compter. Si nous en
tairons et dirons comment le bon roy Amaury print la
cité.

---

[1]   ardonc*.

Le C et VIIe chappitre. De la prinse de Jherusalem et du roy Ardoubourg qui se rendist. /132v°

Amaury, le roy d'Escoce, venant[1] sur les fossez de
la cité, comme avons dit nagaires, tendis que les
batailles estoient si eschauffees et que ceulx de la cité
estoient tresententis à regarder la fin de leur bataille,
5   se avala ou fon du fossé, où n'y avoit point d'eaue, car
la cité siet en hault lieu et bien arriere de rivieres. Lui
donc venu en ce fossé commença à ramper
contremont, tant que il vinst jusques au mur atout
pluseurs compaignons qui portoient picqs et
10   marteaulx, qui tout prestement commencerent à
rompre et marteler le mur pour le cuidier rompre. Et
firent si grant noise que ceulx de la cité l'oÿrent,
lesquelz regardoient les batailles qui estoient sur les
champs. Tantost ilz affuyrent celle part et
15   commencerent à getter pierres sur eulx sy roydement
qu'ilz en firent pluseurs renverser ou fon du fossé, et
les aucuns se targeoient et couvroient /133r° au mieulx
qu'ilz pouoient de leurs targes et autres habilemens
qu'ilz avoient et portoient avec eulx. Les archiers qui
20   estoient sur le bort des fossez, veans ces Sarrazins sur
les murs qui gettoient ces grosses pierres et autres
deffences, commencerent à tirer si raidement sur eulx
que à peines y avoit il si hardy payen qui osast mettre
la teste es creneaulx, mais se couvroient et tappissoient
25   pour le trait, dont ilz estoient moult esbaÿs, car ilz
n'avoient point aprins telz esbatemens. Adonc le bon
vaillant Amaury, veant que nullement ilz ne pouoient
rompre la muraille, fist drechier aucunes eschielles
contre le mur et commença lui mesmes à monter, mais
30   l'eschielle estoit si courte qu'il ne pouoit avenir au

---

[1]   d'E. veant s.

cretel. Si dist à ses compaignons: «Hardyment, seigneurs, ilz sont nostres! Levez moy es fers de voz lances sur le mur.» Si le firent ainsi ses compaignons et tant que, l'espee ou poing, il prinst le cretel et passa oultre, où il trouva aucuns povres payens tresmal armez. Lesquelz, tout prestement qu'ilz le virent, se mirent à la fuite et laisserent la place. Adonc le bon Amaury commença à crier à ses hommes: «Avant, seigneurs, avant, montez, c'est tout à nous!»

Si commencerent à monter jusques ilz furent bien deux cens et puis commencerent à rompre la muraille et à entrer ens et puis incontinent s'en alerent sur les portes et par espicial sur la porte où il y avoit pluseurs Sarrazins et payens qui regardoient la bataille. Lesquelz incontinent furent ruez jus et prins prisonniers, et là au plus hault assirent la banniere du roy Henry d'Engleterre et puis commencerent à aler par la ville et à tuer Sarrazins qui[2] /133v° ne se savoient où bouter ne muchier. Si commença le cris moult grant de femmes et d'enffans, et fuyoient les ungs cy les autres là, et tant que pluseurs s'en fuyrent à la bataille, crians et effrez et disans: «O vous, nobles hommes, retournez, retournez, et vous, roy Ardoubourg, et secourez vostre cité, car veritablement, se vous à cop remede n'y mettez, vous n'y verrez* jamais à temps.»

Laquelle douleur pour les payens oyans et veans le roy Ardaubourg comme tout forcené se[3] frappa ou plus espez de noz gens qui tresvaillamment se combatoient et dist qu'il amoit mieulx à morir que à plus vivre, et d'un dart qu'il tenoit en sa main il commença à faire ung si crueux esparsin d'ommes d'armes que à peinne porroit on croire que Nature peust mettre tant de force

---

2 qui, *répété, changement de page.*
3 se, *répété, changement de ligne.*

en ung corps d'omme. Le bon roy Henry et l'empereur,
qui ja savoient l'aventure du bon Amaury, et le bon
Constancien avec eulx, veans ce cruel payen ainsi faire
telle boucherie de leurs hommes, tous à ung fais se
frapperent sur luy et firent tant par force d'armes qu'ilz
le getterent par terre. Et ja de mort ne fuist eschappé
s'il ne se fut rendus, mais en combatant contre ces
nobles seigneurs, par la grace de Dieu lui vinst une
pensee au devant que sa creance ne valoit riens et que
ses dieux n'avoient pouoir ne vertu. Si se rendist à eulx
en criant à haulte voix: «Ha! seigneurs crestiens, je me
rens à vous. Ayez pitié de moy et de mon peuple, car
je vuel prendre vostre loy et de toute ma puissance y
feray mon peuple obeÿr, et qui faire ne le vouldra,
faictes en vostre plaisir.» Tout prestement qu'i eust ce
dit, il fut receu du roy Henry à mercy et puis sans
arrest fut crié /134r° que chascun cessast de combatre.
Laquelle chose fut faicte.

le nom de ce chevalier et pourquoy ilz lui faisoient si
grant reverance. Le roy d'Engleterre lui dist qu'il estoit
nommé Amaury et estoit roy d'Escoce, et puis lui
racompta comment il avoit prins la cité de Bordeaulx
35   et aussi ceste saincte cité. Pourquoy le roy
Ardoubourg, oyant la bonne relacion de ce roy
Amaury, à son baptisement volt que cestui Amaury
fust son perrain et se fist nommer Amaury. Et dist aux
seigneurs que c'estoit bien raison qu'il eust son nom,
40   car il l'avoit conquis, combien que, comme il dist et
cognust, il avoit ja passé dix ans qu'il avoit eu en
pensee de renoncier à sa loy, car elle lui sembloit
mauvaise pour le sauvement de son ame, mais trés
dampnable. «Mais, disoit il, je en avoye honte à cause
45   de mon lignaige qui est tout payen.»

Aprés ce que cestui roy fut baptisié, se baptiserent
pluseurs payens et Sarrazins et aussi pluseurs femmes
et enffans. Et puis visiterent les crestiens tous les
saints lieux par grant devocion et y firent leurs
50   oblations tresdevotement, et puis se mirent es champs
et conquirent tout le païs à l'environ. Et, quant ilz
eurent tout ce fait, le bon vaillant Constancien s'en
vinst à l'empereur Anthoine et au roy Henry et prinst
congié d'eulx, dont ilz furent moult doulans, car ilz
55   amoient moult sa compaignie, et non sans cause, car il
estoit tresvaillant de son corps. Neantmoings faire le
convinst. Si se mist en mer à l'aventure de Dieu en la
queste de sa dame par amours, Plaisance, qu'il savoit
estre ensainte /135r° à sa cause.

60   Mais je vous lairay ung petit à parler de lui et aussi
du bon empereur Anthoine et du bon roy Henry, qui
tant doulans estoient que plus ne pouoient de ce que en
nulle maniere ilz n'oyoient nulles nouvelles de la belle
Helayne, que tant ilz desiroient à trouver et pour
65   laquelle ilz fondirent maintes larmes et prieres à
Nostre Seigneur Jhesucrist, en priant que, par

debonnaire pitié, il Lui pleust à eulx amener en
quelque lieu où ilz en peussent oÿr nouvelles à leur
plaisir et à Sa louenge. Et si vous compteray d'elle,
c'est à dire de la bonne Helayne, comment elle trouva
Plaisance la royne, et comment elle vinst à Romme
parler au pape, son oncle, qui ne la recougneust en
riens.

Le C et IXe chappitre. Comment Helayne vinst à Castres où elle fut fort malade et comment elle se confessa.

Nostre hystoire dit que la bonne royne Helayne, elle estant en la cité de Tours en si grant povreté que de tous les jours demander et querir sa povre vie, par renommée qui va courant en toutes marches oÿst dire
5   et racompter que pour certain les bons crestiens qui estoient passez la mer* et alez en terre de Surie sur les ennemis de la sainte foy catholique estoient desconfis et tous mors, et que mesmes son pere l'empereur de Constantinoble et le roy Henry d'Engleterre y avoient
10   esté occis et que on les avoit rapportez en la cité de Romme pour les encevelir. Desquelles nouvelles elle fut tant doulante que plus ne pouoit, car, combien que elle pensast que par eulx elle fust /135v° en celle povreté, touteffois ne leur voulsist elle que bien, et de
15   leur bonne prosperité estoit tresjoyeuse, car elle savoit bien qu'ilz estoient droite estacque et deffence de saincte foy catholique. Pour laquelle chose savoir à la verité une volenté lui prinst de soy partir de la ville de Tours et de soy en aler à Romme, affin aussi que de
20   iceulx lamenter et plorer. Si se mist tout prestement au chemin en demandant l'aumosne de ville en ville pour sa substance. Helas! quelle royne, qui ainsi va querant son pain ! O! faulx traictres, que ne vous fent le cuer quant vous oyez telles pitiés! Bien estes maudis de
25   Dieu de ainsi traÿr par vostre faulce couvoitise les vaillans princes et princesses!
    La povre Helayne donc tant chemina à grant douleur et à grant povreté qu'elle vinst en la cité de Castres en Lombardie, laquelle cité estoit encores pour
30   lors payenne, et là se arresta ceste vaillant dame pour soy reposer ung petit, car elle estoit lassee et trave‛lee

oultre mesure. Si advinst d'aventure, ainsi qu'elle aloit querir son mieulx en passant par une rue en laquelle demeuroient crestiens par treü, que elle trouva en une hostelerie où on abregoit* les povres pour l'amour de Dieu la royne Plaisance, de laquelle nous parliesmes nagaires. Ainsi y avoit en celle cité deux nobles roynes et de noble sang extraictes en grant povreté et misere. A laquelle hostellerie se adreça Helayne en demandant l'ostel pour Dieu. Si lui vinst à l'encontre Plaisance, qui avoit sept femmes en administracion soubz elle dudit hospital. Laquelle Plaisance, veant ceste povre lasse, mehue de pitié et compassion, tresbenignement la /136r° receust et la mist en son hostel et lui donna à boire et à maingier comme à celle qui tresgrant besoing en avoit, et la logea au mieulx qu'elle peust. Et touteffois par les grans povretez et miseres tant de froit, de chault comme de pleuves et de vens qu'elle avoit ja par grant espasse de temps porté et souffert, elle encheïst en une tresgrande maladie. Et à vous dire l'ystoire dit qu'elle fut trés malade et tant que elle cuyda morir. Et, affin qu'elle peust rendre à Dieu ce qu'Il lui avoit presté plus agreablement, elle pria à son hostesse, dame Plaisance, qu'elle peult avoir ung preste pour la confesser et pour lui donner ses sacremens, comme vrays crestiens sont tenus de faire. Laquelle dame lui bailla son confesseur. Lequel l'escouta et confessa tresbenignement, et aussi elle se confessa tresdevotement et en ceste confession faisant elle congneust au confesseur tout son estat et son estre, qui elle estoit et à quy elle estoit espeuse, en lui priant tresaffectueusement que, s'il avenoit qu'elle alast de vie à trespas, que aprés icellui le voulsist faire savoir au roy Henry d'Engleterre, se ainsi estoit qu'il fusist encores en vie, car encores n'estoit elle point bien certaine de son trespas. De laquelle parole le prestre fut moult esbaÿ et commença à plorer pour la grant

povreté et misere qu'il veoit en elle, et lui dist: «Ha!
dame, je vous prie que vous ne vous deffiés point de la
70   misericorde de Dieu et prenez en pacience, et
veritablement j'ay pieça oÿ parler de vous en ces païs
cy. — Ha! sire, dit Helayne, pour Dieu je vous prie
que ja n'en parlez autrement que je vous ay dit. —
Sans faulte, dame, aussi ne feray je, car, puis que par
75   confession le m'avez dit, il vous sera /136v° celé*,
comme se oncques ne m'en eussiez parlé. Et si vous
certifie qu'il en y a une autre qui a esté royne de grant
paraige en ceste ville., laquelle pour amour de Dieu a
laissié sa terre et son païs et pour vivre purement en la
80   saincte foy catholique de Jhesucrist.» Et, quant il l'eust
assés reconfortee, il prinst congié à elle et s'en vinst à
dame Plaisance, sa fille en confession, et lui dist
qu'elle pensast tresbien de ceste femme, «car, par ma
foy, dist il, je vous prometz qu'elle est extraicte de
85   noble sang.»

Le C et X^e chappitre. Comment Helayne et Plaisance s'entrecongneurent et comment le roy de Castres volt avoir l'amour de Helayne.

Quant Plaisance la royne entendist son chapellain et confesseur parler, qui affermoit que ceste povre femme estoit de grant lignie, elle la commença plus fort que devant à penser et lui faisoit tout le bien qu'elle pouoit en la consolant et confortant et la couchoit et levoit et l'eschauffoit en son propre lit ne nullement esloingnier ne la vouloit, mais lui estoit tant preste que merveilles. Et finablement elle la servoit et honnoroit si grandement en sa maladie, qui moult longuement dura, que Helayne lui congnust tout son estre. Et, quant elle lui eust tout dit, Plaisance lui dist pareillement tout le sien et lui dist que autreffois elle avoit oÿ parler d'elle et qu'elle avoit laissié son pere en la cité de Jherusalem, nommé Ardoubourg, en laquelle cité estoit pour lors en grant puissance de gens d'armes le roy Henry /137r° d'Engleterre, qu'elle disoit estre son mary. Et puis lui recorda tout son compte de Constancien et comment elle vinst à Romme et comment et pourquoy elle se partist du senateur, tout au long, comme dit est devant. Ainsi se deviserent ses deux roynes ensemble et tant que la bonne Helayne se commença ung petit à resourdre et à recouvrer sa santé, et promirent l'une à l'autre de tenir secret leur fait. Finablement tant fist la bonne dame Plaisance et tant pensa de sa bonne hostesse, Helayne, que elle revinst en sa santé corporelle et qu'elle fut tresbien regarie de son mal, comme se oncques n'eust esté malade. Pourquoy une des damoiselles deseuraine dessus les autres, de sept ou de huit qu'il y avoit, s'en vinst à Plaisance, sa maistresse, et lui remonstra comment ceste povre femme Helayne estoit en bon

point et que elle s'en pouoit bien aler*. Mais Plaisance
lui respondist qu'elle se teust de ce, car, se elle y
vouloit demeurer tout le remenant de sa vie, elle avroit
35 part à tous ses biens. «Et pour quel cause, dit la
damoiselle? — Pour ce, dit Plaisance, qu'elle est de ma
cougnoissance.»
     Si se apaisa atant la bonne damoiselle quant sa
maistresse lui eust ce dit. Mais, comme ceste vaillant
40 dame Helayne eust ja demeuré oudit hospital par le
terme de trois mois et qu'elle fut en bonne santé et que
elle estoit revenue en sa beaulté*, il advinst ung jour
que le roy de la cité, nommé Hurtault, aloit jouant par
la cité, et entra en la rue des crestiens pour les veoir et
45 aviser leur estat et passa devant la maison où Helayne
estoit hostellee, là où il y avoit pluseurs povres
hommes et femmes /137v°, entre lesquelles estoit
Helayne, pour veoir le roy, comme on fait encores au
jourd'uy quant grans seigneurs passent parmy une
50 ville. Si advinst que en passant, ainsi comme il pleust
à Dieu, il entregetta sa veue entre ces povres femmes
et parceust Helayne, laquelle sembla moult plaisant et
moult belle et tant que il se arresta tout quoy et la
regarda et puis l'aproucha et la salua. Quant Helayne
55 vist que c'estoit à elle qu'il parloit, elle s'approcha de
lui et lui fist la reverance moult gracieusement. Adonc
le roy lui dist qu'elle vinst parler à lui en son palaix et
qu'elle en vauldroit mieulx. Et comme* Helayne se
excusast, il la fist prendre et mener en son palaix par
60 ses serviteurs, dont la dame fut en si grant anuy qu'elle
ne savoit que faire, car le cuer lui disoit que ce n'estoit
pour nul bien qu'il l'avoit ainsi fait prendre, et aussi
n'estoit ce. Car, incontinent qu'il fut retourné en son
hostel, il la fist amener devant lui et la fist seoir
65 emprés lui et la araisonna de pluseurs materes et par
espicial de renyer la foy de Jhesucrist et de estre son
amoreuse, et lui promist tant de biens que merveilles.

Mais, comment* ceste vaillant dame se excusast par
maintes manieres, tant de ce qu'elle estoit affoulee
d'un bras comme par sa povreté et disant que elle
ameroit mieulx estre arse en ung feu que à renoncier
sa loy ne de estre à lui jointe par charnelle delectacion
ne autre homme vivant*, adonc il la fist prendre et
mener en sa chambre en jurant sa loy et ses dieux que
jamais ne lui eschappera*, si en avroit il fait sa
voulenté et du tout son plaisir, cui qu'il soit lait ou
/138r° bel, et commanda qu'elle fust enfrumee en sa
chambre et qu'elle fust bien gardee.

Le C et XIᵉ chappitre. Comment Helayne s'en vinst à Romme.

Helas! les piteulx plains et regrecs que fist ceste
noble dame quant elle se trouva ainsi seule enfrumee
en la chambre de cestui tyrant qui n'estoit point de sa
loy, lequel la menaçoit de l'efforcier et violer
5   honteusement, dont elle avoit une douleur au cuer si
grande que à peinne savoit elle que dire ne que faire.
Neantmoings elle se mist à genoulx, les mains jointes,
en levant les yeulx en hault, qui si plains estoient de
larmes que ce sembloient petit ruisseletz de fontaine,
10   et fist l'oroison qui s'ensuit: «Pere des cieulx, glorieux
Roy, tout puissant Createur du ciel et de la terre, ung
Dieu en trois personnes, vraye Majesté, qui à Ta digne
semblance formas l'omme du lymon de la terre pour
possesser les[1] lieux glorieux desquelz estoit expulsé et
15   debouté l'Orgueilleux qui avoit dit qu'il seroit
semblent* au Haultain, mon vray Dieu espirituel et
perfait, je Te crie mercy. Si vrayement que je croy
que, par Ta divine providence, pour l'omme, qui Ta
glorieuse Majesté avoit offensé, secourir et racheter
20   des peinnes d'enfer, daignas de Ton hault ciel
descendre ou cloistre virginal de la glorieuse Vierge,
où par Ta pourveue sapience formas ung corps
glorieux et lumineux, ce fut le benoit corps de
Jhesucrist, nostre doulx Sauveur, et le volus livrer à
25   mort doloreuse /138v° en l'arbre de la croix et faire
respandre Son precieux sang en redempcion d'umain
lignaige, despuis ressusciter et monter en Tes sains
cielz, où il est Ton pareil en deité selon la divinité[2],

---

[1]   des.
[2]   divité.

maindre selon l'humanité[3]*, pour aprés soy attraire Tes
vrays esleuz, mon seul Dieu, mon seul Sauveur, mon
seul Redempteur, je Te aoure, je Te loe, je Te regracie
et si Te prie mercy et Te requier piteusement que Tu
me vueilles secourir et oster de ceste tribulacion pour
laquelle espicialment je Te requiers et prie mercy en
disant *alpha* et "*o*". Mon Dieu, mon Dieu, qui la bonne
Suzanne delivras du grief blasme, Daniel de la fosse es
lyons, David du jayant Goliard et Pierre, Ton benoist
apostre, du peril de la mer*! ainsi, Sire, mon Dieu et
mon Seigneur, estens Ta piteuse pitié sur Ta povre
ancelle, car je n'ay nulle esperance se non en Toy, qui
es mon seul Dieu, et me delivre de ceste desolacion où
je suis enveloppee.»

Quant elle eust faicte son oroison, elle se leva et
s'en vinst à une fenestre qui estoit ouverte sur ung
jardin où il y avoit pluseurs grans arbres de pluseurs
manieres. Si monta sur la fenestre, et à piés jointz, en
soy recommandant en la garde Dieu, pour son honneur
garder et la fidelité de son mariage, saillist parmy les
branches des arbres de bien quinze piés de hault à terre
et bien peu se bleça, par l'ordonnance de Dieu, car elle
s'estoit recommandee à Lui. Prestement qu'elle fut à
terre, elle se mist à la course et trouva ung huys ouvert
au bout du jardin, par lequel elle passa et se mist es
champs, tousjours tirant avant de bonne tire en
esloignans la cité de Castres, et fit tant qu'elle vinst et
arriva en la cité de Romme. /139r° Mais à vous
racompter les regretz et les plaintes qu'elle fist[4] en
fuyant le cours du chemin, tant de ce qu'elle s'en aloit
sans avoir prins congié à sa bonne hostesse Plaisance
comme aussi des douleurs et povretez qu'elle souffroit
par la durté de Fortune, qui tousjours la mettoit au

---

[3]   m. en h.
[4]   en fist, *répété et exponctué.*

dessoubz de sa roe, ce seroit une longue chose à racompter. Si nous en tayrons et procederons au perfait et à l'accomplissement de nostre matere, dont
65 l'ystoire dit que, quant elle fut venue en la cité de Romme, elle se logea pour la premiere nuyt au mieulx qu'elle peust en grant povreté et mendicité. Et en ce point par aucuns peu de jours demeura ceste vaillant dame en la cité, querant son pain jusques à ce que ung
70 jour elle ala ou palais de nostre Saint Pere le pape et lui demanda l'aumosne. Si advinst d'aventure que il getta sa veue sur elle et parceust qu'elle n'avoit que une main, dont il fut comme tout souspris, car tout prestement il lui ala souvenir de Helayne, sa niepce,
75 que il n'avoit oncques veue et pensa que se porroit elle estre. Et de fait lui dist: «Dame, il me semble que vous n'avez que une main et, pour ce que vous avez besoing d'ayde, je vous vueil faire du bien, au plaisir de Dieu. Venez vous en avec moy en mon hostel.» Et en ce
80 disant il se tourna vers aucuns de ses serviteurs et leur commanda qu'ilz la menassent en sa chambre, car il vouloit savoir dont elle estoit. Si le firent ainsi les serviteurs que commandé leur avoit esté par le Saint Pere.

Le C et XIIᵉ chappitre. Comment Helayne parla au pape Climent auqué* elle ne se¹ volt faire congnoistre. /139v°

Quant le bon pape Climent fut venu en sa chambre et Helayne fut devant lui, en la presence de ses serviteurs il lui demanda premierement dont elle estoit. Et elle lui respondist qu'elle estoit de Tours en Tourainne et que de là estoit la mere qui l'avoit en son ventre portee. Enaprés lui demanda dont ce lui venoit que elle n'avoit que une main. Elle lui respondist que ce avoient fait aucuns mordreux qu'elle avoit autreffois encontré en ung bois, qui avoient occis son pere et elle ainsi affolee pour ce quelle ne vouloit faire leur volenté, «dont je loe Nostre Seigneur, disoit elle, car, par ung chevalier qui survinst sur eulx à cause que je crioye si hault, je fus sauvee de leur tyranie. Dieu lui vueille rendre à l'ame! — Ha! ma treschiere amye, dit le pape, en bonne foy, je n'ay point trouvé en vous ce que je cuydoye. Or me dictes, ma treschiere fille, me savriez vous à dire nulles nouvelles d'une dame de hault lignaige, nommee Helayne, qui est fille de l'empereur de Constantinoble et femme et espeuse du roy d'Engleterre ? Laquelle par mauvaise traÿson a esté dechassee et deboutee miserablement hors de sa terre, car au bouter hors de son royaume on lui a comme trenchié ung bras. Et, pour ce qu'elle est de mon lignaige, je en orroye voulentiers aucunes nouvelles qui plaisantes me fussent. Car je say bien que par son departement son pere et son mary ont eu et ont encores grant anuyt et grant peine.»

Quant Helayne oÿst ainsi le pape parler, penssant que son pere et son mary la querissent pour la

---

¹   se *mq. restitué d'ap. la table des rubriques.*

30   destruire, lui dist*: «Ha! Pere saint, saichiez que je en
ay bien oÿ parler et si vous prometz que je l'ay veue de
mes propres /140r° yeulx, car elle demeura grant
espace de temps en la ville de Tours, dont je suis, et
mesmes en la maison de ma mere avec moy, et eusmes
35   pluseurs grans amistiez ensemble. Si me compta tout
son affaire, dont je euz au cuer grant pitié. Mais, Pere
saint, aprés ce qu'elle eust demouré avec moy dix
mois, elle s'en ala si que de son partement je ne sceuz
nulle riens ne moy ne personne à qui j'en demanday, et
40   cuyde que ce fut par ung faulx ribault malotru qui tous
les jours la heriot* et faisoit moult de peinne et la
vouloit, comme fol qu'il estoit, amer, mais il fist tant
par ses desmerites qu'il morust honteusement.»
        Et, quant le pape l'entendist, il commença à plorer,
45   et elle aussi ploroit pour ce que nullement ne se osoit
fier en lui. Si lui dist encores le pape que, se elle la
savoit nulle part trouver ne enseignier, il lui donneroit
tant d'argent qu'elle en vouldroit demander. Et pour
ceste cause estoit elle aucunement en doubte. Si fait
50   moult à esmerveillier comment ce se pouoit faire, mais
il fault respondre que c'estoit proprement l'ordonnance
divine qui la vouloit esprouver, comme l'or en la
fornaise. Adonc nostre Saint Pere, en lui donnant une
aumosne d'or, lui dist que, toutes fois qu'elle avroit
55   besoing d'aucune chose, que elle vinst à son palaix et il
lui[2] feroit delivrer. Si se partist la bonne dame atant de
lui et descendist les degrez du palaix où elle parceust
en descendant que dessoubz ses degrez avoit une
bonne place pour soy bouter et retraire. Pourquoy au
60   plus tost qu'elle peust elle s'en revinst au pape et lui
pria pour amour de Dieu qu'il fust content que elle
logeast en celle place, et il feroit aumosne et se lui
requist /140v° aussi absolucion de ce qu'elle ot accusee

---

2   lui *mq.*

Helayne, comme elle disoit, qui deffendu lui avoit que point ne* la racusast à nulle personne. Lesquelles demandes lui accorda le pape. Et ainsi se logea Helayne soubz les degrez du palaix du pape où elle demeura une longue espace de temps, couchant sur ung petit d'estrain et vivant du relief de la court*. Et se affermoit elle en son coraige que jamais autre royaume elle ne tenroit, mais demouroit en ceste povreté se c'estoit le plaisir de Dieu. En ce temps pendant elle oÿst assés parler de son pere et de son mary et sceust bien de certain qu'ilz n'estoient point mors et qu'ilz estoient es marches d'oultremer où ilz conqueroient païs sur les payens à grant puissance.

Or vous layrons à parler d'elle et de eulx et vous parlerons du bon Constancien qui s'estoit party atout .XXX. compaignons seulement et avoit tant fait qu'il estoit

Le CXIIIᵉ chappitre Comment Constancien vinst à Romme où il fist pendre le senateur qui avoit voulu efforcier Plaisance, sa dame par amours.

    Constancien, venu et arivé en la cité de Romme, au plus tost qu'il peust s'en ala devers nostre Saint Pere, devant lequel il se getta à genoulx en lui baissant les piez et en le honnorant comme pelerin qui vient du
5   saint voyage d'oultremer, en disant: «Pere Saint, Dieu, par Sa saincte grace, vous vueille tellement voz fais conduire que ce soit au salut de vostre ame et des ames qui vous sont baillees en garde. /141r° Pere saint, saichiez que je suis ung povre pecheur, roy, nommé
10 Constancien, et vien* de la saincte cité de Jherusalem, en laquelle j'ay laissié une noble compaignie de barons telz comme est vostre nepveu l'empereur de Constantinoble vostre filz par adopcion, le roy Henry d'Engleterre et Amaury d'Escoce, es mains desquelz
15 par leur proesse et vaillance est à present ladicte cité — laquelle chose vous est mandee par moy depar eulx en eulx tousjours recommandant à voz sainctes prieres et oroisons — et non mye seulement la saincte cité, mais tout le païs d'environ, esquelles conquestes
20 faisans j'ay esté present, où j'ay employé mon corps en combatant contre les ennemis de Jhesucrist de toute ma puissance et ay mon sang respandu et le sang d'autruy fait respandre dont la terre a esté moulee et arousé. Si m'en confesse à vous en priant Dieu mercy
25 et requerant de vous qui estes mon Dieu en terre entiere absolucion. Et aussi, Pere saint, saichiez que j'ay les sains lieux visitez et baissiez de ma bouche non digne le benoit saint sepulcre, la saincte coulompne, la saincte croix, les saints cloux et la
30 saincte coulongne*. Pourquoy, se en ce faisant j'ay

mon Dieu offensé, je Lui en prie mercy et m'en rens
confés à Ses benois saints et à vous.»

Quant le pape eust entendu ses motz que dist le bon
Constancien, il lui donna la benediction et puis le fist
lever et le baisa et acola tresbenignement et en plorant
à grosses larmes le mist à question de pluseurs choses
et premierement de la maniere[1] de la prinse de la cité
et de l'estat des roys et empereurs et aussi de tout leur
ost. Et aprés lui demanda pourquoy il s'estoit party de
leur compaignie. /141v° Si lui dist la cause pour
laquelle il s'estoit party. Quant le pape l'entendist que
c'estoit pour querir Plaisance, il lui dist qu'il avoit
ceste dame baptisee en la cité de Romme presens
pluseurs senateurs, avec l'un desquelz elle avoit une
espace de temps demeuré. Mais où elle estoit à
present, il n'en savoit riens ne de son enffant aussi.
Touteffois disoit il qu'elle s'en estoit alee à la cause du
senateur, qui estoit son compere, pour ce que maulgré
elle il la voloit avoir à mariage. Et puis lui racompta
comment il estoit advenu audit senateur et comment il
en estoit encores en tel point qu'il le couvenoit porter
où on le vouloit avoir. Quant Constancien entendist le
pape, il lui supplia qu'il feist couvenir ce senateur
devant lui. Laquelle chose fut faicte, et fut amené
devant le pape et devant Constancien.

Incontinent que Constancien le vit, il lui demanda
de Plaisance, s'amye, et de son filz. Si lui respondist le
senateur qu'il n'en sçavoit riens et que on lui avoit
emblé emprés elle et ne sçavoit qui. Adonc
Constancien, veant que cestui senateur varioit à ses
paroles, l'appella traitre et lui mist sus de fait qu'il
avoit murdry sa femme et murdry son filz par le
mauvais eschauffement de sa luxure et du desir qu'il
avoit eu de avoir la compaignie de Plaisance, qui estoit

---

[1]   de la maniere, *répété*.

65   sa commere. «Et pour ce, disoit il, que maintenant[2] je
vous vueil prouver tel, je en offre mon gaige contre
vous et contre le plus puissant de tout vostre lignaige.»
Quant ce senateur oÿst ainsi parler Constancien, lui
qui estoit d'un merveilleux couraige tira ung coutel
70   qu'il avoit pendu à sa sainture et le getta contre
Constan/142r°cien de si grant force qu'il le inficha
dedans la teste de l'un des serviteurs du pape, si que il
lui fist saillir la cervelle sur le pavement, et morut de
ce cop, car Constancien, veant le cop venir, se tira
75   arriere si à point que le serviteur eust le cop.
Incontinent le pape, veant la merveille de cest homme,
le fist prendre et porter en une prison. Mais, affin que
j'en abrege le compte, l'ystoire dist qu'il fut tellement
traittié qu'il cougneust comment il avoit mourdry sa
80   femme et fait embler l'enffant par ung sien serviteur.
Lequel serviteur ne l'enffant il n'avoit oncques puis
veu et ne savoit où ilz estoient. Si le fist justice
prendre et mener au gibet et ainsi fut il payé de sa
deserte. Et pour ce dit on bien vray que ja murdre ne
85   sera fait si secretement qu'il ne soit sceu et qui
demeuré* doye impugny.

---

2   q. m. que.

Le CXIVᵉ chappitre Comment Constancien fut prins de mordreux et mis en prison, où il oÿst nouvelles de son filz Jozeran.

Ne demeura gaires de temps aprés l'execution et justice de ce senateur faicte et accomplie, dont pluseurs Rommains furent moult esbaÿs, car c'estoit ung des mieulx enlignaigié de la cité, que Constancien prinst congié à nostre Saint Pere et se partist de Romme et se mist en son chemin atout ses trente compaignons. Si chevaucha tant parmy le paÿs de Rommanie qu'il vinst en la propre forest où son filz avoit esté porté par le serviteur du senateur, et chevauchoit sans soy doubter de riens. Mais il n'eust point longuement chevauchié en la forest que les /142v° propres mourdreurs qui avoient occis le varlet devantdit lui saillirent sus, et estoient bien quarante, si soudainement que, ainçois qu'il s'en donnast garde, ilz lui copperent les chambes* de son cheval et le ruerent par terre et le prirent si hastivement que oncques il n'eust loisir de tirer son espee, car il cuidoit que ce fussent ses gens propres. Et de ses gens il en y eust tout prestement quatorze abatus et tuez et les autres s'en fuyrent, et ainsi fut prins Constancien. Si le loyerent de bonnes cordes et l'emmenerent avec eulx et le mirent en une forte tour au plus perfont, où il souffrist de maulx et de durtez tant de fain, de soif comme d'autres mesaises, tant que sans nombre, car il y demeura longhe espace de temps, comme vous orrez cy aprés.

Et en ceste prison avoient getté ces mordreurs ung de leurs compaignons. Lequel estoit celui propre qui en l'annee precedente avoit occis et murdri le serviteur du senateur qui portoit Jozeran pour occir, comme vous avez oÿ cy dessus. Et y estoit mis pour ce qu'il

avoit occis ung de ses compaignons qui lui mettoit sus
qu'il avoit eu vingt florins qu'il avoit trouvé sur ce
serviteur du senateur, dont il n'avoit point fait compte
35 à ses compaignons, et, s'il n'eust esté filz de la seur au
maistre d'eulx, il eust esté pendu à ung arbre tout
prestement. Et pour soy purgier de ce malfait estoit il
bouté en celle prison, et estoit nommé Guymar. Lequel
Guymart avoit jadis occis ung des serviteurs de
40 Constancien par le temps qu'il estoit payen et que on
l'appelloit Robastre, comme il le cougneust en la
prison à Constancien, et lui dist que on appelloit son
oncle Galeran et que oncques /143r° pour ce meffait
n'avoient peu avoir perdon au roy de Bordeaux et pour
45 ce avoient ilz renoyé leur loy et s'estoient fais
crestiens, mais ilz s'estoient mis à ce mauvais mestier
de mourdrir et de rober gens, et lui juroit que, se
jamais il pouoit de là eschapper, il occiroit son oncle et
tous les autres et puis se mettroit à Dieu servir et
50 deviendroit hermite en ung bois. Quant Constancien
oÿst ce lengaige, il le sceust bien et bel attrayre à
savoir de lui tout ce qu'il volt savoir et demander, et
lui demanda de l'enffant que il en avoit fait. Il lui
respondist qu'il l'avoit laissié emprés ung buisson
55 enveloppé en ung jazerain et que oncques puis ne
l'avoit veu. «Helas! dit Constancien, pleust à Dieu que
je l'eusse une seule fois veu comme vous, car
veritablement je l'ay ja desiré par moult long temps à
veoir et sa mere aussi, car certainnement c'estoit mon
60 filz, pour lequel j'ay souffert moult de peinne et
d'anuy. Or m'en doint Dieu venir à telle conclusion
que ce soit à Sa loenge et au salut de mon ame!»
Ainsi se deviserent grant temps ces deux
prisonniers, qui bon loysir en avoient, car ilz y furent
65 longuement et y souffrirent moult de maulx et de
tourmens. Mais depuis en furent ilz delivrez et furent
grans amis l'un l'autre, come vous orrez cy aprés. Si

nous tayrons ung peu de lui pour le present et vous
compterons une aventure qui avinst au bon Martin, filz
du roy Henry et de Helayne, qui pour lors se tenoit
emprés son perrain en la cité de Tours.

Le CXV^e chappitre Comment Martin fut blecié en alant à matines*. /143v°

L'istoire dit que ce bon Martin estant en la cité de
Tours entra en l'amour et service de Dieu tellement
que de tous les honneurs du monde ne lui chaloit en
riens. Mais estoit tresvolentiers en jeunes et oroisons
5   et en aumosnes; et sembloit qu'il n'eust en lui autre
desir, et aussi n'avoit il. Car il ne failloit à nulle heure
du jour et de la nuyt d'aler à l'eglise ne jamais, pour
quelque affaire qu'il eust, il n'y failloit et tant fist en la
fin de ses jours que Nostre Seigneur, qui scet les
10 euvres remerir, le coronna de la couronne de gloire,
comme chascun le tient en perfaicte foy. L'Ennemy de
toute creature, tresenvieux des biens qui se font par les
fidelz de Jhesucrist, veant ce tant devot Martin
commencier à luire sur le chandelier devant Jhesucrist,
15 son Createur, commença à forcener grandement contre
lui et de ses yeulx envieux à le regarder et de fait à
penser et querir comment il porroit trouver maniere de
le faire trebuchier et arrierer de son salut, et le tempta
par moult d'assaulx et de manieres qui longues
20 seroient à racompter. Toutes lesquelles manieres
Martin surmonta comme vaillant champion de
Jhesucrist et le rendist tousjours confuz et vaincus.
Adonc L'Ennemy, veant que par nul tour il ne le
porroit vaincre par ses fausses illusions et assaulx,
25 veant aussi que tous les jours ce bon et devot Martin se
levoit pour aler à matines, une fois, ainsi qu'il devoit
aler au service de Dieu, que encores n'estoit il point
jour, sur les degrez de la chambre par où le bon Martin
devoit descendre et passer, mist ou pois ou autres
30 choses rondes. Par lesquelles choses Martin /144r°
descendant comme en haste pour plus tost venir au
saint service de Dieu, il passa sur ces choses rondes et

cheïst et rondela du hault en bas et se navra
tresvillainement en la teste et pluseurs lieux du corps
si que il cuida bien morir pour ceste fois. Et ce fist
l'Ennemy pour le cuidier mettre hors de pascience,
mais il fut vaincu, car de tant plus avoit le bon Martin
de tribulacion et de tant plus se reconfortoit en l'amour
de Dieu et Le louoit et regracioit. Car, quant il fut ainsi
cheu, il ne s'en courouça en nul couroux ne en nulle
maniere, ainçois dist d'une humble devotion et d'un
bon couraige: «Loué soies Tu mon doulx Createur de
Ta bonne souvenance, car maintenant voy je bien qu'il
Te souvient de moy; me vecy prest à souffrir tout ce
qu'il plaira à Ta divine Majesté, Laquelle volt encores
plus pour moy soffrir, quant Elle volt Son precieux
costé estre percié d'une lance et Ses benoites mains et
piés de cloux agus.» Et ainsi disoit le bon Martin, dont
l'Ennemy d'enfer se partist tant confus de lui que plus
ne pouoit. Et le bon Martin en louant et regraciant
Dieu s'en retourna en sa chambre au mieulx qu'il peust
et se medicina et ordonna et puis s'en retourna au
service de Dieu.

Et cestui exemple vous ay je cy mis comme le met
nostre hystoire pour vous monstrer comment on doit
avoir pascience en adversité et que pour aucune
tribulacion ou mesaige* de corps on ne se doit point
deffier de la grace de Dieu ne le maugroier ou ses
sains, comme font souventesfois aucuns mauvais
paillars remplis de l'Ennemy d'enffer, qui pour une
paille maugroient Dieu /144v° et Ses benois sains. Si
est damaige et pitié que les princes n'y mettent remede
affin que les autres y preissent exemple. Or est
maintenant temps que je vous recorde du bon roy
Henry, son pere, et comment il retrouva sa femme
Helayne, aprés ce qu'il eust encores assés souffert de
peine, comme vous orrez cy aprés.

Le C et XVIᵉ chappitre. Comment l'empereur Anthoine et le roy Henry furent mandez à Romme pour combatre les Sarrazins et comment le roy Henry oÿst adoncques nouvelles de sa femme Helayne.

    Bien avez oÿ dire cy devant comment le bon roy Henry conquesta la saincte cité de Jherusalem puis Escalongne et le païs d'environ et puis comment Constancien se partist de leur compaignie et comment
5   le roy Ardoubourg se fist baptisier et nommer Amauri aprés le bon roy Amaury, roy d'Escoce. Et dit l'istoire que aprés toutes ces choses ces bons seigneurs, c'estassavoir l'empereur Anthoine, le roy Henry et les autres atout leur ost, alerent assigier la cité d'Acre, de
10 laquelle cité estoit roy le propre frere germain du roy Ardoubourg maintenant nommé Amaury. Lequel roy d'Acre avoit juré tous ses dieux que, tant qu'il vesquist, pour estre ars il ne renonceroit à sa loy, et, pour ce que son frere estoit crestien, il le menaçoit de mort se
15 jamais il pouoit venir en ses mains. Mais de ce que fol pense, assés s'en fault, et ainsi advinst il de cestui. Car, aprés ce que son frere aprés pluseurs amyables lectres et salutacions lui eust requis qu'il voulsist laissier sa loy et estre crestien, en lui remonstrant plu/145rᵒseurs
20 raisons qui bien le peussent et deussent avoir à ce faire esmeu — mais comme une pierre demeura en son obstinacion —, il fut assigié en sa cité d'Acre, laquelle il deffendist moult longuement, et y furent fais pluseurs grans et orribles assaulx et pluseurs beaulx
25 fais d'armes tant d'un costé comme d'autre. Et finablement furent les Sarrazins occis et la cité d'Acre prinse et rendue es crestiens et mise en leur obeÿssance, et en fut fait Amaury roy paisiblement par l'acord des seigneurs et princes crestiens.

Aprés lesquelles armes accomplies et achevees à
l'onneur de Dieu, ces bons seigneurs se disposerent à
eulx departir du païs pour rapasser la mer et retourner
es marches d'Ytalie et de Romme pour savoir se ilz
orroient nulles nouvelles de ce qu'ilz deseroient tant.
Mais, comme ilz fussent* en ceste ordonnance et
volenté et que le roy de Surie, auquel ilz
recommandoient, chargoient et layssoient tout le païs
de pardela, leur priast d'aler conquerre la grant cité de
Mecques, que il cremoit pour ce qu'il savoit bien que,
tantost que les Sarrazins savroient que ces seigneurs
crestiens seroient partiz, ilz viendroient sur lui à grosse
puissance pour le combatre, et que* à ce faire il les
eust ja mis en volenté, leur vinst ung messaige depar
nostre Saint Pere le pape Climent qui leur aporta
nouvelles, si que[1] leur volenté de revenir à Romme
leur fut renouvellee. Car il leur bailla lectres, par
lesquelles nostre Saint Pere le pape leur mandoit,
prioit et requeroit tresaffectueusement que, pour
l'amour de Dieu et de la saincte foy catholique, de
laquelle ilz estoient profex et vrays champions, ilz
retournassent pour le soustenir et aydier à l'encontre
d'un mauvais et traictre tirant, nommé Hurtault, roy de
/145v° Castres, lequel il savoit de vray venir sur lui à
tresgrant puissance de Sarrazins. Quant ces bons
seigneurs oÿrent ces nouvelles, ilz dirent qu'ilz ne
yroient plus avant, mais se mettroient au retour pour
secourir nostre Saint Pere puis que besoing en avoit.
Et pourtant ilz prindrent congié au bon roy Amaury de
Surie et firent trousser toutes leurs baques* pour eulx
en retourner. Tendis que les bacques se aprestoient, le
roy Henry appella le messagier du pape et lui demanda
s'il estoit nulles nouvelles d'une dame qui n'avoit que
ung bras ne se oncques on en avoit oÿ parler en lieu où

---

[1]   si que *mq.*

il eust esté. Le messagier lui respondist qu'il savoit une
65 femmelette, laquelle n'avoit que ung bras et estoit
logee dessoubz les degrez du palais de nostre Saint
Pere. Et la cause pourquoy elle estoit là logee et
pourquoy on lui souffroit, si estoit pour ce qu'elle avoit
dit aucunes nouvelles au Saint Pere de la royne
70 Helayne, fille de l'empereur Anthoine et femme de lui,
roy Henry. Mais ceste femme ne se vivoit d'autre
chose que du relief qui venoit de la table de nostre
Saint Pere ne jamais ne maingeoit de viande que
premierement on n'en eust servi et si ne vouloit gesir
75 que sur ung peu d'estrain, et la tenoit on tressaincte
femme et disoit on par Romme que le pape lui avoit
volu par pluseurs fois faire avoir hostel et maison pour
soy gouverner plus honnorablement, mais oncques elle
n'avoit voulu autre lieu pour soy logier que les degrez
80 du palaix où elle se logeoit, comme dit est, et là lui
avoit on fait faire ung peu de deffence d'ais* pour le
froit et pour les vens. /146r°

Le CXVIIᵉ chappitre. Comment le roy Henry et l'empereur desconfirent les Sarrazins sur mer, où ilz occirent le roy de Palerne.

Quant le bon roy Henry entendist ce message parler, il se pensa incontinent que ce pouroit estre sa femme. Si s'en vinst incontinent devers l'empereur Anthoine et lui recorda tout ce que le messagier lui avoit dit. Lequel empereur tantost dist, veu la maniere, que c'estoit sa fille. Et pour ce disoit il au roy: «Mon treschier filz, le cuer me dit tout en oultre que c'est la bonne Helayne que nous avons tant quis en pluseurs royaumes. Si vous prie que sans tarder nous mettons au chemin, car je n'avray jamais bien en mon cuer, si en savray je la verité.»

Aprés ces choses dictes, ilz /146v° commanderent au messaige qu'il s'en retournast et qu'il deist au pape qu'ilz seroient brief devers lui pour le secourir. Si s'en partist le messaigier et eulx incontinent se mirent sur mer en leurs vaisseaulx, esquelz moult tardoit de estre à Romme. Incontinent qu'ilz furent es navires, ilz leverent les voilles et commencerent à singler par mer à force de vent. Mais, quant ilz furent en la haulte mer, ne demeura gaires qu'ilz encontrerent trente navires plains de Sarrazins, lesquelz conduisoit l'admiral de Palerne, qui estoit frere du roy Hurtault, roy de Castres, et venoit au mandement d'icellui Hurtault pour aler assigier la cité de Romme, et y avoit en chascune nef mil Sarrazins bien en point. Tantost que les crestiens les parceurent et virent leurs enseignes, ilz cougneurent que c'estoient Sarrazins. Si se mirent en conroy et ordonnance et drecerent leurs navires contre eulx pour les aler combatre. Et aussi firent pareillement les payens qui aussi parceurent que c'estoient crestiens. Et ainsi commencerent à aborder

l'un à l'autre et incontinent sans attendre commencerent à combatre merveilleusement et getter grosses barres de fer deans les navires pour iceulx
35   affonder et tant qu'ilz furent accroichiez les ungs es autres, et combatoient main à main, et en y eust moult de mors d'un costé et d'autre. Et là estoit l'admiral de Palerne, qui se combatoit à force et à puissance et faisoit merveilles de son corps. Mais le bon Amaury
40   d'Escoce le combatist si merveilleusement qu'il le getta mort en sa nef et y furent de ceste mort les Sarrazins tous desconfis et gettez en la mer ne oncques n'en eschappa que[1] /147r° une toute seule nef que toutes ne fussent prinses et retenues par nos vaillans
45   crestiens. Lesquelz y trouverent tant d'avoir et de finance que oncques mais n'en avoient austant veu, dont ilz furent moult joyeulx, car ilz en furent tous riches et, comme l'istoire dist, austant en eust le petit que le grant. Quant nos bons crestiens se virent au
50   dessus de leurs ennemis, ilz loerent Nostre Seigneur Jhesucrist et prirent le corps de l'amiral et le vuiderent et puis le embamerent tresbien pour ce qu'ilz avoient entencion de le presenter au pape. Si leverent incontinent leurs voilles et commencerent à singler par
55   mer tant qu'ilz vindrent au port de Rommanie. Quant ilz furent arrivez, ilz descendirent à terre.

Or vous lairay ung petit à parler d'eulx, car la matere requiert que vous parle ung petit de l'estat de Helayne.

---

[1]   que *répété, changement de page.*

Le CXVIII⁰ chappitre. Comment le pape, saichant les nouvelles du roy Henry et de l'empereur, fist venir Helayne en son palaix, et d'un messaigier que le roy Hurtault envoya au pape.

Nostre hystoire dit que la venue de ces bons seigneurs, tant par le messaige devantdit come par renommee qui queurt partout à sa volenté, fut tantost sceue du pape et des Rommains, dont ilz furent tous moult joyeulx, car ilz attendoient de jour en jour le siege des Sarrazins qui venoient sur eulx à grant puissance. Ces nouvelles alerent tant qu'elles vindrent à Helayne, dont elle fut moult esbaÿe et ne sçavoit que penser, ains doubtoit tousjours sa mort, pour ce qu'il lui sembloit que /147v° l'empereur son pere et le roy Henry son mary ne la queroient se non pour la faire morir par mort doloreuse. Et, ainsi que elle estoit en ceste pensee, lui vinst ung des chappellains du pape qui lui commanda depar nostre Saint Pere qu'elle vinst parler à lui en sa sale. Si s'en ala Helayne avec le chappellain. Incontinent qu'elle fut devant lui, elle se getta à genoulx en le saluant et tantost le pape la fist lever et lui dist que elle se reconfortast en Nostre Seigneur et que elle n'eust doubte de riens, car il ne lui vouloit se non bien et puis lui dist: «Ma treschiere amye, je vous ay mandee pour parler à vous et vous advertir d'une chose que je vous diray affin que mieulx en soyez advisee. Il est vray que deux nobles roys, c'estassavoir l'empereur de Constantinoble et le roy d'Engleterre, seront bien briest* en ceste ville, au plaisir de Dieu. Lesquelz, comme je sçay de vray, ont puis long temps tracié la terre pour savoir et enquerir nouvelles de Helayne, la royne d'Engleterre, dont autreffois je vous ay parlé et dont vous sçavez aucune chose. Et pour ce je vous prie que, se en savez plus

avant que ne m'en avez dit, que leur vueilliez faire
sçavoir, car je sçay de verité que c'est la chose ou
monde que plus ilz desirent.»

Et, quant Helayne oÿst ces paroles, elle fut moult
35 esbaÿe et prinst une ymaginacion en elle que le pape
ne lui demandoit se non pour la decevoir.
Neantmoings lui dist elle en telle maniere: «Ha! Pere
saint, pour Dieu mercy, je vous prie, dictes moy, se
vous le savez, se ainsi estoit que ces bons seigneurs
40 trouvassent ou tenissent ceste dame dont m'avez tant
parlé, que ilz en feroient. — Certes, ma belle fille, ilz
lui feroient tout l'onneur qu'ilz porroient et la /148r°
remettroient en sa dominacion et seignorie.» Mais
quoy qu'il deist, Helayne ne se pouoit asseurer par
45 nulle maniere. Et pour ce elle lui dist: «Pere saint,
saichiés que, austant que je vous en ay dit, je leur diray
tresvolentiers et si penseray encores sus affin que
mieulx je en saiche respondre. — C'est bien dit, ma
chiere fille, dist le pape, et il vous sera remuneré du
50 tout à vostre bon plaisir.» Et atant elle se departist de
nostre Saint Pere et s'en revinst en sa place soubz les
degrés où elle avoit ja longuement esté.

Ne demeura gaires aprés ces choses que, ainsi
comme le pape et les cardinaulx estoient en conseil,
55 ung messaige sarrazin depar le roy Hurtault de Castres
vinst et entra en la cité de Romme et se presenta
devant le pape, auquel, sans autrement saluer, lui dist*
en telle maniere: «A toy m'euvoye* le trespuissant roy
de Castres, nommé Hurtault, et te mande par moy que
60 sans arrest tu te parte* de ceste cité et lui laisse
paissible, car il la te calenge, et tous ceulx qui avec toy
s'en vouldront aler, sa debonnaireté veult que avec toy
s'en voisent. Ce non saiches que, ainçois demain nuyt
il sera devant sa* cité de Romme, de laquelle se tu lui
65 deffens l'entree, il te fera morir de male mort par la
force des espees et des dars dont il a largement en sa

compaignie. Or m'en respons ta volenté affin que je lui
en face relacion, qui ta loy content à mettre au
dessoubz.»

Quant le pape oÿst ceste nouvelle, il appella les
cardinaulx et tout le conseil de la cité pour savoir quel
responce on y feroit sur* les paroles orgueilleuses que
le roy de Castres leur avoit dictes par son messaige.
Lequel Saint Pere et son conseil respondirent ainsi:
«La puissance /148v° celestienne a usage de confondre
les orgueilleux et ceulx qui opressent les humbles. Se
ainsi est que ton roy orgueilleux viegne pour nous
trouver et il ne vueille entendre à nostre humilité, nous
lui monstrerons nostre humanité et de noz espees et
dars sentira les trenchans. Dieu soit avec nous et lui
vueille donner louyer selon son merite!» A ce mot se
partist ce payen et ne cessa jusques à ce qu'il revinst en
son host et à son roy, auquel il fist sa relacion. De
laquelle fut le tirant tant dolant qu'il jura tous ses dieux
que jamais en sa cité de Castres ne rentreroit, si avroit
il mis Romme à son obeÿssance et le pape et tous les
cardinaulx destruis et mis à mort.

Le CXIXᵉ chappitre. Comment les crestiens envoyerent le roy de Palerne mort es Sarrazins, dont son frere Hurtault fut moult doulant.

Prestement que ce messaige devantdit fut party de nostre Saint Pere et des cardinaulx, ilz eurent conseil ensemble qu'ilz feroient ceste chose savoir à l'empereur Anthoine et au roy Henry. Sy envoyerent
5   leur messaige bien hastivement, lequel les trouva que* encores n'estoient ilz point tous sur terre et qu'ilz faisoient tendre tentes et pavillons pour eulx reposer et rafreschir ung petit. Tantost qu'il fut venu, il se tira devers les seigneurs et leur bailla et delivra les lectres
10 de nostre Saint Pere et du conseil de Romme, esquelles estoit contenu tout au long la diffiance que le roy Hurtault leur avoit fait et leur responce et enfin priere et supplicacion que à ce besoing, ilz se /149r°
voulsissent emploier, car ilz savoient bien que les
15 Sarrazins les assaudroient et bien brief, comme ilz firent. Car, à vous dire, le lendemain que le messaige se fut party, comme dit est, les Sarrazins assigerent la cité de Romme trespuissamment et y livrerent de merveilleux assaulx, où il en y eust pluseurs mors, car
20 ceulx de la cité se deffendoient vaillamment et tant que les Sarrazins n'y conquesterent riens se non la perte de leurs gens.
L'empereur Anthoine, le roy Henry et les autres seigneurs, oyans que ces Sarrazins avoient ainsi
25 aprochié Romme à grant puissance, ilz se ordonnerent pour esbaÿr ce roy Hurtault et lui envoyerent son frere mort, qu'ilz avoient gardez pour en faire present au pape, par aucuns payens et Sarrazins que ilz tenoient avec eulx prisonniers. Et, ainsi qu'ilz estoient en ses
30 consaulx, leur vindrent nouvelles que les Sarrazins estoient desja devant Romme à tresgrant puissance. Et

pour ce ilz se deliberoient d'eulx haster. Si firent venir
devant eulx aucuns payens qu'ilz avoient, qui ne se
vouloient convertir. Si leur firent à chascun trenchier
ung bras et un pié et crever ung oeil et leur baillerent
leur seigneur mort et leur commanderent qu'ilz s'en
alasent en l'ost du roy de Castres et lui feissent present
depar eulx de son frere. Lesquelz, ainsi habiliez
comme dit est, s'en alerent en l'ost du roy de Castres,
où ilz furent piteusement receuz, car, quant ces payens
virent cest appareil, ilz furent moult esbaÿs, et non
sans cause, car on leur disoit de jour en jour que ce
seigneur de Palerne venoit atout une tresgrosse
compaignie pour eulx aydier à destruire Romme. Et
sur tous les payens du monde le roy Hurtault le
plaignoit fort et de /149v° fait en maudisoit ses dieux
et disoit que c'estoient faulces ribaudailles et sans
quelque vertu, que* telle chose avoient souffert, et à
peinnes pouoit il parler de despit qu'il avoit. Si
demanda d'aventure à l'un de ceulx qui l'avoient
conduit comment la besoingne avoit alé. Si lui recorda
cestui tout au long et lui dist que austant lui en
gardoient les crestiens, car c'estoient gens sans pitié et
sans raison. Mais, quant il oÿst cestui parler, il
commença à estraindre les dens si fort que on les oyoit
criner que ce sembloit ung sengler, à roillier les yeulx
et à crosler la teste qu'il sembloit mieulx enragié que
autre. Mais de tout ce fasoient moult peu de compte
les crestiens, ains chevauchoient tresabandonneement
en leurs batailles, et estoit le bon Amaury, roy
d'Escoce, en l'avantgarde avec les archiers anglois et
escoçois, et chevaucherent tant qu'ilz aparceurent l'ost
des Sarrazins. Et lors se arresterent et incontinent leur
manderent les crestiens que ilz deslogessent* et se
partissent de devant la cité de Romme, car, s'ilz ne
vouloient recongnoistre la foy de Jhesucrist estre vraye
et saincte, ilz fussent asseurez* que deans le demain au

matin ilz seroient combatus, et verroit on, au plaisir de
Dieu, laquelle des deux loix vauldroit mieulx. Sur ce
70   mandement se apresterent les Sarrazins et se mirent en
ung tresbel aroy de bataille en monstrant que bien peu
ilz doubtoient les crestiens et firent celle nuyt ung
tresfort guet et alumerent pluseurs grans feux, et aussi
firent pareillement les crestiens, par lesquelz signes se
75   apparceurent les Rommains du se/150r°cours qui leur
venoit, dont ilz furent moult joyeulx.

Le CXX^e chappitre. Comment les Sarrazins furent desconfilz devant Romme.

Tantost que le jour fut revenu, ilz se commencerent à esmouvoir de toutes pars. Si commencerent à sonner trompettes, par lesquelles se appareilloit ung tresdur rencontre. Si commencerent à aprochier et à tirer les ungs contre les autres si espez que ce sembloit naige qui descendist du ciel en temps d'iver. Par lequel trait en convinst pluseurs morir, et puis vinrent es glaves et es espees et combatirent merveilleusement et tuoient l'un l'autre que c'estoit grant pitié de les veoir. Et là y avoit ruysseaulx de sang courans parmy les /150v° champs. Les Rommains qui estoient sur les murailles et tours de la cité, veans celle grant tuerie, le firent incontinent savoir au pape. Lequel, tout prestement qu'il sceust ces nouvelles, commanda que tout son tresor fust donné es povres affin qu'ilz priassent à Dieu qu'Il donnast victoire es bons crestiens, Ses champions, qui pour Sa foy se combatoient en respendant leur sang. Et puis fist ouvrir la porte affin que ceulx qui vouldroient aler combatre y alassent et à tous ceulx donna planiere absolucion. Pourquoy pluseurs nobles hommes de Romme se mirent es champs et coururent sus es Sarrazins par derriere et leur donnerent assés affaire. Et par ainsi ilz estoient assaillis d'un costé et d'autre. Le roy Henry d'Engleterre et les autres bons seigneurs, veans que ces Sarrazins se tenoient si bien en estat*, se commencerent tresfort à enforcier et à prendre couraige et tant qu'ilz enfondrerent sur la banniere du roy de Castres. Laquelle fut abatue vaillamment et tellement que oncques puis ne fut relevee et commencerent les crestiens à tuer Sarrazins à merveilles et tant que les aucuns d'eulx des mieulx

montez commencerent à fuir. Laquelle desconfiture fut
noncee au roy Hurtault qui se combatoit d'une grosse
35 haiche d'armes à deux mains, dont il fasoit tant de
damaige es crestiens que c'estoit merveilles. Mais,
tantost qu'il sceust[1] comment sa banniere estoit par
terre et que ses hommes ne tenoient plus de conroy
mais s'en fuyoient, il se tira hors de la presse et se mist
40 à la fuitte en tournant le dos et à bien petite
compaignie ne cessa de courir par montaignes et par
vallees tant qu'il fust /151r° en sa cité de Castres.
Mais, tout prestement qu'il fut arrivé, du grant couroux
qu'il avoit, il ala ou temple de ses dieux, tenant en sa
45 main ung baston, et commença à frapper sur eulx en
disant qu'ilz estoient faulx, mauvais et traitres. Et dist
nostre hystoire que, ce n'eussent esté les prestres de sa
loy, qui à grant peine lui deffendirent, il eust ars le
temple et ses dieux dedans. Ne demeura gaires, aprés
50 ce que ce roy s'en fut enfuy, que tout le remenant des
payens furent mis à mort et de tous les Sarrazins que
Hurtault avoit mené avec lui n'en reschappa point le
tiers que tous ne demeurassent mors sur les champs,
dont les crestiens eurent tresgrant gaing, dont ilz furent
55 moult joyeulx, et encores le furent plus les Rommains.

Aprés ce fait, les crestiens envoierent prendre leurs
logis en la cité pour eulx aler reposer et rafreschir,
comme ilz en avoient bien mestier. Laquelle chose vist
et parceust clerement la bonne Helayne, qui encores à
60 celle heure estoit dessoubz les degrez tant esbaÿe que
plus ne pouoit, car tousjours estoit elle en doubte de
cuidier que on ne la demandast pour autre chose se
non pour la faire morir. Or escoutez de quoy elle
s'avisa.

---

[1]   ceust*.

Le CXXI^e chappitre Comment Helayne s'en fuist de Romme et revinst à Castres.

L'ystoire dit que Helayne, ung peu aprés ce que le pape lui eust enjoing qu'elle se ordonnast de respondre es seigneurs, comme dit est dessus, se accointa d'un enffant alant à l'escole et fist tant de cest /151v° enfant qu'il lui escrivist une lectre, laquelle contenoit ce qui s'ensuit: «Helayne, fille de l'empereur de Constantinoble, espeuse du roy Henry d'Engleterre, desolee et destitué d'onneur et de dignité, affolee piteusement sans deserte, à vous roy d'Engleterre, son mary, salut et dilection. Saichiés que, pour ce que la bonne et franche Helayne — laquelle ne scet pour quelle cause avez par vostre cruaulté, fait trenchier son dextre bras, parquoy elle est piteusement vilonnee et affolee — querez, pour icelle, pour vostre capricieuse sentence accomplir, faire finer ses jours en doleur, elle s'est de ce present lieu absentee, et partout où elle poura se absentera de vous et de vostre presence. Saluez lui son grant oncle, nostre Saint Pere le pape, qui benignement soubz les degrez de son palaix l'a ja par longue espace tresbien logee. Dieu en soit loé, qui en toutes ses neccessitez, l'a tousjours pourveue et pourvoiera tant qu'il Lui plaira, et qui contre vostre cruaulté à Son bon plaisir la gardera! Auquel aussi elle prie qu'Il vueille muer vostre mauvaise volenté en congnoissance de verité». Telle ou pareille estoit la lectre. Et pour ce, quant elle vist que le roy Henry et son pere venoient, affin qu'elle ne fust par eulx congneue, car il lui sembloit que bien ilz la recongnoistroient, elle mist ceste lectre sur une pierre qui estoit en sa chambrette et se partist de Romme et se mist au chemin et ne cessa de cheminer jusques à ce qu'elle vinst à Castres en la maison de sa bonne

hostesse Plaisance, qui la receust tresbenignement et
lui fist une tresgrant chiere, et adonc lui commença à
35   racompter son aventure, dont Plaisance fut moult
esbaÿe.

Ainsi que vous oyez s'en fuist Helayne de Romme
pour doubte de son pere et[1] /152r° de son mary,
lesquelz ne cuidoient jamais veoir l'eure qu'ilz la
40   reveissent et retrouvassent pour la remettre en son
estat, et bien le monstrerent. Car, au plus tost qu'ilz
peurent, ilz entrerent en la cité, à laquelle* le pape leur
vinst au devant, et les receust tresbenignement et les
baisa et accola et festia de toute sa puissance. Et, en ce
45   festiement faisant, le bon roy Henry lui demanda en
disant: «Ha! Pere saint, je vous prie, pour l'amour de
Jhesucrist, se vous savez nulles nouvelles de ma
femme, Helayne, que vous le me dictes. Vostre
messaige, que vous m'envoyastes en Surie, me dist que
50   vous avez trouvé une femme qui n'avoit que une main
et que vous la faisiez norir soubz les degrez de vostre
palaix. — Par ma foy, mon beau filz, respondist nostre
Saint Pere, voirement en ay je une, à laquelle j'ay
demandé se c'estoit elle, mais elle m'a respondu et dit
55   en confession que non. Neantmoings elle m'a par
pluseurs fois parlé de Helayne et m'a dit qu'elle l'a
tresbien congneue autrefois, et si cuide bien qu'elle
vous en dira bien aucunes nouvelles. Alons la veoir,
car nous sommes bien prés de son logis.»

60   A ce mot ilz descendirent en la court du palaix et
s'en vindrent tout droit ou logis d'Elayne, où ilz
cuidoient à trouver la povre afolee*, mais ilz n'y
trouverent autre chose que la lectre qu'elle avoit fait
escripre, que elle avoit laissee sur une pierre à l'entree.
65   Laquelle estoit close et y avoit escript dessus: «A*
trespuissant roy Henry, roy d'Engleterre». Laquelle

---

[1]   et *répété, changement de page.*

lectre ilz prinrent et ouvrerent. De laquelle le roy
Henry fut esbaÿ et comme tout morne. Et là estoit le
pape qui demandoit à chascun où celle femme affolee
estoit alee. Mais il n'y avoit personne qui en sceust
riens, dont ilz furent plus esbaÿs que devant.

/152v° Le CXXII^e chappitre Comment le roy Henry fist lire la lectre que Helayne avoit laissee.

Henry, le roy d'Engleterre, tenant ceste lectre en sa main, auquel couroient les grosses larmes des yeulx, saichant certainement que c'estoit sa femme qui là avoit esté logee, fist lire la lectre. Mais, quant il
5   entendist le contenu de la lectre, à peinne qu'il ne cheïst pasmé de la grant douleur qu'il eust au cuer, et n'estoit cuer si dur qui le veist et oÿst comment il la regrettoit que pitié ne l'en preist, tant la regretoit piteusement et doloreusement, et aussi faisoit
10 l'empereur[1] Anthoine. Pourquoy le dueil y estoit si grant que il sembloit qu'ilz eussent enterrez leurs amis, et mesmes le pape en ploroit de la pitié qu'il en avoit. Et puis les reconfortoit au mieux qu'il pouoit. Et si leur recordoit comment n'avoit gaire elle lui avoit promis
15 que elle viendroit sur le palaix quant il la manderoit pour eulx dire ce qu'elle sçavoit de Helayne. Et de ce ilz renouveloient tellement leur dueil que à peinnes en savoit on que faire. Et les fist le pape à tresgrant peine monter sur le palaix pour aler prendre leur refection.
20 Et, affin qu'ilz recouvrassent ung petit leur couraige, le pape fist crier par toute la cité que, qui la pouroit retrouver et on lui amenast, il avroit pour sa peinne vingt mars d'argent. Pour laquelle chose se mirent pluseurs en la queste, qui peu y proffiterent. Et puis les
25 reconfortoit arriere le pape en leur disant que, puis qu'elle avoit parlé à lui et que elle en avoit tant fait, que encores la retrouveroient ilz, au /153r° plaisir de Dieu, en brief terme. Si beurent et[2] maingerent avec nostre Saint Pere et y sejournerent par aucuns jours

---

[1]   empeur, *le signe d'abréviation manque.*
[2]   et *mq.*

pour rafreschir leurs gens et les navrez regarir, desquelz il y avoit grant nombre.

Endementiers qu'ilz estoient en la cité, leur remonstra le pape pluseurs de ses neccessitez, entre lesquelles il leur remonstra comment il avoit ung tresmauvais voisin en ce Hurtault, le roy de Castres, et leur pria tant affectueusement qu'i peust que, ainçois qu'ilz alassent plus avant, qu'ilz voulsissent combatre ce roy Hurtault et prendre sa cité, «car sans faulte, disoit il, tantost qu'il savra que vous en serez retourné, il reviendra sur nous à grosse puissance et, s'il peult, il nous destruira et fera morir de male mort.» Quant le roy Henry entendist le pape ainsi parler, qui se plaindoit de ce roy Hurtault, si lui respondist que, au plaisir Dieu, jamais ilz ne yroient autre part jusques qu'ilz avroient mis ce payen à fin et tous ses complices, par condicion que le pape lui eust en convent qu'il feroit prieres à Nostre Seigneur qu'Il lui voulsist ramener Helayne sa femme, pour laquelle il avoit ja si long temps tant soufert de maulx, car c'estoit la chose que plus il desiroit. Et pareillement lui promist aussi l'empereur que jamais il ne laisseroit le bon roy Henry tant qu'ilz avroient conquis la cité de Castres et destruit ce payen Hurtault et tous ses payens et que aussi ilz avroient retrouvee sa fille Helayne que tant ilz desiroient.

Le CXXIIIᵉ chappitre. Comment l'empereur et le roy Henry assigerent Castres.

Ne demeura gaires aprés ces ordonnances /153v°
ainsi faictes que ces bons seigneurs, veans que leurs
gens estoient tresbien reposez, commanderent que
chascun fust prest, car ilz vouloient aler assigier la cité

5   de Castres. Si le firent ainsi, et se mirent es champs
toutes manieres de gens en tresgrant appareil d'armes,
et puis se partirent les seigneurs, esquelz nostre Saint
Pere donna planiere absolucion et remission de tous
leurs pechiés. Si commencerent à chevauchier tant et

10   si longuement qu'ilz vinrent devant la cité de Castres,
laquelle   ilz   assigerent   et   avironnerent
trespuissamment. Mais, ainçois qu'ilz fussent venuz ne
arrivez devant icelle cité, par les nouvelles qui venues
en estoient devant leur venue, s'estoit desja Helayne

15   partie de son hostesse Plaisance sans prendre congié,
et s'en ala de toute sa puissance parmy le paÿs de
Lombardie et fist tant que elle revinst arriere à Tours
en Tourainne, où elle trouva son hostesse qui la
receust en son hostel, ainsi qu'elle avoit par avant

20   accoustumé, et trouva aussi ses deux filz, Martin et
Brisse, qui demeuroient avec l'evesque, comme ilz
avoient ja fait long temps, attendans tousjours
nouvelles de leur pere et de leur[1] tayon, qui estoient à
celle heure ja venus devant Castres, comme vous avez

25   oÿ.
En ceste cité de Castres, où se tenoit en grant
pompe et seigneurie le roy Hurtault, avoit trois
manieres de murailles et de deffences à passer ainçois
que on peust venir en la cité. Et avoit en ladicte cité

30   trois cisternes et voyes dessoubz terre*, par lesquelles

---

[1]   leu*.

ceulx de la cité pouoient aler trois lieuves hors de leur
ville sans ce que les crestiens en sceussent riens. Et
pour ce, quant le roy Hurtault vist ces crestiens logié*,
il fist armer une grosse route de payens de quinze mile
et entra en une /154r° de ces cisternes et voyes
dessoubz terre et ala tant qu'il se trouva es champs, et
tout prestement ilz s'en vindrent frapper sur noz gens
qui de ce ne se donnoient garde, parquoy ilz eurent
grant dommaige, car ces faulx Sarrazins en
emmenerent assés avec eulx prisonniers en la cité.
Touteffois au entrer ens fut une grosse tuerie, car les
crestiens deffendoient le passaige ouquel ilz en tuerent
maintes. Et mesmes, quant les Sarrazins furent tous
rentrez en leur cité, les assaillirent les crestiens et leur
firent grant damaige, car ilz rompoient les murs et
remplissoient les fossez, et sembloit parfaictement
qu'ilz ne tenissent compte de leur vie, ne tant que le
jour dura ne se partirent de l'assault. Si ne fait point à
doubter qu'il en y eust pluseurs mors et navrez, car,
s'ilz assailloient vaillamment, les payens se
deffendoient aussi vaillamment et roydement et de
grant coraige.

Le CXXIVᵉ chappitre. Comment le roy Amaury fut prins par les payens.

Par ces voyes soubzterraines fut forment l'ost de noz bons crestiens grevé[1] et cuiderent moult longuement que fussent aucuns payens qui venissent chascune fois pour aydier à ceulx de la ville, et avoient
5   tresgrant merveille comment la ville les pouoit si longuement soustenir de vivres, car il leur sembloit que nulz vivres n'y entroient. Avint une foys que le bon roy d'Escoce Amaury, pour adommaigié* plus la ville, s'estoit mis en ung lieu sur une roche, de laquelle
10   il veoit tresapplain ce que on fasoit en la cité sur l'un des /154v° costez, et assez prés de ceste roche avoit une des yssues de ces voyes soubz terre, dont ilz ne se donnoient garde. Par laquelle il fut deceu et prins, non mie par sa recreandise, mais par sa grant hardiesse.
15   Car, quant il se fut là amassé, les payens, qui moult dolans en estoient, se mirent ung jour sus, et furent plus de .IIIIᵐ., et entrerent en ce soubzterrain et s'en vinrent yssir tout au plus prés du roy Amaury. Lequel les parceust incontinent et se mist en deffence
20   tresvaillamment en eulx rendant ung tresdur et ferme estal et tant que tout l'ost fut esmeu, et là fut faicte une tresgriesve occision et, se le roy Amaury ne se fust point bougié de sa place, il eust fait que saige. Mais, par la grant proesse dont il estoit plain et le grant desir
25   qu'il avoit de mettre ses payens au dessoubz, il descendist de la roche et se frappa dedans les payens en les abatant et fourdroyant si que ce sembloit droitte fourdre à veoir comment il leur calengeoit leur porte. Et finablement par sa chaleur se bouta en la porte avec
30   eulx, laquelle fut reclose si hastivement sur lui que

---

[1]   c. fort g.

oncques il ne peust avoir secours, et ainsi fut prins doloreusement, dont les barons de sa compaignie furent tant doulas* que plus ne pouoient et ne sçavoient que en faire. Et pour ce ilz assaillirent la cité par grant force et dura l'assault tout le jour où ilz ne conquesterent riens pour ceste fois et leur convinst laissier l'assault pour la nuyt et retourner à leurs logis.

Mais veritablement ce seroit une pitié de racompter le dueil des roys et des barons qu'ilz faisoient pour amour du roy Amaury, car sans doubte bien pouoient dire que jamais vif ne le verroient, et aussi ne firent ilz. Car l'istoire dit /155r° qu'i fut prins par les payens et mené devant le roy Hurtault, qui moult joyeulx en fut, car il lui sembloit bien, et voir estoit, que c'estoit ung crestien de grant façon. Tantost Hurtault lui demanda qui il estoit et il lui respondist qu'il estoit roy d'Escosse par droit d'eritaige, mais il avoit laissié son royaume pour amour de Jhesucrist, ou nom duquel il s'estoit fait crestien. Et puis lui dist comment il avoit esté en la conqueste de Jherusalem et comment par lui elle avoit esté prinse. Enaprés lui recorda comment ilz avoient desconfis les payens sur mer, là où par sa propre espee avoit esté occis l'admiral de Palerne, et finablement lui racompta toutes les conquestes esquelles il avoit esté avec l'empereur de Constantinoble et le roy Henry d'Engleterre. Et, quant ce felon payen l'entendist, il mua la couleur et lui dist: «Par mes dieux, faulx crestien, ce a esté par toy que mon frere, l'admiral de Palerne, a perdu la vie. Si te prometz, foy que doy à mes dieux, que jamais tu ne m'eschapperas vif, si avras du tout fait à ma volenté. Mais, pour ce que tu es si vaillant chevalier et que autreffois tu as esté payen, je te prometz, se tu veulx laissier ceste faulce loy crestienne et reprendre ta loy, je te perdonneray* la mort de mon frere et si te feray mon compaignon et te donneray tant de terre et de

seignorie qu'il te soffira. Et sans nulle faulte, se tu ne
le fais ainsi, saiches que tu morras de telle mort come
morust ton Jhesucrist, en despit de Lui et de tous ceulx
70   qui en Lui croyent. Si ayes conseil sur ces paroles et
m'en saiches demain à respondre, car plus long jour
depar moy ne te sera donné.» Et atant il se teust et le
fist mener en prison, en laquelle estoient tous les
crestiens, marchans et autres qui /155v° se tenoient en
75   la cité par treü, que là avoit fait mettre ce roy Hurtault
quant il sceust que les crestiens venoient assigier la
cité. Et mesmes la royne Plaisance et toutes les
femmes de l'ospital devantdit avoit il fait mettre
prisonnieres en une tour affin que par elles il n'eust
80   aucum empeschement.

Le CXXVe chappitre. Comment le roy Amaury fut martir.

Quant ce vinst le lendemain au matin que le roy Hurtault fut levé, il fist apporter en son palais tous ses dieux et simulacres, et puis fist amener le bon roy Amaury en sa presence, auquel incontinent il demanda s'il estoit conseilliez de recroire arriere en sa loy et de recongnoistre ses dieux estre tous puissans et immortelz, et si avoit aussi fait amener pluseurs autres crestiens esquelz /156r° pareillement on demanda ceste demande. Si respondist le roy Amaury que ja en eulx ne croiroit, car ilz estoient dyables ne en eulx n'avoit autre chose que dampnacion, et que jusques à la fin il confesseroit Jhesucrist estre vray Dieu seul et tout puissant de sauver et de dampner, et non autre dieu immortel. Quant ce tirant entendist ce, il volt oÿr la responce des autres, lesquelz pareillement respondirent que jamais en autre ne croiroient que en Jhesucrist. Pourquoy incontinent il fist faire une croix et la fist mener ou teatre de la cité devant le temple de Jupiter et commanda que tous crestiens fussent là menez et tous decapitez, excepté Amaury, lequel il volt estre crucifié et recevoir martire à la maniere de Jhesucrist. Laquelle chose fut ainsi faicte, et furent là menez et tous, en la presence de Amaury, decapitez et martiriez, et ce faisoit faire le payen pour donner cremeur au bon Amaury, affin qu'il se voulsist faire payen, mais il perdoit sa peine, car, de tant plus veoit le bon Amaury ces bons crestiens recevoir mort en l'onneur de Jhesucrist, de tant plus estoit il espris de vraye amour envers son Sauveur Jhesucrist, qui lui tenoit compaignie et vray inspiracion.

Quant ce tirant vist que nullement il ne le pouoit retourner à sa loy, il le fist desvestir tout nuz et le fist

tant batre de verges que sa peau fut toute dessiree et
lui couroit le sang par toutes les parties de son corps si
35 fort que mesmes les payens qui le regardoient en
avoient pitié et lui crioient tous à aulte voix qu'il
reprinst la loy payenne. Mais il leur respondoit: «Ha!
faulx incredules, sans faulte je me baigne en mon
sang, et ne m'est riens de /156v° ceste peinne. Faictes
40 tout ce que bon vous semblera, car ja vous ne me ferez
mon bon Dieu Jhesucrist regnier. Mais vous mesmes
ensuivez Le et Il vous rendra bon louyer.» Aprés ceste
bature le fist Hurtault coronner d'une coronne
d'espines en disant, puis qu'il estoit roy, il le couvenoit
45 estre coronné. Et le bon Amaury lui respondoit: «O
mauvais tirant, vrayement seray je coronné en la
compaignie de mon bon Dieu, mais tu seras dampné
pardurablement se tu ne te retournes et avise*, car les
dyables sont ja prestz, qui ton ame actendent pour la
50 porter es peines d'enfer, qui jamais ne te fauldront.»
Aprés ce coronnement il le fist estendre et couchier sur
la croix et là le fist clouer de trois gros cloux par les
mains et par les piés et si fort le fist estendre que les
nerfs et les veines lui[1] rompirent et lui sailloit le sang
55 par toutes les parties de son corps. Et ainsi attaichié à
ceste croix il le fist lever en hault, mais en levant
c'estoit grant pitié de le veoir comment ses mains, pour
la pesanteur du corps*, se fendoient et estendoient. O!
la miserable peinne pour le corps et heureuse pour
60 l'ame! Car en ceste douleur tousjours reclamoit le
secours de son Createur, Lequel le visitoit tellement
qu'il lui sembloit que tout ce qu'il souffroit ne lui
grevoit riens, mais obeÿssoit es tourmens et peines que
on lui fasoit. Là estoit tousjours present Hurtault, qui
65 se donnoit merveilles comment il pouoit endurer ce
tourment ne avoir telle pacience. Si le commença à

---

[1]   lui, *répété (changement de ligne).*

interroguer et à dire que, s'il ne se vouloit convertir et
renoncier à Jhesucrist, que encores avroit il pis. Mais
comme constant et ferme tousjours lui disoit: «Ha!
mauvais chien que tu es, ja ne me vaincras, car je
morray /157r° vray crestien.» Se lui respondist
Hutault* que, ou despit de son Jhesucrist, il lui feroit
percier et fendre le cuer d'une lance. Se* verroit que en
Lui n'avoit ne force ne vertu et que sans raison il avoit
en Lui ung tel espoir. Adonc le bon Amaury en levant
les yeulx en hault dist[2]: «Pere des cieulx, je Te
recommande mon esperit; fay et rens à mes
persecuteurs selon Ton bon plaisir.»

Mais, tantost qu'i eust ce dit, ung feu du ciel
descendist soudainement sur le roy Hurtault, qui le
mist en pouldre et en cendres plus tost que à peines on
n'eust point dit ung *Ave Maria*, et ainsi le paya Dieu de
sa deserte*. Là avoit ung payen, nommé Solimant, qui
estoit nepveu du roy Hurtault. Quant il vist ainsi son
oncle perir et perdre, il prinst une lance et s'en vinst à
Amaury et lui inficha sur le costé si fort qu'il passa
tout oultre le gros du cuer, et à ce cop morust le bon
Amaury. Et receurent les angeles de paradis son ame
et la presenterent devant Jhesucrist en la gloire, qui le
coronna comme victorien en la joye des benois
martirs.

---

2   dist *mq.*

/157v° Le CXXVIᵉ chappitre. Comment la cité de Castres fut prinse par force.

Du sang de ce benoit martir, qui coula au long de la lance, furent ataintes les mains de ce felon tirant Solimant, mais ce ne fut point à son salut, ains fut à son dampnement, car tout prestement il enraigea et aussi firent tous ceulx qui avoient mis la main au martirier Amaury, le benoit martir. Si commencerent à courir l'un sur l'autre et à mordre, si que il sembloit bien qu'ilz fussent hors du sens et tant qu'il les convinst mettre à mort. Et ainsi se vengea Nostre Seigneur Jhesucrist de ses ennemis et par ses ennemis mesmes. Quant ces tirans furent mors, les payens de la cité osterent le corps de Amaury de la croix et le porterent en l'ospital où les crestiens estoient quant Hurtault les fist mettre en prison, et là le getterent et laysserent. Et puis se misrent ensemble pour veoir et aviser comment ilz se ordonneroient de leur guerre, car ilz n'avoient point de chief ne de capitaine. Si en firent ung, lequel estoit de la lignie de Hurtault, que les dyables avoient emporté, et estoit nommé Mandricans, treshardy et tresvaillant en armes.

Lequel Mandricans, incontinent qu'il se vist roy, il* fist armer ceulx de la cité et puis entrerent en la cysterne et voye dessoubz terre pour cuidier venir surprendre lé* bons crestiens, mais ilz pardirent leur peine, car ilz s'estoient ja aperceuz de leur saillie. Si avoient si fort fortifié leur ost de bons fossez que nullement on ne y pouoit entrer ne les avoir en sursault. Et aussi ilz avoient continuelment /158r° leurs espies sur les champs, qui leur faisoient savoir incontinent qu'il survenoit quelque nouvelles. Et pour ce, incontinent qu'ilz furent saillis de leur citerne, ilz furent par ces espies aparceuz, lesquelz tost et hastivement le firent savoir à leurs gens, lesquelz se mirent incontinent en armes et les receurent si durement qu'ilz ne peurent rentrer en la ville, mais les convinst à tresgrant meschief rentrer par là où ilz estoient venuz. Mais ilz furent tellement enchassiez par les crestiens qu'il en demeura plus de la moittié de mors et d'affolez sur les champs. Et adonc se mirent les crestiens à restoupper ces yssues et tellement que à grant peine pouoient ilz plus saillir par ces caves. Quant noz crestiens eurent ce fait, ilz se determinerent de venir assaillir la cité. Si s'en vinrent atout leurs eschielles et remplirent les fossez et commencerent à assaillir et à faire merveilles d'armes, et là montoient sur ces eschielles, dont les ungs estoient souvent renversez, mais pour ce ne laissoient ilz point à combatre et à assaillir de plus fort en plus fort. Et finablement firent tant qu'ilz conquesterent la premiere fremeté et entrerent[1] ens, et estoit à ung jour de samedi. Si se reposerent jusques au lundi. Quant le lundi fut venu, ilz se remirent à raissaillir la seconde muraille et firent tant que, ainçois qu'il fust nuyt, ilz gaignerent la ville et entrerent ens, qui donna ung tresgrant esbaÿssement es payens, et là firent venir tous leurs gens d'armes logier en la ville es maisons des payens qui s'estoient retraiz en la tierce fremeté, et se reposerent jusques au mercredy au matin pour remettre à point leurs eschielles et harnois, dont il y en avoit grant foison de rom/158v°pus. Quant ce vinst le mercredy au matin, ainsi qu'il estoit ordonné ilz baillerent l'assault, qui dura jusques à basses vespres, et y furent moult de vaillans hommes mors et navrez et pluseurs beaulx fais d'armes fais et accomplis si grandement que du recorder seroit une longue chose. Finablement en tresgrant peinne et à pertes de gens, ilz

---

[1]   entrent.

furent victoriens et rompirent les murs et entrerent ens
de force et de puissance maugré tous leurs ennemis,
qui tous s'en fuyrent vers le teatre de la ville quant ilz
70   virent leur grant meschief.

Le CXXVIIᵉ chappitre. Comment Plaisance fut trouvee à Castres.

Quant les crestiens se virent au dessus et maistres de la cité, ilz furent moult joyeulx, et non sans cause. Car l'ystoire dit qu'ilz furent si remplis de joye que douleur qu'ilz eussent ne leur grevoit en nulle maniere. L'empereur et le roy Henry, veans leurs gens si encoraigiez de mettre leurs ennemis au dessoubz, les menerent tout droit vers le teatre de la ville, qui vault austant à dire comme le marchié de la ville, où s'estoient refuis ceulx de la ville pour combatre à une fois les crestiens. Incontinent que iceulx crestiens les virent, ilz leur coururent sus tellement que à peu de heure ilz les eurent desconfis, car ilz ne se osoient deffendre, mais s'en fuyoient l'un çà l'autre là pour eulx cuydier sauver. Mais ilz estoient de si prés suis que nul n'en eschappa ne femmes ne petiz enffans. Et ainsi fut prinse la cité de Castres, comme vous oyez.

Aprés ce fait, les seigneurs /159r° monterent ou palaix où ilz en trouverent de mors que leurs gens avoient occis sans comparison. Si les firent tous ensevelir pour la puanteur d'eulx. Et puis commencerent à butiner et querir tous les lieux de la cité et par espicial les prisons et fors lieux pour sçavoir se ilz porroient oÿr nouvelle du bon Amaury. Si sercherent tant qu'ilz trouverent en une tour la royne Plaisance avec aucunes femmes crestiennes qui là estoient emprisonnees par les Sarrazins. Si les mirent hors et leur demanderent se elles sçavoient riens d'un prisonnier que les payens avoient puis trois jours prins, lequel estoit roy d'Escoce. Si leur respondist Plaisance qu'elle sçavoit bien que les payens l'avoient martirisié. Et, quant ilz lui oÿrent ce dire, ilz les menerent toutes au roy Henry et à l'empereur pour leur dire ce que elles

en sçavoient. Tout prestement qu'elles furent venues
devant le roy Henry et qu'elles le eurent salué, le bon
35 roy Henry leur demanda du roy Amaury. Si lui compta
la royne Plaisance tout ce que les payens en avoient
fait. Duquel compte le roy fut moult doulant et n'en
savoit quel maniere tenir et, s'il en menoit grant dueil,
aussi faisoit l'empereur et tous les barons. Entretant
40 que le roy entendoit à plorer, la royne Plaisance se
leva et lui dist: «Ha! sire, pour Dieu, reconfortez vous.
Je vous prie que me dictes se vous estes le roy Henry
d'Engleterre.» Quant le roy Henry oÿst demander ces
nouvelles, il lui demanda pourquoy elle le demandoit;
45 «Par ma foy, sire, je le demande pour ce que je sçay
bien que en sa compaignie doit estre ung vaillant
crestien, nommé Constancien, pour l'amour /159v°
duquel je me suis fait baptisier et regenerer es sains
fons de baptesme. Si le verroie voulentiers, car il i a
50 grant temps que je ne le vis, dont il m'a anuyé et anuye
de jour en jour.» Adonc le roy dist: «Et m'amye, de
quoy le congnoissez vous? — Certes, sire, il est vray
que l'empereur de Constantinoble et le roy Henry
d'Engleterre avec mon chier amy Constancien
55 assigerent, a environ quatre ans, la cité de Jherusalem,
de laquelle estoit mon pere roy, nommé Ardoubourg,
ouquel siege durant fut de mon mari Priant, le roy
d'Escalongne, prins Constancien et mis en sa prison.
En laquelle je me accointay tellement de lui que je
60 renonçay à ma loy et lui donnay m'amour et lui me
donna la sienne tellement que je fuis de lui ençainte et
en ay eu ung tresbel filz, que j'ay par male aventure
perdu, car il m'a esté emblé. Or est ainsi, sire, que en
noz amours deduisans nous fusmes aparceuz, parquoy
65 il advinst que mon chier amy Constancien occist mon
mary[1], et depuis il fut assailly en mon palais de trente

---

[1]   m. pere e.

Sarrazins. Pourquoy, quant je vis le dangier, je m'en fuis à telle heure que onques puis ne le vis ne n'en oÿs parler.»

Incontinent que le roy l'eust entendue parler, il lui vinst au col et la baisa et acola et lui dist: «Ha! ma treschiere amye, a bien vous aye je trouvee! Sans doubte saichiés que vostre loyal amy n'est point mort, car il fust avec nous depuis tant que la cité de Jherusalem fut prinse et que vostre pere fut crestien, lequel est nommé Amaury. Mais, pour le grant desplaisir qu'il a eu de vostre departement et que on ne savoit où vous estiez, il[2] s'est de nous party en faisant serement que jamais ne cesseroit de cheminer par mer et par terre jusques à ce qu'il /160r° vous avroit retrouvee.» Et puis le* recorda le roy comment ilz avoient estez* à Romme et que le pape leur avoit dit que Constancien y avoit esté, qui avoit fait pendre le senateur. Lequel senateur avoit congneu au pape que lui mesmes leur avoit fait embler leur enfant. «Mais, quelque part que l'enfant en fut porté, dist le roy, il ne nous en sceust riens à dire ne aussi où Constancien tira quant il partist de Romme. Mais, ma treschiere dame, pour vostre amour et pour la sienne, car je sçay bien qu'il vous quiert partout, je envoyeray mes messaiges par toutes terres et le feray querir de tout mon pouoir. — Grant mercy, sire, dist la dame, je vous prie pour Dieu, puis que tant en voulez faire, que aussi il vous plaise moy dire comment il vous est de vostre femme*. — Ha! ma chiere amye, dist le roy, par ma foy, c'est la chose ou monde que plus desire à veoir et à trouver. Je vous prie pour amour de Jhesucrist, se vous en savez nulles nouvelles, que le me vueilliez dire. — En bonne verité, mon treschier seigneur, je ne sçay pas où elle est, mais saichiez qu'elle a demeuré avec moy en ceste

---

2   e. et s'e.

cité bien par l'espace de quatre mois et y a esté moult
malade et m'a compté toute sa vie, premierement
comment elle laissa l'empereur son pere, comment elle
arriva en vostre royaume et comment vous la pristes
105   par tresgrant amour et comment elle a eu de vous deux
tresbeaux filz qu'elle ne scet où ilz sont, car elle les
perdist par male aventure, et finablement m'a dit
comment elle a esté honteusement traictee, et si ne
scet pourquoy ne à quelle cause, car oncques en sa vie
110   elle ne pensa envers vous ne envers autre aucune
fauceté ne traÿson.»

/160v° **Le CXXVIIIᵉ chappitre. Comment la ville de Castres fut nommee Plaisance.**

Le roy, oyant ceste dame parler, commença tresfort à plorer et de fait sembloit que le cuer du ventre lui deust saillir des souspirs qu'il gettoit. Et, quant il peust parler, il dist: «Ha! ma treschiere amye, il est vray que par faulce traÿson elle fust traÿe. Helas! ce fut ma mere. Dieu lui perdoint! Elle en a receu pugnicion et mort honteuse. Mais, ma treschiere amye, me savriez vous point à dire où je en porroye oÿr nouvelles. Car sans nulle doubte je ne la quiers se non pour la remettre en sa seigneurie et honneur. Helas! je sçay bien qu'elle me fuit, et aussi fait elle son pere. Mais, par ma foy, c'est sans raison qu'elle se doubte nullement de nous. Et si vous dis, ma treschiere amye, que nous avons retrouvé noz deux filz. Et est l'un nommé Martin et l'autre Brisse, et demeurent tous deux avec l'arcevesque de Tours en Tourainne, lequel les prinst en sa garde et tuicion[1] derrierement, moy estant là. Lesquelz, au plaisir de Dieu, je retrouveray le plus brief que je pouray. — O mon chier seigneur, respondist la dame, je suis tresjoyeuse de savoir vostre entencion, car, se jamais je la pouoie retrouver, je vous prometz, je la vous feroy ravoir. — Grand merci, ma treschiere dame, respondist le roy.»

A ces devises n'estoit point l'empereur Anthoine, mais il y survinst ainsi que le roy parloit à la dame. Si lui dist le roy: «O mon treschier pere, nous avons trouvee Plaisance, la dame par amours de nostre bon amy Constancien.» Desquelles paroles fut l'empereur tresjoyeulx et fist à la dame tresgrant /161r° feste et honneur. Et puis dist au roy que c'estoit son plaisir

---

[1]   tinction*.

que, pour l'amour de ceste vaillant dame qu'ilz avoient
trouvez* en ceste cité, ceste cité² fust appellee et
renommee Plaisance. Et le roy Henry respondist:
«Puis qu'il vous plaist, mon chier seigneur, je en suis
35   tresjoyeux. Mais je vueil aussi que, ce c'est vostre bon
plaisir, que ceste dame soit princesse et dame de la cité
et du païs, ainsi que le roy Hurtault la souloit tenir. —
Par ma foy, dist l'empereur, j'en suis tresbien d'accort
et lui en donne du tout austant que à moy en peult
40   touchier.»
Ainsi fut faicte la dame princesse et dame de la
cité, qui à sa cause fut nommee Plaisance et est
encores jusques à au jourduy. Et non point seulement
fust elle dame de la cité, mais aussi de tout le païs,
45   actendu que, quant Constancien seroit retourné, elle le
prendroit à mary, ce qu'elle desiroit ou monde le plus,
et ainsi en advinst, comme vous orrez cy aprés. Toutes
ces choses firent l'empereur et le roy publier et crier
par toute la cité en donnant exprés commandement de
50   ce jour en avant que la cité fust nommee Plaisance à
cause de la dame, à laquelle ilz l'avoient donnee.
Aprés ces choses il avinst que le benoist corps saint
Amaury fut trouvé et fut tressolempnelment encevely
et fut porté en ung temple, duquel furent toutes les
55   ydoles ostees, qui estoient toutes d'or et d'argent, et
furent rompues et donnees es souldoyers, qui
tresjoyeulx en furent. Et, pour ceste eglise dedyer et
beneir et pour oster la profanité des erreurs paganiques
qui y avoient esté excercees, les seigneur* envoyerent
60   querir nostre Saint Pere le pape. Lequel tresvolentiers
y vint et la desdia de sa propre main et si canonisa le
benoit martir/161v° saint Amaury et le mist ou
cathologe des benois martirs et glorieux sains. En
laquelle consecracion et canonisacion furent fais

---

²   ceste cité *mq.*

miracles sans nombre comme aveugles enluminer, boiteux faire aler droit, de paraletiques garir et aussi de toutes autres maladies, et tout ce par la glorieuse intercession du benoit martir saint Amaury.

Aprés toutes ces choses nostre Saint Pere en donnant sa benediction es bons crestiens se partist de la cité de Plaisance et s'en retorna en sa cité de Romme. Ces bons seigneurs aussi pour rentrer en leur queste se remirent en mer et laisserent en la cité garnison de vaillans hommes pour icelle garder et deffendre pour ladicte dame Plaisance, ainsi que au cas appartenoit. Et aussi il avoit grant foison des habitans de la cité qui s'estoient baptisiez qui demeurerent[3] paisibles avec eulx en obeïssant à leur dame, laquelle ilz tenoient en vilté par avant comme une povre mesquine, comme vous avez oÿ. Et pour ce dist on communement «cellui n'est point povre qui est eureux». Ce puis je bien prouver par ceste dame.

---

[3]   demeurent.

Le CXXIXᵉ chappitre. Comment l'Escluse en Flandres fut prinse par les crestiens et comment le roy Henry fut prins à Bruges. /162r°

Noz vaillans crestiens, c'estassavoir l'empereur Anthoine et le bon roy Henry d'Engleterre, montez sur mer atout grosse puissance, singlerent tant que, au plaisir de Dieu, ilz arriverent en la marche de Flandres
5   et vinrent devant l'Escluse. Laquelle ville ilz prinrent à leur venue d'assault et y mirent à mort tous les payens qui ne se[1] vouloient baptisier. Mais de ceste ville eschaperent et s'en fuirent pluseurs payens et Sarrazins jusques en la ville de Bruges, en laquelle pour lors,
10 comme en sa meilleur ville de Flandres, se[2] tenoit le conte Maradin, lequel avoit esté filz de Anthenor, qui avoit esté occis en bataille à l'encontre du roy Clovis, n'avoit encores point long temps. Et si dit nostre hystoire que à ce temps la ville de Gand n'estoit point
15 fremee ne fondee /162v° si puissamment qu'elle est à present ne que estoit adoncques Bruges, ne en tout le paÿs de Flandres n'avoit adonc nulles bonnes villes frumees jusques à Tournay ne[3] jusques à Douay. Et encores à Douay n'y avoit que une seule tour tresforte,
20 qui estoit assise en ung marois*, et n'y avoit que une voye bien estroitte par où on y entroit, laquelle voye avoit[4] prés de demye lieue de long. Pareillement à Lille n'avoit que ung chastel, tout environné de bois et de forestz, qui estoit nommee la forest de Buc*. En ce
25 chastel faisoit tenir ce conte Maradin une compaignie de soudoyers qui tenoient frontiere contre les François,

---

[1]   se *mq. ajouté d'ap. aut. occ.*
[2]   F. le t.
[3]   ne *mq.*
[4]   avoit *mq.*

qui souvent couroient et racouroient l'un sur l'autre.
Incontinent que ce conte Maradin sceust la certaineté
de ces vaillans crestiens, qui estoient venus et arrivez
en sa terre et comment ilz avoient ja prinse et
conquestee la ville de l'Escluse, comme homme de
grant couraige fist* armer ses gens et yssir de sa ville à
tresgrant puissance de Flamencs bien armez et
habilliez, et s'en vinst mettre en ung aguet pour
sourprendre noz gens s'il eust peu, come il fist. Car ces
bons seigneurs crestiens s'estoient ja remis sur les
champs pour venir devers Bruges. Et estoit le roy
Henry l'avangarde*. Si avinst qu'il passa le destroit où
estoit Maradin en embuche. Tantost qu'il fust passez,
Maradin saillist sus le roy Henry si hardyment que peu
s'en faillist que tous ne fussent ruez jus et tant que le
roy Henry ne se sceust si bien garder ne deffendre qu'il
ne le convenist rendre prisonnier par la force et
proesse dudit Maradin. Lequel l'en mena à Bruges
prisonnier et le mist en une tresmauvaise prison, en
laquelle il receust moult /163r° de povreté et de peine
et tant que on en pouroit plorer larmes de sang, car
tous lé* jours il estoit, non point par le commandement
de cestui Maradin, batu du tourier qui le gardoit, qui
estoit ung tresmauvais villain et le batoit comme ung
chien, et si n'avoit point à maingier à moittié* et ne lui
donnoit on que pain et eaue. Laquelle mesaise et
povreté souffrist le roy trespaciemment en louant Dieu
de sa misere et de ce qu'il Lui plaisoit envoyer ceste
durté. Nostre Seigneur, veant sa bonne pacience, ne le
volt point oblier, car Il lui envoya Son benoist angele
pour le reconforter, comme dit nostre hystoire qui dit
que, ainsi que cestui noble roy estoit une fois entre
dorme et veille, aprés ce qu'il avoit fait à son Createur
prieres et oroisons, ung angele se apparust devant lui
et le reconforta en disant: «Mon chier amy, soies
constant et ferme en soustenant les aversitez de ce

monde, car ta tristesse et douleur sera tourné* en joye
salutaire, et si te dis que, ainçois que tu fines tes jours,
65   tu raras ta femme, la bonne Helayne, laquelle a Dieu
esleue comme Sienne et lui rendra merite de ses
griesves douleurs.» De ceste vision fut le roy Henry
tresreconforté. Mais il nous convient parler du bon
empereur Anthoine, comment il labora au delivremet*
70   du roy Henry.

Le CXXXᵉ chappitre. Comment Martin et Brisse vindrent au siege de Bruges pour secourir l'empereur.

Le bon empereur Anthoine, saichant ce grant meschief et doloreux destourbier du roy Henry, comment il estoit prins et retenu de Maradin, /163v° fut moult dolant. Et pour ce il fist tout prestement avancier tout son host et chevaucha si roidement qu'il vinst jusques à Bruges. A laquelle ville il livra ung moult dur assault, où il proufitta moult petit, car ceulx de la ville se deffendirent tresvaillamment. Si se logea l'empereur et fist tendre ses tentes et ses trefz devant ladicte cité en jurant que jamais n'en partitoit, si avroit il la ville prinse et rescous le bon roy Henry, duquel il avoit un tel desplaisir au cuer qu'il ne pouoit nullement durer. Mais n'estoit jour qu'il ne le plorast et regretast.

Ne demeura gaires que le bon empereur Anthoine envoya ses messaiges pardevers l'arcevesque de Tours en lui priant que atout sa puissance il venist secourir et¹ aydier à ravoir le roy Henry d'Engleterre, lequel estoit par infortune prisonnier en la main des payens en la ville de Bruges. Lequel bon arcevesque, oyant ces piteuses nouvelles fut moult doulant. Si fist appeller Martin et Brisse qu'ilz vinssent devers lui, ausquelz il monstra la lectre de l'empereur, dont ilz furent moult doulans, et se mirent à genoulx devant l'arcevesque en lui priant que tost et hastivement atout sa puissance il y voulsist aler et les mener avec lui. Lequel arcevesque incontinent fist amas de gens d'armes et tant qu'il eust bien .XXᵐ. combatans bien en point et puis se mist au chemin, Martin et Brisse avec lui, qui estoient deux beaux hommes d'armes et bien

¹ s. à a.

30   montez et habilliez. Si chevaucherent tant qu'ilz
      vindrent jusques à Tournay, où ilz se rafreschirent une
      espace de temps bien petite et aussi pour savoir où ilz
      devoient prendre leur chemin pour /164r° aler en l'ost
      devant Bruges.

35   O! quelle douleur menerent les povres gens de
      Tours en Toraine quant ilz virent que leur bon
      aumonsnier Martin s'en aloit en la guerre! O! que ilz
      prioient Dieu en plorant pour lui qu'Il leur voulsist
      ramener sain et sauf! Et entre eulx estoit la bonne
40   Helayne, qui prioit Dieu pour lui. Laquelle fist tant
      qu'elle sceust où ilz aloient. Et, quant elle sceust que
      c'estoit pour son mary, le roy Henry d'Engleterre,
      secourir, qui estoit prisonnier es mains des payens,
      lors commença elle tresfort à plorer et gemir et prier à
45   Dieu qu'Il le voulsit sauver et delivrer «car, disoit elle,
      combien que ainsi soit qu'il quiere ma destruction et la
      fin de ma vie, si lui perdonné je, mais Te prie, mon
      vray Createur que de Ta grace, Tu le vueilles
      enluminer et lui donnes vraye congnoissance de son
50   meffait. Et en oultre, beau Sire Dieu, je Te prie que
      Ton bon plaisir soit de encores le laissier vivre au
      monde pour Ta saincte loy exaucier au salut de son
      ame.» Ainsi prioit la bonne Helayne pour son mary, le
      roy Henry, lequel estoit en la prison du conte Maradin,
55   où il recevoit tant de douleurs et de peinnes que
      merveilles, et ce par le mauvais tourrier qui le gardoit
      en la prison, dont Maradin ne savoit riens, ainsi que
      vous orrez cy aprés et que l'ystoire le contient qui dit
      en la maniere qui s'ensuit.

Le CXXXIᵉ chappitre. Comment le conte Maradin fist honneur au roy Henry.

Ung jour, ainsi que le roy Henry estoit en la /164v°
prison du conte Maradin, aprés ce qu'il fut reconforté
par la vision de l'angele, s'endormist* pour la pesanteur
du traveil que son povre corps souffroit en ceste
douloreuse et penible prison. Si lui survinst le tourrier
pour le visiter, ainsi qu'il avoit d'usaige et comme
cellui qui le hayoit de mort à cause de sa loy. Lequel,
pour ce qu'il dormoit, le frappa d'un baston qu'il tenoit
en sa main et que d'usaige il portoit avec lui si
durement en la teste qu'il en fist saillir le sang. Et, du
grant cop qu'il receust, il se leva et lui qui avoit les
mains loyees se dreça en sursault et s'en vinst contre
ce mauvais loudier et le poussa tellement qu'il l'abatist
contre le mur de la prison si lourdement qu'il lui
rompist la teste et lui fist saillir la cervelle tant que à
peinnes qu'il n'en morust. Et qui plus est le roy le
prinst tellement es dens par le visaige come enraigié
qu'il lui aracha le nez du visaige et lui rompist une
main. Si commença si hault à crier le tourrier, quant il
se vist ainsi atourné, que ung sien compaignon l'oÿst,
qui prestement afuist à la tour et trouva le roy qui
estoit sur son compaignon, qui le mordoit comme se
ce eust esté ung chien à ung autre chien. Si hausa ung
baston qu'il tenoit et ferist tellement le roy par les
costez qu'il le fist tumer de l'autre lez et le roy, qui
prestement se releva, frapoit de ses pointz sur eulx et
les mordoit si terriblement que, qui n'y fust venu, il les
eust tous deux devorez, combien que ilz l'eussent ja
fort blecié, si que le sang lui sailloit du corps en
pluseurs lieux. Mais, par le grant cry et hutin qu'ilz
menoient, pluseurs Sarrazins y coururent, qui les

desmeslerent et si /165r° les[1] prinrent et menerent
devant Maradin pour lui dire et racompter comment la
chose aloit. Mais, quant Maradin fut bien averty de la
35   besoingne, il commanda que le tourrier, qui avoit ainsi
fourmené le prisonnier sans son sceu, fust executé et
pendu par son col. Et bailla le roy à ung autre en lui
commandant qu'il en fist bonne garde et qu'il en
pensast bien et que quelque desplaisir ne lui fut fait
40   pour ce qu'il estoit prisonnier à volenté* et disoit qu'il
n'appartenoit point à faire cruaulté à ung noble homme
prisonnier. Ainsi ordonna Maradin du bon roy Henry,
dont il eust depuis tresbon louyer, ainsi que vous orrez
cy aprés.
45   Mais nous vous dirons du bon arcevesque de Tours,
lequel, comme dit nostre hystoire, s'estoit ja party de
Tournay atout son host et avoit tant exploittié et
chevauchié parmy le païs de Flandres qu'il estoit venu
en l'ost de l'empereur devant la ville de Bruges, où le
50   bon empereur l'avoit ja receu treshonnorablement
comme celui qui tresjoyeux estoit de sa venue. Et si
avoit receu et festié les enfans comme ses nepveurs,
combien que encores estoit il aucunement en doubte
que ce ne fussent point les enffans de Helayne, sa fille,
55   et y pensoit souvent, mais, au plaisir de Dieu, il en
sera assés tost acertené, comme vous orrez cy aprés.

---

[1]   e. s. et l. p., *changement de page.*

Le CXXXII^e chappitre. Comment l'empereur Anthoine vinst assigier Courtray.

De la venue de ce noble arcevesque furent noz gens grandement resjoÿs, car ilz estoient /165v° souvent assaillis et agaittiés par aucuns capitaines payens qui se tenoient en Lille et forest du Buc en aucuns chastelz et lieux muciez, qui souvent venoient courir sur l'ost, si que à peinnes pouoient ilz avoir nulz vivres. Pourquoy, tout prestement qu'ilz furent venus, ilz livrerent ung assault à la ville de Bruges, qui pour lors estoit tresbien frumee de portes et de tours et de murailles, mais point n'estoit si grande qu'elle est maintenant. Et dura l'assault ung jour tout au long qu'ilz ne conquesterent riens se non qu'ilz remplirent aucuns fossez tant qu'ilz pouoient bien aler jusques es murailles.

Et si dist l'ystoire que aprés cest assault le conte Maradin, veant ces nouveaulx gens d'armes venus en l'ost et le grief assault qu'ilz lui livroient, fist venir pardevant lui le roy Henry et lui dist que, s'il vouloit faire departir ses gens de devant sa ville et le laissier en paix, il lui quitteroit sa rançon et sa prinse et le laisseroit aler. Mais le roy, comme trés reconforté de la vision angelique qu'il avoit eue, comme vous avez oÿ, lui dist qu'il amoit mieulx à morir en prison que la ville demeurast en incredulité, mais, s'il se vouloit baptisier et faire son peuple baptisier, il lui feroit tout le plaisir qu'il pouroit. Quant le conte Maradin vist qu'il n'en fineroit autrement, il le fist remener en la prison et commanda que on en pensast tresbien, car il esperoit par lui encores avoir salvacion.

Endementiers que ses assaulx et rencontres se fasoient devant la ville de Bruges, vinrent nouvelles en l'ost que aucuns mauvais larrons avoient couru à

l'entour de l'ost et avoient bien prins cent ou six vings
que chars que charrettes qui venoient de /166r°
35   Tournay et menoient vivres en l'ost, dont iceulx de
Tournay avoient receu ung tresgrant dommaige,
parquoy ilz manderent à ceulx de l'ost que jamais ne
d'eulx ne par eulx n'avroient ne confort ne ayde, se ilz
ne mettoient deffence et remede à ceste chose, qui trop
40   leur estoit dommaigeable et à grant contraire.
Pourquoy l'empereur Anthoine, oyant ces nouvelles
qui lui furent trés dures, appella le bon arcevesque
pour entre eulx aviser qu'ilz feroient de ceste chose. Si
conclurent que le lendemain, au plus matin devant
45   jour, ilz se partiroient de l'ost cinq ou six mil hommes
et s'en tireroient contre ce chastel duquel ilz avoient
tant de dommaige. Et pour ce en la nuyt ilz
ordonnerent ceulx qui demouroient en l'ost pour
entretenir la besoingne. Et puis, quant ilz eurent ce
50   fait, environ une heure devant jour ilz se partirent
atout bons engins qu'ilz menerent avec eulx, tant qu'ilz
entrerent en la forest du Buc et que finablement il
vinst devant ung petit chastellet, qui estoit à cinq
lieues prés de Tournay. Et estoit pour lors venu le
55   capitaine de Lillebuc, qui s'appelloit Bernier, pour au
lendemain faire une course sur le chemin de Tournay
avec le capitaine dudit chastel, qui estoit nommé
Malotruz, et estoit ung petit homme boussu et
contrefait, mais tant vaillant et tant hardy estoit il qu'il
60   n'estoit à trouver son pareil ne il n'estoit homme, tant
puissant fust il, qu'il n'osast bien attendre et assaillir.
Et touteffois l'ystoire dit que, à le veoir à terre, que on
l'eust bien getté à terre d'un petit doit, tant estoit petit
et meschant de corps, mais le visaige sembloit estre
65   tresmauvais. /166v°

Le CXXXIII^e chappitre. Comment Malostru fut pendu à Courtray, dont la ville sortist son nom.

Tantost que nos gens furent venuz devant ce chastelet, ilz le commencerent tresfort à assaillir et ceulx de dedens se commencerent aussi tresfort à deffendre et y furent faictes pluseurs vaillantises, entre lesquelles firent moult à recommander celles de ce petit boquel* et nain Malotru. Car il yssist dehors du chastel bien monté et vinst ferir sur noz gens et en occist et afola pluseurs et fist tant vaillamment que ce sembleroit fable de le racompter. Car l'ystoire dit qu'il couroit et racouroit, la lance ou poing, tant gentement que c'estoit merveilles, et fist ung tresgrant damaige sur noz gens. Touteffois il fut de si prés chassié qu'il le convinst rentrer en son fort. Lequel fort fut prestement assailly de noz gens, tellement que, devant qu'ilz cessassent, icellui chastel fut prins sans grant /167r° perte de noz gens. Et là furent nosdictes gens logiez ou maistre donjon tout à leur bon plaisir celle nuyt. Quant ce vinst le lendemain au matin, on¹ amena devant l'empereur tous les prisonniers, entre lesquelz estoient Brenier, le chastellain de Lillebuc*, et Malotru avec pluseurs autres. Si leur demanda l'empereur s'ilz vouloient croire en Dieu et laissier leur loy pour avoir leurs vies sauves. A laquelle demande respondist Malotru qu'il amoit mieulx à morir que à renoncier sa loy. Pourquoy tantost et sans arrest l'empereur fist lever unes fourches devant la place du chastel et là le² fist pendre par son col. Laquelle chose veant, Bernier, capitaine de Lillebuc, comme tout esbaÿ et espaventé se getta à genoux devant l'empereur en lui criant

---

¹ ou*
² e. la f. p.

30   mercy et en lui priant qu'il le voulsist prendre à rançon
et recevoir à la saincte foy catholique, car il renonçoit
à ses dieux et vouloit estre crestien. Laquelle requeste
l'empereur lui octroya et en fut tresjoyeux. Mais,
ainçois que le roy Anthoine en voulsist riens faire, il
35   lui fist promectre qu'il lui remettroit en sa main le
chastel de Lillebuc. Si fut ainsi l'accord fait. Et cy dit
nostre hystoire que à cause de cestui nain, qui tant
estoit court que à peinnes avoit il trois piés de hault, le
chastel et la ville où il fut pendu eust à nom Courtray*.
40   Lequel nom a duré et dure encores jusques à au
jourduy.

Le CXXXIVᵉ chappitre. Comment la ville de Bruges fut prinse. /167v°

De ceste ville et chastel de Courtray se partirent les crestiens et s'en vinrent vers Lillebuc, qui pour lors estoit ung tresfort chastel, ouquel avoit bien cinq cens Sarrazins qui le gardoient depar le conte Maradin, et en estoit le devant nommé Bernier capitaine. Tantost qu'ilz furent là venus, par le moyen dudit Bernier fut le chastel rendu et tous les compaignons mis à mercy, c'estassavoir ceulx qui se baptiserent, et ceulx qui ne se baptiserent furent tous occis sans en prendre ung seul à rançon. Et, quant ilz eurent tous prins ces chasteaulx et mis en leur subgettion, ilz s'en retournerent en leur siege de Bruges, ouquel ilz furent tresgrandement bien venus, car ilz ramenerent grans vivres et grans bagaiges avec tous les angins qu'ilz gaignerent. Et puis assaillirent la ville tresfurieusement[1] de jour et de /168r° nuyt et ne cessoient continuelement, parquoy en y eust pluseurs mors et bleciez d'un costé et d'autre. Car l'ystoire dit que en ces assaulx durant le trait vouloit plus espez que naige d'un costé et d'autre. Et si gettoient grosses pierres les espringales[2] si crueusement que ceulx de la ville en estoient tous esbaÿs, car leurs maisons et murailles en estoient toutes rompues. Finablement nostre hystoire dit que par les prieres du bon Martin une des portes de la ville fut renversee et gettee par terre et par celle porte fut la ville prinse. Et y commencerent noz gens à entrer en armes et l'espee ou point* et tuoyent payens et Sarrazins sans misericorde, car, qui tout prestement ne se rendoit en promettant de

---

[1]   v. trescurieusement d.
[2]   p. et e., *corr. d'ap. le sens.*

30　estre bon crestien, il estoit incontinent mis à mort. Le
conte Maradin, veant ce meschief, s'en fuist en son
palaix et vinst à ses dieux et d'une haiche d'armes qu'il
tenoit en sa main frappa sus tellement qu'il les mist en
pieces en les maudisant et disant qu'ilz n'avoient point
35　de puissance. Et puis dist: «Se je puis avoir la vie
sauve, je croyray en Jhesucrist.»

Et, ainsi qu'il estoit en ce penser, il oÿst la crierie
des hommes et des femmes de sa ville que les
crestiens mettoient à mort, dont il estoit si effrez qu'il
40　ne savoit que penser. Touteffois pour sauver[3] sa vie il
s'en vinst à la prison où le roy estoit et le deffruma et
getta dehors et puis se getta à genoulx devant lui en
disant: «Noble roy trespuissant, je me rens à toy et me
fay ton prisonnier. Je te prie en l'onneur de Jhesucrist
45　que tu me sauves la vie et je te prometz et à Lui aussi
que je seray bon crestien et vivray et morray en Sa
loy.» Se le roy fut esbaÿ se ne fut pas de /168v°
merveilles, car incontinent Maradin le defferra et lui
presenta les fers pour en faire à son plaisir de lui. Si
50　n'en savoit le roy que penser, car il veoit que cellui
auquel il estoit prisonnier se rendoit à lui et se fasoit
prisonnier au prisonnier. Neantmoings lui dist: «Mon
amy, se ainsi est que tu dis, ne te doubte de riens, car
je te sauveray la vie, au plaisir de Jhesucrist. Mais, dis
55　moy, dit le roy, qui t'a meu de ce faire? — Ha! sire[4],
dit Maradin, vecy voz gens qui ont prins ma ville
d'assault et tuez mes hommes. Pourquoy je vous prie
que y mettez remede. — Or ne vous doubtez, dit le
roy, mon chier amy, car, au plaisir de Dieu, vous
60　n'avrez garde, et en cuyde si bien faire que vous serez
trescontent.»

3　sauver, *répété.*
4　dire.

Le CXXXVe chappitre Comment le conte Maradin fut baptisié et fut appellé Meurant.

Ainsi qu'ilz se devisoient ensemble en la prison, estoient ja noz gens parmy la ville, qui queroient et trassoient partout à leur voulenté et demandoient à chascun où estoient les prisons. Touteffois ilz firent tant qu'ilz alerent au palaix, qu'ilz eurent prestement tout nectoyé des payens, et firent tant qu'ilz trouverent le roy Henry qui tenoit Maradin par la main ne oncques ne le volt laissier aler tant qu'il vinst devant l'empereur Anthoine et devant l'arcevesque Martin et ses enffans, lesquelz il baissa et acola en disant: «En bonne foy, maintenant say je bien que vous estes mes enffans, car je vueil bien que chascun saiche que par une vision angelique m'a esté /169r° de mon bon Dieu Jhesucrist noncee* que jamais de prison ne partiroie, ce non par le moyen et ayde de mes deux enfans. Pourquoy je les puis bien tenir miens et de mon sang engendrez.»

Aprés ces motz il prinst le conte Maradin et le presenta es seigneurs en disant que il s'estoit à lui rendu. Lequel il avoit prins en sa garde, et vouloit estre crestien, dont tous les seigneurs furent moult joyeux et en louoient Nostre Seigneur Jhesucrist et dirent au conte Maradin que bien fust il venu et que à bonne heure le eussent ilz trouvé. Ne demeura gaire aprés que on fist faire ungs fons et baptiza le conte Maradin, lequel fut nommé Meurant, duquel yssist depuis une noble generacion, car saint Meurant en yssist, qui est à Douay, ainsi que vueillent dire aucunes hystoires dont nous[1] nous tairons à present*. Avec icellui Maradin se baptiserent pluseurs Sarrazins

---

[1]   d. ne no. t.

et payens, et les aucuns de bonne voulenté, et les
autres pour leur vie sauver. Et si dit l'ystoire que en
tout le paÿs d'environ Bruges ne demeura ville ne
maison où noz gens ne alassent, là où tous ceulx qui
35   ne vouloient croire en Dieu ilz mettoient à l'espee sans
nul prendre à rançon. Ne demeura gaires aprés que les
bons seigneurs devant nomez se voulsirent partir de
Bruges, car il leur sembloit que tout le paÿs de
Flandres estoit comme tout aquitié et delivré de la
40   main des payens. Mais le bon conte Meurant s'en vinst
pardevant eulx et leur pria que ilz voulsissent mettre
peine que, ainçois qu'ilz se partissent, tous les fors
fussent prins et rendus et fais crestiens. Et par espicial
leur dist que sur l'issue de Flandres avoit une tresforte
45   tour où il demeuroit ung gayant à merveilles
couraigeux et hardis, /169v° lequel avoit ung frere, qui
demeuroit assés prés de lui en une autre tour, nommee
la tour de Cantin*. Lesquelles tours avoit jadis fait[2]
faire ung roy, qui avoit nom Quentin, mais l'une estoit
50   nommee la tour au Gayant et l'autre la tour Quentin. Si
estoit de neccessité que ces deux tours fussent rendues
et prinses*, car par icelles il porroit recevoir ung
tresgrant dommaige. Pourquoy ces bons seigneurs,
veans ce noble conte Meurant qui se doubtoit de ces
55   deux tours, se disposerent de y aler mettre le siege
pour les mettre en leur obeÿssance et delivrer de la
main des payens. Si firent chargier tous leurs engins et
puis se mirent es champs et commencerent à
chevauchier et tant qu'ilz vinrent jusques à deux
60   lieuves prés de la tour au Gayant et là se aresterent
pour ung peu leurs gens rafreschir.

---

[2]   fait *répété.*

Le CXXXVIᵉ chappitre. Comment les seigneurs vindrent assigier la tour au Gayant. /170r°

Entretant que noz gens se reposoient, le bon conte Meurant, par le conseil des princes et barons de l'ost, envoya ung sien messagier pardevers le gayant de la tour en lui mandant qu'il lui voulsist livrer sa tour et voulsist devenir bon crestien, et il seroit receu à l'amour et grace de l'empereur de Constantinoble, du roy Henry d'Engleterre et de lui, qui son droicturier seigneur estoit, lequel aussi comme bien advisé s'estoit fait baptiser. Et pour ce tresaffectueusement il le prioit qu'il voulsist laissier son erreur et l'adoration des dieux qui nulle puissance n'avoient, comme il le pouoit clerement veoir maintenant en pluseurs lieux. Laquelle chose*, se ainsi faire le vouloit, ja ung seul pié de terre ne perdroit, mais qui plus estoit lui accroistroit on¹ son honneur en tout endroit tant qu'il soffiroit, et, se faire ne le vouloit, il fuist seur et certain que sa tour lui seroit abatue et lui mesmes tué et tous ses aydans. Lequel messaige comme tresmalheureux venu, au gayant ayant fait son messaige bien et appoint, fut par le gayant tellement traictié que on lui creva ung oeil et se lui trencherent ung bras et lui dirent que ce lui faisoient ilz en despit de son Dieu Jhesucrist, de l'empereur, du roy Henry et du fault* Maradin, qui nommer se faisoit Meurant. Et, qui vous vouldroit toutes les villanies racompter que l'ystoire met qui furent faictes à ce povre messaige, on vous tiendroit trop longuement, car ilz furent longuement en volenté de le aler pendre au dehors de la ville, affin de faire plus grant despit es crestiens, mais ilz n'en firent riens, car, par le conseil de l'un d'eulx, ilz lui firent /170v° seulement ceste tirannie de lui copper le bras et crever

---

¹   en*.

l'ueil, comme dit est, affin que les crestiens fussent
mieulx advertis qu'ilz estoient leurs parfais ennemis.
Et encores dit l'ystoire que au partir de la forteresse
35   l'un lui coppa le nez, et en ce point s'en revinst en l'ost
de noz crestiens, qui moult furent dolans de sa male
aventure. Si jurerent tous ensemble que jamais ne
cesseroient, si avroient ilz mis à fin ce felon anemis*
de Jhesucrist. Et pour ce incontinent se deslogerent et
40   ne cesserent jusques ilz furent devant la tour, laquelle
ilz assigerent le mieulx qu'ilz peurent. Mais l'ystoire
dit que elle estoit si merveilleusement assise en
marescaiges que à peines la pouoit on aprouchier d'une
lieuve prés et n'y avoit que une estroitte voie par où on
45   aloit à la tour, à laquelle voye ne pouoient seulement
aler[1] que trois hommes de front.

---

[1]   aler *mq.*

Le CXXXVII^e chappitre. Comment nos bons crestiens furent surprins par les voyes dessoubz terre.

Quant noz barons furent venus devant celle tour et qu'ilz l'eurent avironné et assigee au mieulx qu'ilz peurent, le gayant, qui estoit en sa tour, les avisoit en soubzriant et disant: «Ha! maleureuse gent, vous ne me congnoissez point encores, mais je cuide que, ainçois qu'il soit ung mois, je vous feray doulans.» Et ce disoit il pour ce que en ce chastel avoit une voye soubz terre, par laquelle ilz yssoient en trois parties, c'estassavoir vers Haynnault, vers Cambray et vers une cité que pour lors on appelloit Noble* et maintenant Arras.

Avinst /171r° ung jour*, ainsi que noz gens seoient à table, ce felon gayant, qui estoit en sa tour, appella tous ses hommes d'armes, qui estoient environ quatre cens, et leur commanda qu'ilz fussent tous prest de leurs armes, car il vouloit aler resveiller ces crestiens. Si en ordonna seulement cent pour demeurer en la tour et pour la deffendre se besoing estoit, et atout ses autres trois cens il se mist en ces voies dessoubz terre et fist tant qu'il vinst es champs et que soubdainement il frappa en l'ost des crestiens, où il fist ung tresgrant damaige ainçois que ilz se peussent mettre en arroy ne en ordonnance. Et furent en tel desarroy que ce fut cent contre ung qu'ilz ne s'en fuirent tous, car ilz crioient «traÿson! alarme!», si que c'estoit une hydeur. Neantmoings les bons seigneurs, et par espicial le bon roy Henry et le conte Meurant se mirent tellement en deffence que ilz firent reculer ce gayant et ses hommes et les firent rentrer en ung marescaige, où là fut ung merveilleux recontre*, car ilz n'espergnoient riens, mais combatoient merveilleusement. Et en ce faisant le gayant les menaçoit de mort en disant: «Ha! faulce

chenaille, vous avrez en moy ung tresmauvais voisin.»
Et de fois à autre crioit au conte Meurant: «Ha! traicte
35   Maradin, traitre es dieux et es hommes, viens. Si
espreuve ta force et la mienne, et la force de ton
Jhesucrist contre la force de noz dieux tous puissans.»
    Mais, pour ce que les crestiens, qui ja estoient
rassemblez, afuyoient à la meslee par cens et par
40   milliers, lui, veant que, s'il demeuroit plus longuement,
qu'il avroit de l'affaire, se mist au chemin et par un
marez qu'*il savoit tresbien la voye, il rentra en sa cave
et se retraist en sa tour. Et noz gens pour les grans
palus et croliz du lieu ne l'oserent suyr, /171v° mais se
45   retrayrent en leurs tentes et pavillons, dont en y avoit
grant foison de renversees et tombees par terre. Si se
mirent à les relever et à faire autre ordonnance en leur
ost affin que une autre fois ilz ne fussent point surprins
en soursault. Mais si dit l'ystoire que ilz ne se savoient
50   si bien garder que souvent ce gayant ne leur fist des
saillies tressoubdaines et où ilz recevoient ung
tresgrant dommaige et dont ilz estoient en tresgrant
esmay et esbaÿssement.

Le CXXXVIIIe chappitre. Comment les barons mirent leur ost en trois parties.

Noz bons seigneurs, ainsi estans devant celle tour bien esbaÿs pour ce qu'ilz ne pouoient trouver maniere de l'aprochier ne assaillir, /172r° estoient ung jour en conseil pour savoir comment ilz s'en ordonneroient, et cuide finablement qu'ilz s'en fussent alez se n'eust esté le conte Meurant qui leur requeroit que, pour l'amour de Dieu, ilz ne se voulsissent point encores partir, car, se ainsi s'en aloient, ce leur seroit une grant honte, veu et considéré qu'ilz avoient tant de nobles villes et chasteaulx prins par force d'armes. Et puis leur disoit que ainçois feroient ilz cloees pour passer et aler sus seurement jusques es murs de la tour. Mais, ainsi qu'ilz estoient en ce pensement et conseil, leur vinst ung crestien baptisié qui leur dist que, s'ilz le vouloient croire, il leur feroit avoir la tour. «Car, mes treschiers seigneurs, disoit il, saichiez que je vieng de la tour Cantin, où je ay esté soubdoyer au payen Maloré, le frere du gayant de la tour, et ay bien avisé toute la maniere du lieu. Et ay parceu que ladicte tour de Cantin a une voye soubz terre, par laquelle le payen de la tour vient souvent veoir et visiter son frere, et par là font aucunefois leurs saillies sur voz gens. Et par icelle voye leur amainne on leurs vivres. Et se y a au bout de ces marescaiges, entre arbroies qui là sont, une autre entree de ladicte voye soubz terre, par où aussi ilz font souvent leurs yssues. Et pour ce je vous diz qu'il vous couvient partir vostre ost en trois parties et que l'une voise assaillir et envaÿr la tour Cantin et l'autre partie gardera l'yssue des marescaiges et l'autre partie demoura devant la tour, car je vous diz que, quant ilz sont tous ensemblez et deça et dela, si ne sont ilz non plus de six ou .VIIc. hommes d'armes, et vous estes bien .XLm. et pour ce, mes treschiers seigneurs, se

vous seroit honte /172v° et reproche se telle
35 meschance vous duroit longuement.»
Et que conclue* en brief la matere, le messaige ou
espie fist tant que les crestiens se mirent en trois
parties, et le roy Henry et l'empereur Anthoine s'en
alerent en la conduite dudit crestien espie devant la
40 tour Cantin. Mais l'ystoire dit que, quant ilz se
partirent de l'ost, le gayant de la tour s'en aparceust et
pensa en lui mesmes qu'ilz s'en aloient à Cantin.
Pourquoy tout prestement atout une partie de ses
compaignons, il entra en sa voye dessoubz terre et fist
45 tant qu'il fust aussi tost à Cantin comme les crestiens.
Quant le roy Henry vinst devant la tour de Cantin, il
sceust par ledit espie que au costé de Haynnault avoit
ung petit chastellet où il y avoit encores une voye
soubz terre, par où le gayant pouoit venir sur eulx. Si
50 se tourna celle part par le conseil des barons
l'empereur Anthoine atout .V^m. combatans pour ce pas
garder. Et l'arcevesque Martin, les filz du roy Henry et
le conte Meurant estoient demeurez[1] atout .XII^m.
combatans   devant   la   tour   au   Gayant,   qui
55 continuelment faisoient cloes qu'ilz estendoient sur les
crolieres et marez en aprochant le lieu par où ces
felons Sarrazins faisoient leurs saillies, et là trouverent
pluseurs saillies frumees de huys de fer, dont ilz furent
moult joyeulx. Et pour ce tout prestement le conte
60 Meurant fist convenir fosseurs, maçons et carpentiers,
et fist faire sur le lieu tresforte tour et bastille. Et pour
la grant habondance des fonteins et eauves, qui là
sourdoient et estoient accoustumeement, il fist
nommer le chastel le chasté* de Riviere. Et depuis y
65 eust une tresgrant ville /173r° et s'i amasserent
pluseurs gens, comme on[2] le treuve en pluseurs
croniques, et fut depuis nommee Douay pour certainne

---

[1] e. demeureurez a.
[2] ou*.

cause d'aucun douaire*. Et de ceste tour de Riviere
pouoient les archiers tresbien tirer flesches et dars es
Sarrazins qui gardoient la tour au Gayant, si prés
estoient les deux tours l'une devant l'autre. Mais le
gayant de ce ne tenoit compte, car il sçavoit bien que
nullement ilz ne pouoient sa tour gaignier ne prendre
tant que la tour de Cantin durast, et pour ce il mettoit
plus grant entente à la garde d'icelle que à la sienne
propre. Neantmoings le conte Meurant ferma et cloÿst
si fort l'entree de la tour au Gayant que personne n'en
pouoit yssir.

Le CXXXIX^e chappitre. Comment le gayant fut occis et la tour prinse.[1]

Quant ce bon conte Morant eust tresbien frumee sa tour et qu'il lui sembla que par là ne leur porroient plus nuyre les Sarrazins, il se partist de son host et laissa là aucuns compaignons pour la tour de Riviere garder et
5 deffendre. Et s'en vinst jusques à Cantin où il trouva le roy Henry, qui ja estoit tout foulé et traveillié, car il avoit ja bien esté le terme de trois mois devant la tour en la assaillant, et si ne la pouoit avoir, dont le bon conte Meurant estoit moult desplaisant. Et pour ce tout
10 prestement il fist crier l'assault. Si se trayrent avant toutes manieres de gens et commencerent tresfort à assaillir, dont en y eust pluseurs abatus et renversez es fossez. Et là /173v° estoit ce felon gayant qui deffendoit les entrees de toute sa puissance et ruoit sur
15 noz gens grans cops si terribles que nully ne l'osoit actendre. Adonc le bon conte Morant, veant ce grant meschief, prinst la banniere du roy Henry et vouha en son cuer qu'il la porteroit sur la maistresse tour. Si fist arengier ses arbalestriers bien couvers de pavais et de
20 targes et puis fist drecier ses eschielles. Ouquel drecement y eust fait ung tresdur rencontre, car ceulx d'en hault ruoient pierres sur eulx, dont ilz les abatoient et renversoient, et ses arbalestriers tiroient si menu que ce sembloit naige. Et en ce dur rencontre se
25 boutoit le bon conte Meurant, et vinst à une eschielle, la banniere des leupars en la main, et commença à monter et fist tant qu'il vinst jusques es creneaulx et passa oultre tout maugré les deffendans, et sur l'une des torrettes mist la banniere par maniere que tous les
30 assaillans la pouoient bien veoir et tantost il tira l'espee

---

[1]   *Les titres des chapitres CXXXIX et CXL sont inversés, corr. d'ap. la table des rubriques.*

et commença à deffendre le pas. Si commencerent les
payens à crier si hault que par leur crys le gayant, qui
n'estoit pas trop loings de là, y affuyst et d'une haiche
qu'il tenoit cuida frapper le conte Morant. Mais le
conte le pressa de si prés qu'il se bouta soubz son cop
et lui bouta son espee tout oultre le corps et le fist
trebuchier du hault du mur en bas, et se creva le cuer
et morust si treshydeusement. Car l'ystoire dit que de
son corps yssist une si terrible fumee que à peine
pouoient les combatans veoir l'un l'autre, et qui plus
est une si grant crierie de corbeaulx qu'il n'y eust si
hardy qui n'en eust paour. Et par espicial les Sarrazins
en furent si espaontez que oncques puis ne se oserent
/174r° combatre. Mais qui plus est Maloré, le frere du
gayant, veant ceste grant hydeur, s'en vinst vers le
conte Morant qui entendoit à faire entrer ses hommes
en la tour pour icelle prendre et mettre en leur
possession, et lui rendist l'espee en lui priant mercy et
en requerant qu'il peust estre baptisié. Si le receust le
conte Morant à sa mercy. Et, quant ses hommes virent
ceste merveille et miracle, ilz se rendirent tous et se
mirent en la mercy des seigneurs en requerant tous
qu'ilz fussent baptisiez.

Le cent XLᵉ chappitre. Comment l'empereur Anthoine et le roy Henry assigerent la ville d'Anthonne en Escoce.

Quant ces payens se furent rendus, la porte fut
incontinent ouverte. Si entrerent ens le roy Henry et
l'empereur avec lui, qui moult /174v° furent joyeux de
ceste chose. Si firent ung tresgrant honneur au bon
5   conte Morant de la prouesse qu'il avoit faicte en la
prinse de ceste forteresse. Et adonc fut Maloré amené,
lequel leur dist qu'il les meneroit à la tour du Gayant
par la bove dessoubz terre, en laquelle sans plus
attendre ilz entrerent[1] atout gros tortis alumez, et
10   alerent tant qu'ilz vindrent jusques à la tour du Gayant,
en laquelle avoit seulement cent compaignons qui la
gardoient. Lequelz* tantost se rendirent aprés ce qu'ilz
eurent oÿ parlé* Maloré qui leur recorda tout le fait du
gayant, son frere. Pourquoy tous requirent estre
15   baptisiez. Et pour ce tout prestement furent les portes
ouvertes et entrerent ens noz gens tout à leur volenté.
Et là vinst le bon arcevesque, qui tout prestement fist
et beneist les fons, et puis baptiza tout le peuple. Mais
Maloré fut tout le premier, lequel fut nommé Pierre,
20   pour ce qu'il estoit le jour Saint Pierre es Loyens, qui
est le premier jour d'aoust*. Et fut depuis ung tressaint
et devot homme et tresbon crestien, car pour l'amour
de Nostre Seigneur Jhesucrist il laissa ses terres et
possessions et se rendist hermite en ung armitaige
25   assez prés de la tour au Gayant où il fist faire une
petite eglise en l'onneur de saint Pierre. A laquelle
eglise donna depuis Morant de Riviere* grans terres et
possessions. Quant tous ces bons seigneurs eurent tous
ces fors prins et conquestez, ilz firent estoupper tous
30   ces conduiz et voyes dessoubz terre tellement que

---

[1]   i e. en la cave*, *suppr.*

oncques puis personne n'y peust entrer ne passer. Mais ilz laisserent celle qui aloit à Cantin, comme il appert encores, se dient aucuns, jusques à au jourduy. Et là aprés toutes ces conquestes /175r° demeurerent noz bons seigneurs le terme de huit jours pour eulx refaire et rassembler.

Et, quant ce vinst au bout des huit jours, le roy Henry et l'empereur Anthoine, l'arcevesque de Tours et les deux filz du roy Henry, c'estassavoir Martin et Brisse, prirent congié au conte Morant et s'en retournerent à l'Escluse et se remirent en mer pour cuidier aler au port de Gascoingne. Mais, par ung vent qu'ilz eurent contraire, ilz alerent en Escoce devant une ville nommee Antonne et là trouverent gens qui leur dirent du gouvernement d'Engleterre et comment le bon duc de Clocestre le gouvernoit saigement. Si trouverent aussi que ceste cité, dont ilz veoient les portes, tours et murailles, leur sembloit moult puissant, payenne, non creant en la foy de Jhesucrist. *Item* aussi leur fut dit qu'elle estoit nommee Antonne et que en icelle avoit ung tresfelon payen, nommé Gamanus, et avoit une sienne seur avec lui, nommee Ludie. Lequel Gamanus et Ludie estoient frere et seur germains au bon Amaury, jadis roy d'Escoce, qui fut crucifié à Plaisance, comme vous avez oÿ cy devant. Et si dist l'ystoire que ceste Ludie estoit une des belles damoiselles qui fut en tout le monde et estoit en cuer crestienne, mais elle n'en osoit monstrer semblant à son frere Gamanus. Quant noz bons seigneurs sceurent ces choses devantdictes, ilz se determinerent que, ainçois qu'ilz alassent plus avant, ilz assauldroient la cité, et le païs, pour l'onneur du bon roy Amaury qui jadis en avoit esté roy, ilz le remettroient à la creance de Jhesucrist. Mais, ainçois qu'ilz .y. feissent nulz damaiges, ilz envoyerent leur messaige devers le roy Ga/175v°manus, en lui signifiant leur venue et en lui mandant qu'il voulsist croire en Jhesucrist, et ilz lui

seroient parfait amy et, se nullement d'eulx il avoit
affaire, ilz lui ayderoit de toute leur puissance. Et, ce
70　non, il sceust certainement que jamais ne cesseroient,
se* l'avroient ilz mis à ffin* et fait morir honteusement
maugré tous ses aydans.

Le CXLI^e chappitre. Comment l'empereur Anthoine, l'arcevesque de Tours et Brisse furent prins devant Hantonne.

Ce messaige, ayant fait son messaige à Gamanus, fut incontinent dudit Gamanus renvoyé en mandant depar lui es seigneurs crestiens que de leur amour n'avoit il que faire ne d'eulx ne de[1] leur ayde. Mais leur mandoit qu'ilz se tenissent sur leur garde, car ilz le verroient plus tost sur eulx qu'ilz ne pensoient, et ainsi en advinst. Car l'ystoire dit que, tout prestement que le messaige fut renvoyé et qu'il refust en l'ost, il n'eust point plus tost fait sa relacion que Gamanus atout plus de .XX^m. Escoçois, qui tous estoient entalentez de destruire Anglois, se ferist en l'ost si durement que à peines savoient ilz tenir conroy. Et là fut faicte une merveilleuse tuerie d'un costé et d'autre, car, se les Escoçois s'efforçoient de mettre les crestiens au dessoubz, aussi fasoient les crestiens eulx. Et par ainsi estoit la bataille plus mortelle. Et si dist l'ystoire que Gamanus faisoit si vaillamment d'armes que c'estoit merveilles et que par force d'armes il prinst /176r° l'empereur Anthoine de Constantinoble, et fut mené prisonnier en la ville d'Antonne. Pareillement il prinst le bon arcevesque de Tours, et fut[2] mené aussi prisonnier en la ville. Et furent presentez ces deux prisonniers depar Gamanus à la belle pucelle Ludie, qui estoit apoyee sur le cretel d'une haulte tour pour aviser les batailles qui se faisoient sur les champs. Laquelle les fist enfrumer en une tour.

En ceste bataille, sur tous les combatans de noz crestiens estoit tresvaillant Brisse, filz du roy Henry, car il abatoit chevaulx et hommes, qu'il sembloit que

---

[1] f. n. de ceulx d.
[2] fut *mq.*

30 ce fust ung droit fourdre. Et, ainsi qu'il se combatoit et
enfondroit sur eulx à puissance, lui fut dit que le bon
arcevesque de Toürs estoit prins. Pourquoy, comme
tous esprins de mal talent il s'en vinst à Gamanus, qui
lui faisoit ung tresgrant dommaige de ses gens, et le
35 frappa tellement qu'il lui fendist ung grant quartier de
son escu, et descendist le cop sur le col du cheval,
lequel il trencha tout jus comme fromaige, et cheurent
maistre et cheval tout en ung mont. Mais Gamanus se
leva tantost sur piés et cuyda ferir sur Brisse, mais
40 Brisse le suivist de si prés qu'il lui fist voler ung de ses
poings emmy la place, dont ledit Gamanus fut si esbaÿ
qu'il getta ung grant cry et tant que ses gens se
assemblerent si espez à l'entour de lui que Brisse ne
s'en sceust ravoir et fut prins prisonnier, voulsist ou
45 non, ne oncques le roy Henry ne Martin n'y sceurent
mettre remede. Et à celle heure faillist la bataille, car
Gamanus se retrayst en sa cité pour soy faire
mediciner, comme grant besoing en avoit. Et le bon
roy Henry tant doulant que plus ne /176v° pouoit fist
50 lever ses tentes et pavillons et jura à Dieu son Createur
que jamais ne s'en partiroit — ou il morroit à la peine
—, si avroit il prinse la cité et rescoux ses bons amis
qui ainsi estoient prins par male aventure. Ne à peine
le savoit on comment rapaisier, car oncques en sa vie
55 si male fortune pour ung jour il ne receust comme il
avoit fait pour la journee. Et sans doubte s'il estoit en
grant anuy, encores l'estoient plus l'empereur
Anthoine, l'arcevesque et Brisse, et aussi estoit
Gamanus pour son bras qu'il avoit ainsi par male
60 aventure perdu. Pourquoy il menaçoit de mort les
crestiens qu'il tenoit en sa prison et disoit qu'il les
feroit tous pendre et[3] morir mauvaisement.

---

3   e.

Le CXLIIᵉ chappitre. Comment Ludie, seur du roy d'Escoce, prinst les prisonniers en sa garde.

Quant Gamanus se fut mediciné, il vinst en la sale de son palais et là fist venir ses prisonniers devant lui, esquelz il demanda qui ilz estoient. Quant il sceust leur estat, il dist qu'il les feroit tous morir de male mort et qu'il estoit tresjoyeux qu'il se pouoit vengier sur eulx. Et par espicial vouloit que incontinent Brisse, qui ainsi l'avoit affolé, fust mis à mort, car il sçavoit bien que par lui il avoit esté navré, et là en sa presence fist tant batre Brisse que de toutes les parties de son corps lui sailloit le sang, dont tous ceulx qui le regardoient en avoient pitié. Et finablement je croy qu'ilz eussent occis le bon Brisse se n'eust esté dame Ludie, suer de Gamanus, qui là estoit. Meue de pitié, lui dist* /177r°: «Mon treschier frere, il vous souffise pour ceste fois de plus ainsi traveillier ce crestien, car vous n'en seriez que blasmé. Ja savez vous bien qu'il est filz du roy d'Engleterre. Pourquoy vous lui devez faire plus d'onneur que à ung villain. Et vous devez savoir que, s'il vous a fait en bataille aucun desplaisir, c'est usance de guerre. Austant lui en eussiez vous fait se ainsi en fust avenu. Et pour ce je vous prie que vous les mettez en une prison et les enfrumez tresbien, car vous ne savez que vous aviendra. Et se d'aventure vous ou ung de voz barons estoit prins, on le raroit de ligier par eschange de ceulx cy. Et se vous les faictes morir, vous savez que jamais les crestiens ne vous deporteront se tenir vous peuent, et Fortune est tant diverse que tout vaillant prince doit tousjours user de bon conseil selon ce qu'il a à faire. — Par ma foy, ma chiere seur, respondist Gamanus, vous dictes verité et me semble qu'il n'y a en voz[1] paroles que raison. Mais

---

[1]   vous*.

en verité, ma belle seur, je ne me savroye bonnement
en qui fier, car je les porroye bien delivrer à tel que*,
pour aucun argent, en porroit estre couvoiteux, et[2] les
35 porroit mettre à sauveté et les oster de noz mains. —
En bonne foy, mon chier frere, dist Ludie, se vous les
me voulez baillier, je vous en feray si bonne garde que
ja deffaulte n'y sera trouvee et vous en rendray tresbon
compte. Touteffois que* ce sera vostre bon plaisir. —
40 Par ma foy, respondist Gamanus, ma belle seur, je les
vous octroye.» A ce mot les fist prendre Ludie et les
fist mener en une tour où elle mesmes les enfruma et
en porta les clefs, car elle ne voult souffrir que autre y
alast que elle.

---

[2] c. il l. p.

/177v° **Le CXLIIIᵉ chappitre. Comment la cité d'Antonne fut prinse.**

Ainsi que vous oyez, furent iceulx trois vaillans hommes, c'estassavoir l'empereur Anthoine, l'arcevesque de Tours et Brisse, remenez en la prison à la requeste de la belle Ludie, dont ilz loerent grandement Nostre Seigneur Jhesucrist. Mais sur tous les hommes du monde Brisse menoit ung grant dueil, et non sans cause, car il avoit souffert par batures ung tresgrief martire. Car, ainsi comme ilz estoient en devises, leur vinst dame Ludie pour les visiter et leur apporta à maingier et à boire tresgrandement. Et fut avec eulx assés bonne espace en eulx devisant de pluseurs /178r° choses, entre lesquelles elle leur dist qu'elle vouldroit bien estre crestienne et, se Brisse qui là estoit la vouloit fiancier et promettre loyaulté de mariage, elle mettroit peinne à leur delivrance, dont Brisse fut moult esbaÿ et aussi furent l'empereur et l'arcevesque. Neantmoings sur ces paroles ainsi entregettees de l'un à l'autre, elle se partist de la prison et les renfruma en espoir de y brief retourner comme elle fist. Car dedens le tier jour aprés ceste vaillant dame Ludie fist les trois vaillans hommes venir en sa chambre secretement, là où par le moyen de l'arcevesque le mariage de Brisse et d'elle fut fait. Et leur promist l'empereur donner son empire de Constantinoble à tenir tout prestement qu'ilz poroient retourner au païs, dont la dame fut tresjoyeuse.

Et, quant tout ce fut fait, ung soir environ mynuyt elle les fist tous trois armer et leur bailla à chascun ung tresbon cheval, et elle avec eulx aussi à cheval*, et puis commencerent à picquer cheval d'esperon et tant qu'ilz vindrent à la porte de la cité. Et estoit la dame tout devant, qui donna entendre au portier et es gardes que c'estoient trois messaigiers que son frere Gamanus

envoyoit hors pour avoir secours. Et avinst que ces
35 portiers lui refuserent l'yssue. Mais les trois seigneurs
tout prestement les occirent que oncques ceulx de la
cité n'en oÿrent riens et puis prirent les clefs et
ouvrirent la porte. Incontinent que la porte fut ouverte,
l'empereur Anthoine dist es autres qu'ilz
40 chevauchassent jusques en l'ost et feyssent venir leurs
gens, et il garderoit la porte. Si le firent ainsi
l'arcevesque et Brisse et emmenerent Ludie /178v°
avec eulx. Car incontinent ceulx de l'ost
commencerent à venir, si entrerent en la porte où ilz
45 trouverent l'empereur Anthoine, lequel avoit desja
bouté le feu en une maison qui ardoit tresfort. Et pour
ce, tout prestement que noz gens furent ens, ilz
commencerent à crier «ville gaignee!», et ceulx de la
ville, qui estoient tous esbaÿs, sailloient sus et
50 couroient au feu, parquoy ilz furent deceuz, et noz
gens entroient ens tousjours à puissance et firent tant
qu'ilz furent maistres de la ville et du palaix, ouquel
estoient Gamanus et aucuns de[1] ses barons, qui tout
prestement pour les grans cris qu'il oyoit saillist sus. Si
55 vit clerement qu'il estoit trahy. Mais pour soy vengier,
de son couraige il s'en vinst en la tour où il cuidoit
trouver ses prisonniers. Et, quant il vist la chose ainsi
aler, comme tout desesperé il s'en vinst à une des
fenestres de son palaix soubz laquelle frappoit ung
60 bras de mer où il saillist, et se noya, et ainsi morut ce
payen miserablement.

---

[1]   de *mq.*

Le CXLIVᵉ chappitre. Comment Ludie fut baptisee et mariee à Brisse.

Par la maniere que dit est fut la ville d'Antonne en Escoce prinse. Aprés laquelle prinse[1] ne demeura gueres que tout le païs se rendist et mist en obeÿssance du roy Henry d'Engleterre. Et y furent faictes pluseurs notables eglises et monasteres. Et fut Ludie baptisee et mariee au bon chevalier Brisse. Et y furent faictes unes tressomptueuses noces et sollempnité. Et cy dit nostre hystoire que en la propre nuyt que Brisse et Ludie coucherent ensemble /179r° ilz egendrerent* le bon saint Brisse, qui depuis fut arcevesque de Tours aprés le trespas de saint Martin, son oncle. Mais l'escripture dit que aprés ceste pontificalité il receust ung trés doloreux encombrier pour ce que, au temps qu'il servoit son oncle Martin, par une moquerie il l'appella borgne*, comme dit l'ystoire, mais pour ce que ce ne touche point à nostre matere, nous nous en tayrons atant et parlerons de nostre matiere qui dit que, aprés ce que tous ces nobles hommes eurent tout conquis le royaume d'Escoce, ilz se remirent tous[2] ensemble sur mer en laissant bons gouverneurs ou royaume d'Escoce depar la dame Ludie, et commencerent à sengler par mer tant qu'ilz arriverent en Bretaigne. En celle espace de temps qu'ilz furent sur mer, recorda le bon roy Henry à dame Ludie, sa belle fille, toute la vie du bon roy Amaury, son frere, et comment par le pape Clement il avoit esté canonizié, et aussi l'eglise où il avoit esté ensevelys treshonnorablement, ouquel compte faisant getta la bonne dame Ludie maintes larmes, car elle l'amoit de tout son cuer comme son frere et en desiroit moult à

[1] prinse *mq.*
[2] tous, *répété et exponctué.*

oÿr parler ne à peines s'en pouoit elle saouler. Et aussi veritablement c'estoit ung tresbel recort, car il avoit esté tresvaillant homme de son corps, tresdevot, cremant Dieu et en Sa saincte loy tresferme, tant que
35 bien y parust en la fin de ses jours, comme nous l'avons recordé au long cy devant.

Noz bons seigneurs, venus et arrivez en la marche de Bretaigne, monterent sur terre et commencerent à chevauchier tant qu'ilz vindrent ou païs de Tourayne.
40 Si envoyerent devant eulx leurs forriers pour prendre les logis comme à grans seigneurs appartient. Lesquelz fourriers vinrent en la cité /179v° et apporterent les nouvelles, dont pluseurs furent moult joyeux, et par espicial les povres gens qui vivoient d'aumosnes
45 estoient moult joyeulx pour amour de Martin, le bon aumosnier.

Le CXLVᵉ chappitre. Comment le roy Henry et les seigneurs se misrent au chemin pour revenir à Tours et comment Helayne en sceust nouvelles et comment l'angele s'apparust au bon hermite Felix[1] pour venir à Tours.

La bonne royne Helayne, oyant ces nouvelles, fut moult esbaÿe, car tousjours cremoit elle que l'empereur son pere ou le roy son mary ne la trouvassent et qu'ilz ne la feissent morir honteusement. Et pour ce elle n'osoit bonnement aler aval la ville querir ses aumosnes. Et par espicial elle n'osoit aler au palaix, dont son hostesse estoit tresmal contente et l'en tensoit et disoit assés de villanies et bien souvent lui disoit que pour aucun mauvais cas on lui avoit ainsi trenchié le bras, puis que nullement elle ne se[2] osoit monstrer devant les gens ne devant les grans seigneurs, qui d'usaige donnoient pour Dieu les grandes aumosnes. Pour lesquelles injures que disoit ceste povre femme à la bonne Helayne, icelle Helayne ploroit souvent et en estoit tresfort tormentee et prioit Dieu tous les jours pour ses persecuteurs ne jamais ne se couchoit qu'elle ne priast pour eulx et pour ceulx qui bien lui faisoient.

Ne demeura gaires aprés que le bon roy Henry, l'empereur Anthoine et l'arcevesque Martin /180r°, Martin et Brisse, freres, entrerent en la cité où ilz furent receuz à tresgrant joye de tout le commun, et s'en alerent les seigneurs ou palais où ilz se logerent tous ensemble et se reposerent tant et si longuement que la bonne Helayne fut retrouvee par la maniere que vous orrez. L'ystoire dit que en ce temps ung angele du ciel s'apparust au bon hermite Felix, lequel, comme

---

[1] Alexis.
[2] se *mq.*

nous avons dit, avoit jadis norry les deux enffans
Martin et Brisse le terme de quinze ans. Lequel angele
30   lui commanda depar Nostre Seigneur Jhesucrist qu'il
se meist au chemin et passast la mer et alast à Tours en
Touraine où il trouveroit l'empereur de Constantinoble
et le roy Henry d'Engleterre. Lesquelz ja par long
temps avoient quis la bonne royne Helayne, la mere
35   des deux enffans qu'il avoit norris. Laquelle estoit
comme povr'* esgaree, querant son pain pour Dieu en
ladicte cité de Tours. Si vouloit Nostre Seigneur
qu'elle fust de son bras resanee et garie et à son mary
rendue. Et lui dist l'angele comment la chose se feroit
40   et l'ordonnance que Dieu avoit de ce ordonné, et que
par lui seroit tesmoingnié que Martin et Brisse estoient
ses enffans. Pourquoy ce vaillant preudomme Felix,
tresbien informé du benoit angele, se mist au chemin
et passa la mer avec des marchans et vinst en la cité de
45   Tours et y arriva le second jour aprés la venue des
seigneurs. Mais, qui vous racompteroit la huee qu'il
avoit aprés lui d'ommes et de femmes et de petiz
enffans, ce seroit ung long sermon, car il n'estoit riens
vestu que de fueilles et de peau d'arbres et si avoit les
50   cheveulx et la barbe si grande qu'ilz lui couvroient*
toutes les espaules et jusques à la courroye, et estoient
cheveulx et /180v° barbe blans comme naige. Et
disoient pluseurs gens que c'estoit ung homme
sauvaige et les aucuns disoient que c'estoit une
55   fantosme ne à peinnes vous savroit on recorder ce que
les gens disoient de ce saint hermite. Et là y avoit si
tresgrant presse, espicialment d'enffans, que à peinnes
pouoit il aler avant. Touteffois en tresbeau lengaige
parlant demanda il le palaix et où estoit le roy Henry.
60   Si fut là mené. Quant le roy Henry le vist, il fut moult
esbaÿ. Touteffois il le recongneust tresbien, car
autreffois il l'avoit veu en son hermitaige, ainsi qu'il
est contenu en la matere.

Le CXLVI^e chappitre. Comment Helayne fut prinse pour mener au palaix devant son mary.

Quant ce saint preudomme Felix eust salué les seigneurs et qu'ilz eurent congnoissance de lui, il leur dist qu'il estoit là envoyé depar Jhesucrist /181r° affin que Helayne fuist retrouvee et pour certifié* que Martin et Brisse estoient les deux filz du roy Henry. Et puis dist au roy qu'il feist faire ung cry ou ban en la ville de Tours que, qui trouveroit une femme qui n'avroit que ung bras, que on l'amenast ou palaix, et on lui donneroit cent livres de deniers. Si fist faire le roy le ban par le conseil du saint hermite. Dont il avinst que, à celle heure que on fasoit ce ban, l'ostesse de Helayne estoit sur le merchié, qui tresbien entendist le cry. Si s'en vinst à sa maison et trouva Helayne qui n'osoit aler par la ville, se non au vespre querir son aumosne, et lui dist: «Par ma¹ foy, dame, je suis bien joyeuse que vous estes logie en ma maison. Or tost sus! il vous fault venir au palaix, car je vous meneray au roy Henry d'Engleterre, lequel pour vostre corps me fera donner d'argent cent livres.» Quant Helayne oÿst son hostesse ainsi parler, se elle fut esbaÿe, ce ne fut pas de merveilles, et se mist à genoulx devant elle et lui dist: «Ha! ma tresbelle et chiere hostesse, je vous prie pour Dieu que vueilliez avoir mercy de moy. Certes je n'yray point, car je sçay bien que, se ce roy me tient, il me fera morir mauvaisement. — Foy que je doy à Dieu, dit l'ostesse, je n'y accompte riens, car, au plaisir de Dieu, je ne perdray point pour vostre salut une si belle pugnie d'argent. Et pour ce delivrez vous appertement, car je vous y menray, vueilliés ou nom.» Et à ce mot elle la prinst par sa main et la commença à tirer et Helayne commença à crier si hault

---

¹ moy*

que pluseurs coquins et povres se assemblerent. Et à celle heure vinst ung sergent qui entra à l'ostel, qui mist la main à elle depar le roy et frappa d'un baston
35   l'ostesse en /181v° disant: «Chetive, alés vous en arriere, car je l'emmeneray moy mesmes. C'est mon office, si en avray le proffit.» Quant l'ostesse se sentist frappee, elle tira ung coutel qu'elle avoit et s'en vinst et frappa le sergent tellement qu'il cheïst à terre tout
40   mort. Si fut ceste hostesse prinse par ces coquins et fut menee en prison et menerent Helayne tout maulgré elle au palaix, en faisant une si grant huee que tous ceulx qui estoient ou palaix les pouoient tresbien oÿr. Pourquoy ilz vindrent tous es fenestres pour savoir
45   quel noise ce estoit.

Le CXLVII^e chappitre. Comment les deux freres, Martin et Brisse, recongneurent leur mere.

Avec ceulx qui venuz estoient es fenestres du palaix estoient Martin et Brisse. Lesquelz, veans ceste povre femme amener, tresbien la recongneurent, et par espicial Martin, car pluseurs fois lui avoit donné l'aumosne. Et, quant il la vist ainsi plourer, il descendist tout prestement et vinst à ceulx qui la menoient et leur demanda pourquoy ilz menoient ainsi ceste povre femme. Si lui respondist l'un d'eulx et dist qu'ilz la menoient au roy Henry d'Engleterre, lequel avoit fait crier que, qui trouveroit une femme qui n'eust que ung bras, qu'i lui amenast, et il lui donneroit cent livres de deniers. Adonc le bon Martin s'approcha d'elle et lui dist: «M'amye, pourquoy plorez vous? N'ayez point de doubte et parlez hardyment à moy et me dictes vostre nom, car je vous diz /182r° que ce n'est que pour bien que le roy mon pere vous demande et pour savoir se vous savez riens de nostre mere Helayne.»

A ce mot ceste vaillant dame, qui estoit povrement vestue et ses habis tous dessirez*, regardant le bon Martin, son enfant, sans dire ung seul mot se laissa cheoir comme pasmee, et ainsi comme il entendoit à[1] la relever vinst Brisse, son frere, qui lui ayda à la relever, et parceust Brisse qu'elle estoit vestue de drap de soye toute dessiree, et lui sembla que le bras qu'il gardoit estoit envelopé du pareil. Et pour ce, quant elle fust à elle revenue, Brisse lui dist: «Ma treschiere amye, dictes nous verité ne dont vous vient ceste vesture de soye. Et, pour Dieu, se vous estes nostre mere, si le nous dictes, car en verité nous ne desirons

---

[1]   au*.

autre chose et aussi ne font nostre tayon et nostre pere.
Pour Dieu, dame, dictes nous vostre nom.»

Adonc la dame en tresgrant pleurs comme fondant
en larmes leur dist: «Ha! mes treschiers enffans, je
35 sçay bien que, se mon pere, l'empereur Anthoyne, et
mon mary, le roy Henry d'Engleterre, me tiennent,
qu'ilz me feront morir, et si ne l'ay point desservy. Et
je vous diz vrayement que je suis Helayne, qui mon
pere laissay pour fuir pechié. Mais je ne sçay point que
40 oncques je meffeisse à monseigneur le roy mon mary
en nulle maniere et se vous estes mes deux enffans. Je
sçay bien que je eus de lui ung jour deux filz que je
perdis par male aventure, quant je fus par le duc de
Clocestre, qui pour moy fist sa niepce ardoir, bannie et
45 boutee hors du royaume d'Engleterre atout ceste cotte,
que j'ay gardee jusques à maintenant, que vous veez
ainsi desiree et rompue. A l'un desquelz de mes filz*
estoit mon bras, que le duc me trencha, attaichié,
/182v° que je envelopay, quant je le perdis, d'une piece
50 de ma robe que je trenchay sur l'un des costez. Dieu
les vueille garder où qu'ilz soient, car oncques puis je
ne les vis. — Ha! ma treschiere dame, commencerent
à dire tous deux, vous nous soyez la tresbien venue et
la tresbien trouvee.» Et à ces motz chascun se tira
55 arriere, et ses deux enffans en acolant et baisant leur
mere ploroient si tresfort que c'estoit pitieuse chose de
les veoir, et disoient: «Veci nostre mere! Vecy nostre
mere! Helas! mere, pourquoy vous estes vous si
longuement celee entre* nous, et pourquoy avez vous
60 si longuement souffert ce dengier?»

Et si dit l'ystoire qu'ilz estoient si remplis de joye
qu'ilz ne regardoient à riens fors à festier, accoler et
baisier leur mere ne ilz ne regardoient se elle estoit ne
bien ne mal vestue. Et avoit à l'entour d'eulx une si
65 grant plorerie de toutes manieres de gens que on ne
savoit auquel entendre, et disoient les ungs es autres:

«Helayne est retrouvee! nostre peine est passee. Loé
soit Dieu de tous Ses biens!»

/183r° **Le CXLVIII^e chappitre. Comment Helayne fut recougneue de son mary, le roy Henry et de son pere, l'empereur Anthoine.**

Tant alerent ces paroles que le roy Henry, qui se devisoit au saint hermite Felix, oÿst la voix de ceulx qui faisoient si grant noise pour la joye qu'ilz avoient. Si demanda qué* chose c'estoit. Le saint hermite lui
5 respondist comme s'il le sceust de certain: «Saichiez, sire, que c'est vostre femme Helayne que voz deux filz vous ramainnent.» A ce mot le roy saillist sus et vinst jusques à l'uys du palaix où il encontra sa femme ou mylieu de ses deux filz qui entroient en la sale pour
10 aler devers lui. Et, tout prestement qu'il la vist, il la recongneust et lors, à bras estendus, sans mot dire, la vinst acoler et baisier en disant: «Ha! ma treschiere amie!» Et fut si constraint de la joye qu'il eust qu'il ne peust autre chose dire que premierement ne le convinst
15 pasmer, et feussent tous deux cheuz à terre ce n'eussent esté leurs enffans.
Et, quant ilz furent revenuz à eulx, le roy dist: «O ma treschiere amie, mon seul bien et mon seul confort! Loé soit mon benoist Createur qui tant m'a donné de
20 vie que je vous voye devant ma fin.» Et Helayne, qui se vouloit mettre à genoulx pour lui prier mercy, ne pouoit, car il l'avoit si fort acolee que nullement ne la vouloit laissier aler. Mais touteffois lui dist elle: «Ha! mon treschier seigneur, je vous prie mercy! perdonnez
25 moy le traveil que vous ay fait. En verité, mon treschier seigneur, oncques à vous je ne meffis ne à autre aussi. Pourquoy vous /183v° deussiez avoir fait les lectres escripre que vous envoyastes au duc de Clocestre, lequel Dieu vueille garder, esquelles estoit
30 ma mort contenue? — O ma treschiere amye, dist le roy, je vous prometz par mon serement que vous et

moy fusmes par ma mere traÿs. Dieu lui perdoint, car
elle en a esté pugnie selon sa desserte.»

A ces paroles vinst l'empereur Anthoine, lequel
tout prestement dist au roy Henry: «Sire, dist il,
laissiez me veoir se c'est icy ma fille. — Sans doubte,
sire empereur, dit le roy, oÿ, c'est elle voirement; au
moings say je bien que c'est celle que j'ay long temps
avec vous quise.» Adonc l'empereur sans plus dire la
regarda et avisa et puis dist: «Sans nulle doubte, c'est
ma belle fille Helayne.» Et lors lui getta les bras au col
et l'acola et baisa en plorant si soubdainement qu'il fut
une longhe espace ainçois qu'il peust parler. Et, quant
il peust parler, il dist: «Ha! ma treschiere fille, que
vostre eslongement m'a donné de douleur, d'anuy et de
tourment au cuer! — Ha! mon treschier pere, dist
Helayne, qui toute fondoit en larmes, ce poise moy. Je
vous en prie mercy. Vous savez de vray que ce n'a esté
que pour eviter pechié. — Par ma foy, ma belle fille,
dit l'empereur, vous dictes vray. Loé soit Dieu qui le
conseil vous donna de ce faire, car vous estes cent fois
mieulx mariee que avec moy. Mais vous avez usé
vostre temps en grant douleur et en grant peinne,
laquelle, au plaisir de Nostre Seigneur Jhesucrist, vous
est maintenant recouvree en toute joye.»

Toutes telles ou semblables paroles disoient ilz les
ungs es autres, lesquelles escripre au long porroient
tourner à anuy, /184r° car à racompter les paroles de
l'un et de l'autre, tant du pere, du roy, de Helayne, des
enfans que des autres, ce seroit ung treslong compte.
Et ceulx qui telles besoingnes scevent entendre peuent
bien à eulx mesmes concepvoir que, ainçois qu'ilz
cessassent d'eux festier l'un l'autre, maintes paroles y
furent retournees. Si nous en tairons atant et
procederons avant en la matiere.

Le CXLIX^e chappitre. Comment Helayne reust arriere l'usaige de sa main que son filz Brisse avoit long temps gardee.

L'ystoire dit en ceste partie que la bonne royne Helayne fut incontinent restituee et remise en tresnoble estat. Laquelle fist tant que son hostesse fut mise hors de prison, et lui fut la mort du sergent
5   perdonnee; et avec ce dame Helayne la pourveist de bonne rente pour vivre honnestement. Quant ce vinst le lendemain que les seigneurs furent levez, le bon hermite qui avoit couchié la nuyt sur ung peu d'estrain, car autrement ne vouloit il dormir, et ne buvoit et
10   maingeoit que pain et eaue, s'en vinst en la sale devers l'empereur et le roy et leur dist que Nostre Seigneur vouloit qu'ilz s'en alassent à l'eglise et que là fust menee Helayne, acostee de ses deux filz, et que l'arcevesque fust revestuz pour dire messe. Laquelle
15   chose ainsi fut faicte. Et porta Brisse le bras de sa mere par le commandement du saint hermite, en la forme et maniere qu'il l'avoit accoustumé de porté*.
/184v°
Quant ilz furent en l'eglise et que l'arcevesque fut
20   revestu, à l'enseignement du saint hermite Brisse tira le bras de sa mere hors de son coffin, lequel estoit aussi frec que le propre jour qu'il fut trenchié, et le bailla à son pere, le roy. Lequel par le commandement du saint hermite le donna à Martin. Quant Martin le tinst, il le
25   baisa en plorant et puis demanda à l'ermite qu'il en feroit. Si lui respondist le saint hermite et dist: «Mon enffant, Dieu veult que par toy cestui mistere soit accomply. Prens le bras de ta mere et le rejoins à son moignon en faisant le signe de la croix et disant *«in*
30   *nomine Patris et Filii et Spiritus Sancti»*, et puis tu loyeras la joincture d'une estole que l'arcevesque, ton perrain, te baillera. Lequel, aprés ce fait, dira et

chantera la messe, et durant icelle tu seras tousjours à genoulx en priant ton Sauveur Jhesucrist qu'il Lui plaise de Sa grace que le bras de ta mere soit gary et sain.» Toutes lesquelles choses furent faictes ainsi que le saint hermite commanda. Si se mirent tous et toutes en oroisons, prians Dieu devotement que par Sa grace les voulsist tous resjoÿr. Et Martin en priant disoit: «Mon Dieu, mon Pere, mon seul Seigneur, si vrayement que je croy que Tu ressucitas de mort à vie le ladre, qui ja avoit esté mort le terme de quatre jours*, et Toy mesmes, par Ta singuliere puissance, ressuscitas le tiers jour aprés Ta benoite Passion, je Te prie, mon seul Dieu, ressuscite le bras de ma mere et lui donne l'usaige de sa main, car je sçay et croy fermement que Tu en as la puissance comme Cellui que je croy estre tout puissant.»

Ainsi prioit le bon Martin /185r° tant que le service de Nostre Seigneur fut accomply. Aprés lequel service fait et accomply, fut le bras desloyé, qui fut trouvé aussi sain et aussi entier que se oncques n'eust esté coppé, dont les loenges à Dieu furent si grandes que à peinne le vous savroit on dire. Car le peuple, qui là estoit en si grant nombre que à peinnes y pouoit on durer pour la presse, joindoit les mains contre le ciel en louant Dieu, et là plouroient toutes manieres de gens à grosses larmes que à peinnes savoit on auquel entendre. Et d'autre part estoient les prestres qui chantoient *Te Deum laudamus* et puis les cloches sonnoient et y avoit ung tel bruit que c'estoit merveilles. Aprés cestui miracle avenu, sans autre congié prendre se partist le saint hermite, et n'y eust oncques qui sceust quant ne comment il s'en ala. Et n'en fait l'ystoire plus de mencion, mais semble, ainsi que l'istoire veult dire, que c'estoit ung angele qui là c'estoit apparu pour enseignier le mistere devantdit.

Le CL^e chappitre. Comment ilz s'en alerent tous ensemble en la ville de Plaisance, où la dame Plaisance les receust à tresgrant honneur.

Quant ces bons seigneurs eurent assés esté à l'eglise et qu'ilz eurent remercié et loé Dieu du beau miracle que devant leurs yeulx avoit demonstré en la personne de la bonne royne Helayne, ilz s'en revindrent ou
5   palaix où ilz furent tresbien servis à leur voulenté, et alors ilz tinrent court ouverte et donnerent boire et maingier à tous venans tant largement /185v° que mieulx on[1] ne savroit demander. Si estoient les joyes et les festes si grandes par toute la cité que ce sembloit
10   le jour de Pasques ou de Noël. Et adonc en la nuyt ensuivant dormist la bonne Helayne avec son mary, dont ilz furent moult joyeulx, car ilz l'avoient pieça desiré. Et je croy que, ainçois qu'ilz s'endormissent, qu'il y eust maintes devises. Et, quant ce vinst le
15   lendemain, l'empereur vinst vers sa fille, laquelle il festia et aussi les deux enffans et Ludie, la femme du bon Brisse, que nouvellement il avoit esposee. Laquelle menoit une joye si grande que on ne le vous sçavroit dire. Et si dit l'ystoire que la feste dura quinze
20   jours, ouquel terme durant ilz se ordonnerent de aler à Romme tous ensemble[2] veoir le pape Clement, qui ja estoit moult ancien, car ilz sçavoient bien que sur toute rien il desiroit à veoir la compaignie. Laquelle ordonnance et conseil furent tenus, car ilz se partirent
25   tous de Tours excepté l'arcevesque, qui demeura pour la garde de la cité et de son païs, et commencerent à cheminer pour eulx tirer vers Romme. Si cheminerent tant qu'ilz vindrent en Lombardie et qu'ilz vindrent à Plaisance, la cité en laquelle estoit la royne Plaisance

---

[1]   on *mq. ajouté d'ap. la syntaxe et les autres occurrences.*
[2]   t. ensemsemble v.

comme dame et princesse de tout le paÿs, à laquelle ilz
firent savoir leur venue comme à eulx appartenoit.
Quant ceste noble dame Plaisance sceust que le roy
Henry venoit en sa cité et qu'il avoit retrouvé sa
femme, elle commença à plorer de joye, et fist mettre à
point toutes ses gens et elle mesmes ala au devant
d'eulx et les receust tant honnorablement et tant
grandement que /186r° mieulx on ne pouoit. Mais
c'estoit ung plaisir de veoir la feste qu'elle fasoit à la
royne Helayne et Helayne à elle, car, ainçois qu'elles
cessassent, elles se accolerent l'une l'autre plus de cent
fois et baiserent en plorant en* riant de la grant joye
meslee de pitié qu'elles avoient. Et en ce point
vindrent jusques en son palaix où elle les receust
tresgrandement et leur demanda par pluseurs fois se ilz
avoient oncques oÿ nouvelles du bon Constancien. Si
respondirent que non[3], dont elle fut moult anuyeuse. Et
là estoient le roy Henry et l'empereur qui la
reconfortoient et lui promettoient de envoyer tant de
messaiges par toutes terres qu'ilz en orroient brief
nouvelles. Et aussi firent ilz, mais ce sera autrement
qu'ilz ne pensoient, comme vous orrez cy aprés.

---

[3]   nou*.

Le CLI^e chappitre Comment Constancien fut retrouvé en la tour es mordreurs.

Trois jours, comme tesmoingne nostre hystoire, demeurerent ces bons seigneurs ensemble en ladicte cité de Plaisance, où ilz firent tresgrant chierre, avec dame Plaisance, laquelle les festia si haultement que
5   mieulx on ne pouroit. Et, quant ce vinst au .IIIe. jour, ilz se partirent pour aler à Romme veoir le Saint Pere et aussi les sains lieux de Romme. Et s'en ala avec eulx dame Plaisance par devocion, disant que elle vouloit aler veoir son perrain, pape Climent*, et aussi
10 pour veoir se jamais pouroit oÿr nulles nouvelles de son amy Constancien qu'elle desiroit plus à veoir que nulle /186v° rien du monde. Si commencerent à cheminer tant qu'ilz entrerent en une forest de laquelle nous avons autreffois parlé. Mais à entrer en icelle ilz
15 encontrerent marchans qui s'en fuyoient si esperduz que à peinne savoient ilz parler. Neantmoings si furent ilz arrestez des gens du roy Henry et furent amenez devant lui. Si leur demanda pourquoy ilz s'en fuyoient ainsi. «Ha! sire, dist l'ung, nous estiesmes riches
20 marchans et aliesmes de lieu à autre pour marchander et pourveoir les païs de toutes denrees et marchandise. Mais maintenant nous sommes trespovres et avons tout perdu, et si sont la pluspart de noz compaignons prins et tuez par une compaignie de larrons et
25 mordreurs qui tout ce païs cy desrobent, ne il n'est homme qui maintenant y ose passer, car ilz sont bien deux cens ou plus et ont une tresforte tour en celle forest, où ilz se tiennent, et vecy la cause pourquoy nous nous en fuyons. Et pour ce, sire, nous vous prions
30 et supplions treshumblement que vous nous laissiez aler nostre chemin à l'aventure de Dieu.»
Quant le roy Henry oÿst ces nouvelles, il dist que jamais n'yroit plus avant tant qu'il avroit la tour

renversee et les larrons desjussiez et mis à fin. Et
commanda à ces marchans qu'i lui enseignassent où
estoit celle tour. Laquelle chose ilz firent. Adonc le
roy Henry et l'empereur Anthoine ordonnerent leurs
gens en bonne ordonnance et vinrent devant la tour et
la commencerent tresfort à assaillir. Ouquel assault en
y eust pluseurs mors, car ces larrons se deffendoient si
vaillamment que merveilles. Neantmoings par la force
des hommes /187r° d'armes fut la tour emportee
d'assault. Et furent tous les mordreurs mis à mort sans
ung seul excepter, car ne pour prier mercy ne pour
rançon oncques le roy Henry n'en volt nul prendre à
mercy. Mais ceulx qui furent prins en vie fist tous
pendre par les gorges. En celle tour, comme dit nostre
hystoire, avoit tant d'avoir et de finance, de tasses et
joyaulx que on estoit tout esbaÿ, et sembloit qu'il n'y
en eust point encores austant en tout le païs de
Lombardie. Tout prestement qu'ilz furent ens, ilz
commencerent à serchier tous les lieux de la tour et les
prisons, en l'une desquelles fut trouvé Constancien, qui
là estoit enfrumé au fons d'une fosse avec ung des
larrons de ladicte tour, lequel lui avoit ja tenu grant
temps compaignie pour la raison que nous avons
devant dicte, et estoit cellui qui occist le varlet qui
avoit porté l'enffant Jozerant en la forest pour occir.

Le CLII^e chappitre. Comment ilz s'en alerent tous ensemble en la cité de Romme où le pape les receust en grant honneur.

Tantost que Constancien fut trouvé, ceulx qui le trouverent le menerent en la sale où le roy, l'empereur et les deux dames estoient, Helayne et Plaisance, et leur livrerent[1] ces deux prisonniers. Mais à peinnes
5 recongnoissoit le roy Henry Constancien, car il estoit tresfort deffait de la prison. Et se Constancien ne lui eust donné si bonne congnoissance, à peines vou/187v°loit il croire que ce fust il. Et touteffois, si tost que Plaisance le vist, elle le recongneust. Si lui
10 saillist tout prestement au col et le baisa et acola en disant: «Ha! mon treschier amy Constancien, vous soyez le tresbien venu!»
Et en ce disant pasmerent tous deux de la grant joye qu'ilz eurent. Et le roy et l'empereur furent tant joyeux
15 que plus ne pouoient. Et lors fut demandé à Constancien comment ne combien il avoit esté en celle prison. Si leur recorda tout au long et comment il s'estoit party de Romme, où il avoit fait pendre le senateur, et comment il fut prins en ce bois, et puis
20 leur dist du varlet qui lui avoit longuement tenu compaignie en prison. Lequel varlet aussi lui tinst compaignie tant qu'il eust trouvé Jozerain son filz, qui estoit en la compaignie du roy Clovis, comme il appert par autres hystoires, car ceste cy n'en fait nulle
25 mencion. Quant noz barons eurent partout tresbien serchee icelle tour, ilz se reposerent jusques au lendemain qu'ilz se ordonnerent tous ensemble pour entrer en leur chemin. Mais premierement ilz misrent le feu en la tour et l'abatirent tout jus tellement que
30 oncques puis ne s'i logea larron. Et puis se mirent au

---

[1]   livrent.

chemin et vindrent en la cité de Romme où ilz furent
du pape et des Rommains tresnoblement receuz. Et les
mena le pape en son palaix et les festia
tresgrandement. Mais, à vous recorder la joye et la
feste qu'il fist à la royne Helayne, ce seroit longue
chose à racompter. Et lui demandoit pourquoy elle
s'estoit ainsi celee et pourquoy elle ne se avoit osé fier
en lui. Laquelle Helayne lui prioit mercy. Et puis la
grant joye* qu'il avoit de ses deux /188r° beaulx filz,
qui tant estoient amé de Nostre Seigneur, et par
espicial de Martin, pour lequel avoit Nostre Seigneur
Jhesucrist desja fait pluseurs miracles, comme lui
avoient dit l'empereur et le roy Henry. Et puis disoit
Hellayne à nostre Saint Pere: «Ha! Pere saint, je doy
bien louer Nostre Seigneur qui en ung seul jour m'a
rendu mon pere, mon seigneur et mary, et mes deux
enfans. Loé en soit Il!»

Et là faisoient pluseurs mixtiones de joyes puis d'un
costé, puis d'autre, si que des festiemens qui là estoient
tant d'une part que d'autre, à peinnes savoit on auquel
entendre. En ces festiemens faisant, comme dit nostre
hystoire, le bon Constancien espousa dame Plaisance,
sa dame par amours, en la presence du pape et de
l'empereur Anthoine, du roy Henry et de tous les
seigneurs qui là estoient presens. Et fut faicte une
tresgrande sollempnité et si grande que les Rommains
en estoient tous esbaÿs et disoient que oncques ne
furent faictes si belles noces ne si belle feste, car par le
terme de quatre jours les Rommains firent feste come
le jour de Noël.

Le CLIII^e chappitre. Comment Constancien esposa Plaisance. De la conversion de l'empereur Anthoine, de la mort du roy Henry, de la mort de Helayne et la fin de l'ystoire.

    Aprés toutes ses solempnitez, par le conseil et accord du pape, de tous les Rommains et des[1] seigneurs* fut fait Constancien empereur de Romme, dont la royne Plaisance receust ung treshault honneur,
5 dont elle louoit Dieu, comme faire le devoit. /188v°
Mais, quant il lui souvenoit de son filz Jozerain, elle estoit[2] triste et melencolieuse et ploroit tous les jours, jusques à ce qu'elle l'eust retrouvé, comme dient autres hystoires. Et ne demeura gaires que l'empereur de
10 Constantinoble se partist de Romme et emmena avec lui Brisse, son beau filz, et Ludie, sa femme, lesquelz il mist en possession de l'empire de Constantinoble, ne oncques ledit empereur Anthoine ne volt tenir seigneurie ne empire, mais se mist en ung hermitaige
15 où il vesquist tressainctement. Et dit nostre hystoire qu'il est en Viennois et que c'est saint Anthoine de Viennois* où pluseurs gens vont par devocion. Et le roy Henry et sa femme demeurerent à Romme et là trespasserent tous deux. Lesquelz furent enceveliz en
20 l'eglise saint Pierre, dessoubz l'autel de saint Symon apostre*. Aprés la mort desquelz demeura une petite espace de temps Martin, leur filz, à Romme jusques à ce que le pape fut trespassé et puis s'en revinst à Tours en Touraine ne oncques ne s'en volt raler en
25 Angleterre. Et demeura le royaume au duc de Clocestre, car Martin se mist en ung hermitaige. Mais il lui convinst laissier son lieu et fut arcevesque de Tours. Laquelle arceveschié il gouverna tant

---

1   les *corrigé d'après le sens et la syntaxe.*
2   estoit *mq.*

noblement que merveilles et en rendist bon compte à Dieu, car Il le coronna en Sa gloire avec les benois confesseurs.

Et atant fine nostre hystoire.

Si prierons à Dieu, le Pere tout puissant que par Sa grace doint à tous ceulx qui l'ont oÿe joye, et à mon tresredoubté seigneur, pour lequel je l'ay mise en prose, doint bonne vie et multiplicacion de tout honneur, accroissement de joye, paix et santé. Amen.

Explicit

I, 1: *Auctoritez: Sentences* d'Isidore de Séville: *Isydorus le philozophe nous dit en ses Auctoritez que on doit tousjours enquerir la fin de l'omme et non point le commencement, car Nostre Seigneur ne regarde point quelz nous avons esté en nostre commencement mais seulement quelz nous sommes en la fin de nostre vie*: *auctorité* pouvant signifier «maxime», on peut se demander si le terme utilisé au pluriel ne renverrait pas, plutôt qu'aux œuvres qui font autorité, au titre même d'une des œuvres d'Isidore, les *Sentences*, dans lesquelles nous trouvons précisément la traduction du texte d'Isidore, dans le chapitre *De Desperatione peccantium* où il explique l'attitude de conversion que doit adopter le chrétien devant son péché: «Nullus desperare debet veniam, etiamsi circa finem vitæ ad pœnitentiam convertatur. Unumquemque enim Deus de suo fine, non vita præterita judicat. [...] In vita hominis finis quærendus est, quoniam Deus non respicit quales antea viximus, sed quales circa finem vitæ erimus», voir *Isidorus hispalensis Sententiae*, cura et studio P. Cazier, Turnhout Brepols, 1998, II, 14, 6, p. 126. Il faudrait montrer le caractère non fortuit de cette hypothèse en recensant les autres références à Isidore et en regardant à quoi elles renvoient; dans *Les Faicts et les conquestes d'Alexandre le Grand*, de Wauquelin, il y a deux références à Isidore (éd. S. Hériché, Genève, Droz, 2000, 160, 31, 68); l'une est totalement imprécise, l'autre donne le chapitre mais ne cite pas l'œuvre... mais le terme *auctorité(s)* n'apparaît pas non plus.

I, 15-20: Comme son aïeul, Philippe le Hardi, premier duc de Bourgogne, Philippe le Bon continua d'agrandir ses domaines. La titulature donnée ici, comme dans les œuvres qui lui sont dédiées, rend compte des différentes possessions du duc. A la mort de son père, Jean sans Peur, assassiné à Montereau en 1419, il reçoit en héritage le duché de Bourgogne, le comté de Flandre, d'Artois, de Bourgogne (Franche-Comté), les seigneuries de Salins et de Malines. Les autres titres proviennent d'acquisitions ou d'interventions habiles de Philippe le Bon dans des querelles qu'il arbitra: ainsi, après avoir acheté en nue propriété le comté de Namur en 1421, il entra en possession du comté à la mort de Jean III, en 1429; en 1430, il hérite de son cousin Philippe de Saint-Pol, duc de Brabant et de Limbourg; en 1438, après une longue lutte contre Jacqueline de Bavière, il acquiert définitivement les comtés de Hainaut, de Hollande, de Zélande et de Frise; en 1441 il achète à Élisabeth de Görlitz ses droits sur le Luxembourg et conquiert le pays par les armes quelque temps après.

La Bourgogne est terre d'Empire en ce qui concerne le comté, mais apanage du royaume de France en ce qui concerne le duché (G. Small, «Les *Chroniques de Hainaut* et les projets d'historiographie régionale en langue française à la cour de Bourgogne», dans *Les Chroniques de Hainaut ou les Ambitions d'un Prince Bourguignon*, Turnhout, Brepols, 2000, p. 18).

Duc de Lothier (Lotrijk, forme flamande que l'on trouve dans de nombreuses dédicaces): ce titre ancien remontait au temps où le Brabant comprenait tout le pays entre Meuse et Escaut (O. Cartellieri, *La Cour des ducs de Bourgogne*, Paris, Payot, 1946, p. 22); le Lothier désignait, après le partage de 959, la Basse Lotharingie, dont les ducs prirent au XIIe siècle le titre de ducs de Brabant; cela comprenait les Pays-Bas actuels et presque tout le pays situé entre l'Escaut et le Rhin, au nord d'une ligne Andernach-Bouillon-Cambrai. (*Dictionnaire encyclopédique d'histoire*, sous la direction de M. Mourre, Paris, Bordas 1996 (1 éd.), *s.v.* Brabant, Lorraine,

Lothier). Philippe le Bon hérite de ce titre, qui était celui des ducs de Brabant, en même temps que du Brabant lui-même, et l'on a souvent dénoncé les ambitions du duc désireux de reconstituer le «royaume de Lothaire» (voir P. Bonenfant, «État bourguignon et Lotharingie», dans *Académie Royale de Belgique. Bulletin de la classe des Lettres et des Sciences morales et politiques*, 41 (1955), pp. 266-282, et Y. Lacaze, «Le rôle des traditions dans la genèse d'un sentiment national au XVe siècle. La Bourgogne de Philippe le Bon», dans *BEC*, 129 (1971), pp. 303-385, en particulier p. 316). J.-M. Cauchies, souligne par ailleurs que «l'énumération […] des territoires censés composer ce duché, au nombre desquels le Hainaut, est directement empruntée au prolixe et imaginatif auteur des *Annales historiæ illustrium Hannoniæ*», à savoir Jacques de Guise (voir «Le prince, le pays et la chronique: aux sources d'un intérêt politique», dans *Les Chroniques de Hainaut, op. cit.,* pp. 15-16, en particulier p. 15).

II, 15: *de laquelle mort et passion prindrent cruelle vengence sur les felons et mauvais Juifz l'empereur Titus et Vaspasien, son pere*: Jérusalem fut prise en 70 par Titus, fils de Vespasien; le thème de la vengeance est simplement rappelé comme un fait historique. Ici Titus est associé à son père et le motif légendaire de la vengeance contre les Juifs qui mirent à mort le Christ (vente de trente Juifs pour un denier d'argent) n'est pas mentionné, contrairement à ce que l'on voit dans de nombreuses autres œuvres (voir *La Venjance Nostre Seigneur* (éd. Loyal A.T. Gryting, University of Michigan Press, 1952), Robert de Boron, *Le roman de l'estoire dou Graal* (éd. William A. Nitze, Paris, Champion, 1927, vv. 2301-2306, 2357-2358), Jacques de Voragine, *La Légende dorée*, trad. J.-B. M. Roze, Paris, Garnier-Flammarion, t. I, «Saint Jacques le Mineur», pp. 333-341, en particulier p. 341, et Jean de Mandeville, *Voyage autour de la terre,* trad. de Ch. Deluze, Paris, Les Belles Lettres, 1993, p. 62, qui, à propos du temple de Jérusalem, écrit: «Vous devez savoir que ce n'est pas le Temple que construisit Salomon. Ce Temple ne dura que mille cent deux ans car Titus, le fils de Vespasien, empereur de Rome, assiégea Jérusalem pour punir les Juifs d'avoir mis Notre Seigneur à mort sans autorisation de l'empereur et, quand il eut pris la ville, il incendia et abattit le Temple. Il emmena tous les Juifs en captivité et en mit à mort onze cent mille, emprisonna les autres et les vendit comme esclaves, trente pour un denier d'argent.» *Mabrien*, éd. Ph. Verlest, Genève, Droz, 1998,§ 37, 10, p. 337: venant visiter le Saint Sépulcre en compagnie de Mabrien, Charlemagne avise deux écus suspendus de part et d'autre du tombeau et demande qui les avait fait pendre en cet endroit. Yvon, père de Mabrien, répond en rapportant ce que lui a dit son propre père, Renaut de Montauban: «... l'un est de Titus, qui la en fist pendre ung quant il conquist ceste cité.XL. ans aprés la Passion Jhesucrist par force, et donna pour vengance de sa mort.XXX. Juifz pour ung denier, pource que le corps de Jhesuscrist avoit esté vendu.XXX. deniers par Judas, le mauvaiz disciple.»).

II, 20: *car il estoit*: dans un récit, y compris en tête de phrase, on trouve assez souvent un *car* de transition introduisant un commentaire explicatif «c'est que», voir Ph. Ménard, *Syntaxe de l'ancien français*, Bordeaux, Bière, 4e éd. 1994, § 232, r et § 421, et A. Bertin qui, suivant A. Lorian, quand il affirme, à propos des journaux et chroniques qu'il a étudiés «un grand nombre de *car* (...) ne servent souvent que de purs instruments d'imbrication, de resserrement, plutôt que de vrais agents d'hypotaxe ou de jalons sémantiques» montre que ce rôle est encore plus important pour la prose» (*L'expression de la cause en ancien français,* Droz, Genève, 1997, pp. 54, 140 sq.). On trouve plusieurs autres exemples XLIV, 41; XLVI, 6...

II, 24-25: *de beauté, bonté, valeur estoit*: la construction partitive est un peu surprenante; il faut sans doute considérer *estoit* comme relevant d'un emploi unipersonnel au sens de «il y avait»; en effet, selon A. Englebert, en dehors des verbes transitifs, fragmentatifs ou non, seuls les verbes unipersonnels sont susceptibles d'une construction avec ce qu'elle appelle le DE partitif circonstanciel; dès l'ancienne langue, on trouve ce DE devant le nom «sujet réel» de l'impersonnel, voir

A. Englebert, *Le petit mot «de». Étude de sémantique historique*, Genève-Paris, Droz, 1992, p. 139.

IV, 15: *de lui mettre à nom Titus*: voir II, 15 et introduction "description du manuscrit"; cette indication est précieuse et s'oppose à l'affirmation de C. Roussel, *La Belle Hélène de Constantinople, chanson de geste du XIVe siècle*, Genève, Droz, 1995, p. 41, disant qu'il n'y a que dans les versions en vers que le pape demande à l'empereur d'appeler son fils Titus; elle pourrait permettre, au prix de retouches minimes, comme le suggère Roussel, de voir dans le n° 1882 de l'inventaire de Barrois, mentionné par Doutrepont (*Les mises en prose des épopées et des romans chevaleresques du XIVe au XVIe siècles*, Genève, Slatkine Reprints, 1970 (rééd. Bruxelles, Mémoires de l'Académie Royale de Belgique, 1939), p. 244), le livret rimé confié à Wauquelin par Philippe le Bon.

IV, 19: *benoite croix*, on distingue aujourd'hui deux fêtes concernant la sainte Croix. À l'origine, la fête du 14 septembre avait «pour unique objet l'anniversaire de la découverte de la sainte Croix par sainte Hélène, et la dédicace des basiliques constantiniennes consacrées à Jérusalem, le 14 septembre 335, à l'emplacement même du Saint-Sépulcre et du Calvaire. Mais plus tard une confusion de dates fit passer au 14 septembre le souvenir d'un autre événement qui prit le pas sur le premier: la restitution de la sainte Croix par les Perses. Enlevée de Jérusalem quinze ans plus tôt par les troupes victorieuses de Chosroès, roi des Perses, elle fut rapportée en triomphe à Jérusalem en 629 par Héraclius, vainqueur à son tour des armées persanes.» (*Missel vespéral romain*, présenté, traduit et commenté par Dom Gaspar Lefebvre, Bruges-Paris, 1955, p. 1389). La découverte de la Croix par sainte Hélène est honorée dans les lieux saints où, à côté des différentes reliques rappelant la Passion du Christ, on a consacré une chapelle en souvenir de l'événement, voir *Récit anonyme d'un voyage à Jérusalem et au mont Sinaï*, dans *Croisades et pèlerinages, récits, chroniques et voyages en Terre Sainte XIIe-XVIe siècle*, Paris, Laffont, 1997, pp. 1185, 1186: le pèlerin anonyme, à l'intérieur du Saint-Sépulcre évoque deux niches; l'une contient un morceau de la colonne de la flagellation, dans l'autre «reposa longtemps la moitié de la digne et vénérable Croix de Notre-Seigneur qu'y déposa sainte Hélène après l'Invention de la Croix; elle donna l'autre moitié à son fils Constantin, ainsi que rapporte la légende; à présent, il n'en reste dans cette niche qu'une petite partie enfermée avec d'autres reliques.»... Après la Chapelle Sainte-Hélène, il va honorer le Lieu d'invention de la Croix; il descend «dans une sorte de grotte en partie taillée dans le roc, où grâce aux recherches de sainte Hélène fut trouvée la vraie Croix. Dans le même lieu on trouva la couronne d'épines de Notre-Seigneur, les clous et l'éponge que les Juifs lui avaient tendue, et qui furent préservés de la destruction par la volonté de Dieu.» La commémoration de la découverte de la Croix par l'impératrice, mère de Constantin, sainte Hélène, est célébrée le 3 mai (Le Roux de Lincy, *Livre des Proverbes français*, Paris, Paulin, 1842 (rééd. Hachette, 1996), I, 77 (pp. 248-249) et le 14 septembre on fête l'exaltation de la Croix, *Grande Encyclopédie*, XIII, 465, art. croix; *Dictionnaire d'archéologie chrétienne et de liturgie*, t. VII$_1$; voir aussi Jacques de Voragine, *op. cit.*, II, pp. 192-198.

IV, 33: *le contenu es lectres*: *contenu* admet ici, semble-t-il, une construction verbale: «ce qui était contenu dans les lettres», plutôt qu'une construction de type nominal pour laquelle les sept autres occurrences donnent la préposition *de*.

V, 25: *laissee*, voir remarques sur la langue du manuscrit.

VI, 2: *trois ans* (corr.): Hélène est bien jeune pour les qualités évoquées. Wauquelin, qui suit assez rigoureusement la progression de la chanson en vers, semble ici avoir anticipé et donné à Hélène, âgée de trois ans (v. 109), des qualités qui n'apparaissent que quelques vers plus bas (v. 124), comme s'il avait été entraîné par les clichés que l'on trouve dans ce type de portrait. Malgré l'indifférence assez générale aux chiffres, malgré la fin du chapitre précédent où Hélène est confiée à une nourrice pendant deux ans et demi, nous avons corrigé le texte en tenant compte de la vraisemblance, du texte de la version en vers et d'une autre indication d'âge donnée un peu plus bas, l. 25.

VI, 23: *et* = *en*, voir remarques sur la langue du manuscrit.

VI, 24-34: phrase très longue, à «rallonge» qui illustre bien la prose du XVᵉ siècle; on remarque la relance par le démonstratif *icellui empereur.*

VII, 6: *anuysoit*: l'existence d'un verbe *anuire* / *ennuire* reste discutée; la forme semble attestée dans Chrétien de Troyes, *Lancelot*, éd. Förster, *Sämtliche erhaltene Werke*, Amsterdam, Rodopi, 1965 (1ᵉ éd. Grosse Ausgabe, IV, Halle, Niemeyer, 1899), v. 1046, ms. T; voir aussi *enuist* ind. présent dans la *Prise d'Orange*, éd. C. Régnier, Paris, Klincksieck, 1977, v. 67, et commentaire p. 126: la parenté de sens entre *enoiier* et *nuire* a dû conduire à ce rapprochement formel. Roussel en cite un exemple (qui ne correspond pas à notre passage, v. 5924, voir glossaire p. 817, *s.v.* anuire); mais pour l'existence de ce verbe, voir dans le compte rendu de l'édition de *La Belle Hélène* de Roussel le commentaire dubitatif de G. Roques, *Revue de linguistique romane*, 60 (1996), p. 295.

La reprise de *dont* par *en* est fréquente, voir R. Martin et M. Wilmet, *Syntaxe du moyen français*, Bordeaux, Sobodi, 1980, § 432.

VII, 10: *le* = *la*, voir remarques sur la langue du manuscrit.

VII, 12: *le* = *la,* voir remarques sur la langue du manuscrit.

VII, 18: *estoit ja rapassé*: l'auxiliaire *estre* est parfois employé avec un avec verbe transitif, notamment *passer*, voir G. Moignet, *Grammaire de l'ancien français*, Paris, Klincksieck, 1976 (1ᵉ éd. 1973), p. 183, et *infra* CIX, 6.

VII, 30: *tinction* (leçon rejetée): le mot apparaît à quatre reprises (LV, 23; LVIII, 51; CXXVIII, 17); la lecture est assurée: le premier jambage est surmonté d'un point, comme un certain nombre de *i* devant une lettre à jambages; les deux jambages suivants présentent une ligature par le haut comme les *n*. Il est toujours employé en couplet synonymique avec *garde*; le mot étant inconnu des dictionnaires, le recours au latin ne permettant pas de trouver un terme de ce sens, on peut se demander ce que comprenait le copiste qui reprend le terme avec une telle constance; il a pu ne pas comprendre *tuicion, tuition*, synonyme de *garde*, et proche paléographiquement.

VIII, 37: *ay puissance et auttorité avec l'office papal de faire et deffaire, de loyer et desloyer*: allusion au pouvoir conféré par Jésus à saint Pierre, voir *Évangiles*, Matthieu, XVI, 19; la note de la *Bible de Jérusalem* précise la nature de ce pouvoir qui ne se restreint pas au pardon des péchés, mais qui donne à Pierre, et à ses successeurs, l'administration de l'Église en général, *Bible de Jérusalem*, Paris, Le Cerf, 1988, p. 1438, et note h; voir aussi Jacques de Voragine, *op. cit.*, II, p. 38.

VIII, 49: *peril = perir*: l'amuïssement des consonnes finales se traduit par des échanges de graphies (Fouché *Phonétique historique du français*, Paris, Klincksieck, 1961, III, p. 663), voir introduction, remarques sur la langue du manuscrit; voir aussi inversement *perir = peril*, *Jourdain de Blaye en alexandrins*, éd. T. Matsumura, Genève, Droz, 1999, v. 17674 et glossaire *s.v.* peril, p. 1095. La leçon a été corrigée, car une telle finale d'infinitif ne s'intègre pas au système morphologique habituel du copiste.

X, 13, voir *supra* VIII, 37. La mémoire de saint Pierre, «Prince des Apôtres», chef de l'Église, et de saint Paul, «l'Apôtre des Gentils», a été honorée très tôt, et l'Église les a associés dans le culte comme protecteurs et guides de l'Église. Rome leur doit sa vraie grandeur, puisque, sous la conduite providentielle de Dieu, tous deux sont venus y trouver le martyre, faisant ainsi de la capitale de l'empire le centre de la chrétienté (X, 16). La commémoration de la fête des deux saints comportait à l'origine deux stations, l'une à Saint-Pierre, l'autre à Saint-Paul-hors-les-Murs, au tombeau de chacun des deux saints.

X, 17: construction asymétrique des deux segments coordonnées: le premier complément apparaît sous la forme d'une subordonnée introduite par *que* avec un pronom sujet, le second présente directement le complément pourvu d'un développement *en voye de* + inf., voir A. Lorian, «Quelques constructions asymétriques dans la prose du XVe siècle», dans

Actes du IVᵉ colloque international sur le moyen français, Amsterdam, Rodopi, 1985, pp. 177-200.

X, 24-25: *de deux maux on doit le meilleur eslire:* présentation inhabituelle d'un proverbe bien connu: «de deux maux il faut choisir le moindre»; il y a peut-être eu télescopage entre l'idée exprimée par le proverbe et celle qui invite à choisir le meilleur parti; «le moindre» mal est effectivement «le meilleur» parti, formulation que l'on trouve ailleurs, par exemple chez Robert de Boron, *Merlin*, éd. A. Micha, Genève, Droz, 1979, § 69, 38-39, p. 237.

X, 26: *quil = qui*, voir introduction, remarques sur la langue du manuscrit.

X, 26: *saige = saiche* voisement, voir introduction, remarques sur la langue du manuscrit.

X, 49-51: Les constructions asymétriques sont très fréquentes dans les textes en prose du XVᵉ siècle, voir *supra* X, 17.

XI, 22, apparat critique: *en escript* (leçon rejetée): *en escript* a sans doute été écrit dans un premier jet, puis corrigé par *et en son cuer,* on remarque que l'abréviation *z (= et)* déborde de la justification, comme si le copiste avait ainsi corrigé son anticipation erronée.

XII, 13: *D'autre part de la montaigne*: de quelle montagne s'agit-il? cela ne correspond à rien dans la version en vers, puisque la bataille se déroule *ex prés sur le verdour* (v. 440), *par devant Romme* (v. 513), mais on peut se demander s'il n'y a pas là une confusion avec le nom de *Bruyant*, appelé dans la version en vers *Bruians de la Montaigne* (v. 208).

XII, 33: *lesquelz combatoient couraigeusement et vaillamment et aussi l'empereur qui combatoit merveilleusement fort*: phrase tout à fait typique de la prose du XVᵉ siècle, qui se développe par ajouts successifs pour exprimer la même idée; bien que *l'empereur* apparaisse comme le sujet de *combatoient*, l'expansion relative exprimant la même idée le laisse comme en suspens.

XII, 45: *à lendemain = au lendemain*; *lendemain* est un substantif, le plus souvent déterminé par l'article (*le lendemain*

9 occ.; *au lendemain* 4 occ.) et éventuellement suivi d'une relative déterminative (5 occ. dont une avec *à lendemain que*); *à* semble pouvoir être interprété, comme dans plusieurs autres cas, comme la réduction dialectale de *au*, voir introduction, remarques sur la langue du manuscrit, voir aussi XIII, 30; XV, 10 / *au lendemain* XXXIV, 25/6; XXXVIII, 4; CXXXII, 55/6; CLII, 26/7; *cf.* aussi *jusques à demain que* XCIV, 69/0.

XII, 45: *il = ilz*, voir introduction, remarques sur la langue du manuscrit.

XII, 105: *seroit = saroit*, voir introduction, remarques sur la langue du manuscrit.

XIII, 25-26: *planiere absolucion de peine et de coulpe*: le péché comporte à la fois la faute elle-même *coulpe*, qui est remise par le pardon, et les conséquences qui s'y rattachent *peine*, qui sont remises par la pénitence satisfactoire.

XIII, 30: *à lendemain*: voir *supra* XII, 45 et introduction, remarques sur la langue du manuscrit.

XIII, 38: *et tant qu'il vinst en son memento*: on remarquera la place inhabituelle et sans doute fautive du *memento* des vivants, évoqué après la consécration (il y a peut-être eu collusion avec le *memento* des morts); au cours de cette prière, le prêtre prie pour tous les assistants et pour les fidèles que l'on veut plus particulièrement recommander à Dieu, ce qui est bien le cas d'Antoine pour qui le pape implore la miséricorde divine. Une telle inadvertance ne semble pas pouvoir être imputée à Wauquelin.

XIII, 53-55: *tout le pechié qui en descendra... je le te perdonne*: construction disloquée, voir J. Härmä, «Les constructions disloquées en ancien français: problèmes de définition et de délimitation», *L'anaphore et ses domaines*. Études publiées par G. Kleiber et J.-E. Tyvaert, Metz, Université de Metz, Centre d'analyse syntaxique, 1990, pp. 159-182.

XIV, 11: *fort = fors*, voir introduction, remarques sur la langue du manuscrit.

XIV, 30: *le = la,* voir introduction, remarques sur la langue du manuscrit.

XIV, 37: *troublé = troubler*; de nombreux exemples de formes en *-é* pour *-er* attestent la non prononciation du *-r* final et invitent à ne pas corriger, voir introduction, remarques sur la langue du manuscrit.

XIV, 38: *et = en*, voir VI, 23 voir remarques sur la langue du manuscrit.

XIV, 40: *consideré = considerer*, voir *supra* XIV, 37 et introduction, remarques sur la langue du manuscrit.

XV, 4: *que demain tout fust prest*: plutôt que l'adverbe du discours direct on attendrait *le demain* comme en XIII, 63 *Et fist crier l'empereur... que tout homme... fust le demain prestz*; dans la chanson en vers, l'adverbe apparaît à trois reprises en discours direct (vv. 688, 694, 702); tout se passe comme si, dans la transposition de l'ordre donné par l'empereur à la gouvernante, l'inscription dans le temps restait si présente à l'esprit du narrateur qu'elle n'a pas subi les modifications qu'appelle le passage au style indirect; le clivage entre les situations d'énonciation étant souvent brouillé nous n'avons pas corrigé, voir. B. Cerquiglini, *La parole médiévale*, Paris, Éd. de Minuit, 1981, pp. 101-102.

XV, 10: *jusques à lendemain*, voir *supra* XII, 45 et introduction, remarques sur la langue du manuscrit.

XV, 40: *le = le* ou *les*; d'autres attestations de *le* pour *les, de* pour *des*, à quoi il faut ajouter une syntaxe d'accord assez libre, ne permettent pas de savoir s'il faut lire *le* (référent *le marin*, sujet de *s'esquippa*) ou *les* (le marin et Hélène).

XVI, 8-9: *chargie* (ou *chargié*) *et commandé*: les problèmes d'accord sont constants dans cette copie et nous avons pris le parti de n'en corriger aucun afin de ne pas masquer derrière une correction des faits de langue caractéristiques; il n'en reste pas moins qu'une forme comme *chargie* oblige à prendre un parti: le copiste peut ne pas avoir pratiqué d'accord, ce qui conduit à lire *chargié et commandé*, sans réduction de la fausse diphtongue; il peut avoir choisi de donner une forme marquée (accordée), l'autre ne l'étant pas, d'où une lecture *chargie et commandé*, voir introduction, remarques sur la langue du manuscrit.

XVI, 25: *dy = die*, voir introduction, remarques sur la langue du manuscrit.

XVI, 26: *alé = aler*, voir XIV, 37 et introduction, remarques sur la langue du manuscrit.

XVII, 19: *soy = soit*, voir introduction, remarques sur la langue du manuscrit.

XVII, 51: *que = qui*; on rencontre plusieurs occurrences où *que* ne peut être que *qui*; ici, il peut s'agir du même fait, mais on peut aussi y voir un *que* consécutif, voir introduction, remarques sur la langue du manuscrit.

XVII, 62: *XXXIII ans*: légère inexactitude, puisque, dans les mêmes conditions c'est une durée de XXXIIII ans qui est évoquée en XV, 53, ainsi que dans la version en vers vv. 707, 830.

XVIII, rubrique: *et = en*, voir VI, 23 et introduction, remarques sur la langue du manuscrit.

XVIII, 2: *tout = toute*, pour l'usage flottant du *-e* de féminin, voir introduction, remarques sur la langue du manuscrit.

XVIII, 35: *Vautembron*: lieu non identifié.

XVIII, 43: *une perroge eglise* (corr.): le complément déterminatif du nom ne se rencontre plus guère, surtout en antéposition; il est possible que le *ou* (*et*) d'une reduplication synonymique ait été omis; on ne peut toutefois exclure un usage ancien et / ou régional (flamand) pour désigner une église de paroisse (s'y ajoute le voisement de la consonne); en effet, *porochiekerke* est courant en moyen néerlandais; par ailleurs on trouve fréquemment un autel paroissial dans les chapitres et les vieilles abbayes de l'ordre de saint Benoît, le terme église désignant souvent une abbaye. Quant à l'identification de l'abbaye, elle n'a pas été possible, le nom propre *Vautembron* (qui désigne le roi de la région dans la chanson en vers) ne correspond à aucun lieu connu; de plus les abbayes de la région sont toutes à l'intérieur des terres. Nous tenons à remercier notre collègue historien, B. Delmaire qui nous a donné ces informations.

XVIII, 46: *les cloches de l'eglise commencerent à sonner à par elles*: ce prodige, signe de sainteté, est un motif fréquent de la littérature hagiographique; Roussel y voit un emprunt de l'auteur de *La Belle Hélène* à *Florence de Rome*, voir *Conter de geste au XIVᵉ siècle*, Genève, Droz, 1998, pp. 279, 283.

XVIII, 57-58: *lequel firent retraire avec aucuns de l'eglise, facteurs et gouverneurs d'icelle*: le rôle recouvert par des mots *facteurs* et *gouverneurs*, impliquant la présence d'hommes, vivant à l'écart des femmes, est difficile à déterminer. B. Delmaire nous signale que *gouverneur* se rencontre parfois dans les institutions hospitalières, les tables des pauvres, les béguinages, mais non pour les fabriques...

XIX, 39: *jusques à demain*: a-t-on affaire à l'adverbe ou au substantif? de la même façon que *lendemain*, *demain* est utilisé comme substantif (5 occ. assurées: *le demain*); il est antécédent d'une relative XCIV, 69-70; on le rencontre aussi utilisé comme adverbe (5 occ.), voir *supra* XII, 45.

XX, 17: *clere = cleres,* voir introduction, remarques sur la langue du manuscrit.

XXI, rubrique: comme les héros en difficulté Hélène implore le secours divin dans une prière du plus grand péril, voir E.-R. Labande «Le "credo" épique», dans *Recueil de travaux offerts à M. Clovis Brunel par ses amis, collègues et élèves*, Paris, Société de l'École des Chartes, 1955, II, pp. 62-80; cette prière illustre bien le type de phrase du XVᵉ siècle et rend difficile toute ponctuation, l'invocation finale, qui sert de régissante, n'arrivant qu'après un développement relancé par plusieurs articulations relatives incidentes (l. 30).

XXI, 28: *et d'une lance le cuer tout oultre percié*: on peut considérer que le premier auxiliaire suffit pour les deux participes ou donner à l'expression la valeur d'un complément détaché, équivalant à une apposition qui s'ajouterait à la première information *crucifiez*.

XXI, 58: *cherubin = cherubins; seraphin = seraphins,* pour l'irrégularité de l'accord, voir introduction, remarques sur la langue du manuscrit.

XXII, 23-24: *plorant trés tendrement et de cuer piteusement:* «avec la plus profonde affliction», voir l'expression *pleurer de cuer et de oeil* dans G. Di Stefano et R. M. Bidler, *Toutes les herbes de la Saint-Jean. Les locutions en moyen français*, Ceres, Montréal, 1992, p. 176c, *s.v.* cœur.

XXII, 53: *ne sceust saouler:* bien que l'infinitif puisse être indifférent à la voix, le texte a été corrigé à cause des autres occurrences qui présentent toujours le réfléchi VII, 4; XIX, 15; XXIV, 11; CXLIV, 31.

XXII, 77-78: *et fusiez vous fille de roy ou d'empereur*: la parataxe dont la valeur habituelle est concessive est curieuse ici puisqu'Hélène vient justement de dire qu'elle était la fille d'un pauvre marin et que le roi lui-même vient de préciser *de quelque lieu que vous soyez yssue…* ; il s'agit sans doute d'une sorte de cliché «quelle que soit votre origine, modeste ou élevée»…

XXII, 84: *quil = qui,* à moins de lire *ce qu'il y faut,* voir X, 26 et introduction, remarques sur la langue du manuscrit.

XXIII, 16: *je ne croy point que sans nul doubte que*: «je n'ai aucun doute»; pour la répétition de *que* même après un simple syntagme nominal, voir Martin et Wilmet § 370. L'emploi du *que*, dit redondant, été commenté par A. Englebert qui y voit une réelle motivation syntaxique, voir «Étude fonctionnelle d'un *QUE* dit "pléonastique"», *Information grammaticale*, 86 (2000), pp. 25-30.

XXIII, 34: l'attitude d'Hélène est beaucoup plus réservée que dans la chanson en vers où l'héroïne envisage elle-même d'épouser le roi d'Angleterre (vv. 1181-1186).

XXIII, 39: *en = et*, voir VI, 23 et introduction, remarques sur la langue du manuscrit.

XXIV, 10: *fait = faite*, voir XVIII, 2 et introduction, remarques sur la langue du manuscrit.

XXIV, 11, 20: *à peinnes*: locution adverbiale dont le sens premier «difficilement» est détourné et poussé jusqu'à sa limite extrême; comme l'a relevé J. Picoche, elle peut être utilisée comme auxiliaire de négation avec l'adverbe négatif *ne* LI, 69; LVIII, 45; CXXV, 81, voir J. Picoche, *Le vocabulaire psychologique dans les Chroniques de Froissart: le plaisir et la douleur,* Amiens, Publications du Centre d'Études Picardes, 1984, p. 309; on constate également des emplois où la valeur est pleinement négative XXXIV, 23; XLV, 63; LIX, 45, 56; CXLV, 31; on ajoutera que quand le syntagme est utilisé en coordination, c'est le coordonnant *ne* qui apparaît généralement; devant le nombre d'exemples que l'on trouve dans des textes contemporains mais aussi d'époques antérieures, on peut se demander s'il n'y a pas là un fait de grammaticalisation non aboutie concernant la négation. Si l'on a parfois des doutes sur une traduction par «difficilement», dans bien des cas elle est inadaptée; quand on possède plusieurs manuscrits, la lecture des variantes montrent que cette locution adverbiale peut être remplacée par le simple adverbe négatif *ne*. On rencontre également la locution conjonctive *à peinnes que* avec un *ne* explétif: CXXII, 5; CXXXI, 16, pour exprimer un procès qui a failli se réaliser, fait relevé par A. Tobler, «*Que* unissant une proposition à une expression adverbiale d'assurance, d'adjuration, de supposition, d'affirmation, de négation ou à une interjection», dans *Mélanges de grammaire française,* trad. de la 2ᵉ éd. par M. Kuttner avec la collaboration de L. Sudre, Paris, Picard, 1905, p. 75.

XXIV, 32: *de deux yeulx*; l'expression se trouve à deux reprises; il est difficile de savoir s'il faut lire *dé = des* ou si l'on a affaire à une absence d'article (voir Jean des Preis dit d'Outremeuse, *Ly myreur des histors. Fragment du second livre,* éd. A. Goosse, Académie royale de Belgique, Bruxelles, 1965, §, 73, c), et introduction, remarques sur la langue du manuscrit.

XXIV, 37, 40, 60: *la mere* (10 occ.): généralement désignée par un syntagme comportant un complément déterminatif *(du roy)*, il arrive aussi que la vieille reine soit présentée avec le seul article défini *la mere*: XXXI, 102; XXXVI, 56; XL, 35; LXII, 1, 35; LXIV, 34, 40; parfois avec un adjectif substantivé: *la vielle* (12 occ.), *la faulce* (3 occ.).

XXIV, 43-44: *pourquoy ill avoit levee et prinse ceste fille*:
le plus simple est de lire *ill avoit…* voir *infra*, LXVI, 21; à
moins qu'il ne s'agisse d'un oubli réparé en fin de phrase, on
pourrait aussi penser à une construction disloquée, comme on
en rencontre assez fréquemment; ici le complément apparaît
une première fois après le premier verbe sous la forme d'un
pronom personnel régime (représentant) et il est développé
explicitement après le deuxième verbe coordonné (représenté),
voir J. Härmä, art. cit.

Une métaphore, empruntée au domaine de la chasse, a été
utilisée sans connotation péjorative par le roi «car je ne fis
pieça si belle prinse comme j'ay fait au jourd'uy, quant j'ay
trouvé et prins une si belle damoiselle que vous estes, si gente
et si gracieuse» (XXII, 80-83), par le narrateur «Et tant
chevaucha le roy atout sa proye, de laquelle il estoit
tresjoyeux … » (XXIII, 37); elle peut être rapprochée de celle
que l'on trouve dans *La Manekine*: aux pêcheurs qui ont
trouvé la jeune fille, le sénateur donne une belle récompense
«dont ils furent moult joyeulx, car piech'a n'avoiient fait si bon
peschage comme ils avoient fait a ceste heure» (*La Manekine,*
éd. H. Suchier, dans *Oeuvres poétiques de Philippe de Remi,
sire de Beaumanoir*, Paris, Firmin-Didot, 1884-1885, p. 339);
en revanche, dans la bouche de la reine, le terme *lever*,
également emprunté au domaine de la chasse, a une
connotation franchement péjorative, proche de celle que l'on
retrouve beaucoup plus tard dans l'expression «lever une
femme» (1777, *DHLF*); on peut se demander s'il y a là une
simple métaphore, relativement banale, et qui ne serait qu'une
coïncidence, ou si l'on aurait affaire à une première attestation
d'une expression relevée beaucoup plus tard avec ce sens (le
FEW V, p. 276 b *s.v.* lever: «ramasser, récolter, cueillir»;
p. 279 au sens de «séduire» n. fr.). Dans la chanson en vers la
mère du roi utilise également le terme *proye* (v. 1249), mais
elle précise de façon très crue ce qu'elle pense de *telle garche*
(vv. 1250, 1254).

XXV, 91: *preste et ordonné = ordonnee*, voir XVI, 8-9 et
introduction, remarques sur la langue du manuscrit.

XXVI, 33: *euz = eu*, seule occurrence, voir XVI, 8-9 et introduction, remarques sur la langue du manuscrit.

XXVI, 35: *se mist*: pour l'absence de sujet après temporelle, voir introduction, remarques sur la langue du manuscrit.

XXVI, 42: *quil = qui*, voir X, 26 et introduction, remarques sur la langue du manuscrit.

XXVI, 60-61: *vous lui quitterez entierement tout le treü et servaige que son royaume doit à la cité de Romme*: on admet généralement qu'il s'agit du denier de saint Pierre, dont l'origine remonte à deux rois anglo-saxons du VIIIe siècle Ina, de Wessex, et Offa II, de Mercie: ils frappèrent leurs sujets insulaires d'un impôt d'un denier par feu pour entretenir, à Rome, un service hospitalier à destination des pèlerins anglais, établis dans le *burgus Saxonum*, le Borgo; en 853, le roi Ethelwulf envoya son fils à Rome, auprès du pape Léon IV, et s'engagea à payer au pape une redevance annuelle et les deux taxes se confondirent en une seule qui fut prélevée sur toutes les maisons d'Angleterre. Aux Xe et XIe siècles, les envahisseurs danois acceptèrent de continuer à payer ce tribut, perpétuant ainsi une tradition qui leur permettait de légitimer leur conquête, et Knut le Grand obligea les Anglais à s'acquitter de toutes leurs dettes envers le Saint-Siège; Guillaume le Conquérant agit de même quand il envahit la Grande Bretagne, voir P. Fabre, «L'Angleterre et le denier de saint Pierre au XIIe siècle», dans *Revue anglo-romaine*, octobre 1896, pp. 444-447 et A. Luchaire *Innocent III. Les royautés vassales du Saint-Siège*, Paris, Hachette, 1908, pp. 141-149, et plus récemment W.E. Lunt, *Financial relations of the Papacy with England from 1327-1534*, Cambridge (Massachussets), Mediaeval Academy of America, 1962, pp. 1-53.

L'impôt, appelé dans l'Angleterre du XIIIe siècle «loi danoise» ou «Danelaye», fut d'abord prélevé sur les troupeaux, mais taxa ensuite chaque foyer (feu); il devait être réclamé le jour de la fête des apôtres Pierre et Paul et perçu au plus tard pour la fête de Saint-Pierre-ès-Liens; cette dépendance financière impliquait dans l'esprit des papes une sujétion politique, qui s'est traduite par la demande d'hommage; Guillaume le Conquérant accepta de payer le denier à Grégoire VII mais refusa de lui prêter l'hommage demandé. La royauté anglaise ne put maintenir toujours l'indépendance de son Église vis-à-vis de la papauté, et Henri II fut contraint, au moins en paroles, de placer l'Angleterre dans le vasselage du pape.

La plus grosse partie du Denier n'allait pas au pape mais au roi qui, payant une redevance fixe à Rome, prélevait librement le Denier. La somme due à Rome était très réduite, et ce jusqu'à l'abolition du Denier par Henri VIII en 1534.

Ce denier de saint Pierre est attesté dans les œuvres littéraires, soit allusivement comme dans la *Chanson de Roland* (éd. G. Moignet, Paris, Bordas, 1969, v. 373 (*chevage*); ou, clairement défini comme chez Guernes de Pont-Sainte-Maxence, *Vie de saint Thomas Becket*, éd. E. Walberg, Paris, 1936, vv. 2726-2735: «Encore a un capitle que dirai ensement, / U li reis comanda par l'escrit veirement / Que li deniers saint Piere fust par tute la gent / D'Engleterre cuilliz e gardez lealment, / Tresque il en fesist altre comandement. / Grant avancement unt Engleis en lur païs, / Si fu par le rei Knut, qui fu Daneis, asis: / Par chascun ostel est cil deniers par an pris, / U il a de cinq solz de vif aveir le pris. / (A trente deniers est en tels lius i ad mis.)».

On peut se demander si Wauquelin, ou sa source, fait allusion à cette tradition, littérairement bien établie, ou s'il ne s'agit pas d'autres redevances, plus proches historiquement, attachées aux liens de vassalité qui unissaient la Papauté et le royaume d'Angleterre et dont le paiement faisait difficulté; Innocent III avait contraint Jean sans Terre à lui faire acte d'allégeance; il lui concédait en fief le royaume anglais et celui d'Irlande, lui imposant pour cela un cens de 1000 sterling, conditions qui seraient également appliquées à ses successeurs (A. Luchaire, *op. cit.*, pp. 225-226). En effet, il y avait là un problème politique: «Le cens de 1000 marcs ou 4000 florins dont le royaume d'Angleterre était redevable

depuis que Jean sans Terre l'avait repris en fief de l'Église
romaine en 1213 avait été acquitté irrégulièrement. Il avait 20
ans de retard en 1310. Le gros prêt de 160000 florins incita
Édouard II à acquitter son aide. Des versements furent
effectués en 1317, 1319, 1327 (13000 marcs d'un coup). Mais
ils cessèrent en 1333. L'accusation que les papes d'Avignon
s'étaient rangés dans le camp du roi de France justifiait le
refus. Quand Urbain V réclama les arrérages qui s'étaient
additionnés pendant 33 ans, afin de financer la guerre contre
les Visconti, les lords et les communes, avec le consentement
du clergé, arguèrent que le roi Jean n'avait pas le droit
d'engager le royaume sans avoir consulté les grands et au
mépris du serment de son couronnement; ils interdirent donc à
Édouard III de payer la prétendue dette. La dépendance
vassalique se trouvait frappée de nullité. Ainsi les liens
féodaux s'avéraient-ils anachroniques. Ils n'étaient plus
acceptés par les rois vassaux que par opportunité; ceux-ci
n'étaient pas prêts à s'en débarrasser en cas contraire.»
(*Histoire du christianisme*, sous la direction de J.-M. Mayeur,
Ch. Pietri, A. Vauchez, M. Venard, t. VI, *Un temps d'épreuves
(1274-1449)*, sous la responsabilité de M. Mollat du Jourdin et
A. Vauchez, Paris, Desclee-Fayard, 1990, p. 584; voir aussi
D. Collomp, «Le motif du pape combattant dans l'épopée», *Le
clerc au moyen âge*, Actes du 20ᵉ colloque du CUERMA, Aix-
en-Provence, *Senefiance*, 37 (1995), pp. 91-112, notamment
p. 109.

Il pourrait également s'agir d'autres ressources, imposées
par la papauté, dont le système fiscal s'organise, à partir du
XIIIᵉ siècle, non seulement à l'occasion des dernières
croisades, mais plus régulièrement pour le financement des
institutions qu'elle développe au XIVᵉ siècle, et pour la
défense de ses intérêts politiques et domaniaux en Italie, voir
Dictionnaire de la papauté, sous la direction de Ph. Levillain,
Paris, Fayard, 1994, pp. 683-687, *s.v.* fiscalité pontificale.

XXVI, 79-81: *Bolus, qui ladicte cité avoit fait fonder et de
son nom nommer Boulongne*: les œuvres médiévales font
fréquemment état de ce type d'étymologie fantaisiste. La ville

LA BELLE HÉLÈNE DE CONSTANTINOPLE

semble avoir changé de nom entre 297 et 310, époque à
laquelle elle est désormais nommée *Bononia* et non plus
Gesoriacum; ce port, en relation constante avec la Bretagne
(Grande-Bretagne), est un point d'appui du *litus saxonicum*,
«système défensif établi sur les deux rives de la Manche pour
protéger le littoral des raids des pirates germaniques». Le
christianisme, favorisé par la fréquentation de voyageurs
étrangers, s'implanta plus tôt près de la côte que dans l'arrière-
pays peu sûr. La place était d'une grande importance
stratégique aux frontières du monde romain, et la
christianisation de cet îlot de romanité au milieu d'une terre
païenne a été un objectif dont la mise en œuvre semble avoir
été suggérée à Victrice par saint Martin, ancien sous-officier
de l'armée romaine, qui connaissait bien les garnisons du Nord
de la Gaule (une lettre de Paulin de Nole à l'évêque de Rouen,
Victrice, fait état de «barbares étrangers», c'est-à-dire les
navigateurs anglo-saxons… et «brigands indigènes», c'est-à-
dire des Gallo-romains…); pour l'histoire de la ville voir
Histoire de Boulogne-sur-Mer, sous la direction d'A. Lottin,
Presses Universitaires de Lille, Lille, 1983, notamment p. 35.

XXVII, 1: *cardinale*: pour le *-e* final, voir introduction,
remarques sur la langue du manuscrit.

XXVII, 29-31: *fist responce au cardinal que, à la requeste
de nostre Saint Pere le pape, il le tenoit bien pour
commandement*: anacoluthe: *à la requeste de nostre Saint
Pere le pape* reste en suspens, mais le contenu de cette requête
se trouve exprimé dans le pronom neutre *le*, complément
d'objet de *tenoit bien pour commandement*: «le roi se
considérait comme tenu d'obéir à (ce qui constituait) la requête
du pape».

XXVIII, 26: *elle tenist*: pour l'absence du subordonnant,
peu fréquente, voir introduction, remarques sur la langue du
manuscrit.

XXVIII, 52: *oÿe = oÿ ou oÿes*, voir introduction, remarques
sur la langue du manuscrit.

XXIX, 9, 18-19, 50: *la tour d'Ordre… les portes et les
tours de Boulongne*: comme la chanson, Wauquelin évoque

les remparts de Boulogne (*bien frumee*, v. 1781), et mentionne cette haute tour, la Tour d'Odre ou d'Ordre (v. 1782), dont le phrase guidait l'entrée de l'estuaire de la Liane; on en attribue la construction à Caligula; selon Suétone «il fit construire, en souvenir de sa victoire, une tour très élevée, où des feux devaient briller toutes les nuits, comme sur celle du Phare (d'Alexandrie)». On sait que Charlemagne fit restaurer le phare en 811. De forme octogonale, elle comportait douze étages, chacun étant en retrait sur le précédent. L'identification de la Tour d'Odre avec le phare de Caligula, généralement admise, pose un problème car la technique utilisée (moellons dont les assises alternaient avec des rangs de briques) n'était pas encore en usage à l'époque. Ce phare s'est écroulé avec la falaise en 1644. Son nom lui viendrait du latin *ardens,* qui signifie en feu; l'importance de ce phare est souvent mentionnée à propos des relations avec la Grande-Bretagne; les remparts de la ville haute datent de l'époque romaine. Au XIIIe siècle, le comte Philippe Hurepel, fils légitimé de Philippe Auguste, fit reconstruire ses remparts endommagés et élever un nouveau château; les ducs de Bourgogne, et notamment Philippe le Bon, veillèrent soigneusement à la protection de la ville; voir *Histoire de Boulogne-sur-Mer, op. cit.*, pp. 17, 23, 42, 46, 96.

XXIX, 16: *pilié*: coordonné au verbe précédent avec un auxiliaire en facteur commun malgré la différence de transitivité.

XXIX, 50: *le Pont de Briques*: «Pont de *le* Brike»: situé au fond de l'estuaire de la Liane, beaucoup plus ouvert à l'époque qu'aujourd'hui; il s'agit d'un hameau dépendant de la commune de Saint-Léonard, situé à quelques kilomètres de Boulogne et mentionné à plusieurs reprises dans des actes (charte octroyée à Boulogne par le comte Robert en 1278, terrier de l'abbaye de Saint-Wulmer de Boulogne en 1506, coutumier du Boulonnois en 1550, cueilloir de Notre-Dame de Boulogne…); on connaît un autre Pont-de-Briques, hameau dépendant de la commune d'Isques mais c'est, en fait, le même lieu-dit étendu sur deux communes adjacentes; nous remercions M. Buanic, des

Archives départementales du Pas-de-Calais, qui nous a communiqué ces informations qui complètent celles que nous avons trouvées dans D. Haigneré, *Dictionnaire topographique de la France, comprenant les noms de lieux anciens et modernes. Arrondissement de Boulogne-sur-Mer*, Aigre, Boulogne-sur-Mer, 1882 (1881) et *Histoire de Boulogne-sur-Mer, op. cit.*, p. 74; carte p. 53.

M. Buanic nous a également donné des références bibliographiques complémentaires pour l'un ou l'autre point *Mémoires de la Société académique de Boulogne*, IX (1878-1879), p. 226 et X (1879), p. 109; la bibliographie sur ce lieu est assez fournie en raison du séjour qu'y effectua Napoléon en 1803, voir les notices générales des ouvrages suivants *Dictionnaire historique et archéologique du département du Pas-de-Calais*, Arras, III (1882), pp. 373-374 et M. Harbaville, *Mémorial historique et archéologique du département du Pas-de-Calais*, Arras, II (1842), p. 82.

XXIX, 67, 71: *espieu*: de quelle arme s'agit-il? Henri frappe *d'estoc et de taille*; n'est-ce pas plutôt une épée? La seule autre occurrence (CVI, 80) en fait une arme de païens évoquée concomitamment avec *de grans costeaulx*. Il semble bien qu'il y ait un certain flottement autour de ce mot, comme le note F. Mora-Lebrun à propos du mot *espee* employé là où on attendrait, pour la rime et pour le sens, *espié* (v. 11415); l'éditrice signale que le mot *espié* est utilisé dans le manuscrit tantôt avec le sens d'«épieu», tantôt avec celui d'«épée», voir *Le Roman de Thèbes*, éd. et trad. F. Mora-Lebrun, Paris, Le Livre de Poche, 1995, note au vers 11415, p. 711.

XXX, rubrique, 23-31: *Notre Dame de Boulogne*: cathédrale dont l'ancienneté est attestée par sa situation, son abside s'appuyant contre le mur d'enceinte. Elle fait partie d'un groupe épiscopal dont la construction peut être attribuée à Victrice, évêque de Rouen, qui s'efforça d'évangéliser cette partie de la Gaule (voir *supra* XXVI, 79-81). Elle fut un lieu de pèlerinage réputé, comme le souligne Wauquelin, et l'on sait que les ducs de Bourgogne y vinrent eux-mêmes à plusieurs reprises et qu'ils firent de nombreuses offrandes; voir *Histoire de Boulogne-sur-Mer, op. cit.*, pp. 36, 56, 96.

XXXI, 55, 60, 72, 94: *la vielle*: adjectif substantivé, souvent utilisé (XXXII, 1, 10; XLIII, 2, 9, 19, 25, 31; XLVI, 29), comme *desloyale* ou *faulce*, pour désigner la reine mère.

XXXI, 102: *la mere*: voir *supra* XXIV, 37, 40, 60.

XXXII, 45: *que = qui*, voir XVII, 51 et introduction, remarques sur la langue du manuscrit.

XXXIII, 17: *quil = qui* ou *qu'il*, voir introduction, remarques sur la langue du manuscrit.

XXXIII, 46: *per mer*: si l'on trouve fréquemment l'alternance *-ar- / -er-*, notamment pour le préverbe, la préposition a toujours la forme *par*; ici il pourrait y avoir une influence du vocalisme du mot suivant.

XXXIV, 16: *vous me deffendistes à mon partement que je celasse vostre nom*: ces paroles dans la bouche d'Henri peuvent paraître curieuses; le texte a été corrigé, car on ne peut exclure une faute du scribe à qui il arrive d'écrire le contraire de ce qu'il veut dire, voir LXIV, 20, 57; et *infra* LXXXVII, 88; mais si l'on se réfère à un exemple, légèrement différent, mais proche, on peut se demander si le verbe *deffendre* n'a pas un sémantisme un peu différent et si la correction s'impose: «vous m'avez expressément demandé de cacher votre nom», voir *infra* CXII, 65; un exemple similaire se rencontre, semble-t-il, chez Jean de Condé, *Dit dou Magnificat*, v. 372, p. 453, éd. S. Mazzoni Peruzzi, 1990: «Les parolles bien entendis / Et a tes priestres deffendis / Que de ce vier se reposaissent / Ne jamais canter ne l'osaissent.»; nous remercions Madame Plouzeau qui nous a signalé cet exemple.

XXXIV, 49: *fait*: *ymage* peut être masculin ou féminin, mais là où l'accord permet de distinguer le genre, on a un féminin (l. 49); la forme *fait* trouve sans doute la même explication que d'autres formes pour lesquelles l'accord n'est pas fait, voir XVIII, 2 et introduction, remarques sur la langue du manuscrit.

XXXV, 5-6: *Lequel escu conquesta le bon roy Henry ainçois qu'il retournast en Angleterre, lesquelz lupars il a tousjours depuis porté en ses armes, comme le tesmoingne nostre hystoire*: le léopard n'a pas ici la valeur négative du mauvais lion qui lui est généralement prêtée, et la substitution du lion au léopard, telle qu'elle apparaît dans les armoiries de l'Angleterre d'aujourd'hui et que M. Pastoureau date du milieu du XIVe siècle (entre 1350 et 1380), n'est pas prise en compte par Wauquelin.

«L'origine technique de ce léopard héraldique est liée à l'évolution des armoiries des Plantagenêts dans la seconde moitié du XIIe siècle. [...] c'est Richard Cœur-de-Lion qui le premier utilisa les armoiries à trois léopards reprises par tous ses successeurs (Henri II a peut-être déjà eu un écu à deux léopards) et [...], jusqu'au milieu du XIVe siècle, dans tous les textes, ces animaux conserveront ce nom de *léopards*. Mais, à partir de cette date, les hérauts d'armes au service des rois d'Angleterre commencent à éviter ce terme et lui préfèrent l'expression *lions passant guardant* (lions horizontaux, la tête de face), qui s'impose définitivement à la fin du XIVe siècle sous Richard II. À cette étrange substitution terminologique répondent des causes à la fois politiques et culturelles. En pleine guerre franco-anglaise les hérauts français multiplient les railleries et les attaques contre le léopard Plantagenêt, mauvais lion, animal bâtard, fruit de l'accouplement de la lionne et du mâle de la panthère, le *pardus* des bestiaires latins [...]», voir M. Pastoureau, *Figures et couleurs. Étude sur la symbolique et la sensibilité médiévales*, Paris, Le Léopard d'or, 1986, pp. 162-163.

Il y a peut-être là fidélité à la source (voir la chanson en vers vv. 1923-1924, 2377-2382; 3954-39654177-4182) mais la glorification des armes anglaises (à quoi il faut ajouter le retrait de l'épisode des fleurs de lis) n'est sans doute pas sans signification politique à la cour de Bourgogne. Il y a peut-être là une justification *a posteriori* de l'ancienne alliance de Philippe le Bon avec les Anglais, qui, en 1435, par le traité d'Arras, se réconcilie avec Charles VII.

XXXV, 42: *lassee* = *laissee*, voir introduction, remarques sur la langue du manuscrit.

XXXVI, 6-9: *toute la douleur que les femmes ont à enfanter, quant le fruit de leur ventre est né et qu'elle perçoit qu'elle a porté homme au monde, elle oblie toute la douleur qu'elle a eu par avant*, voir *Évangiles*, Jean, 16, 21 «La femme, sur le point d'accoucher, s'attriste, parce que son heure est venue; mais quand elle a enfanté, elle oublie les douleurs, dans la joie qu'un homme soit venu au monde.»

XXXVI, 33: *voz serviteurs prest = prestz*, voir introduction, remarques sur la langue du manuscrit.

XXXVI, 56: *la mere*: voir *supra* XXIV, 37, 40, 60.

XXXVII, 42, 49: *la faulce desloyale*: l'adjectif est substantivé à plusieurs reprises pour désigner la mère du roi (*vielle, faulce, desloyale*), voir aussi XXXVIII, 10; XL, 8; XLIII, 13 (*faulce*); en fonction de l'ordre des mots, on peut penser que dans le cas de la *faulce desloyale*, c'est *desloyale* qui est substantivé et *faulce* qui est épithète, voir Ch. Marchello-Nizia, *La Langue française aux XIVᵉ et XVᵉ siècles*, Paris, Nathan, 1997, p. 398.

XXXVII, 45: *une poignie de nobles*: le noble est une monnaie anglaise. La première frappe d'une monnaie d'or en Angleterre, celle du noble d'or, ne date que de 1344, sous le règne d'Édouard III, voir J.J.North, *English Hammered Coinage. Edward I to Charles II (1272-1662)*, Londres, 1960. Wauquelin actualise les données de la chanson; ainsi les *florins* de la chanson donnés par la reine d'Angleterre deviennent des *nobles* (vv. 2680, 696, 2699, 2702, 2758, 3100); c'est naturellement le florin qui a cours en Italie, dans l'épisode de la forêt de Castre (vv. 10975, 11026); la récompense accordée à qui ramènera Hélène au palais de l'archevêque de Tours est de 100 livres dans la chanson (vv. 11984, 15003, 15135, 15218); elle est de cent livres de deniers chez Wauquelin.

XXXVII, 48: *en = et*, voir VI, 23; XXIII, 39 et introduction, remarques sur la langue du manuscrit.

XXXVII, 55: *en geron*: pour l'absence d'article avec des termes désignant des parties du corps, voir introduction, remarques sur la langue du manuscrit et *Ly Myreur des histors…*, éd. cit., §73.

XXXVIII, 10: *la desloyale* voir *supra* XXXI, 55; XXXVII, 42, 49.

XXXIX, 5: *quil = qui*, voir X, 26 et introduction, remarques sur la langue du manuscrit.

XXXIX, 6: *le jambe = la jambe*, voir introduction, remarques sur la langue du manuscrit.

XXXIX, 7, 8: *laquelle, telle*: accord *ad sensum*, reprend *les lettres*; l. 26: *icelles* reprend *la lettre,* repris déjà par *icelle* l. 23; l. 35 *unes lectres* est repris par *les* (l. 36); parfois le substantif est au singulier: *la lettre* XLII, 31, 34 (et repris par l'anaphorique *la* 32 mais par *les* l. 36).

XXXIX, 20: *desarmé = desarmer*, voir XIV, 37 et introduction, remarques sur la langue du manuscrit.

XXXIX, 75: *le duc escrivist*: la leçon du manuscrit, sans doute due à la présence du mot *duc* avant et après, est erronée et, d'après le contexte immédiat, ne peut être corrigée que par *roy*; il faut supposer que c'est par respect que le roi a demandé au pape de lui lire la lettre du duc et qu'il sait lui-même écrire.

XXXIX, 79: *delivrés = delivrees*, voir *baillees* XLII, 9, *baillies* LXIV, 15, et introduction, remarques sur la langue du manuscrit.

XL, 8: *celle desloyale*: voir *supra* XXXVII, 42, 49.

XL, 35: *la mere*: voir *supra* XXIV, 37, 40, 60.

XL, 38: *se = si* d'antériorité, voir introduction, remarques sur la langue du manuscrit.

XLI, 2-3: *comme ainsi soit que* + subj.: puisque, voir Martin et Wilmet, *op. cit.* § 88, exemple tiré de *La Fille du comte de Pontieu* et des *Cent Nouvelles nouvelles*; God. IV, 617b, *s.v.* issi: *vu que, attendu que*, daté du XVIe siècle.

XLII, 36, 37: *les* reprend *la lectre* l. 31 (*la* l. 32), voir *supra* XXXIX, 7, 8.

XLII, 41: *le = la*, voir introduction, remarques sur la langue du manuscrit; on remarquera néanmoins que *la* est employé avec le verbe précédent.

XLIII, 13: *la faulce*: voir *supra* XXXI, 55 et XXXVII, 42, 49.

XLIII, 18: *quil* = *qui*, voir X, 26 et introduction, remarques sur la langue du manuscrit.

XLIII, 20: *lengaige*: les quatre autres occurrences du terme sont au singulier, et deux entrent dans une expression similaire; plutôt qu'à un accord non fait il faut sans doute penser ici à un groupe à forte cohésion, l'accord étant donné par le genre masculin de *lengaige* et le nombre pluriel par l'ensemble coordonné *tous ses lengaige et complaintes*, voir introduction, remarques sur la langue du manuscrit.

XLIII, 37-41: *Et sans le premier messaige d'Engleterre, qui estoit ja retourné, auquel elle changea ses lectres en la maniere qu'elle avoit fait les autres, ainsi receust le duc de Clocestre .XI. lectres depar le roy*: l'expression reprend celle de la chanson en vers vv. 3206-3207: «.VIII. briés avoit le dame escris et saielés,/ Trestout sans le premir qui en estoit portés», mais le passage est peu clair; il est possible que, les lettres étant toutes scellées du sceau du roi (puisque la reine en possède également un), il y ait eu une confusion dans le décompte à cause de la lettre initiale qui a pu être ou ne pas être comptée; le messager anglais doit donc avoir porté deux lettres, tous les autres n'ayant apporté que la réponse; on retrouve cette approximation dans les données chiffrées en LVIII, 63 où il est question de dix ou douze lettres; le plus souvent, la mention est onze lettres et onze messagers (LX, 91, 95, 96; LXII, 45, 46; LXIII, 38, 69).

XLIII, 48: *excepter* = *excepté*, fait de graphie inverse, voir XIV, 37 et introduction, remarques sur la langue du manuscrit.

XLIV, 9: *parquoy ne la vouloit plus veoir*: absence de sujet dans la relative; il est généralement exprimé ailleurs (les deux exemples de non-expression sont des verbes impersonnels VIII, 37; CXXXIV, 17).

XLIV, 37: *si de bon cuer*: cet ordre curieux des mots laisse à penser que *de bon cuer* fonctionne comme un syntagme à forte cohésion.

XLIV, 54: *sur toute la douleur qu'elle avoit, c'estoit de*:
voir *infra* LIX, 9.

XLIV, 60: *quil = qui*, voir X, 26 et introduction, remarques
sur la langue du manuscrit (ne peut être ici que le relatif).

XLV, 38: *oyoit* (leçon corrigée): *oyt = oyoit* XLV, 38
(corr.) / *oioit* L, 12; *oyoit* (5 occ.); cette réduction syllabique
se rencontre assez fréquemment dans les manuscrits; s'agit-il
d'une faute de copiste ou d'un fait de langue? voir par ex.
Mabrien, éd. Ph. Verelst, Genève, Droz, 1998: *oyent* 10, 7; 20,
3 = *oyoient*, et sans doute du même processus dans *festoient*
43, 2 et *guerroyent* 46, 1; voir aussi *Roman de Ponthus et
Sidoine*, éd. M. C. de Crécy, Genève, Droz, 1997, introduction
p. CXXXVIII; on peut se demander si des formes d'imparfait
comme *emploit, voit, voyent* relevées par G. Bianciotto dans le
Roman de Troÿle, sont des formes faibles (relevées à côté de
empleoit, veoye, veoit) où l'hiatus est réduit ou des formes
avec réduction d'une séquence *-oioi-*(*Le Roman de Troÿle*,
Presses Universitaires de Rouen, 1994, éd. II, pp. 536, 546).

XLVI, 12: *consideré = considerer*, voir XIV, 37 et
introduction, remarques sur la langue du manuscrit.

XLVI, 27: *quil = qui*, voir X, 26 et introduction, remarques
sur la langue du manuscrit.

XLVII, 7: *aporter = aporté*, graphie inverse, voir XIV, 37;
XLIII, 48 et introduction, remarques sur la langue du
manuscrit.

XLVII, 42: *pesandeur = pesanteur* (voisement), voir
introduction, remarques sur la langue du manuscrit.

XLVII, 49: *quil = qui*, voir X, 26 et introduction,
remarques sur la langue du manuscrit.

XLVIII, 17-18: *qui avra pacience, il possessera son ame*:
Évangiles, Luc, 21, 19.

XLVIII, 51: *aouroient*: accord pluriel par syllepse à tirer de
on ne creoit point à la ligne précédente désignant de façon
collective et indéterminée les habitants de Nantes.

L, 60-62; LI, 46-48, 82-92 (et miniature 63v°): pour cette
représentation du pape en guerrier, voir D. Collomp, «Le
motif du pape combattant dans l'épopée», *Le clerc au moyen*

âge, *Actes du 20ᵉ colloque du CUERMA,* Aix-en-Provence, *Senefiance,* 37 (1995), pp. 91-112.

LI, 8 *estez*: (5 occ.) / *esté* (6 occ.) dans les mêmes conditions d'emploi: on peut penser à un accord du participe passé du verbe *estre* (mais il n'y a aucun exemple d'accord au féminin) ou voir dans le *z* suivant un *e* une graphie diacritique de *e* fermé.

LI, 30: *volt... peussent...*: accord *ad sensum,* c'est le roi seul qui commande la sortie, mais c'est son attitude et celle de ses hommes qui va encourager les Romains (l. 31).

LI, 58: *desployé = desployee,* voir introduction, remarques sur la langue du manuscrit.

LI, 69: *ne pouoient à peinnes*: voir *supra* XXIV, 11.

LI, 102: *Et les porta tant qu'il vescut, et de là vient ce que les roys d'Angleterre, à cause de la bonne fame et renommee de ce noble roy Henry, ont tousjours porté les armes des luppars, comme le dit nostre hystoire, combien que j'aye veu en autre hystoire le contraire, et par espicial en l'Ystoire des Normans*: que veut dire Wauquelin à propos des armes du roi d'Angleterre, quelle est cette *Ystoire des Normans* qu'il mentionne? Gillette Labory (IRHT), qui s'occupe du corpus des *Chroniques de Normandie,* n'a pu nous donner que des informations permettant d'éliminer telle ou telle source, notamment des manuscrits de la Bibliothèque de Bourgogne, mais aucune qui conduirait à une identification possible.

LII, 2: *forc = force,* voir introduction, remarques sur la langue du manuscrit.

LII, 25: *il*: reprise du relatif sujet par un pronom personnel sujet après une incidente.

LII, 30: *loing = long,* voir introduction, remarques sur la langue du manuscrit.

LIII, 5: *tret = tref,* échange graphique qui s'explique par la non-prononciation des consonnes finales, voir introduction, remarques sur la langue du manuscrit.

LIII, 26: *demeuré = demeurer,* voir XIV, 37 et introduction, remarques sur la langue du manuscrit.

LIV, 77: *que = qui,* voir XVII, 51 et introduction, remarques sur la langue du manuscrit.

LIV, 79: *y = il,* voir remarques sur la langue du manuscrit

LV, 12: *garandirons*: voisement, voir remarques sur la langue du manuscrit.

LV, 23: *tuicion,* voir VIII, 30.

LV, 28, 58, 88: il semble que ce soit un petit oratoire où Grimbaut a placé ses idoles et notamment la statue du dieu à qui il fait rendre des oracles, voir C. Roussel, « Le "paradis" des rois païens» dans *Moyen Âge,* t. 89 (1983), pp. 215-237 et éd. cit. glossaire p. 875, *s.v.* paradis.

LV, 37: *ung des plus asseuré homme*: accord *ad sensum.*

LV, 66-74: l'aspect exorciste de cette scène, comme celui de quelques autres où la puissance divine, avec des manifestations spectaculaires, fait fuir le diable et ses suppôts, rappelle les prodiges qui accompagnent l'entreprise évangélisatrice de saint Martin à travers la Gaule et sa lutte contre les idoles.

LV, 75: *à = au*, voir remarques sur la langue du manuscrit.

LVI, 45: *voy = vois*.

LVII, 50: *que = qui,* voir remarques sur la langue du manuscrit.

LVIII, 45: *à peinnes il ne sçavoit*, voir *supra* XXIV, 11.

LVIII, 46: *neantmoings qu' = neanmoings*; on remarque que, dans le manuscrit, le syntagme se trouve après un point et comporte une majuscule; voir A. Tobler «*Que* unissant une proposition à une expression adverbiale d'assurance, d'adjuration, de supposition, d'affirmation, de négation ou à une interjection», *Mélanges...,* pp. 73-83.

LVIII, 51: *tuicion,* voir VIII, 30.

LVIII, 91: *seelle*: voir introduction, remarques sur la langue du manuscrit + LX, 91; LXII, 23; ailleurs *seel(z).*

LIX, 9: *sur tout*: généralement *sur tout(e)* entre dans un syntagme avec substantif, non déterminé au singulier *sur toute rien(s)* 10 occ. ou déterminé au pluriel *sur tous, toutes les... (du monde)*; il n'y a pas d'exemple avec le pronom indéfini pluriel; il pourrait s'agir de ce qui deviendra l'adverbe *surtout*: «plus particulièrement» dont le *DHLF* date l'apparition de la fin du XVe siècle; une autre occurrence peut être relevée XXVIII, 23, voir *FEW* XIII, 126a («en tout» 1470; «principalement» 1490); et peut-être avec accord de *toute* XLIV, 53.

LX, 16: *comme vous est*? seul exemple de l'expression avec *comme* (habituellement *comment*); on rencontre néanmoins un autre emploi de *comme* pour *comment* LXXIII, 3, et inversement *comment* pour *comme* CX, 68.

LX, 45: *et que vous souffrez*: anacoluthe un peu abrupte; nous comprenons «et dans ce que vous souffrez», c'est-à-dire «montrez de la mesure dans votre colère et dans votre souffrance».

LX, 64: *quil = qui*, voir X, 26 et introduction, remarques sur la langue du manuscrit.

LX, 91: *seelle*, voir LVIII, 91 et introduction, remarques sur la langue du manuscrit.

LXI, 7: *s'en donnoit merveilles de*: construction redondante, à moins qu'il ne faille tenir compte de la faiblesse de la nasalisation qui ne laisserait pas entendre le pronom *en* *(sen = se)*.

LXI, 64: *que plus est*: partout ailleurs *qui plus est* (*estoit*); *que = qui*, voir XVII, 51 et introduction, remarques sur la langue du manuscrit.

LXII, rubrique: *trois estas d'Engleterre*: les trois corps politiques: les villes, la chevalerie des comtés, le clergé, voir *Histoire du christianisme...* VI, *Un temps d'épreuves (1274-1449)...* , p. 667.

LXII, 1, 35: *la mere*: voir *supra* XXIV, 37, 40, 60.

LXII, 23: *seelle*: voir *supra* LVIII, 91, introduction, remarques sur la langue du manuscrit.

LXII, 37: *mandé = mander*, voir XIV, 37 et introduction, remarques sur la langue du manuscrit.

LXIII, 51: *oÿ parlé = parler*, voir XIV, 37 et introduction, remarques sur la langue du manuscrit.

LXIII, 84: *quil = qui*, voir X, 26 et introduction, remarques sur la langue du manuscrit.

LXIV, 34, 40: *la mere*: voir *supra* XXIV, 37, 40, 60.

LXIV, 42: *quil = qui*, voir X, 26 et introduction, remarques sur la langue du manuscrit.

LXV, 8-9: *cf. Psaumes* 79, 10: «Que sous nos yeux les païens connaissent la vengeance du sang de tes serviteurs, qui fut versé». La réclamation d'une vengeance pour le sang versé se trouve également dans les *Faicts et les conquestes d'Alexandre le Grand*, de Wauquelin, dans un contexte guerrier, voir éd. S. Hériché, Genève, Droz, 2000, § 246, 30-31.

LXV, 10-11: hexamètre dactylique dont la source n'a pas été identifiée. Le Poète ???

LXV, 53: *la faindoit l'empereur qu'il la vouloit avoir à mariage*: construction disloquée, voir *supra* XXIV, 44-45 et introduction, remarques sur la langue du manuscrit.

LXV, 67: *seellee = seellé* ou *seellees*, voir introduction, remarques sur la langue du manuscrit.

LXVI, 13: *garder = gardé*, voir XLVIII, 48 et introduction, remarques sur la langue du manuscrit.

LXVI, 18: *accomplir = accompli*, cette forme s'explique par la non-prononciation des consonnes finales, voir *supra* VIII, 49 (*peril = perir*), X, 26, XLIII, 48 et introduction, remarques sur la langue du manuscrit.

LXVI, 21: *ill estoit prest de leur monstrer*: il s'agit peut-être d'une haplologie du pronom régime direct; on peut se demander s'il n'y aurait pas d'une remontée du pronom objet direct devant le verbe conjugué, assimilable à une périphrase verbale dont l'infinitif est régi par une préposition, voir Zink, *Morphosyntaxe du pronom personnel (non réfléchi) en moyen français (XIVe-XVe siècles)*, Genève, Droz, 1997, p. 201; il faudrait alors écrire *il l'estoit*.

LXVI, 36: *parlé = parler*, voir XIV, 37 et introduction, remarques sur la langue du manuscrit.

LXVI, 51: *la duchié de Lancastre*: dans la chanson le roi donne au comte le *conté de Clochestre* (v. 5418); dans le roman, Wauquelin a actualisé le titre du comte; ce titre, peu courant en Angleterre avant l'utilisation politique que voulut en faire Édouard III, n'avait été porté que par le Prince Noir, fait duc de Cornouailles en 1336, et par Henri de Lancastre (1352). Le titre de duc de Gloucester est fréquemment donné à un fils cadet du roi; si l'on se réfère aux *Chroniques* de Froissart, le premier comte de Gloucester à avoir porté le titre de duc semble avoir été Thomas Woodstock, né en 1355, septième fils d'Édouard III, qui épousa Éléonore de Bohun en 1374 et devint, par suite de ce mariage, connétable d'Angleterre; Richard II lui conféra ce titre avec une grande solennité le 6 août 1385, mais le duc trahit le roi à plusieurs reprises, et il fut étranglé par ordre de Richard II, à Calais en 1399; que la régence ait été conférée au duc fait penser à Humphrey (1391-1447), le troisième frère de Henri V, à qui le Conseil concéda le titre de «Protector» pendant la minorité du jeune Henri VI, ne lui accordant toutefois que très peu de pouvoir; son mariage avec Jacqueline de Bavière en 1423 l'amena dès 1424 à s'opposer à Philippe le Bon qui avait des prétentions sur les terres de sa femme, ce qui tendit les relations entre la Bourgogne et l'Angleterre malgré leur alliance contre le dauphin Charles en France; il s'opposa à nouveau à Philippe le Bon en 1436, lors du siège de Calais. Il mourut en prison, sans doute assassiné, en 1447. Le rôle joué par le duc dans la chanson comme dans le roman ne correspond guère à la réalité historique. Le mariage de Jacqueline de Bavière avec le comte de Gloucester semble ne pouvoir être qu'une anticipation fortuite dans la chanson en vers, donc également dans la source de Wauquelin; mais Wauquelin, lui, ne peut ignorer les relations de Philippe le Bon et du duc; pourtant, fidèle à sa source, il se contente d'actualiser le titre.

Un grand nombre de personnages appartenant à la famille régnante d'Angleterre ont porté ces titres, et il ne semble pas qu'on puisse voir là d'allusions historiques; on remarquera que la version de Wauquelin n'évoque pas le curieux développement donné par la chanson en vers à propos des droits du comte sur un septième du royaume (vv. 5419-5425), voir note C. Roussel, éd. cit., p. 781.

Pourquoi est-ce le duché de Lancastre qui est donné au duc? On sait que la première maison de Lancastre s'éteint avec Henri de Lancastre qui avait été créé duc en 1352; la deuxième maison de Lancastre vit le jour grâce aux filles du duc; Jean de Gand, troisième fils d'Édouard III, né en 1339, épousa en 1359 Blanche de Lancastre, une des filles du duc, et, en 1366, à la mort de Mathilde de Lancastre, veuve de Guillaume de Hainaut, il hérita du duché de Lancastre, dont il fut investi solennellement à la fin de la même année, voir Froissart, *Chroniques*, éd. Kervyn de Lettenhove, Bruxelles, V. Devaux, 1867-1877, XXI, pp. 411-415; XXII, pp. 28-35 et W. Stubbs, *Histoire constitutionnelle de l'Angleterre*, éd. française par Petit-Dutaillis, Paris, Giard et Bière, 1913, II, pp. 501-502, 563. Ce nom était néanmoins familier à Wauquelin puisqu'Isabelle de Portugal, troisième femme de Philippe le Bon, était la fille de Philippa de Lancastre.

LXVII, 6: *atant* = *autant*, voir introduction, remarques sur la langue du manuscrit.

LXVII, 43: *isles de mer*: le terme *isle* seul n'a pas toujours le sens que nous lui donnons aujourd'hui; il «ne désigne pas seulement une île au sens moderne du terme; peut désigner tout endroit d'accès difficile, presqu'île ou îlot d'habitations au sein d'une forêt» (*Légende arthurienne*, *Perlesvaus*, trad. de Ch. Marchello-Nizia, Paris, Laffont, 1989, p. 269, note). Le sens que nous connaissons est donc parfois, comme ici, précisé par une détermination.

LXVIII, 36, 43-44: *qui nous a creez et formez à Sa benoite semblance*: allusion à la création de l'homme, voir *Genèse*, 1, 27; *Ecclésiastique* 17, 3, que l'on retrouve chez saint Paul; thème fréquent dans la littérature chrétienne tout comme l'omniscience de Dieu, avec une épithète récurrente *Dieu qui voit tout*.

LXIX, 28: *tout* = *tous*, voir introduction, remarques sur la langue du manuscrit.

LXIX, 32: *l'un à l'autre*: on attendrait un pluriel pour représenter les deux enfants; il doit y avoir un accord selon le sens, les deux enfants étant considérés ensemble comme le symétrique unique de l'ermite.

LXX, 24: *se* = *si*: forme dialectale bien connue dans le Nord et le Nord-Est, voir XL, 38 et introduction, remarques sur la langue du manuscrit.

LXX, 36: *en disnant qu'ilz fasoient*: curieuse expression, bien attestée avec l'infinitif, voir Ch. Marchello-Nizia, *Dire le vrai: l'adverbe "SI" en français médiéval*, Genève, Droz, 1985, p. 26 « dans la nominalisation en circonstanciel du verbe principal, *faire* substitut du verbe permet de placer celui-ci en début de phrase», et du même auteur *Histoire...*, p. 420 «on peut emphatiser un procès en le reprenant par le verbe vicaire *faire*»; mais nous n'avons pas trouvé d'exemple similaire avec le gérondif.

LXX, 38: *leur manieres*: on ne note aucun autre cas d'absence d'accord du déterminant possessif; s'agit-il de la forme ancienne, d'une absence d'accord comme il y en a tant, d'une erreur (/ 111 occ. de *leurs*)? Si l'on rencontre *maniere* dans le même sens au singulier, cette occurrence-ci ne peut être qu'un pluriel, antécédent de *lesquelles*.

LXX, 47: *selon leur jugement*: «selon le jugement que l'on pouvait porter sur eux».

LXXI, 11: *estez*: voir LI, 8 et introduction, remarques sur la langue du manuscrit.

LXXI, 32: *ly*: seule forme féminine de pronom régime 2? ailleurs *lui*.

LXXII, 21: *mist*: absence de sujet en tête de régissante, après une proposition temporelle, voir introduction, remarques sur la langue du manuscrit.

LXXII, 65: *traÿee* = *traÿe*; l'usage anarchique du -*e* de féminin peut donner lieu, comme ici, à des phénomènes d'hypercorrection, voir G. Hasenohr, «Du bon usage de la galette des rois», dans *Romania*, 114 (1996), p. 448 et introduction, remarques sur la langue du manuscrit.

LXXIII, 3: *comme* = *comment*, voir *supra* LX, 16.

LXXIII, 14: *à tous les povres qui venoient à lui demander l'aumosne, il leur donnoit*: construction disloquée, voir *supra* XXIV, 44-45.

LXXIII, 65: *il*: construction disloquée, voir *supra* XXIV, 44-45.

LXXIV, 38: *avisa = avisant*; bien que l'on puisse voir là un témoignage d'une faible nasalité, nous avons corrigé parce que l'absence du *-t* qui s'ajoute au phénomène ne rentre pas dans le système du copiste.

LXXIV, 51: écho de la scène où Joseph, fuyant les tentatives de séduction exercées par la femme de Putiphar, laisse son manteau entre les mains de cette dernière qui l'accuse d'avoir voulu la déshonorer (*Genèse*, 39, 7-20).

LXXV, 49: *destourné = destourner*, voir XIV, 37 et introduction, remarques sur la langue du manuscrit.

LXXV, 55: *piet*: maintien du *-t* en position finale (seule occ.), ailleurs *pié* (13 occ.; pl. *piés* 17 occ.; *piez* CXIII, 4).

LXXVII, 32: *car par sa vaillance les payens furent mis à desconfiture. Car quant les Sarrazins veirent leur seigneur mort*: il semble qu'il manque ici un membre de phrase, où serait mentionnée la mort d'Anthénor (chanson en vers vv. 6257-6273), tué de la propre main de Lion, comme cela a été annoncé au chapitre précédent (LXXVI, 46). Est-ce la manière du dérimeur, qui, réduisant le plus souvent la part des batailles, estime avoir déjà dit que Lion avait tué le roi sarrasin; est-ce une faute du copiste? On voit ici un cas limite où la correction pourrait gommer une maladresse relevant de la technique littéraire utilisée.

LXXVIII, 12: *à entrer à la porte*: infinitif substantivé, voir LXXXIX, titre; CXXIII, 41; CLI, 14 et introduction, remarques sur la langue du manuscrit.

LXXVIII, 26: citation extraite de la *Vie saint Martin*, de Sulpice Sévère (3, 3), éd. et trad. J. Fontaine, Paris, Le Cerf, 1967, I, p. 258.

LXXVIII, 50: *estez*: voir LI, 8 et introduction, remarques sur la langue du manuscrit.

LXXIX, 60: *queroit*: ambiguïté de la forme, qui peut être, du point de vue du sens, un imparfait ou un futur II (= *querroit*); la proximité d'un premier futur II pourrait inviter à interpréter de la même façon cette deuxième forme.

LXXX, 43: *avrez*: ce futur est sans doute dû à la proximité des autres futurs (contamination).

LXXX, 49: *des coquins et dé coquines*, *dé = des*, voir *supra* XXIV, 32; et LVII, titre (?) et introduction, remarques sur la langue du manuscrit.

LXXXI, 23: *Martin*: focalisation sur le personnage, mais après la relative, l'anacoluthe le laissant en suspens, il est repris dans une première proposition par *lui* tandis qu'il fonctionne bien comme le sujet de la proposition coordonnée.

LXXXI, 65: *estez*: voir LI, 8 et introduction, remarques sur la langue du manuscrit.

LXXXII, 33-34: «*qui querit invenit et pulsanti aperietur*»: *Évangiles*, Matthieu, VII, 8, et Luc XI, 9.

LXXXIII, rubrique: *Bordeaulx*: un évêché est attesté au IVe siècle, peut-être au IIIe siècle; à l'époque de Wauquelin, cette possession, devenue anglaise par le mariage d'Aliénor d'Aquitaine avec Henri Plantagenêt, l'est encore et ne sera reprise définitivement par la France qu'en 1453, voir *Histoire de Bordeaux*, III, *Bordeaux sous les rois d'Angleterre*, publiée sous la direction d'Y. Renouard, Bordeaux, Fédération historique du Sud-Ouest, 1965.

LXXXIII, 11: *ilz entrerent en la riviere de Geronde*: la Garonne est appelée indifféremment Garonne ou Gironde; l'accès à Bordeaux par l'estuaire de la Gironde était assez aisé en raison de la profondeur et de la largeur du chenal, voir *Histoire de Bordeaux*, *op. cit.*, pp. 267, 276.

LXXXIII, 11-13: *Sur laquelle riviere ilz perceurent une grosse et puissant cité, bien muree et torree et fortes portes, et bien sembloit estre preste à deffence*: la ville de Bordeaux est effectivement fortifiée, et protégée par des tours, tout particulièrement dans les secteurs ouest et sans doute nord; elle a été pourvue d'une troisième enceinte, sans doute commencée à la fin du XIIIe siècle, pendant l'occupation française, et achevée en 1327, destinée à protéger une population de plus en plus importante; voir *Histoire de Bordeaux, op. cit.* pp. 228-229. L'évocation est beaucoup plus vague dans la chanson: la cité *de regnon* est *grant* et *large* et «Hault en furent les murs et ait de bon ouvraige» (vv. 7077-7078, 7101).

fortes portes: construction en position détachée: «pourvue de fortes portes», voir *supra* XXI, 28.

LXXXIII, 18: *un tresfelon payen*: épithète traditionnelle du païen, qui ne porte que sur la croyance et non sur le caractère même du personnage, dont est vantée *la preudommie*, voir l. 19-21 et LXXXV, 23; la chanson mentionne également le courage du roi et ajoute *Point ne creoit a Dieu qui nous fist a s'ymaige* (vv. 7081-7082); voir aussi Ardoubourg, *tresfelon* roi païen de Jérusalem, qui se convertit et reçoit le baptême XCVII, 7.

LXXXIII, 45: absence de sujet dans la régissante après une temporelle qui ouvre la phrase, voir introduction, remarques sur la langue du manuscrit.

LXXXIV, rubrique: la table des rubriques donne: *Comment Robert, roy de Bordeaux, fist honneur es crestiens.*

LXXXIV, 4: *et la cause pour ce qu'il...* : anacoluthe qui laisse le complément en suspens, dont le sens, sinon l'analyse, est clair: «il fut très étonné de l'entendre parler de cette manière, et il se demandait pourquoi il parlait avec tant de sagesse et d'audace»; on pourrait rapprocher l'expression de *Quant le peuple... commença fort à murmurer et esbaÿr pour quel cause* (XLI, 70); habituellement on trouve *la cause pourquoy* (8 occ.).

LXXXIV, 30: *dé* (*de*) = *des*, voir *supra* XXIV, 32; LVII, titre (?) et introduction, remarques sur la langue du manuscrit.

LXXXIV, 61: *celle traÿson que*: *celle* est parfaitement lisible; équivalent de *telle,* développé par un *que* complétif.

LXXXV, rubrique: *Robert*: la table des rubriques donne également *Robert.* L'hésitation sur ce prénom se trouve également dans la version en vers, voir *Robault / Robastre* (v. 10990).

LXXXV, 11: *en... que*: *en* cataphorique annonce la proposition introduite par *que*.

LXXXV, 27: *ce que chargié lui avoit esté*: *que* sujet neutre, voir LXI, 64 et introduction, remarques sur la langue du manuscrit.

LXXXV, 52: *il* = *ilz*, voir introduction, remarques sur la langue du manuscrit.

LXXXV, 57-68: *Notre-Dame en Beauvoizis*: le culte rendu à saint Constancien est encore signalé au XIXᵉ siècle à Breteuil-en-Beauvaisis; on y chantait la prose de saint Constancien, dans laquelle on peut relever: «Il commande à la maladie / Met en fuite l'esprit malin; Aux ravages de l'incendie / Sa main puissante met un frein.// Puis aux morts la vie est rendue / Le don de la parole aux muets; / L'aveugle recouvre la vue; / De son pouvoir tels sont les traits.» Sont évoqués ensuite les prodiges que ne cessent de provoquer les mérites du saint, voir C.A. Baticle, *Nouvelle histoire de Breteuil en Beauvaisis*, Beauvais, 1891, p. 154, note et p. 157.

LXXXVI, 8: *lieu d'arbroyes*: l'association des deux termes est curieuse si l'on donne à *arbroie* le sens habituel de «lieu planté d'arbres», ce qui convient pour se cacher; il pourrait s'agir, plutôt que d'une forme *harbois, herbois*, où il faut supposer un *r* parasite, d'une mauvaise interprétation et d'un télescopage dans la compilation de deux expressions voisines dans la source; en effet la chanson en vers a le terme *herbois*: *S'armerent no barons contreval les herbois* (v. 7287), et un peu plus bas *Et outre le chité, d'encoste un petis bois / Se coity Amoris...* (vv. 7292-7293); la seconde occurrence rencontrée dans la prose, *au bout de ces marescaiges, entre arbroies qui là sont* CXXXVIII, 24, correspond dans la chanson au terme *pré(s)* que l'auteur utilise pour situer l'emplacement des souterrains (vv. 13794, 13821); voir aussi *Jourdain de Blaye en alexandrins*, éd. T. Matsumura, Genève, Droz, 1999, p. 887, note au v. 2126, où il est précisé que le substantif féminin *erboie* est archaïque, à côté *erbier, erboi(s)* qui est repris aux XIVᵉ et XVᵉ siècles.

LXXXVII, 7: *Constancien / cousta*: le copiste distingue nettement -*n*- (ligature par le haut) et -*u*- (ligature par le bas); or le jeu de mots sur *Constancien / cousta* ne peut se comprendre que si les syllabes initiales des deux mots se prononcent de la même façon; pour cette raison, les graphies *congn- / cougn-; conv- / couv-* et ont été maintenues telles qu'elles se présentent dans le manuscrit; de même *moi(n)gnon* XLV, 62; CXLIX, 29 / *mougnon* XLIV, 58; *Boulo(i)ngne* 13 occ.; *Bouloigne* LIII, 64; *Boulougne* XXVII, 2; *Boulongnois* (LXXVII, 6), *Boulougnois* (2 occ.), XXIX, 34, 40, 47; LXXVII, 6, 36: *habitants de Boulogne*. A moins qu'il ne s'agisse d'une faite du copiste, on peut se demander quelle est la valeur de *ou* dans *ou = on* (corr.) CXXXIII, 18; CXXXVIII, 66, et *nou = non* CL, 46 (corr.). Pour ces questions relatives à la nasalisation voir remarques sur la langue du manuscrit.

LXXXVII, 14: *ordonner = ordonné*, voir XIV, 37 et introduction, remarques sur la langue du manuscrit.

LXXXVII, 38: *il = ilz*, voir *supra* LXXXV, 52 et introduction, remarques sur la langue du manuscrit.

LXXXVII, 88: leçon corrigée: le texte donné en latin, avec la traduction qui lui correspond, n'est pas clair; le terme *prior* est utilisé deux fois dans la citation et traduit les deux fois par *premier* comme si *pire* était la traduction de *novissimus*; or il semble bien que l'auteur adapte à la situation d'Hélène une citation empruntée à l'*Évangile,* Matthieu XXVII, 64 («cette dernière imposture serait pire que la première»); cette erreur doit être imputable au scribe, car les compétences de Wauquelin traducteur sont bien connues. Dans la chanson Hélène trouve seulement une hôtesse *trop pïour que devant* (v. 7548).

LXXXIX, 20: *acoster* = «encadrer»; ce terme semble employé dans les mêmes conditions que *adestrer*, c'est-à-dire que l'empereur Antoine et le roi Henri encadrent l'évêque pour lui faire honneur, le plus considéré se plaçant à la droite de la personne distinguée, mais, ici, le référent de *l'un* et de *l'autre* ne peuvent guère être précisés, voir A. Henry, «Pour le commentaire du *Cleomadés*», *Mélanges offerts à M. Georges*

Straka, Phonétique et linguistique romane, Lyon-Strasbourg, Société de linguistique romane, 1970, II, pp. 126-132, en part. 126-127.

XC, 14: *et le compta comment*: il est possible que ce *le* soit fautif; en effet, dans toutes les autres occurrences le destinataire est soit un pronom régime 2 soit un complément nominal introduit par la préposition *à*; faut-il voir là une construction directe du destinataire après un verbe *dicendi*, attesté, notamment avec *compter* par ex. dans *Ly Myreur des histors,* éd. cit., p. 17, l. 574, p. 143, l. 4649, que le régime de personne soit un substantif ou un pronom *(les)*; il pourrait s'agir aussi d'une construction avec un pronom neutre à valeur cataphorique, développé par une complétive, également attestée dans *Ly Myreur des histors,* éd. cit. p. 200, l. 6482 «je le diray Ogier comment...», ou avec un autre verbe p. 206, l. 6709; le même cas se retrouvant avec *recorder* CXXVIII, 81, nous choisissons de ne pas corriger.

XCIII, 5: *et = en*, voir VI, 18 et introduction, remarques sur la langue du manuscrit.

XCIV, 1-3: *ne demeura gaires de temps*: cette expression, dépourvue de subordonnant, fonctionne souvent comme une locution adverbiale avec le sens de «peu après», voir *Le Roman de Ponthus et Sidoine,* éd. cit., X, 541 et note p. 348.

XCIV, 7: *doit*: le présent est curieux; on pourrait y voir un présent de style indirect libre, mais il est bien isolé et a été corrigé.

XCIV, 71: *no seigneur = nostre,* forme unique dans le texte; Gossen remarque que cette forme est relativement rare dans la scripta picarde, mais relève son emploi dans les chartes, à partir du XIVe, dans des formules comme *noss(e)igneur* (Lille, Arras)*, no sire* (Boulonnais) où *seigneur* désigne le seigneur féodal; si la scripta littéraire offre des emplois plus fréquents, on remarquera cependant que le seul emploi dans notre texte est précisément cette formule; voir remarques sur la langue du manuscrit, voir *Grammaire de l'ancien picard*, Paris, Klincksieck, 1976 (1970), § 68.

XCV, 40: cet épisode rappelle, de façon inversée, la réunion des chaînes de saint Pierre, celles de Jérusalem et celles de Rome, voir Jacques de Voragine, *op. cit.,* II, p. 37, et C, 30.

XCV, 62-63: *et ce requeroit il pour ce qu'il ne pouoit finer d'elle à ses amis*: nous comprenons «et il demandait cela parce qu'il ne pouvait l'obtenir par l'intermédiaire de ses amis», voir aussi l. 77.

XCV, 75: *commença*: absence de sujet après une subordonnée temporelle, voir introduction, remarques sur la langue du manuscrit.

XVC, 92: *livroit = livreroit*, il semble qu'on rencontre avec une relative fréquence ces formes de futur réduites quand le radical comporte une liquide suivie d'un *r*, voir introduction, remarques sur la langue du manuscrit.

XCVI, 14: *sil = si*, voir *quil* X, 26 et introduction, remarques sur la langue du manuscrit.

XCVI, 32: *tout = toute*, voir *supra* XVIII, 2 et introduction, remarques sur la langue du manuscrit.

XCVI, 35: *dont avoient*: généralement le relatif (interrogatif) est suivi du sujet; on ne relève que 2 occ. de proposition sans sujet (*infra* CXVIII, 40); une autre s'explique par la présence de l'attribut en tête de proposition (XXXVI, 16); une fois le sujet est postposé (XLIX, 49, interrogative indirecte); 2 autres occurrences de proposition ouverte par *dont* ne comportent pas de sujet, mais il s'agit de la locution verbale impersonnelle *en y a* (CXXXVII, 46; CXXXIX, 12).

XCVII, 8, 11, 13, 15 (voir index des noms propres): *Ardoubourg, Ardambourg, Ardaubourg* CVII, 58: formes diverses du roi de Jérusalem. La chanson en vers présente également des variations dans le nom du roi. C. Roussel pense que Ardambourg (v. 8713) doit être une faute du copiste, la forme correcte étant Ardembont, qu'offre régulièrement le manuscrit L, confirmé dans le manuscrit A (celui de l'édition) par la rime (v. 10146, 11194). Il ajoute que l'écriture du copiste ne devait pas être très lisible puisque certaines leçons du manuscrit L donnent Ardembort; par ailleurs, il invoque l'attraction paronymique de la petite ville de Flandre zélandaise d'Ardenburg (Ardembourg, Ardenbouch, Arenbourcq), sur la route de L'Écluse à Gand (éd. cit. p. 789, note du v. 8713).

XCVII, 18: *et prendre*: construction dissymétrique assez fréquente, voir A. Lorian «Quelques constructions asymétriques dans la prose du XVe siècle», *op. cit.*, pp. 177-200 et introduction, remarques sur la langue du manuscrit.

XCVII, 46: *le = la*, voir introduction, remarques sur la langue du manuscrit.

XCVII, 49: *fait = faite*, voir XVIII, 2 et introduction, remarques sur la langue du manuscrit.

XCVII, 60: *le roy*: reprise du sujet après propositions incidentes.

XCVIII, 10, 11: *tant*: intensif qui est peut-être, comme les suivants, à mettre en corrélation avec *que* l. 12.

XCVIII, 79, 85: *gourdine = courtine*: voisement, voir introduction, remarques sur la langue du manuscrit; ce mot régional est également celui de la chanson (vv. 8926, 8931), voir *FEW* 2, 1236b, ahain., aflandr. et T. Matsumura, CR *Florent et Octavien*, éd. N. Laborderie, Genève, Slatkine, 1991, *Revue de linguistique romane*, 62 (1988), p. 641.

XCIX, 23: *l'un des hommes d'armes son mary*: seul exemple où le complément déterminatif du nom n'est pas *Dieu* ou ses saints, voir *infra* emploi de *cui* CI, 61-62 et introduction, remarques sur la langue du manuscrit.

XCIX, 41: *quil = qui*, voir X, 26 et introduction, remarques sur la langue du manuscrit.

C, 11: *touteffois si*: Christiane Marchello-Nizia, *Dire le vrai...*, p. 209: «ce *si* adversatif peut être précédé d'un autre adverbe à valeur adversative, comme *toutevoies*, qui explicite «sémantiquement l'affrontement de deux vérités qui semblent antinomiques».

C, 16: *David*, pour cet épisode de la vie de David, voir *Chroniques* I, 21, 16-17.

C, 36: *le*: le référent peut être le fils ou Plaisance; en ce cas *le = la*.

C, 38: *Constacien*: il manque la barre de nasalité; il peut s'agir d'un simple oubli du copiste ou d'un indice de faible nasalisation, voir remarques sur la langue du manuscrit.

C, 39: *qui se trouva es champs, à la maniere de saint Pierre*: Pour la délivrance miraculeuse de saint Pierre, voir *Actes des Apôtres*, 12, 1-11 et Jacques de Voragine, *op. cit.*, II, pp. 33-39.

C, 48: *Flerens*: sans doute Floovant, fils de Clovis, voir sur l'origine de ce nom R. Marichal, « L'origine de "Floovant": une hypothèse de Jean Acher» dans *Mélanges de langue et de littérature du moyen Âge et de la Renaissance offerts à Jean Frappier*, Genève, Droz, 1970, pp. 757-770, et plus particulièrement p. 767...; voir aussi Jean Bodel, *La chanson des Saisnes*, éd. A. Brasseur, Genève, Droz, 1989, notamment II, pp. 716-717, qui rappelle les différentes hypothèses émises pour l'identification de Floovant. La chanson en vers, qui l'appelle *Floevens, Floevant, Fluent*, se montre plus prolixe et en fait le meurtrier de saint Riquier (vv. 7425, 8779-8783, 9143).

C, 48 *Cleonos*: comprendre «Clovis». Voir aussi C. Roussel, *Conter de geste...* pp. 260-265.

CI, 36: *fut prinse et rendue par eulx*: la fréquence des constructions asymétriques permet d'utiliser un même auxiliaire pour deux verbes de construction différente; *par eulx* apparaît comme l'agent au sens large du verbe passif et du verbe pronominal: «la ville fut prise et se rendit de leur fait»; on note l'ordre inverse en CXXXV, 51-52.

CI, 53: *senateur*: personnage puissant de l'époque romaine, dont le réemploi est récent, et qui, comme le souligne D. Collomp, fait penser à la situation, plus proche dans le temps, de Rome, où l'attribution de cette charge, qui n'est plus conférée qu'à deux hommes depuis 1238, suscite les convoitises plus exacerbées et provoque luttes d'influence et déchirements internes, voir D. Collomp, «Le motif du pape combattant dans l'épopée», *Le clerc au moyen âge, Actes du 20ᵉ colloque du CUERMA*, Aix-en-Provence, *Senefiance*, 37 (1995), pp. 91-112, notamment pp. 111-112; néanmoins ce réemploi n'est pas actualisé puisque le texte fait mention de plusieurs sénateurs et non de deux seulement *ung autre senateur* et non *l'autre senateur* (CV, 7; CXIII, 43).

CI, 61-62: *pour cui foy*: «pour la foi de qui» construction ancienne du complément déterminatif du nom, voir introduction, remarques sur la langue du manuscrit.

CII, 5: *de = des*? voir *supra* XXIV, 32 et introduction, remarques sur la langue du manuscrit.

CII, 34: *que = qui*, voir introduction, remarques sur la langue du manuscrit.

CII, 46: *et tira du lez de Castres, qui maintenant est nommé Plaisance*: l'identification de Castres ne peut se faire qu'à partir de la précision qui l'accompagne (actuelle Piacenza, Émilie); Castre(s) n'est connue que par le siège de Castres, situé en pays cathare, ce qui ne peut convenir étant donné la géographie du roman.

CII, 69: *avoye = avoyes*.

CIII, 9, 48: *Hystoires de France*: il s'agit sans doute des *Grandes Chroniques de France*.

CIII, 10-15: *Cestui noble roy... lui prinst volenté*: anacoluthe; le sujet grammatical reste en suspens parce qu'il est senti comme le sujet de la locution impersonnelle où il est représenté par *lui*, voir *supra* LXXXI, 23.

CIV, 9: *quil = qui*, voir X, 26 et introduction, remarques sur la langue du manuscrit.

CIV, 48: *Ja savez bien que... et comment laquelle aliance*: emploi remarquable de l'adjectif relatif à l'intérieur d'une subordonnée, ce qui semble attester l'absence de valeur subordonnante de ce relatif, équivalent d'un démonstratif; pour cette particularité voir Ch. Marchello-Nizia, *La langue française, op. cit.,* pp. 208-209, avec renvoi à Brunot, *Histoire de la langue française des origines à nos jours,* Paris, Armand Colin, 1967, II, pp. 425-426.

CIV, 56: *cas = car* (corr.): graphie qui atteste peut-être la non-prononciation du *-r* final, avec assimilation au *s* suivant? Voir introduction, remarques sur la langue du manuscrit.

CIV, 73: *se deffendoit*: l'absence de sujet pourrait peut-être se justifier par le gérondif en début de phrase, mais on ne peut exclure que l'erreur de copie ait provoqué l'omission du sujet.

CV, 30: *touteffois si*, voir *supra* C, 11.

CV, 31-32: *mais se vesquist il encores longuement depuis*: la durée romanesque est difficile à évaluer, mais il va bientôt être tué par Constancien; cette donnée est en accord avec la chanson (v. 9784).

CVI, 7: *si*: valeur intensive: «très».

CVI, 16: *que = qui*, voir XVII, 51 et introduction, remarques sur la langue du manuscrit.

CVI, 31: *se partist*: absence de sujet après une proposition subordonnée temporelle, voir introduction, remarques sur la langue du manuscrit.

CVI, 51: *XXV ans*: invraisemblance de l'âge: Ardaubourg, roi de Jérusalem, est le père de Plaisance; mais l'indifférence aux chiffres et le caractère hyperbolique de l'épopée nous ont poussée à ne pas corriger cette erreur que l'on trouve également dans la version en vers (v. 9907).

CVI, 65, 70: *trebucha, cheust*: accord avec le sujet le plus proche ou avec l'ensemble conçu comme un tout.

CVI, 76: *ardonc* (corr.): l'introduction d'un *r* parasite eput être envisagée, mais cette forme unique, qui pourrait facilement s'expliquer par le mot qui commence la ligne précédente (*Ardambourg*), a été corrigée; voir introduction, remarques sur la langue du manuscrit.

CVI, 77: *Car ardonc il parceust bien que es crestiens n'avoit nul remede de son deport*: nous comprenons: «les chrétiens ne se préoccupaient pas de l'épargner».

CVI, 82: *espee = espees*, voir introduction, remarques sur la langue du manuscrit.

CVI, 85: *il*: neutre reprenant ce qui précède, notamment *chose* (accord *ad sensum*).

CVII, 55: *verrez = venrez*, forme sans épenthèse et avec assimilation, trait picard et wallon, voir Fouché, *Morphologie historique du français. Le verbe,* Paris, Klincksieck, 1981 (1967), p. 397.

CVIII, 9: *Thomas d'Aubemarle*: l'exploit relaté ici se trouve dans la *Chronique de Jérusalem*; il est attribué à un personnage appelé Thomas de Marne (ou Marle), qui apparaît aussi dans la *Chanson d'Antioche*; mais les deux textes présentent également un certain Étienne d'Aubemarle, fils d'Odon de Champagne et de la sœur de Guillaume le Conquérant, petit-fils d'Étienne de Champagne (voir *La Chanson d'Antioche*, éd. S. Duparc-Quioc, Paris, Librairie orientaliste Paul Geuthner, 1977, p. 554 et la traduction de M. de Combarieu du Grès, dans *Croisades et pèlerinages*, *op. cit.*, pp. 66-67, 161, 207, 319; *La Conquête de Jérusalem, faisant suite à la Chanson d'Antioche, composée par le Pelerin Richard et renouvelée par Graindor de Douai au XIIIe siècle*, éd. C. Hippeau, Paris, Auguste Aubry, 1868, III, 3, vv. 1888-1890, 1895 et V, 9 -10, vv. 4386-4401 et la traduction de J. Subrénat dans *Croisades et pèlerinages*, *op. cit.*, pp. 216-217 et 262-263). Dans la chanson en vers, le héros est Thomas de Marle (v. 9820), personnage historique, appelé aussi Thomas de la Fère, et parfaitement identifié, appartenant à la famille de Coucy, comme l'a montré S. Duparc-Quioc, *Le cycle de la croisade*, Paris, Champion, 1955, pp. 39-44; cependant ce personnage n'a pas joui, loin s'en faut, de la réputation que pourrait laisser imaginer son exploit, et, selon P. Taylor et J. Zezula, «La geste des Lorrains et les Coucy», dans *Mélanges... Frappier, op. cit.* II, pp. 1019-1030, il semble bien que le rôle qu'il joue dans la prise de Jérusalem soit dû à un désir de réhabiliter la famille de Coucy. Quel nom l'auteur de la chanson en vers (la variante montre une hésitation sur le nom *Thomas d'Ammarle*) puis Wauquelin avaient-ils sous les yeux? La transmission de ce nom dans la tradition manuscrite, corroborée par d'autres éléments, pourrait être un indice à prendre en compte dans les recherches sur les sources respectives des versions en vers et de ce qui a servi de modèle à Wauquelin; voir aussi C. Roussel, *La Belle Hélène de Constantinople*, éd. cit., index des noms propres p. 921: «chevalier qui participe à la première croisade (1096-1099) et qui serait, selon notre texte, entré le premier dans Jérusalem; meurt en 1131», et note p. 794 pour le vers 9820. Le personnage apparaît non seulement dans *La Conquête de Jérusalem*, éd. cit. mais aussi dans *La Chanson d'Antioch*e, éd. cit., index NP, pp. 555, 561, 569.

A la déformation historique s'ajoutent la mise en abyme que représente cet épisode littéraire censé avoir servi d'exemple à un personnage historique et le long commentaire moral apporté par Wauquelin en écho au prologue; voir C. Roussel «Chanson de geste et roman: remarques sur deux adaptations littéraires du conte de *La fille aux mains coupées*», dans *Essor et fortune de la chanson de geste dans l'Europe et l'Occident latin. Actes du IXe Congrès international de la Société Rencesvals.* Padoue-Venise, 29 août-4 septembre 1982, Modena, Mucchi, 1984, t. II, pp. 565-582, en particulier p. 571, et *Conter de geste…* pp. 18, 267-269.

CVIII, 19: reprise après une longue série de propositions incidentes de *au propos…* par *à ce propos dit le Psalmiste…* Cette phrase est tirée de l'*Ecclésiastique*, 9, 18.

CVIII, 20: *dirigetur = diligetur*; rhotacisme à l'intervocalique ? assimilation du *l* par le *r*?; les exemples sont rares, et la question reste posée d'un changement d'articulation du *l*, mais une correction gommerait le trait, voir R. Mantou, *op. cit.*, pp. 243-244, et R. Loriot, «L'alternance r/l en picard moderne», dans *Les dialectes Belgo-romans*, VII, 1948, pp. 7-12.

CVIII, 30: *qu'id = qu'il*: lecture très nette de deux mots différents qui atteste la non-prononciation de la consonne finale, voir introduction, remarques sur la langue du manuscrit. Ce cas d'assimilation de la consonne finale à la consonne initiale rappelle *cas sans doute* CIV, 56.

CIX, 6: *estoient passez la mer*: voir *supra* VII, 18.

CIX, 35; CX, 32: *abregoit*: forme non attestée de *abergier* (métathèse), voir *herbergier*: «loger», « fournir un abri»; l'établissement dans lequel est reçue Hélène est appelé *hostellerie* ou *hospital* et ne ressemble en rien aux autres maisons où elle s'est réfugiée auparavant. Cet établissement qui reçoit *les povres pour l'amour de Dieu* est dirigé par Plaisance qui *avoit sept femmes en administracion soubz elle*; organisation qui fait penser aux maisons de bienfaisance où on accueille les pauvres pour une durée limitée et qui se sont multipliées depuis le XIIIe siècle, voir A. Planche «Omniprésence, police et auto-censure des pauvres. Le témoignage du *Roman du Comte d'Anjou*», *Littérature et société au Moyen Âge. Actes du colloque d'Amiens (mai 1978)*, Danielle Buschinger éd., Amiens, 1978, pp. 263-283, en particulier p. 275; au XVe siècle, l'influence d'Isabelle de Portugal a largement contribué à leur développement (voir M. Sommé, *Isabelle de Portugal. Une femme au pouvoir au XVe siècle*, Lille, Presses universitaires du Septentrion, 1998, pp. 461-463).

CIX, 75: *il vous sera celé*: «le secret que vous voulez garder sera gardé», sorte de datif d'intérêt.

CX, 32: *elle s'en pouoit bien aler*: voir CIX, 35.

CX, 39-42: *comme ceste vaillant dame Helayne eust ja demeuré oudit hospital... et qu'elle fut en bonne santé et que elle estoit revenue en sa beaulté*: *comme* est suivi du subjonctif puis de l'indicatif.

CX, 58: *comme* + subj.: «comme», «alors que», l'emploi du subjonctif avec *comme*, sous l'influence de la syntaxe latine de *cum* se développe surtout en moyen français, voir Ménard *op. cit.* § 156a, r 1 et Martin et Wilmet, *op. cit.,* § 88.

CX, 68: *comment* + subj. = on rencontre quelques emplois de *comment* pour *comme* et inversement, pour le mode voir *supra* CX, 58.

CX, 69-73: *comment ceste vaillant dame se excusast... tant de ce qu'elle estoit affoulee d'un bras comme par sa povreté et disant que elle ameroit mieulx estre arse en ung feu que à renoncier sa loy ne de estre à lui jointe par charnelle delectacion ne autre homme vivant*: *de ce que... comme par*; *ameroit mieulx estre arse... que à renoncier... ou de estre à lui jointe... ne autre homme vivant*: constructions asymétriques, voir X, 17.

CX, 75: *eschappera*: le moyen français n'est pas très rigoureux dans le choix d'un futur simple ou d'un futur simple du passé, voir Martin et Wilmet, *op. cit.*, § 170, 2°.

CXI, 16: *semblent* = *semblant* = «semblable».

CXI, 28-29: *où il est Ton pareil en deité selon la divinité, maindre selon l'humanité* (leçon corr.): après avoir affirmé sa foi dans la Trinité, Hélène implore le Père qui a permis que les hommes soient sauvés grâce à l'Incarnation du Christ; elle évoque la dualité des natures du Christ; par sa nature divine, il est un avec le Père; en revanche il est inférieur au Père parce qu'il est aussi homme; l'idée se trouve dans un article du Symbolum *Quicumque vult salvus esse* (quod vocatur «Athanasianum») «aequalis Patri secundum divinitatem, minor Patre secundum humanitatem»…; elle apparaît chez saint Augustin: «Æqualem Patri secundum divinitatem, minorem autem Patre secundum carnem, hoc est secundum hominem.» *Epistulæ* CXXXVII, c, III, n 42 (sur l'union des deux natures du Christ en une seule hypostase et sur le symbole *Quicumque…*, voir *Dictionnaire de théologie catholique*, Paris, Letouzey et Ané, 1923, I, *s.v.* Athanase, pp. 2173, et 2178-2187). Le *Quicumque* était parfaitement connu du clergé et a fait l'objet de nombreux commentaires pendant tout le Moyen Âge. Le texte de Wauquelin (ou du copiste) n'est pas clair, mais une traduction exacte du latin se retrouve dans un texte médiéval cité par Lacurne de Sainte-Palaye, «(Jesus) vel (égal) al pere sulunc la divinité, maindre del pere sulunc la humanité», *Lib. Psalmor.* 258. Nous remercions G. Hasenohr qui nous a orientée vers ce texte.

Les thèses de l'arianisme, dont Athanase fut un adversaire farouche, trouvaient de nombreux adeptes même parmi les évêques; certains, récalcitrants, furent contraints à l'exil, tels Paulin de Trèves, Hilaire, évêque de Poitiers. C'est au moment de l'exil de ce dernier en Asie Mineure, avant son départ ou juste à son retour (356-361), que Martin entre en contact avec lui. La question de l'arianisme est donc au premier plan quand Martin embrasse la carrière ecclésiastique, voir G. Devailly,

Martin de Tours. Un missionnaire, Paris, Les Éditions ouvrières, 1988, pp. 25-26.

CXI, 36, 37, 38: Héros bibliques et saints fréquemment évoqués dans les prières «du plus grand péril»; Suzanne, voir *Daniel,* 13 44-64; Daniel, voir *Daniel,* 6, 17-25; pour le combat entre David et Goliath, voir I *Samuel*, 17; *...du peril de la mer*: il s'agit du lac de Tibériade, généralement appelé mer de Galilée, voir *Évangiles*, Matthieu, XIV, 22-33, et plus particulièrement 28-32; voir XXI, 1-30.

CXII, rubrique: *auqué = auquel*, à rapprocher de *qué* CXLVIII, 4; *chasté* CXXXVIII, 64; voir introduction, remarques sur la langue du manuscrit.

CXII, 30: *lui dist*: absence de sujet après temporelle avec sujet identique

CXII, 41: *heriot*: forme unique d'imparfait qui, si elle n'est pas une faute du scribe, attesterait la réduction de *oi* à *o*, voir introduction, remarques sur la langue du manuscrit.

CXII, 65: *qui deffendu lui avoit que point ne la racusast à nulle personne*: la compatibilité d'une négation explétive avec un signe de renforcement (forclusif ou «transcendance») pour les verbes signifiant une interdiction a été relevée par Martin et Wilmet, *op. cit.*, § 17 et A. Queffélec, «La négation "explétive" en ancien français: une approche psycho-mécanique», *La linguistique génétique. Histoire et théorie*, Lille, Presses Universitaires de Lille, 1988, pp. 419-442, en particulier pp. 424, 434, 442. On peut se demander pourtant si un tel emploi ne relèverait pas d'un sens un peu différent de *deffendre* qui nécessiterait une négation de sens véritablement négatif «elle lui avait expressément demandé *de ne pas* dévoiler son nom à quiconque», ce qui permettrait d'expliquer l'affirmation inattendue du roi Henri au pape, concernant la volonté de sa femme, voir *supra* XXXIV, 16 (corr.): *vous me deffendistes à mon partement que je celasse vostre nom*: «vous m'avez expressément demander de cacher votre nom».

CXII, 69: la situation d'Hélène rappelle celle d'Alexis, dans la *Chanson de saint Alexis*.

CXIII, 10: *vien* = *vieng*, voir introduction, remarques sur la langue du manuscrit.

CXIII, 27-30: *la sainte coulompne, la saincte croix, les saints cloux et la sainte coulongne*: à propos de l'existence de deux colonnes, voir *Ly Myreur des histors…*, éd. cit., pp. 72-73 et note p. 245: «Noble chose est de savoir les pardons de la terre de promission et des citéz de Nasareth et de Jherusalem; car portant que Dieu fut neiz et nouris en Nazareth, sy doit ons commencier a Nazareth; et pourtant que Dieu fut traveilhiéz et traitiéz a mort en Jherusalem, sy doit on commencier en Jherusalem. Sy commenserons en Jherusalem, et par tout ou tu trouverrais le signe de la croix, ce lieu at absolution de paine et de coulpe; et la la <ins>croyx</ins> n'est mie, at [VII] an, VII quarenteinez de jours. [Premier], introite de la sainte citeit de Jherusalem. Item, en l'introite <ins>[de l'eglise] du Saint Sepulcre</ins>. Item ou lieu ou Dieu fut [oins] et aromatiseit aprés ce qu'il fut osteiz de la croix. Item, en mont de Calvaire, ou Dieu fut crucifieit. Item, en lieu ou Nostre Damme et saint Jehan estoient dessoubz la croix a temps de la passion Nostre Seingneur. Item, le Sepulcre. Item, le lieu ou il apparut a Marie Magdaline en fourme d'ung courtilhier. Item ou lieu ou la collompne estoit, quant Dieu y fut loiiéz et flagelleiz. Item, la chartre Nostre Seingneur. Item, ou lieu ou les vestemens furent partis. Item, ou lieu la la sainte croix fut trovee par sainte Helaine. Item, une chapelle ou est une partie de la <ins>collompne Nostre Seingneur</ins>[*]. Item, le lieu ou Dieu fu loiiéz et desrachiet et d'espinez coronneit. Item, la chapelle Sainte Helaine. Item le lieu ou fut troveit le chief Adam au defours de l'eglise du Saint Sepulcre…», p. 72, ll. 2371- 2393, avec une note à propos de la l. 2390: «ce n'est pas la colonne de la flagellation» (citée l. 2386); voir Jacques de Vérone, «Le pèlerinage du moine augustin Jacques de Vérone (1335)», éd. R. Röhricht, dans *Revue de l'Orient latin*, III (1895), pp. 155-302, en part. pp. 163-164 où, après avoir évoqué la colonne de la flagellation: «Item columpna, ad quam Cristus ligatus et flagellatus fuit», il cite une autre colonne: «Item alia columpna, in qua Cristus fuit ligatus, collophizatus et corona

spinea coronatus.» Dans son introduction, Goosse montre que
Jean d'Outremeuse a suivi un guide du pèlerin en Palestine,
avec catalogue des indulgences, tel celui de Jacques de
Vérone, qu'il se propose de dater du XIVe siècle en raison de
la mention de ces deux colonnes: «Il est possible de
déterminer de façon assez précise la date du catalogue qu'a
suivi Jean d'Outremeuse: le XIVe siècle, et même le second
tiers de ce siècle. La conception même de ces catalogues ne
paraît pas antérieure à 1300. Les deux colonnes situées dans
l'église du Saint Sépulcre (signalées dans des textes de 1335 et
de 1321, Jacques de Vérone, éd. Röhricht, pp. 187-189;
Marinus Sanutus, éd. Bongard, II, p. 254) ne sont mentionnées
que par des auteurs du XIVe siècle... (*op. cit.* p. LII). Ces
deux colonnes apparaissent de la même façon dans un *Récit
anonyme d'un voyage à Jérusalem et au mont Sinaï*, dans
Croisades et pèlerinages, op. cit., pp. 1185-1187, en part.
p. 1186: Le séjour à Jérusalem lui permet de visiter les lieux
qui évoquent les différentes étapes du supplice du Christ et le
guide précise l'indulgence attachée à chacun d'entre eux; à
l'intérieur du Saint-Sépulcre le pèlerin voit un morceau de la
colonne de la flagellation et continuant son parcours, il arrive
à la Chapelle des Impropères «dont l'autel recouvre une
colonne un peu plus grande que celle dont j'ai déjà parlé, à
laquelle Dieu fut attaché quand on lui mit une couronne
d'épines.», voir aussi note IV, 19. Pour la différence de
graphie *coulompne, coulongne*, voir remarques sur la langue
du manuscrit.

CXIII, 86: *demeuré = demeurer*, voir XIV, 37 et
introduction, remarques sur la langue du manuscrit.

CXIV, 15: *chambes = jambes*: dévoisement, voir
introduction, remarques sur la langue du manuscrit.

CXV, rubrique: Le miracle de la chute de Martin, illustrant
la lutte spirituelle du saint contre le démon, apparaît à diverses
reprises; la source de la version suivie par Wauquelin ou sa
source n'a pas été identifiée: Martin se soigne seul, après avoir
offert ses souffrances au Seigneur en remerciement de la
Passion qu'Il a endurée pour la Rédemption de chaque

homme; dans la *Vie de saint Martin,* de Sulpice Sévère, c'est un ange qui paraît soigner ses blessures (*op. cit.* 19, 4, p. 295); Péan Gatineau raconte très brièvement l'épisode et c'est également un ange envoyé par Dieu qui soigne Martin (vv. 813-830); dans le court récit du *Ci nous dit. Recueil d'exemples moraux,* éd. Gérard Blangez, Paris, SATF, 1986, II, chap. 766, pp. 242-243, c'est la Vierge qui vient soigner Martin; et l'éditeur note que cette histoire ne semble pas attestée avant le début du XIVe siècle, voir note p. 412: «Nous n'avons trouvé cet épisode que sur une tapisserie (XVIe siècle) de la collégiale de Montpezat de Quercy (Tarn-et-Garonne). Elle s'accompagne de la légende suivante: «Le diable fist tomber Martin, / Dont se tint navré griefment. / Mais sain et sauf fust le matin / Par vertu de ung saint angement.» La tentation de Martin est également évoquée, dans des conditions semblables, dans le *Mystère anonyme de saint Martin à 53 personnages* (voir L. Petit de Julleville, *Les Mystères*, Paris, Hachette, 1880, II, pp. 535-538, en particulier p. 537). La version en vers de *La Belle Hélène* que nous connaissons développe beaucoup plus longuement le miracle (vv. 11052-11176) et lui donne un prolongement tout à fait particulier en signalant que la boîte d'onguent aux vertus guérisseuses, donnée par les saintes Agnès, Thècle et Marie venues soigner Martin, a été mise dans un reliquaire gardé depuis dans le trésor de l'église de Tours (ce serait la Sainte Ampoule de Marmoutier); cette mention pourrait, à notre avis, être une marque d'innovation, voir introduction littéraire et C. Roussel, *Conter de geste…* p. 248-250.

   CXV, 57: *mesaige = mesaise*, voir introduction, remarques sur la langue du manuscrit.

   CXVI, 35, 36, 42: *comme ilz fussent*: «alors que» voir *supra* CX, 58; *comme* est repris par les *et que* suivants l. 36, 42.

   CXVI, 59, 60: *baques = bagues*: dévoisement, voir introduction, remarques sur la langue du manuscrit.

   CXVI, 81: *et là lui avoit on fait faire ung peu de deffence d'ais*: «on lui avait aménagé un abri à l'aide de planches»?

CXVIII, 25: *briest = brief*, voir introduction, remarques sur la langue du manuscrit.

CXVIII, 57: *auquel[...] lui dist*: faut-il voir dans cette formulation inhabituelle une construction disloquée, où un pronom personnel reprend un relatif? le relatif pourrait-il avoir seulement une fonction démarcatrice, le complément étant représenté par *lui*; on remarque également l'absence de sujet.

Ce phénomène est peut-être à mettre en rapport avec les fréquents faits d'extraposition que l'on note dans la prose.

CXVIII, 58: *euvoye = envoye*; nombreuses formes non nasalisées dans *Ly Myreur...* éd. cit., voir introduction § 59, c, et glossaire, *s.v.* envoier, pp. 289, 292; cette forme a pu connaître, comme *euvangilles*, une labialisation du *-e-* atone en précession d'une labiale, voir aussi introduction, remarques sur la langue du manuscrit.

CXVIII, 60: *parte = partes,* voir introduction, remarques sur la langue du manuscrit.

CXVIII, 64: *sa cité*: peut-être faudrait-il corriger *ta cité*, la chanson en vers donnant *vo chité* vv. 11435, 11445, 11449; conserver le texte souligne l'arrogance du roi sarrasin qui considère déjà Rome comme lui appartenant.

CXVIII, 72: *quel responce on y feroit sur les paroles orgueilleuses...* l'emploi redondant de *y... sur*, à ajouter aux nombreux faits de ce type, semble préférable à une interprétation qui donnerait à *y* un référent animé (le messager), qui, si elle perdure en moyen français, se raréfie et dont nous n'avons pas d'autre exemple dans le texte, voir introduction, remarques sur la langue du manuscrit.

CXIX, 5: *lequel les trouva que encores n'estoient ilz... et qu'ilz*: *trouva* est suivi de deux régimes, le pronom *les* en emploi proleptique, puis proposition complétive, elle-même coordonnée à une seconde complétive.

CXIX, 48: *que = qui* ou *car*, voir XVII, 51 et introduction, remarques sur la langue du manuscrit.

CXIX, 64: *deslogessent*: cette forme est unique dans le texte, mais elle est bien connue: «au Nord, au Nord-Est et à l'Est, on trouve à l'imparfait du subjonctif des verbes de la classe I des terminaisons en -*aiss*- analogique de la première personne sing. parfait en -*ai*. Ces formes ont d'ailleurs pu pénétrer dans d'autres régions», voir Fouché, *Morphologie, op. cit.*, pp. 341-342.

CXIX, 67: *ilz fussent…* : passage au style indirect libre.

CXX, 26: *se tenoient si bien en estat*: on ne voit guère ce que pourrait signifier l'expression *soy tenir en estat*; mais si l'on songe aux cas où la nasalisation n'est pas marquée, d'après la locution *en estant* = «debout», on peut donner à l'expression *soy tenir en estant* le sens de «résister».

CXX, 37: *ceust = sceust*; forme unique, corrigée parce qu'elle ne correspondait à aucun système graphique du scribe.

CXXI, 42: *à laquelle = en laquelle*, échange de préposition; la même expression se trouve en XIV, 8.

CXXI, 62: *la povre afolee*: adjectif substantivé, voir *supra* XXXI, 55.

CXXI, 65: *a = au*, voir introduction, remarques sur la langue du manuscrit.

CXXIII, 23: *leu tayon = leur* leçon corrigée pour la commodité de la lecture, mais qui atteste la non-prononciation du *r* implosif dans un groupe à forte cohésion; voir introduction, remarques sur la langue du manuscrit.

CXXIII, 30, 35; CXXIV, 1, 12, 17; CXXXVII: *citernes et voyes dessoubz terre, soubzterrain, bove, cave*: on trouve de ces voies souterraines dans bien d'autres textes, de la *Prise d'Orange* à *Renaut de Montauban*, *Mabrien*, 45, 2: «chasteaulx qui… et esquelz de l'un en l'autre, par citernes et cavains faiz en terre, le roy povoit aller… ». Pour celles qui sont évoquées ici et qui correspondent à une réalité historique, voir F. Suard, «Les géants de *La Belle Hélène de Constantinople*», *Nord'*, 9 (1987), pp. 36, 38 et J. Koopmans, «Aspects de l'histoire artésienne dans la *Belle Hélène de Constantinople*», dans *Arras au Moyen Âge, Histoire et littérature*, textes réunis par J.-P. Martin et M.-M. Castellani, Arras, Artois Presses Université, 1994, pp. 125-136, en particulier p. 131.

CXXIII, 33: *logié* = *logier,* «établir leur camp», voir XIV, 37 et introduction, remarques sur la langue du manuscrit.

CXXIV, 8: *adommaigié* = *adommaigier,* voir XIV, 37 et introduction, remarques sur la langue du manuscrit.

CXXIV, 33: *doulas* = *doulans*; l'absence d'indication de nasalité sur le *-a-* est à rapprocher d'un certain nombre d'autres cas (*Constacien* C, 38, *estat* CXX, 26; *avisa* (corr.)= *avisant* LXXIV, 38) pour lesquels il est impossible de savoir si l'on a affaire à un oubli du signe habituel de nasalité ou si on a là l'indice d'une faible nasalisation, et introduction, remarques sur la langue du manuscrit.

CXXIV, 65: *prometz… je te perdonneray…:* absence de subordonnant après une proposition incidente.

CXXV, 48: *avise* = *avises,* voir introduction, remarques sur la langue du manuscrit.

CXXV, 57: *de le veoir comment…*: double construction de *veoir*, suivi d'un complément pronominal renvoyant à *Amaury,* puis d'une proposition montrant l'horreur du supplice qui inspire la pitié à l'égard du héros; *pesandeur* = *pesanteur,* voisement, voir introduction, remarques sur la langue du manuscrit.

CXXV, 72: *Hutault* = *Hurtault,* pour la disparition du *-r-* implosif, voir remarques sur la langue du manuscrit.

CXXV, 73 (71): *se* = *si,* voir *supra* XL, 38 et introduction, remarques sur la langue du manuscrit.

CXXV, 76-83: Le martyre d'Amaury évoque la crucifixion du Christ, rapportée par Luc (*Évangiles,* Luc, 23, notamment vers. 33, 46); sans doute pour ne pas donner à la scène un caractère sacrilège, le récit de Wauquelin reprend un certain nombre de détails, légèrement modifiés, tels la couronne d'épines, le coup de lance, les paroles prononcées par Amaury, les prodiges qui accompagnent la mort d'un juste. Les détails de la miniature qui représente le martyre d'Amaury dénoncent d'ailleurs l'attitude des païens, f. 155v°.

CXXVI, 21: *il* reprend le sujet placé en tête de phrase.

CXXVI, 24: *lé* = *les,* voir *supra* XXIV, 32 et introduction, remarques sur la langue du manuscrit.

CXXVII, 81: *le recorda comment*: voir *supra* XC, 14: *et le compta comment*, et introduction, remarques sur la langue du manuscrit. Ici, si nous supposons que *le* peut renvoyer au destinataire, il faudrait penser en outre à une utilisation de *le* comme féminin, voir *Ly Myreur des histors…*, éd. cit., §85b.

CXXVII, 82: *estez*: voir LI, 8 et introduction, remarques sur la langue du manuscrit; à la différence des autres occurrences, ici, le verbe est employé pour le verbe *aler*.

CXXVII, 94: *comment il vous est de vostre femme*: «quelle est votre situation en ce qui concerne votre femme», d'où «avez-vous des nouvelles de votre femme? »

CXXVIII, 17: *tuicion*, voir VIII, 30.

CXXVIII, 32: *trouvez = trouvee*, voir introduction, remarques sur la langue du manuscrit.

CXXVIII, 59: *seigneur = seigneurs*, voir introduction, remarques sur la langue du manuscrit.

CXXIX, 20: la région de Douai, comme celle de Lille, est effectivement, à date ancienne, située dans une région de marais; au IXe siècle, le comte de Flandre Baudouin II, dans une expédition militaire qui l'oppose au roi de Francie occidentale Eudes, utilise la route à travers le marais pour couper le roi de ses arrières; vers 1060, un chroniqueur évoque la région autour de Marchiennes en parlant de «lieux aquatiques et incultes»; la place forte de Douai est mentionnée pour la première fois par Flodoard (930); Douai entre dans la Flandre pour la première fois de son histoire vers 945 ou 946; c'est à peu près au même moment qu'est instituée une châtellenie à Douai; les descriptions mentionnent une tour du châtelain, et une présence importante de l'eau, qui a nécessité des constructions sur pilotis; à la fin du XIe siècle ou au début du XIIe siècle le donjon comtal en bois est transformé en forteresse de pierre; une deuxième enceinte est construite, sans doute par un comte de Flandre du XIIe siècle; elle comportait douze portes et poternes, sans tour intermédiaire et fut démolie au XIVe siècle. L'importance stratégique de la ville en fait un lieu de rivalité permanente entre le roi de France et son vassal le comte de Flandre; avec le mariage de Philippe de

Bourgogne et de Marguerite de Mâle, Douai redevient politiquement flamande et la ville entre dans la mouvance bourguignonne. Pour l'histoire de la ville, voir *Histoire de Douai*, sous la direction de M. Rouche, Westhoek, Éd. des Beffrois, 1985, pp. 11-90.

CXXIX, 22-24: *à Lille n'avoit que ung chastel, tout environné de bois et de forestz, qui estoit nommee la forest de Buc*: le nom de Lille n'apparaît dans les textes que vers le milieu du XIe siècle et l'origine de la ville n'est retracée que par des chroniques très postérieures, qu'il faut utiliser avec prudence; mais les données archéologiques semblent pouvoir lui assigner un passé romain, des premiers siècles de l'ère chrétienne (Alexandre Sévère plutôt que César). Mais l'administration romaine n'y a pas créé de ville importante. La création comtale date des environs de l'an mil et le rôle des comtes de Flandre a été prépondérant dans le développement de la ville. L'histoire légendaire, livrée par des textes tardifs (XII-XVe siècles) est plus riche que les données archéologiques, et plus révélatrice également de l'imaginaire et des mentalités. Selon Jean des Preis, dit d'Outremeuse, Aliénor, duc de Gaule, fonda dans des temps anciens un très beau château qu'on appela Lille, d'après le nom de sa dame Liliane; pour d'autres elle doit son nom à Lydéric. Le chroniqueur Christian Masseeuw (né en 1469), suivi sans doute par Oudegherst, l'auteur *Annales de Flandres*, XVIe siècle, entoure la construction du château du Buc (Bucq) d'une légende fondatrice; à l'origine, sous les Romains, puis sous les Francs, ce château aurait été un poste de défense. Il fut ensuite occupé par un géant redoutable, du nom de Phinaert, qui ne cesse de perpétrer des crimes dans le pays de Buc, en particulier dans le bois, appelé pour cette raison "sans merci". Un prince de Dijon, contraint de quitter la Bourgogne en raison des troubles qui agitaient sa province, décida de gagner l'Angleterre avec sa jeune épouse enceinte. Au cours de la traversée du bois il fut tué par le géant mais sa femme réussit à s'échapper; elle rencontra un ermite, Lydéric, qui l'aida dans sa détresse; mais après avoir donné naissance à un garçon, elle fut recherchée par Phinaert; pour soustraire son enfant aux brigands de Phinaert qui fouillaient le bois, elle l'abandonna sous un buisson et se laissa capturer. L'enfant fut recueilli par l'ermite Lydéric qui le fit nourrir par une biche qui se présentait spontanément deux fois par jour. L'ermite baptisa l'enfant et lui donna son nom. Il éleva l'enfant, lui apprit ce qui s'était passé et l'envoya en Angleterre; à l'âge de dix-huit ans le jeune homme passa au service du roi d'Angleterre; plus tard, le jeune homme désireux de venger son père et de délivrer sa mère, revint sur le continent, tua le géant et délivra sa mère; le roi lui donna les biens de Phinaert et l'administration du pays, sous le titre de «forestier». La paix qu'il assura fit affluer les habitants autour du château de Lydéric du Buc... Un comte Ledry est mentionné comme fondateur de Lille dans la chanson en vers (v. 13189); voir V. Derode, *Histoire de Lille et de la Flandre wallonne*, Marseille, Laffitte, Reprints, 1975 (Lille, De Vanackere, 1848), pp. 180-191, *Histoire de Lille*, I *Des origines à Charles Quint,* sous la direction de L. Trenard, Lille Giard, 1970 et A. de Saint-Léger, *Histoire de Lille des origines à 1789*, Paris, Comédit, 1993, notamment pp. 15-21. L'épisode de l'ermite et de l'enfant nourri par une biche, emprunté à un vieux fonds folklorique, se retrouve partiellement dans *La Belle Hélène.*

CXXIX, 32: *fist armer*: sujet non exprimé après temporelle, voir introduction, remarques sur la langue du manuscrit.

CXXIX, 38: *et estoit le roy Henry l'avangarde*: «il formait l'avant-garde», voir *Mabrien* 38, 1 (variante, note 2) «*et Ogier, qui si est, sera l'avant garde*».

CXXIX, 48: *lé = les*, voir *supra* XXIV, 32 et introduction, remarques sur la langue du manuscrit.

CXXIX, 51: *ne... à moittié*: cette locution semble devoir être rapprochée de *ne... à demi* «peu ou rien, aucunement», relevée par Di Stefano, voir *Toutes les herbes...* p. 173, *s.v.* demi et *La Vie Monseigneur saint Fiacr*e, v. 594, édition et traduction G. Parussa, à paraître, Paris, Gallimard.

CXXIX, 63: *sera tourné*: accord du verbe avec le sujet le plus proche, ou avec l'ensemble conçu comme une unité (emploi d'un seul déterminant).

CXXIX, 69: *delivremet* = *delivrement*; voir introduction, remarques sur la langue du manuscrit.

CXXXI, 3: *s'endormist*: absence de sujet dans la principale après deux propositions subordonnées.

CXXXI, 40: *prisonnier à volenté*: expression peu claire; on relève un emploi daté de 1380 signifiant «sans limite, à merci», voir God. cplt. *s.v.* merci; Maradin, païen dont la droiture est soulignée à plusieurs reprises (CXXXIX, 48-49; CXXX, 57; CXXXI, 34-42), reprocherait au geôlier de maltraiter un prisonnier soumis à son pouvoir discrétionnaire.

CXXXIII, 6: *boquel* = forme avec sonore de *boçuel,* équivalent de *bochu*?

CXXXIII, 18: *ou* = *on* (corr.): il s'agit peut-être d'un fait de faible nasalisation, mais la forme, qui ne semble pas attestée a été corrigée, bien qu'elle apparaisse à deux reprises, une fois devant initiale vocalique, l'autre devant initiale consonantique; voir *supra* LXXXVII, 7; et introduction, remarques sur la langue du manuscrit.

CXXXIII, 20: *le chastellain de Lillebuc*: dans les premiers temps, il semblerait que la première fonction du châtelain de Lille ait été la garde du *castrum*; selon certains historiens il aurait pu avoir également, comme les autres châtelains de Flandre, une fonction judiciaire; le châtelain féodal a eu une tâche essentiellement militaire; au XIIIe, chef des troupes de la châtellenie, il a aussi, le commandement des bourgeois armés de la ville et une vingtaine de communautés de la châtellenie lui devaient le service d'ost et de chevauchée. Au temps de Philippe le Bel, c'est la fin des gouverneurs de la garnison. Il restait encore au châtelain le commandement des milices bourgeoises, mais en 1414, le Magistrat met à leur tête un capitaine; remplacé par un bailli par les comtes de Flandre au XIIIe, nommé au gré du comte, voir *Histoire de Lille. I Des origines à Charles Quint*, sous la direction de L. Trenard, Lille, Giard, 1970, I, pp. 279-281. Dans la chanson comme chez Wauquelin, *chastellain* ou *capitaine* semblent recouvrir la même réalité et désigner un chef militaire, qui administre et défend une région au nom d'un comte (vv. 12793,13234).

CXXXIII, 39-41: *le chastel et la ville où il fut pendu eust à nom Courtray*: l'explication étymologisante des noms propres est fréquente au Moyen Âge, voir Boulogne (XXVI, 79-81) et Douai, *infra* (CXXXVIII, 60-68); voir R. Guiette, «L'invention étymologisante dans les lettres françaises au moyen âge», *Forme et senefiance.* Études recueillies par J. Dufournet, M. de Grève, H. Braet, Genève, Droz, 1978, pp. 87-98

CXXXIV, 28: *point*: la graphie indique que le *n* n'est pas mouillé.

CXXXV, 14: *noncee* = *noncé*, voir introduction, remarques sur la langue du manuscrit.

CXXXV, 26-29; CXXXVIII, 60-68: *duquel yssist depuis une noble generacion, car saint Meurant en yssist, qui est à Douay, ainsi que vueillent dire aucunes hystoires*: le saint fils du comte Meurant pourrait bien être saint Mauront, un des patrons de Douai, fils d'Adalbaud et de Rictude, fondateur d'un établissement religieux sur le domaine familial, Bruel-sur-la-Lys, où il meurt en 701, donnant au lieu son nom (Maurontis-villa > Merville); il eut pour parrain saint Riquier; la collégiale Saint-Amé conserve les reliques de saint Mauront, à qui l'évêque d'Arras consacre l'autel de l'abside en 1214; on notera également, sur la rive droite de la Scarpe, la collégiale Saint-Pierre, dans laquelle on peut peut-être voir celle à qui Meurant a fait de nombreux dons (CXL, 27-28); évoquant Morant, le texte de la chanson en vers mentionne, comme Wauquelin, le respect de sa source, mais il est plus précis pour l'origine de la ville de Douai et l'allusion au douaire, auquel Douai doit son nom, et qui est justement attribué à la mère de saint Morant: «Et ly quens Morans est a Riviere demouré; / Noble ville y fonda, de gens y vint plenté; / Moult bien fu amassee le ville en verité,/ Riviere fu nommee puissedy grant aé, / Mes puissedy ly ont le sien non tramué, / Sy ot a non Douay, car on en ot doué / Le mere saint Morant qui tant ot de bonté.» (vv. 14275-14281), voir *Histoire de Douai*, *op. cit*, pp. 21-22.

CXXXV, 48, 50: *la tour de Cantin, la tour au Gayant*: ces deux tours sont bien identifiées, tout comme les souterrains évoqués dans les différentes versions de *La Belle Hélène*; Cantin a eu pour seigneurs des châtelains de Douai; cet avant-poste du côté du Hainaut et du Cambrésis est mentionné très tôt dans les chartes; le château fort fut construit par Thierry, comte de Flandre, en 1149, comme défense contre le comte de Hainaut, maître de l'ancien comté d'Ostrevant. Le comte Philippe de Flandre et de Vermandois y place une garnison en 1185 contre le comte de Hainaut. La garde du château de Cantin fut rapidement confiée au châtelain de Douai, voir F. Brassart, *Recherches sur la seigneurie de Cantin lez-Douai (1065-1789)*, Douai, Lucien Crépin, 1871, pp. 6-10. Brassart évoque les liens de la ville de Douai avec le roman de *La Belle Hélène de Constantinople*, et identifie la Tour au Gayant avec la Vieille Tour à Douai, *op. cit.* pp. 31-42; les liens avec les traditions locales d'un géant, héros-fondateur, sont brouillés, puisque le Géant est un ennemi et que son frère Maloré, qui se convertit, n'est pas mentionné dans les textes comme étant un géant; mais, comme l'a montré Brassart, la chanson de geste, utilisant un cadre et des souvenirs historiques connus, a pu susciter la renaissance postérieure de ces traditions, voir aussi F. Suard, «Les géants de *La Belle Hélène de Constantinople*», *Nord'*, 9 (1987), pp. 27-40.

CXXXV, 52: *rendues et prises*, voir *supra* CI, 36.

CXXXVI, 12-13: *Laquelle chose, se ainsi faire le vouloit*: focalisation qui laisse le substantif en suspens, repris par le pronom neutre *le*, voir *supra la chose comment il aloit* CVI, 85.

CXXXVI, 14: *en = on* (corr.). La confusion [*on*] / [*an*] est fréquente à l'Est, mais ne se rencontre pas dans ce texte. Pour le pronom *on*, ce serait le seul exemple dans ce texte.

CXXXVI, 23: *fault = faulx*.

CXXXVI, 38: *ce felon anemis*: l'irrégularité des accords crée parfois des ambiguïtés: ce c.o.d. est-il un singulier, se référant au Géant de la Tour ou un pluriel associé à un adjectif non accordé *cé felon anemis*, se référant au Géant et à ses compagnons (voir ll. 27, 29-30)? Nous avons opté pour le singulier, le déterminant portant généralement la marque du nombre et le démonstratif n'apparaissant pas ailleurs, à la différence de l'article, sous la forme *cé*.

CXXXVII, 11: *une cité que pour lors on appelloit Noble et maintenant Arras*: le nom ancien d'Arras est *Nemetacum*; bien des hypothèses ont été faites sur l'origine de la ville avant que son nom ait été changé pour devenir la cité des *Atrebates*. Mais le nom *Nobles* pourrait désigner près d'Arras, l'abbaye de Saint-Vaast, d'où sont datés des actes royaux du 5 mai 966 portant la mention *actum Nobiliaco*, nom déjà employé par Alcuin pour désigner le monastère et qui tombera en désuétude au XIᵉ siècle, voir *Histoire d'Arra*s, sous la direction de P. Bougard, Y.-M. Hilaire et A. Nolibos, Dunkerque, Éd. des Beffrois, 1988, pp. 23-24, 36.

CXXXVII, 12: *avinst... appella*: absence de subordonnant, comme si l'expression se réduisait à *ung jour*.

CXXXVII, 30: *recontre*: il n'y a pas de barre de nasalité mais cette forme est attestée (/ 3 occ. de *rencontre* dans le texte); voir *supra* CXXIX, 69 et introduction, remarques sur la langue du manuscrit.

CXXXVII, 42: *que* universel = *dont*, ou anacoluthe.

CXXXVIII, 36: *et que conclue*: l'absence de sujet est remarquable; dans les expressions équivalentes le sujet est toujours exprimé: *Et que briefment je conclue* III, 22; XXV, 39; LVI, 50; LXIV, 57-58; LXV, 68-69; XCVIII, 22-23; G. Zink explique que l'appui de la particule *que* semble imposer l'antéposition du sujet et son expression presque systématique; il n'a rencontré qu'une seule exception, voir *Morphosyntaxe du pronom personnel ...*, p. 118, et n. 2.

CXXXVIII, 60-68: *pour la grant habondance des fonteins et eauves, qui là sourdoient et estoient accoustumeement, il fist nommer le chastel le chasté de Riviere*: l'explication étymologisante des noms propres est fréquente au Moyen Âge, pour la fondation de Douai, voir *supra* CXXXV, 26-29.

CXXXVIII, 64: *chasté* = *chastel*, voir introduction, remarques sur la langue du manuscrit.

CXXXVIII, 66: *ou* = *on* (corr.) voir *supra* CXXXIII, 18; (LXXXVII, 7) et introduction, remarques sur la langue du manuscrit.

CXL, 9: *lequel leur dist qu'il les meneroit à la tour du Gayant par la bove dessoubz terre, en laquelle sans plus attendre ilz entrerent en la cave* (leçon rejetée): *bove* et *cave* semblent synonymes; *bove* se rencontre à cinq reprises dans la chanson en vers pour désigner un souterrain, et trois fois pour désigner la cave où s'est réfugiée Hélène pendant l'orage; le terme le plus fréquent est *c(h)iterne* (13 occ.) que Wauquelin emploie trois fois en le coordonnant par *et* avec *voye soubz terre, soubterraine* (13 occ.), peut-être avec le sens de «puits», formant l'entrée du souterrain; pour ce passage l'auteur de la chanson a utilisé *cave* (v. 14193) puis *chiterne* (v. 14198); *cave* n'étant pas à la rime, le modèle de Wauquelin avait peut-être *bove* (cette occurrence unique chez Wauquelin est curieusement accompagnée de la détermination habituelle du mot couramment employé *voye*); le caractère régional du mot *bove* a été relevé par Matsumura, «Les régionalismes dans Jourdain de Blaye en alexandrins», *Revue de linguistique romane*, 62 (1998) p. 134.

Le double emploi d'un complément de lieu introduit par *en*, dépendant d'un même verbe et désignant la même chose (à moins qu'il ne désigne que l'entrée du souterrain, mais la préposition *en* ne convient pas) peut être dû à une hésitation sur le choix du terme; on peut aussi penser que l'auteur comble un oubli *en laquelle cave ilz entrerent*…

CXL, 12: *lequelz* = *lesquelz*, voir *supra* CXXVI, 24; CXXIX, 48; (XXIV, 32) et introduction, remarques sur la langue du manuscrit.

CXL, 13: *parlé* = *parler*, voir XIV, 37 et introduction, remarques sur la langue du manuscrit.

CXL, 21: *Saint Pierre es Loyens*: 1 août: Ce jour célébrait à Rome la victoire qu'Octave remporta sur Antoine; grâce à Eudoxie, fille de l'empereur Théodose, approuvée par le pape

Pélage, cette fête païenne fut remplacée par une fête en l'honneur de saint Pierre, dont elle avait acheté les chaînes lors d'un pèlerinage à Jérusalem, voir *Légende dorée, op. cit.* II, pp. 36-37), voir C, 30.

CXL, 27: *Morant de Riviere*: malgré les différences, il n'est pas sans intérêt de voir le lien entre saint Morant (Mauront) et l'eau, d'une part, et d'autre part de constater que saint Martin a pu s'y trouver associé; voir l'épisode du miracle qui fit surgir une fontaine en réponse à la prière que saint Martin et lui adressèrent à Dieu: «Mes ainz que nus d'os s'aseïst, / Sordeit ilec une fontaine / D'eve nete, et bien clere, et saine./ Puis i fut une vile faite, / Ou por l'eve s'est la gent trete, / Que Saint Moran tuit apelerent / Por le saint qu'il i enterrerent.», Péan Gatineau, *Das altfranzösische Martinsleben*, éd. Werner Söderhjelm, Helsingfors, Wentzel Hagelstam, 1899, p. 30, vv. 2217-2258.

CXL, 71: *se* = *s i* (antériorité), voir *supra* XL, 38 et introduction, remarques sur la langue du manuscrit.

CXL, 71: *mis affin*: l'expression n'existant pas, nous avons procédé à une déglutination des constituants, contrairement à l'habitude adoptée de suivre de près la graphie du manuscrit.

CXLII, 13-14: On remarque que *lui dist* a été ajouté après la dernière ligne, sur la dernière feuille du cahier. Le copiste a commis une erreur, qu'il rattrape comme il peut, sans rectifier le reste de la phrase. Nous avons conservé *Meue de pitié, lui dit*: sans sujet comme cela se trouve parfois; on pourrait envisager de corriger par l'ajout d'un *qui* devant *lui dist*.

CXLII, 31: *vous* = *voz* (corr.): s'il s'agit du possessif, cette forme est unique, le copiste distinguant toujours *noz, nos, voz* adj. possessif et *nous, vous* pr. pers.; on peut se demander s'il n'y a pas eu une mauvaise anticipation: *il n'y a en vous que…*; ne répondant pas au système du copiste, la forme a été corrigée.

CXLII, 33: *que* = *qui* (plutôt que consécutif, avec non-expression du sujet), voir XVII, 51 et introduction, remarques sur la langue du manuscrit.

CXLII, 39: *touteffois que* = *touteffois,* avec un *que* explétif, voir *supra neantmoings que* LVIII, 46.

CXLIII, 29: *et elle avec eulx aussi à cheval*: anacoluthe; ce segment de phrase reste en suspens syntaxiquement; pour le sens, il se rattache au sujet de *commencerent.*

CXLIV, 9: *egendrerent* = *engendrerent*, voir *supra* CXXIX, 69 et introduction, remarques sur la langue du manuscrit.

CXLIV, 15: *borgne*: *lorgne* dans la chanson en vers (v. 14771; la variante *bougres* n'a pas grand sens); plutôt que «celui qui ne voit pas, ne comprend pas», d'où «sot, niais», le terme doit sans doute être mis en rapport avec les visions divines et démoniaques de Martin évoquées à plusieurs reprises à propos de la vie du saint; Sulpice Sévère rapporte dans ses *Dialogues* les propos injurieux que Brice, dans un accès de colère, proféra contre son maître qu'il accusait de «radotage mystique»: «Martinum... nunc per inanes superstitiones et <u>fantasmata visionum</u> ridicula prorsus inter <u>deliramenta</u> senuisse» (*Dialogues* 3, 15, 4, Migne, *Patrologia latina*, XX, col. 220-221, cité dans la *Vie de saint Martin* de Sulpice Sévère, *op. cit.* I, p. 172); lors d'un autre épisode concernant les dons de thaumaturge du saint, Brice se moque de son maître; à un malade qui cherche Martin, Brice répond: «Si, inquit, *delirum* illum quæris, prospice eminus: ecce cælum solite, sicut *amens*, respicit... En ego, Bricci, *delirus* tibi videor?» (emprunt à Grégoire de Tours, *Historia Francorum* II, 1 «de episcopu Briccii» et inséré dans la *Vie de saint Brice*; voir *Histoire des Francs*, trad. R. Latouche, Paris, Belles Lettres, 1975, t. I, pp. 74-75); dans la traduction qu'il donne de cette vie, Wauchier de Denain ajoute le terme *borgne* à *dervez*: «Se tu le vius conoistre, regarde de loing, car il est *dervez*, si le porras bien reconoistre, car il est *borgnes* et aussi regarde il vers le ciel com il fust *dervez*»... venu trouver Brice, Martin lui dit: «Brices, dont ne te samble je *borgnes* et *dervez*?... », voir P. Meyer, *Histoire littéraire de la France*, Paris, Imprimerie nationale, 1906, XXXIII, pp. 285-286; cet épisode se retrouve dans d'autres récits: ainsi, dans la traduction de la *Légende dorée*, de Jean de Vignay, l'auteur utilise les termes de *fol* et de *forcené*: «Ce tu demandes ce *fol*, regarde en hault, c'est celui qui regarde le ciel comme *forcené*» Martin lui dit qu'il a tout entendu et lui apprend qu'il sera évêque à sa mort mais qu'il devra supporter bien des adversités; Brice répond: «Ne ai ge pas dit voir que cestuy est *fol*? », voir *La Légende dorée. Édition critique, dans la révision de 1476 par Jean Batallier, d'après la traduction de Jean de Vignay (1333-1348) de la Legenda aurea (c. 1261-1266)*, éd. Brenda Dunn-Lardeau, Paris, Champion, 1997, p. 1067; le *Ci nous dit, op. cit.*, II, p. 247 chap. 776) est plus vague et semble n'évoquer qu'une piété excessivement naïve: «Ci nous dit conment saint Brice fu arcevesques de Tours aprez saint Martin. Et bien li dist saint Martin qu'il seroit arcevesque aprez lui et qu'il auroit assez a soufrir aprez lui, pour ce qu'i l'avoit moquié de ce qu'il resguardoit souvent vers le ciel.» Ces différents récits soulignent toujours l'attitude du saint, les yeux levés vers le ciel, et il semble bien que *borgne*, ajouté par Wauchier de Denain, soit à interpréter de façon plus précise et s'applique justement à ce que Brice ne peut comprendre, à savoir les visions du saint: si effectivement Martin ne voit que d'un œil, c'est que l'autre œil voit d'une autre vue, voir J.-J. Vincensini, *Pensée mythique et narrations médiévales*, Paris, Champion, 1996, pp. 296-297, avec renvoi à G. Dumézil, *Mythe et épopée I,* 1968, pp. 423-428, «Le Borgne et le Manchot», et *Mythe et épopée, I, II, III*, rééd. J. Grisward, Paris, Gallimard, 1995, pp. 451-456. Lorsqu'il fut évêque Brice fut effectivement accusé d'avoir eu relations coupables avec une femme dont il aurait eu un enfant, qui miraculeusement dénonça la calomnie, voir Jacques de Voragine, *Légende dorée*, trad. Roze, II, p. 347.

CXLV, 36: *povr' esgaree*: voir G. Hasenohr, art. cit., p. 448; *Ly Myreur des histors…*, éd. cit., § 2 signale qu'il s'agit d'un phénomène fréquent dans la scripta wallonne mais assez répandu au XIVe siècle; ici de plus, ici, ne porte pas à conséquence devant initiale vocalique.

CXLV, 50: *les cheveulx et la barbe si grande qu'ilz lui couvroient toutes les espaules*: rédaction et accord très approximatifs, mais le fait est si fréquent que ces légères incohérences n'ont pas été corrigées.

CXLVI, 4: *certifié = certifier* voir XIV, 37 et introduction, remarques sur la langue du manuscrit.

CXLVI, 15: *par moy foy*: plutôt que d'une forme de possessif tonique féminin, sans *e* final, employée sans article, dans une formule figée (attestée mais avec *en*), il doit s'agir d'une faute du copiste, appelée par le vocalisme du mot suivant (ailleurs toujours *par ma foy*).

CXLVII, 20: *et ses habis tous dessirez*: complément en position détachée.

CXLVII, 22: *entendoit au la relever* (corr.): si l'on trouve à plusieurs reprises *à = au*, l'inverse *au = à* ne se rencontre pas.

CXLVII, 47: *à l'un desquelz de mes filz*: le relatif, qui n'a pas valeur subordonnante, est précisé par son référent.

CXLVII, 59: *celee entre nous*: «cachée au milieu de nous»? on attendrait plutôt *celee de nous* ou *d'entre nous* «cachée de nous».

CXLVIII, 4: *qué = quel*, voir *supra* CXII, titre.

CXLIX, 17: *porté = porter*, voir XIV, 37 et introduction, remarques sur la langue du manuscrit.

CXLIX, 41: *Tu ressucitas de mort à vie le ladre*: allusion à la résurrection de Lazare, voir *Évangiles*, Jean 11, 1-44.

CL, 41: *en = et*, voir *supra* VI, 23; XXIII, 39 et introduction, remarques sur la langue du manuscrit.

CL, 46: *nou = non*: cette forme, unique, a été corrigée; voir *supra* CXXXIII, 18; CXXXVIII, 66; (LXXXVII, 7) et introduction, remarques sur la langue du manuscrit.

CLI, 9: *son perrain, pape Climent*: l'apposition, portant sur un personnage avec son titre, apparaît à plusieurs reprises sans déterminant, voir remarques sur la langue du manuscrit.

CLII, 39: *Et puis la grant joye...* la phrase continue sans doute, en reprenant le mot *joye, recorder la joye* l. 4.

CLIII, 3: *de tous les Rommains et les seigneurs*: leçon corrigée, une construction d'éléments coordonnés faisant l'économie de *tous* mais non de l'article paraît un peu abrupte.

CLIII, 17: *saint Anthoine de Viennois*: la souplesse de la syntaxe et les approximations historiques sont telles qu'il est difficile de savoir quel est le référent de *il*: s'agit-il du saint ou de l'ermitage? Antoine est-il précisément ce saint Antoine, à qui Saint-Antoine-en-Viennois devrait son nom; il peut n'y avoir là qu'une évocation complice à lier aux relations qu'entretenaient Philippe le Bon et Isabelle de Portugal avec cette fondation. La chanson en vers mentionne très allusivement le fait lors du siège de Bordeaux (vv. 7303-7304), mais à la fin de la chanson l'empereur Antoine regagne Constantinople (vv. 15505-15505; 15511). Voir A. Långfors, dans *Romania*, 1939 (65), pp. 547-550, le compte-rendu d'une monographie de J. Morawski, *La légende de saint Antoine ermite (histoire, poésie, art, folklore) avec une vie inconnue de saint Antoine en vers français du XIVe siècle et des extraits d'une Chronique antonienne inédite*; pour les dons importants faits par Isabelle de Portugal aux commanderies de l'ordre hospitalier des Antonins, et plus particulièrement à la maison-mère de Saint-Antonin-de-Viennois, voir M. Sommé, *Isabelle de Portugal ...*, pp. 462-463; voir aussi *Saint Antoine, entre mythe et légende*, textes réunis par Ph. Walter, M. Alexandre, P. Brunel, G. Durand, Grenoble, Ellug, 1996.

CLIII, 21: *en l'eglise saint Pierre, dessoubz l'autel de saint Symon apostre*: Il s'agit de l'apôtre Simon à qui Jésus donna le nom de Pierre mais qui est souvent désigné ainsi dans les Évangiles synoptiques; il est aussi parfois appelé Simon-Pierre, notamment dans l'Évangile de Jean; Pierre vécut la fin de sa vie à Rome, où il mourut, crucifié la tête en bas, sous le règne de Néron, vers 64 apr. J.-C. Il fut enterré sur la colline du Vatican; des fouilles ont permis de retrouver sa tombe à l'emplacement même de la basilique bâtie en son honneur par Constantin.

INDEX DES NOMS PROPRES

ANGLEC, adj. LXI, 9, 15; LXIV, 56: *anglais*, voir aussi Englec
LXIV, 54, Anglois, Englois.

Angleterre (30 occ. dont 6 dans la table des rubriques), XXII,
rubrique; XXXV, 6; XL, 2; L, 14; LIII, 37; LX, 4; LXIII,
rubrique; LXXIII, 59; XCI, 41; XCII, rubrique, 56; XCVI, 38;
CLIII, 25; isle d'— LVII, 74: *Angleterre*; royaume d'— XXII,
16; marches d'— XXV, 50; ROY D'— XXII, 18; XLVII, 24;
Henry d'— XXII, rubrique; XXXIV, rubrique; les roys d'—
LI, 97; ROYNE D'— XLVI, 34; XLVII, 1: *Hélène, femme du
roi Henry d'Angleterre*; BARONS D'— LX, 93, voir aussi
Engleterre.

ANGLOIS (20 occ. nom de peuple; 2 occ. adj. pl. LI, 66;
CXIX, 61), ANGLEC (adj. sg. 3 occ.), XXVII, 58; XXIX, 37,
38, 43, 45, 51, 60, 62; XXXV, 31; LI, 29, 49, 77; LII, 2; LIII,
31, 63; LXXII, 20, 26, 27, 38; CXLI, 11.

ANTHENOR LXXVI, 41, 58; CXXIX, 11: *roi païen de la
marche de Flandre, père de Maradin; tué par Lyon (Martin)
au siège de Boulogne* (CXXIX, 11: *l'allusion à la bataille
contre Clovis n'est pas claire*).

ANTHIAMMES LVIII, 11, 35; LIX, 18: *chevalier au service du
roi d'Angleterre, envoyé en éclaireur au comte de Clocestre
pour lui annoncer le retour du roi en Angleterre.*

ANTHOINE (137 occ., dont 20 dans a table des rubriques),
ANTHOYNE (LXIII, 44; CXLVII, 35) III, rubrique, 9, 18, 23,
28, 34, 40; IV, 4, 12, 22; VI, 23; VII, 3, 34, 43; VIII, 1, 16; X,
20, 52; XI, rubrique, 1, 28, 41; XII, 2, 30, 52, 94; XIII, 1, 39;
XIV, 2; XV; 51; XVI, rubrique; XXV, 119; XXVI, 1, 26, 29,
41; XXVII, rubrique, 71, 81; XXX, 38; XXXIII, 8, 31, 36, 71,
73; XXXIV, 47; LIII, 50, 67; LIV, rubrique, 3, 15; LV,
rubrique, 1, 22, 33, 40, 43, 55, 77; LVI, 3, 6, 16, 41, 54; LVII,
rubrique, 1; LXI, 63; LXIII, rubrique, 73; LXVI, 55, 76;
LXXXI, 68; LXXXII, 46, 69; LXXXIII, rubrique; LXXXVIII,
rubrique; LXXXIX, 20; XCII, 3; XCVI, 45; XCVIII, 36; CVI,
55; CVIII, 53, 61; CXVI, titre, 8, 70; CXVII, 4; CXIX, 4, 23;
CXXII, 10; CXXVIII, 24; CXXIX, 2, 69 CXXX, 1, 14;
CXXXII, rubrique, 41; CXXXIII, 34 (roy A.); CXXXV, 9;

BERNIER, BRENIER CXXXII, 55; CXXXIII, 20, 27; CXXXIV, 5, 6: *Bernier, capitaine de Lillebuc.*

BOLUS XXVI, 79; XXIX, 10, 22, 42, 48, 57, 68, 69, 70; XXX, 6, 8; XXXI, 20: *Bolus, roi de Boulogne, tué par Henry d'Angleterre.*

Bo(u)rdeau(l)x (Bordeaulx 7 occ. dont 2 dans la table des rubriques; Bordeaux 4 occ. Bourdeaux table des rubriques LXXXIII; XCIV, 22), LXXXIII, rubrique, 16; LXXXIV, rubrique; LXXXVI, rubrique; LXXXVII, 18; XCIV, 22; XCVI, 18; CVI, 56; CVIII, 34; CXIV, 44: *Bordeaux.*

BOULENOIS (2 occ.), BOULONGNOIS (LXXVII, 6), BOULOUGNOIS (2 occ.), XXIX, 34, 40, 47; LXXVII, 6, 36: *habitants de Boulogne.*

Boulo(i)(n)gne, Boulougne (Bouloingne 9 occ dont 1 dans la table des rubriques; Boulongne 19 occ. dont 4 dans la table des rubriques; Bouloigne LIII, 64; Boulougne XXVII, 2), XXVI, 78, 81; XXVII, 2; XXVIII, 5; XXIX, rubrique, 8, 19, 33; XXX, rubrique, 30, 34; XXXI, 6; XXXII, 47; LIII, 64; LVIII, rubrique, 3, 14, 22; LIX, 21; LXXV, 61; LXXVI, rubrique, 1, 3, 6; LXXVII, rubrique: *Boulogne-sur-Mer*; Nostre Dame de Boulogne XXX, rubrique; LVIII, 5: *Abbaye d'Augustins de la congrégation d'Arrouaise, puis de saint Victor, 1067-1567, diocèse de Thérouanne, puis de Boulogne en 1559, aujourd'hui Arras; ch. l. d'arrond., Pas-de-Calais*, voir Dom L.H. Cottineau, *Répertoire topo-bibliographique des abbayes et prieurés*, Mâcon, Protat Frères, 1939, I, p. 455, s.v. Boulogne-sur-Mer; *objet d'un important pèlerinage au Moyen Âge.*

Bourgoingne prologue, 16, 18: *Bourgogne.*

Brabant prologue, 17: *Brabant.*

BRAC table des rubriques LXXIX, BRACH 5 occ. dans la table des rubriques; BRAS (40 occ.;) XXV, 105; XLVI, 45; XLIX, 51; LXVIII, 8, 17, 19, 38, 46, 59; LXIX, 4, 29, 42; LXX, rubrique, 26, 40; LXXI, 3, 7 (2 occ.), 33; LXXIII, 5, 10, 11, 23, 24; LXXV, 2, 12, 22, 40, 54; LXXVI, rubrique, 29; LXXVII, 16, 29; LXXVIII, rubrique, 57; LXXIX, rubrique, 6,

7, 14; XCIV, 44: *fils d'Hélène et de Henry d'Angleterre, nommé ainsi à cause du bras d'Hélène qu'il porte constamment avec lui; baptisé, il reçoit le nom de Brice.*

BRENIER CXXXIII, 20, voir Bernier.

Bretaigne table des rubriques XLVIII; XLVIII, rubrique, 45; LXXIX, 51; CXLIV, 23, 38: *Bretagne*.

Bretueil, Nostre Dame de — en Beauvoizis LXXXV, 57: *Breteuil -sur- Noye (Beauvaisis), abbaye de Bénédictins, VIIIe siècle, ruinée au IXe siècle par les Normands, restaurée en 1050 par Gilduin, comte de Breteuil, Saint-Maur en 1645, diocèse de Beauvais, ch. l. cant. arrond. Clermont-sur-Oise; c'est là que se trouvent les reliques de saint Constancien*, voir Dom L.H. Cottineau, *Répertoire topo-bibliographique des abbayes et prieurés*, Mâcon, Protat Frères, 1939, I, p. 492-493; la version en vers précise: «Illeuc treuv'on le chief du corps saint benaïs» (v. 7174).

BRICE (LXXIX, 18, 23, 28; BRISE table des rubriques LXXIX; LXXXVIII, 12; XCI, 2; XCIV, 31), BRISSE 93 occ. dont 10 dans la table des rubriques) LXXIX rubrique, 18, 23, 28; LXXXII, rubrique; LXXXVII, 79; LXXXVIII, 12; LXXXIX, 23; XC, rubrique, 8, 27, 31, 43, 47; XCI, 2, 12, 16, 52, 59, 65; XCII, rubrique, 8, 45, 46, 47, 50; XCIV, rubrique, 3, 16, 20, 31, 34, 42, 43, 45, 56, 57, 63, 76; XCV, 7, 8, 30, 32, 41, 48; XCVI, rubrique, 1, 15, 25; CXXIII, 21; CXXVIII, 15; CXXX, rubrique, 21, 28; CXL, 40; CXLI, rubrique, 28, 39, 40, 43, 58; CXLII, 6, 9, 12; CXLIII, 3, 6, 13, 16, 23, 42; CXLIV, rubrique, 6, 8; CXLV, 21, 29, 41; CXLVI, 5; CXLVII, rubrique, 2, 23, 24, 27; CXLIX, rubrique, 15, 20; CL, 17; CLIII, 11: *Brice, nom de baptême de Bras, fils d'Hélène et de Henry d'Angleterre, frère de Martin.*

BRICE LXXIX, 20, 21; BRISE XXV, 106; BRISSE CXLIV, 10: *saint Brice, fils de Ludie et de Brice, frère de Martin, qui fut, à la suite de son oncle, évêque de Tours.*

Bruges table des rubriques CXXIX; CXXX; CXXXIV; CXXIX, rubrique, 9, 16, 37, 44; CXXX, rubrique, 6, 19, 34; CXXXI, 49; CXXXII, 8, 31; CXXXIV, rubrique, 12; CXXXV,

33, 38: *Bruges, capitale du comte de Flandre, Maradin, fils d'Anthénor, prise par les chrétiens.*

BRUYANT, BRUIANT (II, 39), II, 28, 39; III, 21; VII, 11; XII, 13, 96: *roi sarrasin qui assiège Rome à deux reprises; la première fois Antoine le contraint à abandonner le siège, la seconde il est jeté à terre par l'empereur Antoine et trouve la mort.*

Buc, forest de — CXXIX, 24*; CXXXII, 4, 52: *forêt proche de Lille.*

Buillon CVIII, 8: *Bouillon,* voir Godefroy.

BUTO(I)R (Butor 13 occ dont 1 dans la table des rubriques; Butoir XXVI, 7; LI, 91; LII, 24), XXVI, 7, 15; XXXV, 1, 4; L, 46; LI, 59, 91, 95; LII, rubrique, 24, 29, 33, 39, 40, 49: *Butor, roi païen de Sicile, de Pouille et de Calabre, tué par Henry d'Angleterre au siège de Rome.*

Calabre XXVI, 8, 11: *Calabre.*

Cambray CXXXVII, 9: *Cambrai.*

Cantin CXXXVIII, 42*, 45; CXXXIX, 5; CXL, 33: *Cantin*; tour (de) — CXXXV, 48; CXXXVIII, 17, 20, 28, 40, 46, 74: *tour de Cantin*, voir aussi Quentin CXXXV, 49, 50.

Castres (43 occ. dont 8 dans la table des rubriques) CII, 45; CIII, 2, 12, 36, 44; CV, rubrique, 35, 39; CIX, rubrique, 29; CX, rubrique; CXI, 55; CXVI, 52; CXVII, 23; CXVIII, 55, 59, 73, 85; CXIX, 37, 39; CXX, 29, 42; CXXI, rubrique, 32; CXXII, 35, 53; CXXIII, rubrique, 5, 10, 24, 26; CXXVI, rubrique; CXXVII, rubrique, 16; CXXVIII, rubrique: *Castres, ville conquise par les chrétiens sur le roi Hurtaut et qui prend alors le nom de Plaisance.*

Cecile XXVI, 8, 11: *Sicile.*

CHROHAULT CIII, 5: *Clorehaut, femme de Clovis.*

CLARIANDE table des rubriques LXX; LXXIV; LIV, 33, 76; LV, 2, 27; LVI, 72; LXX, rubrique, 12; LXXII, 4, 23; LXXIII, 1; LXXIV, rubrique, 6, 21: *Clariande, fille du roi de Bavière, Grimbaut, qui épousa le duc de Clocestre qui assiégeait la Bavière.*

Constancien, nom de baptême que prit Robastre, roi de Bordeaux.

Constantinoble (50 occ.), (cité de) — III, 45; VII, 42; X, 37, 39; XI, 15; XIII, 64; XIV, 8; XV, 42; XXV, 27; XXVI, 6, 25; XCII, 9, 46: *ville de Constantinople*; empire de —CXLIII, 25; CLIII, 12; EMPEREUR (ANTHOINE) DE— table des rubriques III; IV; XXXIII; III, rubrique, 6; IV, rubrique; VII, 34; XIII, 50; XIV, 8; XV, 42; XXV, 119; XXVII, 64; XXXIII, rubrique, 30; XXXIV, 15; LV, 20; LVI, 16; LXI, 63; LXIII, 10, 24; LXXXIII, 51; XCI, 40; XCIII, 2; CV, 56; CVI, 11; CIX, 9; CXII, 19; CXIII, 13; CXVIII, 24; CXXI, 7; CXXIV, 55; CXXVII, 53; CXXXVI, 6; CXLI, 19; CXLV, 32; CLIII, 10: *Constantinople*; roy de — LIII, 51; EMPEREIS DE — LXXXIX, 43.

Courtray table des rubriques CXXXII; CXXXIII; CXXXII, rubrique; CXXXIII, rubrique, 39; CXXXIV, 1: *Courtrai.*

CREATEUR XVII, 19, 32; XVIII, 31; XXIV, 62; XLIV, 21; LXXVI, 45; CXI, 11; CXV, 15, 42; CXXV, 61; CXXIX, 59; CXXX, 48; CXLI, 50; CXLVIII, 19: *Créateur.*

DANIEL CXI, 36: *Daniel, personnage biblique,* voir *Daniel, VI, 17-25.*

DAVID C, 16*; CXI, 37: *David, roi d'Israël, personnage biblique, mort vers 975 av. J-.C.*; C, 12, voir *Chroniques* I, 21, 16-17.

DIEU (324 occ.) prologue, 2 occ.; II, 1 occ.; IV, 1 occ.; V 4 occ.; VI; VIII 2 occ.; IX 3 occ.; X 5 occ.; XI 2 occ.; XII; XIII 3 occ.; XIV 4 occ.; XV 4 occ.; XVI 4 occ.; XVII; XVIII 3 occ.; XIX 2 occ.; XX 3 occ.; XXI 6 occ.; XXII 5 occ.; XXIII 3 occ.; XXIV 3 occ.; XXV 2 occ.; XXVI; XXVIII 2 occ.; XXX 2 occ.; XXXI 3 occ.; XXXII 1 occ.; XXXIII 1 occ.; XXXIV 2 occ.; XXXVI 2 occ.; XXXIX 2 occ.; XLII 6 occ.; XLIV 2 occ.; XLV 5 occ.; XLVI 3 occ.; XLVII 3 occ.; XLIX 5 occ.; L 2 occ.; LI 4 occ.; LII 1 occ.; LIV 7 occ.; LV 8 occ.; LVI 6 occ.; LVII 3 occ.; LVIII 4 occ.; LIX 1 occ.; LX 6 occ.; LXI; LXII 2 occ.; LXIII 3 occ.; LXV 3 occ.; LXVI 4 occ.; LXVII

1 occ.; LXVIII 5 occ.; LXIX 2 occ.; LXX 1 occ.; LXXI 1 occ.;
LXXII 1 occ.;; LXXIII 2 occ.; LXXIV 2 occ.; LXXV 3 occ.;
LXXVI 1 occ.; LXXVII 1 occ.; LXXVIII 2 occ.; LXXIX 1
occ.; LXXX 3 occ.; LXXXI 4 occ.; LXXXII 7 occ.; LXXXIII
4 occ.; LXXXVII 4 occ.; LXXXVIII; XC 2 occ.; XCI 1 occ.;
XCII 4 occ.; XCIV 2 occ.; XCV 3 occ.; XCVII 1 occ.; XCIX 3
occ.; C 2 occ.; CI 3 occ.; CII 1 occ.; CIII 1 occ.; CIV 5 occ.;
CV 3 occ.; CVII 1 occ.; CVIII 2 occ.; CIX 7 occ.; CX 1 occ.;
CXI 10 occ.; CXII 3 occ.; CXIII 4 occ.; CXIV 3 occ.; CXV 8
occ.; CXVI 2 occ.; CXVIII 3 occ.; CXIX 1 occ.; CXX 1 occ.;
CXXI 1 occ.; CXXII 2 occ.; CXXV 5 occ.; CXXVII 2 occ.;
CXXVIII 2 occ.; CXXIX 3 occ.; CXXX 4 occ.; CXXXI 1
occ.; CXXXIII 1 occ.; CXXXIV 1 occ.; CXXXV 2 occ.;
CXXXVI 1 occ.; CXXXVIII 1 occ.; CXLI 1 occ.; CXLIV 1
occ.; CXLV 4 occ.; CXLVII 4 occ.; CXLVIII 3 occ.; CXLIX 6
occ.; CL 1 occ.; CLI 1 occ.; CLIII 3 occ.
Douay CXXIX, 18, 19; CXXXV, 28*; CXXXVIII, 67: *Douai.*
Douvre XXXV, 46; Douvres XXXVI, 50, 57; XL, 3; XLIII,
32; LX, 4; LXIV, 46: *Douvres (sud-est de l'Angleterre).*

ELAINE IV, 18: s*ainte Hélène, mère de Constantin,
impératrice de Constantinople, qui découvrit la sainte Croix.*
ELAYNE IV, 17; LXXXII, 61; CXXI, 61, voir Helain(n)e.
ENGLEC adj. subst. LXIV, 54: *Anglais.*
Engleterre (105 occ. dont 2 dans la table des rubriques),
XXVII, 6, 63; XXVIII, rubrique, 3; XXIX, 27; XXXI, 13;
XXXV, 48; LVIII, 26; LIX, 37; XCII, 11; XCIV, rubrique:
Angleterre; royaume (citez) d'— XXII, 33; XXIII, 28; XXVII,
26; XXIX, 15, 28; XXXIX, 53; LVII, 79; LXII, 18; LXIII, 65;
LXV, 50; XCII, 39, 67; XCIV, 6; XCVI, 2; CXLVII, 45:
royaume d'Angleterre; couronne d'— XXV, 84; seaulx d'—
XCV, 18; ROY D'— XXVI, 53; XXVII, 8, 27; XXIX, 17;
XXXVI, 58; XLI, 1; XLIII, 47; LXVI, 25; LXXXV, 31;
LXXXVII, 11; LXXXIX, 41; XCV, 13; CI, 24; CVIII, 32;
CXII, 20; CXVIII, 25; CXXII, 1; CXLII, 17: *roi d'Angleterre*;
HENRY D'—table des rubriques XXII; XXVI; XXV rubrique,

Geronde LXXXIII, 11*; XCIV, 23: *autre dénomination de la Garonne.*

GIRART XLI, 2: *Girard de Clocestre, régent d'Angleterre*, voir *Clocestre.*

GODEFFROY, — de Buillon CVIII, 7: *Godefroy de Bouillon.*

GOLIARD CXI, 37: *Goliath, personnage biblique, tué d'un coup de fronde par David*, voir I *Samuel*, 17.

Grece XVIII, 2, Gresse XCI, 40: *Grèce.*

GRECZ (3 occ.), GRECS (XI, 61), XI, 61; XII, 5, 101; LXVII, 11: *Grecs.*

GRIMBAULT (18 occ. dont 1 dans la table des rubriques), GRINBAULT (LVI, rubrique), LIV, 9, 19, 48; LV, rubrique, 38, 41, 45, 46, 58, 75, 88, 95; LVI, rubrique, 5, 24, 42, 55, 61: *Grimbaut, roi païen de Bavière, père de Clariande; se convertit, prend le nom de Louis, et devient ermite.*

GUYMAR(T) CXIV, 38, 39: *ancien serviteur de Robastre, devenu brigand.*

Hantonne CXLI, rubrique, voir Ant(h)onne.

Haynnault prologue, 18*; CXXXVII, 9; CXXXVIII, 47: *Hainaut.*

(H)ELAIN(N)E, (H)ELAYNE (326 occ. dont 46 dans la table des rubriques), (HELAINE 69 occ.; HELAINNE XVIII, 22; HELAYNE 255 occ.; HELAYNE CLII, 44), prologue, 22; IV, 3 occ.; V 2 occ.; VI 2 occ.; VII 1 occ.; X 1 occ.; XI 2 occ.; XII 1 occ.; XIII 2 occ.; XIV 4 occ.; XV 5 occ.; XVI 3 occ.; XVII 2 occ.; XVIII 5 occ.; XIX 4 occ.; XX 7 occ.; XXI 4 occ.; XXII 6 occ.; XXXII 3 occ.; XXIII 8 occ.; XXIV 4 occ.; XXV 9 occ.; XXVI 2 occ.; XXVII 4 occ.; XXVIII 2 occ.; XXXI 13 occ.; XXXII 3 occ.; XXXIII 5 occ.; XXXIV 6 occ.; XXXV 1 occ.; XXXVI 2 occ.; XXXVII 1 occ.; XXXIX 1 occ.; XL 1 occ.; XLI 1 occ.; XLII 3 occ.; XLIII 6 occ.; XLIV 6 occ.; XLV 2 occ.; XLVI 4 occ.; XLVII 2 occ.; XLVIII 2 occ.; LIII 2 occ.; LIV 1 occ.; LV 1 occ.; LIX 1 occ.; LX 1 occ.; LXI 1 occ.; LXII 1 occ.; LXIII 1 occ.; LXVI 4 occ.; LXVII 3 occ.; LXIX 1 occ.; LXXIII 1 occ.; LXXV 1 occ.; LXXIX 2 occ.; LXXX 9 occ.; LXXXI 1 occ.; LXXXIII 1 occ.; LXXXVII 2 occ.; LXXXVIII 4 occ.; LXXXIX 2 occ.; XC 3 occ.; XCI 1 occ.; XCIII 2 occ.; XCV 1 occ.; XCVI 2 occ.; CVIII 2 occ.; CIX 5 occ.; CX 12 occ.; CXI 2 occ.; CXII 6 occ.; CXIV 1 occ.; CXV 1 occ.; CXVI 2 occ.; CXVII 2 occ.; CXVIII 6 occ.; CXX 1 occ.; CXXI 7 occ.; CXXII 4 occ.; CXXIII 1 occ.; CXXIX 1 occ.; CXXX 2 occ.; CXXXI 1 occ.; CXLV 6 occ.; CXLVI 7 occ.; CXLVII 3 occ.; CXLVIII 5 occ.; CXLIX 4 occ.; CL 4 occ.; CLII 4 occ.; CLIII 1 occ.; *Hélène, fille d'Antoine, empereur de Constantinople, femme du roi Henry d'Angleterre, mère de Brice et de Martin*, voir aussi Elayne (3 occ.).

HENRY (290 occ. dont 42 dans la table des rubriques) XXII 4 occ.; XXIII 2 occ.; XXIV 3 occ.; XXV 4 occ.; XXVI 2 occ.; XXVII 4 occ.; XXVIII 4 occ.; XXIX 2 occ.; XXX 3 occ.; XXXI 3 occ.; XXXIII 5 occ.; XXXIV 3 occ.; XXXV 6 occ.; XXXVI 1 occ.; XXXVIII 2 occ.; XXXIX 2 occ.; XL 2 occ.; XLI 2 occ.; XLII 1 occ.; XLIX 1 occ.; L 5 occ.; LI 9 occ.; LII 6 occ.; LIII 7 occ.; LIV 1 occ.; LVII 1 occ.; LVIII 2 occ.; LX 2 occ.; LXIII 3 occ.; LXIV 1 occ.; LXVI 1 occ.; LXVII 3 occ.; LXXVI 1 occ.; LXXXI 1 occ.; LXXXII 3 occ.; LXXXIII 2 occ.; LXXXIV 2 occ.; LXXXVI 3 occ.; LXXXVII 3 occ.; LXXXVIII 2 occ.; LXXXIX 2 occ.; XC 7 occ.; XCI 4 occ.; XCII 3 occ.; XCIII 2 occ.; XCIV 1 occ.; XCV 2 occ.; XCVI 2 occ.; XCVII 1 occ.; XCVIII 1 occ.; C 1 occ.; CI 2 occ.; CV 1 occ.; CVI 3 occ.; CVII 3 occ.; CVIII 3 occ.; CIX 2 occ.; CX 1 occ.; CXIII 1 occ.; CXIV 1 occ.; CXV 1 occ.; CXVI 6 occ.; CXVII 2 occ.; CXVIII 2 occ.; CXIX 2 occ.; CXX 1 occ.; CXXI 5 occ.; CXXII 4 occ.; CXXIII 1 occ.; CXXIV 1 occ.; CXXVII 7 occ.; CXXVIII 1 occ.; CXXIX 7 occ.; CXXX 5 occ.; CXXXI 3 occ.; CXXXII 1 occ.; CXXXV 1 occ.; CXXXVI 2 occ.; CXXXVII 1 occ.; CXXXVIII 3 occ.; CXXXIX 3 occ.; CXL 3 occ.; CXLI 2 occ.; CXLIV 2 occ.; CXLV 5 occ.; CXLVI 2 occ.; CXLVII 2 occ.; CXLVIII 3 occ.; CL 2 occ.; CLI 4 occ.; CLII 3 occ.; CLIII 2 occ.

Hollande prologue, 19*: *Hollande*.

HURTAULT XII, 14, 95: *roi païen qui accompagne Bruyant (aumachour ou admiral), tué par l'empereur Antoine devant Rome.*

HURTAULT de Castres (33 occ. dont 2 dans la table des rubriques) CIII, 44; CX, 43; CXVI, 52; CXVII, 22, 23; CXVIII, rubrique, 55, 59 CXIX, rubrique, 12, 26, 44; CXX, 34, 52; CXXII, 35, 38, 43, 53; CXXIII, 27, 33; CXXIV, 43, 45, 75; CXXV, 2, 43, 64, 72*, 84; CXXVI, 14, 18; CXXVIII, 37: *Hurtaut, roi païen de Castre.*

HYSTOIRES DE FRANCE CIII, 48*: *Grandes Chroniques de France?*

Incarnacion prologue, 22; XCVII, 48: *Incarnation.*
ISYDORUS prologue, 1: *Isidore de Séville.*

JAZERAN CIII, 38: *Jaseran; nom donné par Clovis à Joseran, fils de Plaisance et de Constancien.*
JEHAN prologue, 23: *Jean*, voir Wauquelin.
Jherusalem (31 occ. dont 5 dans la table des rubriques) XXVII, 68; LXXXI, 6; XCII, 30, 52; XCIII, rubrique, 13; XCIV, 2; XCVI, 48; XCVII, rubrique, 1; XCVIII, 37; C, 29; CI, 18; CV, 57; CVI, rubrique, 1, 25; CVII, rubrique; CVIII, 2; CX, 14; CXIII, 10; CXVI, 2; CXXIV, 50; CXXVII, 55, 75: *Jérusalem*; roy de — CVIII, rubrique.
JHESUS LXXXIII, 45; JHESUCRIST (137 occ., dont Nostre Seigneur — 47 occ.) prologue, 42; II, 10; II, 15; IV, 16; V, 32; VII, 38; X, 13; XIII, 25, 37, 53; XIV, 54, 59; XVIII, 23, 51; XX, 61; XXI, 21, 41; XXII, 57; XXIII, 67; XXVI, 49, 55, 60; XXVII, 54; XXX, 16, 39; XXXI, 38; XXXIV, 29, 41; XXXVI, 27; XXXIX, 39; XLII, 44; XLV, 29; XLVII, 17; XLVIII, 13, 51; L, 27, 30, 48, 53, 62; LII, 10, 13; LIV, 13, 28, 33; LV, 8, 48, 53, 62, 72, 83, 90; LVI, 20, 30, 70; LVII, 10, 30, 69; LXIII, 7; LXVII, 17, 30; LXVIII, 4, 12; LXXIII, 36; LXXVI, 40, 44; LXXVII, 71; LXXVIII, 15, 64; LXXIX? 64; LXXX, 19, 28; LXXXI, 2, 58, 62; LXXXII, 25; LXXXIII, 58, 67; LXXXV, 52, 55; LXXXVI, 29; LXXXVII, 45; XC, 19; XCII, 31, 38, 80;

Lothier prologue, 16*: *Lothier (Basse Lotharingie).*
LUCIFER XXI, 14: *Lucifer, ange déchu, prince des démons.*
LUDIE table des rubriques CXLII; CXLIV; CXL, 52, 53, 56;
CXLI, 23; CXLII, rubrique, 13, 37, 42; CXLIII, 4, 9, 21, 42;
CXLIV, rubrique, 5, 9, 21, 24, 29; CL, 16; CLIII, 11: *sœur de
Gamanus et Amaury d'Écosse, qui épouse Brice.*
Lutesse XXVI, 74: *Lutèce.*
LYON (71 occ. dont 9 dans la table des rubriques) XLIX, 57;
LXVIII, 10, 16, 36, 55; LXIX, 4, 26, 40; LXX, rubrique, 27;
LXXI, 8, 36, 39; LXXII, rubrique, 43, 52, 56, 58, 59, 63, 66;
LXXIII, 3, 5, 12, 14, 18, 26, 29; LXXIV, rubrique, 23, 28, 37;
LXXV, 1, 17, 25, 55; LXXVI, rubrique, 18, 37, 57; LXXVII,
rubrique, 10, 28, 31, 49, 51, 53; LXXVIII, rubrique (2 occ.), 3,
6, 17, 23, 28, 48, 58; LXXIX, rubrique, 15, 23; XCIV, 30, 52;
XCV, 21: *nom donné par l'ermite Félix à l'un des deux fils
d'Hélène, qui eut pour nom de baptême Martin.*

Malines prologue, 20*: *Malines.*
MALORE CXXXVIII, 17; CXXXIX, 44; CXL, 6, 13, 19:
*Maloré, païen, maître de la tour de Cantin; frère du Géant de
la tour; se convertit et prend pour nom de baptême Pierre.*
MALO(S)TRU(Z) (MALOSTRU table des rubriques CXXXIII;
CXXXIII, rubrique; MALOTRUZ CXXXII, 58), CXXXII, 58;
CXXXIII, rubrique, 6, 20, 24: *Malotru, capitaine d'un château
près de Tournai; ayant refusé d'abjurer, il est pendu devant
son château, auquel on donna le nom de Courtrai en souvenir
de la petite taille de son capitaine.*
MANDRICANS CXXVI, 20, 21: *Mandrican.*
MARADIN (31 occ. dont 2 dans la table des rubriques)
CXXIX, 11, 25, 28, 39, 40, 44, 49; CXXX, 3, 54, 57; CXXXI,
rubrique, 2, 33, 34, 42; CXXXII, 16, 26; CXXXIV, 4, 31, 48,
56; CXXXV, rubrique, 7, 18, 23, 26, 30; CXXXVI, 23;
CXXXVII, 35: *Maradin, maître de la ville de Bruges, appelé
Meurant après son baptême.*

24; CXXXVII, 27, 35; CXXXVIII, 6, 53, 60, 76; CXXXIX, 1, 9, 16, 25, 34, 46, 50; CXL, 5, 27, 40: *Meurant, Morant*; saint — CXXXV, 27: *saint issu de cette famille.*
MORANT CXXXIX, 1, 16, 34, 46, 50; CXL, 5, 27, 40, voir MEURANT.

Namur prologue, 19*: comté de *Namur, acquisition de Philippe le Bon.*
Nante(s) (Nante LXXX, 21), table des rubriques XLVIII; XLVIII, rubrique, 49; LXXIX, 51, 56; LXXX, 3, 21: *Nantes.*
Neufchastel XXII, 19, 42; XXIV, 15: *Neufchastel (Newcastle upon Tyne, Northumberland).*
Noel CL, 10; CLII, 60: *Noël.*
Normandie LXXXV, 66: *Normandie.*
NORMANS, Ystoire des — LI, 102*: *Histoire (Chronique) des Normands*?
Nostre Dame, eglise — XXX rubrique; LVIII, 5: *Notre-Dame, église de Boulogne*; — en Beauvoizis LXXXV, 57, voir Breteui!.
NOSTRE SEIGNEUR (106 occ.)

Olivet, mont d'— CVI, 32: *mont des Oliviers.*

Palerne, cité de — CI, 45: *Palerme (Sicile)*; roy de — table des rubriques CXVII; CXVIII; a(d)miral de — CXVII, rubrique, 22, 38; CXIX, rubrique, 43; CXXIV, 53, 59: *Palerme.*
Paris XXVI, 74: *Paris, nom qui a remplacé Lutèce.*
Pasques CL, 10: *Pâques.*
Passion (benoite, saincte —), V, 32; VII, 37; L, 35; CXLIX, 44: *la Passion du Christ.*
PATRIS CXLIX, 30, voir PERE.
PERE prologue, 48; XVIII, 31; XXI, 1, 2, 30, 32; XXXIX, 38; XLII, 44, 50, 53; XLV, 34; LIV, 92; LXIII, 75; LXVIII, 34; LXXXIII, 59; Patris CXLIX, 30: *Dieu le Père.*
PHELIPPE prologue, 15: *Philippe le Bon, duc de Bourgogne.*
Picardie LXXVIII, 6: *Picardie.*

PIERRE CXL, 20: *nom de baptême de Maloré.*

PIER(R)E, saint — X, 13; XIII, 54; XXVII, 44; C, 39*; CXI, 37: *saint Pierre*; Saint Pierre, — (Rome) XIII, 23; eglise Saint — XIII, 34; CLIII, 20: *noms donnés à des églises*; Saint Pierre, — aux Loyens CXL, 21: *fête de Saint-Pierre-aux-Liens, 1er août,* voir *Actes des Apôtres*, XII, 1-11 et J. de Voragine, *Légende dorée*, Paris, Garnier-Flammarion, 1967, II, p. 33-37.

PLAISANCE (79 occ. dont 11 dans la table des rubriques), XCVII, 14, 27, 41, 68; XCVIII, 33; XCIX, rubrique; C, rubrique, 1, 22, 32, 45; CI, rubrique, 10, 15, 21, 43, 69, 72, 74; CII, rubrique, 1, 11, 18; CIV, rubrique, 1; CV, rubrique, 32, 42; CVIII, 58, 71; CIX, 36, 40, 42, 54, 82; CX, rubrique, 1, 11, 24, 30, 32, 36; CXI, 59; CXIII, rubrique, 42, 57, 64; CXXI, 33, 35; CXXIII, 15; CXXIV, 77; CXXVII, rubrique, 25, 29, 36, 40; CXXVIII 27, 75; CL, rubrique, 29, 32; CLI, 4, 8; CLII, 3, 9, 52; CLIII, rubrique, 4: *fille du roi Ardaubourg de Jérusalem, femme du roi païen Priant d'Ascalon, qui épousa chrétiennement Constancien.*

Plaisance table des rubriques CXXVIII; CL; CII, 46; CIII, 13; CXXVIII, rubrique, 33, 42, 50, 71; CXL, 55; CL rubrique, 29; CLI, 3: *Plaisance, (Piacenza, Émilie) nom donné à l'ancienne ville de Castre en hommage à Plaisance, fille du roi Priant.*

Poit(t)iers LXXXVII, 34; LXXXVIII, 2: *Poitiers.*

Poitou LXXXVII, 42: *Poitou.*

POL, saint —, X, 13; XIII, 54; XXVII, 44: *saint Paul*; église Saint — XCII, 80; XCV, 36, 49: *église Saint-Paul, à Londres.*

Pont de briques XXIX, 50*: *lieu-dit près de Boulogne-sur-Mer.*

Ponthieu LXXXVII, 26: *Ponthieu.*

PRIANT table des rubriques XCVIII; XCVII, 12, 14, 25, 57; XCVIII, rubrique, 33, 46, 50, 56, 60, 86, 87, 91; XCIX, 1, 15, 47; CI, 11; CXXVII, 57: *Priant, roi d'Ascalon, premier mari de Plaisance.*

PSALMISTE CVIII, 20: *auteur des Psaumes.*

Puille XXVI, 8, 11: *Pouille (ancienne Apulie, Italie méridionale).*

Quentin CXXXV, 49: *nom du roi qui fit élever la tour Quentin (Cantin) et la tour au Gayant*; tour — CXXXV, 50: *nom de la tour édifiée par Quentin*, voir Cantin.

Rains CIII, 10: *Reims.*
REDEMPTEUR XX, 62; XLVII, 23; CXI, 31: *le Rédempteur.*
REMY CIII, 10: *saint Remy, évêque de Reims, qui baptise Clovis.*
REQUIER, saint — LXXXVII, 26: *saint Riquier, fils de Joseran.*
RICHIER table des rubriques II; II, rubrique, 20, 36; III, 30, 34, 41; VII, 23: *empereur romain, beau-père d'Antoine de Constantinople.*
RICHIER C, 47: *saint Riquier, fils de Joseran.*
Rin LVII, 4: *Rhin.*
Riviere, chasté de — CXXXVIII, 64: *château de Rivière, nommé ainsi par le comte Morant en raison de la configuration des lieux*; tour de — CXXXVIII, 68; CXXXIX, 4: *tour de Rivière*; MORANT de — CXL, 28*: *comte Morant, seigneur du château de Rivière.*
ROBASTRE (27 occ. dont 2 dans la table des rubriques) LXXXIII, 18, 40; LXXXIV, 1, 13, 15, 25, 33, 37, 57; LXXXV, 1, 5, 26, 31, 32, 44, 50; LXXXVI, rubrique, 11, 20, 28, 47; LXXXVII, rubrique, 5; CXIV, 41: *Robastre, roi de Bordeaux.*
ROBERT : table des rubriques, LXXXIV, LXXXV et LXXXV, rubrique* : *même personnage que le précédent.*
ROM(M)AIN (Romain 1 occ. adj. 6 occ.; Rommain(s) 33 occ.; adj. 16 occ.) II, 21, 35; III, 31; VII, 21; VIII, 7, 44; XI, 30, 59, 60, 62, 66; XXVI, 19; XXVII, 27; XXVIII, 12; XXXII, 51; XXXIX, 77; XLI, 30; L, 50; LI, 32, 83; LII, 2; LIII, 20, 31, 42; LXIV, 60; CXIV, 3; CXVIII, 4; CXIX, 75; CXX, 11, 55; CLII, 32, 56, 59; CLIII, 2 : *Romain.*
Rommanie XXVIII, 9; CXIV, 8; CXVII, 55: *la province de Rome.*

Romme (125 occ. dont 16 dans la table des rubriques) II,
rubrique, 17, 29; III, rubrique (2 occ.), 2, 17, 27, 31, 37, 42;
VII, 14, 16, 20, 27; VIII, 6, 50; IX, 41; X, 2; XI, rubrique, 25,
29; XII, rubrique; XIII, 3; XXVI, 9, 14, 16, 37, 61*, 68;
XXVII, rubrique, 24, 40; XXVIII, 9; XXXI 11; XXXII, 50;
XXXIII, rubrique, 1; XXXIV 1 occ.; XXXV 4 occ.; XXXVIII
1 occ.; L, 2, 19; LIII, rubrique, 14; LIV, 2; LVII, 78; LXIII,
60; LXIV, 33; XCI, 61; C, 5; CI, rubrique, 47, 52; CII, 45, 62;
CIII, 16, 35, 51; CV, rubrique; CVIII, 71; CIX, 11, 19; CX, 18;
CXI, rubrique, 56, 66; CXII, 80; CXIII, rubrique, 1, 43; CXIV,
6; CXVI, rubrique, 33, 45, 76; CXVII, 17, 24; CXVIII, 56, 64,
86; CXIX, 10, 18, 25, 31, 44, 65; CXX, rubrique, 21; CXXI,
rubrique, 30, 37; CXXVII, 82, 88; CXXVIII, 72; CL, 27 2
occ.; CLI, 6, 7; CLII, rubrique, 18, 31; CLIII, 3, 10, 18, 22:
Rome.

Salins prologue, 20*: *Salins (Jura).*
SARRAZIN sg. LII, 35; SAR(R)AZINS (242 occ., dont 12 dans
la table des rubriques Sarazins CVI, 24) prologue, 32; II, 40
III, rubrique, 22; VII, 19, 39; VIII, 51 IX, 42 XI, rubrique, 16,
25, 62; XII, rubrique, 17, 37, 40, 41, 58, 66; XXVI, 9; XXX,
13; XXXIV, 70; XXXV, rubrique, 21, 24, 26; XXXVIII, 28,
30; L, rubrique, 3, 6, 23, 30; LI, 4, 6, 41, 47, 55, 67, 68, 78;
LII, 3, 7, 15, 22, 38, 59; LIII, rubrique, 1, 7, 12, 29; LVI, 1;
LVII, 68; LXVII, 26; LXXVI, 11; LXXVII, rubrique, 33;
LXXXIV, 34; LXXXVI, 9, 18, 19, 40, 42, 47; LXXXVII, 1,
20; XCVII, 6; XCIX, 56; C, rubrique; CVI, 14 CVII, 20, 44,
48; CVIII, 47; CXVI, rubrique, 26, 40, 54; CXVII, rubrique,
21, 25, 27, 42; CXVIII, 6; CXIX, rubrique, 15, 17, 21, 24, 28,
30, 63, 70; CXX, rubrique, 22, 26, 31, 51; CXXIII, 39, 43;
CXXVII, 26, 67; CXXIX, 8; CXXXI, 31; CXXXIV, 4, 28;
CXXXV, 30; CXXXVIII, 57, 70; CXXXIX, 3, 42: *Sarrasins;
terme souvent utilisé pour désigner les païens, quelle que soit
leur origine.*

SAUVEUR II, 11; IV, 16; XIV, 58; XX, 61; XXI, 41, 63; XXXIX, 40; L, 29, 35, 53; LV, 8; LVI, 20; LVII, 30; CXI, 24, 30; CXXV, 29; CXLIX, 34: *le Sauveur (nom donné au Christ)*.
SOLIMANT CXXV, 83; CXXVI, 3: *païen, neveu du roi Hurtaut, qui tue Amaury d'Écosse.*
Surie CIX, 6; CXVI, 36, 59; CXXI, 49: *Syrie*.
SUZANNE CXI, 36: *Suzanne, personnage biblique*, voir *Daniel, XIII, 44-64*.
SYMON, saint — CLIII, 20: *autel consacré à saint Simon apôtre* (Pierre?).

Tamise XCIV, 26: *Tamise*.
THIERRY LXXVIII, 38: *évêque d'Amiens*.
THOMAS, — d'Aubemarle CVIII, 9*: *Thomas d'Aubermarle*.
Tine XXIV, 15: *Tyne, fleuve du nord de l'Angleterre (Northumberland)*.
TITUS II, 15*; IV, 15*: *Titus, fils de Vespasien, empereur romain. Il prit et ruina Jérusalem en 70. Associé à la puissance tribunitienne par son père dès 71, il fut lui-même empereur de 79 à 81;* IV, 15: *nom prévu pour l'enfant d'Antoine de Constantinople s'il avait été un garçon.*
Tosquane XXVI, 11: *Toscane*.
Tour au Gayant table des rubriques CXXXVI; CXXXV, 50*, 60; CXXXVI, rubrique; CXXXVIII, 54, 70, 77; CXL, 7, 11, 26: *tour du Géant*.
Tour d'Ordre: XXIX, 9*: *Tour d'Odre, ancien phare romain situé près de Boulogne-sur-Mer.*
To(u)rain(n)e, Tourayne: (Touraine 5 occ.; Tourainne 6 occ.; Tourayne XCLIV, 39; Toraine CXXX, 36) LXXX, 24; LXXXI, 4; LXXXVIII, rubrique; XCIII, 13; XCVI, 7, 40; CXII, 5; CXXIII, 18; CXXVIII, 16; CXXX, 36; CXLIV, 39; CXLV, 32; CLIII, 24: *Touraine*.
Tournay XXIX, 13; CXXIX, 18; CXXX, 31 CXXXI, 47; CXXXII, 35, 36, 54, 56: *Tournai (Hainaut)*.
Tours (60 occ. dont 11 dans la table des rubriques; Tous LXXIX, 22*, corr.) prologue, 29; XXV, 108; LXXVIII, 36;

LXXIX, 22, 37, 38; LXXX, rubrique, 24, 28; LXXXI, 7, 18; LXXXVII, 43, 55; LXXXVIII, rubrique, 6; LXXXIX, 18, 22; XCIII, rubrique, 39; XCIV, 20, 21; XCVI, rubrique, 7, 19, 40; CIX, 2, 19; CXII, 4, 33; CXIV, 71; CXV, 2; CXXIII, 17; CXXVIII, 16; CXXX, 15, 36; CXXXI, 45; CXL, 38; CXLI, rubrique, 21, 32; CXLIII, 3; CXLIV, 10; CXLV, rubrique (2 occ.), 31, 37, 45; CXLVI, 7; CL, 25; CLIII, 28: *Tours*.
Trinité XXI, 22: *Trinité divine*.
TURCS VII, 19, 39: *peuple païen*.

VASPASIEN II, 15: *Vespasien, empereur romain qui gouverna de 69 à 79; il pacifia la Judée.*
Vautembron XVIII, 35: *ancien nom de la Flandre.*
Viennois CLIII, 17*: *région de Vienne (Isère).*
VIERGE (22 occ.; Virge XLVII, 28), VI, 41; IX, 7; XIV, 58; XXI, 36; XXX, 24; XLVII, 19, 21, 26, 34; LIV, 89; LV, 84, 87; LVI, 10; LXXXIII, 45; XCVII, 49; XCVIII, 21; CIV, 8, 67, 74; CV, 48; CXI, 21 *la Vierge Marie, mère du Christ,* voir aussi Marie.

WAUQUELIN prologue, 23: *Jean Wauquelin, auteur de la mise en prose.*

Ytalie CXVI, 33: *Italie.*

Zeellande prologue, 19*: *Zélande (Zeelande); (aujourd'hui province des Pays-Bas, à l'embouchure de l'Escaut et de la Meuse).*

GLOSSAIRE

Pour l'établissement du glossaire, ont été retenus:
— les mots ou locutions qui ont disparu ou qui ont changé de sens, soit totalement soit partiellement;
— des mots conservés en français moderne mais dont un des sens est nouveau au XVe siècle;
— des mots apparus au XVe siècle et dont le sens s'est maintenu en français moderne.

L'absence de glose signifie que le sens est le sens moderne. Quand, pour cette raison, le relevé des occurrences n'est pas complet, le nombre total des occurrences est signalé; dans la perspective des études sur l'orthographe les différentes graphies ont été signalées avec le nombre de leurs attestations; s'il n'y a qu'une attestation, la référence est précisée.

La nature grammaticale n'est signalée qu'au cas où une confusion est possible ou que la précision s'avère nécessaire.

Les verbes sont présentés à l'infinitif (en italique si l'occurrence ne se trouve pas dans le texte).

Les substantifs sont cités au singulier, sauf acceptions particulières; les adjectifs au masculin (en italique si l'occurrence ne se trouve pas dans le texte).

Une place importante a été accordée aux expressions et aux mots dans leur contexte.

L'astérisque après la référence indique que le mot a fait l'objet d'une note ct / ou d'une remarque d'ordre linguistique. L'astérisque après le mot indique un renvoi à l'étude de langue.

Pour l'établissement du glossaire, il a été procédé à la déglutination de l'intensif *tres-, noté (tres-)*.

Liste des abréviations utilisées dans le glossaire:

Französisches etymologisches Wörterbuch de W. von Wartburg: *FEW*.

Altfranzösisches Wörterbuch de A. Tobler et E. Lommatzsch: TL

Dictionnaire de l'ancienne langue française de F. Godefroy: God.

Dictionnaire étymologique de l'ancien français, K. Baldinger, avec la collaboration de J.-D. Gendron et G. Straka, P.U. de Laval, Québec, Tübingen-Paris, Niemeyer-Klincksieck, 1974-1995; *Complément bibliographique*, Frankwalt Möhren, 1993; *Index G* 1997: *DEAF*.

Trésor de la langue française: *TLF*.

Ph. Ménard, *Syntaxe de l'ancien français*, Bordeaux, Bière, 1994: Ménard.

R. Martin et M. Wilmet, *Syntaxe du moyen français*, Bordeaux, Sobodi, 1980: Martin.

G. Zink, *Morphosyntaxe du pronom personnel (non réfléchi) en moyen français (XIV-XVᵉ siècles)*, Genève, Droz, 1997: Morphosyntaxe du pronom personnel…

G. Di Stefano et R. M. Bidler, *Toutes les herbes de la Saint-Jean. Les locutions en moyen français*, Ceres, Montréal, 1992: *Toutes les herbes…* La correspondance avec G. Di Stefano, *Dictionnaire des locutions en moyen français*, Montréal, Ceres, 1991 est donnée après /.

vb: verbe; voix pr.: voix pronominale; ind.: indicatif; imp.: impératif; subj.: subjonctif; pp. pst.: participe présent; pp. pa. participe passé; pst. présent; impft: imparfait; fut. I: futur simple indicatif; fut. II: conditionnel; fut. ant. I et II: formes composées correspondant à ces deux temps; PS: passé simple; adj.: adjectif; subst.: substantif; masc.: masculin; fém.: féminin; sg.: singulier; pl.: pluriel; adj. subst.: adjectif substantivé; conj.: conjonction; loc.: locution; les personnes des verbes sont numérotées de 1 à 6.

abaissement: XXI, 11: *anéantissement.*

abaissier, abaissiez vostre parler CIV, 55: *baissez le ton; (La Belle Hélène de Constantinople*, éd. critique de C. Roussel, Droz, 1995, glossaire, *s.v.* abaissier, p. 81: *prenez-le un peu moins haut).*

abandon, à vostre — XX, 37: *à votre gré,* voir habandon-.

abandonneement (tres-) CXIX, 59: *sans compter, sans s'épargner.*

abil- voir (h)abil-.

aborder, — les ungs es autres LI, 75: *combattre, s'affronter*; — l'un à l'autre CXVII, 31: *s'affronter, aller à l'abordage, en parlant de navires.*

abregier, abregoit impft. 3 CIX, 35*: *héberger, donner un abri.*

absenter, soy — de (une personne ou un lieu), XVII, 16; LVII, 35; CXXI, 16, 17: *s'éloigner, quitter, se tenir à l'écart (d'un lieu où l'on est habituellement)*; estre absenté à qqn. XXXIV, 58: *être loin de.*

absoudre, CV, 20; absoille subj. pst. 3, LIV, 65; LXI, 62; absolvant pp. pst. LI, 35: *absoudre, pardonner.*

absolucion (9 occ.), planiere — de peine et de coulpe XIII, 25-26*: *absolution, comportant la rémission des péchés et la satisfaction qui s'y rattache*; — plainne LIII, 41; — planiere XXVII, 25; CXX, 20; CXXIII, 8; entiere — CXIII, 26: *même sens.*

abusion LXXIII, 72: *trouble, perplexité.*

abuser LXXXIV, 34: *tromper, abuser.*

accointier, soy — de CXXI, 3: *lier connaissance avec*; CXXVII, 59: *avoir des relations d'intimité avec.*

accompaignier (12 occ.), soy — avec XIX, 60: *se joindre à.*

accomplir (31 occ.): *réaliser, exécuter, mener à terme*; — sa requeste à qqn. VIII, 61; IX, 26; X, 31; LXXXII, 39: *accéder à sa requête.*

accomplissement XXII, 61: *réalisation*; CXI, 64: *achèvement*, en — de la char C, 22: *réalisation de l'acte charnel.*

accompter*: faire cas de*; je n'accompte riens CXLVI, 26: *peu
m'importe.*

ac(c)order (28 occ.; acor- 22 occ.): *donner, accorder*; soy —
à une requeste IV, 21: *accéder à une demande*; soy — (à)
LXXII, 34; LXXIII, 58: *épouser.*

accoustumé, avoir — CXXIII, 20: *avoir l'habitude*; l'avoir
accoustumé (de) LXXXI, 22; CXLIX, 17: *avoir l'habitude de*;
avoir qqch. accoustumé LXXVI, 54: *être habitué à qqch.*; à ce
— LXXVII, 12: *habituel dans ces circonstances.*

accoustumeement CXXXVIII, 63: *habituellement.*

accroichier*, pp. pa. m. pl. CXVII, 35: *accrochés (en parlant
de bateaux au cours d'un combat naval,* voir A. Jal, *Glossaire
nautique,* Paris, Firmin-Didot, 1848, p. 55a *s.v.* accrocher).

accuser LXIV, 59; LXXII, rubrique; XCIX, 18, 32, 34; CXII,
64: *révéler (qqch.), dénoncer (qqn.).*

acertené CXXXI, 56: *assuré, qui a la certitude.*

ache d'armes XXIX, 59, voir (h)ache.

***aconvenancer*, estre aconvenancee à** pp. pa. f. sg. CIV, 53:
être engagée auprès de.

acoster*: encadrer;* **acostee de** CXLIX, 13*: *flanquée de, ayant
à ses côtés.*

acouraigier LI, 50: *encourager.*

acteur II, 4; LXXXV, 61: *auteur.*

administracion, avoir en — soubz soy CIX, 41: *avoir sous
ses ordres.*

a(d)miral (adm- 5 occ.; ami- CXVII, 51) XII, 15; CXVII, 21,
37, 51; CXXIV, 53, 59: *dignitaire oriental, chef, émir, et aussi
chef de flotte.*

a(d)monester LXV, 6: *conseiller, exhorter*; — que XI, 35:
exhorter à.

adommaigier IX, 43; CXXIV, 8*: *endommager, mettre à mal*

adonc (61 occ.), **adoncques** (5 occ.) **adonques** (XXXIX, 75),
adv.: *alors.*

adont adv.: XXXVII, 57; XXXIX, 22: *alors.*

adrecier LXXXII, 77: *mettre dans la bonne voie*; soy — en
(à) XVIII, 43; CIX, 39: *se diriger vers, parvenir, arriver*; — la

parole LXXI, 2: *adresser la parole*; adreçans XLIII, 35: *adressées.*

a(d)vis, aviz (advis 5 occ.; avis 2 occ.; XCIV, 51): *avis*; avoir — sur VIII, 60; XVII, 24; XLIII, 8: *réfléchir à*; venir en — LIX, 57; LXII, 52: *avoir l'idée que*; par l' — de LXIV, 7: *sur l'avis de.*

advisé, bien — II, 24; LXXXIV, 39; CXXXVI, 8: *avisé, sage, qui sait se conduire*; mal — XXXVI, 55: *mal disposé, malavisé.*

a(d)viser (advis- 11 occ.; avis- 25 occ.), XXIV, 52; XXXVI, 18; LXXIV, 38: *réfléchir à*; CXVIII, 23: *savoir, être au courant*; — que XXXVI, 20; LXV, 17; CII, 39: *décider que*; XXIV, 79; XXXIII, 21; XXXIV, 2; XLII, 18; LII, 44, 46; LIV, 25; LXII, 48, 51; LXXXI, 23; XC, 46, 53; CIII, 17; CX, 45; CXXVI, 16; CXXXII, 43; CXXXVII, 3; CXXXVIII, 18; CXLI, 25; CXLVIII, 40: *regarder, examiner*; soy — IX, 10; XIX, 36; XXV, 81; LXXII, 16; LXXXIV, 16; CVIII, 16; CXXV, 48*: *réfléchir*; soy — de CVIII, 6; CXX, 64: *songer à, avoir l'idée de.*

aer XIII, 58: *air.*

af(f)aire (aff- 10 occ.; afa- 3 occ.) subst. masc. CXII, 36: *ce qui concerne quelqu'un*; CXV, 8: *affaire*; de grant — XCVII, 43: *de noble condition*, voir J. Picoche, *Le vocabulaire psychologique dans les Chroniques de Froissart*, Paris, Klincksieck, 1976, p. 30; de si gracieux — XXV, 33: *de si gracieuse allure*; avoir — XII, 64; XCVIII, 58: *avoir des difficultés, des sujets d'inquiétude, être dans une situation difficile*; avoir de l'— CXXXVII, 42: *avoir des difficultés*; avoir — de LXXXIX, 13; XCII, 36; CXL, 69: *avoir besoin de*; donner — CXX, 23: *causer des difficultés, mettre dans une situation difficile.*

affermer XCI, 8; CX, 2: *affirmer*; (soy) — en son cuer (en son couraige) LXXXII, 60; XXXIII, 64; CXII, 70: *se conforter dans une opinion.*

af(f)o(u)ler (affol- 6 occ.; afol- 2 occ.; afoul- 1 occ.) CX, 69; CXII, 10; CXXI, 8, 14, 69; CXXXIII, 8; CXLII, 7: *blesser,* *mutiler*; affolez pp. pa. masc. pl. CXXVI, 39: *blessés*; pp.pa. subst. fém. sg. CXXI, 62: *blessée, mutilée.*

af(f)onder XXII, 9; CXVII, 35: *envoyer par le fond, faire sombrer, engloutir.*

affranchir LVII, 66: *libérer, affranchir.*

af(f)uir: (aff- 5 occ.; af- 2 occ.) *se précipiter, accourir*; afuyoient CXXXVII, 40: impft 6; affuyst CXXXIX, 33; afuist CXXXI, 21: PS 3; affuirent LXXIV, 45; affuyrent CVII, 14: PS 6; affuyerent* CIV, 79: PS 6; affuys LXXXI, 18: pp. pa. m. pl.

agaittier: *attirer dans une embuscade*; CXXXII, 3 pp. pa. m. pl.

agu CXV, 48: *pointu.*

a g u e t, soy mettre en ung — CXXIX, 34: *tendre une embuscade.*

aguisier LI, 23: *aiguiser, affûter.*

ahors LX, 37: *cri d'alarme, ici cri d'attaque et de colère.*

ainçois (55 occ.): XXX, 33; XCI, 61; CXVIII, 63; CXXXVIII, 11: *avant*; XI, 62; LXXIX, 20; CXV, 41: *mais*; XVII, 12: *au contraire*; — qu(e) (47 occ.): *avant que.*

ains VII, 9, 23; XIV, 73; XIX, 7, 34; XXII, 69; XXIII, 70; XXV, 60; XXXI, 103; XLV, 63; LXII, 59; LXXI, 41; LXXV, 54; XCIV, 19; CI, 64; CXVIII, 9; CXIX, 59; CXXVI, 3: *mais*; — que XX, 68: *avant que.*

ainsi (337 occ.), par — XXXIX, 72; XCIX, 38; CXX, 23; CXLI, 15: *ainsi, de cette manière*; se — est (estoit) que + subj. XXVII, 23; LX, 85; LXV, 29; LXXXIII, 70; CIX, 64; CXVIII, 39: *s'il est vrai que, si.* comme — soit que + subj. XLI, 2*: *puisque.*

ais, hais XXI, 78: *planche*; deffence d'— CXVI, 81*: *planche de bois qui permet de faire un abri*, voir deffence.

aise, ayse subst., estre à male — XXXI, 75: *être troublé*; adv. XXXI, 99: *facilement.*

alarme, CXXXVII, 25: *alarme!*; crier — LXXXIV, 54; *lancer l'alarme.*

aler LXXXV, 13: aux. *avoir*: tout ainsi comme la chose avoit alé: *comme les choses s'étaient passées*; — de l'un à l'autre (en parlant d'une nouvelle, d'un bruit) XIX, 12: *circuler*; — sur XCVIII, 51: *aller combattre contre, aller livrer des escarmouches* (?).

aloe XXIX, 63: *alouette*.

alumer (8 occ.), VI, 47; IX, 21; XI, 42: *attiser, enflammer, exciter*; soy — VII, 5: *avoir les sens échauffés*; CV, 2: *consumé (par une douleur)*.

am-, voir aussi adm-, a(d)m-.

amas, faire — de (gens d'armes) XXVIII, 15; CXXX, 26: *rassembler (des troupes)*.

amasser, (soy) — CXXIV, 15: *se placer, s'installer*; CXXXVIII, 65: *se rassembler*.

amatis XVIII, 30: *fatigué, douloureux;* (tres-) LXIX, 45: *abattu, douloureux*.

amont, *en haut, précise le mouvement*: monter — XXXI, 57; monter — qqch. CVI, 35: *gravir*.

ambasseur LXXII, 10: *ambassadeur*.

ambler CII, 39, voir embler.

amende, sur peinne d' — XLVI, 24; LVI, 28: *sous peine d'amende*.

amender XLIV, 20: *améliorer, porter remède*.

ami (9 occ.), amis masc. pl. XCV, 63, 77: *parents*.

amistié LIII, 32: *alliance, accord*; amistiez CXII, 35: *liens d'amitié*.

amoreux (6 occ.), XXII, 37: *enclin à l'amour*; amoreuse estincelle XCVII, 71: *feu de l'amour*; amoreuse, subst. XX, 50; CX, 67: *maîtresse*.

amour (85 occ. sg.; 18 occ. pl.), — naturelle LXV, 3: *amour qui vient des liens du sang (lié à la naissance)*.

an-, voir aussi en-.

ancelle CXI, 40: *servante*.

ancien (4 occ.) XXIV, 19; LXIII, 3; CL, 22: *âgé*.

ancrer XLVIII, 29: *jeter l'ancre*.

angele (21 occ.): *ange*.

angin II, 33; CXXXIV, 14, voir engin.

anichiller XIV, 55: *anéantir*.

an(n)uy(t) (annuy LX, 18.; anuy 8 occ.; anuyt XLVI, 36) VII, 12: *humiliation;* XLVI, 36; LIX, 15; LX, 18; CXII, 27; CXIV, 61; CXLI, 57: *chagrin, affliction*; CX, 60: *trouble, inquiétude*; CXLVIII, 45: *souffrance*; prendre — LIX, 31: *être accablé*; torner à — CXLVIII, 58: *ennuyer, lasser*.

anseigne LI, 24, voir enseigne.

anuyer CXXVII, 50 (2 occ.): *faire souffrir, chagriner, peiner*.

anuyeux, adj. fém. sg. XXXIX, 45; CL, 46 *malheureuse, affligée*.

anuyre, soy — VII, 6*: *s'affliger*.

anuyt, **anuy** XVI, 37; XLV, 24: *durant la nuit*.

aombrer, soy — XXI, 40: *s'incarner (dans le sein de la Vierge)*.

aorner pp. pa. fém. sg. VI, 11: *parée*.

ao(u)rer (aor- LXXXIII, 55; aour- 4 occ.) XLVIII, 51; LIV, 54; LV, 61; LXXXIII, 55; CXI, 31: *adorer*.

ap-, voir aussi ap(p)-.

aplanier XCVIII, 6: *caresser*.

apoyer, pp. pa. fém. sg. CXLI, 24: *appuyée*.

ap(p)aisier (apais- 3 occ.; appais- 3 occ.), soy — de XXXIV, 24: *s'empêcher de*.

ap(p)arant (apar- X, 20; appar- 2 occ.), VII, 26; X, 20 adj.: *manifeste*; XXX, 27, subst. m. sg.: *trace, souvenir*.

ap(p)areil (apar- 3 occ.; appar- 9 occ.), XXIX, 34; LXXXI, 26; LXXXVIII, 15: *préparatifs*; LI, 81: *ordre de bataille*; LXXXVI, 48: *situation*; CXIX, 41 (ironique?): *état, arrangement, situation*; — d'armes XCVII, 2; CVI, 2; CXXIII, 6: *équipement, préparatifs de bataille*; faire son — LXVII, 4, 11, 12: *se préparer, s'équiper*.

ap(p)areillier (apar- XV, 4; appar- 10 occ.), XV, 4; XXXI, 64: *préparer*; soy — LVI, 45; LIX, 35; LXXXVI, 5; CXX, 3: *se préparer*; appareillié, apparaillee pp. pa. XIX, 37; XXVI, 66; XLVII, 37; LXXI, 32: *prêt à, disposé à*; LXXIX, 3: *prêt*.

ap(p)aroir (apar- LXXVIII, 16; appar- 9 occ.), LXXXI, 54; CVI, 30: *apparaître*; soy — IV, 19; LXXVIII, 16; CXXIX, 60; CXLV, rubrique, 27; CXLIX, 67: *apparaître*; apperra fut. 3 table des rubriques; appert ind. pst. P3 CXL, 33: *être visible*; impers. CLII, 23: *apparaître*.

ap(p)artenir (apar- VI, 37; appar- 9 occ.), LXV, 46: *appartenir à, revenir à, incomber à*; XXVII, 64: *être proche*; impers. VI, 37; XIV, 10; XX, 30; XXIII, 54; XXIV, 49; XXVII, 9; XXXIX, 28; XLIII, 10; LVIII, 9; LXII, 12; LXXXV, 35; XCII, 23; CII, 21; CXXVIII, 76; CXXXI, 41; CXLIV, 41; CL, 31: *convenir*.

appeller (44 occ.), — par paroles + adj. XXIV, 42: *adresser des propos + adj., interpeller + adv.*

appertement XVI, 16; CXLVI, 29: *rapidement*.

ap(p)eter VII, 10; LXXIV, 22: *désirer ardemment, convoiter*.

applain (tres-) CXXIV, 10: *parfaitement*.

appoint CXXXVI, 19: *parfaitement*.

appointier LI, 24: *préparer*; appointié pp. pa. XLII, 2: *prêt*.

ap(p)orter (29 occ.; app- 16 occ.; ap- 13 occ.): *porter, apporter*; ainsi que l'aventure l'apporta XXII, 45: *par hasard*; selon ce que son cuer lui apporta LVIII, 7: *selon l'inspiration de son cœur*.

approuver, soy — LI, 89: *se comporter*.

aprendre (6 occ.), CVII, 26: *avoir l'habitude, l'expérience*; — une coustume LXXII, 66: *prendre l'habitude*; aprindrent PS 6 LXIX, 51; aprins(e) pp. pa. LXXII, 66.

aprés (175 occ.) XXXII, 4; LXXIX, 24; CXVI, 6: *d'après*.

aquitié* CXXXV, 39: *affranchi, libéré*.

arain LIV, 51, 69: *airain, bronze*.

araisonner CX, 65: *parler à, s'adresser à*.

arbalestrier CXXXIX, 19, 23: *soldat armé d'une arbalète*.

arbroie, arbroye LXXXVI, 8*; CXXXVIII, 24: *lieu planté d'arbres; lieu couvert d'herbe?*

arceveschié, subst. fém., CLIII, 28: *archevêché*.

archangele XXI, 58: *archange*.

ardeur CIV, 57: *feu (amour)*.

ardoir table des rubriques XVII;XLV; XVII, rubrique, 21; XXVII, 89; XLV, rubrique, 27; LVIII, 77; LXII, 56; XCI, 58; CIV, 76; CXLIII, 46; CXLVII, 44; pp. passé ars(e) table des rubriques LXV; XVII, 48, 50; XXV, 116; LXIV, 60; LXV, rubrique, 75; LXVI, 12; LXXX, 8; XCII, 71; CX, 71; CXVI, 13; CXX, 48: *brûler.*

areng- voir ar(r)eng-.

ariv- voir ar(r)iv-.

armes pl. (84 occ.), CXVI, 30: *exploits;* XXXV, 7; LI, 96, 99: *armoiries;* — de Nostre Seigneur XIII, 34: *vêtements sacerdotaux;* appareil d'— XCVII, 2; CVI, 2; CXXIII, 6, voir ap(p)areil; cotte d'— LI, 60, voir cotte; gens d'— 29 occ.: *soldats;* fais d'—LXXII, 26; XCVII, 4; CVI, 42; CXVI, 25; CXXVI, 64: *exploit;* (h)ache d'— XXIX, 59; LII, 21; XCIX, 84; CVI, 82; CXX, 35; CXXXIV, 32, voir (h)a(i)che; homme d'— 13 occ.; huissier d'— LXX, 35, voir huissier; merveilles d'— CXXVI, 45 voir merveille; prest en — XI, 64; XXVII, 53: *équipé;* CXXXIV, 27: *armé;* par force d'— 6 occ., voir force; faire d'— CVI, 44; CXLI, 17: *faire des exploits;* soy mettre en — CXXVI, 34: *s'équiper.*

armer (27 occ.) LXXVI, 29, 42: *fournir des armes et armer chevalier;* à main armee VIII, 50: *en armes, avec une armée* (voir *Toutes les herbes... s.v.* main, p. 355 / 503c); armé tout blanc XCIX, 73 (God., VIII, 328 b, *s.v.* blanc): *revêtu d'une cuirasse d'acier brillant.*

armures LI, 22; LII, 65; LXXVII, 7; XCIX, 45: voir C. Gaier, *Armes et armures dans l'univers médiéval,* Bruxelles, De Boeck Université, p. 358-360: «le mot "armure" peut désigner, comme aujourd'hui, un équipement défensif... Cependant il arrive également qu'il revête un sens mixte — contrairement à l'usage restrictif actuel — toute espèce d'armes, défensives et offensives.»

arnois LXVII, 9, voir harnois.

aroy voir arroi.

ar(r)engier (areng- 4 occ.; arreng- LXXVII, 18) XII, 20; LI, 50; LXXVII, 18; LXXXI, 20; CXXXIX, 19: *mettre en rangs.*

arrest, sans (faire) (plus d') — LXIV, 1; LXVI, 22; LXXXV, 44; CVII, 80; CVIII, 26; CXVIII, 60; CXXXIII, 25: *aussitôt*.

arriere table des rubriques CXLIX; XII, 46; XXV, 52, 120; XXXI, 86; LXVI, 53; CXXII, 25; CXXIII, 17; CXXV, 5; CXLIX rubrique: *à nouveau*; LV, 24: *derrière*; — de XCVIII, 77: *derrière*; tirer qqch. — de XCVIII, 79: *tirer qqch. en l'écartant de*; CVII, 6: *loin de*; soy aler — (de) XLVII, 51; CXLVI, 36: *quitter, s'éloigner de*; soy tirer — CXLVII, 55: *s'écarter*; soy tirer — de CXIII, 74: *s'écarter, reculer*.

arrierer, — qqn de CXV, 18: *éloigner qqn. de*.

ar(r)iver (ariv- 6 occ.; arriv- 49 occ.) il n'est pas toujours facile de décider entre le sens d'*arriver* et celui d'*atteindre le rivage, aborder* XVIII, 34, 41; XXII, 14, 73; XXVII, 5, 6; XL, 2; XLVI, 46, 58; XLVII, 1; XLVIII, rubrique, 44; LVII, 6, 7, 73; LVIII, 25; LIX, 28; LXIII, rubrique; LXVI, 47; LXVII, 38; LXX, 2; LXXV, 60; LXXVI, 1, 16; LXXXIII, 14; CI, 45; CXVII, 56; CXXIX, 4; CXLIV, 37.

ar(r)oy, erroy (arroy CXXXVII, 22; aroy CXIX, 71; erroy 2 occ.), LVI, 56; LXXVII, 6: *équipement, ordonnance*; CXIX, 71: *ordre*; mettre en — CXXXVII, 22: *ordonner*.

arrois, mettre les lances en — XII, 26: *faire prendre appui à la lance sur l'arrêt, se préparer à attaquer*.

ars(e) pp. pa. de ardoir.

arsoir XVII, 9: *hier soir*.

art LIV, 56: *magie, sorcellerie*; mauvais — LIV, 50: *même sens*; ars LXV, 78: *artifice, ruse, tromperie*.

assayer LVIII, 89: *mettre à l'épreuve*.

assemblee LXXXI, 13, 18; LXXXVIII, 33: *rassemblement, réunion*.

assembler (25 occ.): *rassembler, réunir*; — à XII, 12: *attaquer*.

assés (44 occ.), **assez** (12 occ.): *large gamme de sens qui va de beaucoup, très à assez, suffisamment*; — tost XXV, 113; CXXXI, 56: *bientôt*.

asseuré L, 52; CXIX, 67: *certain*; CVI, 27: *plein de confiance*; LV, 37; LXXXIV, 39: *hardi, ferme*.

asseurer, soy — LIV, 34; CXVIII, 44: *se rassurer*; LXV, 37: *être en confiance, se sentir en sécurité.*
assigner XCVIII, 89: *frapper, assener un coup*; — à XXXIV, 13: *destiner à.*
assis CXXIX, 20; CXXXVI, 42: *sis, situé.*
assouvy XCVIII, 12: *parfait.*
atant (20 occ.): *alors.*
atant* LXVII, 6: *autant.*
atisement VI, 21; VII, 2: *brûlure, excitation.*
atourner, pp. pa. m. sg. CXXXI, 20: *mis à mal, malmené.*
atiser IX, 21: *susciter, faire naître (un sentiment).*
atout (60 occ.): *avec.*
attaindre (4 occ.), *toucher, atteindre*; attaindist PS 3 XXX, 8.
at(t)isier (atis- 5 occ.; attis- VI, 22), VI, 22, 31, 47; IX, 21; XI, 42; CII, 9: *aiguillonner, exciter.*
attraire, attrayre CXI, 29; CXIV, 51: *attirer.*
au(c)tori(c)té, auttorité (auctorit- 6 occ.; autorité VIII, 36; autoricté X, 21), VIII, 36; IX, 24; X, 12, 21; XIII, 54; XIV, 29; XXVII, 43: *pouvoir*; Auctoritez prologue, 1*: *Sentences* (titre d'une œuvre d'Isidore de Séville, voir index des noms propres).
aumachour XII, 15: *dignitaire oriental, émir.*
aumo(n)sne (aumonsn- 8 occ.; aumosn- 21 occ.): *aumône.*
aumo(n)snier (aumonsn- 3 occ.; aumosn- 2 occ.), LXXIII, 56; LXXIV, 24; LXXX, 41; CXXX, 37; CXLIV, 46: *personne chargée de la distribution des aumônes, dispensateur d'aumônes.*
aussi (181 occ.), et — (100 occ.); XII, 41: *et pourtant.*
autentique II, 1: *dont l'autorité est reconnue.*
autre(f)fois (autreffois 11 occ.; autrefois 5 occ.), XXXIII, 7, 71; LXII, 19; XC, 52; XCI, 49; CX, 12; CXII, 8; CXXI, 57; CXXIV, 63; CXLV, 62: *dans le passé (proche ou lointain)*; XXXIX, 58; LXXI, 15; XC, 36; CXVIII, 29; CLI, 14: *déjà*; XXVI, 25: *la fois précédente.*
aval prép., aler — la ville CXLV,5: *descendre dans la ville.*
avaler XLVIII, 24; CVII, 5 *descendre*; — une voile XLVIII, 29: *affaler une voile.*

avancement, — de mon fait: XXV, 72: *à mon instigation, grâce à moi*, voir fait.

avant (43 occ.), mettre qqch. — LXV, 18: *proposer.*

avec (185 occ.), — ce que LII, 50; LXXIII, 40: *outre que.*

avene LXXXVII, 51: *avoine.*

aventure (48 occ.) XXII, 45; XXXIII, 52; LXXI, 20; LXXXII, 46; CVII, 65; CXIV, 69; CXXI, 35: *ce qui survient, événement*; belle — LXVII, 20: *heureux événement*; male — XXXI, 25: *méchanceté, trahison;* XLII, 26; CXXXVI, 37: *malheur, infortune*; à l' — LXXXII, 66; LXXXIII, 6; CI, 20: *au hasard*; d' — XLIX, 21; LXXVIII, 52; LXXXV, 3; XC, 13; XCIV, 43; XCIX, 22; CIX, 32; CXI, 71; CXIX, 50; CXLII, 24: *par hasard*; par (aucune) — XXIV, 45, 46; XXV, 24 (leçon rejetée); XXXI, 96; XXXIX, 24; XLIV, 8; LXXV, 14, 38; LXXXII, 70; XCIX, 64; par cas d' — LXXIII, 41: *par hasard (FEW* Amyot); par male — CXXVII, 62, 107; CXLI, 60; CXLVII, 43: *par malheur*; aler à l' — (de Nostre Seigneur) XV, 34; (de Dieu) CVIII, 57; CLI, 31: *aller sous la protection de…*; donner bonne —: XXII, 58: *garder, protéger*; estre en grant — de XXXV, 18: *risquer de*; soy mettre à l' — XCVIII, 84: *s'exposer, courir des risques*; soy mettre en — de mort CVI, 58: *risquer sa vie*; mettre son corps en — L, 43: *risquer sa vie.*

aventurer, soy — LXXII, 29; LXXVI, 25, 27: *se risquer*; — son corps LXXVI, 44: *risquer sa vie*; — sa vie LIII, 10; LV, 56: *risquer sa vie.*

avironner XXXI, 82; XLVI, 49; XLVII, 31: *entourer*; LXXII, 23; CXXIII, 11; CXXXVII, 2: *entourer, assiéger*; LXV, 4: (sens figuré) *entourer, envahir (le cœur)*; LVII, 61: *faire le tour de, parcourir.*

aviseement LXXXIV, 4: *de façon avisée, réfléchie.*

aydans, pp. pst. substantivé, m. pl. CXXXVI, 17; CXL, 72: *alliés.*

ayse, voir aise, adv. XXXI, 98.

ba(c)ques* CXVI, 59, 60: *bagages.*

baguer XVII, 57: *faire les bagages.*
baillier (43 occ.): *donner, confier*; — en (la) garde XXIV, 76;
XXV, 52-53; LXIII, 68; CIII, 31; CXIII, 8: *confier*; — aucun
consentement de voulenté à qqn. IX, 33: *consentir à la
volonté, au désir de qqn.*; — l'assault CXXVI, 62: *donner
l'assaut*; baillie(s)* pp. pa. fém. LXIII, 68; LXIV, 15.
bais(s)(i)er (bais- 30 occ.; baiss- 5 occ.): *embrasser.*
ban LI, 9; CXLVI, 6, 10, 11: *proclamation publique*; faire les
—s XCV, 78: *publier les bans (pour un mariage).*
baptisement, baptizement, baptizemans (baptis- 3 occ.;
baptiz- 3 occ.), XXXVI, 39; LVI, 67; LXVII, 28; LXXIX, 26;
CIII, 46; CVIII, 37: *baptême.*
baques CXVI, 59, voir ba(c)ques.
baron (53 occ. toujours au pluriel): *homme de haute
naissance, proche de son seigneur; seigneur et baron sont
souvent synonymes.*
basses vespres CVI, 40; CXXVI, 62: *les vêpres se situant vers
18 heures, l'expression signifie tôt dans la soirée.*
bastille CXXXVIII, 61: *ouvrage de fortification temporaire.*
ba(s)ture CXXV, 43; CXLIII, 7: *coups.*
bataille (61 occ.): *combat*; XXXV, 4; XXXIX, 1; LI, 31, 45,
49; LXXXVI, 4, 16, 22, 31; CVII, 3, 13; CXIX, 60: *corps de
bataille*; ordonnance de — XII, 19; LI, 57: *ordre de bataille*;
aroy de — CXIX, 71: *ordre de bataille*; ordonner la — XI, 67:
mettre en ordre de bataille; (soy) mettre en — XII, 9, 20;
LXXVII, 18; CVI, 27: *mettre en ordre de bataille.*
bave CVIII, 17: *bavardage.*
baveur CVIII, 17: *bavard.*
bel, cui qu'il soit lait ou — CX, 76, voir lait.
benigne, (tres-) prologue, 21: *bon, bienveillant.*
benignement CXXI, 19: *avec bienveillance;* (tres-) XIII, 6;
LXXXIX, 3; CIX, 43, 58; CXIII, 35; CXXI, 33, 43.
benignité prologue 46; X, 40; LVII, 57: *bienveillance.*
benoi(s)t (benoit 10 occ.; benoist 6 occ.; benois masc. pl. 6
occ.; benoiste XLVII, 35; benoite(s) 8 occ.): *saint.*
bescousse LXXXIV, 50: *agitation, bataille.*

besoing (25 occ.), à ce (grant) — VIII, 9; IX, 9; XVI, 27; XXI, 33, 62; LI, 20; CIV, 71; CXIX, 13: *en cette (grande) nécessité, dans ces circonstances critiques*; avoir — XXIII, 44; XXXI, 30; LII, 14; LXXVII, 67; CI, 67; CIX, 46; CXI, 77; CXII, 55; CXVI, 57; CXLI, 48: *avoir besoin*; estre — XXI, 57; XLV, 14; LI, 39; LXXXIII, 37; LXXXVIII, 29; CXXXVII, 18: *être nécessaire*; faire — LXVIII, 14: *être nécessaire.*

besoingne (19 occ.) X, 45; XIX, 12; XXV, 13; XXXIX, 62; LI, 46; LII, 55; LXI, 43; LXV, 15, 20; LXVI, 34; LXXXV, 6; XCI, 3; XCIX, 68; CXXXI, 35; CXXXII, 49: *affaire*; XXXVIII, 18; XL, 34: *tâche*; comment la — avoit alé CXIX, 51: *comment allaient les affaires, quelle était la situation*; furnir la — LI, 3: *accomplir la tâche*; besoingnes (8 occ.) II, 37: *activités*; LI, 27; LIII, 35; LIX, 24; LXVII, 7; LXXVI, 14; CXLVIII, 61: *affaires*; belles —s: LXVII, 25: *exploits.*

besoingnier IX, 31; XCIX, 69: *faire.*

bien (≈ 35 occ. subst.), subst. a — que + subj. CXXVII, 72: *c'est une bonne chose que.*

bienv(i)e(i)gner (bienvegna XCIX, 67; bienveigna 2 occ.; bienviegna LVIII, 31), LVIII, 31; LXXVIII, 46; XCIV, 75; XCIX, 67: *souhaiter la bienvenue.*

blandir, blandissant pp. pst. fém. sg. XL, 19: *flatter.*

blasme, estre au — de qqn. XCV, 81: *être dédaigné, méprisé*, voir Huguet *s.v.* blasmer: *dédaigner.*

blason XXXIV, 48: *bouclier orné de signes distinctifs (portraits, armoiries, La Belle Hélène de Constantinople*, éd. critique de C. Roussel, Droz, 1995, glossaire, *s.v.* blason, p. 826).

bocquet XXIV, 23: *petit bois.*

boise CIV, 76: *bûche.*

boiste, boitte XXXVII, 12, 15; XXXVIII, 3; XLI, 31: *boîte à courrier.*

bon (276 occ.) estre — à qqn. LXXII, 16: *être agréable, plaire.*

bonnement IV, 21; CXLII, 33; CXLV, 5: *facilement, de bon cœur*; XCIV, 13: *dans de bonnes conditions.*

boquel CXXXIII, 6*: *bossu.*

borgne CXLIV, 15*: *borgne; emploi figuré "illuminé"?*

bo(u)tequin XLVIII, 30, 37; LXIX, 14: *nacelle, petit bateau annexe, qui permet de s'approcher de la rive.*

bourse, **bource** XXXI, 61, 64: *petit sac, pendu à la ceinture, destiné à recevoir des piécettes d'argent ou parfois des reliques (ici le sceau du roi).*

boutaillier LXXIII, 47: *échanson.*

bouter (24 occ.), prologue 37; CXLIII, 46: *mettre;* XXV, 53; LXXIII, 64; CXII, 22; CXLVII, 45: *chasser;* XXX, 6, 7; XXXII, 24; LII, 30; CXXXIX, 36: *enfoncer;* — en prison CXIV, 38: *jeter en prison;* soy — XII, 56, 91; XXX, 11; LI, 85; CVI, 75: *s'enfoncer;* soy — LXXXVI, 10; CXXIV, 29: *pénétrer;* soy — CXXXIX, 25: *se jeter;* soy — CVII, 49; CXII, 59: *se placer, se réfugier;* soy — (fig.) XXIV, 47: *se livrer à, s'adonner à;* soy — soubz le cop de qqn. CXXXIX, 35: *esquiver son coup.*

bove CXL, 8*: *trou, souterrain.*

brass(i)er pp. pa. masc. sg. LX, 66: *fomenter, tramer.*

braire, brayant pp. pst. LV, 94: *crier, hurler.*

brief (21 occ.; briest CXVIII, 25*), adj. LXV, 30, 69; CI, 18: *rapide, court;* adv. XVII, 23; XXXVI, 32; LVII, 65; LIX, 68; CXVII, 14; CXVIII, 25; CXIX, 15; CXXVIII, 19; CXLIII, 119; CL, 49: *rapidement, sous peu;* en —: XXV, 39; XXIX, 7; XLII, 63; LV, 13; LVIII, 15; LXXVII, 27; XCVIII, 22; CXXII, 28; CXXXVIII, 36: *rapidement.*

briefment III, 22; X, 18: *rapidement.*

briest CXVIII, 25*, voir brief.

brigandinier CVI, 31: *soldat revêtu d'une brigantine.* J. Favier, *Dictionnaire de la France médiévale*, Paris, Fayard, 1993, p. 189, *s.v.* brigandine: «vêtement de protection fait d'un pourpoint doublé de lames de fer et porté dans la seconde moitié du XVe siècle par […] toutes gens à pied incapables de posséder une armure de plates et collectivement qualifiés de brigandiniers».

bruit (5 occ.), mener — XII, 21; LV, 72; LXXXVI, 5: *se conduire bruyamment.*

bu(c)quier XCVIII, 66, 72: *frapper, cogner.*

buer LXXIX, 55; LXXX, 39: *faire la lessive.*

butiner CXXVII, 21: *faire du butin.*

buyee* XXXI, 88: *lessive.*

calengier CXVIII, 61; CXXIV, 28: *disputer, revendiquer par la force des armes.*

capitain(n)e (22 occ.) *chef d'un corps d'armée*; LXXVI, 7, 8, 36, 46; LXXVII, 8, 40, 42, 45, 62; LXXVII, 2; CXXXII, 55, 57; CXXXIII, 28; CXXXIV, 5: *chef militaire d'une ville, d'une région.*

carpentier CXXXVIII, 60: *charpentier.*

cas X, 5; XL, 14; XLIII, 29; LXII, 15; LXIV, 3; XCV, 82; CXXVIII, 76; CXLV, 9: *fait, affaire, cause*; LXV, 71: *forfait* (*FEW* II₁ 480a); — d'aventure LXXIII, 41: *d'aventure*; ou cas que LXXIV, 32; XCII, 7: *pour le cas où, si.*

cathologe CXXVIII, 63: *catalogue.*

cause (93 occ.) *cause, raison, affaire*; n'avoir — de LXII, 42: *ne pas avoir de raison de;* à ma — XCII, 64, 65: *à cause de moi, de mon fait;* sans — 19 occ. dont 18 non sans —: *sans raison.*

cautelle, à — XXXIV, 18: *par précaution.*

cave XXXI, 47, 68; XLVII, 33: *cave;* CXXVI, 41; CXXXVII, 43; CXL, 9*: *caverne, lieu souterrain.*

ce conj. voir se.

cel(l)er (cel- 13 occ.; cell-: IV, 30), IV, 30; XXV, 25; XXXII, 18; XXXIII, 66; XXXIV, 56, 67; XLVI, 23; LIX, 33; LX, 74; CIX, 75*: *cacher, dissimuler*; soy — XLVIII, 43; CXLVII, 59; CLII, 37: *se cacher;* estre celé (en parlant d'une personne) XXXII, 36: *rester dans l'ombre, ne pas être dénoncé.*

celestien, adj. fém. sg. CXVIII, 75: *du ciel, divine.*

certain (25 occ.) *sûr, certain, assuré (référent animé ou inanimé)*; III, 5; XXV, 81: LXXII, 5: *de confiance*; VIII, 25; XV, 20; XLI, 10; XLV, 14; LIII, 31; LXVII, 18; CXXXVIII,

67: *quelque, un (pluriel des), un... donné*; de — VIII, 45; XV, 28; XXI, 51; XXXIX, 56; XLVI, 27; LXVI, 47; CXII, 74; CXLVIII, 5: *de façon assurée, sûre*; pour — CIX, 5: *même sens.*

certaineté XIX, 6; CXXIX, 28: *vérité.*

certif(f)ier, — que LII, 51; LXII, 29; CIX, 77; CXLVI, 4*: *assurer que*; — à qqn. de qqch. LXXXIII, 66: *notifier qqch. à qqn., informer qqn. de qqch.*

cesser (26 occ.) *cesser (de)*; ne pas — jusques IX, 42; XXX, 20; XXXVIII, 25; LXI, 32; CXVIII, 82; CXXXVI, 40: *ne pas s'arrêter de cheminer, poursuivre sa route, sa quête*; ne pas — continuelement CXXXIV, 17: *ne pas cesser*; ne — que + fut. ant. LXII, 59: *ne pas cesser avant d'avoir...*; ne pas — si (se) + fut. ou fut. ant. XL, 38; LVII, 59; LXXVII, 57; CXXXVI, 38; CXL, 70: *ne pas cesser avant de...*

chaille XXX, 94, voir chaloir.

chaleur CXXIV, 29: *ardeur au combat*; pl. VIII, 59: *ardeur du désir amoureux.*

chaloir, *v. impers.* chault ind. pst., XXV, 35; chaloit CXV, 3; chaille subj. pst. XXXI, 94; chalu pp. pa. LXII, 10: *importer.*

chambe* CXIV, 15: *jambe.*

chambre(s) (61 occ. sg.; 3 occ. pl.): *chambre*; XXXVII, 13; XXXIX, 19; CXV, 28: *pièce*; pluriel XXV, 48, 54; XLIV, 39: *appartements*; — des dames XVI, 10: *appartement des dames*; — coye XXXII, 33: *lieu d'aisance;* varlet de — LXXI, 34: *jeune homme chargé du service privé d'un seigneur ou, ici, d'une dame.*

chambrette CXXI, 30: *petite pièce,* ici *logement, abri.*

champ (LXXVII, 4 occ. sg.; 34 occ. pl.), en plain — LXXVII, 4: *en rase campagne, soit sur le champ de bataille*; es (sur les) —s XVII, 50; XXIV, 22; XXV, 47; LXXXVI, 9; LXXXIX, 6; C, 31, 38; CXI, 54: *à l'extérieur de la ville, dans la campagne*; es (sur les, parmi les) —s XII, 7; XXIX, 46; L, 38; LIII, 5; XCIX, 14, 26; CVII, 14; CXX, 11, 53; CXXIII, 36; CXXVI, 29, 39; CXXXVII, 20; CXLI, 25: *à l'extérieur de la ville, sur le champ de bataille*; (soy) (re)mettre es (sur les) —s XXVI,

57; LXXXVII, 30; LXXXVIII, 4; CVIII, 50; CXXIII, 5; CXXIX, 37; CXXXV, 58: *(se) (re)mettre en campagne,* (soy) mettre es (sur les) —s XXXIV, 35; LI, 39; LXXXVI, 12; CXX, 22: *aller au combat*; tenir les —s XCVII, 16: *occuper le terrain, être maître du territoire.*

chappel, chappeaulx XCIX, 80: *petit casque (qui se porte seul ou sous le heaume)*, voir C. Gaier, *op. cit.*, p. 364; *ici il s'agit d'un casque à l'intérieur duquel se trouve la huvette.*

char (8 occ.): *chair*; couvrir sa — LXXVIII, 18: *se couvrir* (≈ pronom personnel, voir *Morphosyntaxe du pronom personnel...*, p. 377).

chargier (16 occ.): *charger (au sens propre ou figuré), confier*;— qqn. à qqn. XVI, 8: *confier qqn. à qqn.*; — qqch. à qqn.: LVIII, 53, 60; LXXXV, 27; CII, 62: *confier qqch. à qqn.* impers. estre chargié à qqn. (que ou de) XXXVI, 48; XXXVIII, 12; LXXXVII, 56; XCVI, 39: *qqn. reçoit la charge de*; — une femme XXXIX, 47: *mettre une femme enceinte,* voir chargée: *enceinte, FEW,* II, p. 416 *s.v.* carricare.

charpenter IV, 19 pp. pa. fém. sg.: *tailler le bois.*

charroy LXXXVII, 37: *ensemble des chariots d'une armée.*

chascun, — à sa —e XII, 44: *chacun de son côté*, voir *Toutes les herbes...*, p. 103a *s.v.* chacun.

chault XXV, 35, voir chaloir.

chausses LXIX, 52: *chausses,* voir J. Favier, *Dictionnaire de la France médiévale*, Paris, Fayard, 1993, p. 264: «pièces de vêtement masculin qui protège les jambes. Les chausses montent jusqu'au genou au XIIe siècle, à mi-cuisse au XIIIe, en haut des cuisses au XVe. Par analogie avec le haut-de-chausses qui est une sorte de culotte, les chausses sont appelées bas-de-chausses au XVe siècle et bas au XVIe».

chemin (46 occ.), aler son — CLI, 31: *aller son chemin, poursuivre sa route*; entrer en son — CLII, 28: *prendre la route*; (soy) mettre ou (au, en, en son, en ung 36 occ.) —: *se mettre en route*; tenir — XVI, 45; LXXVI, 16: *poursuivre sa route*; par son — CV, 39: *en voyageant, à force de marcher.*

chenaille CXXXVII, 33: *injure: bande de chiens, canaille.*

cheoir, cheor (32 occ.): *tomber*; cheoient impft 2 occ.; cheïst PS 9 occ.; cheust PS 4 occ.; cheurent PS 5 occ.; cheoir inf. 5 occ.; cheor* inf. LXXVII, 23; cheant pp. pst. CVI, 66; cheu(z) pp. pa. 5 occ.

chetif, f. chetive CXLVI, 35: *misérable*.

chief XCIX, 71: *tête*; VII, 25; XII, 8; XXXI, 17; L, 46; CXXVI, 17: *chef*; — de justice LXV, 55: *responsable de la justice*; venir à — de qqn. CII, 37: *venir à bout de qqn., arriver à ses fins (= obtenir les faveurs de la dame)*.

chier(r)e (chiere 8 occ.; chierre CLI, 3), faire — XVII, 2; XXXVII, 8; XL, 18; LXX, 31; XCIII, 6; CXXI, 34; CLI, 3: *faire (bon ou mauvais) accueil*; faire tresmate — XVI, 12: *présenter un visage affligé*; avoir — d'estre LXXVI, 48: *sembler*.

chose sg. (138 occ. sg.; 36 occ. pl.):*très vague: chose, affaire, événement*; LVIII, 16, 73; LXXXVII, 68; CXXII, 50; CXXVII, 96: *créature, personne*; — terrienne XI, 18: *même sens*; XCIII, 23: *état, situation*; la — chose improspere du monde V, 13: *fortune*; —s LXXXIX, 14: *biens*; *employé avec le verbe* aler, *désigne l'état, la situation* V, 11; XVI, 20, 30; XVII, 37; XXXIX, 73; LXXXV, 13; CIV, 66; CVI, 84*; CXXXI, 34; CXLIII, 57; la — seroit trop longue (à racompter) XXXV, 13; CVI, 45; CXI, 62; CXXVI, 65: *le sujet serait trop long à traiter*.

ci(s)terne, cysterne (cist- 2 occ.; cyst- CXXVI, 23; cit- CXXVI, 31.) CXXIII, 30, 35; CXXVI, 23, 31: *souterrain*.

clamer V, 28; LXXXIV, 10: *déclarer, proclamer*.

clarifier XLVIII, 15: *glorifier*.

claron (2 occ.), **cleron** LXXVII, 20.) XII, 24; LI, 54; LXXVII, 20: *trompette au son clair et perçant*.

clerc, clers XIV, 15; LVI, 57; LXI, 43: *homme d'Église*.

cliner XVIII, 15: *tanguer*.

cloe(e) CXXXVIII, 11, 55: *claie*.

clorre (3 occ.) XLI, 15; CXXI, 65: *fermer, cacheter (en parlant d'une lettre)*; CXXXVIII, 76: *clore*; cloÿst subj. impft. 3, CXXXVIII, 76; close pp. pa. fém. sg. CXXI, 65.

coadjuteur LXXII, 45: *aide, acolyte*.

coffin LXXIX, 8; XC, 27, 47; CXLIX, 21: *couffin, petit panier*.

colee, — de chevalerie LXXVII, 11: *coup d'épée donné sur l'épaule ou la nuque de celui qu'on adoubait chevalier*.

combien (33 occ.), CLII, 16: *combien de temps*; — qu(e) (30 occ.) *quoique, bien que, même si*; — que* XXXV, 19; XLII, 21: *néanmoins*.

commandement (31 occ.), *ordre*; au —de prologue, 14; LVI, 20; LXX, 23: *sur l'ordre de*; par — de XLII, 21: *même sens*; par le — de: 9 occ.: *même sens*; accomplir le — XLIV, 30; LXVI, 18: *obéir*; donner — CXXVIII, 49: *ordonner*; faire — XLVI, 24; L, 36; LIV, 79; LVIII, 65: *ordonner*; faire le — XVI, 9; LXX, 28: *obéir*.

comender LXXII, 47, voir commander.

commander (77 occ.; LXXII, 47); LXXII, 47: *recommander*; — à Dieu XV, 25; LXXXIII, 3: *recommander à Dieu*.

com(m)(e) (comme 405 occ.; come 8 occ.; com XLVII, 36; conme table des rubriques VIII), — + subj. CXVI, 35*: *alors que*; — longuement que je attende XLVII, 36: *même si je dois attendre longtemps* (Ménard § 270, B, r 2); — ainsi soit que XLI, 2 (Martin § 88 r): *puisque*; —* vous est? LX, 16: *comment allez-vous*?

commencement (7 occ.) *début*; de — XXXVIII, 20: *pour commencer*.

comment (346 occ.), + subj. CX, 68*: *comme*; — (il) est (estoit) à qqn. XCIV, 30; XCIX, 4; CXXVII, 94*: *comment les choses vont-elles pour qqn.*; — vous est: *comment allez-vous* ?; — qu'il fut LV, 29: *quoi qu'il en soit*.

commere CII, 11; CIV, 31; CV, 4, 5; CXIII, 65: *ici mère d'un enfant baptisé (par rapport au parrain)*.

commis, estre — (de) X, 36; LXXVI, 7: *être chargé (de), avoir reçu une (la) charge (de)*.

commission: *charge donnée par quelqu'un à un autre afin d'agir pour lui*; XXVII, 45: *mandat*; — de la gouvernance (du gouvernement) du royaume LXV, 44, 58: *régence*.

commun CXLV, 22: *peuple*.

communement XXVIII, 32; LI, 63; LXXVI, 24; XCV, 55; XCVIII, 44; CXXVIII, 81: *habituellement*.

compaigne LV, 4: *celle qui partage (la vie, le sort... de qqn.);* faire qqn. — de (un empire) XIV, 34; *faire partager le pouvoir à qqn.* voir compaignon CXXIV, 66.

compaignie (61 occ.), XVII, 58; LVII, 64; CI, 7; CIII, 18; CXIX, 44; CXXIV, 32; CXXIX, 25; CLI, 24: *troupe, armée;* LXVII, 13; XCIV, 22; CXX, 40: *escorte;* LXXX, 16: *fréquentation;* XXXIII, 46; XCVIII, 27; CI, 9; CXIII, 64: *relations charnelles;* — charnelle XIV, 46; LXXIV, 22: *relations charnelles*.

compaignon (28 occ.): *compagnon, complice;* LXVI, 67: *celui qui partage (le sort, la peine...);* CXXIV, 66: *qui partage (le pouvoir);* XCV, 53, 72, 80, 83: *galant*.

comparer XCI, 54: *payer*.

compar(a)ison (comparaison XLV, 66; comparison 2 occ.), sans — XII, 40; XLV, 66: *incomparablement, infiniment;* CXXVII, 19: *en très grand nombre, sans compter*.

compere CII, 19; CIV, 46, 51; CXIII, 48: *parrain d'un enfant baptisé (ici par rapport à la mère);* pluriel CIV, 48: *parrain et mère du même enfant*.

competent IV, 23: *convenable*.

complaindre, (soy) — XLIII, 17; complaignoit impft. 3 XV, 47; XXIII, 2; complaindist PS 3 XLVII, 41: *se lamenter, pleurer*.

complaintes XLIII, 20: *plaintes*.

compte (25 occ.), LXIII, 56; LXXXII, 50; XCI, 47; CXIII, 78; CXXVII, 37; CXLVIII, 60: *récit;* faire (un long) — (de) LVI, 50; LXV, 68; CIII, 43; CXLIV, 28: *raconter, rapporter (longuement);* faire — de XVIII, 6: *parler;* faire — à CXIV, 34: *rendre compte à;* faire (ne... gaires de, peu de) — de XXV, 60; LI, 6; LXXII, 19; CXIX, 58: *faire peu de cas de, attacher peu d'importance à;* recorder tout son — de qqn. CX, 17: *raconter tout ce qui concerne qqn.;* rendre (bon) — (à qqn. de qqch.) XXV, 62; LX, 54; CXLII, 39; CLIII, 29: *rendre* *compte à (qqn. de qqch.)*; tenir un long — LXIV, 58: *faire un long discours*; tenir — LXXVII, 38; CXXIII, 47; CXXXVIII, 72: *faire cas de, attacher de l'importance à*.

compter (21 occ.): *raconter*.

concille X, 2: *assemblée*.

conclusion (4 occ.), — de son intencion XIV, 28: *décision*; prendre — de LXVIII, 57: *décider*.

condescendre, — à nostre humilité L, 54: *accepter nos conditions*, voir humilité.

condicion (6 occ. sg.; XXIV, 79 pl.), subst. pl. XXIV, 79: *comportement, manières d'être*; par — que: XLIII, 28; XC, 45; CXII, 35, 59; CXXII, 46 (+ fut. I ou II, ou subj.): *à condition que*.

conduit(t)e (conduite CXXXVIII, 39; conduitte 3 occ.), (estre) en la — de LXXXIV, 30; LXXXV, 8: *escorter, constituer l'escorte de*; à la — de LXXX, 27; *sous la conduite de*.

***conduit**, conduiz, subst. masc. pl.: CXL, 30: *ouvertures (voies souterraines)*.

confés XXI, 60: *confesseur de la foi*; soy rendre — de qqch. CXIII, 32: *se confesser de*.

confesser (11 occ.) LXV, 21: *avouer*; CXXV, 12: *professer, reconnaître*.

confession, fille en — CIX, 82: *fille, par filiation spirituelle* (voir *Les Quinze joyes de mariage*, éd. J. Rychner, Genève-Paris, Droz-Minard, 1967, fille de confession XV, 314, p. 113).

confidence LII, 16: *confiance*.

confondre XXI, 14, 17; CXVIII, 75: *abattre, réduire (il s'agit toujours de l'orgueil, domaine religieux)*.

confort V, 24; XXIII, 44; LIX, 15; LXVII, 46, 53; CXXXII, 38; CXLVIII, 18: *réconfort, soulagement*.

conforter LXVII, 51; CV, 25; CX, 5: *réconforter*; LXXXII, 77: *rendre fort, soutenir*.

confusion LXXXIX, 9: *désordre, trouble*.

confuz CXV, 22: *vaincu, anéanti*.

congié (38 occ.) XIV, 63; LXXV, 18: *autorisation*; avoir —
XCIV, 16: *avoir l'autorisation de partir*; demander —
XXXIII, 68; LXXV, 37: *demander l'autorisation de partir*;
donner — XV, 9; XXV, 90; LXXV, 29; XCIV, 5: *donner à
qqn. l'autorisation de partir*; prendre — (27 occ.) à ou de qqn.:
prendre congé de qqn.; requerre — LXXV, 35: *demander
l'autorisation de partir*.

congnoissance, cougnoissance (congn- 6 occ.; cougn- 3 occ.),
LXV, 46: *décision;* CXXI, 25; CXXX, 49: *connaissance*;
CLII, 7: *signe de reconnaissance, preuve, indication;* avoir —
de qqn. XXV, 16: *savoir qqch. de qqn., être informé au sujet
de qqn.*; CXLVI, 2: d'où *reconnaître*; estre de la — de qqn.
CX, 37: *être connu de qqn.;* faire sa — XCII, 77: *se faire
reconnaître*.

congnoistre, cougnoistre (cogn- 2 occ.; congn- 16 occ.;
cougn- 30 occ.): *connaître*; table des rubriques XC; CXII; XC,
rubrique; CVIII, 41; CXII, rubrique; CXXI, 28: *reconnaître*;
LXIV, 39; LXV, 26, 70; table des rubriques LXVI; LXVI,
rubrique; CXIII, 79; CXXVII, 84: *avouer*; LXIV, 35; CIX, 60;
CX, 10: *révéler, dévoiler*; — pour vray XCI, 29: *savoir, être
sûr*; avoir à — de* XCV, 82: *être compétent pour juger d'une
affaire*.

conjoÿr XCIII, 1; XCVI, 37: *faire bon accueil, fêter, bien
traiter*.

conquerir (25 occ.), + c.o.d. de personne prologue 32; LIV,
15; LXXXVII, 8; CVIII, 40: *dominer, vaincre*.

conquester (14 occ.), — qqch. sur qqn. LI, 90, 94: *gagner*; +
c.o.d. de personne XXIII, 51: *obtenir, faire la conquête de*.

conray LII, 63, voir conroy.

conroy, conray, soy mettre en — CXVII, 28; *se mettre en
bonne ordonnance*; tenir — LII, 63; CVI, 78; CXX, 38; CXLI,
12: *tenir en bonne ordonnance*.

conscience (4 occ.), faire — de XLV, 8, 15: *avoir des
scrupules à*.

conseil (50 occ.), **consaulx** (CXIX, 3): *conseil, avis*;
assemblée 19 occ.; avoir — VII, 28; VIII, 61; XVII, 24;

XXIII, 30; CXIX, 2; CXXIV, 70: *réfléchir, délibérer, décider*; estre en — CXIX, 30 (en ses consaulx); CXXXVIII, 13: *réfléchir, délibérer*.

conseillier (8 occ.): soy — LXXXIII, 23: *délibérer*; soy — à XXIII, 71; XLIV, 4: *prendre conseil auprès de*; estre conseilliez de CXXV, 5: *être décidé à, être disposé à*.

consentement III, 35; IX, 33; XXVII, 49; LXXXV, 24: *accord*.

consentir (3 occ.), soy — XXV, 10; LIV, 65: *accepter*.

consequemment LXIV, 22, **consequammment** LXXIV, 44; *ensuite*.

considerer (11 occ.): XIV, 40; XXV, 29; *examiner, considérer*; XLVI, 12; LI, 27; LIX, 7: *comprendre, se représenter*; — en soy mesmes que XCII, 42: *considérer que*; — que LXXIV, 43: *prendre en considération le fait que*; considéré X, 21: *compte tenu de; étant donné*; consideré que XXVII, 63; LXXII, 61; CXXXVIII, 9: *étant donné que*.

consirer, soy — VII, 4: *se tenir pour satisfait, se contenter*.

consoler (4 occ.) XIII, 12: *soulager, réconforter*.

constituer VII, 33: *désigner*; LXXXVII, 11 *établir, construire (bâtiments), assigner (personnes)*, voir *FEW* constituer un lieu: *déterminer le lieu où se passe telle chose*.

constraindre, LXV, 4: *oppresser*; — de III, 24; V, 11; LXV, 17; LXXXVII, 74: *obliger à, forcer à*; constraint CXLVIII, 13: *ému, bouleversé*; contraignoit impft 3 LXV, 4; LXXXVII, 74; constraindist PS 3; constraint(e), pp. pa., LXV, 17; CXLVIII, 13.

contenance XIV, 52; XVII, 4: *comportement*; XXXIII, 16, 59; LXX, 18, 44: *attitude, maintien, manières*.

contenir (16 occ.), soy — XXXI, 49; XCIX, 82: *se conduire, se comporter comme il convient*.

contendre, — à LI, 80; CXVIII, 68: *s'efforcer de, tendre à*; content ind. pst. 3 CXVIII, 68; contendoient ind. impft. 3 LI, 80.

content, contens (10 occ. masc.; 4 occ. fém. sg.; 3 occ. pl.) XXXVIII, 18; LVIII, 92; LXXV, 49; LXXVII, 47; LXXXV,

32; XCII, 41, 43, 44; (tres-) CXXXIV, 61: *satisfait*; mal —
XII, 78; XXXVI, 52; XLIII, 13; XCI, 53; CXLV, 7: *contrarié*;
tresmal —(e) XCI, 53; CXLV, 7: *mécontent, furieux*; XCII,
28: *qui n'est pas satisfait*; estre — de XIV, 20: *accepter de,
consentir à*; estre — que LXXIII, 28; CXII, 61: *même sens*.

contenter XXXVIII, 17 (corr.); LXXI, 29; LXXVII, 47:
récompenser.

continuel(l)(e)ment (continuelment 3 occ.; continuelement
CXXXIV, 17; continuellement VI, 17), VI, 17; XVIII, 25;
CXXVI, 28; CXXXIV, 17; CXXXVIII, 55: *sans interruption*.

contraire (10 occ.), adj. subst. LI, 101: *contraire*; adj. LIX, 5:
opposé; CXL, 43: *contraire (en parlant du vent)*; au — XXV,
38: *en sens opposé*; du — XVIII, 12: renforce la négation; par
le — XIV, 19: *de façon erronée*; aler au — LIV, 85:
s'opposer; XCV, 66: *changer d'avis*; dire du — XXV, 30:
s'opposer, contredire; estre à grant — CXXXII, 40: *être
préjudiciable*.

contredire, — à XXIII, 69; XCIX, 39: *s'opposer à*.

contredit, sans — XXI, 55; LV, 35: *sans opposition*.

contremont CVII, 8: *en remontant, vers le haut*.

contrepareil XXXI, 28: *identique*.

convenir, couvenir (conv- 28 occ.; couv- 21 occ.) vb. impers.
*il convient, il faut (l'objet est construit tantôt directement,
tantôt indirectement)*; faire — XCV, 88, 90; CXXXVIII, 60;
CXIII, 53: *faire venir*; laisser — de XIII, 45: *laisser faire,
laisser s'occuper de*.

convent, convens, avoir en — CXXII, 47: *promettre*; tenir —
XX, 45: *tenir une promesse*; entretenir convens XCIV, 13:
faire respecter des promesses.

cop (22 occ.), à — CVII, 55: *aussitôt, sur-le-champ*; — à —
XCIX, 85: *par leurs coups répétés, progressivement*.

coquin(e)(s), **quoquin** (LXXX, 59), LXXX, 4!, 49, 53, 59;
LXXXVII, 81; CXLVI, 32, 40: *vaurien, misérable*.

co(u)ra(i)ge (corage XIV, 56; coraige 3 occ.; courage XII, 34;
couraige 25 occ.): *cœur, dispositions intérieures*; en son (leur)
— LXXXII, 60; LXXXIV, 23; LXXXIX, 33; CXII, 70: *dans*

son (leur) cœur, intérieurement; de son —, CXLIII, 56: *de lui-même, spontanément (?)*, voir *Morphosyntaxe du pronom personnel... p. 377-378);* prendre — XII, 34, 53; CXX, 27: *prendre courage.*

cordial, cordiales adj. fém. pl. XVIII, 21: *qui vient du cœur.*

corps (69 occ.), LVIII, 17; CVII, 64: *homme, personne;* XC, 5, 58; CVIII, 56; CXIII, 20: *personne* (± pronom personnel);— d'homme CI, 7: *même sens;* nul — d'omme XII, 55: *personne;* aventurer son — LXXVI, 44: *risquer sa vie;* couroucier du — XXIV, 64: voir courouc(i)er; mon — LXIV, 33; XC, 5; CXLVI, 18: *personne,* ≈ pronom personnel; employer son — CXIII, 20: *mettre ses forces à, s'employer à;* faire merveilles de son — CXVII, 39: *se battre courageusement, accomplir des exploits;* mettre son — en aventure de mort L, 42; LXII, 62: *risquer sa vie;* sauve son — LXXXVI, 51: voir sauve; par la foy et serement de mon — XXIV, 66; XXXIV, 59; CIV, 40: *sur ma tête, sur ma vie;* pour ces emplois fréquemment proches du pronom personnel, voir *Morphosyntaxe du pronom personnel... p. 373-376).*

corsaige LXXI, 23: *corps, taille.*

corrumpu pp. adj. fém. sg. XXII, 95: *brisée, courbatue.*

corrupcion LIV, 90: *souillure.*

costeaulx CVI, 80, voir coutel.

costille XCVIII, 63, 74: *sabre court à deux tranchants; épée courte et large, à pointe aiguë, que portaient les gens de pied.*

cotte CXLVII, 45: *sorte de tunique (vêtement de dessus);* — d'armes LI, 60: *cotte qui se revêtait par-dessus le haubert.*

cou- voir con-.

coulpe planiere absolucion de peine et de — XIII, 25-26, voir absolucion; plain pardon de pein(n)e et de — LI, 36: *absolution, comportant la rémission des péchés et la satisfaction qui s'y rattache;* avoir — XXXIX, 46: *être responsable.*

coureur LXXXIII, 15: *éclaireur.*

co(u)r(r)ouc(i)er (corrouc-LXXXV, 11; courouc- 4 occ.; courous- 2 occ.; courrouc- 5 occ. courrouss- LXXX, 12.), —

du corps XXIV, 64: *maltraiter, faire un mauvais parti*; — qqn. XXIV, 67; XL, 37: *même sens*; soy — (à) LXXX, 6, 12; CXV, 40: *se mettre en colère (contre qqn.)*; couroucié XVII, 5; XL, 36; LXXXV, 11: *en colère*; II, 40; XCVII, 22: *affligé*; (tres-) XCIII, 27: *contrarié*; CII, 16: *peiné*.

courir (23 occ.), — sus CXX, 22; CXXVII, 11: *courir après, attaquer.*

courroye CXLV, 51: *ceinture.*

course, faire une — CIII, 35; XCVII, 17; CXXXII, 56: *faire une incursion, une attaque*; soy mettre à la — CXI, 52: *se mettre en route.*

courtine XCVIII, 67: *tenture masquant une partie d'une pièce, pouvant servir à délimiter plusieurs compartiments dans une même pièce.*

coustume, de — XXII, 44; LXXXI, 13: *habituellement*; aprendre une — LXXII, 66: *prendre l'habitude.*

coustumierement XLIX, 24: *habituellement.*

coutel (5 occ.), **couteau** (XXXVII, 55), **costeaulx** (CVI, 80), XXX, 5; XXXII, 24; XXXVII, 55; XLI, 28; CVI, 80; CXIII, 69; CXLVI, 38: *couteau.*

couvenance LXXX, 36: *accord.*

couvert LXI, 49: *caché, dissimulé*; par —es paroles XCVII, 76: *en termes ambigus*; à — XCIX, 56: *secrètement, de manière dissimulée.*

couverture, par — XXVII, 67: *par feinte, de façon détournée*; sur ceste — XCVII, 80: *même sens.*

couverture CIV, 43: *couverture*; LI, 24: *housse, couverture pour les chevaux.*

couvoiteux XXXVI, 56: *cupide*; CXLII, 35: *envieux.*

couvoitier VI, 32; IX, 5; X, 8; XX, 14; XXIII, 36: *désirer.*

couvoitise, mauvaise — CII, 44: *cupidité*; faulce — CIX, 25: *envie, jalousie.*

couvrir XLI, 26; XLIII, 3; CIV, 19: *cacher, tenir secret*; soy — XIX, 9; XLVIII, 43: *se cacher, dissimuler son identité.*

coy, adj. fém. sg. chambre —e voir chambre XXXII, 33.

coyement XV, 24: *calmement.*

crem-, voir cremir.

cremeur LVII, 18; LXVI, 6; CXXV, 25: *crainte*; tenir qqn. en — LIV, 59: *craindre qqn.*

cremir: *craindre, redouter*; cremoit, cremoient impft. 3, 6 XXXI, 19; CXVI, 39; CXLV, 2; cremant pp. pst. masc. sg. CXLIV, 4; cremeu pp. pa. masc. sg., III, 7; XI, 38; XXIX, 13; CIV, 21.

crestienner, soy — LXIX, 5: *se convertir à la foi chrétienne.*

cretel* CVII, 31, 34; CXLI, 24: *créneau.*

crier (46 occ.), LXV, 7: *réclamer*;— alarme LXXXIV, 54: *appeler aux armes, au combat*; — l'assault CXXXIX, 10: *crier que l'on va donner l'assaut*; — son cris XXX, 9; LI, 79: *crier sa devise (signe de ralliement)*; — son enseigne XII, 61: *même sens*; — mercy XVI, 47; CXI, 17; CXXXIII, 29: *implorer.* — aprés qqn. LXV, 65: *faire des reproches à qqn.*; (faire) — (que) XII, 3; XIII, 61; XXXIV, 26; XLIV, 64; XLVI, 22; LXXXVI, 55; CVII, 74; CXXII, 21; CXXVIII, 48; CXLVII, 10: *faire proclamer.*

crierie CIV, 11; CXXXIV, 37; CXXXIX, 41: *cris, vacarme.*

criner CXIX, 56: *grincer (des dents).*

cri, **cris**, **criz**, **cry** (cris 9 occ.; criz XLIV, 69; cry(s) 5 occ.) XII, 5; CXLVI, 13: *proclamation*; crier son —, voir crier; crier à haulx cris V, 23: *parler à voix haute;* faire faire un — cry CXLVI, 6: *faire une proclamation.*

croisee, prendre la — XXVII, 50: *prendre la croix, se croiser.*

croliere CXXXVIII, 56: *fondrière.*

croliz CXXXVII, 45: *fondrière.*

crosler CXIX, 57: *agiter, secouer.*

crucifier XXI, 27; CXXV, 21; CXL, 54: passif: *subir le supplice de la croix.*

crudelité CIV, 23: *cruauté.*

cruel, **cruelle**, **crueu(l)x**, **crueuse(s)** (crueux 5 occ.; crueulx XCVII, 3; cruel 2 occ.; cruelle 4 occ.; crueuse(s) 6 occ.): *cruel*; II, 14; VII, 17; XLVIII, 12; LIX, 12; LXI, 67: *pénible, douloureux*; LXXXVI, 26: *sanglant*; XII, 29; XCVII, 3; CVII,

62: *féroce, violent (bataille, assauts)*; XXXVII, 31: *féroce*
(cris d'un animal).

cry CXXXI, 30; CXLI, 42; CXLVI, 6, 13; crys CXXXIX, 32,
voir cris.

cuer (82 occ.), — d'ome (en de femme) XLIII, 18: *personne*;
de — XXII, 24: *sincèrement*; en — LXV, 2, 12; CV, 21; CXL,
57: *sincèrement, dans le secret du cœur*, voir J. Picoche, *op.
cit.* p. 49; en — et en pensee XCVII, 46: *même sens*; le — dist
à qqn. CX, 61: *qqn. sent de façon intuitive*, voir J. Picoche, *op.
cit.* p. 50; en son — XXIII, 11, 16; XXXIII, 64; LXI, 47;
XCIII, 18; CXXXIX, 18: *en soi-même, intérieurement*, voir
Morphosyntaxe du pronom personnel... p. 378); plorer de —:
XXII, 24: *pleurer*; voir pleurer de cœur et de oeil, *Toutes les
herbes...* p. 133, *s.v.* cœur / p. 176; comme il tenoit en son —
LXIV, 21: *à ce qu'il pensait;comme il en était intimement
convaincu*; reprenant — d'omme LIX, 46: *reprenant courage.*

cuidier, **cuydier** (cuid- 69 occ.; cuyd- 11 occ.): *penser, croire,
s'imaginer*; — + inf. XXXVII, 48: *être sur le point de*; — +
inf. XXIX, 69; LXXIV, 36; LXXXVI, 44; XCVIII, 87; XCIX,
73; CXXXIX, 34; CXLI, 39: *vouloir, avoir l'intention de,
tenter de*; pour — + inf. XVII, 27; LX, 38; LXXIII, 37;
LXXIV, 51; CII, 52; CVII, 11; CXV, 36; CXXVI, 23;
CXXVII, 14; CXL, 42: *avec l'intention de.*

cuir LXVIII, 59: *peau (de cerf).*

cyterne CXXVI, 23, voir citerne.

dama(i)ge (damage IV, 27; damaige 7 occ.; damaiges CXL,
65), IV, 27; LVII, 64; LXXV, 12; CXV, 62; CXX, 35;
CXXIII, 45; CXXXIII, 11; CXXXVII, 22; CXL, 65 voir
dom(m)aige.

d a m e (299 occ.): *maîtresse (femme du seigneur ou
souveraine)*; XLIV, 72: *épouse*; V, 30; VIII, 57; XIV, 34:
souveraine (épouse); XXIII, 28, 55; LVI, 73; LXX, rubrique,
11... : *personne de haut rang, souveraine*; — par amours table
des rubriques XCIX; CXIII; XX, 27; XCIX, rubrique, 2; C,

22; CVIII, 58; CXIII, rubrique; CLII, 53: *femme aimée*; — de l'hostel CI, 73: *maîtresse de maison*.

damoisel XXII, 34, 50: *jeune homme.*

dampnable IX, 22; CVIII, 44: *condamnable.*

dampnement CXXVI, 4: *damnation.*

dangier (9 occ.), **dengier** (8 occ.), *péril, danger*; CV, 24; CXLVII, 60: *difficulté, malheur*; à tresgrant — LI, 70: *en courant beaucoup de risques*; ou — de XIX, 53: *sous la domination de, à la merci de*; avoir — LXXII, 77; LXXIII, 9, 54; XCIII, 33: *être dans la gêne, dans l'embarras, être malheureux.*

dart CVII, 61, pl. dars CXVIII, 66, 80; CXXXVIII, 69: *arme de trait, bâton à pointe de fer;* (sorte de javelot voir C. Gaier, *op. cit.*, p. 372; XXIII, 8: emploi figuré en parlant de l'amour: *flèche, dard.*

darvé, **darvez** adj. masc. pl. LV, 82: *insensé.*

deans XIX, 56; XXX, 11; CXVII, 34: *dedans*; + indication de temps XXXIX, 82; LXXXIV, 15; CXIX, 67: *dans.*

debat (3 occ.), debatz (LXXXIX, 8), XCIX, 86; C, 1: *combat, mêlée*; LXXXV, 4; LXXXIX, 8: *dispute, querelle.*

debonnaire (13 occ.; tres- 4 occ.): *bon, généreux*; IX, 9: *noble*; XVIII, 1: *bon, noble.*

debonnaireté VIII, 9; CXVIII, 62: *générosité.*

debouter XCV, 24; CVI, 14; CXI, 15; CXII, 21: *chasser.*

deceler XXXIV, 16 (corr.): *dévoiler.*

decepcion XXXII, 17: *tromperie, trahison.*

decevoir (10 occ.): *tromper, abuser.*

dechass(i)er LXXXIV, 9; CXII, 21: *chasser.*

declairier VIII, 38: *exposer.*

decliner VI, 24: *pencher, dévier*; VIII, 33: *accéder,* voir *La Manekine en prose «et je suy contens de decliner a vostre bon plaisir faire»,* éd. H. Suchier, I, chap. VI, p. 275.

deduire, **deduisans** pp. pst. masc. pl. CXXVII, 64: *prendre du plaisir.*

dedyer, **de(s)dyer** CXXVIII, 57, 61: *consacrer, dédier.*

deffaire (3 occ.) LIV, 93: *anéantir.*

deffait CLII, 6: *abattu, épuisé.*

deffaulte III, 3; LXXII, 55: *manque*; XVI, 25; XVII, 13: *faute*; CXLII, 38: *manquement.*

deffence (14 occ.), CVII, 22 (pl.); CXXIII, 28: *moyens de défense*; — d'ais CXVI, 81*: *protection faite à l'aide de planches de bois*; estre es —s XXIX, 35: *être en position défensive, se défendre*; mettre — à CXXXII, 39: *opposer une défense à*; (soy) mettre en (à) — XXVI, 20; LXXIII, 39; CXXIV, 19; CXXXVII, 28: *se mettre en ordre défensif, se défendre.*

deffendant, **deffendans** pp. pst. subst. masc. pl. CXXXIX, 28: *défenseurs.*

deffendeur VIII, 11; LIII, 18: *défenseur.*

defferrer CXXXIV, 48: *enlever les fers d'un prisonnier, délivrer.*

deffier LXXXIII, 67: *déclarer la guerre*; soy — LXXXI, 52; CIX, 69; CXV, 58: *manquer de confiance, mettre en doute.*

deffrumer, — qqn. CXXXIV, 41: *libérer, délivrer.*

definement CII, 33: *mort.*

degetter, pp. pa. fém. sg. de XCV, 16: *chasser.*

degré, degrés (CXVIII, 52), degrez (11 occ.): *marches.*

deité LXXXIII, 60; CXI, 28: *divinité.*

dela, deça et — CXXXVIII, 31: *partout.*

delectacion, charnelle — CX, 72: *plaisir de la chair.*

deliberer, XLV, 16: *décider*; — une cause XCV, 89: *examiner une affaire, débattre de*; soy — LIV, 80: *réfléchir*; CXIX, 32: *décider.*

delicter, soy — à (en) IX, 26; X, 8; XVII, 43: *prendre du plaisir avec une femme.*

delit, IX, 5; X, 29; XIV, 47; XX, 23; XCVIII, 41: *plaisir charnel*; — charnel IX, 19: *plaisir charnel.*

delivre, mettre au — III, 27; LXIV, 8: *libérer.*

delivremet*, mettre au — CXXIX, 69: *libérer.*

delivrer (28 occ.): *libérer* 10 occ.; LXII, 66: *innocenter*; prologue, 34; XXXIX, 76, 79, 83; XLIII, 48; LXIV, 6; LXXXII, 64; LXXXVII, 35; CXII, 56; CXIX, 9; CXLII, 34:

donner, remettre, confier, livrer; — de table des rubriques CII;
XXI, 43; CII, rubrique: *accoucher de, mettre au monde*; soy
— XVI, 15; XCIX, 9; CXLVI, 28: *se hâter*; soy — de XIV,
74: *se libérer de.*

demander (129 occ.), — de XXIV, 38; XXXIII, 22; XLII, 10;
LVIII, 32; LXX, 24; LXXVI, 13, 37: *s'informer de*; — de LV,
42; CXIII, 56; CXIV, 53; CXXVII, 35: *demander des
nouvelles de*; — l'ostel CIX, 39: *demander l'hospitalité*; —
pour Dieu LXXX, 37; CV, 43: *demander l'aumône*; — et
querir sa povre vie CIX, 3: *même sens.*

demener X, 9: *discuter, traiter*; XV, 13: *manifester*; soy —
XX, 43, 44: *se lamenter*; soy — LV, 95: *se conduire.*

demeurer (139 occ.), ***demourer*** (9 occ.; demorr- XCII, 11):
rester, vivre; ne — gaires que XLVI, 30: *ne pas tarder à*; il ne
demoura (gaires, point long temps) que (36 occ.; XCIV, 1*): *il
ne se passa guère de temps avant que*; fut. I et II*: demeurra
XXVIII, 42; demoura CXXXVIII, 30; demouront XCII, 24,
34; demouroit XXXVII, 4; XL, 20; XCIV, 19; CXII, 71;
CXXXII, 48; demorroit XCII, 11.

demonstrer XIII, 40; LXXXI, 3; CL, 3: *montrer, prouver.*

dengier XIX, 53; XXXV, 22; XLII, 26; LI, 70; LXXII, 77;
XCIII, 33; CV, 24; CXLVII, 60, voir dangier.

denier LIII, 9; LXXVIII, 11; CXLVI, 9; CXLVII, 12: *denier
(petite unité monétaire).*

denrees CLI, 21: *provisions.*

departement (13 occ.) XXVI, 6; XXX, 32; XXXI, 27;
XXXIII, 62; XXXIV, 55; XLI, 11; LI, 37; LVI, 35; LVIII, 50;
XCIV, 10; CII, 28; CXII, 26; CXXVII, 77: *fait de partir,
départ.*

departir LXXII, 47; LXXIX, 30: *distribuer;* soy — LVII, 71;
LXVIII, 65; LXX, 7; CXVI, 32; CXVIII, 50: *se séparer,
quitter*; faire — CXXXII, 19: *éloigner*; estre departy LXIV,
38: *être congédié, séparé.*

deport CVI, 77*: *ménagement, pitié.*

deporter XVII, 23; XXIV, 69; XXV, 86; CXLII, 27: *épargner*; soy — de LXXIII, 6, 12; XC, 33: *s'abstenir de, renoncer à.*

derompu pp. adj. LVI, 62: *brisé, exténué.*

derrain XII, 93; XXVI, 43: *dernier.*

desancrer XV, 37: *lever l'ancre.*

desarroy CXXXVII, 23: *désordre, confusion.*

desbarater XXXV, 27: *mettre en déroute.*

descliquer XXI, 67: *retentir.*

desconfiture LIII, 11; LXXVI, 59; LXXVII, 36; CXX, 33: *déroute, défaite*; mettre à — LXXVII, 32: *mettre en déroute, vaincre.*

desconfort XLVI, 8: *chagrin, affliction.*

desconforter, soy — XIV, 61; XLII, 65: *s'affliger*; pp. pa. table des rubriques XXXIX; XXXI, 52; XXXIX, rubrique; XLIV, 11: *abattu, découragé.*

desduire, soy — XXXI, 97: *se divertir.*

desduit XCVIII, 34: *plaisir amoureux.*

desert LXIX, 7; LXXVIII, 52: *lieu isolé, peu habité.*

des(s)erte (deserte(s) 7 occ.; desserte 2 occ.), XXV, 116; LIX, 69: *salaire, récompense*; XXVIII, 54; CXIII, 84; CXXV, 83: *service, ce que l'on mérite*; selon sa — X, 33; CXLVIII, 33: *selon ce que l'on a mérité*; sans — LXI, 66; CXXI, 9: *sans l'avoir mérité.*

des(s)ervir (deser- 4 occ.; desser- 2 occ.), XL, 35; XLII, 54; XLV, 13; LXV, 62; LXVI, 60; CXLVII, 37: *mériter.*

desesperer (3 occ.), XLIV, 59: *mourir,* voir Blaise, *Dictionnaire latin-français des auteurs chrétiens*, Turnhout, Brepols, 1954, p. 262, *s.v.* desperabilis «desperabilis plaga»: *blessure incurable*; *s.v.* desperatus: *condamné*; soy — LIX, 31: *s'abandonner au désespoir, se suicider par désespoir.*

deseurain CX, 28: *supérieur, qui a autorité sur.*

desfermer XXXIX, 23: *ouvrir.*

desister, soy — de XI, 36: *renoncer à.*

desjussier CLI, 34: *jeter à bas, anéantir.*

deslogier L, 7; CXIX, 64: *lever le camp*; soy — CXXXVI, 39: *même sens*; CVI, 19: *faire lever le camp*; deslogessent subj. impft. 6 CXIX, 64*.

desloyaulté LXXIII, 38: *trahison, perfidie.*

desloyer VIII, 37: *délier*; desloyé CXLIX, 51: *(le bras coupé d'Hélène fut) sorti de la boîte, du linge dans lequel il était enveloppé.*

desmerite XXXVII, 27; LXXXVIII, 35; XCII, 71; CXII, 43: *faute, méfait.*

desmesler CXXXI, 32: *séparer.*

desnué adj. fém. sg. XXV, 28: *dépourvue.*

desolacion (6 occ.), desolation (VII, 26) VII, 26; XXII, 12; XXIX, 67; XXXIV, 64; XLVIII, 10: *malheur*; XLIII, 2; CXI, 41: *affliction.*

desolé, desolez XVIII, 54; XXI, 39; XLII, 53; XLIII, 6, 15; XLVII, 18; CIV, 70: *affligé*; CXXI, 8: *abandonné.*

despens LXXXVIII, 5: *dépenses.*

despe(s)chier (despech- 2 occ.; despesch- XX, 66), III, 27: *délivrer*; soy — XX, 66: *en finir rapidement*; faire — qqn. XVI, 8: *envoyer chercher qqn.*

despit CXIX, 49: *dépit*; faire — à CXXXVI, 29: *montrer son mépris à, traiter d'une façon infamante*; en (au) — de LXII, 55; CXXV, 72; CXXXVI, 22: *au mépris de, par mépris pour*; en — de CXXIV, 69: *en dépit de.*

desplaisant L, 24; LXXI, 26; CVI, 7; CXXXIX, 9: *contrarié.*

desplaisir XXI, 53; XLVIII, 24; CXXVII, 77; CXXX, 12: *peine, chagrin*; XXIV, 81; LVII, 64; XCII, 64, 66; CXXXI, 39: *tort*; CXLII, 20: *blessure (souffrance physique*, voir *Le Myreur des histors, op. cit.,* p. CCXXXVII).

desrober CLI, 25: *voler, piller.*

dessirer XLVII, 9; CXLVII, 20, 25: *déchirer*; CXXV, 33: *lacérer.*

desseure, tourner ce dessoubz — XXII, 5, voir tourner.

des(s)oubz (desoubz 2 occ.; dessoubz 21 occ.), mettre au — XXIX, 40; CXVIII, 69; CXXIV, 25; CXXVII, 6; CXLI, 15: *vaincre.*

dessus (21 occ.), CX, 29: *plus que;* cy —VII, 12; L, 14; LXVIII, 1; CXIV, 31: *plus haut, précédemment;* estre au — de CXVII, 50; CXXVII, 1: *être vainqueur;* venir au — XXXV, 44: *mener à terme, faire aboutir.*

destituer, pp. pa. fém. CXXI, 8* fém. sg.: *priver.*

destourbier, subst. masc. CXXX, 2: *embarras, difficulté.*

destourner XVI, 39; LXXV, 41, 49: *détourner, empêcher.*

destresse LXXII, 44; LXXXIX, 37: *peine, souffrance.*

destroit CXXIX, 38: *passage resserré, défilé.*

destruction prologue, 31; LVIII, 72; CXXX, 46: *perte, destruction, mort.*

destruire + nom de pers. XXV, 45; XXVII, 90; XXIX, 29; XLII, 60; XLIII, rubrique; LXXXIII, 70; CXII, 30; CXVIII, 87; CXXII, 53; CXLI, 11: *faire mourir, anéantir, exterminer,* II, 30; VII, 16, 40; XII, 18; X, 17; XXIX, 29; CXIX, 44; CXXII, 41: *détruire, ruiner, anéantir.*

determiner, — de XLV, rubrique: *décider;* soy — de table des rubriques XLV; L; prologue, 27; L, rubrique; CXXVI, 42; CXL, 60: *se décider à;* estre determiné (que) VIII, 49; XXIV, 59: *être décidé;* determiné IV, 24: *fixé.*

detordre XX, 42; LII, 60; LXI, 22: *tordre (ses mains ou ses poings en signe de douleur).*

detrenchier XXX, 18; LI, 76: *massacrer.*

deuz LIII, 41, pp. pa. masc. pl. de devoir: *dus.*

devant (197 occ.) devant, prép. ou adv.; *prép. à valeur temporelle* XXI, 4, 19; LIV, 66; LVI, 27; CXXXII, 44; CXLVIII, 20: *avant;* — la main XCVII, 70: *auparavant;* adv. XII, 7; LI, 50; LXXXIX, 18: *en tête;* XII, 46; XCVI, 48; CX, 4: *auparavant;* XLII, 7; XLVII, 2, 3; LVII, 12; CX, 20; CXVI, 1; CXXI, 71; CXXIII, 14; CXXXV, 37; CXL, 55; CXLIV, 36; CLI, 57 (15 occ.): *plus haut, précédemment;* au — XXIX, 70: *devant;* estre au — à qqn. CIV, 38: *se présenter à l'esprit de qqn.;* mettre qqch. au — LXV, 24: *proposer;* revenir au — LXV, 10; CV, 53: *revenir à la mémoire;* venir au — CVII, 72: *venir à l'esprit;* venir (aler, courir) au — (de qqn.) VIII, 2; XIII, 6; XIV, 9; XXVII, 12; XXXIX, 13; XLVII, 50; LVII, 18;

LXXXVIII, 10; XCVII, 27; CXXI, 43; CL, 35 (11 occ.): *aller à la rencontre de qqn.*; loc. conj. — (ce) que LXXV, 22; LXXXIV, 54; CXXXIII, 14: *avant que.*

devers 38 occ. + nom de personne: *auprès de*; + nom de lieu — Bruges CXXIX, 37: *du côté de, près de.*

devise XXIV, 4, 7; LXIX, 46; XCII, 1; CXXVIII, 24; CL, 14: *paroles, propos, conversation*; à sa — XL, 31: *à sa volonté*; estre en —s CXLIII, 9: *parler.*

deviser XI, 34; XLVI, 22; LXIII, 49; LXVI, 7; LXXIV, 26, 27; LXXXIX, 21; XCVIII, 3; XCIX, 12; CXLIII, 11: *parler*; XLII, 31, 32: *dicter*; LI, 3: *dire, décider*, soy — XXIV, 1; XXXIV, 22; XCI, 11; XCVII, 53; CX, 20; CXIV, 63; CXXXV, 1; CXLVIII, 2: *parler*, soy — en soy mesme de qqch. LXX, 44: *se parler à soi-même, réfléchir au sujet de qqch.*

devoir CXLVIII, 27: pléonastique, voir Martin, § 105.

dextre CXXI, 13: *droit (en parlant du bras d'Hélène)*; à — et à senestre LXXXIX, 20: *à droite et à gauche.*

dicter XL, 40: *dicter.*

diffiance CXIX, 11: *défi, déclaration de guerre.*

dilayer X, 46: *mettre un délai, retarder.*

dilection III, 13; CXXI, 10: *affection.*

diligence XVI, 49; XXV, 72; XXXV, 31; *application, soin, zèle*; mettre — XLIII, 23; XCVIII, 26: *mettre tous ses soins à*; faire bonne — de XCVI, 6 *même sens.*

diligenter X, 38: *s'empresser, se hâter.*

dire (≈ 880 occ.), — de XXXII, 47; C, 7; CXXXI, 45; CXL, 45: *parler de*; à vous — CIX, 50; CXIX, 16: *pour tout dire, en bref.*

discort LI, 102: *désaccord.*

discrecion XXXVI, 41; LI, 103: *discernement, sagesse.*

discret, discretz VII, 29; LX, 79: *capable de discernement, avisé.*

disirer* XXXVIII, 15: *désirer.*

disner, subst. LXXIII, 16; LXXXI, 7, 11: *déjeuner.*

disner, vb. XIII, 59; LXX, 34, 36; LXXXI, 37, 60, 61: *déjeuner*.

dispensacion (9 occ.), **dispensation** (X, 43), table des rubriques X; VIII, 19, 39; IX, 13; X, rubrique, 36, 40, 43; XIII, 19; XIV, 28: *dispense, autorisation*.

dispenser, — qqn. de: XXVII, 81; XXXIII, 41; CII, 12; CIV, 41; — à qqn. XIII, 44; — avec qqn. que VIII, 29; X, 23: *accorder une dispense à qqn, autoriser qqn à*.

disposer X, 27: *établir, ordonner*; soy — à CXVI, 31: *se préparer à*; — de CXXXV, 55: *décider de*.

disposicion XVIII, 16; XXII, 17, 46; XLV, 35; XLIX, 9; L, 44; LXXXIII, 10; XCII, 53; XCVII, 54: *volonté, décision, plan*; — de vostre bon estat XXXVI, 38: *état de santé*.

dit, subst. LXV, 10: *parole*.

diurnel adj. fém. pl. L, 33: *de jour*.

divers (2 occ.; tres- XLVI, 50) CXLII, 28: *changeant*; XLVI, 50: *hostile*.

divinité, CXI, 28 (corr.): *divinité*.

doctrine LVI, 48: *enseignement*.

doer XVII, 35: *récompenser*.

doiez XCII, 73 subj. présent 5 du verbe devoir.

doint (16 occ.), subj. présent 3 de donner, utilisé dans des formules à valeur optative: XXII, 60, 85; LVI, 38; LVII, 25, 69; LXVI, 73; LXVIII, 42; LXXXII, 23; CXIV, 61; CLIII, 34, 36; ou dans des prop. complétives dépendant de verbes de prière XXII, 57; LXIII, 9; LXVIII, 42; LXXV, 27; LXXXI, 59.

do(u)lant (dola- 12 occ.; doula- 37 occ.; doulas CXXIV, 33*): *malheureux, affligé*; faire — CXXXVII, 6: *faire regretter*.

doloreusement XXI, 27: *dans la souffrance;* XXXII, 11, 43; CXXIV, 32: *mal, pour son malheur*; LX, 22, 65; LXIII, 64; CXXII, 9: *misérablement*.

do(u)loreux (dolor- 15 occ.; doulor- 2 occ.; doleur CXXI, 15; douleur 48 occ.), XVIII, 21; XIX, 1; XLVIII, 21; CV, 42: *malheureux*; V, 26; XVIII, 11; XLII, 56; LIX, 32; LX, 22; LXI, 36; LXIII, 81; LXVI, 8; CXI, 25; CXVIII, 12; CXXX, 2;

CXXXI, 5; CXLIV, 13: *cruel, pénible, douloureux, qui fait souffrir*.

domicille XLV, 2: *logis*; LVII, 27: *retraite*.

dom(m)aige (dom- XII, 92; domm- 10 occ.), **dama(i)ge** (damag- IV, 27; damaig- 8 occ.) III, 25; LVII, 64; LXXV, 12; CXX, 35; CXXIII, 39, 45; CXXXII, 36, 47; CXXXIII, 11; CXXXV, 53; CXXXVII, 53; CXL, 65: *tort, préjudice*; estre — de qqch. IV, 27; XII, 92; LXXXV, 51; CII, 69; CXV, 62: *représenter une perte, être regrettable*; faire (grant) — CVI, 81; CXXXVII, 22; CXLI, 34: *causer du tort, infliger de lourdes pertes (en parlant d'une armée)*.

dommaigeable CXXXII, 40: *préjudiciable*.

donnee, subst. fém. LXXXI, 15: *distribution*.

donra II, 5: *P3 futur de donner*.

doresenavant XXV, 61: *désormais*.

dorme, subst. entre — et veille CXXIX, 59: *entre sommeil et veille*.

douaire CXXXVIII, 68: *douaire (TLF «droit d'usufruit sur ses biens qu'un mari assignait à sa femme par son mariage et dont elle jouissait si elle lui survivait»)*.

double, à cent —s LXXXI, 38: *au centuple*; au — XC, 22: *deux fois autant, au double*.

doubte (38 occ.) subst. fém. XVI, 24; XXXIV, 18; LVIII, 43: *crainte*; sans (nulle) — 18 occ.: *sans (aucun) doute*; pour — de CXXI, 38: *par crainte de*; avoir — III, 3; XXXIV, 19; CXVIII, 19; CXLVII, 14: *craindre*; estre en — de VII, 22; LXVI, 9; CXII, 49; CXX, 61: *craindre*; CXXXI, 53: *craindre, avoir des doutes*; faire — XXXIX, 62; XCII, 73: *craindre, avoir des doutes*; ne faire nulle — que XXVI, 53; CIV, 58: *avoir la certitude*; mettre — en qqn. de qqch. LVI, 15: *avoir des soupçons sur qqn. au sujet de qqch.*; XCVII, 50: *douter*.

doubter (21 occ.), tr. XIX, 35; XXVI, 50; XXIX, 25; XXXI, 41; LXXVII, 48; CVI, 49; CXVIII, 9; CXIX, 72: *redouter, craindre*; intr. LVII, 63; LXII, 3: *avoir peur*; soy — de: LXXIII, 21; LXXXVIII, 27, 32; XCIX, 9; CXIV, 10;

CXXVIII, 12; CXXXIV, 53, 58; CXXXV, 54: *craindre*; XCIX, 58; CXXIII, 49: *avoir des doutes*.

douiere LXXVIII, 58, **douyere** LXXVIII, 54, voir duyere.

drap XLVII, 11: *étoffe*; CXLVII, 24: *vêtement*; laver — LXXIX, 56; LXXX, 39: *faire la lessive*.

drappeaulx XLV, 26: *morceaux d'étoffe*.

drecement CXXXIX, 21: *action de dresser*.

drec(h)ier (drec- 5 occ.; drech- CVII, 28), II, 33; CVII, 28; CXXXIX, 20: *lever, dresser*; LXV, 32: *se dresser (cheveux)*; soy — CXXXI, 12: *se lever*; — les navires contre CXVII, 28: *diriger les navires contre*.

dresoir LXXXI, 43: *dressoir: étagère sur laquelle on plaçait, dans les salles de festin, les grandes pièces d'orfèvrerie*.

droicturier LIX, 41; CXXXVI, 7: *légitime (appliqué au seigneur dont relève un vassal)*.

droi(c)t(e), droitte (droit 18 occ.; fém. droict- 4 occ.; droit- 2 occ.; droitt- 6 occ.) adj. antéposé XLIV, 48, postposé XLV, 62): *droit par opposition à gauche*; XII, 49; XXI, 37; XXII, 45; XXVII, 92; XXXIII, 40; XXXVII, 52; XLIX, 5; LXXXII, 16; CIX, 16; LXXXVIII, 22; CXXIV, 27; CXLI, 30: *parfait, véritable*; XXXV, 47: *direct*; XCVII, 39: *grand, de belle stature*; LXXXIII, 44: *debout, qui ne s'incline pas*; adv. LXXXIX, 21: *exactement;* par —e raison XVII, 42; LXVIII, 45: *selon la raison, à bon droit*; fondee en —e raison LXXXII, 38: *légitime, bien fondée*, voir raison.

droit, subst. masc. (6 occ.)à bon — CII, 68: *à juste titre, légitimement*; par — d'erita(i)ge LXXXIV, 10; LXXXIX, 43; XCIV, 6; CXXIV, 47: *selon le droit qui règle la succession*; avoir bon — LXXII, 59: *avoir raison*.

druerie, faire sa — XCVIII, 41: *jouir du plaisir de l'amour*.

dueil (23 occ.) XLII, rubrique; CXXII, 10, 17; CXXIV, 39: *chagrin, affliction*; avoir grant — au cuer XCVI, 35: *éprouver un violent chagrin*; (de)mener (ung) — (16 occ.): *manifester un violent chagrin*, voir mener; faire ung (merveilleux, grant) — XXIX, 2; XLV, 66: *même sens*.

duit, duis, (tres-)— en II, 36; XCVII, 9: *instruit dans, expert en.*

durement XXI, 75; CVI, 65; CXXVI, 35; CXXXI, 10; CXLI, 11: *violemment.*

durer (27 occ.) XXIX, 62; LXXXIX, 47; CXXXVIII, 74; CVI, 4: *résister;* CXLIX, 56: *survivre, subsister;* CXXXIII, 40: *se maintenir;* LXXII, 50: *ne pas être épuisés (vivres);* ne — ne jour ne nuit (9 occ.): VIII, 56; IX, 35; XXXIII, 33, 39; LIX, 38; CII, 8; CIV, 37, 57; CXXX, 14: *ne pouvoir survivre un seul instant (= ne pouvoir endurer qqch.).*

durté, durtez CXI, 61: *dureté;* CXXIX, 55: *épreuve;* LXXII, 37; CXIV, 23: *souffrances, maux.*

duyere, douiere, douyere XLIX, 20, 25, 58; LXVIII, 9; LXXVIII, 54, 58: *tanière.*

eage VI, 1, 25; XLIX, 24; CVI, 51: *âge.*

eawes (**eaues** 10 occ.), CXXXVIII, 62: *eaux.*

effant, effent, effans*, (enfant 19 occ.; enfans 22 occ.; enffant 44 occ.; enffans 123 occ.) *enfant ou jeune homme, selon l'âge* LXIX, 32: *jeunes gens; enfant de...*

efforcier (eff- 9 occ.), **esforcier** (esf- VII, 40.), table des rubriques XX; CIV; CXIII; XX, rubrique; CIV, rubrique; CXI, 4; CXIII, rubrique: *faire violence, violer;* soy — de VII, 40; XXIX, 39; CXLI, 14: *s'efforcer de.*

effort XII, 53: *armée.*

effré, effree, effrez* XXXI, 48; XXXVIII, 6; XLVIII, 4; LV, 82; LX, 35; CVII, 52; CXXXIV, 39: *effrayé.*

eglise (45 occ.), XVIII, rubrique, 43, 45, 48, 58: *abbaye.*

embamer CXVII, 52: *embaumer.*

embesoingnié LI, 25: *occupé.*

embler (9 occ.): *voler, dérober.*

embuchier, soy — LXXXVI, 7: *se mettre en embuscade.*

embu(s)che (embuche 2 occ.; embusches XCVII, 17), XCVII, 17: *embuscade;* estre en — LXXXVI, 34; CXXIX, 39: *être en embuscade.*

empaindre, empaindit PS 3, — en la mer XLVI, 16: *faire prendre la mer.*

empainte pp. pa. subst. CVI, 50: *coup, attaque.*

empereis table des rubriques V; IV, 26; V rubrique, 40; LXXXIX, 43: *impératrice.*

empereris IV, 24: *impératrice.*

empeschement LV, 35; CXXIV, 80: *opposition, obstacle.*

empeschier XLVI, 42; LI, 74: *gêner*; XLVI, 26: *entraver*; XCV, 58: *s'opposer*; — qqch. à qqn. XCII, 67: *contester*; empeschié VIII, 26: *retenu, occupé*; XLIV, 26: *affligé.*

emploier, soy — XXVII, 32; CXIX, 14: *se mettre au service de*; soy — (à) XCIX, 43; CVI, 43: *s'appliquer (à)*; — son corps CXIII, 20: *mettre ses forces au service de.*

empraindre empraindist PS 3 XXXI, 63: *faire une empreinte*; pp. pa. empraint, emprains XI, 20; XXVIII, 38: *marqué d'une empreinte.*

emprés (18 occ.): *auprès, près.*

emprendre, emprins(e) pp. pa., XXXI, 104: *entreprendre, commencer*; LXXIV, 38: *prendre, assaillir.*

en, — ce XX, 21: *pendant ce temps*; en — que LXI, 18: *tandis que.*

enamorer XLIX, 12: *aimer, se prendre d'affection.*

enaprés LXXXIV, 10; CXII, 6; CXXIV, 51: *ensuite.*

enchassier CXXVI, 37: *pourchasser, poursuivre.*

encheoir: *tomber*; encheoit impft. 3 XLIII, 29; encheist PS 3 CIX, 50; encherriez fut II 5 LXXIV, 46.

encient LVIII, 54, voir essient.

encliner tr. XIII, 56 *se pencher vers, saluer*; soy — contre LX, 13: *se pencher vers (pour saluer).*

enclore, enclos(e) pp. pa. III, 16; X, 15; L, 2, 23; LXXXVI, 46; CII, 53: *encercler, assiéger.*

encombrier subst. masc. CXLIV, 13: *ennui, dommage.*

encontre, à l' — de VIII, 10, 23; XXXVIII, 27; LII, 28; CXVI, 51; CXXIX, 12: *contre*; (aler, venir) à l'— de XXIV, 28, 29; XXXIII, 2; LX, 11; LXIII, 30, 43; LXXXVIII, 19; LXXXIX, 2; CIX, 40: *à la rencontre de.*

encontrer XX, 3; XLVII, 49; LXXVIII, 7; LXXXII, 13; CII, 49; CXII, 9; CXVII, 20; CXLVIII, 8; CLI, 15: *rencontrer.*

encore(s) (encores 101 occ.; encore 2 occ.), XLVII, 35; LVII, 60; XCI, 51; C, 36; CXXII, 27; CXXXII, 29: *un jour, à l'avenir*; XCII, 14; XCIV, 38: *en outre*; CLI, 50; LXXX, 35: *du moins, avec cette réserve.*

enco(u)raigier (encora- 2 occ.; encoura- LI, 32), LI, 32; CVI, 78: *encourager*; encoraigiez de CXXVII, 6: *pleins de courage, résolus à.*

endementiers, — qu(e) CXXII, 32; CXXXII, 30: *tandis que.*

endoctriner XLIX, 64; LVI, 58; LXXXVII, 44; CVIII, 16: *instruire.*

endroit, en tout — CXXXVI, 15: *en tous points, en toutes circonstances.*

endurer CXXV, 65: *supporter*; en — à + inf. LXXIII, 69: *oser?*

enfantement table des rubriques V; V, rubrique; XXXV, 43; XXXVI, 54; XLI, 4: *accouchement.*

enferrer, enferrez, pp. pa. masc. pl. LXXXV, 42: *mis aux fers.*

enflam(m)er (enflam- 2 occ.; enflamm- XXV, 17), soy — XXV, 17: *être enflammé d'amour, s'éprendre*; enflamé XXVII, 89; LII, 19: *plein d'ardeur.*

enflamber, soy — XXIII, 49: *être enflammé d'amour, s'éprendre*; enflambé XXIII, 16: *enflammé d'amour, épris.*

enfondrer, — sur CXX, 28; CXLI, 31: *fondre sur, se précipiter sur.*

enforcier, soy — CXX, 27: *reprendre des forces, se reprendre.*

enfrumer LXXIX, 8, 17; CX, 77; CXI, 2; CXLI, 26; CXLII, 23, 43; CLI, 54: *enfermer*; XCVII, 34 pp. pa. masc. sg.: *assiégé.*

engin (4 occ.), angin (2 occ.), II, 33; XXIX, 32; LXXXIII, 36; CXXXII, 51; CXXXIV, 14; CXXXV, 57: *machine de guerre.*

enhorter, ennorter LX, 68; LXI, 54; LXXXV, 52: *exhorter.*

enjoindre: *enjoindre*; enjoignons ind. pst. 4 XLI, 7; enjoinst LIV, 68; enjoindist PS 3 XXVIII, 25; LIX, 28; LXXVIII, 60; enjoing pp. pa. XXXVI, 49; LXIV, 40; CXXI, 2.

enlignaigié, le mieulx — CXIV, 4: *qui appartient au meilleur lignage.*

enluminer LXXXIII, 47; CXXX, 49: *éclairer*; CXXVIII, 65: *rendre la vue.*

ennorter LXXXV, 52, voir enhorter.

enorme IX, 4; XI, 40; LXXIV, 40: *hors de la norme, abominable, honteux.*

enquerir, tr. dir. prologue, 2; LXI, 44; CXVIII, 27: *chercher à savoir, s'informer*; — de (qqn. ou qqch.) XXVI, 3; XXXIX, 71, 80; LVII, 8; LXIII, 48; LXIV, 11; LXXXVII, 39: *chercher à avoir des nouvelles de*; enquist PS 3 XXXIX, 71; LVII, 8; enquis pp. pa LXIV, 11; enquerist* subj. impft. 3 XXVI, 3.

ens (14 occ.): *dedans, à l'intérieur.*

enseigne (12 occ.), **anseigne** (LI, 24) XII, 61: *cri de ralliement*; —s XXXIX, 11; LIII, 48; LVII, 43; LXVII, 52; XCI, 26; XCII, 55; XCIV, 38: *marques, indices, signes*; LI, 24: *marque distinctive, emblème*, LXXV, 44: *renseignements*; CXVII, 26: *étendard;* cris de leurs — LI, 79: *cri de ralliement.*

enseignement LXVIII, 47: *indication*; LXVIII, 18: *exemple*; au pluriel XCIII, 4; CVIII, 14: *leçons*; à l' — de CXLIX, 20: *sur les conseils de.*

enseign(i)er LIV, 71; XCII, 62: *indiquer, signifier, enseigner*; LXVII, 17; LXXI, 12: *enseigner, révéler*; XCII, 82; XCIII, 35; CXII, 47; CLI, 35: *donner des renseignements sur*: LXVIII, 11; LXXXVII, 13: *enseigner, apprendre*; CXLIX, 67: *donner des instructions à propos de*; — à LXXIX, 41; XC, 10: *orienter vers, pousser à*; pp. adj. fém. sg. enseignee VIII, 54: *bien élevée, qui a une bonne éducation.*

ensemble (52 occ.) XLII, 15; XLIV, 68 prép.: *avec*; — de LX, 95; LXII, 26: *avec*; XXIV, 14 adv.: *avec*; se mettre — LXIII, 47; LXVI, 7; CXXVI, 15: *se retrouver, se réunir.*

ensembler CXXXVIII, 31: *rassembler, réunir.*

ensuir: *suivre*; ensuit ind. pst. 3 XXXVI, 24; XXXVII, 22; CVIII, 13; CXI, 10; CXXI, 6; CXXV, 42; CXXX, 59; CL, 11; ensuiguent ind. pst. 6 table des rubriques; ensuivez imp. 5 XX, 71; pp. pst. ensuivant XXV, 104.

entalenté, masc. pl. entalentez de CXLI, 10: *plein d'ardeur pour, décidé à.*

entammer, — le cuer XI, 18: *blesser (d'amour).*

entencion (21 occ.): *intention, pensée*; mauvaise — XXXI, 56; XXXV, 45: *projet funeste*; à bonne — XIX, 44: *dans une intention louable.*

entendement LX, 46: *discernement, intelligence*; perdre sens et — XL, 27: *perdre conscience.*

entendre (90 occ.) *entendre*; XXXIX, 8: *croire*; XVI, 40; XCVIII, 82; CIV, 11; CXLVIII, 61: *comprendre*; ne pas l' — (ainsi) LXXII, 64: *ne pas l'entendre ainsi*; — à II, 2; VI, 8; XXII, 8; LXXXVI, 32; CXXVII, 40; CXXXIX, 46; CXLVII, 22: *s'appliquer à, être occupé à*; XLV, 40; LII, 59; LXXIV, 30: *prêter attention à*; — à XXIV, 20: *tendre à, être capable de*; — à nostre humilité, CXVIII, 79, voir humilité; donner (à) — XCVII, 78; CXLIII, 32: *faire croire;* à peinne (et ne) sçavoit on auquel (lez) — LI, 26; XC, 66; CXLVII, 66; CXLIX, 59; CLII, 51: *ne savoir où (vers qui) se tourner, à quoi prêter son attention.*

entente, mettre — CXXXVIII, 75: *s'appliquer.*

ententif, ententis (tres-) CVII, 4 adj. masc. pl.: *attentifs.*

enterin XVIII, 20: *parfait, sincère.*

entier CXIII, 26: *total, complet*; CXLIX, 52: *intact.*

entour XCVII, 16; CIV, 2: *autour*; — de V, 37: *autour de, près de*; à l' — LV, 96; LX, 75; à l' — de XXXI, 36; LVII, 16; LX, 41; LXVIII, 59; CXXXII, 33; CXLI, 43; CXLVII, 64: *autour de, près de.*

entre (42 occ.): *entre, parmi, au milieu de*; — eulx (elles) deux LXVIII, 57; LXXXVIII, 37: *souligne la participation commune à un même procès: l'un(e) et l'autre.*

entrecongnoistre, soy — table des rubriques CX; CX rubrique: *se reconnaître.*

entregetter, — sa veue CX, 51: *jeter son regard*; paroles entregettees CXLIII, 18: *paroles échangées.*

entrer (92 occ.), — en la nef LXIX, 29: *embarquer*; — en son chemin CLII, 28: *se mettre en route*; entrisiesmes subj. impft. 4 LXXVI, 20.

entretant XXXVII, 5: *pendant ce temps*; — que XXXIII, 20; XLIII, 1; LII, 59; LXIII, 1; LXVII, 12; LXXXIII, 34; LXXXVI, 30; LXXXVII, 41; XCII, 33; XCIV, 42; CXXVII, 39; CXXXVI, 1: *tandis que.*

entretenir, — convens XCIV, 13: *observer, respecter des engagements*; XCVIII, 59: *garder, s'occuper de, veiller à*; — la besoingne CXXXII, 49: *s'occuper de ce qu'il y a à faire*; soy —XXIV, 84: *s'entretenir.*

envaÿr VII, 20; VIII, 46; XXVI, 17; CXXXVIII, 28: *attaquer.*

envelop(e)ure XLVII, 54; LXXVIII, 56: *vêtement (lange).*

envers (8 occ.) XXIX, 74: *vers.*

envieux VI, 21; LXXI, 42; CXV, 16: *jaloux, envieux.*

environner II, 32; L, 2; XCVI, 49: *encercler, assiéger*; LXVII, 43: *faire le tour de*; LXXXII, 5; CXXIX, 23: *entourer.*

envis adv., X, 49; LXXX, 32; XCI, 65: *à contrecœur, malgré lui;* (tres-) CI, 35.

envye XXXI, 32; XXXIX, 54: *jalousie, envie.*

equal adj. fém. pl. LIII, 7: *égales.*

erroy LVI, 56; LXXVII, 6, voir arroy.

esbaÿ LXXIII, 27: *déconcerté, inquiet.*

esbanoier, soy esbanier*, esbanioit impft. 3 XXIV, 22: *se distraire.*

esbatemens XV, 1; XXV, 41, 46: *réjouissances, distractions*; CVII, 26: *exercices, pratiques (ironique).*

eschanson LXXI, 36: *celui qui est chargé du service de la boisson.*

escuier (9 occ.): *jeune homme de haute naissance attaché au service d'un grand personnage.*

eschansonnerie LXXIX, 30: *office d'échanson.*

eschapper (16 occ.), — la mort LVIII, 82: *éviter la mort.*

eschauffement CXIII, 63: *ardeur, feu.*

eschauffer CX, 6: *réchauffer*; soy — VII, 5; XX, 23; XCVIII, 14: *s'échauffer, s'émouvoir (ardeur amoureuse)*; estre eschauffé LXXXVI, 31; CVII, 3: *être plein d'ardeur (au combat).*

eschever IX, 39; X, 22; XV, 49; XVII, 42; LIV, 20; LVII, 35: *éviter.*

eschever XLII, 39: *achever.*

eschielle XXXV, 3: *corps de bataille*; CVII, 28, 30; CXXVI, 44, 46, 59; CXXXIX, 20, 25: *échelle.*

escondire XXIII, 34; LXXVIII, 10: *éconduire, repousser*; escondit pp. pa.

escrin XLVI, 2: *écrin, petit coffre.*

escript, — *et cetera* XXXVI, 44; XXXVII, 37; XLI, 14: *écrit... (indique la fin d'une lettre suivie des mentions d'usage).*

escumeur, — *de mer* XX, 3; XLVIII, 33: *pirate.*

esgaré V, 31; XXII, 69, 95; XXIII, 64; XXV, 28; CI, 16; CXLV, 36: *abandonné, misérable, malheureux*; XLVIII, 4: *égarée, qui a perdu la raison.*

eslargir, — qqn. de qqch. VIII, 14: *fournir, accorder avec libéralité qqch. à qqn.*; — qqn. de qqch. VIII, 41: *accorder qqch. à qqn.*

esle LXXXVI, 17: *aile (d'une armée).*

eslire X, 25; LXXIV, 17; CXXIX, 65: *choisir*; esleu pp. pa. subst. V, 35; CXI, 30: *élu de Dieu.*

eslo(i)(n)gnier (esloign- 3 occ.; esloingn- 5 occ.; eslongn- 2 occ.), tr. dir. XIX, 57; LXXX, 21; CXI, 55: *dépasser, laisser derrière*; XXV, 64: *s'éloigner de, s'écarter de*; CX, 7: *tenir à distance, écarter.*

eslongement CXLVIII, 45: *absence, éloignement.*

esmay XCIX, 34; CXXXVII, 54: *trouble, émotion, inquiétude.*

esmouvoir VI, 22; XXIII, 9; LXXIX, 19; XCIV, 3: *émouvoir, troubler*; LXXXIV, 51; CXXIV, 21: *bouleverser*; LXXXIX, 8: *susciter, faire naître*; — *en trouble* XCV, 11: *troubler*; soy — table des rubriques LXXXVII; XXVI, 57; CXX, 2; LXXXVIII rubrique: *se mettre en mouvement*; XCVIII, 13: *s'agiter, se* *manifester*; (soy) — à (en) prologue 25, 39; CXVI, 21: *pousser, inciter à*; esmeu de XCII, 17; XCVIII, 83: *poussé, animé par.*

espace (22 occ.), **espasse** (CIX, 49), subst. fém., XX, 59: *temps*; CXXX, 32; CXLIII, 11; CXLIV, 23; CXLVIII, 43; CLIII, 22: *moment*. une — de temps CXIII, 45: *un moment*; grant — (de temps) V, 21; LX, 34; CIX, 49; CXII, 33: *longtemps*; (par) longue — LXXX, 52; LXXXVII, 35; XCIII, 41; CXII, 68; CXIV, 25; CXXI, 20: *pendant longtemps*; (par) l' — de XLVIII, 41; LIII, 27; LXVII, 46; LXXXIII, 65; CXXVII, 101: *pendant*; à celle — de temps que XXV, 1: *pendant que, aussi longtemps que.*

espaonté XXXI, 70; LV, 96; CXXXIX, 43: *épouvanté.*

esparpeil XXIX, 64: *massacre.*

esparsin CVII, 62: *massacre.*

espasse CIX, 49, voir espace.

espaventé LV, 73; CXXXIII, 28: *épouvanté.*

espee (39 occ.) mettre à l' — CXXXV, 35: *passer au fil de l'épée, massacrer.*

esperit, rendre l' — LII, 57: *mourir, rendre l'âme*; recommander son — CXXV, 77: *recommander son âme*; saint —: XXI, 3; LXVII, 16; LXXXIII, 48, 60; XCVII, 50: *Saint-Esprit.*

espirituel CXI, 16 Pere —: *Dieu, le Créateur.*

espeuse (23 occ), **espouse** (XX, 54): *épouse.*

espicial (21 occ.), **espiciaulx** (LXXXVIII, 13.), X, 11: *sans égal, sans pareil (Dieu)*; LXXXVIII, 13: *particulier, privée*; par — (20 occ.): *en particulier, surtout.*

espie CXXVI, 29, 32; CXXXVIII, 37, 39, 47: *espion.*

espieu XXIX, 67, 71*; CVI, 80: *épieu*: «sorte de pique formée d'une hampe très forte au bout de laquelle est fixé un fer plat, large et pointu».

espo(u)ser (espos- 17 occ.; espous- 16 occ.) XVI, 17: *épouser.*

esposee XXV, 67, 91: *épouse.*

espouse XX, 54: *épouse*, voir espeuse.

esprendre, soy — XXIII, 10: *brûler, être saisi (amour)*; espris (8 occ.), esprins (CXLI, 33) pp. passé VIII, 56; XI, 22; XXXIII, 38; XCVII, 70; CII, 8; CIV, 36; CXXV, 28: *brûlant de désir ou d'amour, enflammé, épris*; CV, 1: *brûlant, pris par la maladie*; — de mal talent CXLI, 33: *plein de colère.*

espringale CXXXIV, 21: *machine à lancer des pierres.*

esprivier XXIX, 63: *épervier*

esprouver, CXII, 52; CXXXVII, 36: *mettre à l'épreuve*; espreuve imp. 2.

esquarremuchier L, 5: *faire des escarmouches.*

esquipper, soy — en mer XV, 39: *prendre la mer.*

esraillier, — les yeulx LX, 35: *rouler les yeux.*

essient (2 occ.), encient (LVIII, 54), selon (à) mon — XXIV, 34; LVIII, 54; LXXX, 8: *à ce que je crois, à mon avis.*

estacque CIX, 16: sens figuré *appui, soutien.*

estal, rendre — CXXIV, 21: *prendre une attitude défensive, opposer de la résistance.*

estandart LII, 41: «*enceinte retranchée qui servait de point de mire et de réunion pour les combattants de chaques armée*»; *point de ralliement;* LII, 62: *étendard, enseigne de guerre.*

estat (36 occ.), **estas** (LXII, rubrique): *état, situation, condition, ce qui concerne qqn. ou qqch.*; XIX, 6; LXXXIX, 23; XCIII, 4, 24; XCIV, 28; XCVI, rubrique; CIX, 60; CXLII, 4: *position, rang; condition (sociale), train de vie*; XV, 4; LVI, 56: *toilette, équipage;* XXV, 29: *comportement*; gens d' — LXXIII, 9: *gens de condition élevée*; les trois estas d'Engleterre table des rubriques LXII; LXII, rubrique: *les trois corps politiques (les villes, la chevalerie des comtés, le clergé)*; demander (de) l' — de qqn. ou de qqch. XXVII, 61; LVIII, 33; LXXVI, 13: *demander des nouvelles ou des informations au sujet de qqn. ou de qqch.*; enquerre de l' — de XXXIX, 71, 80; LXIII, 48: *même sens*; mander de l' — de à qqn. XXXVII, 34; XLI, 6: *donner des nouvelles à qqn.*; remettre en son — LXXXIX, 50; CXXI, 41; CXLIX, 2: *rétablir dans sa situation, sa dignité*; parler de l'— d'amours LXXIV, 27: *parler d'amour;*

estat (= estant?), soy tenir en estat CXX, 26*: *se tenir debout, résister.*

estendre (8 occ.): *étendre, placer sur*, CXXV, 53: *étirer*; soy — CXXV, 58: *s'étirer*; bras estendus LX, 14; CXLVIII, 11: bras tendus.

estoc, d' — et de taille XXIX, 69: *de la pointe et du tranchant de l'épée.*

estoffé LXXXIV, 26: *escorté*; bien — de tous membres LI, 62: *bâti.*

estorer, pp. pa. fém. table des rubriques XXX; XXX, rubrique: *construire, édifier.*

estoupper CXL, 30: *boucher, fermer, clore.*

estrain LXXX, 35; CXII, 69; CXVI, 75; CXLIX, 8: *foin, paille.*

estraindre, — les dens XVII, 3; CXIX, 55: *grincer des dents.*

estrange XVII, 41; XIX, 17; XXIV, 25; XLIII, 34; LXXV, 13; LXXVIII, 39; LXXXIII, 63: *étranger.*

estre subst. XIV, 25: *demeure.*

estre subst. XXIV, 38; LXX, 24; LXXVI, 37; CIX, 60; CX, 11: *condition.*

estre, vb.: — à qqn. (impers.) XCIV, 30: *comment les choses vont pour qqn.*; — à (impers.) + inf. XLV, 4: *être possible*; CXXXII, 60: *être possible*; LX, 16; XCIX, 4 comme(nt) vous est: *comment allez-vous?* Il m'est assés bien LX, 18: *je vais bien*; n'— riens à qqn. de qqch. CXXV, 39: *qqch. est indifférent à qqn.*; vouloir — XIII, 41; XXXI, 93; XLVII, 56: *vouloir dire, signifier*; demander que est à dire XCIII, 29: *demander ce qu'une chose signifie*; fuis CXXVII, 61 PS 1; fuist XXIV, 55; XXV, 100; LXXVIII, 62; LXXX, 9; CVII, 69; CXXXVI, 16; CXLVI, 4: subj. impft. 3; fusist LI, 88; LXXX, 20; CIX, 64: subj. impft. 3.

estudier, — à VI, 9: *s'adonner à l'étude de.*

esvanuyssement XVI, 45: *disparition.* (*TLF*: 1458-1467, *Cent Nouvelles nouvelles*).

eure (6 occ.), voir heure.

eureux, XXIII, 59; LIV, 10; CXXVIII, 82, voir (h)eureux.

euvangille LXXXII, 33: *évangile*.

euvoye = envoye CXVIII, 58*: *envoie*.

euvre VI, 8; IX, 11; XXVIII, 53; LIV, 83; LVI, 38; LVII, 70; LXXIX, 56; XCVII, 49; CXV, 10: *action, œuvre*; avant toute LVIII, 5 —: *avant toute chose*; XXX, 26: *ouvrage, édifice*.

evidemment IX, 3; XXVIII, 29; LXXXIV, 64: *à l'évidence, clairement*.

exaction XXVII, 25: *impôt*.

examiner LXV, 69: *interroger, faire subir un interrogatoire*.

exaucement LV, 57: *exaltation, glorification*.

exaucier XXXI, 2; XXXIX, 42; L, 42; LII, 12; CXXX, 52: *exalter, glorifier, faire triompher*.

excusacion CIV, 17, faire — : *se justifier*.

excuser prologue, 47: *excuser*; LX, 86; LXXXIV, 62: *disculper*; soy — XVI, 27; LXII, 5; XCIII, 30; XCV, 84: *se tirer d'affaire*; LXIV, 5; XCIX, 65; CIV, 17: *se justifier*; CX, 58, 68: *s'excuser, se dérober*.

exercite prologue 11: *pratique*.

exil XLI, 9: *tourment*; — de mort XLII, 50: *mort*.

exillier LVIII, 78: *mettre à mort*.

expedient, il est — LXI, 60: *il convient*.

exploit XXII, 94: *profit*.

exploit(t)ier (exploit- 3 occ.; exploitt- 3 occ.), XIX, 40: *agir, faire*; XXVI, 27; XXXII, 48; LXXXIII, 38; CXXXI, 47: *se hâter*; soy — par son chemin CV, 38: *même sens,* voir chemin.

façon VI, 3, 6, 18; XXVIII, 30; XXXIII, 59: *visage*; de grant — LXXXIII, 42; XCVIII, 8; CXXIV, 45: *de noble condition, de belles manières*; par tel — que XXX, 7: *de telle manière que*.

facteur XVIII, 58: *serviteur,* voir *Dictionnaire du Moyen Français* (adresse INaLF internet): *agent, commissionnaire*.

faillir (22 occ.) XXII, 84; XXVI, 22; CXVI, 16: *manquer*; XV, 32; XXII, 92; LXXXII, 32; CXXV, 50: *manquer, faire défaut*; LX, 40: *manquer son coup*; — XXVII, 84; LXXII, 13: *manquer son but, échouer;* CXLI, 46: *cesser;* LXXVII, 65:

être nécessaire; — de CXV, 6, 8: *manquer de*; le cuer lui faillist V, 20: *il s'évanouit*; peu s'en faillist: LI, 86 (corr.); LXXII, 57; CXXIX, 41: *il s'en fallut de peu que*; il faut XXXIX, 87; XLIV, 30; CXII, 51; CXLVI, 17: *il faut, il est nécessaire*.

fain (7 occ.), avoir grant — de XXXIX, 12: *désirer vivement*.

fainctement LX, 67; LXI, 5: *de façon feinte, hypocritement*.

faindre: *feindre*;* faindoit impft. 3 LXV, 53*; faindroit fut. II 3 LXV, 19; faindant pp. pst. masc. sg. XXVII, 2; CIV, 12.

faire (≈ 850 occ.), — les chevaliers LXXVII, 9: *adouber* (?); avoir à — XII, 64: *avoir des difficultés*; avoir à — de LXXXIX, 13: *avoir besoin*; n'avoir que — LXXXII, 74; XC, 32; CII, 64; CXLI, 4: *ne faire aucun cas de, ne pas se soucier de*; — à + inf. XX, 52; XXII, 39; XXVI, 50: *mériter d'être…*

fais, à ung — CVII, 67: *tous ensemble, tout d'un coup*.

faissette XLIX, 27; LXXXII, 54: *bande de maillot, lange*.

fait, avancement de mon — XXV, 73: *grâce à moi*, voir *Morphosyntaxe du pronom personnel… p.* 377.

fait, et de — (19 occ.): *en réalité, dans les faits, concrètement*; d'où des effets de sens en rapport avec le contexte; LIII, 16; LXXIII, 11; XCI, 53; XCII, 46; XCVI, 15; XCVII, 18: *de fait, effectivement* VI, 15; IX, 36; XXV, 12, 46; LII, 20; LXXXIV, 51; LXXXVII, 48 *bientôt, aussitôt* (?); XCVII, 35; CXXVIII, 2: *dans les faits, concrètement*; CXI, 76: *c'est pourquoi* (?); XXXI, 81; CIV, 78: *bientôt*; CXIII, 61; CXV, 16: *en conséquence, aussitôt* (?) voir *Toutes les herbes…, p.* 236, *s.v.* fait / 326b, c, 327.

fame LI, 98: *renommée, réputation,* voir G. Roques, *Médiévales,* 24 (1993), p. 47.

famine XXII, 96: *faim*.

faonner XLIX, 8: *mettre bas*.

faulce(s) (28 occ.), voir faulx.

fault* = faulx: CXXXVI, 23*, voir faulx.

faulcement LXV, 27; LXVI, 15; LXXIII, 52; LXXXIV, 62; XCIV, 50; XCV, 24: *traîtreusement, perfidement*; mentir — XCV, 85: *mentir*.

fau(l)ceté (faulcet- 10 occ.; faucet- CXXVII, 111), table des rubriques XLIII; XXV, 114; XL, 7; XLIII, rubrique, 3; LXI, 64; LXIV, 35; LXV, 1, 70, pl. 79; CXXVII, 111: *perfidie, trahison.*

faulte (22 occ.) XXVI, 22: *manque*; XLI, 12: *faute, manquement*; CIV, 51: *péché*; sans (nulle, point de) — (19 occ.): *sans faute*; sans — CXXV, 38: *sans avoir commis de faute, injustement.*

faulx (16 occ.), **fault*** (CXXXVI, 23), **faulce(s)** (28 occ.), faulse (2 occ.); **fausses** (CXV, 24): *perfide, traître, fourbe*; CXXIV, 58, 64: *mauvais*; LXXX, 9; LXXXVIII, 32: *méchant*; XI, 55: *trompeur*; XLII, rubrique; LV, 49; CXV, 24: *faux, inventé, mensonger*; — semblant XXXI, 21: *apparence, feinte*; — malice CIV, 19: *fourberie.*

feal XLI, 1: *loyal, fidèle.*

feaulté, tenir — XXVIII, 26: *être loyal*; avoir — à qqn. de LXXIV, 45: *s'être engagé auprès de qqn. par serment.*

felon II, 14; LIV, 9; CXXIV, 57; CXXVI, 2; CXXXVI, 38; CXXXVII, 13; CXXXVIII, 57; CXXXIX, 13: *cruel*; (tres-) CXL, 51.

femmelette CXVI, 65: *pauvre femme.*

fer CXXXIV, 49: *fers (chaînes) qui retiennent le prisonnier*; mettre à bons —s LXXXV, 16: *mettre aux fers, en prison.*

ferir CXXXI, 24 CXLI, 39: *frapper*; — sur CXXXIII, 7: *attaquer*; soy — CXLI, 11: *se précipiter.*

fermer **XI, 27**: *fortifier*; CXXXVIII, 76: *consolider la fermeture, clore.*

feste (14 occ.), faire — XIV, 72 (2 occ.); CL, 38; CLII, 35; CXXVIII, 30: *accueillir avec joie, manifester de la joie*; faire (la) —XCV, 30*; CLII, 59: *faire la fête*; XXIV, 49; LIII, 14: *honorer.*

festiement, **festiemens** XCII, 2; CXXI, 45; CLII, 49, 51: *réjouissances.*

festier (32 occ.): *faire fête, honorer.*

feule LXVIII, 15: *feuille.*

fiance, avoir — en XI, 8; LXXIII, 35; LXXX, 26; XCIX, 44, 22; C, 44: *avoir confiance en*.

fiertre LXXXV, 56*: *châsse, reliquaire*.

fidele LXXXIII, 47, **fidel*** LXXXIII, 5, **fidelz** CXV, 10: *fidèle*.

fille, — en confession CIX, 82, voir confession.

filleu* LXXIX, 38; LXXXI, 56, 58; XCVI, 20: *filleul*.

fin subst. (38 occ.): *fin, terme, bout*; CXLVIII, 20: *mort*; en la —: XXIV, 51; XXXI, 91; LXXI, 38; LXXIX, 46; XCVIII, 16: *pour finir, au bout du compte*; à celle — qu(e) prologue, 6; XI, 64; XXI, 16; XXVI, 21, 56; XXVIII, 42 (+ ind. fut., voir Martin, § 90); XXXVI, 32; L, 43; LXXXVI, 8; CII, 37: *pou*; mettre — LXIII, 56: *terminer*; prendre — XXXI, 52: *fini*; mettre à — XXVIII, 53: *mener à terme*; mettre à — CXXII, 45; CXXXVI, 38; CXL, 71; CLI, 34: *vaincre, anéantir, exterminer*.

fin adj. LV, 68: *pur*.

finance CXVII, 46; CLI, 48: *argent*.

finer X, 34; LXXXII, 50: *terminer*; CLIII, 32: *cesser*; XVI, 41; XVII, 52: *mourir*; LXXVII, 63; XCIV, 21; XCV, 62: *obtenir, arriver à ses fins*; n'en — autrement CXXXII, 27: *ne rien obtenir d'autre*; — sa vie XV, 13; XLII, 56; LX, 22; CVI, 21: *mourir*; — ses jours XXVIII, 54; CXXI, 15; CXXIX, 64: *mourir*.

florin CXIV, 33: *pièce de monnaie d'or ou d'argent, frappée à Florence en 1252, puis répandue en Italie et en usage dans plusieurs pays*.

fois (56 occ.), à une — CXXVII, 10: *tous ensemble, en une fois*; CVI, 21: *en une fois, une fois pour toutes,* une bonne — XCI, 54: *une fois pour toutes*; de — fois à autre XLVII, 5, 40; XCVIII, 6: *de temps en temps*; toutes — que CXII, 54: *chaque fois que*.

foison L, 32; LXXXVII, 37; CXXVI, 60; CXXVIII, 76; CXXVIII, 76: *quantité*.

folie (4 occ.) XI, 11; XCVII, 69: *imprudence*.

fonder XXVI, 80; XXX, 24; CXXIX, 15: *construire*; pp. pa. requeste bien fondee LXXXII, 38: *demande bien fondée, juste, légitime.*

fondre XCV, 34, 37: *fondre*; — en larmes XC, 63; CXLVII, 33; CXLVIII, 47: *fondre en larmes*; — larmes et prieres CVIII, 65: *verser, répandre.*

fons LVI, 59; LXXIX, 3; CXL, 18: *fonts baptismaux*; ungs — CXXXV, 25: *fonts baptismaux*; — de baptesme XXXVI, 19; LIV, 87 (corr.); LV, 13; CXXVII, 49: *fonts baptismaux*; lever sur — CI, 76: *tenir sur les fonts baptismaux.*

fon*, fons, ou — de CVII, 5, 16*; CLI, 54: *au fond de.*

fontaine XXI, 37; XXII, 27; CXI, 9: *source.*

fontein CXXXVIII, 62: *source.*

forc*, force, (44 occ.) III, 3: *armée*; à (par) (la) — de II, 38; LXXXIX, 35; CVI, 37; CVIII, 4; CXVIII, 66; CLI, 41: *grâce à, au moyen de*; à — de vent LXVII, 37; LXIX, 38; CXVII, 19: *grâce au souffle du vent*; à — et à puissance XXIX, 33; XXXVIII, 30; LII, 2*, 23; LXXXVI, 18; CXVII, 38: *vigoureusement*; de — et de puissance CXXVI, 68: *même sens*; par si grant — XII, 65; de tresgrant — XXIX, 37; de si grant — CXIII, 71: *avec une telle force, une telle violence*; par — CXXVI, rubrique; par grant — CXXIV, 35: *avec des forces armées importantes*; par — de XLVII, 41: *à force de*; par — d'armes LII, 62; LIV, 10; LXXXVI, 27; CVII, 68; CXXXVIII, 10; CXLI, 18: *par les armes*; à — de + inf. LII, 21: *à force de.*

forcener, — contre CXV, 15: *s'acharner contre.*

forcené XLVIII, 6; CVII, 58: *hors de son bon sens.*

forfaire LXXXV, 36: *causer du tort.*

former VI, 2: *devenir jolie (?)*; bien formee: VI, 26: *jolie, bien faite.*

forment CXXIV, 1: *gravement, lourdement.*

fo(u)rrier (forr- CXLIV, 40; fourr- 2 occ.), LXXXVIII, 7; CXLIV, 40, 42: *officier chargé de pourvoir au logement et à la subsistance du prince et de ses troupes.*

fors, fort XIV, 11*; XXXIX, 47; CXLVII, 62: *excepté, sinon*; — que LXXXIX, 49: *même sens.*

fort, adj. XCIX, 13: *difficile*; fors lieux CXXVII, 22: voir lieu;
adv. (tres)— à une occurrence près, exclusivement employé
avec commencer à (29 occ.) *beaucoup, vivement, portant sur
le régime de commencer.*

fortune LXVI, 8: *sort, destinée*; male — CXLI, 55: *malheur*;
par — XXV, 24: *peut-être, par hasard.*

fortuné XVIII, 21; XIX, 1; LXIII, 11: *infortuné, malheureux.*

fossé, fossez CVI, 235, 36; CVII, 1, 5, 7, 16, 20; CXXIII, 46;
CXXVI, 26, 44; CXXXII, 13; CXXXIX, 13: *tranchée
défensive au pied d'un ouvrage fortifié.*

fosser CII, 66: *creuser.*

fosseur CXXXVIII, 60: *terrassier.*

foulé LII, 17; CXXXIX, 6: *fatigué, mal en point.*

fouraige, aler en — XCVII, 19: *aller au fourrage, faire du
butin.*

fourches, pl. CXXXIII, 26: *fourches patibulaires, gibet.*

fourdre subst. masc. ou fém. CVI, 48; CXXIV, 28; CXLI, 30:
éclair.

fourdroyer XXXI, 46: *foudroyer*; sens figuré CXXIV, 27:
abattre, se précipiter avec la vitesse de la foudre; pp. pa. fém.
sg. XCIX, 5: *fatiguée, abattue.*

fourmener CXXXI, 36: *malmener.*

f(o)urnir (fourn- 1 occ.; furn- 1 occ.), LXVII, 32: *équiper,
pourvoir*; — la besoingne LI, 3: *exécuter la tâche.*

foy (131 occ.), faire — et serement XX, 33: *jurer*; mentir sa —
XXXIV, 54: *trahir sa parole*; tenir la — XXI, 29: *observer la
religion*; tenir — et loyaulté XCVIII, 25: *se garder fidélité.*

franc XXVII, 34; LXVI, 53: *libre, exempt*; LXXXIII, 19;
CXXI, 11: *noble.*

fraing IX, 19: *frein.*

franchises LXVI, 52: *franchises (immunités dont jouit une
ville; exemption de droits, d'impôts).*

frapper (38 occ.), — cheval d'esperons LII, 27: *piquer des
deux*; soy — CVII, 58: *se jeter, se précipiter.*

fraude LXII, 53: *trahison.*

frec, frecz adj. XLIX, 55; XC, 49; CXLIX, 22: *frais, vivant.*

fremer CXXIX, 15: *fortifier.*

fremeté CXXVI, 50, 57: *enceinte fortifiée, muraille.*

fremeure XCIV, 61: *fermeture, sceau.*

frois(s)ier (frois- 2 occ.; froiss- LV, 69), LV, 69: *briser;* LV, 77: *briser, rompre (membres);* LVI, 62: *brisé, exténué.*

frumer CXXIX, 18; CXXXII, 9; CXXXIX, 1: *fortifier;* CXXXVIII, 58: *fermer, boucher.*

fuis CXXVII, 61 PS 1 du verbe estre.

fuist XXIV, 55; XXV, 100; LXXVIII, 62; LXXX, 9; CVII, 69; CXXXVI, 16; CXLVI, 4: subj. impft. 3 du verbe estre.

furny LXVII, 32, voir f(o)urnir.

fusist LI, 88; LXXX, 20; CIX, 64: subj. impft. 3 du verbe estre.

fuir, fuyr (36 occ.), LXXXI, 14 fuyent: *accourir.*

gaber, — qqn. LVIII, 88: *se moquer de qqn.*

gaige XXXVII, 57: *salaire;* offrir son — CXIII, 66: *défier;* prendre en — XCIV, 14: *prendre comme garantie.*

galee XX, 10, 39: *galère, petit navire.*

galiot XXI, 75: *matelot.*

garandir* LV, 12: *protéger.*

garant V, 32; LXXXIII, 32: *protection.*

garce XXIV, 49: *fille de mauvaise vie.*

garcette XXIV, 46: *fille de mauvaise vie.*

garde subst. fém. (47 occ.) garde, surveillance, protection (16 occ.); LXXVI, 35; CXLIII, 32: *sentinelle;* à (en) la — de XXV, 2; XXVIII, rubrique; XLV, 25; XLVI, 17, 54: *sous la surveillance, sous la protection de;* avoir en sa — LXI, 14; XCVII, 76: *surveiller;* n'avoir — de L, 15; CXXXIV, 60: *ne pas se soucier de, ne pas se préoccuper de, ne pas avoir d'inquiétude;* bailler en — XXIV, 76; XXV, 53; LXIII, 68; CXIII, 8: *donner à garder, à surveiller;* soy donner — CXIV, 14; CXXIII, 38; CXXIV, 13: *s'aviser, faire attention, se méfier;* faire bonne — XV, 3; XXIV, 77; XXV, 3, 62; XXXIX, 67; CXXXI, 38; CXLII, 38: *veiller sur, surveiller;* mettre en (la) — (de) table des rubriques XXIV; XVII, 8;

XXIV, rubrique: *mettre sous la surveillance de*; mettre bonne
— CVI, 23: *mettre des hommes en armes pour surveiller et
protéger*; prendre en sa — CXXVIII, 17; CXXXV, 20; CXLII
rubrique: *se charger de la surveillance*; recevoir en sauve —
LXXXVI, 29: *garantir la sécurité de qqn.*; soy tenir sur sa —
CXLI, 5: *faire attention, prendre des précautions.*

garde subst. masc., Nostre Seigneur soit — de vous XXXVI,
44; XXXVII, 37; XLI, 13: *Dieu vous protège.*

garder (79 occ.): *garder, protéger, surveiller, prendre soin de,
conserver*; LXXXIII, 21: *respecter, observer*; soy —
CXXXVII, 51: *se protéger*; — de XXV, 59: *empêcher de*;
(soy) — de XI, 54; XIX, 62; XXI, 33; XXII, 60; LXXIV, 41;
LXXXI, 64: *(se) préserver de*; soy — de XL, 15: *éviter de*;
(soy) — que XXIV, 80; XXXVIII, 12; XL, 6: *veiller à, faire
en sorte que*; gart, gard, subj. pst. 3 LXXXII, 20; XCIV, 44.

garnison CXXVIII, 74: *corps de troupe mis dans une ville
pour la défendre.*

gaster XXIX, 28: *dévaster.*

gayant (27 occ. entre CXXXV et CXL): *géant.*

gehenner CIV, 20: *maltraiter, torturer, supplicier,* DEAF
gehenne est relevé; attesté une fois en a. fr. et ne
réapparaissant qu'en français moderne; le verbe n'est pas
mentionné, col. 422.

generacion LIV, 77; XCI, 27; CXXXV, 27: *ascendance,
descendance (filiation).*

gengleur CVIII, 18, 21, voir jengleur: *moqueur.*

geniteur XXI, 25: *père.*

gens (155 occ.), — d'armes 29 occ., voir armes; — de justice
LXV, 47, voir justice; — d'estat LXXIII, 9, voir estat.

gent subst. f. CXXXVII, 4: *gens.*

gent adj. VI, 6; XX, 13; XXII, 77, 82; XXIII, 19; XXIV, 10,
54; LVIII, 17: *beau, gracieux.*

gentement CXXXIII, 10: *noblement*; (tres-) LXXV, 57.

germain, frere (seur) — XCIV, 35; CXVI, 10; CXL, 53: *né
des mêmes père et mère.*

geron XXXI, 54: *espace qui s'étend de la ceinture jusqu'aux genoux d'une personne assise*; XXXVII, 55: *pan de vêtement allant de la taille au genou, tunique*; estre enclos ou — de X, 15: *être encerclé (par les ennemis)*.

gesine CII, 2: *alitement de la femme qui accouche*; *après un accouchement (mois de gesine)* DEAF col. 650-62.

gesir IX, 25; CXVI, 74: *se coucher, dormir*; soy — XCIX, 2 *être étendu*; quant elle eust jeut son terme CII, 1: *quand elle eut accouché*; gesoit impft. 3 XCIX, 2; jeut* pp. pa CII, 1.

gibier, aler en — XXII, 43: *aller chasser*.

glave* CXX, 7: *forme de glaive*: *épée*; *malgré la présence de* espees, *il semble qu'il faille voir un genre d'épée plutôt qu'une lance car la phase du combat a l'air d'être celle du combat rapproché*.

gourdine* XCVIII, 79, 85: *courtine, tenture*.

gouvernance LXV, 45: *gouvernement*.

gouvernement (7 occ.) XXXV, 40; XCIII, 4: *conduite*.

gouverner (14 occ.) *gouverner* (5 occ.); LXXIX, 40; CLIII, 28: *diriger, administrer (un archevêché)*; — qqn. table des rubriques XLIX; LXXIV, 7; XCVI, 42: *prendre soin, entretenir;* XLIX, rubrique, 2: *nourrir*; soy — LXX, 5; LXXI, 38; CXVI, 78: *se comporter, se conduire, vivre*.

gouverneur (8 occ.): *gouverneur, régent*; XVIII, 58: *celui qui est chargé de l'administration d'une église, d'une paroisse, administrateur ecclésiastique*, voir DEAF, *s.v. governer*, col. 1097; XXIII, 52: *maître*; — de l'ostel LXXI, 39: *celui qui dirige les affaires de la maison*.

grace (50 occ. sg.; 5 occ. pl.), prologue, 16; IX, 8…: *grâce (divine)*; VIII, 30, 33,49; XXI, 38…: *faveur, bonté*; bonne —: LXXIV, 20: *faveur dont jouit qqn.*; de (par) sa — XXV, 95; XXVII, 24; LXIII, 13; LXXXI, 63; CXLIX, 35: *dans sa bonté*; (la) Dieu grace(s) XXV, 36; XXXVI, 4: *grâce à Dieu*; avoir la — de XIV, 33, 62: *avoir l'autorisation*; donner (la) — de XIII, 51; XXV, 99; LVI, 38; LXVI, 73; LXXXII, 26: *autoriser, permettre, accorder la faveur de*; cstre en la — de XXIII, 60; LXXIV, 5: *être estimé, être l'objet de l'affection*; faire la — de

XCII, 13: *permettre*; prendre en sa — LXXIII, 65: *estimer, prendre en affection*; estre receu à la — de CXXXVI, 6: *avoir la faveur de*; soy recommander à la bonne — de XXXIX, 10: *se recommander à la bienveillance de*; rendre —s XV, 36; XXV, 97; XLII, 51; LXXXI, 62: *remercier*.

gracieuseté XXIV, 56; CIV, 38: *grâce*.

graover* XXXI, 79: *griffer*, voir DEAF *s.v.* groe, col. 1439.

gré (14 occ.): au — de prologue, 42: *selon la volonté de*; du — de CVI, 30: *même sens*; par le (vostre) — (de) LV, 32; LXXV, 31: *même sens*; prendre en — XXXIII, 5; XLIV, 17; XLV, 28 *se résigner, accepter*; recevoir en — prologue, 47; XLV, 20: *accepter*; savoir (grant, tresbon, mauvais) — XII, 71; XIV, 18; XXIII, 75; LVI, 23; XCI, 50: *savoir (bon, mauvais) gré*.

gregois XXV, 26: *grec*.

grever IX, 43; CI, 13; CXXIV, 2; CXXV, 63; CXXVII, 4: *mettre à mal, causer un préjudice*.

grief, griesve(s) table des rubriques CV; XCVIII, 43; CV, rubrique; CXXIX, 67; CXXXII, 17: *pénible, douloureux*; (tres) CXXIV, 22; CXLIII, 8; — blasme CXI, 36: *adultère* (?).

guerroyer, guerier XXVI, 59; XXVII, 53; L, 9: *combattre, dévaster*; guerioient ind. impft. 6.

guise, soy mettre en — de XXVI, 76; XXVIII, 4: *s'habiller à la manière de*.

habandonner, soy — à LXVI, 43; XCV, 71: *s'offrir à*.

(h)abil(l)ier (5 occ. sans h; 5 occ. avec h; (h)abil- 3 occ.; (h)abill- 2 occ.; (h)abili- 5 occ.; (h)abilli- 3 occ.) XXVIII, 17; XXXIV, 28, 31; LI, 29; LXXVI, 52; CXXIX, 34; CXXX, 30: *revêtir des armes, s'équiper, s'armer*; CXIX, 38 ironique (?): *mis dans cet état*.

(h)abilemens (abilemens XIII, 9; habilemens 2 occ.) XIII, 9; XXIV, 8: *vêtements*; CVII, 18: *équipement de guerre*.

habit, habis XXVII, 6; LV, 31; LXIX, 51; LXXV, 56; XCVIII, 62; CXLVII, 20: *vêtement*.

habitacion, — charnelle XIII, 46: *relations charnelles*.

habiter IX, 18: *avoir des relations charnelles*; XLVI, 47: *vivre, habiter*.

(h)a(i)che (ache XXIX, 59; hache 6 occ.; haiche 3 occ.) XXIX, 70; LI, 63; LII, 25; CXXXIX, 33: *hache* — d'armes XXIX, 59; LII, 21; XCIX, 84; CVI, 82; CXX, 35; CXXXIV, 32; C. Gaier, *op. cit.*, p. 368: «*arme de choc... de grand modèle... peut être bien désignée par l'expression hache danoise (hache d'armes pourrait être une mauvaise lecture de hache danoise)*», p. 382 «*fer largement découpé au point de former deux «barbes» asymétriques, en haut comme en bas*».

haïr CXXXI, 7: *détester*, hayoit, impft. 3.

hais XXI, 78, voir ais.

hardement XI, 49; LI, 52: *courage, audace*.

harier, herier LXXX, 54; CXII, 41*: *importuner, tourmenter*.

harnas XI, 32, voir harnois.

harnois, harnas XI, 32; LXVII, 9; LXXVI, 51; LXXXVII, 37; CXXVI, 59: *équipement*.

hau(l)t, haux (hault 27 occ.; haut XVIII, 8; haulx V, 23; haulte 14 occ.) XVIII, 8; XXIV, 35; CXII, 18: *noble*; emploi adverbial XLII, 22, 29; LXII, 53: *à haute voix*; crier — XLVIII, 28; CXII, 13; CXXXI, 19; CXXXIX, 32; CXLVI, 31: *fort*; plus — de XLIX, 4: *plus de*.

haultain CXI, 16: *glorieux (Dieu)*.

haultement XXV, 21; CLI, 4: *noblement*.

hayoit CXXXI, 7, voir haïr.

herier CXII, 41, voir harier.

(h)eure (heure(s) 28 occ.; eure 6 occ.), *heure, moment*; d'— en — XXII, 8: *sans cesse, continuellement*, voir *Toutes les herbes...*, p. 305, *s.v.* heure / 432c; à bonne — CXXXV, 24: *heureusement (pour qqn.), pour son bonheur (formule de souhait)*, voir *Toutes les herbes...* p. 305, *s.v.* heure / p. 431; à toutes — XI, 5: *à tous moments*; à (de) telle — que XXVIII, 50; XXXIII, 47; CXXVII, 68: *si bien que*; à celle — que XXII, 40; CXLVI, 11: *au moment où*; à l' — que XXIV, 20; LVI, 61: *au moment où*; à peu d' — CXXVII, 12: *en peu de temps*; estre — XXI, 56...: *être le moment;* ne jamais veoir l'— qu'ilz la reveissent CXXI, 39: *ne jamais la revoir*; dire ses —s LXXI, 35: *dire ses prières.*

(h)eureux (eureux 3 occ.; heureuse CXXV, 59), XXIII, 59: *favorisé*; estre — de LIV, 10: *trouver son bonheur dans, gagner à*; CXXVIII, 82: *favorisé par la fortune*; désignant une chose CXXV, 59: *profitable, salutaire.*

hideur (hid- 2 occ.), **(h)ydeur** (hyd- 3 occ.; yd- XXXIX, 43.), LXV, 32: *effroi, horreur*; XXXIX, 43; LXXXVIII, 22; LXXXIX, 53; CXXXVII, 26; CXXXIX, 45: *chose horrible, atrocité.*

(h)oir (hoir 7 occ.; oir XCIV, 72), II, 22; XCII, 75, 78; XCIV, rubrique, 24, 71; XCVI, 2: *héritier.*

hontier XXI, 17: *couvrir de honte, souiller.*

horion subst. m. CVI, 63, 72: *coup.*

(h)ospital (hospital 2 occ.; ospital 2 occ.), CIX, 42; CX, 40; CXXIV, 78; CXXVI, 13: *établissement hospitalier où l'on recevait les pauvres (hôtellerie, hospice).*

host (11 occ.), voir ost.

(h)ostel, (h)ostelz (hoste- 35 occ.; oste- 27 occ.; 59 occ. sg. 3 occ. pl. dont 2 dans maistre d'(h)ostelz): *maison, demeure, appartement*; yssu de bon — LXX, 46: *de bonne naissance*; retenir de son —: table des rubriques LXXIII; LXXIII, rubrique, 66: *retenir à son service*; demander l' — CIX, 40: *demander l'hospitalité*; avoir — XXVII, 18: *être reçu*; presenter l' — LXXVII, 45: *offrir l'hospitalité*; maistre d' — LXX, 32; LXXI, 39; LXXII, 66, 73; LXXXI, 31; LXXXVIII, 7: *maître d'hôtel (intendant de la table du roi, chargé plus généralement du service intérieur du palais).*

hostelerie CIX, 35, 39: *lieu où l'on héberge les pauvres.*

hostellain LXXXVII, 58: *celui qui héberge, hôte.*

hosteller CX, 46: *héberger, loger.*

(h)ostesse (hostesse 17 occ.; ostesse 7 occ.): *celle qui héberge, hôtesse*; CX, 25: *qui est hébergée.*

huee CXLV, 46; CXLVI, 42: *cris, vacarme.*

huissier d'armes LXX, 35: *héraut d'armes, officier particulier de la cour de Flandre.*

humanité, montrer son — L, 55; CXVIII, 79: *montrer ce dont on est capable.* Voir *Morphosyntaxe du pronom personnel...* p. 376; *les deux occurrences se trouvent opposées à une expression impliquant l'idée d'une soumission,* voir humilité.

humilier, soy — XXIV, 30: *s'incliner, saluer, faire acte de déférence.*

humilité: *soumission*; condescendre à nostre — L, 54: *accepter nos conditions, se soumettre*; entendre à nostre — CXVIII, 79: *même sens.*

hurter XVI, 11: *frapper*; faire — contre XXI, 74: *précipiter contre.*

hutin CXXXI, 30: *bruit, vacarme.*

huvette XCIX, 79: *casque très léger* (cuir ou osier, recouvert de bandes de fer ou de fil d'archal) *dont la légèreté est si grande qu'il emprunte son nom au diminutif du terme qui désigne un voile de linon,* voir C. Enlart, Manuel d'archéologie française, III, Le Costume, Paris, Picard, 1916, p. 490, C. Gaier, *op. cit.*, p. 364 et T. Matsumara «Notes sur le vocabulaire d'*Ami et Amile* en alexandrins», *Revue de linguistique romane*, 56 (1992), p. 479.

huymais XXXVII, 4; XL, 20: *désormais.*

(h)uys, uis (huys 3 occ.; uys 6 occ.; uis 2 occ.), XVI, 11, 12; XXV, 60; XCVIII, 66, 69, 70, 73; CIV, 32; CXXXVIII, 58; CXLVIII, 8: *porte*; CXI, 52: *porte du jardin.*

hyde XXXI, 92: *crainte, frayeur.*

hydeur LXXXIX, 53; CXXXVII, 26; CXXXIX, 45, voir hideur.

hydeusement LV, 95; CIV, 78; (tres-) CXXXIX, 38: *d'une manière horrible.*

immondances XLVII, 8; XLIX, 23: *excréments.*

imposer, — sur qqn. LXI, 49: *imputer à qqn., accuser qqn. de.*

improspere V, 13; XLVII, 27: *funeste.*

incitacion prologue, 26: *mouvement, incitation*; VII, 1: *incitation, tentation.*

inciter prologue, 25; VI, 31: *pousser, inciter*; — à qqn. LXX, 27: *presser.*

inclinacion IX, 22: *penchant (amoureux).*

incontinent adv. (68 occ.): *sur-le-champ*; — qu(e) loc. conj. (43 occ.): *aussitôt que.*

inconvenient X, 22: *malheur.*

incredule LXXX, 17; LXXXIII, 48; CXXV, 38: *incroyant.*

incredulité CXXXII, 24: *incroyance.*

indignacion, encourir l' — de qqn. XI, 5; XVII, 10; XIX, 26; XXIV, 82; XXVIII, 23: *encourir la colère de qqn.*

induire LXXVI, 52: *inciter à, apprendre.*

infichier CXIII, 71; CXXV, 86: *enfoncer.*

infidelité XXXIX, 63: *acte déloyal, trahison.*

infixer, — ses regars XXIII, 46: *jeter son regard, regarder fixement.*

inflammacion II, 6: *flamme, élan.*

injures LXXX, 51; CXLV, 13: *insultes, offenses*; XXIX, 22: *préjudices, dommages.*

inmondances XLIX, 23, voir immondances.

instance XXXIII, 14: *motif, intention.*

intencion IX, 32; LXII, 39; LXXX, 4: *volonté, décision*; mauvaise — XVIII, 26: *désir coupable*; parvenir à son — XXXI, 35: *parvenir à ses fins*; la conclusion de son — XIV, 28, voir conclusion.

isle (11 occ.) XLIV, 65; XLVI, 21, 25, 46 (2 occ.), 50; XLVII, 2 (2 occ.); LVII, 74; LXXXII, 10; —s de mer LXVII, 43*.

ja (106 occ.): *déjà, bientôt…*; — ne ou ne —: *ne… jamais, ne… pas du tout*; — pieça: VII, 13; VIII, 46, voir pieça; — soit (ce) qu(e) XII, 106; XIV, 43; XXII, 13; XLVIII, 36; C, 10; CV, 16: *bien que.*

jayant CXI, 37, voir gayant.

jazera(i)n(t) (jazerain 3 occ.; Jazeran CIII, 38; jazerant CIII, 39), CII, 73; CIII, 26, 39; CXIV, 55: *cotte de mailles, haubert*, voir C. Gaier, *op. cit.*, p. 361: « *sorte de haubert dont on pense* *qu'il se composait de plaques de métal reliées entre elles par des anneaux de fil de fer.»*

jengleur, gengleur CVIII, 18, 21: *moqueur.*

jeut* pp. pa. de gesir CII, 1, voir gesir.

joincture, loyer la — CXLIX, 31: *ligaturer les parties dont un corps est constitué (ici les deux parties du bras d'Hélène).*

joindre, (13 occ.): *joindre*; soy — à XXIX, 72: *se placer auprès de*; joindoit, impft. 3 CXLIX, 56; joindist, PS 3 IX, 6; XIX, 72; XLV, 32; XLIX, 45; L, 57; LXIII, 74.

jour, (105 occ. sg.; 48 occ. pl.) CXXIV, 71: *délai*; — nommé LIX, 22: *jour fixé pour une rencontre*; de — en — CV, 51-52; CVI, 16, 22; CXVIII, 5; CXIX, 42; CXXVII, 51: *jour après jour, chaque jour;* de ce — en avant XXV, 81; LVI, 40; CXXVIII, 50: *à partir de ce jour, désormais*; sur ses —s XXXII, 45: *au terme de sa grossesse, au moment où elle va accoucher.*

journee, prendre une — de bataille LXXVI, 10; LXXVII, 1: *convenir d'un jour pour la bataille*; faire (chevaucher) tant par ses — III, 42; VII, 42; XIV, 7; XXVI, 36; LVIII, 2: *parcourir de telles étapes.*

jouste, fém. pl. XXV, 41: *joute.*

jo(u)vencel XCV, 58, 103: *jeune homme.*

joyau(l)x LIII, 7; CLI, 49: *richesses, bijoux.*

joye (39 occ. sg.; 2 occ. pl. CL, 8; CLII, 48) donner — LVII, 25; LXIII, 9; LXXV, 27; LXXXII, 23; CLIII, 34, 37: formule de bénédiction; faire — XIV, 72: *manifester de la joie (à qqn.), accueillir avec joie*; mener — CL, 18: *manifester de la joie.*

jus adv. XI, 64; XXIX, 73; CVII, 45; CXXIX, 41; CXLI, 37; CLII, 29: *à bas, par terre.*

jusques (95 occ.) prép. suivie d'une indication de lieu, de temps ou de nombre 64 occ.: *jusqu'à*; conj. + ind. PS IX, 42; XXX, 19; XXXVIII, 25; LXI, 32; CVII, 40; CXXXVI, 40: *jusqu'à ce que*; ou loc. conj. — que + ind. PS XLIX, 64; + fut. II CXXII, 44: *jusqu'à ce que*; — à ce que 23 occ. + ind., dont fut. (fut. ant.), fut. II X, 46; XXXVI, 21; LV, 26; LXI, 51;

LXIV, 38; LXXI, 17; XCII, 15; CIII, 32; CXXVII, 80: *jusqu'à ce que.*

justice LXV, 5; LXXXIII, 21: *justice* (abstrait); LXXX, 56; CXIII, 82: *justice* (juridiction); XLVI, 26, 28; LXXXV, 49: *exécution, châtiment*; chief de — LXV, 55: *chef de la justice (le roi ou le régent)*; gens de — LXV, 47: *personnel de justice*; — de l'eglise XCV, 81: *juridiction ecclésiastique*; faire — LXV, 45: *rendre un jugement*; faire (telle) — LXXXV, 22, 45: *infliger un châtiment*; au passif ceste — faicte et accomplie LXVI, 1; LXXXVI, 1; CXIV, 1: *après l'exécution du châtiment*; faire bonne — XXVIII, 23: *rendre la justice équitablement*; venir à la — XLIV, 65: *venir au lieu où s'exécutent les sentences capitales, assister à une exécution.*

justicier, subst. LXV, 60: *celui qui rend la justice (fonction royale).*

justicier, vb. LXXXV, 34: *punir, châtier.*

labeur subst. fém. prologue, 12: *travail.*

laborer, — à CXXIX, 69: *travailler à.*

ladre CXLIX, 42: *lépreux.*

lairay (18 occ. toujours au fut. lairay, layray, lairons, layrons); — à parler de XVII, 65; XXXI, 12; XXXII, 44; XXXV, 39; XLVIII, 55; XLIX, 66; LIII, 65; LVII, 76; LXVII, 54; LXXIX, 48; XCIII, 15; XCVI, 43; CI, 42; CV, 54; CVIII, 60; CXII, 77; CXVII, 57: *cesser de parler de*; XLVII, 13: *laisser.*

la(i)ssier (115 occ.), ne le laissiez XXXVIII, 15: *n'y manquez pas*; — à XXVIII, 14; CXXVI, 47: *cesser de*; — à XXXIX, 25: *renoncer à*; ne pas — que LVIII, 21: *n'avoir de cesse de, ne pas différer*; lassee pp. pa. fém. sg. XXXV, 42.

lait, cui qu'il soit — ou bel CX, 76: *en dépit de tous,*

lar(r)on (laron XLVIII, 33; larron 11 occ.), table des rubriques XXI; XX, 3, 8, 12, 21; XLVIII, 33; CXXXII, 32; CLI, 25, 34, 40, 55; CLII, 30: *voleur, brigand, pirate.*

large LXXIV, 23; LXXXI, 15: *généreux.*

largement (10 occ.): *généreusement.*

larmoyer XI, 52; LVII, 54; LXIII, 52; LXVIII, 25: *pleurer.*

las, **lasse** XXI, 49; LXVI, 77; CIX, 43: *malheureux.*

lassus XXXI, 97: *là-haut.*

laver, abs. LXXXI, 40: *se laver les mains*, voir God. IV, 740b.

layray, **layrons**, *voir* lairay.

leal LIX, 64: *loyal.*

leans LXIV, 48: *là.*

legacion VII, 34; X, 3; XXVI, 66; XXVIII, 1: *ambassade.*

lengaige XL, 32; XLIII, 20; CXIV, 51: *discours, propos*; parler en tresbeau — CXLV, 58: *parler très bien.*

leu table des rubriques XLVII; XLVII, rubrique, 44, 47, 51, 56; XLIX, 14; LXXVIII, 53: *loup.*

lever (59 occ.) IV, 3: *s'arrondir (en parlant du ventre d'une femme enceinte*; — une fille XXIV, 43*: *terme de chasse: faire sortir un animal de son gîte; ici emploi figuré.*

lez LI, 26; CII, 45; CIV, 63; CXXXI, 25: *côté.*

liement XLV, 59; LI, 53: *avec joie.*

lieu (50 occ.) XIX, 6; XXII, 76; XXIII, 20, 22; XXV, 15, 25; LXXXIX, 38: *naissance, condition sociale*; tenir un — XI, 58: *occuper une position (domaine militaire);* — d'arbroyes LXXXVI, 7: *lieu planté d'arbres*; en (ou) — de XLV, 47; XCVI, 28: *à la place de*; lieux (15 occ.) en leurs —x (cuiseniers et boutailliers) LXXIII, 48: *dans leur domaine ici, les cuisines*; les sain(t)s — CVIII, 49; CXIII, 27; CLI, 7: *lieux saints (à Jérusalem ou à Rome)*; fors — CXXVII, 22: *lieux fortifiés* (?).

lieue, **lieuve** (lieue CXXIX, 22; lieuve 7 occ.) XV, 42; LXXX, 22; LXXXIX, 2; CXXIII, 31; CXXIX, 22; CXXXII, 54; CXXXV, 60; CXXXVI, 44: *lieue.*

l(i)(e)upar (leupar CXXXIX, 26; lieupars LI, rubrique; lupars 5 occ. luppars 2 occ.), XXXV, 5, 6*; LI, rubrique, 59, 60, 91, 94, 99; CXXXIX, 26: *léopard.*

ligier, XCVII, 70: *léger*; de — CXLII, 25: *facilement.*

liqueur XLIX, 3: *liquide, salive.*

lire, lisist PS 3 XCIV, 61; list ind. pst. CIII, 8; PS 3 XXXI, 18; leu(es) pp. pa. LVII, 42; LXII, 48; XCIV, 62.

livrer (13 occ.), XCV, 92*: *fournir, présenter*; CLII, 4: *donner.*

livret prologue, 33; II, 3: *petit livre.*

logier (39 occ.), (soy) — XIII, 11; LVI, 53; LVII, 16; LXXXIX, 5, 12; CXXIII, 33*; CXXVI, 56; CXXX, 8: *loger, établir un camp (campement pour les gens de guerre, ou maison dans une ville conquise)*; estre hautement logee XXV, 21: *être noblement mariée*, voir *FEW* XVI, 448b loger sa fille mfr. nfr.: *la marier.*

logis (9 occ.) XXXIII, 5: *demeure (hospitalité)*; prendre les — LXXXVIII, 8; CXX, 57; CXLIV, 41: *retenir logements pour les gens de guerre chez l'habitant*; retenir les — LXXXVIII, 8: *même sens*; retourner à son — CXXIV, 37: *regagner son campement.*

loing LII, 30*: en —: *en long.*

loisir (2 occ.), **loysir** CXIV, 64.), avoir — XII, 102; CXIV, 17, 64: *avoir le temps.*

loix CXIX, 69, voir loy.

lopin XXII, 98: *morceau.*

lors (38 occ.): *alors.*

los, acquerir — et pris XI, 51: *gagner une réputation*; avoir — et pris XI, 51: *être loué par,* voir G. Roques, *Médiévales,* 24 (1993), pp. 48.

loudier CXXXI, 13: *gueux, vaurien.*

lo(u)yer (louyer 4 occ.; loyer 3 occ.), prologue 12; XLVIII, 18; LVI, 71; CXVIII, 81; CXXV, 42; CXXXI, 43: *salaire, récompense.*

loy (40 occ.): *loi divine, religion (quelle qu'elle soit);* prendre la — de qqn. CVII, 76: *adopter la religion de qqn.*; tenir la — de LXXXIII, 46: *observer la religion de qqn.*

loyaulté, — de mariage CXLIII, 14: *fidélité dans le mariage.*

loyer, *lyer* VIII, 37; LXXXII, 54; LXXXV, 17, 42; CXIV, 16; CXXXI, 12: *lier, attacher*; XLIV, 58; XLV, 62; CXLIX, 31: *ligaturer, panser.*

loyens CXL, 21: *liens.*

lup(p)ar XXXV, 5, 6*; LI, 59, 60, 91, 94, 99, voir l(i)eupar.

machurer, soy — LXXXVIII, 29: *se barbouiller*.

maillet(z) LX, 28: *maillet (sorte de masse d'arme)*; — de plonc LI, 77: *arme qui présente un marteau de plomb à l'extrémité*.

maillier LII, 21: *frapper (avec un maillet ou une massue)*.

main CXXX, 18; CXXXIII, 35; CXXXV, 40, 57: *pouvoir*; hors de la — de LXXX, 25; C, 41: *hors de portée*; — à — XXIX, 46; CXVII, 36: *corps à corps*; à — armee VIII, 50: *en armes*; devant la — XCVII, 70: *auparavant, préalablement*; mettre la — à qqn. LXV, 60; CXLVI, 34: *arrêter*; mettre la — à qqch. CXXVI, 5: *participer à*.

maindre CXI, 29: comparatif masc. sg. de *petit*: *moindre*.

maingne LVI, 18 subj. pst. 1 de mener.

maintenant (45 occ.): *à présent, désormais, à l'heure qu'il est (était)*.

maintenir LXIV, 56; CIV, 14: *soutenir, affirmer*; — une erreur LXXXIII, 54: *persister dans une erreur*; — qqn. en honneur XCII, 25: *honorer*.

mais (414 occ.), CVIII, 43; CXXXII, 64: valeur de renchérissement, voir J. Melander, *Études sur MAGIS et les expressions adversatives dans les langues romanes*, Upsal, Almquist et Wiksell, 1916, pp. 102-105: *et plus encore*; CVIII, 18: *mais plutôt*; à tousjours — XII, 75: *pour toujours*; — qu(e) XXV, 37; LXXI, 30: *pourvu que*; ne — V, 17: *ne... plus*; ne — que LII, 22: *rien que, seulement*.

maison (26 occ.), LXXIX, 27: *gens attachés au service des grands*.

maistre subst. XX, 11; LXXXIV, 28, 29, 32, 45; CXIV, 36: *chef*; XCIV, 65; XCIX, 63: *souverain*; CIV, 81; CVI, 66, 70; CXLI, 38: *maître*; — d'(h)ostel(z) LXX, 32; LXXI, 39; LXXII, 66, 73; LXXX, 58; LXXXI, 31; LXXXVIII, 7: *intendant de la table du roi, chargé plus généralement du service intérieur*; — seneschal XVI, 4: *maître sénéchal*; — cuysenier LXXIII, 18: *chef cuisinier*.

maistre, **maistresse** adj. CXXXIII, 17; CXXXIX, 18: *principal*; — de XXX, 20; CXXVII, 1; CXLIII, 52: *maître de*.

maistresse subst. V, 30; XX, 27: *dame, épouse*; XLV, 19, 22; LXVI, 43; LXXII, rubrique: *dame, souveraine*; CX, 30, 39: *celle qui a le pouvoir*; XI, 10; XV, 15, 26; XVI, 35; XVII, 7: *gouvernante*.

mal, male, mau(l)x (mal 3 occ.; maulx 9 occ.; maux X, 24; male 15 occ.): mal adj. au masculin accompagne uniquement le mot talent XCIV, 78: *ressentiment à l'égard de qqn.*; XCVIII, 84; CXLI, 33: *colère*; pardonner maulx talens XCIV, 55: *abandonner tout ressentiment à l'égard de qqn.; renoncer aux griefs que l'on a contre qqn.*; au féminin accompagne: aventure (8 occ.), voir aventure, fortune (CXLI, 55), mort XL, 39; LV, 48; CXVIII, 65; CXXII, 41; CXLII, 4, avec le sens de *méchant, triste, funeste, malheureux*, voir ces mots; et une fois qualifie un être animé: —e mere XXXVII, 1: *mauvaise, méchante mère*; adv. 10 occ.: *mal, ou valeur négative, ou équivalent du préverbe mes-.*

malfait CXIV, 37: *méfait*.

malice (2 occ.), **malisse** (XXXII, 35), subst. masc. XXXII, 35; CIV, 44: *fourberie*; faulx — CIV, 19: *fourberie*.

malivolence LIV, 21; LX, 50: *colère*; encheoir en la — de XLIII, 29: *encourir la colère de.*

malvaistié XXXVIII, 1, voir mauvaistié.

mandement, mandemens XIX, 26, 30, 31; XLIII, 26; LXVI, 14 (pl.); LXXII, 18; CXVII, 23; CXIX, 70: *message, ordre, sommation*; XXXII, 6: *convocation, ordre.*

mander (55 occ.): XXVI, 58; XXVIII, 43; XXXI, 29; XXXVI, 37, 58; XXXVII, 34; XXXVIII, 9; XLI, 5; L, 47; LI, 4; LIII, 54; LIX, 50, 61; LXXXVII, 50 (2 cstr.); LXXXVIII, 9; CXIII, 16; CXXXII, 37; CXLI, 2: *faire savoir, rapporter*; XXVII, 11: *annoncer*; XVI, 14; XIX, 22, 31; XXV, 80; XXXIX, 65; XLI, 6; XLIII, 12; XLIV, 2, 14; LXI, 3; LXII, 37; XCIX, 54; CXVI, 47; CXVIII, 59; CXIX, 64; CXXXVI, 4; CXL, 67; CXLI, 5: *demander instamment, recommander, ordonner*; faire — LXII, 38: *demander, s'enquérir*; table des rubriques CXVI; XIX, 34; XXV, 78; XXVII, 62; XXXII, 2; XL, 30; XLIII, 8; LIX, 21; LXI, 41; LXVI, 10; LXXXI, 46;

XCV, 83; XCIX, 37, 69; CXVI, rubrique; CXVIII, 21; CXXII, 15: *convoquer, faire venir.*

maniere (80 occ. sg; 21 occ. pl.): *manière, façon*; LXXI, 5; LXXVI, 55; CXVII, 5: *comportement;* à — de XXXVII, 31: *comme*; en — de LIV, 51: *à la façon de*; par — que XLVI, 4; LII, 63; CXXXIX, 29: *de telle façon que*; tenir — CXXVII, 38: *adopter une contenance*; trouver — de XCV, 39; CXV, 17; CXXXVIII, 2: *trouver moyen de.*

marchander C, 4: *marchander, discuter le prix*; CLI, 20: *faire du commerce.*

marchandise, sg. à valeur collective CLI, 21: *objet de marchandise, denrées*; faire sa — XIX, 60: *faire du commerce.*

marche XIX, 59; XXII, 25; XXVII, rubrique, 62; LXXI, 9; CIX, 4; CXII, 75: *pays, contrée; il est souvent difficile de savoir si le terme désigne le pays lui-même* — de Gaule LXXXIII, 20 *ou s'il s'agit de provinces limitrophes, et parfois plus spécialement district militaire établi sur une frontière*: — de Flandres XVIII, 37, 50; LVII, 66; LXXVI, 3, 4; CXXIX, 4; — de Bretaigne CXLIV, 37; —s d'Angleterre XXV, 50; —s d'Alemaigne LXX, 2; —s de Jherusalem XCII, 30; —s d'Ytalie et de Romme CXVI, 33.

marchié CXXVII, 8: *marché.*

marcy XCVI, 23, voir mercy.

marez CXXXVII, 43; CXXXVIII, 56; **marois** CXXIX, 20: *marais.*

maronnier (27 occ.): *marin.*

mars CXXII, 23: *marc (d'argent).*

marteler XCV, 43; CVII, 11: *frapper avec un marteau.*

martir XXI, 60; CXXV, rubrique, 91; CXXVI, 1, 6; CXXVIII, 62, 63, 68: *martyr.*

martire XVII, 36; LXVII, 26; CXXV, 16: *tourments cruels endurés pour la religion chrétienne, martyre*; XLIV, 43; CXLIII, 8: *souffrance, supplice.*

martirier CXXV, 24; CXXVI, 6: *infliger* (au passif *recevoir*) *le martyre.*

mat (tres-) adj. fém. sg. XVI, 12: *abattu.*

mat(i)ere (matere 16 occ.; matiere 14 occ.): *matière, sujet (histoire, source du texte)*; LXXXIII, 56: *matière, substance.*

matines table des rubriques CXV; CXV, rubrique, 26: *première partie de l'office divin que l'on récite la nuit ou à l'aube.*

maugroier tr. CXV, 58, 61: *maudire.*

mauvaisement XLI, 25; CXLI, 62; CXLVI, 25: *cruellement*; LXII, 54: *traîtreusement.*

mauvaistié, **malvaistié** (mauv- 7 occ.; malv- XXXVIII, 1), XXXVII, 4; XXXVIII, 1: *acte perfide*; XXXIX, 63; XLI, 26: *trahison*; XLI, 25; LX, 74: *méchanceté*; LXXIII, 22: *complicité.*

mauvais, (adj. mauv- 49 occ.; malv- CIV, 54): *mauvais, méchant, faux, fourbe, cruel.*

mediciner CXV, 52; CXLI, 48; CXLII, 1: *soigner.*

meffait, subst. LXV, 21; CXIV, 43: *tort, dommage, préjudice*; CXXX, 50: *faute, tort.*

meffaire, XXXIX, 39, 48; XLII, 45; XLIV, 24; XLV, 7; XCII, 60, 61; CXLVII, 40; CXLVIII, 26: *causer du tort.*

mehue* CIX, 43, voir mo(u)voir.

melencolieux, adj. fém. sg. CLIII, 7: *triste, affligé.*

memoire, estre — XII, 76: *garder le souvenir*; perdre sens et — XV, 14: *perdre son bon sens, perdre l'esprit.*

mener (91 occ.), — douleur CXXX, 35: *manifester sa douleur*; — dueil V, 35; XVIII, 4; XXII, 49; XLIV, 52, 60; XLV, 3, 49; LIX, 10, 13; LXXIII, 34; XC, 64; XCIII, 9; CIV, 8; CXXVII, 38; CXLIII, 6: *manifester son chagrin*; — joye CL, 18: *manifester sa joie*; menray fut. I,1 CXLVI, 29.

menray CXLVI, 29 P1 *futur de mener.*

mentir, — sa foy XXXIV, 54: *ne pas tenir sa parole*; — à qqn. de + inf. XXXIV, 67: *trahir la promesse faite à qqn. de.*

menu, — peuple LXXII, 40: *petit peuple*; —es gens LXXII, 41: *même sens*; adv. CXXXIX, 24: *de façon dense.*

mer (107 occ.), soy (re)mettre sur (la) — table des rubriques XLVIII; XXIX, 4; LVII, 5; CI, 47; CVIII, 57; CXVII, 16;

CXXVIII, 73; CXL, 41; CXLIV, 20: *embarquer*; monter sur
— XXXVIII, 24; LIX, 25, 26; LXVII, 33; LXIX, 3; LXXII,
22; XCIV, 25; CXXIX, 3: *embarquer*; repasser, rapasser la —
III, 25; VII, 18; XXVII, 53; (XXXVIII, 25); LVIII, 12, 16, 25;
LIX, 36; XCI, 61; XCVI, 13; C, 5; CIX, 6; CXVI, 32; CXLV,
31, 44: *traverser*.

merci, **mercy**, **marcy** (merci CXXVIII, 22; mercis XX, 69;
mercy 55 occ.; mercys XLII, 51; marcy XCVI, 23), grant
(grans) —(s): XX, 69; XXII, 87; LXXXII, 26; CXXVII, 92;
CXXVIII, 22 (seules occurrences de pluriel): *formule de
remerciement*; LI, 76: *pitié*; la Dieu — LX, 18: *grâce à Dieu*;
pour Dieu — V, 9; XXIII, 61 XLII, 30; LXVIII, 31; CIV, 47;
CXVIII, 38: *par pitié*; avoir — L, 45; LV, 85; CXLVI, 23:
prendre en pitié, faire grâce; crier — XVI, 47; CXI, 17;
CXXXIII, 30: *implorer*; faire — XXXII, 39: *avoir pitié*; (soy)
mettre à (la) — LXXXVII, 2; CXXXIV, 7; CXXXIX, 52: *(se)
mettre au pouvoir de, entre les mains de, se rendre*; prendre
(à) — XII, 104; CLI, 46: *accepter la reddition de qqn., lui
faire grâce*; prier — XI, 53; XIII, 38; XXI, 57, 78; XXII, 7;
XXV, 98; XXXI, 50; XLIV, 22; LVI, 5; LXVI, 33; LXXXI,
57; XCIV, 64, 66, 75; XCVI, 23; XCIX, 49; C, 18; CII, 23;
CV, 4; CXI, 32, 34; CXXXIX, 48; CXLVIII, 21, 24, 48; CLI,
44; CLII, 38: *implorer*; prier Dieu — CXIII, 24, 31: *implorer
la miséricorde de Dieu*; recevoir à — (LXXXVI, 57); CVII,
79; CXXXIX, 50: *faire grâce à*; rendre graces et — (pl.) XLII,
51: *remercier;* requerre — XXXIV, 57: *implorer*; venir à —
LXXXVI, 56: *se rendre*.

mercier XLIII, 23; LXXV, 33; à qqn. LXXVII, 50: *remercier*.
merir CI, 70: *récompenser, payer de retour*.
merveille(s) (merveille 6 occ.; merveilles 33 occ.) subst.
XXXIII, 25; CXIII, 76; CXXXIX, 51: *prodige*; à — LI, 79;
CVI, 50; CXX, 31; CXXXV, 45: *étonnamment*; avoir
(tres)grant — LXXXIX, 44; CXXIV, 5: *s'étonner*; soy donner
(une) (grant) —(s) XXXIII, 13*; XLIV, 25, 74; XLVIII, 9*;
XLIX, 48; LXI, 7; LXIII, 81; LXX, 42; CXXV, 65: *s'étonner*;
(estre) de — CIII, 28; CXXXIV, 48; CXLVI, 21: *être

étonnant; estre —s IX, 2; LXII, 2: *être étonnant*; que (c'estoit) — XXII, 4; XXIII, 34; XXXI, 20; XLIV, 74; CX, 8, 67; CXX, 36; CXXX, 56; CXXXIII, 11; CXLI, 18; CXLIX, 62; CLI, 41; CLIII, 29: *que c'était étonnant (façon de marquer le superlatif)*; faire — (d'armes) LI, 54; CXVII, 39; CXXVI, 45: *accomplir des exploits*.

merveilleusement (18 occ.): *de façon étonnante, prodigieuse*.

merveilleux (15 occ.): *qui suscite l'étonnement, prodigieux*; XXIX, 57: *redoutable*.

mesaige* subst. CXV, 57: *souffrance*.

mesaise subst. CXIV, 24; CXXIX, 52: *souffrance, malheur*.

meschance CXXXVIII, 35: *malheur, infortune*.

meschant (5 occ.): XXIV, 46: *mauvais*; XCVII, 62: *ennemi*; CXXXII, 64: *mal bâti*.

meschanté VI, 49: *perversité*; XXIV, 48: *mauvaise vie*, voir le *Roman du Comte d'Artois*, p. 95; renseignement donné par l'INaLF.

meschief CXXVI, 70; CXXX, 2; CXXXIV, 31; CXXXIX, 17: *malheur, dommage*; à grant — CXXVI, 36: *avec beaucoup de pertes*.

mesmement XXVII, 33; XXIX, 14; XXXVI, 10; LXXV, 39; XCI, 52: *surtout*.

mesme(s) adv. (mesme 3 occ.; mesmes 9 occ.): *en particulier, surtout*.

mesquine CXXVIII, 80: *femme pauvre, de basse condition, servante*.

messa(i)ge (message 31 occ.; messaige 51 occ.): *messager*.

messa(i)gier (messagier 29 occ.; messaigier 12 occ.): *messager*.

mestier LXXIV, 28; CXIV, 46: *occupation*; avoir — de CXX, 58: *avoir besoin*.

mettre (318 occ.): *mettre, placer;* II, 4; LXVII, 39; LIX, 6; LXX, 3; LXXXI, 1; CXV, 54 (2 occ.); CXXXVI, 25: *dire, mentionner;* soy — XXIII, 63: *se marier;* soy — à CXIV, 46: *s'adonner à;* soy — es (sur les) champs, voir champs; soy — en (au) chemin(er) (35 occ.): *se mettre en route;* soy — à la

course CXI, 52; — (en, à) deffence XXVI, 20; LXXIII, 39;
CXXIV, 19; CXXXVII, 28, voir deffence; — au delivre III,
27; LXIV, 8, voir delivre; — à desconfiture LXXVII, 32, voir
desconfiture; — à l'espee CXXXV, 35: *passer par le fil de
l'épée*; — fin LXIII, 56; — à fin XXVIII, 53; CXXII, 45;
CXXXVI, 38; CXL, 71; CLI, 34, voir fin; soy — à la fuit(t)e
CVII, 37; CXX, 40: *s'enfuir;* — la main à LXV, 60; CXXVI,
5; CXLVI, 34, voir main; soy — en mer, voir mer; soy — en
(à) la mercy LXXXVII, 2; CXXXIV, 7; CXXXIX, 52, voir
merci; — (à) nom IV, 14; XLIX, 57; LXVIII, 7, 9; LXXVIII,
57, 58; LXXIX, 18: *donner pour nom*; — pein(n)e à (de) (affin
que) (que); soy — en peinne de VII, 7; XXXII, 9; LXXXIII,
25; CXXXV, 42; CXLIII, 15, voir pein(n)e; — en (à) point 9
occ., voir point; — à question CXIII, 36, voir question; —
remede IX, 37; LII, 45; CVII, 55; CXV, 62; CXXXII, 39;
CXXXIV, 58; CXLI, 46: *apporter un soulagement, améliorer
une situation*; soy — au retour LIII, 62; CXVI, 56: *s'en
retourner;* — à sauveté LXXXII, 67; CXLII, 35, voir sauveté;
— en termes LIII, 33, voir terme; — avant LXV, 18, voir
avant; — au dessoubz XXIX, 40; CXVIII, 69; CXXIV, 25;
CXXVII, 6; CXLI, 15, voir des(s)oubz; — au devant LXV, 24,
voir devant; soy — ensemble LXVI, 7; CXXVI, 15: se réunir;
XI, 26: *se rassembler;* — sus XXIX, 27; LXXII, 21; CXIII,
61; CXIV, 32, voir sus; mest ind. pst. 3.
meu(e) (4 occ.), voir mo(u)voir.
meurs VI, 7: *comportement;* bonnes — XXVII, 78: *qualités.*
mieu(l)x (mieux 18 occ.; mieulx 63 occ.), adv. XVII, 14:
plutôt, au contraire; peut signifier le comparatif de supériorité
(Martin §244) CXIX, 57: *plus;* subst. querir son — CIX, 33:
mendier pour vivre, demander l'aumône.
mire LII, 51: *médecin.*
misericors LXV, 77: *miséricordieux.*
mistere XLIX, 47: *mystère;* CXLIX, 27, 67: *miracle.*
mistionné LXVI, 38: *qui a des sentiments mêlés.*
mixtiones, faire — de joyes CLII, 48: *se livrer à des
transports mêlés*, voir Blaise, *Dictionnaire latin-français des*

auteurs chrétiens, Turnhout, Brepols, 1954, p. 536, *s.v.* mixtio (mist-): *mélange*.

moi(n)gnon, **mougnon** (moignon 1 occ.; moingnon 1 occ.; mougnon 1 occ.), XLIV, 58; XLV, 62; CXLIX, 29: *moignon*.

moings (14 occ.), au — 10 occ.: *du moins*.

moit(t)ié (moitié LXXXIII, 4; moittié 7 occ.), à — LXXXIII, 4: *en partie*; ne... à — CXXIX, 51*: *pas du tout*.

monceaulx XII, 49: *tas, amas*; par —x CVI, 60: *en quantité*.

monstrer (monstr- 62 occ.), — signe LXXIV, 8: *laisser voir*.

mont (3 occ.), en ung — CVI, 66; CXLI, 38: *à la fois*.

monter (44 occ.), — sur mer XXXVIII, 24; LIX, 25, 26; LXVII, 32; LXIX, 3; LXXII, 22; XCIV, 25; CXXIX, 2: *embarquer*; — sur terre XVIII, 42; XXII, 22; XXIX, 31; XLVIII, 46; LVII, 7; LVIII, 26; CXLIV, 38: *débarquer*; LXXVI, 42: *procurer une monture* ; bien monté CXX, 32; CXXX, 30: *qui a une bonne monture* (*Les Quinze joyes de mariage*, J. Rychner, éd. cit., p. 21, l. 112).

morne CXXI, 68: *accablé*.

mouler, pp. pa. fém. sg. CXIII, 23: *mouillée*.

moullier* XXXVI, 28: *femme, épouse*.

mo(u)rdreur (mordreur 4 occ.; mourdreurs table des rubriques CLI; CXIV, 12): : *meurtrier, brigand*.

mordreux (pl. 3 occ.; **murdreux** table des rubriques CXIV) CII, 49; CXII, 8; CXIV, rubrique, 12, 27; CLI, rubrique, 25, 43: *meurtrier, brigand*.

m(o)urdrir (mourdr- 2 occ.; murdr- 5 occ.), XLI, 25; CII, 61, 70; CXIII, 62, 79; CXIV, 29, 47: *donner la mort, tuer*.

mouvement, en ce propre — C, 30: *au même moment*, voir l'*Histoire d'Erec en prose* «nous entreamasmes déz le premier mouvement de nostre enfance», éd. Maria Colombo-Timelli, p. 205.

mo(u)voir (mov- XIV, 37; mouv- LVIII, 44), **me(h)u(e)**, le sang lui commença à movoir et troublé XIV, 37; le sanc lui commença à mouvoir et à boulir LVIII, 44: *son sang ne fit qu'un tour*; mehu, pp. pa. me(h)u III, 18; C, 25; CIX, 43; CXXXIV, 55; CXLII, 13: *poussé*.

moyen (13 occ.), par le — de XII, 70; XXXII, 8; XLVII, 35; LXXXI, 65; LXXXIII, 47; XCV, 77; CXXXIV, 6; CXXXV, 15; CXLIII, 22: *grâce à*; XIV, 55; XXV, 114; LXXI, 42: *à cause de*.

muc(h)ier, mussee (muc- 3 occ.; much- CVII, 49.; muss-XLVII, 33), XLVII, 33; XCVIII, 66; XCIX, 63; CVII, 49; CXXXII, 5: *cacher*.

muer VI, 41; X, 50; XI, 41; XIV, 19, 56; LVI, 73; CI, 51; CIII, 39; CXXI, 24: *changer*; —(la) couleur XCVIII, 6: *changer de couleur par suite d'une émotion, d'où rougir* (?); CXXIV, 57: *blêmir* (?); soy — XIV, 48; XV, 21: *changer*.

multiplicacion prologue, 52; CLII, 36: *augmentation, accroissement*.

murdre CXIII, 84: *meurtre*.

murdrier CIII, 20: *assassin, meurtrier*.

murer LXXXII, 37: *obstruer*; pp. pa. fém. sg. LXXXIII, 12: *entourée de murs, fortifiée*.

murmurer LXXII, 52: *s'indigner, protester*.

mussee XLVII, 33 pp. pa. fém. sg., voir muc(h)ier.

my LXXVIII, 21: *moitié*.

nativité XVIII, 10; XLII, 55: *naissance*.

naturel, amour —le LXV, 4: *amour qui vient de la nature, ici amour filial*; seigneur — XCIV, 73, voir seigneur.

nave XLVIII, 25; LVII, 4, 73: *bateau, embarcation*.

navier LXXXIII, 5: *naviguer*.

navrer XIII, 11; LI, 71, 92; LII, 42, 46; LIII, 28; LXXXIV, 46; C, 12; CXV, 33; CXXII, 30; CXXIII, 49; CXXVI, 63; CXLII, 8: *blesser*.

neantmoings (26 occ.), — que LVIII, 46*: *néanmoins*.

neccessité (CXXXV, 51), **neccessitez** (2 occ.), CXXI, 121: *détresse*; CXXII, 33: *besoin impérieux*; estre de — CXXXV, 51: *être nécessaire*.

nectier, nettier* (nect- XLVII, 7; nett- 2 occ.), XXI, 23; XLVII, 7; XCIX, 11: *nettoyer*.

nepveu(r) (nepveu 12 occ.; nepveur(s) 2 occ.): *neveu*;
CXXXI, 52: *petit-fils.*

net, netz LXXIV, 13: *pur*; au — LXVI, 12: *complètement.*

no adj. poss. XCIV, 71*: *notre.*

noble* subst. masc. XXXVII, 45, 47; XXXVIII, 19: *ou noble
à la rose, monnaie d'or d'Angleterre portant la rose d'York ou
de Lancastre et qui a eu cours en France pendant quelque
temps (monnaie d'or anglaise d'une valeur de 8 shillings et 8
pence sterling).*

noise CIV, 36; CVII, 12; CXLVI, 45; CXLVIII, 3: *bruit,
clameur, vacarme.*

nom (52 occ.), en — de LIII, 44: *en signe de, comme gage de*;
ou — de XLV, 21: *en lieu de, à la place de.*

nom* CXLVI, 29: *non.*

nombre (17 occ.), sans — XII, 58; XXIX, 56; XXXV, 15;
LXXVII, 35; LXXXI, 19; LXXXVI, 20; CXIV, 24; CXXVIII,
65: *en grande quantité, énormément.*

nommer (121 occ.) XXXVII, 20: *dicter*; — un jour LIX, 22:
fixer un jour; — son perrain LX, 54: *invoquer le nom de son
parrain (demande d'assistance).*

noncier, nuncier (nonc- 3 occ.; nunc- LVIII, 38), LXXX, 10:
raconter; LVIII, 38; CXX, 33; CXXXV, 14: *annoncer.*

nonnain table des rubriques XVIII; LVII; XVIII, rubrique, 48;
XIX, 19; LVII, rubrique, 11: *religieuse.*

norcir LXXXVIII, 24: *se teindre le visage.*

nor(r)ice (norice CIV, 26; norrice 7 occ.), V, 44; CIII, 33;
CIV, 3, 4, 15, 16, 23: *nourrice.*

no(u)r(r)ir (nor- 2 occ.; norr- 20 occ.; nourr- XI, 9), table des
rubriques V; V, rubrique, 44; XXI, 9; XXXI, 90; XLVII, 6;
XLIX, 60, 63; LXVIII, 4; CIII, 33; CXXI, 51: *nourrir*; XI, 9;
LXVII, 49; LXVIII, 28, 33; LXXI, 11; LXXVIII, 51; LXXXI,
72; LXXXII, rubrique, 54; CXLV, 28, 35: *élever.*

norritures table des rubriques XLIX; XLIX, rubrique:
nourriture, aliments.

notable XIV, 15; LXXVIII, 35; CXLIV, 5: *connu, important.*

notablement V, 41: *dignement, avec éclat.*

notifier IV, 7; XXVII, 21; CV, 14: *signaler, faire savoir*.

nouveau (4 occ.), adj. CVI, 74: *frais*; CXXXII, 16: *nouveau (renfort)*; nouveaux chevaliers LXXVII, 9: *chevaliers nouvellement adoubés (?)*; adv. CIII, 4: *récemment*.

nouvel (4 occ.), adv. LXXIX, 12: *récemment*; de — LXIV, 4: *à nouveau*.

nouvellement III, 43; XIX, 17; XXII, 71; XXXVI, 29; XXXVII, 28; XLIX, 8; LXIX, 5; CLX, 13: *récemment*.

nully XXIII, 7; LXXIX, 60; CXXXIX, 15: *personne*.

nuncier LVIII, 28, voir noncier.

obeïr, obeÿr (obeï- 22 occ.; obeÿ- 4 occ.), tr. dir. XI, 5; XXXIX, 68: *obéir;* CXXV, 63: *se soumettre à*.

obeïssance, obeÿssance (obeï- 4 occ.; obeÿ- 7 occ.), faire plaine — à qqn. XCV, 31: *rendre hommage à;* mettre à son — XXVI, 18; CIII, 36; CVI, 13; CXVI, 28; CXVIII, 86; CXXXV, 56: *soumettre à son autorité*; soy mettre à l'— de CXLIV, 4: *se soumettre à l'autorité de;* soy presenter à l' — de qqn. LXVII, 14: *s'en remettre à l'autorité de, faire hommage à*; soy submettre à — LV, 16: *se soumettre à*.

oblacion CVIII, 50: *offrande*.

obseque, subst. m. sg. V, 40: *funérailles, service funèbre*.

occir(e) (occire 5 occ.; occir 6 occ.; total 54 occ.): *tuer*.

occision XXIX, 65; XXXV, 28; LXXXVI, 26; CXXIV, 22: *massacre, tuerie*.

octroyer CXXXIII, 33; CXLII, 41: *accorder, confier*.

office VIII, 36, 39; LXXIX, 28, 43; CXLVI, 37: *charge*; mettre en (à) l' — (de) LXXI, 36; LXXIII, 4: *donner une charge (passif: recevoir)*.

oir XCIV, 72, voir hoir.

oïr (2 occ. ; oïr XXX, 40; oioit L, 12): *entendre, entendre dire*, voir oÿr.

on(c)ques (oncques 76 occ.; onques 6 occ.), associé ou non à *ne*: *jamais, négatif ou semi négatif*.

opresser VIII, 24, 45: *attaquer, harceler*; CXVIII, 76: *opprimer, accabler*.

orains XCIX, 25: *tout à l'heure.*

ordonnance (31 occ. pl. CXXIII, 1), XXII, 46; XXXIII, 40; XLVIII, 14; XLIX, 5; CXI, 50; CXII, 51; CXLV, 40: *ordre, disposition (notamment divine)*; XXVI, 19; XXXV, 3, 9; LXXXV, 28; LXXXVI, 14, 15, 20; LXXXVIII, 5; CXVII, 28; CXXXVII, 23, 48; CLI, 38: *organisation, ordonnance, ordre, de bataille*, LX, 79; LXI, 28, 48, 57; LXXXIX, 15; CL, 24; CXXIII, 1 (pl.): *organisation, décision, disposition*; XCV, 48: *ordre (commandement)*; CXVI, 35: *dispositions, état d'esprit*; en — de bataille XII, 19; LI, 57: *en ordre de bataille*; faire son — LIX, 36: *se préparer, prendre des dispositions*; mettre par — LXII, 12: *placer.*

ordonner (63 occ.): *mettre en ordre, préparer, s'occuper de; donner un ordre*; — eglises LXXXVII, 11: *ordonner la construction d'églises*; soy — XIV, 32, 65: *se préparer, s'apprêter*; soy — CXV, 53: *se soigner*; (soy) — de XI, 58; XV, 52; XVI, 31; XVII, 60; XXVIII, 36; XXXVI, 23, 41; XXXIX, 34; LII, 55; LX, 80; LXI, 43; LXII, rubrique; LXV, 42; LXXXIII, 24; LXXXVII, 14; XCVII, 37; CXXVI, 16; CXXXI, 42; CXXXVIII, 4; CL, 20: *prendre une décision au sujet de, prendre des mesures au sujet de, aviser*; soy — de CXXI, 2: *se préparer à, se disposer à*; (soy) — (de) ses besoingnes LIII, 33; LIX, 24; LXVII, 7: *s'occuper de ses affaires, mettre en ordre ses affaires*; pp. pa. fém. sg. XXV, 91: *préparée, prête.*

ores pour — XV, 50: *pour le moment, maintenant.*

orr- (41 occ.), **orez** XXV, 113; **oroit** XCII, 15: fut. I et II de oïr: *entendre.*

osé XXV, 82; LV, 80; LVIII, 76; LX, 71: *audacieux.*

ospital CXXIV, 78; CXXVI, 13, voir hospital.

ost, ostz, host (ost 56 occ.; ostz LVI, 52; host 11 occ.), subst. masc.: *armée campée ou campement*; dans bien des cas il n'est pas aisé de savoir si l'on affaire à l'armée ou au campement.

ostel (24 occ.), **ostelz** LXX, 32; LXXXVIII, 7, voir hostel.

ostz LVI, 52, voir ost.

oultre (23 occ.) prép. LXVIII, 65; LXIX, 18: *au delà, de l'autre côté*; LXXIII, 29: *malgré*; — mesure CIX, 32: *extrêmement;* adv. XXVI, 69; XL, 15; CVII, 35; CXXXIX, 28: *de l'autre côté*; en — XXXIV, 51; CXXX, 50: *en plus*; tout — XXI, 28; XXVI, 69; LII, 32; CVI, 65; CXXV, 87; CXXXIX, 36: *de part en part*; dire tout en — CXVII, 7: *dire d'une manière certaine, absolue*, voir *Toutes les herbes...* p. 430, *s.v.* outre / 624b; passer — XXVII, 4, 5; LXXV, 60; XCXVI, 25; XCXVI, 17: *traverser*; LXXI, 18: *faire traverser.*

ouvraige XCV, 42, 44: *travail, œuvre.*

ouvrer XCV, 43: *travailler.*

ouvrerent CXXI, 67: PS 6 de ouvrir.

oÿr (287 occ.): *entendre, entendre dire*; ouyoit LXV, 6; 242 occ. graphiées avec un *y;* inf oyr; pst. 5 oyez; impft. oyoit, oyoient; fut. I ou II orr- 41 occ., or- 2 occ.; orriesmes LXXV, 15; PS 1 oÿs; 4 oÿsmes; 5 oÿstes; 6 oÿrent; oÿst soit PS3 soit subj. impft.; pp. pst. oyant, oyans; pp. pa. oÿ(e)(s) 55 occ.; oÿe 2 occ.; oÿes 1 occ.

pacience, voir pa(s)cience.

paganique LXXXIII, 71; CXXVIII, 58: *païen.*

paillart, paillars XCV, 74; CXV, 60: *gueux, coquin, vaurien.*

paille CXV, 61: *broutille.*

paistre XVIII, 33: *nourrir.*

pais(s)ible (paiss- CXVIII, 61), L, 51; CXVIII, 61; CXXVIII, 78: *en paix.*

paisiblement (3 occ.) LXXXIX, 15; CXVI, 28: *sans contestation.*

paix (8 occ.), avoir — à qqn. XXIV, 63; LXII, 59: *être en paix avec qqn.*

palatin prologue, 18: — de Hainaut: *un des sept princes-électeurs exerçant sa souveraineté sur le Palatinat. Avant 1615, substantif: «seigneur du Saint Empire qui jouait auprès de l'empereur un rôle de conseiller; personnage exerçant sa* *souveraineté sur une circonscription ayant le titre de palatinat.»*

paler* XLIX, 66: *forme de* parler.

palu CXXXVII, 45: *marais.*

pamison LX, 28: *pâmoison.*

pance IV, 3: *ventre.*

papal II, 18; VIII, 36, 61; IX, 26; XIV, 29: *papal, du pape.*

par-, voir aussi per-.

par (745 occ.), LXXII, rubrique: *valeur causale;* à — elles XVIII, 46; LVII, 48: *d'elles-mêmes, spontanément;* — avant (13 occ.): *auparavant.*

paradis (12 occ.), LV, 28*, 58, 88: *petit oratoire où Grimbaut a placé ses idoles et notamment la statue du dieu à qui il fait rendre des oracles.*

pardela LXXXI, 9; XCII, 55; CXVI, 38: *de l'autre côté de la mer.*

paraige CIX, 78: *lignage, race, parenté.*

paraletique CXXVIII, 66: *paralytique.*

parcevoir*: (26 occ., dont 10 en toutes lettres), percevoir (6 occ. en toutes lettres): *apercevoir, voir, se rendre compte;* soy — de qqch. XLIII, 23: *se rendre compte de qqch, en avoir la preuve;* (soy) — que IX, 3; XXV, 76; XXXVI, 8; LV, 55; LXVIII, 26; LXXXII, 18; CVI, 76; CXI, 72; CXII, 57; CXVII, 30; CXXXVIII, 19; CXLVII, 24: *se rendre compte que;* estre parcevans prologue 11: *se rendre compte, savoir.*

parcreu VI, 25 pp. pa. fém. sg. parcroistre: *grandir.*

pardevers (14 occ.) + nom de pers.: *vers, auprès de, chez.*

pardurablement XXI, 64 (abrév.); LV, 60, 85; CXXV, 48: *éternellement.*

parer, en parlant d'une personne XVI, 2; XXIV, 8, 9: *préparer, habiller;* bien paree VI, 26: *belle, élégante;* en parlant de choses LI, 24: *orner, décorer.*

parfurnir XXXI, 104: *achever.*

parmanable LXXXIII, 61: *éternel.*

parmy (19 occ.) prép. *dans, à travers;* LXXXIX, 14 adv.: *à travers.*

paroles (8 occ. sg.; 41 occ. pl.), avoir de grosses —s XII, 112; LXXII, 56: *avoir des différends, se quereller*: avoir —s LXXIII, 26: *même sens*.

parquoy (43 occ.): *aussi, c'est pourquoi, de sorte que, d'où*.

partement XXXIV, 16; XCIII, 38; CXII, 38: *départ*; XLVI, 13: *séparation*.

partir (128 occ.) LIII, 6; CXXXVIII, 27: *partager*, (soy) — (de) (97 occ.): *se séparer de (qqn.), quitter (un endroit)*; en parlant du cœur XXXI, 81: *se rompre*.

pas CXXXVIII, 51; CXXXIX, 31: *passage*; sur (en) ce — XXV, 102; LXXXI, 1: *sur ce point, à ce sujet*.

pa(s)cience (pac- 5 occ.; pasc- 2 occ.): *patience, constance*, avoir — de XXXIX, 33: *accepter de*.

passage XXXV, 47; XL, 5; L, 10; CXXIII, 42: *passage, lieu où l'on passe, chemin*.

pas(s)er (66 occ.; paser C, 5), — la mer XXVII, 53; XXXVIII, 25; LVIII, 12, 25; XCI, 61; XCVI, 13; C, 5; CIX, 6* (auxiliaire estre); CXLV, 31, 44, voir mer; — son ymaginacion XXXI, 98, voir ymaginacion; — oultre XXVI, 69; CVII, 34; CXXV, 86; CXXXIX, 28: *traverser, passer de l'autre côté*; — oultre XXVII, 4, 5; LXXI, 18; LXXV, 60; XCIV, 25; XCVI, 13: *traverser la mer*; — oultre XL, 15; LII, 32: *aller plus loin, poursuivre sa route*; soy — (de): XLII, 63; XLVI, 10; CIII, 46: *s'abstenir de parler, passer sous silence*.

passion(n)é (passionné 2 occ.; passioné XCVII, 74), XLIX, 24: *importuné*; XCVII, 74: *tourmenté*; C, 24: *mis à mal*; (terme utilisé par Wauquelin dans *Girart de Roussillon*, éd. Montille, Paris, Champion, 1880, p. 489).

pasture XLIX, 11; LXX, 43: *nourriture*.

pavais CXXXIX, 19: *grand bouclier de bois recouvert de cuir*, voir C. Gaier, *op. cit.*, p. 384.

pavillon LXXXIII, 35; LXXXIX, 12; CXIX, 7; CXXXVII, 46; CXLI, 50: God.: *grande tente ronde ou carrée, terminée en pointe par le haut et servant à camper*.

pein(n)e (peine 46 occ.; peinne 64 occ.), planiere abolucion de peine et de coulpe XIII, 25-26, voir absolucion; plain pardon

de — et de coulpe LI, 36, voir coulpe; soy — en peinne de
VII, 7; XXXII, 9; LXXXIII, 25; CXXXV, 42; CXLIII, 15:
s'employer à; sur — de XI, 5; XVII, 10; XIX, 25; XXIV, 81;
XXVIII, 22; XLIV, 14; XLVI, 24; LVI, 28; LVIII, 65: *sous
peine de*; à — peut signifier XIII, 57: *presque*; LX, 29; LVIII,
45; LXVII, 43 *difficilement, presque* mais, accompagnant un
verbe de modalité (*pouvoir, savoir, oser...*) semble souvent
l'équivalent d'une *négation* XXIV, 11, 20...; à — (que ... ne)
CXXII, 5; CXXXI, 16: marque un procès qui a failli se
produire: *peu s'en fallut que*.

pensement, estre en un — et conseil CXXXVIII, 13: *réfléchir*.

penser (85 occ.), — de qqn. XCVII, 61; CIX, 83; CXXXI, 39;
CXXXII, 28: *prendre soin de, veiller à*; — de + inf. LXXIV,
41: *veiller à*; soy — LXI, 24; CXVII, 2: *penser, songer*; pp.
pa. masc. pl. LXX, 33; LXXVII, 64: *dont on prend soin*.

penser (subst.), estre en — LXXXII, 5; CXXXIV, 37:
réfléchir.

percevoir (6 occ.), voir parcevoir.

perdoint CXXVIII, 6; CXLVIII, 32 (abrév.) subj. présent 3 de
perdonner: *pardonner*.

perdon (pard- XLV, 17; perd- 2 occ. + 1 abrév.), — de peinne
et de coulpe LI, 36: *absolution, comportant la rémission des
péchés et la satisfaction qui s'y rattache*.

perdre (perd- 36 occ.; pardirent 3 occ.); CIV, 23; CXXV, 85:
mourir; pp. pa. CII, 24: *mort*.

perdu pp. adj. XVIII, 30: *perclus* (*FEW* VIII, 219b).

perdurable II, 8; V, 33 (abrév.); XXI, 13; XXXIX, 40; XLV,
34 (abrév.); LIV, 91: *éternel*.

perfaire XIII, 48; XXII, 84; XXXV, 45; XXXVII, 41:
achever, mener à terme.

perfait subst. CXI, 64: *achèvement, accomplissement*.

perfont, perfons, X, 26: *impénétrable*; CXIV, 22: *profond*;
XXI, 72: *profondément*.

peril XXI, 34; CXI, 38: *danger*; soy mettre ou — de mer
XVIII, 4; XIX, 53 *s'exposer aux dangers de la mer*; mettre son
corps en — de L, 43; LXII, 62: *exposer sa vie*; en — de mort

CV, 6: *en danger de mort*; sur — de XLIV, 2: *au risque de, sous peine de*; pour touz —z XCVIII, 69: *en cas de danger*.

perir, peril VIII, 49* inf.: *périr;* perie pp. pa. fém. sg. XVIII, 16: *morte*.

perilleux adj. fém. sg. XVIII, 13: *dangereux*.

perroge XVIII, 42: *paroisse*.

pertuis XXXII, 37: *trou*.

personne (23 occ. sg.; 2 occ. pl.; 12 pr. indéfini), XXI, 81; LXIII, 18, 27: *équivalent du pronom personnel*; — raisonnable LXXXII, 19: *être doué de raison, créature humaine, homme*.

perversité, **perversitez** subst. fém. pl. IV, 35: *souffrances*.

pesandeur* XLVII, 42: *accablement*.

pesanteur CXXV, 58; CXXXI, 3: *poids*.

peser: *accabler,* poise ind. pst. 3 impers. XLII, 35; XLIV, 42; LVI, 36; CXLVIII, 47.

peticion XXIII, 35: *demande*.

petit (49 occ.), ung — (16 occ.): *un peu, un petit peu*; moult — CXXX, 7: *très peu*; ung — de CXII, 69: *un peu de*.

peu, à — que XC, 56: *il s'en faut de peu que*.

peule* LIV, 59; LXXIX, 41: *peuple*.

picquot, **piquotz** LII, 36: *pointe ferrée*.

pié (32 occ.; piet* LXXV, 55) ne... — XCII, 19: *personne, aucun*; XXIX, 58; LI, 62; LV, 67; CXI, 49; CXXXIII, 38; CXXXVI, 13: *mesure (12 pouces, soit environ 324 mm)*; (homme) à — XXVIII, 17: *piéton, fantassin*; au — de XLVIII, 24: *au bas de;* aler sur ses —s CV, 31: *marcher;* soy lever sur —s CXLI, 39: *se lever, se dresser*; mettre — à terre XXII, 58; XXXIX, 5; CIII, 30: *descendre de cheval*; mettre le — XCIII, 21: *aller, se rendre*; soy mettre à — XII, 59: *descendre de cheval, mettre pied à terre*.

pieça XVI, 23; CIX, 71: *déjà, dans le passé, depuis un certain temps (pas nécessairement très éloigné);* CL, 12: *depuis longtemps*; de — XXXI, 64: *depuis un certain temps*; XLV, 13: *autrefois, dans le passé*; ja — VII, 13; VIII, 46: *depuis un certain temps déjà*; avec l'adverbe négatif ne X, 5; XXII, 80: *ne... depuis longtemps* ou *ne... jamais*.

piece (11 occ.): *morceau;* bonne — XXXV, 33: *longtemps;* grant — XVII, 5; CVI, 71: *longtemps;* de toutes —s XCIX, 47: *complètement;* mettre en — CXXXIV, 34: *mettre en morceaux;* mettre par —s XII, 97: *mettre à mort, massacrer.*

pis adv. comp. aler — CIV, 66: *aller plus mal;* avoir — CXXV, 68: *subir un châtiment pire;* faire — XXXII, 16, 42; LXV, 28: *agir plus méchamment.*

pité* XI, 53: *pitié, compassion.*

piteable XLV, 50: *pitoyable, digne de pitié.*

piteusement (20 occ.): *pitoyablement;* tres-) XXXIX, 31.

piteu(l)x, piteuse(s) (piteu- 17 occ.; piteulx CXI, 39); (tres-) XVI, 13: *pitoyable, digne de pitié;* CXI, 39: *miséricordieux.*

pitieux, **pitieuse** CXLVII, 56: *pitoyable.*

pitoyable IX, 8: *compatissant;* LXI, 68: *digne de pitié.*

place (16 occ.): *endroit;* faire — CVI, 54: *gagner du terrain;* laisser la — CVII, 37: *abandonner le champ de bataille;* prendre — LXXXVI, 14: *se mettre en ordre de bataille.*

plain, en — champ LXXVII, 4: *dans la campagne, à l'extérieur de la ville.*

plain, pleins* XXVI, 73, (plain(s) 13 occ.; plaine(s) 4 occ.; plainne 3 occ.): *plein, rempli;* LI, 35; LIII, 40; XCV, 31: *parfait;* en — conseil LXV, 52: *au milieu du conseil.*

plain(n)ement XXXIII, 56; XLIX, 47: *parfaitement.*

plaindre, CXIX, 46 *regretter;* (soy) —: *se plaindre;* XCV, 82: *porter plainte;* plaindoit, plaignoit impft. 3 CXXII, 43; CXIX, 46; plaindist PS3 LXXX, 56, 57; XCV, 82.

plains CXI, 1: *plaintes, lamentations.*

planiere, — absolution XIII, 25; XXVII, 25; CXX, 20: *absolution (comprend le pardon, rémission, des péchés et la réparation qui y est attachée);* — remission et absolucion XXVII, 47; CXXIII, 8.

pleuve CIX, 48: *pluie.*

plorerie CXLVII, 65: *pleurs.*

plus, qui — est XVII, 13; XXVI, 39; XXXIII, 61; XLIV, 72; LXVI, 4; CXXXI, 16; CXXXVI, 14; CXXXIX, 40, 44; que —

est: LXI, 64; voir *Toutes les herbes...*, *p.* 479, *s.v.* plus: locution qui souligne l'importance de ce qui va être dit / 702c: *en outre*.

pluseurs (136 occ.), les — LXXXIX, 34: plusieurs (ensemble de référence déjà précisé, voir Martin § 199, 5°).

point CXXXIV, 28, **pointz** CXXXI, 26, **poins*** LII, 60; LXI, 23 = *poing(s)*.

point (232 occ.; poins pl. XI, 67) *moment*; V, 21; XI, 23; XII, 45; LI, 20; LXII, 7; LXV, 79; LXVII, 45; LXXX, 14; CXI, 68; CXIII, 51; CXXXVI, 35; CL, 42: *situation, état*; au — du jour XLIV, 64: *au lever du jour*; de tous poins XI, 67: *en détail*; à — XXIV, 67; CXIII, 75: *à propos, bien*; en bon — LVI, 63; LXXXV, 68; CX, 32: *en bonne santé*; (bien) en — XVII, 12; XXVII, 56; L, 38; LI, 82; LIV, 6; LXXXVI, 21; LXXXVIII, 12; CXVII, 25; CXXX, 28: *prêt, équipé*; par ce — XI, 27; XXVII, 86; XXXI, 35; LXII, 66; LXVIII, 26; LXXIII, 31; LXXXIV, 37: *de cette manière*; mettre en — XI, 12; XII, 6; XXXIV, 31: *équiper*; XIII, 11: *soigner*; (soy) mettre à — XIX, 55; XXXII, 29; XXXVII, 6; XXXVIII, 7; LIII, 34; CL, 35: *(s')équiper, (se) préparer*; remettre à — XI, 32; LXXXVII, 36; CXXVI, 59: *remettre en état*.

pois, de grant — XCI, 63: *de grande importance*.

poise (4 occ.) ind. pst. 3, voir peser.

poison, subst. fém. CII, 14: *poison, boisson empoisonnée*.

pollucion CIV, 50: *souillure, impureté*.

pommel XCVIII, 76: *pommeau*.

pontificalité CXLIV, 12: *charge octroyée par le pape* (ici *charge d'évêque*).

port (25 occ.), faire ariver — de salut XXII, 15: *mener à bon port*.

porte (29 occ. sg.; 10 occ. pl.): *porte (au singulier aussi bien de la ville que de la maison ou d'une pièce de la maison; au pluriel uniquement les portes de la ville)*, entrer en la — CXLIII, 44: *pénétrer dans la ville*.

portee XXXVI, 5; XXXVII, 37: *progéniture*.

porter (85 occ.) XXII, 32; LII, 8; LX, 50; CIX, 49: *supporter*; — (en ses flans) XIV, 59; XXI, 42; XXXVI, 13; LIV, 89;

LXVIII, 39, 52: *attendre un enfant*; — (le cours de) son terme IV, 25; XXXVI, 2; CI, 75: *mener sa grossesse à terme*; — homme au monde XXXVI, 8: *donner naissance*; — armes LI, 95, 96, 99: *porter les armoiries;* — onneur (et reverance) à qqn. XIV, 17; LXXII, 63; (LXVI, 59): *honorer (et respecter) qqn.*; soy — V, 3, 7; LVIII, 37; XCIV, 31 (en parlant de la santé): *se porter, aller*; soy — (en parlant du temps) XXXI, 58: *même sens*; soy — (en parlant des affaires) LXXVI, 14: *même sens.*

possesser XLVIII, 18; XCII, 20; CXI, 14: *posséder.*

poterne LV, 38: *poterne, porte dérobée.*

pouldre LXV, 76; CXXV, 81: *poussière, ici cendres d'un corps qui a été brûlé.*

pouoir subst. (14 occ.): X, 38; XXXIII, 44: *possibilité, autorisation*; III, 14: *armée*; CVII, 73: *force, puissance*; de tout (possessif) — (10 occ.): *de toutes (possessif) forces, dans la mesure de (poss.) moyens.*

pour (873 occ.; por XXVII, 89) — ung jour CXLI, 55: *en un seul jour.*

pourtant XIV, 30; XXI, 55; LVII, 58; (si que —) LXXVI, 25; LXXXV, 19; CXVI, 58: *c'est pourquoi, pour cette raison, aussi.*

pourchassier XXV, 83, 85; LXXIV, 53; LXXV, 11: *causer, procurer*; LXXIX, 54: *obtenir.*

pourtraicture XI, 48; LXIII, 61: *portrait.*

p o u r v e a n c e, faire — de LXXXVII, 51: *faire l'approvisionnement en*; faire les —s LXXXVIII, 9: *faire l'approvisionnement.*

pourveoir (13 occ.): *pourvoir, approvisionner*; pp. pa. fém. sg. CXI, 22: *prévoyant (en parlant de la sagesse divine)*; pourveoit impft. 3 XLIX, 11; pourveist subj. impft. 3 LXXII, 13; pourveist PS 3 CXLIX, 5; pourveu(e) pp. pa. XLVII, 62; LXXII, 24; CXI, 22.

predestiné, pp. pa. fém. sg. XXI, 20: *choisi par avance.*

poussin XXX, 3: *petit d'un oiseau, de la poule.*

premiers adv. XXVIII, 30: *d'abord, en premier lieu*; — que LXXXVI, 40: *avant*.

prendre, (281 occ.), — (une femme) XXV, 15; XLII, 57; LXXIII, 59; CXXVII, 104: *épouser*; — anuy LIX, 31 voir an(n)uy(t); — char humaine XXI, 20: *s'incarner*; — congié (27 occ.), voir congié; — conclusion de LXVIII, 57, voir conclusion; — couraige XII, 34, 53; CXX, 27, voir co(u)ra(i)ge; — la croisee XXVII, 50, voir croisee; — exemple CXV, 63: *prendre exemple*; —fin XXXI, 51: voir fin; — en gaige XCIV, 14, voir gaige; — en sa garde CXXVIII, 17; CXXXV, 20; CXLII, rubrique, voir garde; — en sa grace LXXIII, 65, voir grace; — en gré XXXIII, 4; XLIV, 17; XLV, 28, voir gré; — journee LXXVI, 10; LXXVII, 2, voir journée; — la loy de qqn. CVII, 76, voir loy; — les logis LXXXVIII, 8; CXX, 56; CXLIV, 40, voir logis; — à (en) mariage VI, 49; X, 24; XI, 36; XIV, 30; XX, 46, 53; XXV, 8; XXVII, 79; LIV, 76, 81; LXV, 19; LXXII, 34; XCV, 60, 77: *épouser*; — à mary CXXVIII, 46: *épouser*; — pacience de CIX, 70: *supporter*; — pitié (ne merchi) XII, 103; impers. il lui en prinst pitié XV, 31; LXIX, 19; LXXXI, 24; CXXII, 8; CLI, 45: *prendre pitié*; — le pechié sur soy CIV, 62: *assumer la culpabilité*; — place LXXXVI, 14, voir place; — plaisir VI, 18; XX, 21; XLV, 64; LI, 52: *prendre plaisir*; — à rançon XXIX, 53; CXXXIII, 30; CXXXIV, 9; CXXXV, 36: voir rançon; — sa refection XIII, 28; CXXII, 19, voir refection; — le serement de qqn. de XXVIII, 2, voir serement; — vengence II, 13; XXIX, 24; LXI, 69, 70: *tirer vengeance*; — volenté de CIII, 15; CIX, 18: voir vo(u)lenté; — une ymaginacion CXVIII, 35, voir ymaginacion; (soy) — à XXXIII, 8; XXXIII, 17; XXXIX, 31: *se mettre à, se prendre à*.

prés (35 occ.) LII, 40: *presque*.

present subst. masc. faire — LXXIII, 45; CXIX, 27, 37: *faire cadeau*.

present subst. masc., pour le — VIII, 25; XII, 113; XXI, 34; XXXIV, 58; XXXVI, 29; XLIX, 66; XCII, 14; CIII, 47;

CXIV, 68: *maintenant, pour le moment, à l'heure qu'il est*; loc.
adv. à — CXIII, 15, 46; CXXIX, 16; CXXXV, 29: *même sens*.
present, presens (20 occ.) adj. ou adj. subst.: *présent*; ce —
lieu CXXI, 16: *ce lieu-ci*; presens qqn. LVIII, 69; CXIII, 43:
devant qqn.
presentement XXXVII, 25; LIV, 47: *maintenant, à l'heure
qu'il est*.
presenter XVI, 34; XX, 10; LXXXV, 26; CXXV, 89;
CXXXV, 19; CXLI, 22: *amener devant, conduire*; XXXI, 14;
XXXII, 15; XLII, rubrique, 7; LXXIII, 62; LXXVII, 44;
XCIV, 37: *montrer, donner*; LXI, 36; LXXIV, 33, 34;
CXXXIV, 49: *offrir*; — à qqn. à XIII, 16: *offrir, proposer à
qqn. de*; — qqch. à qqn. CXVII, 53: *offrir*; — l'ostel LXXVII,
45: *offrir l'hospitalité*; soy — à CXVIII, 56: *se présenter à,
venir trouver*; soy — à l'obeïssance de LXVII, 14, voir
obeïssance.
presentes XLI, 7, 8: *lettre, missive (à l'origine, vers 1350,
langage de la chancellerie)*.
presse LXXVI, 59; CVI, 75; CXX, 39; CXLV, 57; CXLIX,
56: *foule, mêlée*; rompre la — XII, 66: *se faire un chemin dans
la mêlée*.
presser LII, 15, 51; CXXXIX, 35: *harceler, poursuivre*.
prest(e)(s), prestz (42 occ.), — de (à) XVII, 31; XXXVI, 33*;
LXVI, 21; XCIV, 67: *prêt à, disposé à*; estre — à qqn. CX, 8:
être proche, être aux petits soins, être au service de qqn.; —
de (qqn. ou qqch.) LXV, 47; CXXXVII, 15*: *accompagné de*;
pourvu, muni, voir *FEW* IX, p. 317 a, *s.v.* praesto, mal prest
de: *qui n'est pas muni de*, m.fr.
prestement (109 occ.): *aussitôt, rapidement*; (tout) — que (30
occ. sur 109): *aussitôt que*.
presumer LVIII, 69: *se permettre, oser*, voir Blaise,
Dictionnaire latin-français des auteurs chrétiens, Turnhout,
Brepols, 1954, p. 656b, *s.v.* praesumo.
preudom(m)e, preudon (preudomme 35 occ.; preudome
XLIX, 36; preudon LXXXII, 20 apostrophe): *homme de bien,
de valeur (saint homme, brave homme, vaillant...)*.

preudommie LXXXV, 30: *noblesse*.

prevost XVII, 49; — de la ville LXXX, 10: *prévôt*; God. X, 416 b, *s.v.* prevost *«agent du roi chargé en son nom de lever les impôts, de rendre la justice... dans une circonscription donnée»*.

prier (182 occ.), — merci: *implorer le pardon, la miséricorde*, voir merci.

principer prologue, 21: *avoir le pouvoir de prince, régner*.

prinse subst. fém. XXII, 80: *prise* (terme de chasse); CVII, rubrique; CXIII, 37; CXL, 6: *prise (d'une ville)*; CXXXII, 20: *droit de guerre, rançon*.

prisier XXII, 39; XXIII, 31; LXXII, 24; LXXVII, 30; LXXXIII, 22; LXXXIV, 22; LXXXV, 49; XC, 23: *apprécier, estimer*.

proceder XXIV, 6; CVI, 39; CXI, 63; CXLVIII, 65: *avancer*.

procés XXVIII, 33: *avancement, développement*.

profanité CXXVIII, 58: *caractère de ce qui est profane*.

profex CXVI, 50: *qui proclame, qui témoigne*.

prolongacion prologue, 36: *longueur*.

prolonguier X, 49: *tirer en longueur, différer, gagner du temps*.

promettre (promet- 55 occ.; promect- 2 occ.), — loyaulté de mariage CXLIII, 14: *promettre fidélité dans le mariage*.

promouvement prologue, 27: *mouvement vers l'avant, élan, incitation*.

proposer XCV, 100: *affirmer, déclarer*; CII, 9: *se proposer de, décider*.

propre (41 occ.) antéposé au subst. sauf en CXIV, 18, précise le déterminant (article, possessif, démonstratif) avec le sens de *exactement, précisément, même*.

proprement XXXII, 15; XXXIII, 58; LXII, 50; LXXVIII, 15; CXII, 51: *exactement, parfaitement*.

pro(u)ffit (proffit CXLVI, 37; prouffit 3 occ.), LIII, 11; LXXV, 48; CXLVI, 37: *profit*; au — de prologue, 50: *pour, au profit de*.

pro(u)f(f)iter (proffit- 2 occ.; proufi- CXXX, 7), II, 35; CXXII, 24; CXXX, 7: *tirer profit.*

publier LXXXVII, 59, 61; CXXVIII, 48: *proclamer.*

pucelle (36 occ.): *jeune fille*; désignant la Vierge LV, 87: *pure, chaste.*

pugnie subst. fém. CXLVI, 28: *poignée.*

puis (243 occ.), CXXVII, 28: *depuis*; —... — XLVIII, 6, 22; XCVIII, 78; CIV, 6: *tantôt... tantôt.*

puissance (84 occ. sg.; 2 occ. pl.) XXVII, 39; XXIX, 4, 26, 27; LXXVI, 11; LXXVII, 3-4; LXXXIV, 6, 11: XCVI, 47; CXXIX, 3; CXXX, 16, 25: *force armée*; LXXXVI, 49; CIV, 71; CXXXIV, 35; CXXXVI, 11: *pouvoir*; LVIII, 9: *puissance, rang*; VIII, 28: *domaines, territoires*; — apostolique XXVII, 44: *pouvoir hérité des apôtres*; Puissances XXI, 59: *chœur d'anges*; à (en) (tresgrant, grant, tresgrosse, grosse) — (de) (18 occ.): *avec une grande quantité de, avec une importante armée*; CVI, 79; CXLI, 31: *vigoureusement;* à (de) force et à (de) — XXIX, 33; XXXVIII, 31; LII, 2, 24; LXXXVI, 18; CXVII, 38; CXXVI, 68: *vigoureusement*; de toute (sa, nostre, leur) — (15 occ.): *dans toute la mesure de (ses, nos) moyens, de toutes (ses, nos, leurs) force*; selon sa — XC, 6: *selon ses moyens*; de ma petite — CI, 71: *selon la modestie de mes moyens*; par merveilleuse — III, 17: *avec une armée étonnamment nombreuse*; par la — de XXX, 37: *grâce à*; avoir la — de VIII, 35; X, 13, 20: *avoir le pouvoir de*; estre en la — de LII, 47: *avoir le pouvoir de, être capable de;* donner — de VI, 43; XXII, 85: *donner le pouvoir de*; donner — de table des rubriques XIII; XIII, rubrique: *donner l'autorisation de.*

puissant, puissans (24 occ.), — de L, 37; CXXV, 13: *capable de.*

purgier LXI, 60: *éclairer, mettre au net*; C, 21; CXIV, 37: *expier.*

putterie XXIV, 48: *mauvaise vie, vie de débauche.*

que XLIV, 27: *que*, (expression d'un souhait); —... — CXXXII, 34: distributif: *aussi bien... que*.

querelle XII, 87: *cause*.

querir, querre (querir 34 occ.; querre 2 occ. au total 76 occ.): *chercher*; — un lieu CXXVII, 21: *fouiller*; CXXXV, 2: *même sens*; — son mieulx CIX, 33: *mendier pour vivre*; — son pain XXXI, 87; CIX, 22; CXI, 69; CXLV, 36: *mendier son pain*; — sa povre vie CIX, 3: *mendier pour vivre*; querissent* subj. impft. 6 CXII, 29; inf. querre XIX, 21; LVI, 45; querir 32 occ.; pp. pa. queru* LXXXII, 29; quis(s)(e).

question, mettre qqn. à — de CXIII, 36: *interroger qqn. au sujet de*.

queurt CXVIII, 3 présent 3 de courir: *courir*.

quis (5 occ.), **quise** (2 occ.), **quisse** (LXVI, 76), pp. pa. de querir.

quitte XIV, 26; XXVII, 34: *libéré, quitte*.

quitter XXVI, 60; CXXXII, 20: *déclarer quitte*.

quoquin LXXX, 59, voir coquin.

quoy CX, 53: *stupéfait*.

racourir, courir et — (l'un sur l'autre) CXXIX, 27; CXXXIII, 10: *courir de côté et d'autre, faire des attaques tantôt d'un côté, tantôt de l'autre*.

racuser, — à qqn. CXII, 65: *dénoncer, révéler le nom de*.

radiant XLVI, 19: *brillant, clair*.

ra(s)fre(s)chir (rafresch- 6 occ.; rasfresch- LXXXII, 8; rafrech- XII, 2), CXXII, 30; CXXXV, 61: *reposer, redonner des forces*; soy — LXXXII, 8; CXIX, 8; CXX, 57; CXXX, 31: *se reposer, reprendre des forces*; estre rafrechi XII, 2: *être reposé*.

raidement CVII, 22: *violemment*.

raideur LI, 84; LII, 31: *force, violence*.

rain LXIII, 3: *rameau*.

rainsel, rainseau(l)x (rainseaux 1 occ.; rainseaux 1 occ.) XXII, 20, 21; LXXXIII, 39: *rameau*.

raison (30 occ. sg.; 4 occ. pl.), XCII, 62; CXLII, 32: *raison, bon sens*; XXXIV, 42; pl. LXV, 12; LXVI, 40; CXVI, 20; CLI, 56: *motif, cause*; X, 34; XXVI, 62; LXII, 64; LXXVI, 46: *discours, propos*; bonne — LX, 84: *preuve convaincante, justification*; raisons LX, 78 *arguments, justifications*; donner — LIV, 74: *rendre un oracle, répondre*; estre — LXXIII, 8; LXXXV, 19; XCII, 63; CVIII, 39: *être légitime*; regarder à — LX, 43: *être raisonnable*; requerre — LXXVIII, 67: *demander une chose légitime*; rendre — de qqn. XVII, 40: *expliquer, rendre compte de ce qui concerne qqn.*; contre — XIV, 45: *contre la raison*; de — LXI, 28: *légitime, raisonnable*; en droitte — LXXXII, 38: *légitimement*; par — XCI, 57; XCVII, 66: *légitimement*; par droitte — XVII, 43; LXVIII, 45: *légitimement, raisonnablement*; sans — XXXIV, 19; XXXIX, 48; LXXXIX, 48; CXIX, 54; CXXV, 74; CXXVIII, 12: *à tort, injustement*.

raisonnable (5 occ.): *raisonnable*; LXXXII, 19: *doué de raison*.

raissaillir CXXVI, 52: *assaillir à son tour*.

raler LVII, 52; LXIV, 36; XCIII, 22; CLIII, 24: *repartir, s'en retourner*.

ramentevoir XLV, 15; LXXXIX, 38: *rappeler*.

rançon (6 occ.), prendre à — XXIX, 53; CXXXIII, 30; CXXXIV, 9; CXXXV, 36: *rançonner*.

rapaisier LIX, 14; LX, 42; LXXX, 12; LXXXVIII, 36; CXLI, 54: *apaiser, calmer*.

rapasser, — la mer VII, 18* (auxiliaire estre); LVIII, 15; CXVI, 32: *traverser en sens inverse*.

rappeller, — la commission du gouvernement LXV, 59: *relever, révoquer de la charge du gouvernement*.

rasfreschir LXXXII, 8, voir rafreschir.

ravaler XXI, 71: *descendre à nouveau*.

raviser XXIII, 15; LXVI, 24; XCI, 1: *examiner*.

ravoir table des rubriques CL; CXXVIII, 22; CXXX, 17; CXLII, 25: *avoir à nouveau*; soy — ravoir de CXLI, 44: *se* *sortir de, se dégager*; ravoit LXXIV, 9; raras CXXIX, 65; raroit CXLII, 25.

rebouter II, 39; XXIX, 36; XXXV, 20: *repousser, chasser.*

recevoir (92 occ.), — en sauve garde LXXXVI, 29: *garantir la sécurité de qqn.*; — (à mercy) LXXXVI, 57: *accepter la reddition*; — (la) mort XLIV, 63; XLV, 44: *mourir*; — la mort en gré XLV, 19, voir gré; — qqn. en sa tuicion et garde LV, 22: *accepter de protéger qqn.*

rechief, de — XXVIII, 49; XXXIV, 2; CI, 39: *à nouveau.*

reclamer XXX, 3; LII, 29; LXIV, 43; CIV, 8; CXXV, 60: *implorer, invoquer.*

reclos CXXIV, 30 pp. pa. fém. de reclore: *refermé.*

recommander (24 occ.), (soy) —: *(se) recommander, (se) confier*; soy — à qqn. XXVIII, 46; XXXI, 8; XXXVI, 42; XXXVII, 26; XXXIX, 10; LXXXVII, 49; *saluer*; CXXXIII, 5: *estimer.*

recongnoissances XCII, 2: *fait de se reconnaître après une séparation, manifestation de joie à l'occasion de retrouvailles*, voir Scheler, *op. cit.*, p. 383: *témoignages d'amitié, que l'on se fait mutuellement à l'occasion d'une entrevue.*

reconseiller, soy — L, 25: *prendre conseil.*

recontre* CXXXVII, 30, voir rencontre.

record, recort XCVI, 32; CXLIV, 32: *récit.*

recorder (41 occ.): *raconter, rapporter.*

recort CXLIV, 32, voir record.

recouvrer LXXXV, 20; CX, 22; CXXII, 20; CXLVIII, 55: *retrouver*; — un cop XCVIII, 88: *frapper de nouveau*; estre noblement recouvree à qqn. LXXXIX, 40: *être remis en bon état* d'où *recouvrer sa dignité grâce à qqn.*

recreandise CXXIV, 14: *lâcheté.*

recroire, — arriere en sa loy CXXV, 5: *renoncer à sa religion, abjurer.*

recueillir II, 37: *affronter.*

redder* LVIII, 54: *délirer, extravaguer.*

redoubté, toujours avec l'intensif tres- (20 occ.): *adj. qui entre dans l'apostrophe au prince: respecté.*

refection, prendre sa — XIII, 28, 62; CXXII, 19: *se restaurer.*
refectioner XLVII, 7, CII, 4: *nourrir.*
refocilier XIX, 3; LXXXVII, 36: *redonner des forces.*
refrumer XXV, 60; XCVIII, 73; CIV, 32 (2 occ.); CXLIII, 19: *refermer.*
refuir CXXVII, 9, pp. pa. masc. pl.: *se réfugier.*
refust, LXIV, 38 *auxiliaire* estre *préfixé en* re- (*à nouveau*); CXLI, 8: *être à nouveau.*
regard (6 occ.), avoir — à LXXXVII, 78: *regarder.*
regarder (59 occ.), tr. XXIV, 61: *veiller à, faire attention;* — à CXLVII, 62: *veiller à;* — à raison LX, 43, voir raison.
regarir CX, 27; CXXII, 30: *guérir.*
regenerer LIV, 87; CXXVII, 48: *baptiser.*
regnier CXXV, 41; LV, 50: *renier, abjurer.*
regracier XIII, 47; XLV, 34; XLIX, 46; CXI, 31; CXV, 39, 51: *remercier.*
regraittant LIX, 9, voir regret(t)er.
regrecs CXI, 1, voir regretz.
regret(t)er XXVI, 41; XLV, 40; XLVI, 36; LIX, 9; LX, 59; LXXIII, 51; CXXII, 8, (2 occ.); CXXX, 13: *regretter, pleurer.*
regretz V, 36, 39; XV, 43, 46; LX, 63; CXI, 1,57: *plainte.*
relacion CVIII, 36; CXVIII, 68, 83; CXLI, 9: *rapport.*
relief LXXIX, 31; LXXX, 46; LXXXI, 15; CXII, 69; CXVI, 72: *restes des mets servis.*
religion, belle de — VI, 7: *pieuse;* (s'enfuir en) — LVII, 36: (*se réfugier dans un*) *couvent, monastère.*
remander LXXII, 11, 15: *faire savoir en retour, répondre.*
remenant XIII, 45; LIII, 63; LVI, 68; LXV, 72; C, 15; CX, 34; CXX, 50: *reste.*
remercier (22 occ.), — à qqn. (de qqch.) XIII, 15; XV, 22; XXVII, 42; XLVIII, 47; LXXVIII, 22: *remercier qqn.;* — (à qqn.) qqch. LXI, 39; LXIX, 28, 30; XCIII, 5; CII, 19: *remercier qqn. de qqch.;* — qqn. qqch. LXX, 8; LXXVIII, 3: *même sens.*
remerir CXV, 10: *récompenser.*
remirer XI, 44, 48; XLII, 17; XCVII, 42: *regarder.*

remettre (25 occ.), (soy) — sur les champs LXXXVIII, 3; CXXIX, 36, voir champs; soy — en mer CXXVIII, 73; CXL, 41; CXLIV, 20, voir mer; remis sus LVIII, 10: *reposé, qui a repris des forces.*

remonstrer table des rubriques XIV; VIII, 5; X, 40; XIV, rubrique; XXV, 13; XXVII, 23; LXXXV, 17; LXXXVII, 15; CI, 39; CX, 30; CXVI, 19; CXXII, 33, 34: *montrer*; *exposer*; IX, 23: LX, 42: *faire des reproches.*

remuneracion prologue, 12; X, 32: *récompense.*

remunerer, — à qqn. LXXI, 13; CXVIII, 49: *récompenser qqn.*

renc, aler de — en — XII, 9-10: *parcourir les rangées de combattants*; soy mettre en — LXXXVIII, 39: *prendre place dans les rangs*; venir sur les —s LXXVII, 14: *s'avancer pour se battre*, voir *Toutes les herbes…* p. 510, *s.v.* rang / 752c.

re(n)contre (rencontre 4 occ.; recontre* CXXXVII, 30), subst. masc. CXX, 4; CXXXII, 30; CXXXVII, 30; CXXXIX, 21, 24: *assaut, combat.*

rendre (57 occ.), — (bon) compte (à qqn. de qqch.) XXV, 62; LX, 54; CXLII, 39; CLIII, 29, voir compte; — raison de XVII, 40, voir raison.

renfrumer LXXIX, 17; CXLIII, 19, voir refrumer.

rengies LXXXVIII, 15: *rangées.*

renommé XXV, 14: *de renom, réputé*; CXXVIII, 33: *rebaptisé (en parlant du nouveau nom d'une ville).*

renoncier, — sa loy CX, 71; CXXXIII, 24: *abjurer*; — à sa loy CVIII, 42; CXVI, 13; CXXVII, 60: *abjurer*; — à Jhesucrist CXXV, 68: *abjurer la religion chrétienne*; — à ses dieux LXXXVI, 49; CXXXIII, 31: *abjurer.*

renoyer, — sa loy CXIV, 45: *renier, abjurer.*

renouveler CXVI, 46; CXXII, 17: *ranimer, réveiller.*

renvitaillier LXVII, 41: *ravitailler.*

reparer XLVII, 48: *vivre, demeurer.*

repasser, — la mer III, 25; LIX, 36: *traverser (en sens inverse).*

repliquer LXII, 18: *répéter.*

reprendre, reprenant cuer d'omme LIX, 46, voir cuer.

requerre, requerir (58 occ.), — à mariage VI, 29: *demander en mariage*; LIII, 66: *requérir, réclamer*; LXXXV, 59: *prier, invoquer*; requis CV, 22: *sollicité*; requerre LXXXV, 15; requerir 6 occ.; requis pp. pa. CV, 22.

rere XCVIII, 61: *raser.*

resané CXLV, 38: *guéri.*

rescourre: *secourir, délivrer*; rescouyst PS 3 XXV, 52; rescous, rescoux pp. pa. XLIX, 14; CXXX, 11; CXLI, 52.

rescousse XXXV, 28; LI, 90: *secours.*

rescrier tr. dir. XLVII, 50: *appeler en criant.*

rescrire: *écrire en retour, répondre*, rescript pp. pa. XLII, 29; LIX, 63.

reshaitié LXXIX, 36: *guéri, revenu à la santé.*

resourdre CX, 22: *reprendre des forces.*

respit, sans nul — LXV, 76; LXXXVII, 10: *sans délai*; n'y avra nul — LXXXVII, 67: *il n'y aura pas de repos.*

respiter XLV, 36: *épargner.*

restituer CXLIX, 2: *rétablir.*

restoupper CXXVI, 40: *fermer, boucher.*

retenir (12 occ.), CXXX, 3: *retenir prisonnier*; CXVII, 44: *capturer*; LXXI, rubrique, 33, 37; CI, 26: *engager à son service*; — de son hostel LXXIII, rubrique, 66: *même sens.*

reto(u)rner (retourn- 75 occ.; retorn- CXXVIII, 71), — qqn. à sa loy CXXV, 32: *convertir qqn. à sa religion*; soy — CXXV, 48: *se convertir*; — des paroles CXLVIII, 64: *échanger des propos.*

retraire (retrai- 11 occ.; retray- 5 occ.), (soy) —XII, 44; XVIII, 57; XXV, 93; XXXIX, 2, 29, 30; XLV, 1; LXXXIV, 49, 55; LXXXV, 6, 14; CXII, 59; CXXVI, 57; CXXXVII, 44, 46; CXLI, 47: *se retirer.*

retrait subst. masc. XXXII, 27, 37: *lieux d'aisance.*

retraitte, sonner — LXXXVI, 55: *sonner la retraite.*

reverance (10 occ.), **reverence** (4 occ.) XIII, 5; XIV, 16; XXXII, 52; XCIX, 81; XCV, 99; CVIII, 32: *honneur, respect*; faire (la, une, quelque, nulle) — XXII, 54; XLIII, 10; LXIII, 6;

LXXXIII, 44; XCIV, 46, 74, 76; CX, 56: *faire un salut respectueux*.

revestir (6 occ.), soy — des armes de Nostre Seigneur XIII, 34: *revêtir les vêtements sacerdotaux*; revestu XVI, 17; CXLIX, 14, 20: *même sens*.

revider XCVII, 29: *attaquer*.

ribaudailles CXIX, 47: *bande de vauriens*.

ribault XCVIII, 75: *amant (péjoratif)*; CXII, 40: *mendiant, vaurien*.

rigoler XXI, 73: *s'amuser*.

riset, getter ung — LXXIV, 37: *adresser un sourire*.

riva(i)ge (rivage 5 occ.; rivaige XV, 27.), — (de la mer) XV, 18, 27; XXXVIII, 24; XL, 2; XLVI, 3; LXXI, 17: *rivage, bord de la mer*.

rive, — de la mer XLVIII, 25; LXVIII, 62: *rivage, bord de la mer*.

robe LXIX, 52; LXXIV, 51; XCVIII, 63; CXLVII, 50: *vêtement*.

rober CXIV, 47: *voler*.

roidement, **roydement** LI, 68; CVII, 15: *violemment*; CXXIII, 51; CXXX, 5: *rapidement*.

roillier, — les yeulx, CXIX, 56: *rouler les yeux*.

rondeler CXV, 33: *rouler*.

route CXXIII, 34: *troupe*.

roydement CVII, 15; CXXIII, 51, voir roidement.

roye XXIII, 54: *sillon*.

ruer CXXXIX, 22: *jeter*; — grans cops CXXXIX, 14: *donner de grands coups*; — par terre XXXV, 12; LI, 87; CXIV, 15: *jeter à terre*; — jus XI, 64; CVII, 45; CXXIX, 41: *jeter à terre*.

saige X, 26* subj. pst. P3 de savoir.

saillie CXXVI, 25; CXXXVIII, 58: *sortie, issue*; faire des —s XXXV, 37*; CXXXVII, 52; CXXXVIII, 22, 57: *procéder à des attaques soudaines*.

saillir (30 occ.) CIV, 63; CXI, 48; CXLIII, 60: *sauter*; LXXXVI, 34; XCVIII, 84; CXXVI, 41; CXXVIII, 3: *sortir*; CXIII, 73; CXXXI, 15: *jaillir (en parlant de la cervelle)*; C, 13; CXXV, 54; CXXXI, 10, 29; CXLII, 10: *couler (en parlant du sang);*— à LV, 77; CLII, 10: *se précipiter vers, s'élancer sur*; — de CXXVI, 31: *sortir de*; au — de la porte LXXVII, 8: *à la sortie de la ville*; — es champs XII, 7: *sortir* — hors XLVII, 44; C, 2; CIV, 45: *sortir*; — sur (sus) LII, 61; LXXII, 25; CXIV, 13; CXXIX, 40; *se précipiter sur, faire une sortie contre, attaquer*; CXLIII, 49, 54 *surgir, bondir, se précipiter*; — sus XXXVIII, 6; CXLIII 49 *(surgir)*; CXLVIII, 7: *se lever*.

saindre: *entourer, ceindre*, saindist PS 3 LXVIII, 59; XCVIII, 62.

saison LXXVIII, 34: *moment*.

salvable prologue, 42; XCVII, 51: *salutaire*.

salvacion, avoir — CXXXII, 29: *trouver le salut, être sauvé*.

sangler XXIX, 6, voir singler.

saouler, (soy) — de VII, 4; XIX, 15; XXII, 53; XXIV, 12; CXLIV, 31: *(se) rassasier*.

sapience XXI, 32; CXI, 22: *sagesse*.

sarrezenesme CVI, 7: *pays sarrasin, gent sarrasine*.

satisfaire XLIV, 28: *contenter*.

sauf, sauve (7 occ.), recevoir en — garde LXXXVI, 29, voir garde; — son corps LXXXVI, 51: *en échange de la garantie de sa vie, sans porter préjudice à sa personne*.

sauvement VIII, 14; LVI, 21; CVIII, 43: *salut*.

sauveté, à — XLVI, 58; LXIX, 25: *en sécurité*; mettre à — LXXXII, 67; CXLII, 35: *mettre en sécurité*.

sçavoir, savoir (s- 232 occ.; sc- 234 occ.; saige X, 26* subj. pst. 3; seroit XII, 105*, fut. II. 3): *savoir, connaître*; IV, 36; XX, 8; XXII, 53; XXIV, 85; XXV, 9; XXXII, 14; XLVI, 9; XLIX, 61; LII, 63; LIX, 14, 45; LXII, 6; LXXVII, 51, 52, 54; LXXXVI, 36; LXXXVI, 28; LXXXIX, 36; XCV, 38; CII, 5; CXXVII, 87; CXXIX, 42; CXLI, 44, 45: *être capable, pouvoir*; — qqch. LVII, 15: *connaître l'existence de qqch.*; — gré, XII, 71; XXIII, 75, voir gré; — à qqn. LXV, 53: *faire* *connaître à qqn.*; — de LXXXIII, 15: *s'enquérir de*; — de qqch. LI, 27: *être compétent dans un domaine, s'y connaître*; — qqch. de XLIV, 9: *apprendre.*

sceu subst. m., de son — LXIV, 19: *à sa connaissance*; sans (son, vostre) — LXI, 21; LXVIII, 43; CXXXI, 36: *à l'insu de.*

scrupule subst. fém., XCV, 19: *crainte.*

se, ce: *si*; XX, 66; LVII, 60: *même si*; — non: *sinon.*

seaul* subst. masc. sg. XLII, 16; XLIV, 13; pl. seaulx (9 occ.), seaulz XCII, rubrique; XCV, 17, voir seel.

secours (9 occ.), *aide, secours*; venir à — XXX,11: *porter aide.*

secret adj. (3 occ.) LXXIV, 33: *discret (appliqué à une personne).*

secretaire XLII, 20, 27, 38: *secrétaire, celui qui rédige ou, comme ici, lit lettres, dépêches pour un autre.*

seel (28 occ.), seelle*: LVIII, 91; LX, 92; LXII, 23; seelz (5 occ.): *sceau.*

seel(l)er (seel- 3 occ.; seell- 13 occ.): *sceller.*

seellez subst. LXII, 25: *lettres scellées.*

seigneur (242 occ.), sire LXIII, 10: *maître (repris en LXIII, 24 par* seigneur; *ailleurs* sire *est employé en apostrophe*); — naturel XCIV, 73: *seigneur légitime.*

seigneurie, seignorie (seigneurie 6 occ.; seignorie 5 occ.) XVIII, 10; XXIII, 52; XLVII, 21; LVI, 8; CXXIV, 67: *empire, pays, terre*; degetter de sa — XCV, 17: *priver de son pouvoir, exiler*; remettre en (sa) — CXVIII, 43; CXXVIII, 10: *rétablir dans sa puissance, son autorité;* tenir en — LVII, 14; CLIII, 14: *avoir le pouvoir sur*; soy tenir en — CXXIII, 27: *vivre en grand seigneur.*

selle XIX, 47: *cellule.*

selon (29 occ.), — lui XIV, 71: *chacun selon son rang*; XXIV, 23: *le long de.*

semblance XXXIII, 11; XXXIV, 3, 6, 43, 49; LXVIII, 36; LXXVIII, 16; CXI, 13: *ressemblance.*

semblant subst. masc., XVI, 13; XXIV, 36: *allure, manière d'être, air*; XXI, 13; XXXIII, 19: *ressemblance*; par faulx —

XXXI, 21: *par feinte, par hypocrisie*; par — XCI, 67: *d'après ce qu'on laisse paraître, en apparence*; faire — XLIII, 13, 15; LXXX, 13; LXXXV, 10: *faire semblant, feindre*; sans faire quelque — XCIX, 22: *ne rien laisser paraître*; n'en faire — XIII, 22; XLV, 63: *ne rien laisser paraître au sujet de qqch.*; ne faire nul — de CVI, 9: *ne pas montrer l'intention de*; monstrer — CXL, 58: *laisser paraître*; ne monstrer aucun — LXXIII, 73: *ne rien laisser paraître*; ne monstrer nul mauvais — XLVIII, 42: *être bienveillant*.

semblent CXI, 16*: *semblable*.

seneschal XVI, 9, 12, 13, 19, 27, 29, 32; XVII, 1: *à l'origine fonction de présentation des plats, puis rapidement fonction très importante; celui qui l'exerçait avait les insignes du pouvoir: bâton et chapeau*; maistre — XVI, 4, voir maistre.

senestre LXXXIX, 21: *gauche*.

sengler, vb. LVII, 73; CXLIV, 22, voir singler.

sengler CXIX, 56: *sanglier*.

sens, perdre— et memoire XV, 14: *perdre son bon sens, perdre l'esprit*.

sentence XIV, 57; LIV, 79, 83, 84; CXXI, 15: *décision, volonté*; selon la — LXV, 50: *selon le jugement, la décision de justice*.

seoir (5 occ.): *s'asseoir, être assis*; siet ind. 3 CVII, 6: *être établi*.

sepmaine (3 occ.), bonne — L, 18: *semaine sainte*.

serchier LXVII, 3; CXXVII, 24: *chercher*; LXXXI, 69; LXXXII, 2*; CLI, 52; CLII, 26: *parcourir (pour chercher), fouiller*.

serement LXXVII, 12: *serment, promesse, engagement, en particulier le serment que prête celui qui est armé chevalier*; par le — de mon corps: XXIV, 66; XXXIV, 59; CIV, 40: *sur ma vie*; par (mon, son, leur) — LVII, 42; LX, 86; LXIV, 14; LXXXII, 67; XCV, 60; CXLVIII, 31: *sur ma foi*; avoir à qqn. le — de LXXIV, 45: *avoir promis à qqn. de*; estre de — à qqn. LVIII, 57: *être lié à qqn. par un serment*; faire — (que, de) XVII, 53; XX, 33; XXV, 25; LXVI, 71; LXXXVII, 22;

CXXVII, 79: *promettre, s'engager par serment*; prendre le —
de qqn. XXVIII, 2: *avoir la promesse de qqn.*; tenir un —
XCIV, 10: *tenir une promesse.*

serf, **sers** LXVIII, 59; LXXXII, 11: *cerf.*

sergent, **sergens** XL, 4: *serviteur, homme d'armes*; CXLVI,
33, 39; CXLIX, 4: *officier de police.*

sermon LXV, 69; CXLV, 48: *discours.*

seroit XII, 105*, voir savoir.

serva(i)ge XXVI, 61; XXVII, 35: *servitude (redevance payée
par quelqu'un de condition servile).*

service (17 occ.) V, 40: *service funèbre*; — de Dieu XIII, 36,
48; LXX, 15; CXV, 27, 32, 53; CXLIX, 49, 50: *service divin*;
faire — LXXI, 32; CI, 71: *servir*; soy mettre au — de LXXIV,
4: *se mettre au service de, s'engager auprès de.*

servir (29 occ.), abs. LXXI, 29, 30: *servir, être au service
d'un grand seigneur (ici de la dame de Bavière)*, voir TL *s.v.*
servir, p. 568: *Rou*, III, 715.

seur table des rubriques CXLII; V, 15; XVII, 40; LX, 53;
CXXXVI, 16: *sûr, assuré.*

seurement XXVI, 71; LXIII, 39 *avec vigilance*; XCIX, 38;
CXXXVIII, 12: *en toute sécurité*; CIV, 49: *fermement.*

siecle V, 27; XVIII, 28; XXI, 19: *monde.*

signetz XXXII, 15: *petit sceau dont on signe les affaires
courantes.*

silvestre XLVI, 48: *qui appartient à la forêt.*

simulacre XLVIII, 51; CXXV, 3: *représentation (image,
statue).*

sincoper prologue, 36: *retrancher, faire disparaître, alléger.*

singler (8 occ.), **sangler** (XXIX, 6), **sengler** (4 occ.), XX, 2;
XXIX, 6; LVII, 73; LIX, 27; LX, 3; LXVII, 36; LXIX, 37;
CXVII, 18, 54; CXXIX, 3; CXLIV, 22: *faire voile, cingler.*

singulierement LXI, 50: *principalement.*

sirurgien LII, 44: *médecin.*

solas V, 24: *consolation, joie.*

sollempnez* LXXXVII, 49: *officiels.*

sollempniser III, 39: *célébrer avec solennité.*

sollempnité III, 36; CXLIV, 7; CLII, 56: *fête célébrée avec solennité*; pl. CLIII, 1: *même sens*.

sorllers LXIX, 52: *souliers*.

sortir, — de table des rubriques CXXXIII; CXXXIII, rubrique: *trouver son origine, tirer (un nom)*, voir exemple similaire dans *Les Faicts et les conquestes d'Alexandre le Grand*, de Wauquelin, S. Hériché, éd. cit., 120, 32, p. 243.

soubdoyer CXXXVIII, 17, **soudoyer** CXXIX, 26; **souldoyer** CXXXVIII, 56: *homme d'armes, mercenaire*.

sou(b)dainement (soubdainement 6 occ.; soudainement 4 occ.), XX, 22; LIV, 22; LVI, 63; LXXXI, 42; CXLVIII, 42: *aussitôt, rapidement*; CII, 14; CXIV, 14; CXXV, 80: *soudainement*; CIV, 30; CXXXVII, 20: *à l'improviste*.

so(u)ffire (soff- 3 occ.; souff- 3 occ.), LXVII, 10; LXXXVII, 53; XCVII, 66; CXXIV, 67; CXXXVI, 15; CXLII, 15 impers.: *être suffisant, convenir, satisfaire*.

souffisant LXXIV, 42: *de qualité, remarquable*.

souffrette LXXII, 41: *manque, disette*.

so(u)ffrir (souffr- 48 occ.; soufr- 2 occ.; soffr- CXV, 46): *souffrir, supporter, endurer*; — (à) qqch. VI, 39; XXXV, 19; XXXVII, 51; LXXXIV, 60: *accepter*; — qqch. à qqn. CXVI, 68: *permettre qqch. à qqn.*; — que XXIII, 7; XXVII, 17; LXV, 16; LXXII, 76; XCVIII, 40; CXLII, 44: *accepter que*.

souhaider XVI, 42; XCVII, 45: *souhaiter*.

souldee XIV, 23: *solde*.

souloir CXXVIII, 37: *avoir l'habitude*.

s(o)ursault (sursault 2 occ.; soursault CXXXVII, 50), en — CXXVI, 28; CXXXVII, 50: *par surprise, à l'improviste*; CXXXI, 12: *d'une manière brusque*.

soustenir XLVIII, 10; LX, 50; CXXIX, 62: *supporter, endurer*; XLVIII, 13; CXVI, 51; CXXIV, 6: *soutenir, aider*; soy — XXXI, 50: *se tenir debout*.

souvenance CXV, 43: *mémoire, souvenir que l'on a de qqn.*

subjuguier II, 30: *assujettir par les armes*.

submettre CV, 40 *soumettre*; soy — LV, 15; LVI, 31; CI, 70: *se soumettre*; submetz ind. pst. 1; submise pp. pa. fém. sg.

subsequent adj. fém. sg. CIV, 26: *suivant*.

substance CIX, 22: *subsistance*.

substantacion XLIX, 18: *sustentation, nourriture*.

suigant* LXXXVI, 3: *suivant*.

suir (2 occ.), **suyr** (CXXXVII, 45) CXXXVII, 45: *suivre*; LXX, 14: *fréquenter*; suis pp. pa. de suir CXXVII, 14.

sur (263 occ.), — pein(n)e de 9 occ., voir pein(n)e.

sus (18 occ.), or tost — CXLVI, 17: *allons, vite;* courir — CXX, 22; CXXVII, 11, voir courir; mettre — XXIX, 27; LXXII, 21: *lever, (en parlant d'une troupe), engager*; mettre — CXIII, 61; CXIV, 32: *accuser*; soy mettre — CXXIV, 16: *s'organiser* (*Dictionnaire des locutions du moyen français*, Montréal, Ceres, 1992, *s.v.* mettre); saillir —, voir saillir; remis — LVIII, 10: *reposé*.

suspection XCV, 20: *soupçon*; mettre — à qqch. XXXIX, 61: *avoir des soupçons au sujet de*.

suspicion LXI, 64: *soupçon, doute*.

sustencion XLVII, 63: *sustentation, nourriture*.

suyr CXXXVII, 45, voir suir.

symulacres XLVIII, 51, voir simulacres.

talent, talens XV, 14; XXI, 73; XXII, 93: *désir*; perdonner mal (maulx) — (talens) XCIV, 55, 78: *abandonner tout ressentiment à l'égard de qqn.*; XCVIII, 84: *colère*, voir maltalent.

tant (409 occ.), — seulement LXX, 9: *seulement*; (après une formule restrictive) XV, 18; XXXIX, 55; LVI, 54: *seulement, sauf*; de — XXXIV, 52: *seulement*; de — plus XX, 41; L, 8: *d'autant plus*; de — plus… de — plus CXV, 37, 38; CXXV, 26-28: *plus… plus*;— + adj. + fust il CXXXII, 61: parataxe à valeur concessive; pour —que + subj. LXXVIII, 8: *pour autant que*.

tantost (68 occ.), *aussitôt*; — qu(e) (48 occ.): *aussitôt que*.

tanxer XCVIII, 72, voir tenser.

tappir, soy — CVII, 24: *se cacher*.

targe XXXIV, 6, 32; LI, 70, 91; CVII, 18; CXXXIX, 20: God. «*bouclier carré d'homme d'armes, échancré à l'un des angles*», voir aussi C. Gaier, *op. cit.*, p. 365 (sorte de bouclier), p. 384.

targier, soy — CVII, 17: *se protéger avec un bouclier (targe)*.

targier LVIII, 12: *tarder*.

tasse XXXII, 23: *tasse*; tasses CLI, 48: *bourses*.

taye XCII, 70; XCV, 22: *grand-mère*.

tayniere XLVII, 61; XLIX, 8: *tanière*.

tayon XCI, 10; CXXIII, 23; CXLVII, 31: *grand-père*.

tel, de telz en y avoit qui LI, 72; LIII, 16: *certain(e)s*.

temps (82 occ.), grant (grans) — LXVIII, 4*; LXXI, 11; LXXV, 16; LXXXI, 72; XCV, 52; CXIV, 25; CXXVII, 50; CLI, 56: *longtemps*; pour le — XVIII, 35: *pour lors, à l'époque*; user son — CXLVIII, 53: *passer sa vie*.

tempter (3 occ.) LXXX, 14: *mettre à l'épreuve*.

tendrement, plorer — XXII, 23: *pleurer à chaudes larmes*.

tenir (125 occ.): *tenir, maintenir, retenir*; LX, 31, 41: *retenir, empêcher de tomber*; — la adoracion XXVI, 13: *adorer*; — bonne amour (et feaulté) XXVIII, 26. — les champs XCVII, 16, voir champs; — chemin XVI, 45; LXXVI, 16, voir chemin; — compte LXXVII, 38; CXXIII, 47; CXXXVIII, 72 *faire cas de*, voir compte; — un long compte LXIV, 58: *faire un long récit*; — conroy LII, 63; CXX, 38; CXLI, 12; — en tresbel conroy CVI, 78, voir conroy; — convent XX, 45, voir convent; — court ouverte CL, 6: *recevoir à sa table sans invitation* (*Toutes les herbes...*, p. 154, *s.v.* cour, avec renvoi à table / 209a); — en cremeur LIV, 59, voir cremeur; — en son cuer LXIV, 21, voir cuer; soy — en estat CXX, 26, voir estat; — une femme XCVIII, 46: *posséder une femme, être l'amant d'une femme*; — foy (et loyaulté) XXI, 29; XCVIII, 25, voir foy; — qqch. en perfaicte foy CXV, 11: *croire*; — frontiere contre CXXIX, 26: *faire front, défendre contre*; — un lieu XI, 59, voir lieu; — la loy de LXXXIII, 46, voir loy; — maniere CXXVII, 38: *comment se conduire*; — nectement XLVII, 8: *garder propre*; — ordonnance et conseil CL, 24, voir conseil;

— en seigneurie LVII, 14, voir seigneurie; — un serement XCIV, 10, voir serement; — un royaume (pays, empire, seigneurie, cité) XXIII, 55; LIV, 8; CXII, 71; CXXVIII, 37; CXLIII, 25; CLIII, 13: *gouverner*; — qqn. long temps XV, 45; XXIV, 5; XLII, 62; CXXXVI, 26: *occuper longtemps, retarder*; — en vilté CXXVIII, 79, voir vilté; soy — *se tenir, demeurer*; soy — de XLIII, 19; LXIX, 34, 41; LXX, 49: *se retenir de, s'empêcher, s'abstenir de*; soy — sur sa garde CXLI, 5, voir garde; — qqn. ou qqch. + attr.: CXVI, 75; CXXXV, 16: *considérer comme* + attr.; — qqn. (à, pour, comme) + attr. IX, 16; LX, 86; LXVIII, 29; LXXXV, 53; LXXXIX, 34; XCVII, 62: *considérer qqn. comme*; qqch. + attr. XXVII, 31; soy — + attr. LXVIII, 44: *se considérer comme*; (soy) — + prop. infve. de type latin LXVIII, 38; XCVIII, 19: *(se) considérer comme*; soy — + attr. XXVII, 14; LXVIII, 44: *se considérer comme*; soy — (à, pour, comme) + attr. XX, 33; XXIII, 59; L, 52: *considérer comme*; — qqn. que LX, 72: *empêcher qqn. de*; estre tenu à (de) XIV, 17; CIX, 56: *avoir de devoir de*.

tenser X, 19: *protéger, défendre*.

tenser XCVIII, 72; CXLV, 8: *quereller*.

terdre, pp. pst. XXII, 51: *essuyer*.

terme (25 occ.) XXX, 33: *temps, délai*; LXVII, 47; XCIII, 26; CI, 46: *moment, durée*; XXXVI, 2; CI, 75; CII, 1: *temps de la grossesse*; le cours de son — IV, 25: *même sens*; ouquel — XVII, 63; XXII, 13; CVI, 42: *délai*; (par) le — de IV, 31; V, 44; LXVI, 77; CX, 41; CXXXIX, 7; CXL, 36; CXLV, 29; CXLIX, 42; CLII, 59: *durant*; en brief — LXV, 30; CI, 18; CXXII, 28; CL, 20: *en peu de temps*; mettre en —s (des alliances) LIII, 33: *discuter, convenir* (*Toutes les herbes…* p. 563, *s.v.* terme / 830c, d'où *coucher dans un traité*.

tesmoingnier X, 54; XXXV, 8; CLI, 1: *attester*; LII, 58; CXLV, 41: *prouver*.

tirannie, tyranie CXII, 13; CXXXVI, 32: *cruauté*.

tirant (11 occ.), **tyrant** (CXI, 3) XXIX, 22; XXX, 36; CXVI, 52; CXVIII, 84; CXXV, 14, 31, 46; CXXVI, 2,11: *oppresseur,* *bourreau*; XIX, 54; XX, 11; CXI, 3: *maître, oppresseur, homme cruel*; XIX, 51: *cruel.*

tire, de bonne — CXI, 54: *à vive allure.*

tirer (41 occ.), XLIX, 35: *téter*; LII, 55, 56: *retirer*;— (sur, contre) LI, 66, 67; LXXXVI, 17; CVII, 22; CXX, 4; CXXXVIII, 69; CXXXIX, 23: *envoyer des traits*; — (celle part) XXIX, 20; CXXVII, 87: *aller, se diriger vers*; — avant CXI, 54: *avancer*; — hors II, 12; C, 40: *faire échapper à, arracher des mains de*; — jus XXIX, 73: *faire tomber*; soy — arriere CXIII, 75; CXLVII, 54: *se retirer, reculer*; soy — contre CXXXII, 46: *aller contre, aller attaquer;* soy — d'un costé LX, 39; — du lez de CII, 45: *se diriger du côté de, vers*; soy — devers qqn. VIII, 5: *aller trouver qqn.*; soy — hors CXX, 38: *sortir*; CXIX, 8: *aller vers*; soy — vers CL, 27: *aller vers.*

torré LXXXIII, 12 p. pa. fém. sg.: *munie d'une tour.*

tortis CXL, 9: *torche.*

touchier, touchant LVIII, 72; CIII, 43: *concernant*; — à C, 50; CXLIV, 16: *concerner*; en — à qqn. impers. CXXVIII, 40: *concerner qqn.*

to(u)rment, **tourmens** (tourmen- 5 occ.; tormen- XXXI, 77), XXXI, 77; LX, 19; CXIV, 66; CXLVIII, 46: *souffrance, peine, malheur*; CXXV, 63, 66: *supplice.*

to(u)rmenter (torment- 3 occ.; tourment- 3 occ.), soy — XXV, 12: *s'affliger*; LXXXV, 67: *souffrant*; pp. pa. XXII, 29: *fatigué*; XVIII, 54; LXXXIX, 32; CXLV, 15: *affligé, attristé, inquiet.*

tour(r)ier (tourier 5 occ.; tourrier 4 occ.), XCVII, 75, 77, 81, 82; CXXIX, 49; CXXX, 56; CXXXI, 5, 19, 35: *geôlier.*

tourner (27 occ.) tourner, — à (en) XXV, 7; XLV, 54; LXXXIX, 42; CXXIX, 63; CXLVIII, 58: *transformer en*; CII, 38: *attirer*; soy — CXXXVIII, 50: *se diriger vers*; — ce dessoubz desseure XXII, 5: *être ballotté par les flots*; estre tournez LXXXII, 62: *être arrivés.*

tousdis, **tousdiz** VIII, 16; CVI, 41: *toujours.*

tousjours (80 occ.), à — V, 28; LXXXIII, 62: *toujours*; à — mais XII, 75: *pour toujours*.

tout maintenant LVI, 11: avec un PC marque le passé immédiat: *vous venez de*.

tout, du — (17 occ.): *complètement, tout à fait*; sur — XXVIII, 23; XLIV, 53; LIX, 9*: *en particulier, principalement*.

tracier, trassier CXVIII, 27: *parcourir, chercher*; CXXXV, 3: *chercher*.

traicte* LXII, 60, 61; CXXXVII, 35: *traître*.

traicteusement* XCIV, 50: *traîtreusement, par trahison*.

traictier (4 occ.), CXXXVI, 20: *maltraiter*.

trait CVII, 25; CXX, 6; CXXXIV, 19: *tir, trait, jet*; tout à — XXIV, 39: *doucement*.

trassoient CXXXV, 3, impft. 6, voir tracier.

traveil XVIII, 29; XLVII, 42; CXXXI, 4: *souffrance, accablement*; CXLVIII, 25: *peine, tourment*.

traveillier IV, 26: *accoucher*; CXLII, 15: *torturer*; pp. pa. CXXXIX, 6; CIX, 31: *fatigué, épuisé, accablé*.

trebuchier XXI, 70; XCVIII, 87; CIV, 65: *tomber*; faire — CII, 67; CXV, 18; CXXXIX, 37: *faire tomber*.

tref, trefz, tret* LIII, 5*; CXXX, 9: *tente*.

trespas LIV, 77; CIX, 63, 66; CXLIV, 11: *mort*.

trespasser (aux. estre) table des rubriques V; IV, 27; V rubrique, 17; VII, 23; CII, 21; CLIII, 19, 23: *mourir*; pp. pa. subst. XVIII, 27: *mort, défunt*.

tresredoubté (20 occ.): *respecté*.

trespercié XLVIII, 12: *transpercé*.

tret* LIII, 5, voir tref.

treü XVIII, 49; XXVI, 60; LVII, 13, 66; CIX, 34; CXXIV, 75: *tribut*.

tribulacion (6 occ.), **tribulation** (XX, 10), XVIII, 28; XXII, 10; XLVII, 30; XCVIII, 43; CXI, 33; CXV, 38, 57 *malheur*.

tribu XXVII, 26; LIII, 41: *tribut*.

triumphe masc. ou fém. (7 occ.) II, 7; III, 32; XI, 15; XIII, 3; XXXIV, 69: *honneur*; le — de l'empire LIII, 20: *la charge de* *l'empire*; estre en grant — de III, 30: *recevoir les honneurs de la part de.*

trop (20 occ.), XIX, 32; XXV, 26; XLIV, 25, 26; LXIII, 25; LXXXIII, 19; CIII, 17; CXXXII, 40; CXXXIX, 33: *très*; — plus XCI, 66: *beaucoup plus.*

trouble, mettre (esmouvoir) en — XCV, 12: *troubler.*

troublé X, 44; XIII, 21; XVI, 45: *troublé, préoccupé, affligé*; — en cuer LXV, 2, 12: *troublé, affligé*; LXXIII, 20: *contrarié.*

troubler XIV, 37*: en parlant du sang: *s'échauffer*, soy — V, 13; XX, 35; XXV, 11; XXXI, 94: *se préoccuper, s'inquiéter*; soy — contre LXXIV, 20: *être contrarié de, être irrité contre.*

trous(s)er (trouss- 2 occ.; trous- 2 occ.), XVII, 57; XCIII, 11; CXVI, 59: *faire les bagages, charger*; XXIX, 32: *préparer.*

trouver (160 occ.), **tresbien trouvee** CXLVII, 54: *bienvenue.* vous nous soyez la tresbien venue et la tresbien trouvee, voir *La Belle Hélène de Constantinople*, éd. critique de C. Roussel, Droz, 1995, glossaire, *s.v.* bien, p. 826, v. 15277 vous soiés bien trouvee: *quel bonheur de vous avoir trouvée.*

truant, **truande** fém. LXXX, 9; LXXXVII, 84: *mendiante, vaurienne.*

truander LXXIX, 54: *mendier.*

tuicion VII, 30*; LV, 23; LVIII, 51; CXXVIII, 17: *protection, garde, tutelle.*

tumer* CXXXI, 25: *tomber.*

tuteur VIII, 12: *protecteur.*

tuyerie* XII, 104: *tuerie, massacre.*

tyrant CXI, 3, voir tirant.

tyranie CXII, 13, voir tirannie.

ueil, veoir à l' — X, 14: *voir clairement.*

uis XVI, 12; XCVIII, 69, voir (h)uys.

ung (438 occ.; ungs 117 occ.; uns CVI, 41; un 152 occ.), c'estoit tout — XXXIV, 9: *c'était la même chose, les deux choses comparées étaient identiques.*

usa(i)ge (usaige 9 occ.; usage CXVIII, 75), CXLIX, rubrique, 46: *usage, utilisation*; selon son — XCVII, 64: *selon ses* *habitudes*, voir *Toutes les herbes...* p. 582, *s.v.* usage / 862b; avoir — LIII, 22; CXVIII, 75: *avoir l'habitude*; avoir d' — XCVIII, 51; CXXXI, 9: *avoir l'habitude*; d' — XXVII, 67; CXLV, 12: *habituellement*.

usance CXLII, 20: *usage, habitude*.

user XXII, 6; XLIV, 6: *agir*; en — CVIII, 22: *se comporter*; — de XXIII, 29; CXLII, 29: *se servir de*; — son temps CXLVIII, 52: *passer son temps, sa vie*; — le remenant de sa vie LXV, 72: *passer le reste de sa vie*.

uy XVI, 11, voir uis.

uys XXV, 60; XCVIII, 66, 70, 73; CIV, 32; CXLVIII, 8, voir (h)uys.

vaillamment (17 occ.), faire (si, tant) — XII, 74; LXXVII, 28; CXXXIII, 8; CXLI, 17: *se comporter vaillamment*.

vaillance (5 occ.), **vaillances**, pl. CVI, 61: *exploits*.

vaillantises, pl. CXXXIII, 4: *exploits*.

vaissel de election LXXXV, 54: *en style biblique, créature que Dieu choisit pour accomplir ses desseins*, voir *Actes des Apôtres*, 9, 15 (*vas electionis*).

valoir (12 occ.) XLVII, 26; CVII, 72: *avoir de la valeur*; XVII, 20: *coûter*; VII, 9; LXV, 75; C, 8: *être profitable, utile*; — bien que XXV, 20: *mériter de*; — mieulx XLV, 28; CXIX, 69: *avoir plus de valeur*; X, 27: *être préférable*; — mieulx de qqch. CX, 58: *se trouver mieux de qqch, tirer avantage de qqch.*; autant vault à dire CXXVII, 8: *autant dire*; vault pst. 3 5 occ.; vauldr- fut. I et II 3 occ.; valut PS 3 C, 8; vaillurent PS 6 LXV, 75.

variation XCV, 11: *hésitation dans les propos*.

varier, — en ses paroles XCVIII, 7, 9; CXIII, 60: *avoir un discours hésitant, varier dans ses propos*.

venoison LXXXII, 7: *gibier, venaison*.

verrez CVII, 55* fut. 5 de venir.

vertu LII, 49; CII, 54; CIV, 71; CVII, 73; CXIX, 48; CXXV, 74: *force, pouvoir*; XXI, 59: *variété d'anges* (voir *Dictionnaire du Nouveau Testament*, Léon-Dufour, p. 218).

vespre subst. masc. ou fém. XII, 47; XXV, 66; CXLVI, 14: *moment où la nuit tombe*; basses —s CVI, 41; CXXVI, 62: *tôt dans la soirée*, voir basses.

vesture LXXVIII, 28; CXLVII, 29: *vêtement*.

vesvé LVI, 76; LXXII, 2: *veuf*.

veu, — que XXVII, 63; LXXIV, 41: *puisque, étant donné que*.

veue, (entre)getter sa — XXXIII, 6; CX, 51; CXI, 72: *jeter son regard*.

viande XXII, 98; XXIII, 5; LXX, 43; LXXIII, 15; XC, 21; XCVII, 65; CXVI, 73; LXXXI, 11, 28, 32, 40, 41: *nourriture*.

victorien CXXV, 90; CXXVI, 67: *victorieux*.

vil(l)anie (villanie 3 occ.; vilanie LV, 11), LV, 11; CXXXVI, 25: *infamie*; LXXXVIII, 22; CXLV, 8: *injure*.

villain subst. masc. XXV, 19; CXXIX, 50; CXLII, 18: *rustre, paysan, serf*; adj. XCV, 74: *rustre, grossier*.

villener LXXXVIII, 21: *injurier, traiter honteusement*.

vilonnee CXXI, 13: *mutilée*.

vilté, tenir en — CXXVIII, 79: *mépriser*.

visiter: *aller voir, avec une idée de soin à donner ou de respect* XIII, 10: *soigner*; XXV, 5; LIII, 25: *venir voir, retrouver*; CXXXI, 6 *(ironique?)*; CXXXVIII, 21; CXLIII, 9: *rendre visite*; — qqn. CI, 14; CXXV, 61: *se manifester en qqn, apparaître à qqn. (voc. religieux)*; CVIII, 48; CXIII, 27: *aller voir en signe de respect (lieux saints)*.

vivant gér. subst. en mon (son) — IV, 34; CI, 29: *au cours de ma (sa) vie*.

vivant adj. LVII, 33, 34: *en vie*; qui soit —XXII, 36; LIV, 38; LXXIV, 25: *au monde*.

vivre (28 occ.), soy — XLIX, 19; CV, 31; CXVI, 71: *vivre, se nourrir*.

voe LVII, 59, voir vou(h)er

voie CXXXVI, 44; CXXXVII, 19, voir voye.

voir LXXV, 17; CXXIV, 44: *vrai*.

voirement CXXI, 53; CXLVIII, 37: *vraiment*.

voisent CXVIII, 63 subj. pst. 6 de aler: *aller*.

vou(h)er (vou- 3 occ.; vo- LVII, 59; vouh- CXXXIX, 17), LI, 95; LVII, 59; LXXVII, 56; XCII, 52; CXXXIX, 17: *promettre, faire un vœu.*

voix (15 occ.) CXLVIII, 2: *cris*; à une — XLIV, 7: *unanimement*; à (h)aulte — (9 occ.): *d'une voix forte.*

vo(u)lenté (voulenté 52 occ.; volenté 22 occ.): *volonté, désir, disposition*; à —: *sans terme fixé,* d'où prisonnier à — CXXXI, 40: *prisonnier livré à la merci de celui qui l'a capturé?*; à (ma, sa, leur)(bonne) — XVI, 31; LIV, 62; LXXIV, 29; CXVIII, 3; CXXIV, 61; CXXXV, 3; CXL, 17; CL, 5: *selon mes (ses, leurs) désirs*; contre sa — XXXIX, 58: *contre sa volonté*; de tresgrant — LI, 83; LXXVII, 14: *avec détermination*; de (tres)bonne — IV, 21; XCV, 79; CXXXV, 31: *de bon cœur, sincèrement*; en — de II, 30; CIII, 14: *avec la volonté de*; accomplir la — de XX, 60; LIV, 66: *obéir, céder aux assiduités de*; avoir — de XIX, 29; LIII, 23; LXXII, 11; LXXX, 16: *vouloir*; avoir qqn. à sa — LXXII, 20: *avoir sous ses ordres*; avoir en — (que, de) XXIII, 27, 74; XXXI, 30; LXXV, 16: *vouloir, désirer*; estre en — de XXXVII, 36; CXXXVI, 27: *vouloir*; faire la — de qqn. XIV, 21: *obéir*; XLVIII, 35; CXII, 11: *céder aux assiduités de qqn.*; faire sa — d'une femme XX, 39; CX, 76: *faire son bon plaisir, violer*; mettre qqn. en — à CXVI, 43: *inciter qqn. à*; il prent (impers.) à qqn. — de CIII, 15; CIX, 18: *vouloir, désirer*; venir (impers.) à qqn. en — de LXXIX, 60; LXXX, 2; LXXXII, 6; LXXXVII, 48: *désirer, avoir envie de.*

vo(u)ler (vol- 3 occ.; voul- 2 occ.), XIII, 58; XXI, 75; XXIX, 71; LXXXV, 48; CXLI, 40: *voler.*

vo(u)loir (378 occ.; vol- 4 occ.; vou- 212 occ.), — mal XXIX, 17: *avoir de la haine pour*; vueil (31 occ.), vuel (CVII, 76) ind. pst. 1; vueill- subj. pst. (59 occ.); volus (CXI, 24) PS 2; volt (50 occ.), voult (2 occ.), vost (4 occ.) PS 3; vouldrent (LXXXIV, 36), voulsirent (2 occ.) PS 6; voulsisse (XVI, 21) subj. impft.; voulsist (46 occ.), voulsit (LXXXIII, 28; CXXX, 45), vousist (XXV, 6) subj. impft. 3; voulsissent (5 occ.) subj.

impft. 6; vueillant (XCV, 19) pp. pst.; volu (CXVI, 77); voulu
(5 occ.), voulsu (8 occ.) pp. pa.

voye, voie (voye 21 occ.; voie 2 occ.): *chemin*; par nulle —
XXV, 67: *par aucun moyen*; estre en — de X, 17: *être sur le
point de.*

voyelle, subst. masc. XV, 37: *voile.*

vray, vrai (vrais 2 occ.; vray 55 occ.; vraye 7 occ.; vrays 3
occ.), savoir de — XXXIX, 72; LXI, 8; LXIII, 70; XCI, 14;
CII, 26; CXVI, 53; CXVIII, 26; CXLVIII, 48: *savoir de façon
assurée*; il est — (que) CXVIII, 23: *sachez, apprenez (que)*
(?); LXII, 61 *il est juste*; qu'il soit — XI, 42: *pour preuve que
cela est vrai, à preuve.*

vuidier CXVII, 51: *enlever les viscères* XXXII, 18; XXXVII,
13; LXXXVII, 82: *quitter.*

wiseus adj. fém. sg. prologue, 7: *oisif.*

ydeur XXXIX, 43, voir hideur.

ydeux XXXVII, 29: *laid, horrible.*

ymage XXIV, 9; XXXIII, 7, 14, 17, 19, 21, 26, 40, 48;
XXXIV, 2, 37, 38, 48, 50: *représentation, portrait.*

ymaginer XXVIII, 53: *concevoir, inventer*; XL, 24: *réfléchir,
penser*; LXXV, 38: *réfléchir, se demander.*

ymaginacion, passer son — XXXI, 99, *faire taire son
appréhension, surmonter la crainte née d'un rêve*, voir L.
Foulet, «Le vocabulaire abstrait dans les *Chroniques* de
Froissart», *Romania,* LXVIII, 1944-1945, pp. 257-272;
ymaginacions LIX, 4: *pensées*; prendre une — en soy CXVIII,
35: *s'imaginer, être saisi d'une crainte.*

ys(s)ir, (yss- 39 occ.; ys- 2 occ.): *sortir.*

yssue CXXIV, 12; CXXVI, 40; CXXXVIII, 29; CXLIII, 35:
sortie, issue; faire une — CXXXVIII, 26: *faire une sortie, une
attaque soudaine.*

PROVERBES, EXPRESSIONS SENTENCIEUSES, COMPARAISONS[1]

Proverbes répertoriés:
De deux maux on doit le meilleur eslire X, 24-25, *cf.*
Morawski, n°486 De deus maus le meyndre; p. 1, *s.v.*
mal; Hassel M. 57; SB 486.
qui ne s'aventure, il n'a ne cheval ne mule LXXVI,
24-25, Hassel, A, 218.

---

[1]   Dans la mesure du possible les proverbes et expressions ont été
regroupés par thèmes; nous avons ajouté les références des
différents répertoires où l'on peut les trouver: Le Roux de Lincy,
Le livre des proverbes français, Paris, Hachette, 1996 (1842)
(L.R.R.); nous signalons le numéro donné par J. Morawski,
Proverbes français, Paris, Champion, 1925; et éventuellement
J.W. Hassel, *Middle French Proverbs, Sentences and proverbial
Phrases*, Toronto, Pontifical Institute of mediaeval studies, 1981;
E. Schulze-Busacker, *Proverbes et expressions proverbiales dans
la littérature narrative du moyen âge français*, Paris, Champion,
1985 (SB); G. Di Stefano et R.M. Bidler, *Toutes les herbes de la
Saint-Jean. Les locutions en moyen français*, Montréal, Ceres,
1992 (*Toutes les herbes* ...); après la barre transversale a été
donnée la référence au *Dictionnaire des locutions en moyen
français*, Montréal, Ceres, 1991. Aux proverbes au sens strict du
terme ont été ajoutées les expressions sentencieuses et
comparaisons courantes relevées par ces auteurs.
Les proverbes que l'on trouve dans la chanson en vers sont
signalés par le numéro du vers dans l'édition de Roussel.

tant va le pot à l'eaue qu'il brise XCVIII, 44-45, L.R.R. p. 902; Morawski n° 2302; Hassel, P 240; *Toutes les herbes...*, p. 489, *s.v.* pot / 721a (apparaît dans la chanson en vers v. 8855).

Mais de ce que fol pense, assés s'en fault, CXVI, 15-16, avec une expression différente: L.R.R. p. 347; Morawski, n° 948, 1320; SB 1320: moult remaint de ce que fol pense. *La Manekine* 4693-4694; Hassel F 139; *Toutes les herbes...*, p. 264 / 375a, *s.v.* fou; ou encore assez demeure de ce que fol pense; SB 1320.

Phrases sentencieuses répertoriées:
— Autour de la fortune et de l'instabilité du monde:
et ne vous troublez pour la chose improspere du monde, qui tant est instable que il n'a en lui riens ferme ne seur V, 13-15, Hassel, F73, / 373b *s.v.* fortune; SB 764.

peu vault la fortune improspere de ce monde, et que fol est qui trop s'i fie XLVII, 26-28, Hassel F 132; ≈ *Toutes les herbes...*, p. 264 / 373b, *s.v.* fortune; p. 263 / 374b, *s.v.* fou; SB 795.

elle souffroit par la durté de Fortune, qui tousjours la mettoit au dessoubz de sa roe CXI, 61-62, Hassel, F 123; R 85; *Toutes les herbes...*, p. 263 / 373b, *s.v.* fortune, et 526 / 774 a, b, *s.v.* roue.

Fortune est tant diverse que tout vaillant prince doit tousjours user de bon conseil selon ce qu'il a à faire. CXLII, 28, Hassel F 125-127, 133; ≈ *Toutes les herbes...*, p. 263 / 373b, *s.v.* fortune .

— Autour du jugement divin et de la rétribution des mérites:
Lequel donnera remuneracion es bons selon leurs merites et desertes X, 32-33; Lequel en la fin de sa vie lui rendist bon louyer LVI, 70-71; Dieu ... et lui vueille

donner louyer selon son merite CXVIII, 81; Mais vous mesmes ensuivez Le et Il vous rendra bon louyer. CXXV, 42; laquelle a Dieu esleue comme Sienne et lui rendra merite de ses griesves douleurs. CXXIX, 66-67; et ainsi le paya Dieu de sa deserte CXXV, 82-83, Hassel, D 82, P 90; *Toutes les herbes...,* p. 180 /246b, *s.v.* desserte; p. 189 / 260b, *s.v.* Dieu et p. 352 / 499 b, c, *s.v.* loyer et SB 1861. L'expression est utilisée hors d'un contexte religieux: ainsi fut il payé de sa deserte. CXIII, 83; Ainsi ordonna Maradin du bon roy Henry, dont il eust depuis tresbon louyer CXXXI, 43; car elle en a esté pugnie selon sa desserte. CXLVIII, 33, voir glossaire des(s)erte.

— Autour de la renommée:
par renommee qui va courant en toutes marches CIX, 4; renommee qui queurt partout à sa volenté CXVIII, 2-3, Hassel R 26.

— Divers:
elle mesme c'estoit deceue, et pour cuidier bien faire XVII, 27, Hassel B 82 «de bien faire mal vient».

Et pour ce dit on bien vray que ja murdre ne sera fait si secretement qu'il ne soit sceu et qui demeuré doye impugny. CXIII, 84-86, Hassel, M 148 Meurtre ne se peut celer; Hassel, M 37 Il n'est ... mal qui ne soit puny (apparaît dans la chanson en vers v. 10908-9).

cellui n'est point povre qui est eureux CXXVIII, 81-82, Hassel P 83.

Citations de l'Écriture répertoriées[2]:
Les jugemens de Dieu sont perfons et grans, X, 25-26: *Psaumes* XXXV, 6; saint Paul, *Epître aux Romains*, XI, 33; *Toutes les herbes...*, p. 327 / 464a, *s.v.* jugement.

songe, ce n'est que vanité et mensonge XXXI, 96, Hassel S 106, à rapprocher de *Ecclésiastique,* XXXIV, 1 à 7, et des deux premiers vers du *Roman de la Rose*.

l'Escripture dit que, qui avra pacience, il possessera son ame... XLVIII, 13, *Évangiles*, Luc, XXI, 19.

qui quiert il treuve, et si euvre Nostre Seigneur la porte à cellui qui sonne, LXXXII, 32-35; *Évangiles*, Matthieu VII, 7 et Luc XI, 9; Hassel, C116 (voir texte latin *infra*).

l'erreur derreniere est pire que la premiere, LXXXVII, 87-88, Hassel E 69; *Évangile de Matthieu* XXVII, 64; Hassel, proverbes latins E1 (voir texte latin *infra*).

je suis cheu en la fosse que je avoye moy mesmes fossee pour faire autruy trebuchier. CII, 65-66, voir *Psaumes* VII, 16; *Proverbes* XXVI, 27 et Hassel R 91 Qui tend les royes ou les las, c'est bien raison qu'il y trébuche; *Toutes les herbes...*, p. 264 / 373c, *s.v.* fosse.

l'omme gengleur ne sera point amé en la terre. CVIII, 20, *Ecclésiastique*, IX, 25 (voir traduction *infra*).

Pere des cieulx, je Te recommande mon esperit, CXXV, 76-77, *Évangiles*, Luc, XXIII, 46.

Citations latines:
Vindica, Domine, sanguinem nostrum, qui effusus est LXV, 8-9; proche de *Psaumes* LXXVIII,10.

---

[2]   Les références sont données à partir de la traduction de la *Bible* Lemaître de Sacy. Préface et textes d'introduction établis par Ph. Sellier, Paris, Laffont, 1990.

Qui querit invenit et pulsanti aperietur, LXXXII, 32-35; *Évangiles*, Matthieu VII,7 et Luc XI, 9; Hassel, C116 (voir traduction *supra*).

Est novissimus error peior priore, c'est à dire que l'erreur derreniere est pire que la premiere LXXXVII, 86-88, *Évangile de Matthieu* XXVII, 64; Hassel, proverbes latins E1 (voir traduction *supra*).

Vir lingosus non dirigetur (diligetur) in terra, CVIII, 20, *Ecclésiastique*, IX, 25 (voir traduction *supra*).

Non répertoriée:
Nec matrem offendas dum vis bonus esse parenti LXV, 8-9.

Expressions sentencieuses non répertoriées:
Mieux vault sauver ung monde que ung seul homme X, 27-28.

ce n'est point fait d'un noble cuer ne de gentil homme de honnir la couche où il veult dormir XX, 55-56.

là où est multitude est souvent confusion LXXXIX, 9.

comment on doit avoir pascience en adversité et que pour aucune tribulacion ou mesaige de corps on ne se doit point deffier de la grace de Dieu ne le maugroier ou ses sains, CXV, 56-59 (profaner, blasphémer le nom de Dieu, voir J. Trénel, *L'ancien Testament et la langue française du moyen âge (VIIIe-XVe siècle)*, Genève, Slatkine Reprints, 1968 (1904), p. 302.

Expressions et comparaisons courantes:
il lui sembloit que le cuer lui voulast en aer XIII, 58.

pour marquer un état de confusion, dû aux causes les plus diverses: à peines savoit il en quel point il estoit. XI, 22; à peinne sçavoit on auquel lez entendre LI, 26; à peinnes savoit on auquel entendre CXLIX, 58; CLII, 50.

chascun à sa chascune XII, 44; Hassel C 28; *Toutes les herbes...,* p. 103 / 134a, *s.v.* chacun.

comme feroient aloes devant l'esprivier XXIX, 63, Hassel A 81; *Toutes les herbes...,* p. 14 / 18a, *s.v.* alouette.

faulx Juifz L, 28, Hassel, J 46; *Toutes les herbes...,* p. 327 / 464a., *s.v.* juif

les cheveulx lui drecerent en la teste LXV, 32-33, Hassel C 133; *Toutes les herbes...,* p. 124 / 162c, *s.v.* cheveu.

cui qu'il soit lait ou bel CX, 76 ≈ *Toutes les herbes...* p. 53 / 70a *s.v.* beau.

comme une pierre demeura en son obstinacion CXVI, 21 ≈ Hassel P 174 «dur comme pierre»; *Toutes les herbes...,* p. 467 / 685c, *s.v.* pierre.

Si commencerent à aprochier et à tirer les ungs contre les autres si espez que ce sembloit naige qui descendist du ciel en temps d'iver. CXX, 5; le trait vouloit plus espez que naige CXXXIV, 20; et ses arbalestriers tiroient si menu que ce sembloit naige. CXXXIX, 24, Hassel N 13; ≈ *Toutes les herbes...,* p. 400 / 577a, *s.v.* neige.

à peines on n'eust point dit ung *Ave Maria,* CXXV, 82, Hassel P 73; *Toutes les herbes...,* p. 36 / 45c, *s.v.* ave.

qui la vouloit esprouver, comme l'or en la fornaise. CXII, 52, Hassel, O 64; ≈ *Toutes les herbes...,* p. 423 / 613b, *s.v.* or.

et estoient cheveulx et barbe blans comme naige. CXLV, 52, Hassel N 12; *Toutes les herbes...,* p. 400 / 577a, *s.v.* neige.

BIBLIOGRAPHIE

OUVRAGES GÉNÉRAUX

BÉNÉDICTINS DU BOUVRET, *Colophons de manuscrits occidentaux des origines au XVIe siècle*, Fribourg, Éditions universitaires de Fribourg, 1967.

Bible. Traduction de L.-I. Lemaître de Sacy. Préface et textes d'introduction établis par Ph. Sellier, Paris, Laffont, 1990.

BLAISE, A., *Dictionnaire latin-français des auteurs chrétiens*, Turnhout, Brepols, 1993 (1954).

BLAISE, A., revu par Dumas, D. A., O.S.B., *Le vocabulaire latin des principaux thèmes liturgiques*, Turnhout, Brepols, 1966.

COTTINEAU, D. L. H., *Répertoire topo-bibliographique des abbayes et prieurés*, Mâcon, Protat frères, 1939.

Dictionnaire d'archéologie chrétienne et de liturgie, Paris, Letouzey et Ané, 1907-1939, 1948-1953.

Dictionnaire de la papauté, sous la direction de Ph. Levillain, Paris, Fayard, 1994.

Dictionnaire de théologie catholique, commencé sous la direction de A. Vacant, E. Mangenot, continué sous celle de E. Amann, Paris, Letouzey et Ané, 1979 (1903-1950), Tables générales par B. Loth et A. Michel avec le concours de plusieurs collaborateurs, Paris, Letouzey et Ané, 1951-1972.

Dictionnaire encyclopédique d'histoire, sous la direction de M. Mourre, Paris, Bordas 1996 (1 éd.)

DOUHET, COMTE DE, «Dictionnaire des légendes du christianisme ou collections d'histoires apocryphes et merveilleuses se rapportant à l'ancien et au nouveau testament, de vies des saints également aprocyphes et de chants populaires, tels que cantiques, complaintes et proses communément répandus depuis les premiers siècles de l'église jusqu'aux temps modernes», dans *Encyclopédies théologiques publiées par Migne,* 1855, Paris, J.-P., Migne, pp. 513-576.

FLUTRE, L.-F., *Table des noms propres avec toutes leurs variantes figurant dans les romans du moyen âge*, Poitiers, Centre d'Études Supérieures de Civilisation Médiévale, 1962.

Grundriss der romanischen Literaturen des Mittelalters (GRLMA), Heidelberg, 1972-1993, t. VIII /1 (roman, épopée).

HAIGNERÉ, D., *Dictionnaire topographique de France, comprenant les noms de lieux anciens et modernes. Arrondissement de Boulogne-sur-Mer*, Boulogne-sur-Mer, Aigre, 1881.

Histoire du christianisme, sous la direction de J.-M. Mayeur, Ch. Pietri, A. Vauchez, M. Venard, t. VI, *Un temps d'épreuves (1274-1449),* sous la responsabilité de M. Mollat du Jourdin et A. Vauchez, Paris, Desclee-Fayard, 1990.

Histoire de l'Église depuis les origines jusqu'à nos jours, fondée par A. Fliche et V. Martin, t. 14 *L'Église au temps du*

Grand Schisme et de la crise conciliaire (1378-1449), sous la direction de E. Delaruelle, E.-R, Labande, P. Ourliac, Bloud et Gay, 1964 (1962).

LA CURNE DE SAINTE-PALAYE, *Dictionnaire historique de l'ancien langage françois,* Paris, Champion, 1875-1882.

LANGLOIS, E., *Table des noms propres de toute nature compris dans les chansons de geste imprimées*, Paris, Champion, 1904.

MIGNE, J.-P., *Nouvelle encyclopédie théologique ou nouvelle série de dictionnaires sur toutes les parties de la science religieuse* publiée par l'abbé Migne, Petit-Montouge, Migne 1851-1859: *Patrologia latina*, t. XX, col. 159-176; LXXI, col. 161-672; 912-1010; LXXXIII, col. 617-618.

MOISAN , A., *Répertoire des noms propres de personnes et de lieux cités dans les chansons de geste françaises et dans les œuvres étrangères dérivées*, Genève, Droz, 1986.

STUBBS, W., *Histoire constitutionnelle de l'Angleterre*, éd. française par Petit-Dutaillis, Paris, Giard et Brière, 1913.

WOLEDGE, B., *Bibliographie des romans et nouvelles en prose française antérieurs à 1500*, Genève, Droz, 1954, *Supplément (1954-1973)*, Genève, Droz, 1975.

CODICOLOGIE,
CATALOGUES DE BIBLIOTHÈQUES ET INVENTAIRES,
ICONOGRAPHIE, CATALOGUES D'EXPOSITION

BACHA, E., *Les très belles miniatures de la Bibliothèque royale de Belgique*, Bruxelles, 1913 (reproduction pl. XXXVI-XXXVIII reproduction des miniatures des ff. 39, 71 et 83).

BARROIS, J., *Bibliothèque Protypographique, ou Librairies des fils du roi Jean, Charles V, Jean de Berri, Philippe de Bourgogne et les siens*, Paris, Treuttel et Würtz, 1830.

BAYOT, A., *Catalogue des manuscrits français de la Bibliothèque Royale de Belgique*, Bruxelles, Bibliothèque royale, sd.

BOUSMANNE, B., «Le deuxième volume des *Chroniques de Hainaut* (Bruxelles KBR, ms. 9243): manuscrit "non parfait" ou commande de prestige?», *Les Chroniques de Hainaut...*, pp. 75-82.

BRUNET, J.-C., *Manuel du libraire et de l'amateur de livres*, Paris, Maisonneuve et Larose, 1966, (Firmin-Didot, 1809, suppl. 1870).

COCKSHAW, P., «Mentions d'auteurs, de copistes, d'enlumineurs et de libraires dans les comptes généraux de l'Etat bourguignon», *Scriptorium,* 23 (1969), pp. 122-144.

DE LA FONS MÉLICOCQ, «Dons et courtoisies de Philippe le Bon et Charles le Téméraire aux savants, aux artistes et aux gouverneurs des princes de la maison de Bourgogne», *Le messager des sciences historiques et Archives des Arts de Belgique*, Gent, 1858, pp. 221-230.

DE SCHRYVER, A., «Jacques de Brégilles, responsable de la librairie des ducs de Bourgogne sous Charles le Téméraire», *Les Chroniques de Hainaut...*, pp. 83-89.

DE SCHRYVER, A., «Prix de l'enluminure et codicologie. Le point comme unité de calcul de l'enlumineur dans le *Songe du vieil pellerin* et les *Faictz et gestes d'Alexandre.* (Paris BnF, fr. 9200-9201 et fr. 22547)», *Miscellanea codicologica F. Masai dedicata MCMLXXIX,* Gent, Éditions scientifiques, 1979, pp. 469-479.

DEBAE, M. et LEMAIRE, C., «Esquisse d'une histoire de la Bibliothèque Royale», *Bibliothèque Royale, Mémorial 1559-1969*, Bruxelles, Bibliothèque royale Albert Ier, 1969, pp. 1-83.

DEBAE, M., *La Bibliothèque de Marguerite d'Autriche. Essai de reconstitution d'après l'inventaire de 1523-1524,* Leuven, Peeters, 1995.

DEHAISNES, C., «Documents inédits concernant Jean le Tavernier et Louis Liédet, miniaturistes de la cour de Bourgogne», *Bulletin des commissions royales d'art et d'archéologie*, 21 (1882), pp. 20-38.

DELAISSÉ, L. M. J., «*Les Chroniques de Hainaut* et l'atelier de Jehan Wauquelin à Mons; de l'histoire de la miniature flamande», *Miscellanea Erwin Panofsky, Bulletin des Musées royaux des Beaux-Arts*, 1955, pp. 21-56.

DELAISSÉ, L. M. J., *Miniatures médiévales de la Librairie de Bourgogne au cabinet des manuscrits de la Bibliothèque Royale de Belgique*, Bruxelles, Éd. de la Connaissance, 1959, pp. 180-183 (notice 42, reproduction du f. 18).

DELISLE, L., *Le Cabinet des manuscrits de la Bibliothèque nationale*, Paris, Imprimerie impériale puis nationale, 1868-1881.

DOGAER, G. *Flemish Miniature Painting the 15th and 16th centuries*, Amsterdam, B.M. Israël, 1987 (p. 108 reproduction du f. 39).

DOUTREPONT, G., *Inventaire de la «Librairie» de Philippe le Bon (1420)*, Bruxelles, Kiesseking & Co., 1906.

DURRIEU, P., *La miniature flamande au temps de la cour de Bourgogne (1415-1530)*, Bruxelles et Paris, Librairie nationale d'art et d'histoire, G. Van Oest éd., 1921.

GILISSEN, L., «Un élément codicologique trop peu exploité: la réglure», *Scriptorium*, 23 (1969), pp. 150-162.

Isabelle de Portugal, duchesse de Bourgogne, 1397-1471, (exposition 5 octobre-23 novembre 1991), Catalogue de l'exposition établi par Cl. Lemaire, M. Henry, A. Rouzet (étude iconographique), Bruxelles, Bibliothèque royale Albert Ier, 1991.

La Librairie de Bourgogne et quelques acquisitions récentes de la Bibliothèque royale Albert Ier. Cinquante miniatures, catalogue établi par M. Debae, M. Dewèvre et A. Rouzet, Bruxelles, Cultura, 1970, notice n° 39, pp. 44-45, reproduction du f. 39r°.

La Librairie de Philippe le Bon, Exposition organisée à l'occasion du 500e anniversaire de la mort du duc. Catalogue établi par G. Dogaer et M. Debae (Bibliothèque Albert 1er, 9 septembre-12 novembre 1967), Bruxelles, Bibliothèque royale, 1967. expo. notice n° 160, pp. 108-109, reproduction pl. 40 du f. 130 v°.

La miniature flamande. Le mécénat de Philippe le Bon. (Exposition organisée à l'occasion du 400e anniversaire de la fondation de la Bibliothèque royale de Philippe II à Bruxelles, le 12 avril 1559, Bruxelles, Palais des beaux-Arts, Rijksmuseum, Amsterdam 26 juin-13 septembre 1959, Bibliothèque nationale de Paris, sous le titre *Le siècle d'or de la miniature flamande. Le mécénat de Philippe le Bon*, octobre-novembre 1959), catalogue établi par L.M.J. Delaissé, Bruxelles, Palais des Beaux-Arts, 1959 (notice n° 151, pl. 49, reproduction du f. 71r°).

LABORDE, L. DE, *Les ducs de Bourgogne. Études sur les lettres, les arts et l'industrie pendant le XVe siècle*, Paris, Plon, 1849-1852.

Le livre au moyen âge, sous la direction de J. Glénisson, Paris, Presses du CNRS, 1988.

LEGARÉ, A.-M., «Les cent quatorze manuscrits de Bourgogne choisis par le comte d'Argenson pour le roi Louis XV. Édition de la liste de 1748», *Bulletin du Bibliophile*, 11 (1998), pp. 241- 329.

LEGARÉ, A.-M., «Loyset Liédet: un nouveau manuscrit enluminé», *Revue de l'Art*, 126 (1999/4), pp. 36-49 (reproduction de la miniature du f. 71r°, p. 41).

LEMAIRE, C., «Remarques relatives aux inventaires de la Librairie de Bourgogne réalisés en 1467-1469, 1477, 1485, 1487 et aux manuscrits des duchesses», *Scriptorium*, 48/2 (1994), pp. 295-296.

LEMAIRE, C., «Les pérégrinations des trois volumes des *Chroniques de Hainaut*», *Les Chroniques de Hainaut...*, pp. 29-32.

Les manuscrits à peintures 1460-1486 de la Bibliothèque royale de Belgique. (Exposition Bibliothèque royale Albert I, 16 décembre 1989-27 janvier 1990), catalogue établi par Ch. Pantens, Bruxelles, Bibliothèque royale Albert Ier, 1989, notice n° 25, pp. 68-71, reproduction et agrandissement de la miniature du f. 180v°.

LYNA, F. et GASPAR, C., *Les principaux manuscrits à peintures de la Bibliothèque royale de Belgique*, Bibliothèque royale Albert Ier, Mâcon, Protat frères, 1937-1945; tome III, Ch. Pantens, Bruxelles, Bibliothèque royale Albert Ier, 1989, la notice concernant le manuscrit 9967, est dans le III1, n° 269, pp. 114-117; III2, pl. XXXV, reproduction du f. 180v°.

LYNA, F. *Philippe le Bon et ses beaux livres*, Bruxelles, Éditions du Cercle d'art, 1944; p. 11, pl. XXIII, reproduction de la miniature du f. 39r°.

MARCHAL. J., *Catalogue des manuscrits de la Bibliothèque Royale des Ducs de Bourgogne*, Bruxelles et Leipzig, 1842.

MARTIN, H. et LAUER, P., *Les principaux manuscrits à peintures de la Bibliothèque de l'Arsenal à Paris*, Paris, Société française de reproductions de manuscrits à peintures, 1929.

MARTIN, H., «Bibliothèque de Bourgogne: date de l'inventaire de 1467», *Bulletin du bibliophile*, 17 (1917), pp. 385-391.

MARTIN, H., *Les miniaturistes français*, Paris, Henri Leclerc, 1906.

Mise en page, mise en texte du livre manuscrit, sous la direction de H.-J. Martin et J. Vezin, Paris, Cercle de la Librairie-Promodis, 1990.

PAVIOT, J., «Jacques de Brégilles, garde-joyaux des ducs de Bourgogne, Philippe le Bon et Charles le Téméraire», *Revue du Nord*, 77 (1995), pp. 313-320.

PINCHART, A., «Miniaturistes, enlumineurs et calligraphes employés par Philippe le Bon et Charles le Téméraire et leurs œuvres», *Bulletin des commissions royales d'art et d'archéologie,* 1865, Bruxelles, Bols-Wittouck, pp. 474-510.

PROST, B. et H., *Inventaires mobiliers et extraits des comptes des ducs de Bourgogne de la maison de Valois (1363-1477)*, Paris, E. Leroux, 1902-1913.

ROOSES, M., *Flandre*, Paris, Hachette, 1913; pp. 49 et 51, pl. 100 reproduction de la miniature du f. 140r°.

SANDERUS, A., «Mss. codices ducum Burgundiæ in palatio Bruxellensi», *Bibliothecæ Belgicæ, pars secunda*, Lille, 1644, pp. 3-14.

SANDERUS, A., *Manuscrits du palais de Bruxelles en 1641* (copie du XVIIIe siècle), Bruxelles, B.R., 17.725, pp. 349-967.

SMEYERS, M., *L'art de la miniature flamande du VIIIe au XVIe siècle*, Tournai, La Renaissance du livre, 1998 (p. 310, reproduction du f. 71r°, 352, n°36).

Trésors de la Bibliothèque Royale de Bruxelles (exposition, 1958), catalogue établi par F. Lyna, Bruxelles, Bibliothèque royale de Belgique, 1958, reproduction n°41.

VAN DEN GHEYN, J., *L'Ystoire de Helayne. Reproduction des 26 miniatures du manuscrit 9967 de la Bibliothèque Royale de Belgique*, Bruxelles, Paris, Vromant, Fontemoing, 1913.

VIGLIUS, inventaire dans J. Marchal, *Catalogue des manuscrits de la Bibliothèque Royale des ducs de Bourgogne*, Bruxelles, 1842, I, pp. CCLI-CCCII (CCLIII).

WINKLER, F., «Loyset Liédet, der Meister des goldenen Vlieszes und der Breslauer Froissart», *Repertorium für Kunstwissenschaft*, XXXIV (1911), reproduction du f. 228r°.

WINKLER, F. *Die Flämische Buchmalerei des XV und XVI Jahrhunderts...*, Leipzig, Seemann, 1925, pp. 75 et 166.

ÉDITION, ORTHOGRAPHE, PONCTUATION, COLLOQUES
SUR LE MOYEN FRANÇAIS

ANDRIEUX-REIX, N., «X, Y, Z et quelques autres. Étude de
lettres dans le *Testament* de Villon», *Information
grammaticale*, 57 (1993), pp. 11-15.

ANDRIEUX-REIX, N. et MONSONÉGO, S., «Écrire des phrases
au Moyen Âge. Matériaux et premières réflexions pour une
étude des segments graphiques observés dans des manuscrits
médiévaux», *Romania*, 115 (1997), pp. 289-336.

ANDRIEUX, N., «La lettre Z. Esquisse d'une histoire dans les
codes graphiques successifs du français», *Mélanges de langue
et de littérature françaises du moyen âge offerts à Pierre
Demarolle*, Paris, Champion, 1998, pp. 87-99.

BEAULIEUX, C., *Histoire de l'orthographe française,* I,
*Formation de l'orthographe des origines jusqu'au milieu du
16ᵉ siècle*, Paris, Champion, 1927.

CERQUIGLINI, B., *L'éloge de la variante. Histoire critique de
la philologie*, Paris, Seuil, 1989.

FOULET, A. L., et SPEER, M. B., *On editing Old French Texts*,
Lawrence, The Regents Press of Kansas, 1979.

MARCHELLO-NIZIA, CH., «Ponctuation et "unités de lecture"
dans les manuscrits médiévaux ou je ponctue, tu lis, il
théorise», *Langue française*, 40 (1978), pp. 32-44.

MÉNARD, P.H., «Problèmes de paléographie et de philologie
dans l'édition des textes français du Moyen Age», *The editor
and the Text. In honor of Professor Anthony J. Holden*,
Edinburgh, Edinburgh University Press, 1990, pp. 1-10.

MONSONÉGO, S. et HÉNIN, M. «Le traitement des groupes variables de morphèmes. Aspects lexicaux», *Le traitement du texte…*, pp. 149-164.

Moyen français. Actes du IVᵉ colloque international sur le moyen français (Amsterdam 22-24 septembre), publiés par A. Dees, Amsterdam, Rodopi, 1985.

Moyen français. I, Les grands Rhétoriqueurs; II, Le Moyen français; III, Études littéraires sur le XVᵉ siècle. Actes du Vᵉ colloque international sur le moyen français, recueillis par S. Cigada et A. Slerca, Milano, Vita e Pensiero, 1986.

Moyen français, Rhétorique et mise en prose. Actes du VIᵉ colloque international sur le moyen français (Milan 4-6 mai 1988), recueillis par S. Cigada et A. Slerca, Milano, Vita e Pensiero, 1991.

Moyen français, Philologie et linguistique — Approches du texte et du discours. Actes du VIIIᵉ colloque international sur le moyen français, (Nancy 5-6-7 septembre 1994), publiés par B. Combettes et S. Monsonégo, Paris, Didier Érudition, 1997.

Moyen français, Le traitement du texte. Actes du IXᵉ colloque international sur le moyen français, Strasbourg, Presses Universitaires de Strasbourg, 2000.

NAÏS, H. «La ponctuation dans le manuscrit B de Villehardouin», *La ponctuation…* pp. 45-55.

OUY, G., «La ponctuation des premiers humanistes français», *La ponctuation…*, pp. 56- 89.

OUY, G., «Les orthographes de divers auteurs français des XIVᵉ et XVᵉ siècles. Présentation et étude de quelques manuscrits autographes», *Moyen français, Actes du VIᵉ colloque international*, I, pp. 93-139.

PARUSSA, G ., «Orthographes et autographes. Quelques considérations sur l'orthographe de Christine de Pizan», *Romania*, 117 (1999), pp. 143-159.

La ponctuation: recherches historiques et actuelles. Table ronde internationale C.N.R.S. - H.E.SO. mai 1978.

ROQUES, M., «Le manuscrit 794 de la Bibliothèque Nationale et le scribe Guiot», *Romania*, 73 (1952), pp. 177-199.

THIRY, C., «Bilan sur les travaux éditoriaux», *Moyen français, Actes du VIIIᵉ colloque international*, pp. 11-46.

HISTOIRE. COUR DE BOURGOGNE; MÉCÉNAT; CROISADE

«A l'heure encore de mon escrire». Aspects de la littérature de Bourgogne sous Philippe le Bon et Charles le Téméraire. Études rassemblées par C. Thiry, *Les Lettres romanes*, hors série, Louvain-la-Neuve, 1997,

BATICLE, C.A., *Nouvelle histoire de Breteuil en Beauvaisis et de ses antiques relations avec les villages environnants,* D. Pere, Beauvais, 1891.

BEAULIEU, M. et BAYLÉ, J., *Le costume en Bourgogne, de Philippe le Hardi à la mort de Charles le Téméraire (1364-1377)*, Paris, PUF, 1956.

BONENFANT, P., «Etat bourguignon et Lotharingie», *Académie Royale de Belgique. Bulletin de la classe des Lettres et des Sciences morales et politiques*, 41 (1955), pp. 266-282.

BONENFANT, P., *Philippe le Bon, sa politique, son action. Études présentées par A.-M. Bonenfant-Feytmans*, Bruxelles,

De Boeck, 1996 (rééd. complétée de *Philippe le Bon,* Bruxelles, la Renaissance du livre, 3e éd. 1956, 1ere éd. 1944).

BRASSART, F., *Recherches sur la seigneurie de Cantin-lez-Douai* (1065-1789), Douai, Lucien Crépin, 1871.

CALMETTE, J., *Les grands ducs de Bourgogne,* Paris, Albin Michel, 1949.

CARTELLIERI, O., *La cour des ducs de Bourgogne,* Paris, Payot, 1946.

CAUCHIES, J.-M, «Autour de 1996: une année «Philippe le Bon». Chronique ducale bourguignonne», *A l'heure encore de mon escrire...* pp. 253-262.

CAUCHIES, J.-M, «Le prince, le pays et la chronique: aux sources d'un intérêt politique», *Les Chroniques de Hainaut...* pp. 15-16.

CAUCHIES, J.-M, «Les sources littéraires et leurs publics dans l'espace bourguignon (XIVe-XVIes.)», *Publication du centre européen d'études bourguignonnnes (XIVe-XVIe s.),* 31 (1991), pp. 37-65.

CAZAUX, Y., «L'idée de Bourgogne, fondement de la politique du duc Charles», *Publications du centre européen d'études burgondo-médianes* (rencontres de Fribourg, 27-28 octobre 1967), Bâle, 1968, pp. 85-86.

CAZAUX, Y., «Philippe le Bon et Girart de Roussillon. Du manuscrit d'un moine de Pothières au chef d'œuvre de Jean Wauquelin», *La chanson de geste et le mythe carolingien. Mélanges René Louis publiés par ses collègues, ses amis et ses élèves à l'occasion de son 75e anniversairre,* Saint-Père-sous-Vézelay, Comité de publications des Mélanges R. Louis, 1982, pp. 903-925.

COCKSHAW, P., «Relations États-prince vers 1430», *L'ordre de la Toison d'or...*, pp. 21-22.

DE SCHRYVER, A., «Notes pour servir à l'histoire du costume au XVe siècle dans les anciens Pays-Bas et en Bourgogne», *Annales de Bourgogne*, 29 (1957), pp. 29-42 (CR du livre de M. Beaulieu et J. Baylé, *Le costume en Bourgogne, de Philippe le Hardi à la mort de Charles le Téméraire (1364-1377)*, Paris, PUF, 1956).

DELCLOS, J.-C., *Le témoignage de Georges Chastellain,* Genève, Droz, 1980.

DELMAIRE, B., *Le diocèse d'Arras de 1093 au milieu du XIVe siècle. Recherches sur la vie religieuse dans le nord de la France au Moyen Âge.* Arras, Mémoires de la Commission départementale d'histoire et d'archéologie du Pas-de-Calais, 1994.

DERODE, V., *Histoire de Lille et de la Flandre wallonne*, Marseille, Laffitte, Reprints, 1975 (Lille, De Vanackere, 1848)

DOUTREPONT, G., *La littérature française à la cour des ducs de Bourgogne,* Paris, Champion, 1909.

DROUOT, H., «Une question débrouillée: Philippe le Bon et le concile de Bâle», *Annales de Bourgogne*, 16 (1944), pp. 51-55, (CR du livre de J. Toussaint, *Philippe le Bon et le concile de Bâle (1431-1449)*, Louvain, Bibliothèque de l'Université, 1942).

FABRE, P., «L'Angleterre et le denier de saint Pierre au XIIe siècle», *Revue anglo-romaine*, octobre 1896, pp. 444-447.

GILL, L., *Le concile de Florence*, trad. par M. Jossua, Tournai, Desclée et Cie, 1954.

GRIFFITHS, R.A., *The reign of Henry VI : the exercise of royal authority 1422-1461*, Berkeley-Los Angeles, University of California Press, cop., 1981.

*Histoire d'Arra*s, sous la direction de P. Bougard, Y.-M. Hilaire et A. Nolibos, Dunkerque, Éd. des Beffrois, 1988.

Histoire de Bordeaux, publiée sous la direction d'Y. Renouard, III, *Bordeaux sous les rois d'Angleterre*, Bordeaux, Fédération historique du sud-ouest, 1965.

Histoire de Boulogne-sur-Mer, sous la direction d'A. Lottin, Lille, Presses Universitaires de Lille, 1983.

Histoire de Douai, sous la direction de M. Rouche, Westhoek, Éd. des Beffrois, 1985.

HUIZINGA, J, «La physionomie morale de Philippe le Bon», *Annales de Bourgogne*, III (1932), pp. 101-129.

HUIZINGA, J., *L'automne du Moyen Age,* traduit du hollandais par J. Bastin, Paris, Payot, 1980 (1967).

L'ordre de la Toison d'or de Philippe le Bon à Philippe le Beau 1430-1505, idéal ou reflet d'une société (Exposition de la Bibliothèque royale de Belgique, 27 septembre 1996-14 décembre 1996), catalogue publié sous la direction de P. Cockshaw et Ch. Pantens, Turnhout, Brepols, 1996.

LACAZE, Y., «Le rôle des traditions dans la genèse d'un sentiment national au XVe siècle. La Bourgogne de Philippe le Bon», *Bibliothèque de l'École des Chartes*, 129 (1971), pp. 303-385.

LACAZE, Y., «Les débuts de Jean Germain, évêque de Chalon de 1436 à 1465», *Mémoires de la société d'histoire et d'archéologie de Chalon-sur-Saône*, 39 (1966-1967), pp. 63-86.

LAGRANGE, BARONNE A. DE, «Itinéraire d'Isabelle de Portugal, duchesse de Bourgogne et comtesse de Flandre», *Annales du Comité flamand de France*, 42 (1938), pp. 1-191.

Les Chroniques de Hainaut ou les Ambitions d'un Prince Bourguignon, sous la direction de P. Cockshaw, Turnhout, Brepols, 2000.

Les fouilles du quartier Saint-Brice à Tournai, sous la direction de R. Brulet, Louvain-la-Neuve, T. Hackens et R. Brulet, 1990.

Les manuscrits de David Aubert «escripvain» bourguignon, Textes réunis sous la direction de D. Queruel, Paris, Presses de l'Université de Paris-Sorbonne, 1999.

LUCHAIRE, A., *Innocent III. Les royautés vassales du Saint-Siège*, Paris, Hachette, 1908.

LUNT, W.E., *Financial relations of the Papacy with England from 1327-1534*, Cambridge (Massachussets), Mediaeval Academy of America, 1962.

MARINESCO, C., «Philippe le Bon, duc de Bourgogne, et la Croisade. 1ere partie 1419-1453», *Actes du VIe congrès international d'études byzantines* (Paris, 27 juillet-2 août 1948), Paris, Office des éditions universitaires, 1950, t. I, pp. 147-168; «IIe partie 1453-1467), *Bulletin des Études portugaises et de l'Institut français au Portugal*, nouv. série, t. 13, 1949, pp. 1-26.

NABER, A., «Les manuscrits d'un bibliophile bourguignon du XVe siècle, Jean de Wavrin», *Revue du Nord*, 72 (1990), pp. 23-48.

NORTH, J.J., *English Hammered Coinage. Edward I to Charles II (1272-1662)*, Londres, Spink and Son, 1991 (1960).

PALLIOT, P., *La vraye et parfaite science des armoiries ou l'indice armorial de feu maistre Louvan Geliot, advocat au parlement de Bourgongne, apprenant, et expliquant sommairement les mots et figures dont on se sert au blason des armoiries, et l'origine d'icelles*, Paris, Édouard Rouveyre, 1895 (fac-similé éd. 1660).

PAVIOT, J., «L'ordre de la toison d'or et la croisade», *L'ordre de la Toison d'or...*, pp. 71-74.

RÉGNIER-BOHLER, D. «La vie de l'écrit, de la Cour de Bourgogne aux presses des imprimeurs», *Atalaya*, 2 (1991), pp. 43-57.

RICHARD, J. «La croisade bourguignonne dans la politique européenne», *Publication du centre européen d'études burgondo-médianes* (rencontres de Fribourg 27-28 octobre 1967), 10 (1968), Bâle, pp. 41-44.

SCHNERB, B., *L'Etat bourguignon 1363-1477*, Paris, Perrin, 1999.

SMALL, G., «Les *Chroniques de Hainaut* et les projets d'historiographie régionale en langue française à la cour de Bourgogne», *Les Chroniques de Hainaut...* pp. 17-22.

SOMMÉ, M., *Isabelle de Portugal, duchesse de Bourgogne. Une femme au pouvoir au XVe siècle*, Lille, Presses universitaires du Septentrion, 1998.

STRAUB, R. E. F., «L'activité littéraire de David Aubert», *Moyen français, Actes du VIIIe colloque international*, pp. 143-150.

STRAUB, R . E . F., *David Aubert, escripvain et clerc*, Amsterdam-Atlanta, Rodopi, 1995.

TERLINDEN, CH., «Les origines religieuses et politiques de la Toison d'Or», *Centre européen d'études burgondo-médianes* (Rencontres de Louvain 13-14 septembre 1962), 5 (1963), Bâle, pp. 35-46.

THIRY, C., «La littérature française à la cour de Bourgogne», *Bulletin francophone de Finlande*, 2 (1990), 49-60.

TOUSSAINT, J, *Philippe le Bon et le concile de Bâle (1431-1449)*, Louvain, Bibliothèque de l'Université, 1942.

VAN BUREN-HAGOPIAN, A ., «Dress and costume», *Les Chroniques de Hainaut...*, pp. 111-117.

VAN HOUTTE, J .A., *Bruges. Essai d'histoire urbaine*, Bruxelles, La Renaissance du livre, 1967.

VANDER LINDEN, H., *Itinéraires de Philippe le Bon, duc de Bourgogne (1419-1467) et de Charles, comte de Charolais (1433-1467)*, Bruxelles, Palais des Académies, 1940.

WALTER, PH., ALEXANDRE, M., BRUNEL, P. et DURAND, G. *Saint Antoine, entre mythe et légende,* Grenoble, Ellug, 1996.

WILLARD, C. C., «Isabel of Portugal, patroness of humanism?», *Miscellanea di studi e ricerche sul quattrocento francese*, Torino, Giappichelli editore, 1967, pp. 519-545.

WILLIAMS, G. S., «How to make friends: Burgundian politics in two early modern prose texts (*Hug Schapler* and *Girart de Roussillon*)», *Sixteenth Century*, 20, n°2 (1989), pp. 277-292.

WAUQUELIN

ARNOLD, J., «Notice sur un manuscrit de la traduction des *Annales du Hainaut* de Jacques de Guise», *Romania*, 55 (1929), pp. 382-400.

BRASSART, F., «Jean Wauquelin, traducteur de Jacques de Guise (1446-1452)», *Souvenirs de la Flandre wallonne*, 19 (1879), pp. 139-155.

COCKSHAW, P., «Jean Wauquelin, documents d'archives», *Les Chroniques de Hainaut...*, pp. 37-49.

COCKSHAW, P., «La famille du copiste David Aubert», *Scriptorium*, 22 (1968), pp. 279-287.

HACHEZ, F., «Biographie montoise, Jean Wauquelin», *Annales du cercle archéologique de Mons*, 20 (1887), pp. 3-6.

HARVEY, C.J., «Jehan Wauquelin «translateur» de *La Manekine*», *Moyen français*, 39-40-41 (1996-1997), pp. 345-356.

HENRY, A., «Jean Wauquelin et l'histoire du mot WALLON», *Travaux de linguistique et de littérature*, X1/1 (1973), *Mélanges de linguistique française et de philologie et littérature médiévale offerts à M. Paul Imbs par ses collègues, ses élèves et ses amis à l'occasion de son soixante-cinquième anniversaire (4 mai 1973),* publiés par R. Martin et G. Straka, pp. 168-176.

LE GENTIL, P., «Jean Wauquelin et la légende de Gérard de Roussillon», *Studi in onore di Italo Siciliano*, Firenze, Olschki, 1966, I, pp. 623-635.

MANDACH, A. D E, «L'anthologie chevaleresque de Marguerite d'Anjou (BM. Royal 15 E VI) et les officines de

Saint Augustin de Canterbury, Jean Wauquelin de Mons et David Aubert de Hesdin», *Des chansons de geste à la première épopée de la croisade. La présence de l'histoire dans la littérature française du XIIe siècle. Actes du VIe congrès international de la Société Rencesvals (Aix-en-Provence, 29 août-4 septembre 1973)*, 1974, pp. 315-350.

MATTHIEU, E., «Un artiste picard à l'étranger, Jehan Wauquelin, traducteur, historien et littérateur», *Mémoires de la Société des Antiquaires de Picardie*, 3e série, X (1889), pp. 333-356.

THOMAS, M ., ZINK, M . et GUERRAND, R-H., *Girart de Roussillon ou l'épopée de Bourgogne*, Paris, Philippe Lebaud, 1990.

VAN BUREN, A., «New Evidence for Jean Wauquelin's Activity in the *Chroniques de Hainaut* and for the Date of the Miniature», *Scriptorium*, 26 (1972), pp. 249-268; 27 (1973), p. 318 (*erratum*).

VAN BUREN-HAGOPIAN, A., «Jean Wauquelin de Mons et la production du livre aux Pays-Bas», *Publication du Centre européen d'études burgondo-medianes* (rencontre de Mons, 24-26 septembre 1982), 23 (1983), Bâle, pp. 53-66.

LA BELLE HÉLÈNE DE CONSTANTINOPLE

Arras au Moyen Âge, Histoire et littérature, textes réunis par J.-P. Martin et M.-M. Castellani, Arras, Artois Presses Université, 1994.

BRATTÖ, O ., *La Belle Hélène de Constantinople, conte d'aventures du XVe siècle*, thèse dactylographiée, Stockholm, 1959 (exemplaire à l'IRHT).

BUSSMANN, H., *Grammatische Studien über den «Roman de la Belle Helaine» nebst einer Texprobe aus Hs. A (Arraser StadtBibl. n° 766) und Hs. L (Lyon Bibl. n° 685)*, diss. Greifwald, 1907.

FOEHR-JANSSENS, Y., *La veuve en majesté. Deuil et savoir au féminin dans la littérature médiévale*, Genève, Droz, 2000.

FROCHEUR, F., «Notice sur le roman de *La Belle Hélène de Constantinople*, rédigée en vers par Alexandre de Paris et mis en prose en 1448 par Jean Wauquelin», *Bulletin de l'Académie royale des Sciences et Belles Lettres de Bruxelles*, 12, Iere partie (1845), pp. 273-285.

FROCHEUR, F., «*La Belle Hélène de Constantinople* ou examen et analyse d'une épopée romane au XIIe siècle.», *Messager des Sciences historiques et Archives des Arts de Belgique*, Gent, 1846, impr. Léonard Hebbelynck, pp. 169-209 (avec reproduction au burin des miniatures des ff. 8 et 39).

KOOPMANS, J. «Aspects de l'histoire artésienne dans *La Belle Hélène de Constantinople*», *Arras au Moyen Âge...*, pp. 125-136.

KRAPPE, A . H ., «La *Belle Helaine de Constantinople*», *Romania*, 63 (1937), pp. 324-353.

LÉON, A., *Une pastorale basque. Hélène de Constantinople*, Paris, Champion, 1908 (CR G. Paris, *Romania*, 39 (1910), p. 631).

MEYER, P., «Vie de saint Martin», «Vie de saint Brice», *Histoire littéraire de la France*, Paris, Imprimerie nationale, XXXIII (1906), pp. 285-286.

PARIS, G., CR de W. Söderhjelm, «Saint Martin et le roman de la *Belle Hélène de Constantinople*», *Mémoires de la Société néo-philologique de Helsingfors*, 1893, pp. 32-64 », *Romania*, 22 (1893), p. 566.

PARIS, P., «Vie de sainte Hélène», *Histoire littéraire de la France*, Paris, Firmin-Didot, XXI (1847), pp. 593-595.

PETIT DE JULLEVILLE, L., *Les Mystères*, Paris, Hachette, 1880, II, pp. 535-538.

RÉGNIER-BOHLER, D., «De Constantinople à Rome: quand parlent les portraits», *Médiévales*, 12 (1987), pp. 79-81.

ROUSSEL, C., «Le paradis des rois païens», *Moyen Âge*, 89 (1983), pp. 215-237.

ROUSSEL, C., «Chanson de geste et roman : remarques sur deux adaptations littéraires du conte de la *Fille aux mains coupées*». *Essor et fortune de la chanson de geste dans l'Europe et l'Orient latin. Actes du IXᵉ Congrès international de la Société Rencesvals, (Padoue-Venise, 29 août-4 septembre 1982)*, Modène, Mucchi, 1984, II, pp. 565-582.

ROUSSEL, C., *La Belle Hélène de Constantinople, chanson de geste du XIVᵉ siècle*, Genève, Droz, 1995.

ROUSSEL, C., «Wauquelin et le conte de la fille aux mains coupées», *Traduction, transposition, adaptation au Moyen Âge, Actes du colloque de Lille (22-24 septembre 1994), Bien dire et bien aprandre,* 14 (1996), pp. 219-236.

ROUSSEL, C., *Conter de geste au XIVᵉ siècle. Inspiration folklorique et écriture épique dans La Belle Hélène de Constantinople*, Genève, Droz, 1998.

ROUSSEL, C. «Portrait d'un dérimeur paradoxal: «La mise en prose anonyme de la *Belle Hélène de Constantinople*», *Convergences médiévales. Epopée, lyrique, roman. Mélanges offerts à Madeleine Tyssens,* Bruxelles, De Boeck Université, 2000.

RUTHS, R., *Die französische Fassungen des " Roman de la Belle Helaine".* Inaugural Dissertation, Greifswald, F.W. Kunike, 1897.

SÖDERHJELM, W., «Saint Martin et le roman de la *Belle Hélène de Constantinople*», *Mémoires de la Société néo-philologique de Helsingfors,* 1893, pp. 32-64 (CR. Gaston Paris, *Romania,* 22 (1893), p. 566).

«La Belle Hélène de Constantinople», trad. M.-C. de Crécy, *Splendeurs de la Cour de Bourgogne,* sous la direction de D. Régnier-Bohler, Paris, Laffont, 1995, pp. 111-249.

SUARD, F., «Chanson de geste et roman devant le matériau folklorique: le conte de la *Fille aux mains coupées* dans la *Belle Hélène de Constantinople, Lion de Bourges* et *la Manekine*», *Mittelalterbilder aus neuer Perspektive, Würzburger Kolloquium,* 1985, (Beiträge zur romanischen Philologie des Mittelalters, Bd. XIV), München, Fink, 1985, pp. 364-379, repris dans *Chanson de geste et tradition épique en France au Moyen Âge,* Caen, Paradigme, 1994.

SUARD, F., «Les géants de *La Belle Hélène de Constantinople*», *Nord',* 9 (1987), pp. 27-40.

SUCHIER, H., «La fille sans mains», *Romania,* 30 (1901), pp. 519-538; 31 (1910), pp. 61-76.

VELAY-VALLANTIN, C., «La fille aux mains coupées», *L'histoire des contes,* 1992, Paris, Fayard, pp. 97-136.

VERGNAUD, K, *Les figures féminines dans la Manekine et dans la Belle Hélène de Constantinople,* Bordeaux 3, 1999.

VERHUYCK, P., «Les manuscrits du poème de la *Belle Hélène de Constantinople*», *Studi Francesi*, 47-48 (1972), pp. 314-324.

VERHUYCK, P. «Et le quart est à Arras. Le roman de *La Belle Hélène de Constantinople* et la légende du Saint-Cierge d'Arras», *Arras au Moyen Âge...*, pp. 111-124.

ZINK, M., «Le roman», *Grundriss der romanischen Literaturen des Mittelalters*, *La littérature française aux XIVe et XVe siècles*, vol. VIII / 1, dir. D. Poirion, Heidelberg, Carl Winter, 1988, pp. 197-218.

ÉPOPÉE, MISE EN PROSE. ÉCRITURE, RÉCEPTION. LITTÉRATURE DE COLPORTAGE

BESCH, E., «Les adaptations en prose des chansons de geste», *Revue du XVIe siècle*, 3 (1915), pp. 155-181.

BLANCHARD, J., «Compilation et légitimation au XVe siècle», *Poétique*, 74 (1988), pp. 139-157.

BOUTET, D., «La politique et l'histoire dans les chansons de geste», *Annales Économies, Sociétés, Civilisations (ESC)*, 31 (1976), pp. 1119-1130.

BROCHON, P., *Le livre de colportage en France depuis le XVIe siècle*, Paris, Gründ, 1954.

CHASSAGNE-JABIOL, A., *Évolution d'un roman médiéval à travers la littérature de colportage : «La Belle Hélène de Constantinople»*. Position des thèses, Ecole des Chartes, Paris, 1974, pp. 45-50.

DOUTREPONT, G., *Les mises en prose des épopées et des romans chevaleresques du XIVᵉau XVIᵉ siècles*, Genève, Slatkine Reprints, 1970, (Bruxelles, Mémoires de l'Académie Royale de Belgique, 1939).

DUPARC-QUIOC, S., *Le Cycle de la croisade*, Paris, Champion, 1956.

GALLAIS, P., «Recherches sur les mentalités des romanciers français du moyen âge. I Les formules et le vocabulaire des prologues», *Cahiers de Civilisation Médiévale*, VII (1964), pp. 479-493.

GALLAIS, P., «Recherches sur les mentalités des romanciers français du moyen âge. II Le public et les destinataires. III L'auteur et ses sources», *Cahiers de Civilisation Médiévale*, XIII (1970), pp. 333-347.

GOSMAN, M., «Les faits et conquestes du noble roy Alexandre: dérimage ou remaniement?», *Moyen français*, *Actes du IVᵉ colloque international*, pp. 315-334.

GUIETTE, R., «Chanson de geste, chronique et mise en prose», *Forme et signifiance*. Études médiévales recueillies par J. Dufournet, M. de Grève, H. Braet, Genève, Droz, 1978, pp. 53-79.

GUIETTE, R., «L'invention étymologisante dans les lettres françaises au moyen âge», *Forme et senefiance*. Études recueillies par J. Dufournet, M. de Grève, H. Braet, Genève, Droz, 1978, pp. 87-98.

KIBLER, W., «La «chanson d'aventures»», *Essor et fortune de la chanson de geste... II*, pp. 509-515

LABANDE, E.-R., «Le «credo» épique. A propos des prières dans les chansons de geste», *Recueil de travaux offerts à*

M. Clovis Brunel par ses amis, collègues et élèves, Paris, Société de l'Ecole des Chartes, 1955, II, pp. 62 -80.

MARCHELLO-NIZIA, CH., «La forme-vers et la forme-prose: leurs langues spécifiques, leurs contraintes propres», *Perspectives médiévales*, 3 (1977), pp. 35-42.

MARCHELLO-NIZIA, CH., «L'historien et son prologue: forme littéraire et stratégies discursives», *La Chronique et l'histoire au Moyen Age,* Paris, Presses de l'Université de Paris-Sorbonne, 1984, pp. 13-25.

MÉNARD, PH., «La réception des romans de chevalerie à la fin du Moyen Age et au XVIe siècle», *Bulletin bibliographique de la Société internationale arthurienne*, 49 (1997), pp. 234-273.

MIQUET, J., «A propos de la fixeté thématique de l'épopée aux XIVe et XVe siècles», *Charlemagne et l'épopée romane. Actes du VIIe colloque international de la Société Rencesvals (Liège 28 août-4 septembre 1976)*, Paris, Belles Lettres, 1978, II, pp. 433-434.

MORIN, A., *Catalogue descriptif de la Bibliothèque bleue de Troyes*, Genève, Droz, 1974.

NISARD, C., *Histoire des livres populaires ou de la littérature du colportage depuis le XVe siècle jusqu'à l'établissement de la Commission d'examen des livres du colportage*, Paris, Amyot, 1864, (1854), II, pp. 415-423.

PAULMY, MARQUIS DE, *Mélanges tirés d'une grande bibliothèque*, Paris, Moutard, VIII (ou H), 1779-1784, pp. 182-206.

ROUSSEL, C., «Les dernières chansons de geste et leur public», *«Plaist vos oïr bone cançon vallant ?» Mélanges de langue et de littérature médiévales offerts à François Suard,*

Lille, Édition du Conseil scientifique de l'Université Charles-de-Gaulle, 1999, pp. 809-820.

ROUSSEL, C., «Saints et héros dans quelques chansons de geste du XIVᵉ siècle», *Littérales*, 14 (1994), pp. 125-143.

SUARD, F., «L'épopée française tardive (XIV-XVᵉs.)», *Études de philologie romane et d'histoire littéraire offertes à Jules Horrent à l'occasion de son soixantième anniversaire,* éd. Jean-Marie D'Heur et Nicoletta Cherubini, Liège, 1980, pp. 449-460.

SUARD, F., «L'épopée», *Grundriss der romanischen Literaturen des Mittelalters, La littérature française aux XIVᵉ et XVᵉ siècles*, vol. VIII / 1, dir. D. Poirion, Heidelberg, Carl Winter, 1988, pp. 161-177.

TILLEY, A., «Les romans de chevalerie en prose», *Revue du XVIᵉ siècle*, 6 (1918), pp. 45-63.

VELAY-VALENTIN, C., *L'Histoire des contes*, Paris, Fayard, 1992.

VARIA

CERQUIGLINI, J., «L'écriture louche. La voie oblique chez les Grands Rhétoriqueurs», *Les grands Rhétoriqueurs, Actes du Vᵉ colloque...* pp. 20-31.

COLLOMP, D., «Le motif du pape combattant dans l'épopée», *Le clerc au moyen âge, Actes du 20ᵉ colloque du CUERMA,* Aix-en-Provence, *Senefiance*, 37 (1995), pp. 91-112.

DEVAILLY, G., *Martin de Tours. Un missionnaire*, Paris, Éd. ouvrières, 1988.

DUMÉZIL, G., *Mythe et épopée I,* 1968, pp. 423-428, «Le Borgne et le Manchot», et *Mythe et épopée, I, II, III,* rééd. J. Grisward, Paris, Gallimard, 1995, pp. 451-456.

GAIER, C., *Armes et combats dans l'univers médiéval,* Bruxelles, De Boeck Université, 1995.

LÅNGFORS, A., CR de J. Morawski, *«La légende de saint Antoine ermite (histoire, poésie, art, folklore) avec une vie inconnue de saint Antoine en vers français du XIVᵉsiècle et des extraits d'une Chronique antonienne inédite», Romania,* 65 (1939), pp. 547-550.

MARICHAL, R., «L'origine de «Floovant»: une hypothèse de Jean Acher?», *Mélanges de langue et de littérature du Moyen Âge et de la Renaissance offerts à Jean Frappier,* 1970, Genève, Droz, pp. 757-770.

MISCHLEWSKI, A., *Un ordre hospitalier au Moyen Age, Les chanoines réguliers de Saint-Antoine-en-Viennois,* Grenoble, Presses Universitaires de Grenoble, 1995.

MORAWSKI, J., «La légende de saint Antoine ermite (histoire, poésie, art, folklore) avec une vie inconnue de saint Antoine en vers français du XIVᵉ et des extraits d'une Chronique antonienne inédite», *Posnanskie Towarzystwo Przyjacót Nauk, Prace Komisji Filologicznej,* 1839, Poznan.

PASTOUREAU, M., *Figures et couleurs. Étude sur la symbolique et la sensibilité médiévales,* Paris, Le Léopard d'or, 1986.

RÉGNIER-BOHLER, D., «Exil et retour: la nourriture des origines», *Médiévales,* 5 (1988), pp. 67-80.

RÉGNIER-BOHLER, D., «Morphologie du clandestin. Etre ou ne pas être: le portrait-masque de l'inceste», *Masques et déguisements dans la littérature médiévale*, Études recueillies et publiées par Marie-Louise Ollier, Montréal-Paris, Presses de l'Université de Montréal-Vrin, 1988, pp. 141-148.

RÉZEAU, P., *Répertoire d'incipit des prières françaises à la fin du moyen âge*, Genève, Droz, 1986.

SONET, J., *Répertoire d'incipit de prières en ancien français*, Genève, Droz, 1956.

SUCHIER, H., «Le siège de Castres», *Romanische Studien*, 1 (1875), pp. 589-593.

TAYLOR, P. et ZEZULA, J, «La geste des Loherains et les Coucy», *Mélanges de langue et de littérature du Moyen Âge et de la Renaissance offerts à Jean Frappier,* 1970, Genève, Droz, pp. 1019-1030.

VINCENSINI, J.-J., *Pensée mythique et narrations médiévales*, Paris, Champion, 1996.

LANGUE

ANTOINE, G., *La coordination en français*, Paris, Éd. d'Artrey, 1959.

BALKE, C., *Der anorganische Nasallaut im Französischen*, Halle, Niemeyer, 1912.

BELLON, R., «Le renforcement affectif de la négation par l'expression d'une valeur minimale dans *La Belle Hélène de Constantinople*», *Mélanges de langue et de littérature françaises du moyen âge offerts à Pierre Demarolle*, Paris, Champion, 1998, pp. 105-118.

BERTIN, A., *L'expression de la cause en ancien français,* Genève, Droz, 1997.

BRUNOT, F., *Histoire de la langue française des origines à nos jours,* Paris, Armand Colin, 1967.

BURIDANT, C., «L'ancien français à la lumière de la typologie des langues: les résidus de l'ordre O V en ancien français et leur effacement en moyen français, *Romania,* 108 (1987), pp. 20-65.

BURIDANT, C., «La phrase des chroniqueurs en moyen français: l'exemple de Monstrelet - Le Fèvre», *Moyen français, Actes du VIIIᵉ colloque international*, pp. 319-338.

CERQUIGLINI, B., *La parole médiévale*, Paris, Éd. de Minuit, 1981.

CHAURAND, J., *Introduction à la dialectologie française*, Paris, Bordas, 1972.

COMBETTES, B, «Ordre des mots, types de textes, diachronie: topicalisation de la subordonnée en moyen français», *Verbum*, XII / 4 (1989), pp. 339-346.

COMBETTES, B., «Ordre des mots et types de propositions, le cas du moyen français», *Verbum, Texte et parole, Mélanges en hommage au professeur Carton*, 14 (1991), pp. 227-235.

COMBETTES, B., «Évolution des progressions thématiques en moyen français», *Mélanges de langue et de littérature françaises du moyen âge offerts à Pierre Demarolle*, Paris, Champion, 1998, pp. 149-173.

COMBETTES, B., *Les constructions détachées en français*, Gap, Ophrys, 1998.

DEES, A. avec le concours de P. TH. VAN REENEN et J.A. DE
VRIES, *Atlas des formes et des constructions des chartes
françaises du 13ᵉ siècle*, Tübingen, 1980.

DEES, A. «Dialectes et scripta à l'époque de l'ancien français»,
Revue de linguistique romane, 49 (1985), pp. 87-117.

DEES, A. avec le concours de M. DEKKER, O. HUBER et
K. VAN REENEN-STEIN, *Atlas des formes linguistiques des
textes littéraires de l'ancien français*, Tübingen, 1987.

DEES, A., «Variations temporelles et spatiales de l'ordre des
mots en ancien français et en moyen français», *Sémantique
lexicale et sémantique grammaticale en moyen français...*,
pp. 293-303.

ENGLEBERT, A., *Le petit mot «de». Étude de sémantique
historique*, Genève, Droz, 1992.

ENGLEBERT, A., «Etude fonctionnelle d'un *Q U E* dit
"pléonastique"», *Information grammaticale*, 86 (2000), pp. 25-
30.

FLUTRE, L.-F., *Le moyen picard d'après les textes littéraires
du temps (1560-1660). Textes —Lexique — Grammaire*,
Amiens, Musée de Picardie, 1970.

FOUCHÉ, P., *Morphologie historique du français. Le verbe*,
Paris, Klincksieck, 1981 (1967).

FOUCHÉ, P. *Phonétique historique du français*, I, *Introduction*
(1973); II *Les voyelles* (2ᵉ éd., 1969); III, *Les consonnes*
(1961), Paris, Klincksieck.

FOULET, L., «Le vocabulaire abstrait de Froissart», *Romania*
68 (1944-1945), pp. 257-272.

FRAPPIER, J., *Étude sur "La Mort le Roi Artu," roman du XIIIᵉ s. Dernière partie du "Lancelot" en prose*, Genève-Paris, Droz-Minard, 1961 (1936).

GOSSEN, CH. TH., *Grammaire de l'ancien picard*, Paris, Klincksieck, 1976 (1970).

HÄRMÄ, J., «Les constructions disloquées en ancien français: problèmes de définition et de délimitation», *L'anaphore et ses domaines*. Études publiées par G. Kleiber et J.-E. Tyvaert, Metz, Université de Metz, Centre d'analyse syntaxique, 1990, pp. 159-182.

HASENOHR, G., «Un nouveau témoignage de la concurrence entre futur II et subjonctif imparfait en moyen français», *"Ces mots qui sont nos mots". Mélanges d'Histoire de la Langue française, de Dialectologie et d'Onomastique offerts au Professeur Jacques Chaurand*. Textes réunis par Michel Tamine, Charleville-Mézières, Association Institut Charles Bruneau, 1995, pp. 43-47.

HASENOHR, G., «Du bon usage de la galette des rois», *Romania*, 114 (1996), pp. 445-467.

HENRY, A., «Pour le commentaire du *Cléomadés*», *Phonétique et linguistique romane. Mélanges offerts à M. Georges Straka,* Lyon-Strasbourg, Société de linguistique romane, 1970, II, pp. 126-132.

HENRY, A., *Esquisse d'une histoire des mots Wallon et Wallonie,* Bruxelles, La Renaissance du livre, 1972.

HENRY, A., «*Tel* en ancien français», *Revue de linguistique romane*, 51 (1987), pp. 437-500.

HIRSCHBÜHLER, P., «La légitimation de la construction V1 à sujet nul en subordonnée dans la prose et le vers en ancien français», *Revue québécoise de linguistique*, 19/1 (1990), pp. 33-55.

HIRSCHBÜHLER, P., «L'omission du sujet dans les subordonnées V1: *Les cent Nouvelles nouvelles* de Vigneulles et les *Cent Nouvelles nouvelles* anonymes», *Travaux de linguistique française*, 25 (1992), pp. 25-46.

JODOGNE, O. «*povoi*r ou *pouoir*? Le cas phonétique de l'ancien verbe *pouvoir*», *Mélanges de linguistique et de philologie romanes offerts à Monseigneur Pierre Gardette, Travaux de linguistique et de littérature*, IV, 1 (1966), pp. 257-266.

JOKINEN, U., *Les relatifs en moyen français. Formes et fonctions*, Helsinki, Suomalainen Tiedeakatemia, 1978 (Annales Academiæ Scientiarum Fennicæ. Dissertationes Humanarum Litterarum, 14).

JONAS, P., *Les systèmes comparatifs à deux termes en ancien français*, Éditions de l'Université de Bruxelles, Bruxelles, 1971.

KUNSTMANN, P., «Relatif et liaison: le cas du relatif dit «de liaison», *Moyen français, Actes du VIIIe colloque international*, III, pp. 517-527.

LEMIEUX, M., «*et* dans les constructions à sujet nul et sujet postposé en moyen français», *Travaux de linguistique*, 25 (1992), pp. 59-75.

LORIAN, A, *Tendances stylistiques dans la prose narrative française du XVIe siècle*, Paris, Klincksieck, 1973.

LORIAN, A., «Journaux et chroniques 1450-1525: quelques aspects de la subordination», *Sémantique lexicale et sémantique grammaticale en moyen français...*, pp. 256-292.

LORIAN, A., «Quelques constructions asymétriques dans la prose du XVe siècle», *Moyen français. Actes du IVe colloque international*, pp. 177-200.

LORIAN, A., «L'imbrication des phrases dans les textes narratifs», *Moyen français. Actes du Ve colloque international*, II, pp. 95-108.

LORIOT, R., «Réderie, toponyme picard, et la famille étymologique de rêver», *Romania*, 69 (1946-1947), pp. 463-495.

LORIOT, R., «L'alternance *r / l* en picard moderne», *Les Dialectes Belgo-romans*, VII (1948), pp. 5-23.

LORIOT, R., «Une loi des trois états; la stratification phonétique en gallo-roman: le traitement des groupes *p+ l, b + l* en picard... et ailleurs», *Atti del VIII° Congresso internazionale di Studi romanzi,* (Firenze, 3-8 aprile 1956), Firenze, Sansoni, 1959, pp. 619-654.

MANTOU, R., *Actes originaux rédigés en français dans la partie flamingante du comté de Flandre (1250-1350)*, Liège, Imprimeries George Michiels, 1972.

MARCHELLO-NIZIA, CH., *Dire le vrai: l'adverbe "SI" en français médiéval*, Genève, Droz, 1985.

MARCHELLO-NIZIA, CH., «Le neutre et l'impersonnel», *Lynx: Genre et langage. Actes du colloque (Paris X-Nanterre, 14-16 décembre 1988)*, 21 (1988), pp. 173-179.

MARCHELLO-NIZIA, CH., *La Langue française aux XIVe et XVe siècles*, Paris, Nathan, 1997.

MARCHELLO-NIZIA, CH., *L'évolution du français. Ordre des mots, démonstratifs, accent tonique*, Paris, A. Colin, 1995.

MARTIN, R., «L'ordre des mots dans le *Jehan de Saintré*», *Sémantique lexicale et sémantique grammaticale en moyen français...*, pp. 305-336.

MARTIN, R., «Thème et thématisation de l'énoncé», *Travaux de linguistique*, 8 (1981), pp. 27-48.

MARTIN, R. et WILMET, M., *Manuel de français du moyen âge. 2. Syntaxe du moyen français*, Bordeaux, Sobodi, 1980.

MATSUMURA, T., «Les régionalismes dans *Jourdain de Blayes en alexandrins*», *Revue de linguistique romane*, 62 (1988), pp. 129-166.

MATSUMURA, T., «Sur le vocabulaire d'Eustache Delafosse (1548)», *Travaux de linguistique et de Philologie* 32 (1994), p. 123-129.

MELANDER, J., *Études sur MAGIS et les expressions adversatives dans les langues romanes*, Upsal, Almquist et Wiksell, 1916.

MÉNARD, PH., *Syntaxe de l'ancien français*, Bordeaux, Bière, 4e éd. 1994 (1973).

MOIGNET, G., «L'ordre verbe-sujet dans la *Chanson de Roland*», *Mélanges de Philologie romane dédiés à la mémoire de Jean Boutière*, éd. I. Cluzel et F. Pirot, Liège, Soledi, 2 vol., 1971, t. I, pp. 397-421.

MOIGNET, G., *Grammaire de l'ancien français*, Paris, Klincksieck, 1976 (1973).

PICOCHE, J., *Le vocabulaire psychologique dans les Chroniques de Froissart*, Paris, Klincksieck, 1976; *Le vocabulaire psychologique dans les Chroniques de Froissart:*

le plaisir et la douleur, Amiens, Publications du Centre d'Études Picardes, 1984.

POPE, M.K., *From Latin to Modern French with especial consideration of Anglo-Norman*, Manchester, University Press, 1952.

PLOUZEAU, M., CR *Perceforest.* Troisième partie. III, éd. critique G. Roussineau, Genève, Droz, 1993, *Revue des langues romanes*, 100 (1996), p. 305-318.

PLOUZEAU, M., CR *Le Roman de Ponthus et Sidoine*, éd. critique M.-C. de Crécy, Genève, Droz, 1997, *Revue des langues romanes*, 102 (1998), pp. 205-218.

QUEFFÉLEC, A., *La négation en ancien français*, thèse de doctorat d'État, Université de Paris IV, 1985.

QUEFFÉLEC, A., «La négation "explétive" en ancien français: une approche psycho-mécanique», *La linguistique génétique. Histoire et théorie*, Lille, Presses Universitaires de Lille, 1988, pp. 419-442

RASMUSSEN, J., *La prose narrative française du XVe siècle. Etude esthétique et stylistique*, Copenhague, Munksgaard, 1958.

RÉGNIER, C., «Quelques problèmes de l'ancien picard», *Romance Philology*, XIV, n°3 (1961), pp. 255 -272 (CR. C. Th. Gossen, *Petite grammaire de l'ancien picard*, Paris, Klincksieck, 1951).

REMACLE, L., *Le problème de l'ancien wallon,* Liège, Faculté de Philosophie et de Lettres, 1948.

ROQUES, G., CR «*La Belle Hélène de Constantinople, chanson de geste du XIVe siècle*, éd. C. Roussel, Genève,

Droz, 1995», *Revue de linguistique romane*, 60 (1996), pp. 293-298.

RYCHNER, J., *L'articulation des phrases narratives dans La Mort le Roi Artu*, Genève, Droz, 1970.

SCHWAN-BEHRENS, *Grammaire de l'ancien français,* trad. fr. par Oscar Bloch, Leipzig, O.R. Reisland, 1932 (d'ap. la 4e éd. allemande 1913).

Sémantique lexicale et sémantique grammaticale en moyen français (Colloque organisé par le Centre d'Études linguistiques et littéraires de la Vrije Universiteit Brussel, 28-29 septembre 1978), Actes publiés par M. Wilmet, Bruxelles, V.U.B., 1980.

SKÅRUP, P., *Les premières zones de la proposition en ancien français.* Essai de syntaxe de position, København, Akademisk Verlag, 1975.

STEFANINI, J., *La voix pronominale en ancien et en moyen français*, Gap, L. Jean, 1962.

STRAKA, G., «Notes sur deux mots malsonnants», *Zeitschrift für romanische Philologie,* 101 (1979), pp. 407-409.

STRAKA, G, «Remarques sur le décès d'un mot: afr. et mfr. *moillier*», *Festschrift Kurt Baldinger zum 60. Geburtstag, 17 novembre 1979,* Tübingen, Max Niemeyer, 1979, II, pp. 535-551.

THIRY, C., «Observations sur la langue et le texte de la traduction des *Annales du Hainaut* par Jean Wauquelin», *Les Chroniques de Hainaut...*, 2000, Turnhout, Brepols, pp. 51-56.

TOBLER, A., «*Que* unissant une proposition à une expression adverbiale d'assurance, d'adjuration, de supposition, d'affirmation, de négation ou à une interjection», *Mélanges de grammaire française*, trad. de la 2e éd. par M. Kuttner avec la collaboration de L. Sudre, Paris, Picard, 1905, pp. 73-83.

VANCE, B., *Syntactic change in medieval French. Verb-second and Null Subjects*, Dordrecht-Boston-London, Kluwer Academic publishers, 1997.

WILMOTTE, M, *Études de philologie wallonne,* Paris, Droz, 1932.

ZINK, G., *Morphologie historique du français médiéval*, Paris, Presses universitaires de France, 1989.

ZINK, G., *Phonétique historique du français*, Paris, Presses universitaires de France, 1991 (1986).

ZINK, G., «Le passsage de «grant» à «grande» en français médiéval», *Lorraine vivante*. Hommage à Jean Lanher, Nancy, Presses universitaires de Nancy, 1993, pp. 471-477.

ZINK, G., *Morphosyntaxe du pronom personnel (non réfléchi) en moyen français (XIVe-XVe siècles)*, Genève, Droz, 1997.

PROVERBES

COLOMBO-TIMELLI, M., «De l'*Erec* de Chrétien de Troyes à la prose du XVe siècle: le traitement des proverbes, *Moyen français*, 42 (1998), pp. 87-113.

DI STEFANO, G. *Dictionnaire des locutions en moyen français*, Montréal, Ceres, 1991.

DI STEFANO, G. et BIDLER R.M., *Toutes les herbes de la Saint-Jean. Les locutions en moyen français*, Montréal, Ceres, 1992.

HASSEL, J.W., *Middle French Proverbs, Sentences and proverbial Phrases*, Toronto, Pontifical Institute of Mediaeval Studies, 1981.

LE ROUX DE LINCY, *Livre des Proverbes français*, Paris, Hachette, 1996 (Paulin, 1842).

MORAWSKI, J., *Proverbes français*, Paris, Champion, 1925.

SCHULZE-BUSACKER, E., *Proverbes et expressions proverbiales dans la littérature narrative du moyen âge français*, Paris, Champion, 1985.

TRÉNEL, J., *L'ancien Testament et la langue française du moyen âge (VIII-XVe siècle)*, Genève, Slatkine Reprints, 1968 (1904).

TEXTES

La Belle Hélène de Constantinople, chanson de geste du XIVe siècle, éd. C. Roussel, Genève, Droz, 1995 [CR G. Roques, *Revue de linguistique romane*, 60 (1996), pp. 293-298].

Chanson d'Antioche, éd. S. Duparc-Quioc, Paris, Librairie orientaliste Paul Geuthner, 1977-1978.

La Chanson de Roland, éd. G. Moignet, Paris, Bordas, 1969.

CHRÉTIEN DE TROYES, *Lancelot*, éd. W. Förster (*Sämtliche erhaltene Werke*), Amsterdam, Rodopi, 1965 (Grosse Ausgabe, IV, Halle, Niemeyer, 1899).

CHRISTINE DE PIZAN, *Epistre Othea*, éd. G. Parussa, Genève, Droz, 1999.

Ci nous dit. Recueil d'exemples moraux, éd. G. Blangez, Paris, SATF, 1986

La Conquête de Jérusalem, faisant suite à la Chanson d'Antioche, composée par le Pelerin Richard et renouvelée par Graindor de Douai au XIIIe siècle, éd. C. Hippeau, Genève, Slatkine Reprints, 1969 (Paris, Auguste Aubry, 1868).

Croniques et conquestes de Charlemaine, éd. R. Guiette, Bruxelles, Palais des Académies, 1940.

Les Faicts et les conquestes d'Alexandre le Grand, de Wauquelin, éd. S. Hériché, Genève, Droz, 2000.

GEORGES CHASTELLAIN, *Chronique,* éd. K. de Lettenhove, Bruxelles, Académie royale de Belgique, III, 1863-1866.

GRÉGOIRE DE TOURS, *De miraculis sancti Martini episcopi,* dans Migne, *Patrologia latina*, LXXI, col. 912-1010.

GRÉGOIRE DE TOURS, *Historia Francorum* (II, 1 «De episcopatu Briccii») dans Migne, *Patrologia latina*, LXXI, col. 161-672; *Histoire des Francs*, trad. R. Latouche, Paris, Belles Lettres, 1975, t. I, pp. 74-75.

GUERNES DE PONT-SAINTE-MAXENCE, *Vie de saint Thomas Becket*, éd. E. Walberg, Paris, Champion, 1936. trad. A. Queffélec, Paris, Champion, 1990.

Histoire d'Erec en prose, roman du XVe siècle, éd. M. Colombo-Timelli, Genève, Droz, 2000.

ISIDORE DE SÉVILLE, *Sententiæ*, dans la *Patrologia latina* de Migne, LXXXIII et *Isidorus hispalensis Sententiae*, cura et studio P. Cazier, Turnhout, Brepols, 1998.

JACOPO DA VARRAZZE, *Legenda aurea,* éd. G.P. Maggioni, Firenze, Sismel. Edizioni del Galluzzo, 1998.

JACQUES DE VÉRONE, «Le pèlerinage du moine augustin Jacques de Vérone (1335)», éd. R. Röhricht, *Revue de l'Orient latin*, III (1895), pp. 155-302.

JACQUES DE VORAGINE, *La Légende dorée*, trad. J.-B. M. Rose, Paris, Garnier-Flammarion.

JACQUES DE VORAGINE, *La Légende dorée. Édition critique, dans la révision de 1476 par Jean Batallier, d'après la traduction de Jean de Vignay (1333-1348) de la Legenda aurea (c. 1261-1266)*, éd. B. Dunn-Lardeau, Paris, Champion, 1997.

JEAN BODEL, *La chanson des Saisnes*, éd. A. Brasseur, Genève, Droz, 1989.

JEAN FROISSART, *Chroniques*, éd. Kervyn de Lettenhove, XIX, glossaire de Scheler, Bruxelles, V. Devaux, 1867-1877.

JEAN LE FÈVRE DE SAINT-REMY, *Chronique*, éd. Fr. Morand, Paris, Renouard, 1876-1881.

JEAN DE MANDEVILLE, *Voyage autour de la terre,* trad. de Ch. Deluze, Paris, Les Belles Lettres, 1993.

JEAN DES PREIS DIT D'OUTREMEUSE, *Ly myreur des histors. Fragment du second livre,* éd. A. Goosse, Bruxelles, Académie royale de Belgique, 1965.

JEAN WAUQUELIN, *Girart de Roussillon,* éd. Montille, Paris, Champion, 1880.

JEAN WAUQUELIN, *Girart de Roussillon,* trad. P. Meyer, Genève, Slatkine Reprints, 1970 (1884).

JEAN WAUQUELIN, *La Manekine,* éd. H. Suchier, dans *Oeuvres poétiques de Philippe de Remi, sire de Beaumanoir,* Paris, Firmin-Didot, 1884-1885.

Jourdain de Blaye en alexandrins, éd. T. Matsumura, Genève, Droz, 1999.

Légende arthurienne, Perlesvaus, trad. de Ch. Marchello-Nizia, Paris, Laffont, 1989,

Mabrien, éd. Ph. Verelst, Genève, Droz, 1998.

Médicinaire liégeois du XIIIᵉ siècle et médicinaire namurois du XVᵉ siècle, éd. J. Haust, Bruxelles-Liège, Académie royale de langue et de littérature française de Belgique, 1941.

Mystères et moralités, éd. G. Cohen, Slatkine Reprints, Genève, 1975, (Bruxelles, Académie royale de Belgique, 1953).

PÉAN GATINEAU, *Das altfranzösische Martinsleben*, éd. Werner Söderhjelm, Helsingfors, Wentzel Hagelstam, 1899.

PHILIPPE DE RÉMY, SIRE DE BEAUMANOIR, *La Manekine,* éd. H. Suchier, dans *Oeuvres poétiques de Philippe de Remi, sire de Beaumanoir*, Paris, Firmin-Didot, 1884-1885.

La Prise d'Orange, éd. C. Régnier, Paris, Klincksieck, 1977.

Le poème moral, éd. A. Bayot, Académie royale de langue et de littérature française de Belgique, Bruxelles, 1929.

Renaut de Montauban, éd. Ph. Verlest, Gent, Rijksuniversiteit te Gent, 1988.

Récit anonyme d'un voyage à Jérusalem et au mont Sinaï, dans *Croisades et pèlerinages, récits, chroniques et voyages en Terre Sainte XIIᵉ-XVIᵉsiècle*, sous la direction de D. Régnier-Bohler, Paris, Laffont, 1997.

ROBERT DE BORON, *Le roman de l'estoire dou Graal*, éd. William A. Nitze, Paris, Champion, 1927.

ROBERT DE BORON, *Merlin*, éd. A. Micha, Genève, Droz, 1979

Roman de Ponthus et Sidoine, éd. M.-C. de Crécy, Genève, Droz, 1997.

Roman de Thèbes, éd. et trad. F. Mora-Lebrun, Paris, Le Livre de Poche, 1995.

Roman de Troÿle, éd. G. Bianciotto, Presses universitaires de Rouen, 1994.

SULPICE SÉVÈRE, *Dialogues*, dans Migne, *Patrologia latina*, XX, col. 183-222.

SULPICE SÉVÈRE, *Vie de saint Martin*, dans Migne, *Patrologia latina*, XX, col. 159-176; éd. et trad. de J. Fontaine, Paris, Le Cerf, 1967.

La Venjance Nostre Seigneur, éd. Loyal A.T. Gryting, University of Michigan Press, 1952.

TABLE DES MATIÈRES

ACHEVÉ D'IMPRIMER
EN MAI 2002
SUR LES PRESSES
DE
L'IMPRIMERIE F. PAILLART
À ABBEVILLE

DÉPÔT LÉGAL : 2ᵉ TRIMESTRE 2002
Nᵒ D'IMP. 11737